教育部人文社会科学百所重点研究基地
吉林大学边疆考古研究中心系列学术文集

外国考古学及理论方法论文集

杨建华 著

科学出版社
北京

内 容 简 介

本书收集了作者从事考古教学与科研工作以来全部关于西亚、两河流域史前时代，以及关于考古学史和理论方法的论文。本书分为四个部分：第一部分是对考古学史和理论方法对认识与反思，从宏观上对国内外考古学研究的过去、现在和未来进行理解；第二部分是对西亚、两河流域考古发现进行评介，并针对其中有待深入的基础问题，用中国考古学擅长的类型学和区系类型方法进行研究；第三部分是运用聚落考古与社会考古等欧美考古学前沿方法，对西亚、两河流域的考古资料进行个案分析，并对其背后的文化、社会发展情况进行整合研究；第四部分是在全球视野下开展的比较文明研究，主要聚焦于两河流域文明和以黄河流域为代表的中国文明各自的形成过程与具体形态，另外还涉及美国西南部印第安人和日本绳文时代史前时代考古的研究成果。

本书可供文物考古研究机构及相关专业、院校师生阅读与参考。

图书在版编目（CIP）数据

外国考古学及理论方法论文集 / 杨建华著. -- 北京：科学出版社，2025.5. -- （教育部人文社会科学百所重点研究基地）（吉林大学边疆考古研究中心系列学术文集）. -- ISBN 978-7-03-082135-5

Ⅰ. K86-53

中国国家版本馆CIP数据核字第2025W5V937号

责任编辑：赵　越／责任校对：邹慧卿
责任印制：肖　兴／封面设计：张　放

科学出版社 出版
北京东黄城根北街16号
邮政编码：100717
http://www.sciencep.com

北京中科印刷有限公司印刷
科学出版社发行　各地新华书店经销

*

2025年5月第 一 版　　开本：787×1092　1/16
2025年5月第一次印刷　　印张：24 3/4
字数：500 000

定价：268.00元
（如有印装质量问题，我社负责调换）

自　序

自1981年师从张忠培先生和林志纯先生学习西亚考古到现在已经42个年头了，其间出版了《两河流域史前时代》和《两河流域：从农业村落走向城邦国家》这两本书，但是还有一些散落的文章，尤其是学习外国考古和讲授外国考古学史以后对考古学理论、方法和考古科发展的一些思考。前些天听我的学生说，没有想到我在十几年前写过美国西南部史前考古的文章，这句话萌发了我把这些文章集在一起的想法。

首先，这些文章代表了中国考古学者对国外考古初步研究的成果，尽管外国考古在中国只是刚刚开始，这些文章现在看来还嫌青涩，似乎可以攒出一部集子来，供学界同仁交流参考、批评指正。我还记得林沄先生于1994年在我的《两河流域史前时代》序中说我"常年孜孜不倦于这门国内罕有人问津的寂寞之学"，这是我头十几年的真实写照。从考古学列为一级学科以来，外国考古受到了重视；而且国家的实力也有可能开始对其他早期文明进行研究，情况有了很大的改变。现在有一些年轻人投身到这个研究领域，但是我的早期很多文章都是知网上查不到的，集在一起会给他们带来很大的便利。

两河流域考古是从亚述和巴比伦向更早的苏美尔推进的，史前时代的研究起步更晚。80年代初国外也很少有经过系统整理和研究而写成的史前史专著，所以我按照中国考古学重构史前史的方法，从期刊发表的原始资料出发来整理西亚和两河流域的资料，经过归纳、综合和抽绎，建立了考古学文化时空框架与文化之间的谱系关系，这使得西亚和两河流域考古多了一种中国考古学的方法。各国学者在研究领域、研究视角以及研究方法上是可以相互借鉴的。我的硕士论文《试论萨玛拉文化》就是对两河流域北部三支彩陶文化在时空上的梳理。在此基础上，我在《两河流域史前时代》一书中又扩展至两河流域南部，从建筑、人像等方面得出了最早的南部居民是来自北部的已经掌握了灌溉技术的萨玛拉文化的结论，他们是两河流域最早的苏美尔文明的祖先。以上这些研究基本上建立了两河流域史前时代的时空框架，是一种文化史的研究。

在两河流域时空框架的基础上，我开始转向社会史的研究，对农业起源、中石器阶段的发现以及陶泥制品等方面进行了专题研究。从我涉足两河流域的学习和研究以来，这一地区战乱不断，新的发现非常有限，但是出现了对这些材料的系统研究。结合这些成果，我开始了对聚落专题的研究。西亚和两河流域的建筑材料是泥砖，建在平地上。当建筑破旧以后就在原地被推平,在上面继续盖新的建筑,最后居住址就成为高于地表的土墩。所以西亚的居住址非常容易发现,而且保存大多完好,有丰富的居址布局的平面图,房屋建筑方面的资料也非常丰富。所以我从聚落的视角对两河流域的聚落所反映的社会组织、交换方式以及宗教功能等方面进行了探讨。为了更深入地认识两河流域的房屋布局变化,选取了黄河流域、美国西南部以及日本等地的史前房屋进行了比较,认为两河流域进入国家的道路经历了城市革命和从血缘到地缘的转变。做这些研究的一个目的,就是把中国的史前时代和文明起源研究放在一个更大的环境(context)里,去认识它的独特型和价值。只在中国的范围内很难了解到中国的独特性,因为这是需要比较才能得出来的。对于大型建筑的研究,我揭示了神庙建筑从欧贝德文化时期的发展演变,历经乌鲁克文化时期和原始文字时期。到了早王朝Ⅱ期,宫殿成为更宏伟的建筑。这从建筑的角度说明了两河流域由神权到王权的转变。

在西亚和两河流域考古研究中,我有意识地寻找与中国考古的互补性。例如中国在聚落和房屋方面的资料很有限,但是墓葬方面非常丰富。所以两河流域聚落与建筑的研究对于中国文明起源的研究有很重要的借鉴意义。在研究两河流域宗教建筑的特点时,我发现了毁器、用火以及铺垫洁净的泥土和细沙的特点,分析了山西太谷县的白燕遗址2号房屋的性质,提出考古资料发表中应该注意的问题,这些都需要在考古发掘中对这些细节的观察。对两河流域文明起源研究在建立的社会参数与考古学证据之间关系的探讨,也是为中国文明起源提供更广的视角。

有些文章是几十年前写的,现在的新资料和新的测年方法使得很多研究建立在新的基础上了。为了解决忠实于原文和当时的认识不给读者带来误会这对矛盾,本论文集编辑的原则是尽量不在原文上做修改(除非是笔误),需要说明现在新的观点就用页下注来表示。其中最大的变化是^{14}C定年结果,由于后来使用了树轮校对年代,原有的^{14}C数据都要往前提,年代越久远提的越早。所以在不同论文中涉及的同一个遗址,年代是不一致的,例如恰塔尔遗址。所以在这里,我把目前达成共识的^{14}C数据整理如下:

西亚地区年代最为完整和详尽的是黎凡特地区的年代体系,其他地区的年代也都是比照这一地区的[①]。

---

① Bar-Yosef O. "Climatic fluctuations and early farming in West and East Asia." *Current Anthropology*, 2011, 52 (4).

时期	距今校对年代	公元前校对年代
铜石并用时代	6500~5600	4500~3600
陶器新石器晚期	7800~6500	5800~4500
陶器新石器早期	8400~7800	6400~5800
前陶新石器晚期	10500~8400	8500~6400
前陶新石器早期	11500~10500	9500~8500
后旧石器时代晚期	14500~11500	12500~9500
后旧石器时代早期	18000~14500	16000~12500

对于两河流域的数据我们选择了发表时间较为晚近的、比较系统的观点，即著名考古学家诺曼·约斐在2005年由剑桥大学出版社出版的《远古国家：最早的城邦、国家和文明的进化》中使用的两河流域史前绝对年代[①]：

人类在两河流域最早的定居公元前7000年前

哈孙纳时期公元前7100~前6600年

萨玛拉时期公元前7000~前6300年

哈拉夫时期公元前6400~前5500年

欧贝德时期公元前6500~前4000年

乌鲁克时期公元前4000~前3100年

捷姆迭特·那瑟尔时期公元前3100~前2800年

早王朝时期公元前2800~前2350年

其次是遗址等专有名词的翻译以现在通行的为主，全部进行了统一。

这些论文如果按照发表年代排列，可以看出对某些问题的认识有一个不断深化的过程，主要是随着发现的增多而发生的改变。例如哈拉夫文化中的圆形房屋和方形房屋，当时认为是圆形向方形发展，现在看两种房屋是并行的。还有一些认识是有超前意识的，对于两河南部最早的欧贝德文化的来源，我当时就认为是从萨玛拉第三期晚段开始向南传播，而不是萨玛拉结束以后发展成欧贝德文化。后来发现了早于欧贝德文化Ⅰ期的遗存，即欧贝德0期，证实了我的推测。在两河流域和黄河流域史前发展模式比较中，我对庙底沟文化以彩陶为代表的大传播对中国后来的影响和现在的共识不谋而合。

---

① Yoffee N. *Myths of the Archaic State: Evolution of the Earliest Cities, States, and Civilizations*. Cambridge: Cambridge University Press, 2005.（在他的书中，公元前3100~前2800年是空白，笔者把这段时间归为捷姆迭特·那瑟尔时期。）

需要说明的是，论文的有些观点，在我后来的《两河流域：从农业村落走向城邦国家》一书中都有所体现。但是论文就某一专题有完整的论证，论据也更加充分。而在书中只说了一个结论，没有深入的比较和对来龙去脉的分析。如果通读论文集会发现，有些布局图在不同文章中出现，这是因为一个好的聚落资料，既可以从微观角度探讨社会交换方式和宗教功能演变，又可以从宏观角度梳理社会结构的发展演变。

在研究外国考古的实践中，也促使我对考古学史、考古学理论与方法的思考。在研究外国考古学史的过程中，我发现美洲考古学的发展过程反映了学科自身发展的规律：基础研究是从时间和空间两个维度建立的考古学文化的年代序列；中层研究是三维的社会形态的重建，这是从文化史向社会史的转变；高层研究是对历史发展过程的探索。这是我对考古学研究的三个层次以及它们的方法的认识。在我整个考古研究的实践中，我都是按照这三个层次来进行的，从而使我的研究不仅仅停留在物质层面上，即要透物见人；也使宏观研究建立在扎实的微观基础上。另外我还介绍了国外当时新出现的新考古学、中层理论、认知考古以及聚落考古等，虽然现在很多已经时过境迁了，而且现在很多的成果都远远超出了介绍的层次，是比较深入的研究了。但是这些文章要放到当时的环境中看，从历史主义的角度可以看出，这些都是我国改革开放初期刚刚介绍外国考古的一段经历，了解过去对于我们理解现在是非常重要的。

本论文集收集了两篇没有发表的文章。一个是二十多年前对中外考古学发展内在逻辑的研究；最后一篇文章是我最近完成的，为了能够加入到这个论文集中，我没有在任何杂志上发表出来，它反映了我对于两河流域于中国黄河流域比较研究的不断思考。

这本论文集的出版，凝聚了我的研究生彭博、马欢欢、赵欣欣付出的大量时间和精力，马欢欢的学生云晓旭、雷馨语、陈楚涵、刘奇岩也参与了校对工作。吉林大学边疆考古研究中心资助了本书的出版以及线图的重新清绘；以及科学出版社赵越女士对于本书做出的编辑工作，在此一并表示感谢！

西亚和两河流域考古在我国才刚刚开始，一些年轻人已经成为这一领域的新兵，这个事业需要几代人的不断努力。我作为第一代的开拓者，已经完成了使命。希望中国考古学早日登上这一领域的国际舞台，让中国考古学的理论方法为这一领域的研究贡献出智慧。

目　录

考古学理论方法

试论考古学研究的三个层次及其方法 …………………………………………（3）
从学科结构看中间理论含义的差别 ……………………………………………（13）
田野考古资料发表的几个问题 …………………………………………………（22）
从美洲考古学史看新考古学 ……………………………………………………（26）
欧美考古学发展史中的自然科学与社会科学 …………………………………（40）
认知考古学在欧洲的兴起 ………………………………………………………（49）
聚落形态研究的昨天与今天 ……………………………………………………（59）
中国古代文明过程考察的不同角度及其相关问题 ……………………………（68）
中外考古学史的内在发展脉络初探 ……………………………………………（76）

西亚、两河流域考古发现与文化研究

西亚、北非、东南欧新石器时代发现与研究的进展——介绍《近东新石器时代》
………………………………………………………………………………………（83）
西亚农业起源 ……………………………………………………………………（103）
西亚史前考古研究的新进展 ……………………………………………………（111）
恰塔尔遗址发掘——国外田野与发表工作的新进展 …………………………（120）
试论萨玛拉文化 …………………………………………………………………（123）
苏美尔文明探源——欧贝德文化研究 …………………………………………（166）
布拉克遗址——两河流域上游古代文明的地下史书 …………………………（176）
两河流域上古时期的神庙和宫殿 ………………………………………………（185）
西亚早期陶泥制品的研究 ………………………………………………………（194）

聚落与社会考古

社会考古学与聚落考古 …………………………………………………………（207）
从聚落布局看史前社会交换方式的变化——来自西亚地区的三个实例 …………（216）
从聚落布局看史前宗教功能的演变 ………………………………………………（230）
西亚史前聚落的发展与文明进程 …………………………………………………（246）

跨区域比较研究

试论文明在黄河与两河流域的兴起 ………………………………………………（323）
史前房屋布局变化的比较及其意义 ………………………………………………（344）
美国西南部史前聚落形态及其比较研究——兼论文明起源的动因 ………………（357）
黄河流域与两河流域文明起源的初步比较 ………………………………………（372）

考古学理论方法

试论考古学研究的三个层次及其方法

通过古代遗存研究历史是考古学研究的宗旨。历史是已经逝去的往事，这往事的内容是无限广阔的，过去的一切都可以成为考古学研究的对象。考古发现的遗存小到一粒种子，大到古代都城。根据发现的遗存所进行的研究，其范围也是极其丰富的，有遗存年代和文化属性的分析、遗存功能的确定、古代遗址布局的复原、古代生态环境的考察和遗存所反映的社会制度以及变化过程和变化原因的探讨等，不一而足。以笔者管见，这些研究依其目的和方法的不同，可以分成构建时、空框架，全面历史复原，以及探讨历史发展进程这三类。它们不是处在同一平面上，根据之间的相互依赖关系，它们分别属于基础、中层和高层三个层次。

考古研究中层次的划分和各自的研究范畴及方法的讨论，对于丰富遗存收集内容，促进考古学研究向深度和广度发展，完善考古学方法论以及探讨考古队伍智力结构和考古工作者自身知识构成，有着非常重要的意义。本文拟就考古研究中层次的划分、各层次涉及的范围和使用方法以及它们之间的关系谈谈自己粗浅的看法。

一、基础研究——构建时空框架

历史的发展是以时间和地点为线索的。构建一幅以时间为纵轴、以空间为横轴的历史发展平面图是考古研究的基础，离开了这个基础，任何研究都无法存在和发展。从考古学发展的历史来看，人们首先是从遗存差别背后意识到它的年代意义。19世纪上半叶，丹麦皇家博物馆馆长汤姆森提出的著名的"三期论"，就是根据该馆所藏的史前古物，把丹麦的史前时代划分为石器时代、青铜器时代和铁器时代，从而奠定了史前考古学的研究基础。

建立时空框架的基本方法是地层学和类型学。考古学中的地层学是来自地质学。但考古学中的地层与地质学中的地层之间最大的区别是前者的地层主要是人们活动形成的；后者则主要是自然变迁的结果。因此考古学中地层学所研究的对象，主要是由于人类活动而形成的各种堆积，即地层堆积和遗迹堆积。地层堆积的由下至上、由早到晚的形成顺序，是地层学研究中的一条主线。地层学在收集考古资料中的主要任务，是如何区分各种地层堆积和遗迹堆积，确定它们形成的先后顺序。其中广泛利用遗迹堆积之间的层位关系来确定各种遗存的早晚，是中国田野考古学的一大特色。在考古研究中，地层学主要是用来确定各种遗存在时空框架中的位置。

类型学来自生物学对各种生物按其形状和生活习性的分类。它产生于考古学中地层学方法之前。最初是为了描述器物而进行分类，并没有意识到各类型之间的差异对说明历史的意义。类型学和地层学结合，使类型学发生了巨大的变化，使类型划分具有了年代的意义，并形成了见于同一层位中若干类型的器物组合——考古学文化。1903年瑞典人蒙德留斯出版的《东方欧洲古代文化诸时期》第一卷《方法论》，建立了考古学中系统的类型学方法。他利用这种方法，建立了北欧遗物的相对年代序列，并探讨了各类型之间器物本身发展的演化轨迹。在我国，随着田野考古的发展，考古工作者运用地层学和类型学方法，使我国的考古学基础研究有了较大的进展，各地时空框架的建立已初具规模，其中黄河流域的时空框架刻度最细，并已根据器物本身演化轨迹，来研究文化之间的谱系关系。70年代以来，考古学文化区、系、类型的研究，标志着我国考古学基础研究发展到较高阶段，这是我国田野考古与地层学、类型学发展到一定阶段的必然结果。

类型学研究的对象主要是由人们活动而形成的遗存。从单个遗物到含有成组物品的遗迹单位乃至考古学文化，都可以用类型学的方法进行研究。顾名思义，类型学就是按其形状进行多层次的分类。一件人工产物包含一系列特征：有自然形成的，如石器的质料、陶土的成分；也有人类活动形成的（即制作过程和使用过程所形成的），如陶器的颜色、形状和石器上的磨痕。因此，确切地说，类型学是根据遗存某些特征进行多层次的分类。人工产物的特征是客观存在的，而分类的标准是人们主观决定的。人们对遗存进行分类时，不是根据其所有的特征，而是根据那些认为是有意义的特征。不同的特征可以说明不同的问题。考古学研究的主要是制作和使用过程中所留下的特征。所以，从这个意义上讲，考古学要研究的人工产物的特征是人类行为的结果。在以时、空框架为目的的类型学方法中，分类是以能够反映文化的时代特点和传统因素的特征为标准的，这样才能通过分类，反映出它们之间的年代关系和不同的文化属性。

类型学中划分的等级有三个，每个等级都是由具有两个或两个以上相似特征的若干遗存组成的。这些共存于同一遗存中的特征反复出现，从而构成了特征复合体。这种特征复合体的重要性，在于它们合在一起可以从一个遗存或一组遗存变成另一个遗存或另一组遗存，它具有文化和年代的意义。反复观察证明，遗存和考古学文化的发展变化都是特征复合体变化的结果，而不是某个特征变化的结果。因此，把握特征复合体的性质是遗存分类、文化划分的关键。

类的划分与现代人对事物的分类标准基本相同，是一群质地、用途和形状大体相同的遗存。同类遗存中再划分型和式。同型、同式的遗存之间的相似程度要比同类遗存中不同型、式的遗存之间的相似程度大。但事实上没有任何两种遗存（哪怕是同型同式的）是完全相同的。以黄河流域仰韶文化阶段向龙山文化阶段的过渡时期的夹砂罐为例。通过观察器物和了解它们在发现时相互之间的层位关系，选择如下一些特征构成特征复合体作为分类标准：唇部、口沿、口沿与器身的夹角、腹形、器耳、纹饰和陶质等。在这类器物中，许多器物具有同一特征复合体，即尖唇、宽沿、口沿与器身夹角小，呈平折沿、腹部外鼓明显、最大腹径靠上、有大型鸡冠状鋬耳、绳纹加一二道附加堆纹，陶质有夹砂红陶和夹砂灰陶。这些器物从层位上看是共生的；还有一些器物具有另一特征复合体方唇、窄沿、口沿与器身夹角增大，呈斜折沿、腹部略向外鼓、最大腹径居中、有齿状堆泥耳或无耳，绳纹加三道以上附加堆纹，陶质基本上是夹砂灰陶，它们在层位上也是同时的。前者见于以半坡四期为代表的遗址中，后者见于以泉护二期为代表的遗址中，地层学上证明它们具有早晚的年代意义。从器物本身也可以看出两者特征复合体之间的演变序列。因此这两类器物可以分成两式。另外还可以发现少量器物既具有前者的一些特征又具有后者的一些特征，可以视为两者的过渡。这说明器物的发展变化是逐渐的，一件器物上的诸特征的变化并不是同步的。研究这些具有过渡特征的器物可以说明器物的变化过程，而大量具有上述两种特征复合体的器物则代表了两个器物发展变化的相对稳定时期。如果我们把过渡时期的器物再划分为不同的"式"以代表更短暂的时期，原有的"式"和它所代表的时期的特点就会变得不明显了，最后等于没有划分。所以，无论我们把型式和期别划得多么细，都会存在这种过渡现象。

从上例可以看出，具有特定的特征复合体的遗存之间如果在层位上是早晚关系或者在特征复合体之间有承袭关系，它们就可以分为不同的式。式与式之间既有年代意义，又有内在的演化轨迹。型的划分也是根据特征复合体，型与型之间可能是同时并存的，也可能具有年代差别，但它最本质的特点是各型之间没有内在的发展关系，而在同一型中划分的不同的式则反映了这一型器物的演化轨迹。

因此，类型学方法的实质是通过遗存的排比（主要是借助地层学）和型式的划分来探讨遗存本身的发展序列，从而用它来建立考古学中的时空框架，研究考古学文化的发展阶段和相互之间的谱系关系。在这方面的研究中常用的术语有遗存特征—遗存—类型—组合—文化—文化复合体，一系列由低到高的概念，每个概念都包括了一群低层次的概念。这些概念反映了时空框架上不同等级的刻度。遗存是由人给予一组特征的物体；类型是由具有同一特征复合体的若干遗存构成（如有承袭关系的式和平行关系的型）；具有相同类型复合体的遗存依其相似程度的大小构成了组合、文化和文化复合体。组合代表了一个考古学文化中的一个期别或一个地方体，文化复合体代表了若干有文化渊源关系的系或有联系的区。但是不同等级的类型复合体的划分是以遗存种类的共异为标准，还是以同类遗存中型式共异为标准，抑或是以同型式出现的数量为标准呢？例如，裴李岗和磁山两种遗存是一个文化的两个地方体还是两个不同的考古学文化呢？在这些问题上往往是仁者见仁，智者见智，各有其标准，而且这些标准又多是只可意会不能言传的。这说明要使类型学方法更有效地为考古学研究工作服务，还有总结和探讨的必要，使其向科学化、定量化的方向发展。

二、中层研究——全面历史复原

地层学和类型学方法所构筑的时空框架是历史发展的一副骨架。但要使历史更加丰富，还需要了解古代人们的生存方式，这样才构成一幅有血有肉的活生生的人类历史画卷。这项研究可称为全面历史复原。

复原的历史是人类的历史。而人类，无论是古代的或是现代的，只要他们生活和存在着，就必然发生并处在这几种关系中：一是人与自然的关系，例如自然遗物所反映的生态环境，生产资料和生活资料遗存所反映的人们利用、开发自然的能力；二是人与人的关系，如血缘组织、社会等级、文化间的相互关系；三是人的现实世界与超现实世界的关系，即人的宗教信仰，如祭祀和埋葬习俗。正是这几种关系使人成为现实的人、社会的人。因此，在对人们生存方式进行全面复原时，也应从这几方面考虑。

进行全面历史复原的根据是遗存。其中的自然遗物对历史复原的作用越来越受到重视。通过自然科学手段鉴定其种属，为复原人类的生态环境、了解人类的经济活动种类和狩猎、采集向畜牧农耕的过渡提供了第一手资料。对于人工产物，不仅把它们作为衡量年代和文化传统的标尺，而且把它们作为人类行为的结果。从研究制造工艺和考定用途的角度了解当时的生产力水平。把遗存之间的横向联系归纳为一定的组合和布局是历史复原的另一重要途径。墓葬随葬品的组合可以判断墓主人生前的社会地位和职业，房屋出土遗物的组合可以说明房屋的用途，不同文化遗存的组合不仅反映了文化传统的差别，也说明了不同文化的人们生活习惯的差别。遗存之间的布局按其规模可以分为同一遗迹单位内遗物的布局、同一遗址内遗迹的布局和一定地域内遗址的布局（这里的遗址是指在一定空间范围内连续分布的一群遗存）。姜寨居住址和元君庙墓地的研究就是通过一个遗址内遗迹的布局来探讨人们的社会组织。一定地域内遗址的研究在国外称为聚落考古。遗址延续的时间、地点的选择，规模的大小以及内部结构和功能是由自然环境、生产力水平、人们的社会组织、意识形态以及与其他文化的关系等多方面因素决定的。因此，聚落考古是以遗址为单位研究人与自然、人与人关系的一种途径。

考古遗存为我们复原古代人类的生存方式提供了丰富的素材，但同时必须看到历史复原的局限性和艰巨性。只有充分估计到这一点，才能使研究方法逐步完善，使中层研究取得更大进展。

从认识论的角度看，考古学研究是一种三级思维活动，它不同于其他由研究者主体直接认识客体的学科，如自然科学和以现代为对象的社会科学中的许多学科。考古学研究的是已经过去了的客观存在，现代人无法直接看到它，只有借助于遗存来认识它。即

主体——　　中介质——　　客体
（考古工作者）（遗存）（历史）

因此，考古学研究一方面受时代、社会及个人实践的局限，另一方面要受到遗存的制约。要通过遗存了解过去的一切是不可能的，这是因为并非所有人类活动都能留下遗存，留下的遗存并非都能保存至今，考古工作者发现的遗存只是地下保留下来的丰富遗产的一小部分；在发掘过程中，我们还不能识别所有的遗存和信息；在研究过程中，遗存对于说明历史的作用还有很大潜力没有发挥。于是就形成这样一种局面：考古工作者个人极为有限的认识能力和客观历史的几乎是无限之间，隔着一个不可逾越的时空鸿沟，只有一些零碎的遗存作为联接的中介。因此，全面的历史复原只能是力图接近历史真实，但永远也不可能完全达到历史的真实。

另外还应当看到，遗存与历史并不只是一种简单的反射关系，有时候是由不同媒质即各种原因引起的折射。例如我们常常根据埋葬制度讨论社会阶层的划分。但有些民族学材料证明礼仪中的象征未必反映现实的权力关系，而是反映了对这个关系的理想形态，例如根据"在神的面前国王和平民一律平等"的观念，国王以平民身份埋葬的事例。这说明了意识形态的反作用。只有考虑到复原历史的艰巨性，认识这些因素以及它所造成的折射率，才能做出比较接近事实的复原。

要减少遗存给复原历史带来的局限性和艰巨性，首先是要缩短时间给考古工作者和历史之间造成的距离。解决这一问题的办法是研究遗址形成理论，即了解遗存怎样作为人们行为的结果而存在的，了解遗存从人们制造、使用的物体变成废弃的垃圾直到被考古学者发现的过程。这一过程可以分解为遗存的发生过程和遗存的转变过程。

人类生活方式〈　生产资料、生活资料的制造、使用——废弃——发现的遗存
　　　　　　　　　———————发生过程——————转变过程———
　　　　　　　　其他

能否理解遗址的形成过程直接关系到我们对过去的了解的程度。在通过遗存进行历史复原时，首先要考虑遗址的转变过程。现在发现的遗存状态并不完全是废弃时的情况。遗存从形成堆积到为我们所发现这个漫长岁月中，都要发生转变，只不过是条件不同，转变程度各异罢了。转变的原因很多，可归为人为因素和自然因素两种。例如战争可以把古代建筑变成一片废墟。自然因素有物理方面的：大部分有机质腐烂得无影无踪，风和水可以把原生堆积变成再生堆积；也有生物方面的，美国著名考古学

家宾福德（L. R. Binford）正是从这个角度出发，对北京猿人是否生活在山洞里提出疑问。他认为猿人骨头发现在山洞内是遗存废弃后形成的。因为山洞的沉积物中发现了数目众多的鬣狗的骨头和粪化石，鬣狗总是习惯将粪便排在一定的地方。因此，鬣狗曾是山洞的主人，而人则不可能和这种专门食尸的动物生活在一起。有些人骨上还发现了鬣狗咬过的痕迹，很有可能猿人的骨头就是鬣狗拖入洞内的。不管他的结论正确与否，从这里我们可以看出了解遗址形成对于复原历史的意义。

遗址的发生过程就更复杂了。废弃的遗存能够反映人们的活动。我们今天研究垃圾会发现，垃圾可以反映人们的生活水平。但同时也会注意到垃圾中各种物质的比例与生活中使用的物质的比例是大相径庭的。不同质地的器物的废弃比例是不同的，比较贵重的东西即使残破了，也舍不得丢弃，而要改作他用；铝、铁制品比陶瓷制品使用寿命长；同样是陶瓷品，使用方式不同，寿命也不同，从今天仍以陶器为主要生活用具的民族中可以看到，炊器最易破碎，而贮藏器如缸、瓮的使用寿命则比较长。因而，废弃的遗存只是制造和使用活动的不完全反映，甚至是一种折射。

即使像世界著名的庞贝遗址，由于突然的维苏威火山喷发和厚厚灰烬的覆盖，人们揭露出的遗址基本上代表了制造和使用时的情况，也不可能据此复原出人们的所有活动。因为人们的许多活动是不留任何遗痕的。

仅仅根据残存的遗存是复原不出历史的真实图像的。这样，就只好另辟途径来解决史料不足的问题。这只有到现实中寻找。模拟试验、现存的古代文献和丰富的民族学资料是提供这方面资料的源泉。要想从石器的磨损痕迹来推断石器用途，可以把自制的石器用于不同的对象，采用不同的方法，然后对比石器的磨痕来确定用途。古代文献和民族志中记载了那些可能保留下来的遗存与考古上看不到的那些行为体系之间的联系，例如房屋布局和当时人们的家庭形态的联系。这种根据考古中已知现象与现在已知事物之间的联系来推测考古学中的未知数的方法叫作类比。它是人们在认识客观事物的过程中，根据两个或两类对象之间在某些方面的相似或者相同而推出它们在其他方面也可能相似或相同，从而提出假说，而后又得到证明，发现事物内在规律的方法。类比是历史复原中的基本方法，这是由遗存的局限性决定的。

考古研究中类比物的来源有实验、古代文献、完整的发掘资料和民族志，其中民族志是最重要的来源，而且对于民族学资料类比方法的争论也最大。争论的问题不是要不要民族学类比，而是如何利用民族学资料进行类比。事物间的共性说明类比方法的可行性，但事物间的个性又可能产生错误的类比。要提高类比的准确率，应该注意三点：①相同的属性应是各事物中重要的、本质的，不能把考古中见到的个别现象作为相同属性去比较。②尽可能多地发现和增加相比的属性的数量，两者相似之处越多，准确率就越高。例如已知：
甲事物有A、B
乙事物有A

推论：乙事物可能有B

这种可能的盖然性很小。又如

已知：
甲事物有A、B、C、D
乙事物有A、C、D

推论：乙事物可能有B

这种可能的盖然性就大多了。在类比时，要考虑到考古遗存与民族学资料之间文化上的继承性、自然环境的相似性以及文化发达程度的等同性，这样就可以增加相比属性的数量，使类比结果更有说服力。③注意已知属性和正推出的未知属性之间的内在联系，研究在哪些情况下有必然有，在哪些情况下有不一定有。

要正确地利用民族学类比，首先要对考古遗存本身有足够的了解，也就是注意内证，这样才能区别普遍现象和个别现象；尽可能多地找出与民族学相同的属性；了解各种现象之间的内在联系。另外要对民族学资料有基本了解，保证类比材料是经过选择的和恰当的，防止只注意个别的相同属性，而置其他相反的现象于不顾地类比。

民族学资料为考古上的历史复原提供了丰富的素材。但民族学者的记述内容取决于他们的研究需要。例如在研究家庭形态时，他们着重记述了人们相互之间的称谓，而很少注意这种家庭形态会留下什么遗存。这样就为我们利用民族学材料造成了困难。现在越来越多的考古学者参与民族学研究，注重考古学上可能保存的遗存与考古上看不到的行为之间的联系，例如在记述家庭形态时注意到居址布局、墓地布局等现象，这就是民族考古学。它使民族学对考古学研究发挥了更大的作用。

三、高层研究——历史发展过程的探讨

当我们对历史的发展顺序以及各时期人们的生存方式有了比较全面的了解之后，自然要提出一个问题：人类历史是怎样从低级向高级发展？发展变化的原因是什么？马克思主义经典作家创立的历史唯物主义就是正确把握人类社会发展的最基本规律的科学理论，因而在考古学高层次研究中离不开历史唯物主义的指导。但是考古学主要是探讨特定的时代、国家、民族和社会生活领域的具体发展过程，尤其是在历史发展过程中的几个转折，如农业起源、文明起源、民族形成等重大历史课题。所以，历史唯物主义又不能取代对历史发展过程的研究。

高层研究首先是从具体到抽象，从特殊到一般，从大量的历史素材中总结出带有规律性的假说。观测的规模越大，所提出的假说的涵盖性就越大。一般来说，任何假

说成立的程度都是有一定的局限性,即具有不完全的涵盖性。所以对假说的概率性要特别谨慎。例如在研究母系向父系转变的原因时,一般认为在很多情况下,男子经济地位的提高是一个重要原因。但是最近发现,美国太平洋西北海岸由于聚落组织对海洋资源的依赖性加强,从而提高了男子在生产中的地位,但世系却从过去的父系向母系转化。因而得出结论性别分工和男女的经济地位与世系计算是没有联系的。这个结论是不对的,概率性的假说是不能被相反的事例所完全驳倒,而应当说原有的假说超出了它有限的适用范围。由于考古中提出的假说都具有不完全涵盖性,即都是一种概率性假说,如果见到一个反例就否认原来的假说,那考古研究中任何假说都是不成立的。一个假说提出以后,它的价值主要取决于它的参照性,即这个假说能否提供超出它所归纳的知识的新信息和提供的多少,而这只有经过演绎才能确定,即从一般回到特殊,检验假说的适用范围,并逐步完善假说。

由此可见,高层研究的趋势是从特殊到一般,再由一般到特殊,由较小的一般到较大的一般,观测规模逐渐增大,所涉及的因素逐渐增多。传统的思维方式已不适应这种复杂的研究。20世纪哲学思维在方法论意义上取得了新进展,系统论的出现使人们突破了传统的归纳和线性因果思维方式而注意到事物的多维性质和结构主义特征,体现出历史进程内在的有机联系。美国考古学家斯乔克(R. F. Schalk)在研究美洲太平洋西北海岸生态学与聚落组织和集团结构变化时,涉及气温、降水量、食物资源的分布和预测可能性以及聚落组织的大小、按季节迁徙的计划、各集团的大小及迁徙路线等因素,用系统论的方法把这些因素纳入一个具有不同等级的动态系统中,并把它们之间的关系用函数关系表示出来。这是传统的研究方法很难办到的。在这方面研究中,数理统计和电子计算机提供了重要的研究手段。

随着现代科学的发展,出现了许多新兴的边缘科学,它沟通了各个学科之间的联系,使现代科学更具有整体性。了解这些学科的方法可以大大丰富考古研究的手段,开阔我们的视野,可以从人类学、地理学和生态学等方面研究历史发展的原因和规律。

四、余　　论

考古中基础研究、中层研究和高层研究构成了考古学研究的完整体系,标志着考古学这门科学的发展水平。考古学研究的不同层次的发展经历了一个历史过程。基础研究出现最早,以"三时期"理论的提出为标志,随着田野考古的发展和地层学、类型学方法的结合和完善,"考古学文化"取代了"时期"的概念,这说明基础研究走向了成熟阶段;对人们生存方式的研究首先注意到的是人与自然的关系。1902年德国人斯密特（H. Schmidt）和美国人彭北莱（R. Pumpelly）在中亚安诺遗址第一次收集并分析了出土的动、植物标本和人骨，并认为在这里找到了猪和羊从野生到家养的过渡形态。在划分不同地区的考古学文化时，人们注意到了自然环境对人类的影响。但是真正把系统地了解人类生存方式作为一项考古学研究课题是在时空框架大体形成的基础上的20世纪40年代的美洲。从遗存的功能、聚落形态和生态环境入手进行历史复原对人类历史发展过程的研究开始得更晚，它一方面受到基础研究和中层研究的限制，另一方面需要有正确理论的指导。起初，人们只是从传播和独立发展进化这两个角度来探索文化变化的原因。十月革命后，苏联考古学者运用历史唯物主义观点，开始了这方面的研究，在西方也出现运用马克思主义进行高层研究的考古学家，如戈登·柴尔德。中华人民共和国成立后，我国考古工作者在进行基础研究和中层研究的同时，也力图在马克思主义指导下运用考古资料说明历史发展过程。20世纪60年代在美国兴起的新考古学也是以"历史过程"为研究目的的。

考古研究不同层次的发展过程正说明了它们之间的相互关系：基础研究依赖田野考古；中层研究一方面依赖于基础研究所提供的时空框架，同时也需要田野考古提供有关的资料；高层研究既要以基础研究和中层研究为基础，又要有正确理论的指导。

考古学研究不同层次的发展过程还反映了考古学从具体到抽象、从微观到宏观的发展顺序。许多学科也走过相似的发展历程。以生物学发展史为例，开始是搜集各种生物标本，并根据其特征进行分类；后来开始通过"结构"的研究来揭示每个器官在维持整个生物中所起的作用；最后要理解一系列现象，通过寻找变化原因解释变化过程，而自然选择的进化论正回答了这些问题。任何学科的发展不仅受到本学科发展的限制，还要受到同时代其他学科的影响。达尔文进化论的产生在很大程度上是受到莱尔《地质学原理》的影响。其他学科的发展历程为我们认识考古学的发展提供了许多启示。

如同考古学研究各层次的发展一样，考古学方法的丰富和发展也经历了一个历史过程。类型学和地层学出现最早，是考古学研究中最成熟的方法。民族学类比法出现比较早，17世纪人们就根据在美洲看到的仍在使用石器的人，推断欧洲的石器不是什么圣物，而是古代人类使用的工具。摩尔根也是用民族学类比方法解开了古代社会之谜。但是把民族学类比作为一种考古学广泛使用的方法还是在20世纪上半叶的美洲。目前对它如何应用还有不同看法。系统论方法的运用就更晚了，是在20世纪60年代以后，只能说是处在试验阶段。考古学方法丰富的过程也是吸收其他学科的研究成果的过程。而且这种吸收的趋势将越来越强烈。它会使考古学的面貌明显改观，尤其是人类学在考古中发挥了越来越大的作用。但是考古学不会像某些新考古学者认为的那样，将成为人类学。这是由它们的研究对象所决定的。

考古学研究划分了基础、中、高层次，但绝不是说从事基础研究的人水平就低，从事高、中层次研究的人水平就高。从目前的状况看,基础研究已进入成熟阶段,中层研究还比较薄弱。现在大部分发掘报告都是用大量的篇幅描述遗存、分析年代和文化性质,而用遗存来复原人类生存方式只是寥寥数语。高层研究还处于试验阶段,理论、方法和实践还没有结成有机的整体。所以考古学向前发展的一个关键问题是发展中层研究,而中层研究的发展又有待于田野考古中对有关遗存的充分注意和鉴定手段的完善;而且考古工作者不仅要有地层学、类型学的知识,还要了解自然科学和民族学;同时考古队伍中要有相关的自然科学工作者和社会科学工作者参加,这样才能与人类历史的丰富性相适应。

(本文原载《吉林大学社会科学学报》1988年第2期,第77~84页)

从学科结构看中间理论含义的差别

在当前国内对外国考古学理论与方法的介绍中,中间理论(middle-range theory)渐渐成为一个热门话题,其主要原因是一些考古学者从中国考古学的现状和发展出发,感到"如果没有中间理论,许多现象是过渡不到普遍规律性的认识上面去的"[1],发展中间理论的一个重要前提是要了解它的来历和准确含义,然后才能根据中国考古学实际加以发展,确立这个前提正是本文的宗旨。

事实上,国外对中间理论的界定有几种观点,为了清楚地阐明每种观点的确切内涵,需要有一个考古学学科结构的总坐标,这样才能清楚地表示出各种中间理论的含义在整个学科体系中所占位置的差异。

一、学科的构建

任何一门学科都是以自己的对象的特点与其他学科相区别,但是任何一门学科都可以从两个角度来认识其结构:一是从学科对象的研究内涵;二是从研究对象所使用的理论、方法。笔者曾从第一个角度探讨了这个问题[2],提出考古学研究的结构可以分为三个层次:①文化历史,即考古学文化时空框架及其谱系的研究;②过去生活方式的重构;③文化过程的阐释。它们之间的相互关系是后者以前者的研究为基础的。

美国考古学家希弗(M. Schiffer)从第二个角度出发,提出了这一学科的理论方法的整体构架,把考古学家在研究中使用和提出的不同理论方法组织在一起,它包括了三个理论领域,每个领域内又包括了一个或一个以上不同功能的理论,第一个领域是社会理论,它主要是解释行为的差异和变化,这种行为可以是一件器物,也可以是一个社会,这个领域暂时可以分成两个部分,一部分是研究狩猎、采集社会,另一部分是研究复杂社会。每一部分都有专门的考古学者从事研究。各自与外学科的联系也不同:前者与生态学有关,后者与社会发展史、信息论和人类学有关。在五六十年代以前,主要的社会理论是传播论,此后生态的、进化的观点取而代之。第二个领域是复原理论,其中包括了物质文化与人类行为相互关系的理论,废弃物形成堆积的文化转化理论以及堆积后到被发现时的自然转化理论。第三个领域是方法论领域,它提供了选择方法、技术和原理的指导,其中包括发现理论,如调查原理、发现原理和发掘原理、分析理论类型学、计量统计和多变量分析,以及推理理论,即评估和综合分析结果，进行推理。希弗认为这三个理论领域的关系是并列的，它们各自都由一系列根据抽象程度不同而形成的从低层到高层的理论等级体系组成，一个等级序列内的各理论之间具有逻辑联系，每个理论与外学科的联系都是不同的。

如果我们把希弗的理论构架中这三个理论领域的功能和研究范围进行一下分析和对比，就会发现，这三个理论领域的研究内容与笔者划分的三个层次大体一致。所不同的是，方法论不仅主要用于文化历史研究中，而且还可以用于遗存的收集和过去生活方式的复原（图一）。

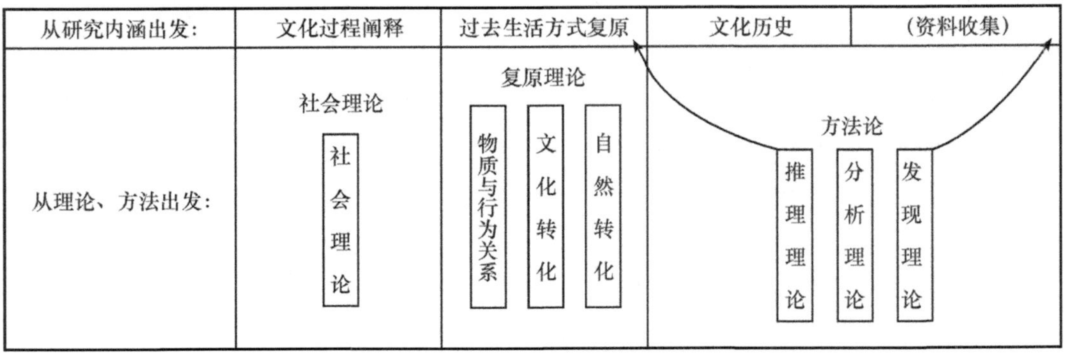

从研究内涵出发：	文化过程阐释	过去生活方式复原	文化历史	（资料收集）
从理论、方法出发：	社会理论 社会理论	复原理论 物质与行为关系 | 文化转化 | 自然转化	方法论 推理理论 | 分析理论 | 发现理论	

图一

以上分析说明，从研究内涵和研究理论与方法这两个角度建立的考古学学科结构是相互吻合的，这更证实了它的准确性。学科整体构架的建立对于考古学的发展具有十分重要的意义，它体现了考古学的完整性，尽管有些研究范畴和使用的理论方法还很不成熟，而这正是今后努力的方向。结构的建立正如"竖起一个普遍适用的理论'帽架'，以便挂上我们所有局部性的'帽子'"[3]这将专业化分工日益狭窄的考古学结合成一个整体，使从事各种研究的考古学家认识到自己从事的研究领域在考古学整体框架中的位置，从而意识到每个人的研究领域都有局限性，企图包罗万象是不可能的，所以在考古学中有多种方法和研究课题存在的必要。同时这也说明进行分工协作，往往可以完成从前一个人无法完成的重大研究课题，使考古学研究在广度和深度上有一个飞跃。

有了考古学学科体系的总坐标，让我们回过头来看一看中间理论的地位和内涵。

二、几种不同的中间理论

中间理论是美国考古学家提出的，主要是新考古学派的学者，将各种不同的中间理论进行对比，大致可以归为三种不同的观点，尽管每种观点内部还有更加细微的分歧。下文将按其出现的年代为序，以便反映出中间理论的发展过程。

1. 拉布（L. M. Raab）的中间理论[4]

最早的中间理论是由拉布从社会学中引入到考古学中来的，他对于中间理论在考古学的运用基本保留了中间理论在社会学中的原义。社会学中的中间理论主要分两派：一种观点是以帕森斯（T. Parsons）为代表，他根据从前的社会学研究侧重于个体或个体组的情况，提出了一种"社会系统"的抽象实体，这种高度抽象的实体就是中间理论，其目的是把社会现象放入有联系的理论体系中。另一种观点是莫顿（R. K. Merton）提出来的，他认为中间理论是从低层次的经验总结向高层次理论的过渡。低层次的假设在中间理论中得到肯定和否定，然后反映到高层理论中。经验可以通过归纳进入高层次理论；另一方面一系列检验过的假说又可以得到演绎。所以在莫顿看来，中间理论是联结理论与实际的桥梁。

由此看来，社会学中这两种中间理论都具有连结点的功能，只不过帕森斯的中间理论是横向模式的连结点，莫顿的中间理论则是纵向模式的连结点。

拉布把中间理论引入考古学时主要承袭了莫顿的观点。拉布认为，考古学已经面临着理论建设的挑战，要摆脱当前理论处于一个平面的局面，就要按理论的规模和复杂程度建立等级关系，最终集中到更一般的原则，这就是理论的纵向模式。在这个纵向模式中，介于低层经验型理论和高层一般性理论之间的就是中间理论。拉布关于理论的定义是非常狭窄的，他认为只有社会理论，即解释文化行为的原理才算得上理论，其余的考古学原理均属于方法论范畴。这样，他的中间理论就只能局限于解释范围。具体地说，考古学的中间理论主要是说明遗存是怎样作为文化行为系统的结果而存在的，即要解释由那个遗存所反映的文化动态系统。他极力反对宾福德把中间理论与遗存形成过程等同起来的作法。他认为这只是考古学的方法论，遗址形成过程只能说明遗存的形成，并不能告诉我们遗存是怎样作为文化系统行为的结果而存在的。

2. 宾福德的中间理论[5]

宾福德几乎与拉布同时，把中间理论应用于考古研究中。他认为遗存是现在的现象，它不能直接地说明历史，而必须是间接地，通过其他途径说明历史。从静态的考古遗存及其相互联系得出古代人类行为的动态系统联系就是中间理论所要解决的问题。从哲学的角度看，他所指的中间理论是一个认识论问题，即认识过程中主体与客体的关系，考古学者能否及如何认识和把握考古遗存，能否及如何通过遗存再现过去的人类活动。所以复原理论并不是指重构过去某一时期的完整的社会"画面"，而是研究考古遗存推测过去行为的能力。要想通过现在遗存了解过去的人类行为就要知道过去的人类行为如何形成现在的遗存，也就是要在过去与现在、行为与物质遗存之间架起一座桥梁，从已知的此岸通向未知的彼岸。从过去的人类行为到现在的考古遗存大体经过三个阶段：①遗存的制作和使用阶段；②遗存使用后到堆积的形成中的文化转化；③堆积形成到现在遗存的发现这一过程中的自然转化。与这三个阶段相应的研究理论分别是物质与行为关系理论，废弃物形成堆积的文化转化理论和自然转化理论，因此这三个理论构成了宾福德的中间理论。

在根据现在遗存复原过去人类行为的研究中，首先应用的中间理论是堆积后到被发现时的自然转化理论。这种研究的第一个作用是通过可靠的方法去掉非人工作为的遗痕及形式，从而把人类行为的作用同物质遗存中的许多其他原因区别开来，使遗存与文化行为的联系建立在一个可靠的基础之上。

人工物和遗址与自然环境发生联系并最终被自然环境所改变，自然环境的发展过程影响着考古遗存的形成，并留下了它们自己行为的记录——自然遗存。因此这种研究的第二个作用是为复原古代自然环境提供证据。

自然转化理论在考古学理论中是一个基本独立的领域，并和自然科学有着密切的关系。例如木头腐烂的原理在解释 ^{14}C 和理解木质建筑腐烂时是很重要的，它来自生物学。同样，理解遗址上啮齿类动物和外来动物影响的动物行为原理也来自生物学。宾福德在中间理论研究中主要从事这方面研究，以至于拉布认为宾福德把中间理论引入一个狭窄的方法论领域。地貌学原理对于复原古代地形和理解遗址与环境的关系也是十分重要的。由于自然形成过程理论大多数来自外学科，这使得考古研究正是通过这个领域达到了多学科的合作，但是在这方面考古学对外学科感兴趣的只是它们的低层理论。例如考古学者只要了解更新世的形成过程，并不要知道气候变化原因这样的高层理论。

在复原过去人类行为的研究过程中，排除了遗存中自然因素的影响之外遇到的问题是如何把人工物的有意识行为状态（代表文化系统的制造和使用行为）与无意识的行为状态（废弃活动）区分开。在有关废弃活动的研究中，一个重要课题是废弃物的处理，它有助于推翻一些既定的原理并促进新的分析技术的产生，例如许多研究都是基于这个前提：被分析的人工物是作为原生（初次）废弃物被堆积在此的。但近来的研究表明，产生原生废弃物的条件是十分有限的。在所有聚落中，当从事的活动完结之后，都会产生破碎和磨损的人工物，它们变成了废弃物进入了废弃过程。它们的废弃过程大体可分三种情况：①活动区内不保留任何废弃物，一旦用品被废弃就运到堆放垃圾的地方，这种废弃物被叫作原生废弃物；②活动区内经常暂时保留一些废弃物，隔一定时间之后才被运到堆放垃圾的地方，这种废弃物叫作再生废弃物，它们也许在活动区内堆放时被废物利用过；③有些废弃物始终被遗留在活动区，叫作残留原生废弃物。在一个聚落内形成的原生废弃物和再生废弃物的比例反映了活动区垃圾的积累情况，它是受活动区的垃圾保留过程制约的。各地的保留程度在保留频率和保留的彻底性方面有很大差异,而保留程度又是由废弃物形成速度和该地的活动种类等因素决定的,残留原生废弃物则与遗物本身有关。一般说来,小型遗物形成残留原生废弃物的可能性较大。以上这些法则都是通过实验和民族学类比建立起来的低层理论,由这些问题的探讨便引入"垃圾流"的研究课题。垃圾流(waste streams)是指废弃物从活动区到垃圾堆的流向,它包括了一系列储存和运送行为。垃圾流可终止在一个或几个垃圾点,也可长可短。海丹(Hayden)等学者已经确定了几个导致各种流向的因素[6],从而建立了活动区与垃圾点的相互关系。而一个聚落所产生的垃圾流中,原生废弃物和再生废弃物之比是受该聚落居住密度、人口规模及密度的影响。

排除了自然因素影响和废弃结果之后,复原工作便进入了物质遗存与文化行为的相互关系的课题中。确定和解释人类行为与物质文化在任何时间、地点的联系常常被看作是考古学科的核心。一方面,人工物凭借它的形态、空间分布、数量,以及相互联系,可以作为推测过去某一现象的证据。另一方面,由于人工物几乎是每一个特定行为和社会过程的内在部分,理解物质文化就能够得到关于社会是怎样以及为什么运转和变化的重要见解。因此物质—文化相互关系的理论与阐释社会的理论又有密切关系。

首先是根据遗存形态、痕迹等特征了解遗存的制造和使用情况。遗存的制造研究可以打制石器的研究为例。如果石核具有合适的剥离台面、打击者掌握了灵巧而有力的剥离动作,石片便可以从石核上剥离下来。因此石核和台面的形状以及打击的位置、速度、角度决定了打下的石屑的形状和大小,这种联系是通过实验得出的。遗存的使用研究可以石器微痕分析为例,它可以将使用行为和留在石器上的痕迹联系起来。由此可知,对遗存的制造和使用情况的研究主要借助于实验手段。

其次是有关物质现象与社会之间关系的研究。早在考古学发展早期就有这方面的研究,例如摩尔根正是根据组织特征和技术特征确立不同的社会类型。这种研究持久至今,如柴尔德关于城市化和文明的联系,塞维斯(Service)关于游团、部落、酋邦和国家的划分。六七十年代的新考古学在这方面有所发展,提出了聚落形态与从风格上推测的男、女用品的分布之间的关系,例如大型房屋常常与女子用品布局规整而男子用品分布零乱相联,这被认为是从妻居的物质文化遗存。总之,物质现象与社会之间关系的研究主要是通过考古现象的归纳和民族学类比的方法进行的。

另外在这方面的研究中新出现一种符号——结构考古方法,他们的贡献是扩大了有关人工物符号功能相互关系的内涵,这种研究还只是局部的,人工物功能的完整理论尚未形成。

综上所述,宾福德的中间理论是通过研究考古遗存推测过去行为的能力,可用于复原工作。

3. 希弗的中间理论[7]

上面我们介绍过希弗对考古学理论的建构，他认为考古学理论的每个领域（社会理论、复原理论和方法论）都是一个完整的从低到高的完整体系，因此他的中间理论是指各个领域中抽象程度相同处于中层的理论。要了解希弗的中间理论的含义，必须分析考古学理论中三大领域内的等级结构，并确定哪些属于中层理论。但是这种分析是困难的，其结果也是很不全面的，其原因正如希弗本人所说，"由于考古学理论的研究还刚刚开始，某个理论的层次归属以及与其他理论的关系尚难以确定"。

在社会理论领域中，传播论是比较流行的理论，但这一理论中主要是一些基本实体和具体过程等。低层理论三个基本实体是：①文化，即一群人学习来的行为；②特征（trait），例如宗教信仰、婚姻—居住形态，是文化承担者所具有的特定概念的体现；③概念，人们发明或接受的新思想，文化的变化表现为各种特征的增、减，是概念发展的必然结果。概念的发展主要是指概念的创新和传播，可以分为发明、传播和迁徙三个主要程序。在此基础上，传播论者在发明、传播和时间、空间上建立一些联系，例如发明常常出现在文化中心区，其特征呈传染式分布；发明后的时间越长，其传播范围越大。根据这些低层原理可以确定在某一考古学文化内遇到的特性是哪种过程的后果。但是这些低层原理只具有个性特征，不能广泛应用。

在复原理论领域中，等级体系比较清楚。例如在上文讲到的废弃活动的研究中，各种废弃物的形成与活动区的保留过程的关系是低层理论，对各种关系的综合便形成了垃圾流这个中层理论，建立了活动点与垃圾点的联系。但迄今还没有高层理论来解释垃圾流理论所详细说明的垃圾流向的布局是怎样作为文化系统而存在的。在自然转化理论中，木头腐烂过程的研究提供了一个典型的等级例子，木头和其他植物纤维物的腐烂在很大程度上是有机物侵害的结果，如细菌、真菌、甲虫和白蚁，这些有机物生长所需条件的实验法则说明了有机物和木头腐烂之间的联系，例如细菌侵蚀只发生在木头含水量极高的情况下，而真菌的侵蚀则发生在木头处于潮湿状态下，那么进一步说明这些有机物生长所需的条件则要从更高的有机物消化过程原理来阐述，而这些理论已远远超出了考古学的范畴。

方法论领域代表了传统考古，但是已经发生了很大的变化，其表现是与外学科的联系日益密切。调查和发现原理中有许多实验法则表明某种调查技术和某种考古现象的发现之间的关系。发掘原理最近发展缓慢。在分析理论中，新考古学派主张完善类型学以外的分析理论。分析理论中最重要的概念是"痕迹"（trace），它是指一件物体在物理性能上的改变，是一个行为或一个过程可观察的后果。分析的第一步是分离这些痕迹，然后根据复原理论中的物质—行为关系理论、文化转化理论和自然转化理论，确定这些痕迹是哪些过程的结果。有意义的行为和过程所留下的痕迹在分析中被称为特征（attributes），分类学正是根据这些特征进行的。

对证据某一部分进行研究的分析家——如对打制石器、动物骨骼和年轮标本的分析家们——构成了相互关联的不同的同事，从而发展起一些原理，这些原理将形成中层理论。同时各种分析专家在研究中都将碰到类比的问题，这将会促进中层理论向高层发展。

分析中常遇到的问题有四：①特征的测量和类型的划分。例如如何测量石器上的压削特征；②局部与全局的关系，例如如何根据陶器残片推测完整陶器的特征；③根据人工物本身确定痕迹的形成过程，例如区分动物骨骼上屠宰标志和食肉类动物的行为；④选择大量的测量内容，并发展测量的定量化。

推理理论用于估计、综合不同的证据以形成有关历史观点的研究中。这个理论的等级关系可以年代学推理为例，要想得到某一有历史意义的事件的年代，如某建筑的使用年代，考古学家要借助于各种手段取得各种数据，但是这些数据不会是完全一致的，那么怎样评估、综合它们，最后得出这个事件的年代，这是推理理论中一个重要任务。首先，是同一种定年方法所产生的不同数据之间的评估和综合。一种定年方法往往可以测定不同种类的标本，以 ^{14}C 为例，它可以测定贝壳、植物种子、人骨和木炭等，由于每一个被断代的物质种类在它生命期间都受到不同过程的影响，所以即使是同一时期形成的不同的测定标本所测出的数据也不一定完全相符。这样，不同的标本所得到的数据不能简单地同等对待，而要考虑到这些因素。例如现在的实验表明，贝壳和木块测定的年代数据偏早，而一年生的植物和种子则没有这种倾向。根据这些低层实验法则，考古学家把不同标本根据其定年不正常潜在因素给予分类，以便综合不同数据。同样，同一类标本出土的基体对于定年数据的评估也十分重要，在形成年代跨度较小的基体内如房址的标本，同形成年代跨度较大的基体内如地层的标本，它们的定年不正常的可能性大不一样。其次是不同定年方法得出的年代数据的评估，例如同一基体内的标本分别采用了 ^{14}C 方法、热释光和年轮法测得了不同的数据，也有一个评估和综合的问题，并且还要和层位学、类型学得出的年代序列进行比较。最后是根据各种技术测定的年代数据推测某一有历史意义的事件的年代。

通过以上分析可以看出，各个领域内的理论或方法论中确实构成了从低到高的特殊体系。但是低层和高层是相对的，所谓的中层是高于低层而低于高层，究竟哪些理论从整个体系中看正好处于中层，这是很难确定的，因此还是无法知道希弗所指的中间理论在各个理论领域内的确切内涵。

三、结　论

若以学科的理论结构为坐标系，以上介绍的三种中间理论可综合如下（图二）：

明确了中间理论的不同含义后，我们应该发展哪一种中间理论？这应当结合国内外考古学发展的现状和趋势，尤其是中国考古学的实际来回答这个问题。

回顾中国考古学的发展历程，在近二十多年来有两个重要的里程碑：一是区系类型和文化谱系研究的提出，使我国各地区的考古学文化的年代序列基本建立，并探讨了各地文化发展的相互关系。二是古文化、古城、古国的研究，拉开了中国文明起源探讨的帷幕，最近又提出了重建中国史前史这一宏伟的目标。这两个里程碑标志着中国考古学正从时、空框架的基础研究向重构和阐释历史的层次过渡。当然在此之前中国已有史前社会形态和古代等级制研究的大作，而在将来也还会有时空框架研究的进一步深化，这一过渡的内因是中国考古学发展的必然，外因是改革开放以来外国考古理论和方法的介绍以及考古学和其他学科结合的结果。

当前许多学者正在本地区年代序列建立的基础上开始各个考古学文化的生活方式的复原研究。人们开始探索从静态的遗存中得出过去人们行为、社会形态等信息的方法，而这正是宾福德提出的中间理论所要解决的问题。所以在笔者看来，应该发展的当是宾福德的中间理论。当然在这一派中还有更微细的分歧，本文不准备在此做详细讨论。至于拉布的中间理论，考古学在没有解决历史复原之前是无法进行社会理论的研究的，因此他的观点在目前没有实际意义。而希弗的中间理论在很多领域中归属

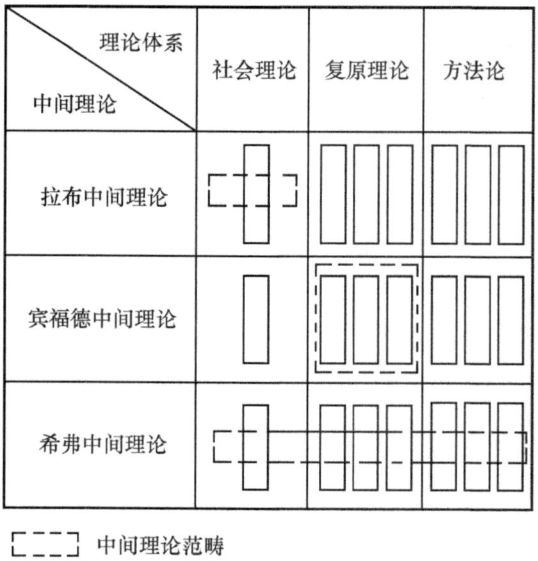

中间理论＼理论体系	社会理论	复原理论	方法论
拉布中间理论	[▯]	▯▯▯	▯▯▯
宾福德中间理论	▯	[▯▯▯]	▯▯▯
希弗中间理论	[▯	▯▯▯	▯▯▯]

[▭] 中间理论范畴

注：此表参考了希弗的文章，见[7]，但略有改动

图二

不清，而且在有些领域，如自然转化理论中，考古学家只对低层理论即应用理论感兴趣，较高层的理论则是其他学科的研究范畴，所以有些领域的中层理论并非能用于考古学，当然也没有发展之必要。所以，我们应当把复原理论作为中间理论，作为通向历史的"桥"。在国外现有的中间理论基础上创造出更适合我国遗存特点和研究课程的中间理论，推动我国考古学的发展，并在世界范畴内为考古学理论的建立做出中国考古学家的贡献。

注　释

[1]　俞伟超：《当代国外考古学理论与方法》"序言"，三秦出版社，1991年。

[2]　见本书第一篇文章，又见杨建华：《试论考古学研究的三个层次及其方法》，《吉林大学学报》1988年第2期。

[3]　戴维·克拉克：《考古学纯洁性的丧失》，《当代国外考古学理论与方法》，三秦出版社，1991年。

[4]　Raab L M, Goodyear A C. "A review of middle-range theory in archaeology." *American Antiquity*, 1984 (49): 255-268.

[5]　Binford L R. *For Theory Building in Archaeology: Essays on Faunal Remains, Aquatic Resources, Spatial Analysis, and Systemic Modeling* (*Studies in Archaeology*). New York: Academic Press, 1977: 1-10.

[6]　Hayden B, Cannon A. "Where the garbage goes: refuse disposal in the Maya Highlands." *Journal of Anthropological Archaeology*, 1983, 2 (2).

[7]　Schiffer M B. "The structure of archaeological theory." *American Antiquity*, 1988 (53): 461-486.

（本文原载《东南文化》1992年第5期，第8～13页）

田野考古资料发表的几个问题

田野考古资料的发表是考古工作的重要一环，其目的是使经过科学发掘的实物和文字记录成为人人都能够使用的资料。在中国，近代考古学开始便有了田野考古资料的发表。随着中国考古学的不断发展，资料发表的水平也在不断提高，例如对遗物重视了数量的介绍，在文、图选用上注重了典型单位的介绍，这些都增加了资料的使用价值，反映了发表者的发掘水平和研究水平的提高。但同时也应看到，这种资料的发表形式逐渐形成比较固定的格式，一方面这种比较固定的格式便于发掘者发表资料，也便于读者阅读这些资料，更有利于研究者从事比较研究；另一方面，近几十年来考古学已经发生了很大变化，表现在方法的更新、遗存反映出的信息量增大、研究领域的拓展等方面，这使得原有的比较固定的格式无法适应这些变化。要使发表的考古资料能携带更多的信息量，从而使研究者进行更广更深的研究，田野考古资料发表的格式也应当不断地改进，使其跟上学科发展的步伐。本文拟对如何改进考古资料发表的问题，谈一些个人看法，目的是能够起到抛砖引玉的效果，引起同行对这个问题的重视。

1. 层位的报导

考古资料的发表主要有两种形式，一种是考古简报，一种是考古报告。两者的主要原则是，前者是如实报导主要发现，后者是如实报导全部发现。在层位关系的报道中，只选用一两个探方壁的剖面图为例介绍整个遗址的地层情况在简报中是可行的，但对于考古报告是远远不够的：一是它不能从总体上反映出全工地的地层堆积情况，二是其他考古学者难以根据这本报告进行深入的研究。作为一本考古报告，层位关系部分应当包括所有探方的地层及相互关系、各个遗迹单位与所在探方地层的关系及各遗迹间的相互关系。这样大量的信息用文字表达是很繁琐的，图表可以简洁、明了地表达这部分内容，这样就可以使研究者从报导中读出许多内容，而不至于受制于报导上的局限。这是增大报告可用性的一个重要途径。一本好的报告不仅是只为发掘者提供一些观点或一两篇论文，而应是为其他研究者提供更多的研究素材。一次田野发掘的内容是非常丰富的，发掘者的注意力是受其本人的学识水平和当代学术水平等多方面因素制约。一部充分报导的考古报告将远远超出发掘者研究能力和范围，所以从这个意义上说简报和报告的价值是永恒的。

2. 遗存的报导

在遗存的报导中，一个突出的矛盾就是十分有限的篇幅和遗存特征的无限性，也就是说，怎样在有限的文字中报导出最有"价值"的信息（当然，这个"价值"是随着考古学科发展而不断变化的）。在以往的遗存报道中，尺寸的介绍占据了重要位置。其实，这部分内容可以从发表的器物图的比例中得知。遗迹描述中平面和剖面形状，也在图中反映得很清楚。这些内容都没有必要重复报导。对遗物的描述还有主要部位特征的介绍，这反映了发掘者观察该器物的出发点，也是分型分式的根据，自然很重要。

在以往遗存报导中，最缺乏的重要信息是它的出土环境（Context）。遗物出土环境，与遗物本身一样成为考古学研究的对象，是金石学或古器物学向近代考古学转变的标志。出土环境资料来自田野考古。由于了解了遗物出土的层位，才使得考古学文化和它的时空框架的建立成为可能。但是遗物出土环境并不只是它的出土层位，还包括包围着它的物质、共生物、放置情况、完整或残缺情况等等。这些信息可以帮助考古学者推测遗物的功能以及当时人们的行为，所以它们越来越受到重视。

例如中国史前考古中红山文化女神庙的发掘，使以往见诸报导的妇女塑像，作为重要的原始宗教的证据而受到人们的关注。在这类研究中，多是从它的形状出发，与外国同类物或民族志中的同类物进行比较，对其功能进行推测，而很少从它们的出土环境来考虑。这是因为在女神庙之前发现的这类遗物常常忽视了对其出土环境的详细报导。它在遗迹单位中的出土位置以及它附近有没有火痕、灰烬等其他宗教场所常见的迹象或许能表明它是处于使用阶段还是废弃阶段。同一类器物出土位置的不同说明它们的用途不同，可以帮助我们从功能角度对其分类。例如在两河流域，一类人像出在居住址，常常是在具有宗教功能的房屋附近，而另一类人像出在墓中，它们的功能应是不同的。更加详细的出土环境资料有助于我们判断这些人像是用于巫术还是代表祭拜者的还愿像，抑或是人们祭祀的神像，或是与宗教无关的物品。

在陶器的报导中，完整的残缺情况应予以重视。通常只说"可以复原的陶器"或"完整陶器"，在这里应区分以下几种情况：第一种是发现时就是完整的；第二种是几乎所有的陶片都保存下来得以复原的；第三种是勉强找到由口到底的陶片，推算出直径按弧度复原的。在第二种情况中，还可以分为全部陶片是在一处发现的和这些陶片是在不同单位找到的两种情况。这些情况对于我们判断这些陶器出现在这里的目的提供了第一手资料：它是当地放置后被自然或无意毁坏还是被有意打碎？在生活中破碎的陶器是及时扔入垃圾坑还是长期保留在使用地？

山西白燕遗址F2是一座庙底沟二期时的地穴式房屋，出土了几十件陶器，这些陶器大多是根据原有陶片复原起来的，很少使用石膏。其中一半为彩陶器。彩陶器的碎片大小均匀，一般为边长4~5厘米的四边形或多边形。彩陶片粘在一起后发现粘缝两侧的陶片颜色深浅不一，这是陶器打碎后有的经过火烧有的未被火烧所致。这些彩陶片部分出在居住面，有些上面有灰烬，还有一些出自填土。房内填土是纯净的黄土，应是从遗迹之外取来短期填入的而不是废弃后逐渐形成的，填土中的陶片应是有意掺入的，而不可能是扰动居住面而混入的。根据这些现象我们推测：当时人们首先把彩陶器有意砸碎，一部分在居住面上，有的用火烧过，另一部分放入填进房内的净黄土中。这个过程包括了毁器、燃烧和填入净黄土。燃烧被认为是使某种物体从一个世界转化到另一个世界的方法，毁器在一些考古学文化中是作为随葬器物的必要程序（如两河流域哈拉夫文化），填净土是建筑宗教庙宇的一种办法［如苏美尔的月神"南纳（Nanna）"庙的建筑］。以上这三种现象都是宗教场所中常见的。所以F2反映的是一种宗教仪式。从这个例子可以看出，贴对起来的陶片所出土的单位是非常重要的信息。

完整陶器在遗址中的频繁出现应反映了一种有意义的行为。在两河流域乌鲁克文化（Uruk Culture）的庙宇中，发现大量的完整的碗，根据形态被叫作"斜唇碗"。碗的容量非常统一，似乎有着"量"器的作用。一种观点认为是向神庙供奉谷物的容器，另一种观点认为是劳役人员从神庙领取配发口粮的容器。"斜唇碗"说明了苏美尔神庙的经济功能。

总之，在对遗存的报导中，尺寸方面的重复性描述应删减，对遗物主要部位介绍应保留，有关出土环境的内容应增加。这种增加的内容将会使遗存的描述显示出个性。

3. 对其他方面的报导

任何一次发掘，都受到遗址保存情况、发掘者个人素质及发掘时间和条件等多方面制约，在发掘中遇到的各种现象很难通过发掘全部弄清。报告中可否把没有弄清的问题提出来。这样，下一次发掘这类遗存就会有意识地注意它，这样有助问题的解决。报告中还应包括发掘者根据一些迹象所作的一些推测。这是对问题的不确定的结论，还有待今后发掘加以证实。在中国和外国早期考古文献中，多有对发现和发掘过程的描述，其中包括了对迹象的描述和推测。现在各地考古报告发表趋势是越来越格式化，因而这部分内容几乎没有了。著名英国考古学家霍德（Ian Hodder）曾在《古代》杂志撰文：现在的考古报告多是一些数字和术语，不使用"我"这种人称。报告中常见的语言多是"通过比较可以看出……"之类，似乎描述本身就能解释。在这种中性语言中，没有问题，没有争论，这种缺少人文精神的写法增加了读者与作者的距离感。

作为考古报告，还应报导发掘者尚无能力研究的信息，而且应当尽量详细。例如在日本，贝丘考古始于1877年。由于对日本人种做研究，发掘了许多贝丘，得到了许多绳纹时期人骨骼的资料。在这种发掘中，贝层很少被详细报导，为了建立绳纹时代陶器编年的贝丘发掘，贝层是作为出土陶器的层位而受到重视。其中的动物遗存也没有成为调查、记录的中心，只是报导了动物的种属和"多"或"少"的描述。现在人们想研究贝丘所反映的人们行为，根据这些定性报导是无法进行的。这个例子说明一个发掘者在报导资料时要有发展的眼光。当前，中国考古学在建立各地考古学文化时空框架和谱系的同时，已开始尝试对考古学术文化结构（即生产力水平、社会组织等方面）进行复原。考古资料的发表应为后者提供更多的信息，使得这种"尝试"形成有中国特色的考古学方法。

4. 报导中的主观研究与客观描述的关系

把发掘出来的实物和记录写出简报和报告，是一个整理、分析和研究过程，必然反映出发掘者主观的认识，例如对类型式的划分。这种研究如果反映了器物变化的内在规律，将成为指导一个时代考古的分类标尺，但如果划分的不合理，将影响这批考古资料的科学价值。所以有些学者通过发表的资料对遗址进行研究时，不是从报告的类型划分出来，而是从某一单位的陶器组合出发。要弥补这种主观性对资料的影响，可以多发表一些比较理想的遗迹单位，包括遗迹和其中的全部遗物。对于文图未介绍的遗存可否用表格形式将其发表。例如对未见诸文图的陶器的尺寸以表格形式发表，将会为龙山时代陶器生产的标准化问题提供珍贵资料。

考古资料的发表，对于发掘者来说是总结和研究，对大多数未参与发掘的学者来说，是研究的基本素材。所以资料的发表是发掘与研究之间的联结点。改进考古资料的发表形式，既可以提高发掘水平，又能够促进考古研究向广度和深度发展。

（本文原载《中国文物报》1997年6月22日）

从美洲考古学史看新考古学

新考古学自20世纪60年代以来,在考古学领域中具有相当的影响。本文拟从美洲考古学发展的角度介绍新考古学的产生和它的理论、方法以及一些研究成果,并谈谈对新考古学的一些粗浅看法,以求教于考古学界的前辈和同行。

一

新考古学起源于美洲。要了解它必须首先从美洲考古学的历史谈起。

现代意义上的考古学,始于欧洲文艺复兴时代人们对古典时期遗存的寻求。这些遗存的发现使欧洲人第一次用比较的眼光看待其他文化,从而产生了考察不同时代文化差别的考古学和不同地区文化差别的人类学。

欧洲人来到美洲新大陆以后,对当地印第安人和他们的起源以及土丘遗存产生了浓厚的兴趣,开始了美洲考古。美洲考古从产生到现在,已经有400多年的历史。根据研究的目的和方法,威利(Gordon K. Willey)和赛布罗夫(Jeremy A. Sablof)把美洲考古的发展大致分成五个阶段[1]。

从1492年哥伦布发现新大陆到1840年为第一阶段。为了了解这片陌生的土地和人民,欧洲人开始了旅游和调查,形成了最早的民族学记录,并有偶然的考古发现。其中最重要的是第三任美国总统杰弗逊(Thomas Jefferson)1784年对弗吉尼亚州土丘的发掘。他在12英尺厚的土丘堆积中划分出不同的地层,并指出土丘中埋葬的骨架不是同一时期的,而是从下到上逐渐埋入的。这次发掘被称为"考古学史上第一次科学发掘"。当时人们最感兴趣的是印第安人的起源和土丘的建造者。由于对这些问题的解释主要靠推测,所以称作推测阶段。

从1840年到1914年为第二阶段。这个阶段的重点是对遗存的描述,并从这个目的出发对遗存进行分类,可称作描述-分类阶段。

19世纪欧美的一些自然科学和社会科学对美洲考古学有很大影响。例如莱尔(Charles Lyell)的《地质学原理》,达尔文(Charles Darwin)的生物进化论,汤姆森(C. J. Thompson)关于石器时代、青铜器时代和铁器时代的划分,摩尔根(Lewis Henry Morgan)的蒙昧时代、野蛮时代和文明时代的提出以及蒙特留斯(Oscar Montelins)的类型学和由此而建立的北欧遗物相对年代序列。这些学术成果促进了美洲考古的专业化和科学化。出现了一批学术杂志和学术团体,并在大学设立了考古专业。

土丘遗址的发掘与当地印第安人的民族学记载以及人骨测量的结合,证明了土丘的建造者正是当地印第安人的祖先,使争论了几百年的问题得以解决,并形成了考古学与人类学结合的学术传统。根据土丘的分布和内涵的相似性,将土丘进一步划分成不同的考古学文化,但当时还不能将这些文化在地层学的基础上联系起来,形成一个地区性文化序列。在这一阶段后期,著名考古学家乌勒(Max Uhle)根据秘鲁陶器的风格差异和地层,建立了美洲第一个地区性年代序列,为美洲考古向下一阶段的过渡做出很大贡献。

20世纪初,美洲人类学有很大发展,出现了著名的博厄斯学派。在其影响下,美洲考古学拒绝已有的进化论理论,认为美洲历史特殊,需要在田野调查和发掘的基础上,收集第一手资料进行严密的归纳,得出适合美洲历史的理论性总结。这就是所谓"文化历史学派"[2]。

1914年到1940年为第三阶段。人们已从遗存的形式分类中意识到了它的年代意义,并把年代作为这一阶段的中心,以此为目的对遗存进行分类,可称作分类-历史阶段。

在1914年前后,地层学方法从欧洲传入美洲。此后的20年间,这种方法遍及整个美洲。到了这一阶段末期,各地文化序列基本建立,并初步进行了跨地区的比较研究。在"地层学革命"中,最有影响的人物当推基德(A. V. Kidder)。他在美洲西南部首次大规模地运用地层学方法,把遗址的地层和年代的研究扩展到地区范围内文化序列的建立。此外,器物排比的方法和考古学与人类学结合形成的"直接历史法"(the direct historical approach)对年代序列的建立也起了很大作用。

这一阶段遗存分类的重点是陶片,它被看成是搞清文化在时间和空间上变化的关键。同时对文化也进行了分类。有按年代和发展程度划分的阶段划分法;也有根据达尔文关于生物进化有谱系可循理论,按文化间亲疏关系划分的谱系划分法;还有二者兼而有之的年代-谱系划分法。

1940年到1960年为第四阶段。这一阶段人们开始把注意力由对年代的分析转向对恢复古代人类行为的研究,其中确立遗存功能是一个关键问题,出现了从功能出发对遗存分类的讨论。这一阶段可称为分类-功能阶段。

20世纪40年代初期,一些考古学家对以年代为核心的研究开始感到不满,人类学家对考古提出了更尖锐的批评,认为以往的研究目标太狭窄,应该把对一个文化的研究方面扩展开。于是开始了对考古学目的和程序的反思。其中主要代表人物是泰勒(Walter W. Taylor)。他在1948年发表的《考古学研究》中把考古学分成"编史"的和"文化人类学"两个阶段。

为了通过遗存来恢复人们的行为,首先开始了遗存功能与分类的讨论,这一阶段不仅根据遗存的形状确定其功能，还要从全部遗存中考察，尤其是它在堆积中的位置。例如遗迹从形状和平面布局综合考虑可以分为建筑-居住遗迹、农业采集遗迹、军事和狩猎遗迹等。通过这种划分考察当时人的活动。在分类目的和类型性质的讨论中，福特（J. A. Ford）认为，分类的目的是确定年代，研究变化规律。因此类型的划分如果不反映年代是没有意义的，类型是分类者主观"强加于"人工产物的。以马丁（P. Martin）和罗斯（I. Rouse）为代表的另一些人则认为，人工产物是过去文化行为的记录，如果把分类目的扩大到年代以外，遗存还可以说明更多的东西。因此类型是存在制造者和使用者心中的，要靠我们去"发现"。斯鲍丁（A. C. Spaulding）提出用统计方法寻找遗存各种特征之间的组合规律来"发现"类型的方法。另外还展开了聚落形态和生态环境的研究。

这个阶段的主流仍是文化时、空框架的建立。二次大战后田野发掘的迅速发展使原有的地区年代序列更加准确和详细，并开始了跨地区的研究。在这方面的研究中出现了文化传统和时代风格两个概念。前者是指存在于某一地区延续时间较长的文化因素；后者指存在于较大地理范围内流行时间较短的一组文化因素。这两个概念对于文化的时空和谱系关系的分析具有重要的意义。

^{14}C定年法不仅使一些悬而未决的文化年代和序列得到确定，而且为下一阶段的出现提供了必要的前提，它使各地区绝对时间范围内文化间的对比、各文化序列变化速度的对比和各种文化因素传播速度的对比成为可能。于是人们开始从发展和传播的角度看待整个美洲考古学文化，并试图探讨形成这些差异的原因。这时期的最高研究成果是威利和菲利普斯（P. Phillips）对美洲考古划分的五大阶段以及各阶段在技术、社会和意识形态方面的标志。但是由于受美洲人类学的影响，他们不承认自己的研究方法是进化论的方法，哪怕是处于排列资料这个初级阶段。他们认为，如果用进化论来解释文化变化，那就意味着决定论，即文化的发展变化中存在着因果关系。

从1960年至今为第五阶段。这一阶段的主要特征是新考古学派的出现。它以文化过程的解释为目标，因此又把这一阶段称作解释阶段。

威利和菲利普斯对美洲文化发展的普遍性总结，使人们从中看到了各地区文化的发展既有共同规律，即可以划分为几大阶段，又有其自己的发展道路。怎样解释文化发展的过程，文化发展和变化的根本原因是什么？正是考古学研究本身把考古学带到了"解释"的门槛。

文化进化论在美洲的兴起是新考古学出现的重要条件。人类学家怀特（L. White）提出用文化进化的观点解释文化过程。怀特的学生麦格（B. J. Megger）反对美洲历史特殊论，主张进化论。她说：进化论的作用就在于它可以使观察到的条件更容易被理解和得到简单的解释。到了60年代美洲考古学家都心照不宣地接受了进化论，这不仅应归功于社会人类学家像怀特和斯图尔特（Julian Steward）的影响，更主要的是考古学本身的成果——清楚的年代序列，进化论已从文化序列的对比中产生出来。人类学家斯图尔特在文化生态的基础上，集中研究了每个文化对于环境的适应情况提出了多线进化论。马林诺夫斯基（B. Malinowski）的功能学派对美洲考古也有很大影响，形成了把文化作为一个系统来研究的观点[3]。考古学家亚当斯（Robert McC. Adams）利用文化之间的对比说明文化进化，反对单一原因论，主张从认识导致重大阶段性转变的复杂性和各事件之间的依赖性入手，解释文化发展的原因。他已含蓄地指出用系统方法分析"复杂性和事物之间的联系"[4]。正是在上述思想影响下，宾福德（L. R. Binford）比较完整地提出了研究文化过程的方法。他在1968年发表的文集被看成是新考古学的代表作。

通过上述分析，读者可以看出几百年美洲考古学研究目的和方法的嬗替和演变的梗概。1840年以前，美洲考古学处于业余爱好者的收集阶段。1840～1914年是向专业化考古的过渡。随着遗存发现量的增多，人们在根据形状对遗存分类的同时，开始寻求造成类别之间差异的原因和分类所包含的意义，而地层学是解释这种差异的一个重要手段。在这个阶段，虽然也有人运用地层学方法研究年代问题，其中不乏真知灼见。但同当时对器物进行分类和描述的主流相比，这方面工作显得很单薄。地层学方法在美洲的广泛使用是在1914年以后，这标志着美洲考古学成为一门真正的科学。在人类学思想影响下，美洲考古学强调美洲历史的特殊性，因而拒绝旧大陆已有的理论，坚持从美洲考古资料出发进行重新归纳。1914～1940年，美洲考古学的目的是建立考古学文化的时、空框架，方法是地层学和类型学。1940年以后，从致力于严格的历史编年逐渐转向具体的遗址或文化的史前生活方式的复原，要从"物"中研究"人"。根据这一目的，开展了人工产物功能的研究，文化生态环境的研究以及聚落形态的研究，把研究的对象从遗物和遗迹扩大到遗址以及遗址周围的环境。虽然这时也有人在文化复原的同时，做出一些探源究流的工作，但仍是极少数。大量的考古文化序列使美洲考古界重新认识了文化进化的理论，于是出现了美洲考古学界60年代以后大规模地、明确地用进化论解释文化过程的研究，它标志着美洲考古学发展到了一个新阶段——对历史发展过程和原因的探索。

二

所谓新考古学就是从进化论的观点出发，用系统论方法来解释文化发展的过程。

进化论是新考古学的理论基础，它把文化发展的过程看成是进化的过程。哈格（W. G. Haag）在《进化论在美洲考古的地位》中说进化论"是物质文化发展以及从中推断出的人类行为、思想和感情的发展在形状和功能上的变化"，威利进一步指出"文化进化是一个选择的过程"。文化进化论把技术-经济领域看成是变化的决定因素，而社会组织和意识形态是第二位的。这种思想最早是由英国考古学家柴尔德（V. Gordon Childe）提出来的，他把技术变化看成是文化演进中的原动力。

文化系统源于马林诺夫斯基的"功能主义"。他认为，文化是由传下来的人工产物、技术过程、思想、习惯和价值观等组成。每个完整的文化都包含一系列分立的但又有联系的方面，在社会中具有双重作用。功能主义把文化看成一个连续调节的稳定的自我控制系统。因此，在研究文化的某一方面时，不仅研究其本身，还要考察它与文化其他方面的联系以及它在整个文化系统中的作用[5]。例如从妻居制度的定居形态，要注意它与婚姻形态、权力继承，以及父母和母子之间的关系。居住形态虽然不像文化的技术方面那样直接影响社会的生存，但是它在维系社会系统中起到了间接的作用：维护了母权制，保证了经济的连续性，减少了争斗，使正常的权力和财产的转让和继承成为可能，为母居集团的联系与合作创造了条件。

文化系统的观点主要是从共时的角度研究文化，因此适用于文化稳定状态的研究，而在观察和了解文化的历时变化状态时，有很大的局限性。它所利用的机制平衡模式（mechanical equilibrium model）像一个发条装置，没有变化的内因，或者所有的相互联系都是使偏差缩小的负反馈，整个文化系统总是保持动态中的平衡。当文化系统论与进化论结合在一起时，文化系统的模式发生了很大的变化。在这个系统中既有变化的外因，也有变化的内因；既有使偏差缩小的负反馈，又有使偏差放大的正反馈。因此，可以用于研究稳定状态和变化状态的文化。这种模式从历史的角度看，揭示了文化发展变化的轨迹。

文化系统论的观点是由宾福德具体化的。他在1962年发表的《作为人类学的考古学》一文中把文化系统分成技术、社会和意识形态三个子系统，认为必须确定与这些子系统相关的诸遗存，并解释它们在功能上的相互联系，这样才能研究这些遗存与相关的子系统之间变化着的结构联系，从而达到理解文化系统进化的目的。但并不是一种遗存只有一种功能。例如陶器，它被分在技术方面，它的功能是获取、传送、贮藏和准备食物和水，所以陶器的许多特点，如陶质、制法、形状和大小都直接与这方面的功能有关。但陶器又与社会组织功能有关，如陶器上的纹饰反映了家族、血缘关系和社会地位，有些还有意识形态方面的功能。《陶器理论与文化过程》是新考古学在陶器方面研究的代表作，它讨论了陶器在说明文化时、空关系和谱系关系以外研究历史的能力，介绍了人类学中陶器与自然资源和气候的关系以及陶器与文化的其他方面如农业、定居、人口、需求和技术革新的关系，并说明它们在考古中的应用[6]。

文化生态学是从文化适应环境的能力考虑的，文化适应手段的变化导致了文化的变化，这是生物进化的类比物。各种生物都在不断地调整自己以适应环境。因此，进化就是调整的过程。生物对自然环境的适应是由遗传实现的，我们观察到的这种进化是逐渐的、不灵活的，要通过若干代才能看出来。而人类文化对环境的适应则是快速的、灵活的，从很短时间内就可以看出。从前的文化生态学是把文化和自然环境分别作为一个整体来研究两者之间的关系，是一种线形模式。弗兰纳瑞（K. V. Flannery）把系统论引入文化生态的研究之后，便形成了文化生态系统模式。文化生态系统分文化亚系统和环境亚系统，文化亚系统又分技术、社会和意识形态部分；环境亚系统分物理、生物和其他文化几部分。亚系统中的各部分还可以再细分，如社会部分还可以分成政治、经济和亲属制度等等。在这个文化生态系统中，文化亚系统的技术部分常被看作文化与生态环境的桥梁[7]。但文化生态学并不是环境决定论。自然环境提供了技术开发的可能性，而文化中的技术水平决定了它所开发和利用的自然环境的部分。例如对某一地区的文化序列中诸文化所利用的自然环境进行研究，就可以发现每个文化开发的资源都有所不同。在美洲，早期的狩猎者开发的生存资源非常有限，西班牙殖民者把马引进美洲以后，这些狩猎者学会了骑马，加快了游动速度，猎取更大地域范围内的猎物。新的技术手段使他们可以开发新的资源。每种技术开发了环境的不同领域，因而重新决定了环境。

从进化的、历时的角度运用文化生态系统方法研究文化，就是把文化看成是在很长时间范围内一种持续的文化适应过程的系统，也叫作文化过程的模式。根据这个模式，文化适应的效率可用两个标准来衡量：生存和发展。如果一个社会与自然环境很适应，就可以取得这种平衡状态。在这种情况下，适应包括对现存技术的改善以及社会组织和意识形态方面的调整，但是整个文化没有大的变化。这时生存是衡量适应效率的标尺。因纽特人正是取得了这种稳定的适应，导致了没有发展的生存。在另一些情况下，人类社会则得到了发展。这种发展或起因于环境，或起因于文化（主要是技术部分）。技术水平高了，生产的粮食多了，人口就会增长，社会组织和意识形态也将相应地发生变化。这种发展就开始了，不断地发展将最终产生对技术、社会组织和意识形态新的压力，引起新的社会变化。从这一点看，每个文化生态都可以达到它发展的极限。例如，每种自然环境和某种技术对于其负担的人口数量都有一个最高限。但是不同的自然环境和技术的潜力和效率是有差别的。温度适宜、土壤肥沃的自然环境会比干旱、贫瘠的土地提供更多的粮食，维持更多的人口；社会组织对于治理和开发自然资源的潜力和效率也大不相同，有组织的专业化劳动比个别的非专业化的效率要高得多；意识形态对于生产也有不同的影响。

对比各种自然环境下文化的发展轨迹，就形成了多线进化论模式。它一方面强调文化的各自特点和不同的发展道路；另一方面又承认各个文化在其发展过程中有相同的阶段性，存在着可以认识的普遍规律。

系统科学（包括一般系统论、控制论和信息论）的兴起，反映出现代科学思维方式的一个总体改变，形成有机论的思维方式。它对新考古学的产生有很大影响。把系统科学详细地介绍到考古研究中的是英国考古学家克拉克（David Clark）[8]。他在《分析考古学》一书中，首先阐明了系统的概念，进而把系统作为理解和解释文化的模式；根据控制论原理，分析了文化系统在某种条件下发展轨迹的多种可能性和它们的概率，把文化在环境中的自我选择看成是系统的能动性和自主性的典型表现，是系统自我规定和自我发展的基本机制；从信息论出发，把文化作为信息系统来研究，对传入文化的各种信息进行分类，研究它们对文化的影响以及文化做出的各种反应。他认为把系统论作为考古研究本身的过程以及产生它的文化实体（entity）的模式，而不区分这种实体所代表的系统种类的做法，太简单化了。因此他把系统论用于考古研究中，确立了由低到高不同层次的考古学实体——人工产物的属性、由属性构成的人工产物、类型、组合、文化、文化群和技术复合体。每一个高层次的实体都是由若干个低层次实体构成，由此形成一个系统。掌握了低层次实体变化的程度就可以准确地把握高层次实体的本质和它的临界值。这种研究不同层次的考古实体的组织原理，揭示各种实体系统自我运动、自我发展的动力和控制的方法叫作分析考古学。它使考古学研究定量化，从而更加科学和精确。但书中并没有讨论如何具体运用它，实例很少，且多是民族学的例子。

新考古学的研究方法与现代哲学中的实证化倾向一样，反对归纳法，认为只有演绎法才是科学的方法。演绎法是根据已有的理论进行演绎，形成假说，然后再收集考古资料，验证假说，保留与事实相符的部分，摒弃与事实矛盾的部分，对假说进行修改和补充，然后再收集资料加以验证。这样循环往复，使假说逐步完善。制定假说的理论中有一部分是从考古资料中归纳综合出来的，还有一部分是来自人类学等其他学科。

新考古学在研究方法上的另一个特点是广泛利用自然科学方面的研究成果。在遗存功能的确定和恢复文化的生态环境方面，对各类遗存的鉴定手段比较全面和准确。从系统观点出发，统计学和电子计算机在考古研究中有着重要作用。在年代的确定、遗存的分类和遗址发掘的随机性选择以及模式的多变量分析方面广泛使用统计方法。对文化系统分析时，采用计算机模拟的方式。但是统计技术和计算机对于考古学家来说只是一种工具。

在复原历史方面，新考古学的研究广泛地采用类比的手段。类比的原理是：由两个对象在一些属性上相同，就得出此二对象在其他属性上也相同的结论。这种推理就叫作类比法[9]。在考古研究中，正是广泛地使用类比，从已知事物和与已知事物的联系推测未知，以达到复原历史的目的。类比中最重要的来源是民族学资料。根据民族学资料与考古资料之间的关系可以分为"特定历史类比"（specific historical analogy）和"一般比较类比"（general comparative analogy），前者只限于将考古资料与有亲缘关系并属于同一地区的民族进行类比，"直接历史法"就属于这一种，它在考古研究中有着重要作用，并被广泛接受。但是并不是所有研究都具备这种条件。"一般比较类比"是将考古资料与民族学资料进行广泛的比较。例如摩尔根从美洲印第安人处于原始社会的易洛魁部落中了解到了母系社会，由此推断希腊、罗马的原始社会也经历过一个母系社会阶段。这种方法的使用在考古学界争议很大。张光直在《考古学与民族学联系的主要方面》一文中讨论了这两种类比，强调了"特定历史类比"的重要性。宾福德则认为，如果完全依赖"特定历史类比"，就限制了遗存复原历史的能力。在这方面，"一般比较类比"具有更重要的作用。

为了全面地复原历史，新考古学很重视通过遗存恢复人类活动的方法的研究，认为这是复原历史必不可少的途径。代表人们活动的各种遗存是经过当时人们的制造、使用和废弃逐渐形成堆积的，又经过数千年自然和人为因素的破坏，才为我们所发现。如果在利用遗存复原人们活动的研究中不了解这一过程，就会使这种复原简单化、绝对化了。宾福德认为："到现在为止史前研究的不足之处，是把与人工制作的遗物共出的东西都归结为人工所为。"所以他首先提出了"中程理论"的研究，其主要任务之一就是了解遗址形成过程。威利和赛布罗夫也认为在将来的几十年内，"中程研究"将成为考古学理论的核心[10]。在这方面，只有综合第四纪地质学、埋藏学、动物考古学、实验考古学和民族学的研究成果，才能获得大量可供对出土遗存进行类比的资料，使遗存恢复古代人类活动的潜力得到既是谨慎的又是最大程度的发挥[11]。

新考古学中大量的著作和论文都是有关理论方面的论述和新方法的介绍，而很少讨论在考古研究的具体实践中如何有效地应用并检验这些理论和方法，对遗存进行这种研究的成果比较少。在这些研究中主要是对文化系统中社会形态和技术方面的考察。

有关社会等级差别的研究可以宾福德对旧铜器文化（Old Copper Culture）的解释为例。他从进化论的观点出发，运用系统方法和演绎法检验他的有关旧铜器文化的假说。

旧铜器文化是存在于美国东北部"古代时期"的唯一具有锻打铜器的文化。但是这个文化的铜器在这一地区其后的文化中消失了。这种现象似乎与进化论关于效率高的工具要代替效率低的观点相矛盾。如何看待这个文化中的铜器？宾福德根据怀特提出的文化进化的能量潜在理论，认为用于采集矿石和制造工具的时间和人们估计的铜器效率相抵消了。他进一步指出，旧铜器文化中的铜工具不是实用的，而是人们获取某种地位的标志。然后他从系统论的观点出发，援引了多方面的证据支持了他这一假说。首先，从旧铜器文化所处的背景看，它处于古代期这个平均主义社会时期，所以这个文化只能是平均主义的简单文化。另外，铜器数量很少，说明它不是一般的工具，而且又主要出在墓中，更进一步证明它不是实用器。以上的证据与假说都不发生抵牾。因此可以把旧铜器文化中的铜器看作是在社会上取得某种地位的标志。这种标志物在人死后又变成了随葬品，而没有留给他的后人，说明这种地位还不是世袭的，这个结论与平均主义社会也是相符的。宾福德的假说正确与否还有待更多的旧铜器文化的考古资料来证实。但是他认为"只有系统地引证才能得到广泛的解释"，这个看法是正确的[12]。

墓葬对于说明社会形态的作用是近十几年才引起注意的。拉斯耶（William L. Rathje）考察了从前古典时期到古典时代晚期随葬品的数量、质量、墓葬形制和墓主人年龄、性别的关系以及与不同等级的居住地（分宗教中心和小村庄）的关系，从而证明了阶级等级的日益严格，并把墓葬方面的变化放入整个文化系统来说明玛雅文明衰落的过程[13]。

对于居住形态中反映的社会组织的研究是近十年来被人关注的另一课题。蒂兹（J. J. F. Deetz）的论文《阿利卡拉（Arikara）陶器风格变化的原因》是这方面研究的典范。他收集了阿利卡拉地区发掘的原史到历史时代遗址中房屋出土陶器的资料，利用计算机分析了陶器的特点（主要是纹饰的特点）、出土陶器的房屋特点以及陶器与房屋共生关系的特点，提出陶器的纹饰特征与从妻居的房屋结合是有组合规律的，而随着从妻居制度的崩溃，这种结合也变得杂乱无章了。陶器的演变序列和房屋由大变小的发展趋势恰恰证明了他的论点。当地民族学材料也说明，阿利卡拉地区是妇女制陶，从妻居的房屋要比简单的从夫居房屋大。这说明阿里卡拉地区从原始向历史时期过渡的遗址反映了父系制代替母系制的过渡[14]。

墓葬、聚落形态和人工产物之间的差别说明了社会等级、居住形式和血缘关系，而研究经济和人口问题的关键则是文化与生态的研究。关于文化与生态的关系，克拉克用这样一个公式表述：

$$E \rightleftharpoons (K)S$$

E代表生态环境，S代表文化，K代表缓冲力，即文化对生态的控制能力。控制能力越强，生态对文化的影响就越小，而控制能力的强弱是由社会经济水平决定的，两者之间成正比。社会经济水平可用这样一个公式表述[15]：

最大人口集团的最慎重的人口数字 × 人工产物类型数量

麦克尼什（R. S. Macneish）专门研究中美洲农业起源。他通过研究当地生态环境中生物种类、遗址布局和遗址内涵，提出了半定居时期人们的生存方式与聚落形态。他认为，在潮湿季节，当地居民形成较大的居住营地，采集各种野生植物并栽培少量植物。到了干旱季节，人们便形成小规模游团（bond）分散开，采取其他获取食物的方法。到公元前1500年左右，这种半定居被最初的定居村落和小规模的宗教中心所取代[16]。

新考古学从60年代产生以来已有20多年的历史，也在不断地发生变化。一方面是理论与方法和考古实践的联系有所加强；另一方面则是新考古学派对已有观点的内省，一些人对于只用文化进化的论点解释变化原因提出异议，指出文化变化的原因并非都来自生产力，社会形态和意识形态也会成为文化进化的原因。对于新考古学在80年代的情况，笔者由于手头资料有限，无法作详细评介。后藤明等《欧美考古学的动向——理论与方法论的再探讨》的译文为我们提供了这方面的最新信息[17]。

三

新考古学自产生以来引起了世界范围内的争议。欧洲的许多考古学家持反对意见。对于新考古学产生的原因，丹尼尔（Glyn Daniel）在《考古学简史》一书中说道：新考古学的产生是由于美洲文献史料的缺乏，几个世纪以来对世界历史没有产生过什么影响。美洲考古学家（主要是北美）对这种考古遗存的贫乏感到沮丧，因而他们要寻找避难场所即对理论与方法的讨论，花费许多时间讨论文化过程的解释和总结文化发展规律；对于新考古学的研究目的即探讨文化发展规律，丹尼尔认为，考古学只是记录、描述、评价和理解人类的过去，研究人类活动的规律是注定要失败的；对于新考古学的主要观点，丹尼尔认为，考古学历来都是研究文化进化过程，这些新考古学派似乎不了解考古学史。系统论的观点泰勒在20世纪40年代已经提出。所以新考古学并不那么"新"[18]。

丹尼尔对新考古学产生的原因所做的分析似乎太刻薄了，笔者不敢苟同。要回答这个问题，首先应从历史的角度考察。

从1914年考古这门学科在美洲真正确立以后，由于地层学和类型学的广泛使用，各地区文化序列迅速建立起来，并开始了文化谱系的研究。1940年以后，考古学研究的注意力转向了对文化的全面复原。这样的转变不是偶然的。当占主导地位的研究目的和方法发展到比较完善之日，也就是人们的注意力开始转移之时。一方面，到了这个时期，原来目的的研究课题越做越少，人们感到考古研究的目的似乎太狭小了，于是很容易引发深谙此道的高手或初出茅庐的新人产生另辟蹊径的念头；另一方面，时空框架的建立为文化的全面复原创造了条件，为后者打下了必不可少的基础。但是从总的目的看，不论是文化时空框架的建立，还是文化的全面复原，都属于对文化的历时和共时的描写，而60年代以后新考古学的目的是对文化过程进行解释，就是从文化发展的具体历史中抽象出"过程"，并加以解释，探索这些过程的前因后果。因而与描述考古学是完全不同的，可以称为以解释为目的的考古学。前者使人知其然，后者使人知其所以然。纵观美洲考古发展的历史，解释考古学是描述考古学发展的必然结果。

另一方面，任何一个学科的发展都要受到时代和其他学科的影响。自然科学的发展以及自然科学向社会科学的渗透为考古学提供了新的鉴定手段和研究方法；现代思维方式改变了考古学研究中原有的思维模式，体现了文化过程内在的有机联系；人类学中功能主义、结构主义、新进化论和文化生态学等流派[19]和新史学中用分析解释取代叙述归纳的方法[20]，为新考古学的形成提供了必要的条件。

但是新考古学为什么产生于美洲而没有出现在考古历史更加悠久的欧洲呢？

首先，美洲各地区文化序列和谱系的研究为全面复原和解释文化发展过程提供了坚实的基础；广泛利用自然科学的成果，主要是断代和各种遗存的鉴定方法，为时空框架的建立和文化复原提供了有利的手段；但是最重要的原因是美洲考古的学术传统。旧大陆的考古学是在文献历史学的影响下产生的，与文献历史学关系密切，因此注重历时的纵向研究。如果以时间为纵轴、地点为横轴的话，时空框架的建立可以说是一种"平面"的历史复原。而美洲考古学受人类学影响大，对现存民族的文化有比较全面的了解。这使得美洲考古在时空框架初步建立的基础上比较早地注意到共时的文化复原，即同一文化各方面的复原。这种研究使原来的"平面"历史复原更加丰满，形成"立体"的历史复原。只有经过纵向到横向的发展过程，才能达到更高层次的纵向发展，即对文化过程的研究。所以后藤明把文化全面复原的阶段称之为"新考古学的前夜"。这个发展顺序是不以人的意志为转移的，它表明了美洲考古的历史过程，同时也是一个逻辑的过程，即从局部到全局，从具体到抽象，是历史与逻辑的统一。

考古学是通过遗存研究历史的，是历史科学的一部分。历史学只有用马克思主义哲学作指导，遵循历史唯物主义原则，才能成为一门科学。恩格斯说过："现在唯物主义者认为，历史是人类的发展过程。历史科学的任务，就是发现和揭示这个过程的运动规律。"[21]列宁在《卡尔·马克思》中说，马克思"指出以科学的态度研究历史的途径，即把历史当作一个十分复杂并充满矛盾但毕竟是有规律的统一过程来研究的途径"，这就是说，历史发展过程中存在着规律性，并且是可以认识的。而发现和认识历史发展的客观规律，是历史研究的最终目的。所以，新考古学的研究目标和马克思主义历史观是一致的。那种认为"考古学只是记录和描述人类的过去"的看法使考古学失去了它的科学价值；而要想客观地"评价和理解人类的过去"也只有靠认识历史发展规律才能实现。

那么新考古学到底是新还是不新？从研究目的看，马克思主义历来都把探索历史发展规律看成是历史研究的根本目的，这绝不是新考古学的创新；从研究的主要理论与方法看，自从达尔文提出生物进化论以后，人们就开始把它运用于人类社会和文化的研究，汤姆逊和摩尔根以不同标准提出的"三时代"划分正是文化进化论的具体化，关于进化的原因，柴尔德很早已提出技术变化是根本动力。这些进化论的观点在60年代以前是被拒之于美洲考古界之外的。历史唯物主义在研究人类社会发展规律时，把人类社会分成生产力与生产关系、经济基础与上层建筑，研究它们相互之间的关系以及在历史发展中的作用。从功能主义发展而来的文化系统的观点也产生于新考古学之前。由此看来，丹尼尔认为新考古学并不那么"新"是有道理的。新考古学派所研究的问题对旧大陆的考古学家来说并不陌生。新考古学之所以极力宣扬自己在标新立异，恐怕主要是从美洲考古的历史出发的，而没有顾及全世界考古发展的历史。难怪丹尼尔曾劝新考古学派去重读一下汤姆森、沃尔赛（J. J. A. Worsaae）、蒙特留斯和柴尔德等人的著作。但是新考古学为这些课题的研究提供了新角度和新方法。把大量的人类学理论和方法引进到考古学，并把进化论和系统论结合在一起制定出各种解释模式以及演绎方法的广泛应用，确是新考古学中独具特色的。

新考古学与美洲原有的考古学相比，还是个"发展中"的研究领域。正因为如此，理论与方法还很不成熟，与考古学实践还基本处于脱节的状态。

新考古学在运用进化论解释文化时，是把文化看成人类除体质以外对环境的适应，强调了技术在人类适应环境和文化发展中的作用，忽视了人的主观意志，使问题简单化、机械化了。夏鼐认为：60年代美国的新考古学，虽然承认历史发展有客观规律，但却把这种规律与自然界的混为一谈，忽视了"社会的人"这一因素的存在[22]。文化生态系统的模式主要是把人群作为一个和谐的整体，置于生态系统中，忽视了人们内部矛盾的作用。

系统论在考古中的应用，为我们对文化进行综合分析提供了一个新方法，帮助我们把杂乱纷繁的历史事实综合成一个文化、一个发展过程，并探讨它们之间的相互联系。首次提出系统方法的贝塔朗菲以"透视法"来表征系统方法的实质，据此来理解系统方法，则应当是：人们在研究整体问题时所选取的某种"远景-透视"的新思路或新角度[23]。对于研究现存民族文化的人类学家来说，系统论是综合一个社会各方面的科学方法，在人类学熏陶下的美洲考古学家也比较容易接受这一方法。目前的研究主要是用系统方法把民族学资料综合成这种模式，用于考古复原。这些模式可以帮助考古工作者把观察到的现象联系起来，分别不同层次，构成网络，以便研究它们之间的联系。但是这些模式与考古资料之间还有相当大的距离。在我们看来，这些模式太"理想"了，而考古资料是那么残缺不全。在未知数远远大于已知数的情况下使用系统论模式来复原历史是很困难的；但另一方面，这些模式可以促使我们去努力发现那些未知数，使我们对文化的了解不断地向广度和深度发展。

由于演绎方法在自然科学中取得很大成绩，新考古学在方法论上是实证主义哲学。在解释中只承认演绎法，排斥归纳法，这种观点是错误的。考古学是社会科学而不是自然科学。有些考古学家已经意识到这一点。归纳法可以从大量的资料中得到新知识，例如通过归纳得出"所有城市社会都是食物生产"。大多数的考古观点都是由归纳和推理得出的，而不是演绎。演绎法不能提出新的理论，但它可以使原有理论更加完善和准确,还可以减少不必要的重复性劳动。归纳法是从特殊到一般,演绎法是从一般到特殊,两者不相矛盾,而是互相补充。恩格斯曾经提出"归纳和演绎正如分析和综合一样,是必然相互联系着的"[24]。演绎法中作为产生假说的理论大多是从归纳法中产生的,如果否认了归纳法,就等于否认了所有归纳法中得来的知识,那么演绎法就无法存在了。另外考古中归纳出来的结论很少是"所有A都是(有)B",而是"有些A是(有)B"。从这样一种概率性的结论中进行演绎更应格外慎重。

以上分析说明,新考古学的产生和它的理论与方法的来源大多与人类学有关。从这个意义上说,新考古学是考古学与人类学结合的产物。因此,在很多方面离开人类学就不能理解美洲考古学。新考古学使用的理论和方法还基本没有与考古实践相结合。这种情况与它的经历是符合的。回顾考古学的历史,作为考古学理论与方法的地层学和类型学也是来自外学科的地质学和生物学,经过上百年的实践才与考古学实际紧密结合起来。所以斯鲍丁曾满怀信心地说:新考古学"下一步是设计和检验解释的理论并修改和进一步发展与理论相适应的分析和观察的方法"[25]。总之,描述考古学与解释考古学由于目的不同,因此方法也有差异。各种方法在各自的研究领域中都有非常重要的作用。但过分地强调某种方法的作用都是不适当的。有人认为新考古学与原有的考古学完全决裂了,与过去无任何联系,这是不正确的。倘若如此,新考古学就变成了无源之水、无本之木,而真正成为人类学的附属品。所以,现代考古学的理论问题之一是要建立一个多层次、全方位的考古学科体系,确定各种研究课题和方法以及它们在整体结构中的位置,从更多的角度,利用更多的方法,研究更多的课题,使考古学得到全面的、深入的发展。

注　释

[1] Willey G R, Sabloff J A. *A History of American Archaeology, 2nd ed*. San Francisco: C. A. Freeman, 1980.

[2] 吴泽霖、张雪慧:《简论博厄斯与美国历史学派》,《民族学研究(第一辑)——首届全国民族学学术讨论会论文集》,1981年。

[3] 约瑟夫·亚赛弗斯、吉尔·金:《人类学的历史回顾》,《民族译丛》1984年第2期。

[4] Share R, Shmore W A. *Fundamentals of Archaeology*. The Benjamin/Cummings Publishing Company. Inc. 1979.

[5] 约瑟夫·亚赛弗斯、吉尔·金:《人类学的历史回顾》,《民族译丛》1984年第2期。

[6] Arnold D E. *Ceramic Theory and Cultural Process*. Cambridge: Cambridge University Press, 1985.

[7] Share R, Shmore W A. *Fundamentals of Archaeology*. The Benjamin/Cummings Publishing Company. Inc. 1979.

[8] Clark D. *Analytical Archaeologist*. New York: Academic Press, 1979.

[9] 高尔斯基：《逻辑学》，人民教育出版社，1957年，第123页。

[10] Raab L M, Goodyear A C. "Middle-range theory in archaeology: a critical review of origins and applications." *American Antiquity*, 1984 (49): 255-268.

[11] 瞭望：《访美观感——参加美国考古学会成立五十周年学术讨论会侧记》，《史前研究》1986年第1~2期。

[12] Willey G R, Sabloff J A. *A History of American Archaeology*, *2nd ed*. San Francisco: C. A. Freeman, 1980.

[13] Willey G R, Sabloff J A. *A History of American Archaeology*, *2nd ed*. San Francisco: C. A. Freeman, 1980.

[14] Willey G R, Sabloff J A. *A History of American Archaeology*, *2nd ed*. San Francisco: C. A. Freeman, 1980.

[15] Clark D. *Analytical Archaeologist*. New York: Academic Press, 1979.

[16] Willey G R, Sabloff J A. *A History of American Archaeology*, *2nd ed*. San Francisco: C. A. Freeman, 1980.

[17] 后藤明、袁靖、李峰：《欧美考古学的动向——理论与方法论的再探讨》，《史前研究》1986年Z1期。

[18] Daniel G. *A Short History of Archaeology*. London: Thames and Hudson, 1981.

[19] 约瑟夫·亚赛弗斯、吉尔·金：《人类学的历史回顾》，《民族译丛》1984年第2期。

[20] 朱孝远：《西方现代史学流派的特征与方法》，《历史研究》1987年第2期。

[21] 马克思、恩格斯：《马克思恩格斯全集（第十九卷）》，中共中央马克思恩格斯列宁斯大林著作编译局译，人民出版社，1963年，第224页。

[22] 夏鼐、王仲殊：《考古学简史》，《中国大百科全书·考古学》，中国大百科全书出版社，1986年。

[23] 曹二宝：《系统科学·系统方法·系统概念》，《新华文摘》1987年第1期。

[24] 恩格斯：《自然辩证法》，人民出版社，1955年，第189页。

[25] Spaulding A C. "Fifty years of theory." *American Antiquity*, 1985 (50).

［本文原载于《考古学文化论集（三）》，文物出版社，1993年］

欧美考古学发展史中的自然科学与社会科学

一

目前考古学界对考古学史的研究与关注是考古学发展的重要标志，它说明考古学已经进入了一个自我意识阶段，需要从总结学科的发展历程来评价现状、展望未来，需要从历史的发展重新研究考古学的理论和方法，并制定今后的研究课题。考古学发展历程是客观存在的事实，但是对它的理解就不尽相同了。对历史作阶段性的划分则又因标准而异。

任何学科的性质都是由它的研究对象、方法和目的决定的。考古学的对象笼统地说是遗存，但是随着考古学的发展，人们对遗存所携带的历史信息的认识能力也在不断发生变化。造成这种变化的原因是考古学方法的发展。本文拟根据人们认识能力的变化将考古学史分为三大阶段：

第一阶段，人们对遗存的认识仅限于遗存本身。这就是我们常说的古物学阶段。这个阶段延续的时间特别长。在欧洲始于文艺复兴之后，在美洲开始于欧洲人的殖民。这一阶段在开始以后的大部分时间内，还不是以历史研究为目的，但是他们手中的古董仍是考古学研究的遗存本身。到了这一阶段后期，在欧洲出现了从遗存的艺术角度研究历史的《古代艺术史》，并结合古典时代的历史文献对欧洲的古物冠以"凯尔特人的""日耳曼人的"名称。这说明这一阶段的后期，古物研究已经和古代文献相结合，并具有历史研究的倾向了。但是这时尚未出现一种考古学特有的科学方法，所以第一阶段是考古学的萌芽期。

二

第二阶段，人们对遗存的认识不仅包括遗存本身，而且还包括遗存之间的相互关系（如地层关系、组合关系、布局关系）。第一阶段向第二阶段的转变不完全是学科内自然发展的结果，外学科的引进（主要是自然科学）起了很大作用。在考古学中，认识到遗存之间关系对历史研究的意义并促使学科正式形成都是在自然科学的帮助下完成的。人们对遗存的认识能力决定了这一阶段的主要课题是人类历史的时、空系统的研究。

第二阶段经历了从19世纪中叶至20世纪中叶100多年的时间，其中还可以细分为三个时期。

第一时期是考古学正式形成时期（1836~1867年）。考古学形成的标志有二：一是三期说的提出，形成了一种科学解释资料的方法；二是远古人类和石器的证实，确定了考古学研究的时间范畴和研究内容。

正是在这种背景下，当时丹麦国家博物馆馆长汤姆森（Christian Jürgensen Thomsen）依据制作材料将馆藏的武器和工具分为石器、青铜器和铁器三组，以代表他所主张的三个依次发展的时代。从历史发展看，三期说并不是汤姆森第一个提出来的。但是在他之前的三期说不过是哲理性的猜测或根据口头传说形成的论点。汤姆森是第一个科学推测三个时代为客观存在的人，他的学生沃尔赛（Jens J. A. Worsaae）用地层学证实了这一推测的科学性。三期说驱散了分类中的迷雾，使古物学变成了考古学。马克思的评价从更广的角度指出了三期说提出的根据及意义："从来的历史记述，都不甚注意物质生产的发展，那就是，不甚注意一切社会生活和一切现实历史的基础。但对于历史前的时期，人们至少根据自然科学研究，不是根据所谓历史研究，那就是，根据工具和武器的材料，把它分作石器时期，铜器时期和铁器时期。"[1]

二是远古人类和石器的被证实，与外学科（地质学、生物学及当时的宗教信仰等）有着密切的联系。当大量的遗存被发现时，人们由于受"上帝造人"说以及地质学上灾变论的影响而不敢承认。只有当新的地质学理论——均变论为证明人类远古性提供了科学依据后，人类的远古及石器才被承认。这一证实不仅确立了考古学研究的上限和范围，而且还为考古学提供了一系列科学方法：如地层叠压与年代顺序的关系、地层内涵与判断地层年代，内涵之间的共生关系等。更重要的是，这一证实改变了人类的世界观。在这方面它完全可以和哥白尼的日心说相比，明确了人类在宇宙中的时空位置。

第二时期是考古学发展期（1867年至20世纪初）。这一时期创立了考古学地层学和类型学方法。人们在田野考古中发现了遗存之间的相互关系，地质学向人们揭示了这些联系的本质和意义。根据地层学原理，考古学者不仅搞清了遗存的先后顺序，而且注意到了一群遗物的共生关系。达尔文（Charles Darwin）于1859年出版的《物种起源》给考古学很大影响。在生物学寻找动、植物发展谱系的启示下，考古学者也开始探索遗存的年代序列和演变规律，开始了考古类型学方法的研究。这时期对类型学研究最系统的是瑞典人蒙德留斯的《先史考古学方法论》（根据滕图译本）。他用纯类型学方法对欧洲考古遗存中常见的金属制品（别针、刀、剑等）进行了分类、排列顺序和划分组合，说明器物的发展是一个渐变的过程。

这时期创立的地层学和类型学使考古学研究解决了确立遗存年代序列这一首要问

题。但由于地质学的过多影响，人们主要研究遗存随时间发展产生的变化，只有很少学者注意到了遗存在不同地区的差异。这个问题的解决则是下一时期的主要任务。

第三时期是考古学成熟期（20世纪初至二战后）。考古学成熟的标志是出现了以时、空为尺度，研究不同人们共同体的概念——考古学文化，它是研究无文字历史的基本单位。根据这个概念，遗存的研究由只注意年代特征扩大到文化传统特征和地域特征，从而更加客观地揭示了人类文化的丰富性和多样性。

考古学文化这个概念的产生，首先是由于旧石器时代分期细化给人们带来的困惑；与此同时，在考古发掘中人们越来越多地发现了遗存之间在地域上的差别。例如谢里曼（Heinrich Schliemann）在爱琴地区发掘中，对前荷马时代遗存的命名就摆脱了欧洲分期的困扰，命名为迈锡尼文明，突出了这种遗存的地域特征；也是在这个时候，人文地理学和人类学提出了文化复合体和文化圈的概念。这些成果启发了考古学者，使他们意识到采用地理学方法，详细地绘出各种遗存组合的分布图，也会得出文化的概念；民族学的研究成果——摩尔根的《古代社会》向人们揭示了有血有肉的原始文化，恩格斯的《家庭，私有制和国家的起源》揭示了人类由低级向高级发展的客观规律。这些都促使考古学者从更广的角度看待人类遗存。

正是由于以上诸种原因，使欧洲史前学从研究人类发展的时间阶段转变成研究人类文化，这是史前研究方向上的转变。同时，研究方法也从偏重地质学转变为历史学和人类学。考古学文化概念首先出现在1913年舒哈尔特（Carl Schuchardt）的《上古文化圈的问世》一书。柴尔德（V. Gordon Childe）在他的《欧洲文明曙光》一书中普及了考古学文化的概念，这是史前考古学发展的新起点。按照考古学文化时、空、器物组合的三要素，史前考古可以在世界各地建立完全不同于欧洲、近东的文化序列。到这一时期结束时，世界各地已基本建立了各地考古学文化的年代序列，尽管它们的时、空刻度相差很大。在时空框架研究基础上，出现了对人类发展规律的探讨。英国考古学家柴尔德运用马克思主义研究史前考古，相继提出农业革命和城市革命两大课题。20世纪40年代末，芝加哥大学东方研究院在西亚开始了以农业起源为课题的研究，在伊拉克耶莫遗址（Qal'at Jarmo）发现了当时"最早的农业村落"。美洲考古在50年代也出现了发展阶段的总结。威利和菲利普斯在《美洲考古学的理论与方法》（芝加哥，1958）一书中将整个美洲的发展阶段分为石器时代、古代、形成时代、古典时代和后古典时代五个阶段。它的提出完全建立在美洲考古的田野工作和地区文化序列的比较研究基础上，是对第二阶段的最高总结[2]。

总之，考古学发展的第二阶段主要是以地层学、类型学为手段，通过确立遗存所代表的考古学文化，建立遗存的时空框架。它的最终成果是研究人类历史的发展阶段和各地的异同。

三

第三阶段始于二战后的50年代，到现在只有40多年的历史。由于这一段距离我们视线很近而且尚未完成，很难把握和预测它的发展轨迹。但如果和上一阶段相比，我们确信这一变化的确发生了。写这种新的最近的过去还是一个尝试，它只能是初步的概略，以便从中看出最近发展与过去的联系及区别。这一阶段人们对遗存的认识不仅包括了遗存本身及其相互关系，还包括利用各种方法从已知的信息中获取或推测更多的未知信息。

在这一阶段开始的20世纪中叶，一些地区（例如美国）的时空框架已初步建立。考古学研究的课题是否主要局限于这一内容，人们已经提出了疑问；从学科看，二战后许多学科都发生了变化，这恐怕与两次世界大战给人们思想深处的影响是分不开的。自然科学取得很大进展，并且有相互渗透的趋势，人文科学中的人类学和社会学也出现许多新学派。正是在这种环境下，考古学需要探讨时空框架以外的课题。尽管这一倾向在上一阶段已露端倪，但作为发展趋势是从本阶段开始的。外学科的发展和影响为这种需要提供了手段。于是，通过各种手段从已知信息中获取未知信息，考古学开始了对人类生存方式的探讨。这是在第二阶段研究基础上的深层发展，是在上一阶段的时空二维空间的平面复原基础上发展起来的人类文化系统的三维空间的立体复原。

这一阶段尽管距离我们视线很近，但是我们还是能够将这阶段的内容分为三个方面，它们在时间上大致具有先后顺序。

1. 新阶段的号角手

二战前后，主要在以时空框架为研究重点的美国出现了对第二阶段研究的不满。斯图尔特批评考古学只局限在一个狭小的研究项目中，没有掌握大量的考古课题。对考古学文化的研究不仅要了解它的时空位置，还应扩大到它的生存基础，如聚落形态、人口等问题。泰勒（Walter W. Taylor）在他的博士论文《考古学之研究》中的批评更加尖锐。他批评时空研究权威基德（Alfred Kidder），认为他的理论就是编年，他的田野工作和发掘报告也是编年，而没有做任何功能分析和过去生活的复原。基德是研究玛雅文明的专家，但他并不注意聚落形态及其含义，不注重人们的生活，陶器只是用来建立年代序列，而不研究其功能。泰勒认为考古学研究应采取"缀合法"，注重遗存之间的横向联系。同时他认为推测是考古学及其他学科不可缺少的，例如从物质遗存中了解文化中没有留下物质遗存的方面。

总之这些号角手认为第二阶段的考古学是一种对遗存的纯描述研究,这使得以"人"为对象的考古学却把"人"放在"物"的研究重心之后,这是一个极大的不幸。至于应当怎样通过"物"来研究"人",他们并没有提出切实可行的方法,泰勒的缀合法也没有提供成功案例。但是从历史角度看,他们无疑是新阶段的号角手。

2. 微观方法的创立

考古学界已经意识到自己的学科重点应当放在研究人类的文化系统和社会,至于采取什么方法,这时外学科的发展帮助了考古学。

首先,一些自然科学原理帮助考古学建立了遗存本身已有信息和其他信息之间的联系,从而可以根据一个遗存的已知信息了解该遗存的其他信息。如 ^{14}C 测年法不仅有助于史前文化序列的确立,还可以更准确地观察文化的进化,了解每个序列的绝对时间范围,因此可以研究在相同的和不同的自然环境和文化环境中文化变化的速度,还可以对比某一特定时间内的各个文化,以便观察引起文化间异同的因素并提出假说。生物学的发展使考古学研究考古学文化的生态环境、农业起源以及文化的经济类型成为可能。各种理化分析方法帮助我们了解遗存的制造过程和原料产地,从而搞清当时的贸易网和文化传播的具体方式。总之,由于这些自然科学手段的引入,大大扩展了考古学研究的广度和深度,它们提供的新的信息是过去的考古家们所无法获得的。

其次,可以在遗存之间利用外学科方法通过已有的物质遗存来推测没有保留下来的遗存和没有留下物质遗存的方面。人类学中的功能主义和后来的一般系统论强调了遗存之间的联系,有助于通过已知推测未知。类比方法也是依据两个事物之间在已知方面的相似或相同而推测它们在其他方面也可能相似或相同。民族考古学在这方面具有很大潜力,尽管还不成熟。统计学和计算机有利于考古学者处理和研究复杂的遗存间相互关系。

最后,除了用各种手段从已知中了解更多的未知以便获取更多的信息外,为研究人类生存方式,开始重视同一时期各种遗存之间的横向联系,为遗存之间关系这类史料开辟了新的研究途径。聚落形态研究是这方面的很好例子。

3. 从认知科学视角建立考古学研究的整体结构框架

考古学发展到今天,研究内容和手段日益增多,并形成了不同的学派。如何看待这些?应当从学科的整体结构出发来加以认识。而学科的整体结构是什么?考古学研究的对象是遗存,一切都围绕着遗存,不论是遗存的相互联系还是遗存上携带的已知信息与未知信息。要认识遗存就要了解它是怎样从古代人们手中制造并加以使用后成为考古学者手中的发现物的,这就是遗存的形成过程。只有认识和了解这个过程,才能正确地估计遗存在重构和研究历史中的局限性与潜力。正是从这个认识论的角度，人们开始探索考古学研究的整体构架。通过深入理解学科体系的内在结构和外部环境的潜在影响，克拉克把主动掌握学科的发展方向称作是学科发展到"批判的自我意识阶段"[3]。拙文《试论考古学研究的三个层次及其方法》[4]是在这方面的尝试。希弗（Michael Schiffer）的《考古学理论的建构》[5]是在这方面的力作。笔者在《从学科结构看中间理论含义的差别》[6]中有详细介绍，不再赘述，现仅谈一谈中程理论中关于使用自然科学还是社会科学的争论。

中程理论是从社会学中引入考古学的[7]，它在考古学中有两种完全不同的用法。希弗的中程理论是指介于高层理论与低层理论之间的中层理论。这种用法与它在社会学中的本义十分相近。宾福德（Lewis Binford）使用中程理论是指联系静态的考古遗存和动态的古代人们生存方式的桥梁。大多数考古学者赞成后一种用法，但有些人不同意叫中程理论，因为它和社会学中的中程理论完全是两码事[8]。在后一种中程理论用法中又分两派：一派以宾福德为代表，他认为考古学应当像自然科学[9]，用实证方法来证明过去行为与现在发现的行为遗留物之间因果关系的客观性，这是考古学方法论的目标[10]。另一派以霍德（Ian Hodder）为代表，他不赞成宾福德的观点。他认为宾福德的方法对人的思想活动不敏感，因为只有在了解了人们制造和使用时思想和规范之间联系的情况下，遗存才可能被理解。所以说考古学研究方法不应像自然科学，而应像阅读和理解一篇文章一样[11]。

以上两派的分歧是十分明显的。宾福德主张用自然科学的实证方法，霍德主张用社会科学中读史的方法。前者强调的是过去行为和现在发现的行为遗留物之间的因果关系，而后者强调的是遗存这一证据与它要研究的人类行为之间的关系。但是我们如果把这两种观点放入遗存的整个形成过程中就会发现，他们各自强调的是整个形成过程的某一段。宾福德的方法研究的只是遗存从制造、使用、废弃后形成堆积至被考古学者发现的过程，而霍德则从遗存是一种象征性符号的观点出发，研究人们头脑中的价值观念、社会规范等怎样影响遗物的制作和使用的。反过来遗存的使用形态和它们的分布也反映了个人和文化的社会规范。这样，对文化的总体把握有助于理解人类遗存。由此可见，这两种方法适用于整个遗存形成的不同阶段中，都是考古学研究中的适用方法。从这个例子中还可以看出许多考古学派都有其存在的合理性，他们的争论多是由于无限地扩大了自己使用的方法的适用性而忽视了其他方法的适用性而引起的。

总之，第三阶段由于创建了许多从已知通向未知的方法，使考古学家从遗存身上获取信息的能力不断提高，导致考古学研究向广度和深度不断发展。其中号角手转入方法的创立主要是技术性原因，而微观方法的完善既有自然科学方法的吸收，又有社会学、人类学等社会科学的影响。当今以霍德为代表的后过程主义的兴起是吸收人类学象征、符号学说成果对美洲考古中过多强调自然科学方法的一个反应，后过程主义强调的是各种考古证据的历史意义。同一种证据在不同的文化环境中所代表的含义是不同的，不能用简单的公式表示。整体结构的研究主要是哲学的、理论的和抽象思维的。这种整体结构的研究是否应作为一个新的阶段现在尚不能确定，暂时把它归入第三阶段。这种微观与宏观的研究仍在继续向纵深发展。

四

以上根据史料范围的不同将考古学的发展划分为三大阶段，有些阶段内还可以划分小时期。这和以往的考古学史的分期方案是不同的。本文这样划分的目的是说明阶段之间与时期之间虽然都存在着差别，但这些差别在考古学发展过程中所起的作用是不同的，应当区别对待。这样才更有利于把握考古学发展的主线。还应当说明的是，每个期、段的特点都是当时的主流，但并不是该期、段所独有的。例如环境的研究早在沃尔赛证明三期说的泥炭沼的发掘中就注意到了。在第三阶段的考古研究中，时空框架研究仍然十分重要，并把它与文化的立体复原结合起来。例如西亚农业起源研究的同时发现大量前陶时期遗址，填补了时空框架中的空白。至于人类发展规律的探索每个阶段都有成功的例子，它们是对当时已有资料的全面归纳和已有理论的合理演绎。随着发现和方法的增多，规律性的探索也将有增多的趋势。

从考古学发展的三个阶段中，我们可以看出遗存所携带的信息量是很有潜力的。考古学史清楚地反映了信息的开发过程，即研究方法的发展过程：第一阶段向第二阶段的过渡以及第二阶段向第三阶段的过渡都是在从外学科引进新方法的前提下完成的。没有地层学中的地质学原理和生物学中的分类体系，遗存之间的联系及背后所隐藏的历史意义就不会被发现，考古学文化以及它的时空分布就无法研究；同样，没有使用发达的自然科学分析手段，就无法从遗存的已知信息中获取未知信息，人类生存方式的复原就只能是一种无法实现的美好愿望。考古学者借助于这些方法，通过手中的"物"离他们要研究的"人"越来越近了。在这些方法中，自然科学方法占有相当大的比重。人们不禁要问，作为一门研究人的学问，考古学方法中为什么既有自然科学又有社会科学？这是由学科性质决定的。

考古学研究的是人类、人类的文化以及在各种思想和社会规范影响下产生的人工物，作为考古学中的资料——遗存常常是具有象征意义的。这就需要考古学家对这些非自然的内涵非常敏感，所以考古学者应是一名社会科学工作者。但是由于考古学的对象是过去人们的物质遗存，它们与自然资源有着密切关系，人工物不仅是利用和征服自然的产物，而且常常受到年限、物质退化和腐蚀的影响，这样它又需要借助自然科学以获取信息。即使人工物具有符号和象征意义，但是携带这种历史信息的史料仍然是物质遗存。这是考古学与其他社会科学的最大区别。正是由于考古学证据既是自然过程的产物，又是人类行为过程的产物，所以考古学者对待遗存也具有双重性质。从这个意义上说考古学是边缘学科，在一张各学科的位置图上，考古学介于自然科学与社会科学之间。

新方法的引入，尤其是自然科学方法的引入使考古学进入新阶段，但每个阶段的发展和完善主要是在学科内完成的。一方面，许多从外学科借鉴来的方法在不断的考古实践中发展成适合考古学的方法，有些成为考古学特有的基本方法（如地层学等）。另一方面，每一阶段的发展与完善更多地依靠社会科学方法。这是因为考古学毕竟不是自然科学，不能像对待自然现象那样对待人类。自然科学手段帮助人们识别出大量史料信息，但是如何组织它们、确认它们的历史意义，只有采用社会科学方法才能解决。所以在第二阶段和第三阶段的发展完善过程中，社会科学方法占有更重要的位置。而新阶段的完善和发展程度又将决定考古学需要和引进哪些新方法。

总之，随着方法的不断增多和完善，考古学者认识遗存的史料信息能力也在不断提高，史料的丰富使研究课题不断向深度和广度开拓，最后导致考古学科的发展；通过历史的回顾使我们意识到了外学科环境影响的潜力以及自然科学和社会科学在考古学中所起的作用，这对于考古学的发展是非常重要的。

注　释

[1] 马克思著，郭大力、王亚南译：《资本论（第一卷）》，人民出版社，1956年，第195页，注52。

[2] 第二阶段以前的史料均出自格林·丹尼尔著，黄其煦译：《考古学一百五十年》，文物出版社，1987年；Wiley G R, Sabloff J A. *A History of American Archaeology*. London: Thames and Hudson, 1974.

[3] 戴维·L. 克拉克著，陈铁梅译：《考古学纯洁性的丧失》，《考古学文化论集（二）》，文物出版社，1989年。

[4] 杨建华：《试论考古学研究的三个层次及其方法》，《吉林大学社会科学学报》1988年第2期。

[5] Schiffer M B. "Structure of archaeological theory." *American Antiquity*, 1988, 53 (3): 461-485.

[6] 该文发表在《东南文化》1992年第5期。

[7] Raab L M, Goodyear A C. "Middle-range theory in archaeology: a critical review of origins and applications." *American Antiquity*, 1984, 49 (2): 255-268.

[8] W. Longacre 教授在1992年6月临淄中美古代陶器研讨班上的讲稿。

[9] 路易斯·宾福德：《美国新考古学的发展》，《文博》1989年第1期。

[10] Kosso P. "Method in archaeology: middle-range theory as hermeneutics." *American Antiquity*, 1991, 56 (4): 621-627.

[11] 伊恩·霍德著，曹兵武译：《后过程的考古学》，《当代国外考古理论与方法》，三秦出版社，1991年。

（本文原载于《东南文化》1993年第1期）

认知考古学在欧洲的兴起

人类的历史常常经过否定之否定的过程而呈现出螺旋形上升的轨迹。考古学科的发展也不例外。19世纪正当旧大陆流行三期论的文化进化论思想时，美洲则是以鲍厄士为代表的美洲历史独立主义，反对用旧大陆的发展模式研究美洲考古。20世纪60年代以来，新大陆在进化论复兴后出现了新考古学，强调寻找人类及文化发展的普遍规律，欧洲却兴起了强调个性的新思潮，认知考古学就是其中的一支。

一、什么是认知考古学

认知考古学这一术语的正式提出是在80年代。它主要是研究人类的精神世界。剑桥大学考古学杂志在20世纪90年代发表了五位著名考古学家对于"什么是认知考古学"的看法[1]。他们反映了当前具有代表性的观点。五位考古学家一致认为，研究任何历史上的或现实的社会，如果只了解人们的行为，即做了什么，而不了解人们的思想，即人们在想什么，那么，这种研究就是不充分的。这说明人们普遍认为研究认知考古学是非常重要的。但是，关于认知考古学的定义、可行性及其在整个考古学科中的地位，尚存在着不同的理解。

关于认知考古学的定义。伦福儒（C. Renfrew）认为，认知考古学是研究在特定环境中象征是怎样被使用的。考古学家难以了解人们在想什么（what），但是可以了解人们怎样去想（how）。认知考古学正是要研究人们在设计图案、规划和测量单位中，在处理社会关系以及与超自然的关系中，用文字和绘画等艺术手段表现思想时象征符号的使用。皮伯尔（C. Peeble）认为，认知考古学要回答两个问题：第一，哪些资料可以帮助我们了解当时人们的认知能力？第二，当时人们掌握了哪些关于人类社会和自然界的知识？荷德（I. Hodder）认为，认知考古学首先要研究遗物所代表的语言，即它的象征性意义，这就好像现代人看到国旗和交通信号灯就能理解它们所代表的语言一样。其次，要研究遗存或遗存分布状态所代表的人的行为。例如，通过研究墓葬，我们不仅可以了解到死者当时的社会地位、人们的社会关系，而且还可以了解人们处理死者的一种行为。最后，认知考古学还要研究考古学者本身认识历史的能力。荷德的定义既包括了本体论、又包括了方法论和认识论。苯德（B. Bender）对认知考古学的定义与荷德的最后一个研究内容相同，即研究我们认识历史的途径，把认知考古学放入方法论、认识论的范畴。譬如，我们关于"野生"和"人工栽培"的定义很可能与远古人们的看法不同。这样，我们在划分"野生"和"人工栽培"的定义也就很可能与远古人们的看法有所不同。因而，当我们划分"野生"和"人工栽培"的定义时，就极可能是把我们的认识强加给了古人。我们应该意识到"我们"与"他们"在观念上的这种差别。弗兰纳瑞（Flanary）认为，认知考古学具体研究当时人们的宇宙观、宗教、思想观念和肖像的象征。世界上所有文化都有自己的宇宙观，即对万物的起源、结构和时间、空间、因果关系等根本观念的看法。它既受该文化的环境、生存技术和社会组织的影响，又反过来影响它们。例如，希腊人把自然环境看成是神的活动领地。他们崇拜森林，禁止随意砍伐，砍掉的要在适当的时间再重新种植。罗马人则认为，自然界就是被人类利用的。因而意大利的森林被罗马人砍光了，最后，不得不从其他地区进口木材。这两种宇宙观反映了对环境的解释，又直接决定了人们对环境的态度。

关于认知考古学的可行性。对此，弗兰纳瑞提出了一系列鲜明的观点。他认为，认知考古学是相对于生业-聚落考古而存在的。它的可行性是有条件的，即在资料比较丰富的情况下才是可行的。像那种在不了解任何文化背景的情况下就把前陶时代大量的女性塑像都简单地说成是"母神"像，实在算不上认知考古学研究。他还提出，认知考古学也需要田野工作，需要扎扎实实地分析大量考古资料，绝不是像少数不从事田野工作和分析考古学资料的"沙发考古学家"靠灵感所能完成的。

关于认知考古学在整个学科中的地位。荷德强调它的社会性，即认知考古学不能够脱离它所处的特定环境和社会结构来讨论。弗兰纳瑞也认为，认知考古学并不是由专门人来研究的，它也需要其他的考古学知识和方法，所以，认知考古学不应从考古学中分离出去。

上述五位考古学家的看法中的分歧是显而易见的。不过，在这五位考古学家中，只有伦福儒对认知考古学的理论、方法和研究内容有过详细的阐释。下面的介绍完全是来自他的观点[2]。

二、认知考古学的理论与方法

使用象征符号是我们人类特有的一种能力，也是我们同其他生物最显著的一个区别。我们所有的思想和言论都是以符号为基础的。譬如，词是我们用来表达思想的一种方式，而词本身就是一种符号。但是，必须明确的是，赋予特定符号以特定的含义在最初的时候，通常是人为的，而且受制于特定的文化背景。这样，我们就可以理解为什么同一件东西在不同的语言中会有不同的表达，或者说为什么一件实物或观念可以用不同的象征手法去表达。

因此，要推断特定文化中的一种符号的含义，至少要了解它是怎样被使用的以及它的特定背景。所以，认知考古学非常重视发现的特定背景，即组合、群体，而不是处于孤立状态的单个的实物。

在考古发现的遗存当中，有一部分遗存是人的思想和意图的产物。这是我们无法否定的事实。这一事实为通过这些遗存研究和解释拥有它们的人的思想和意识提供了前提和基础。这也是认知考古学的基本出发点之一。

每个人都有各自的世界观或各自解释世界的框架，即各自的认知图。而共同生活，拥有共同的文化、操同一种语言的人群常常会有共同的世界观或思维体系，即认知图。认知考古学就是要通过与特定人群有关的一些相互关联的遗存去了解他们共有的认知图，他们使用符号的方式，以及群体内部个体间的关系等。

以上就是认知考古学的理论和方法的基础。

三、认知考古学的研究内容

伦福儒把认知考古学分为以现代人出现为界的前后两部分。四万年以前为前一部分，研究的主要内容有工具的制作与智力的关系、语言的出现，产生合作行为如狩猎、群居的社会背景等。距今四万年以后，人类历史上出现了定居村落，然后又出现了城市，使用了文字，发展了诸如冶金这样的技术，出现了有组织的宗教，进入了国家和帝国时代。在这一系列复杂的过程中，人们使用了各种不同的象征。认知考古学的后一部分研究的正是这部分内容。

1. 对四万年前人类认知能力的研究

对于四万年前的人类，认知考古学主要研究人类认知能力的进化过程。对于早期人类认知能力的考察通常可以从以下几个方面去进行。

制造前的设计。判断早期人类制造卵石工具是否具有设计观念，可以通过两种方法来进行。一种方法就是研究一个手工制品组合中变化的幅度。因为如果一个工具制造者在他的认知图中有一些固定的观念或成品应有的形象，那么生产出的成品就会与另一件成品非常相似。工具种类和组合随时间的推移而增多的趋势，说明了制造者头脑中存在着不同形状的工具可用于不同目的的观念。另一种方法就是观察获取资源到生产成品这一过程的计划性。如果制造工具的原料是出自一个特定的地点，而工具的制造又是在另一个相距甚远的地方完成的，那就表明原料运输者的行为不是偶然的、无目的，而是有目的，有计划地对时间和地点的安排。

有组织的行为。人类行为的组织性是与智力行为和认知能力紧密联系在一起的。因此，通过判断行为是否有组织性就能够了解到行为者的认知能力。对于坦桑尼亚奥杜威峡谷那些早期人科遗址的解释就是一个例子。在这些遗址中常发现石器与零散的动物骨头共存。其中许多骨头又都是碎片。对此，有些学者认为它们是活动的场所，是一些小的血缘群体的定居遗址或临时性房基，并认为存在着群体间食物分享的现象。而宾福德（L. Binford）则提出完全不同的解释。他认为，这些遗址根本不是早期人科的定居遗址，而是巡猎和食尸动物消灭其猎物的场所。早期人类只是在捕杀猎物的动物吃完之后，才用它们的工具去吸食骨髓。前一种解释暗示了当时社会行为的稳定性和强烈认知含义的存在；而宾福德的解释则否定了当时智力行为和明显的社会组织的存在。

石器组合出现的含义。对于石器组合的解释也反映出对当时人们认知能力的判断。譬如，对于法国西南部莫斯特时期不同的手工制品组合，有的学者认为它们是属于当时同时存在的不同群体的物质遗存，相当于传统上称之为考古学"文化"的那类并与特定人群等同起来。而另一些学者则认为，它们代表着某一特定人群用于不同活动的工具。这两种观点反映了对当时人们认知能力的不同评价。

有意识地埋葬。人类有意识地埋葬是从旧石器晚期开始的。挖成的墓坑、随葬的个人装饰品以及埋葬行为本身都暗示了某些观念的存在。不过，在解释埋葬行为和随葬品之前，必须对遗存形成的过程有一个清楚的了解，特别是对埋葬之后墓葬本身所发生的一切必须有一个清楚的了解。譬如，在墓葬中的人类遗存旁边发现了动物骨架。按照传统的看法，这种动物骨架是作为某些祭祀活动的组成部分有意识地同人埋在一起的。但是，另一种看法似乎更为可信，即在某种特定情况下，觅食的动物闯进了这些墓葬，并意外地死掉了，因而留下了扰乱考古学视线的一些假线索。同样沙尼达洞穴中以前被认为是表示了献花的花粉，现在却被认为是仅仅反映了它同人类遗存的一种偶然性的联系。

对世界的表现。四万年前，用平面手法对真实世界的描述实际上也是一种符号。洞穴艺术就属于这样的描述。这种描述行为本身包含了巨大的认知意义。正如一位研究洞穴艺术的法国考古学家指出的那样，在这些艺术当中存在着一个较为一致的基本主题——即对有限的几种动物的表现，而且洞壁上的形象显然也都是有意识地安排的。因此，从这种对现实世界的平面表现或描述当中也可以探测到早期人类的认知能力。

2. 对四万年以后人类认知能力的研究

对于四万年以后的人类，认知考古学主要研究人类对符号象征的使用（需要说明的是，我们几乎无法理解符号对其最初使用者来说所具有的全部含义，所理解的仅仅是其中的一部分含义）。这种研究可以通过以下的途径去进行。

文字符号的运用。文字符号是人类创造的最有效的象征系统。在有文字的人群当中，文字符号会有助于对这些人群的认知世界的了解。

在书写系统发达且读写能力普及的社会，如希腊，文字符号应用于个人和公共生活的各个方面。因此，认知考古学就不可避免地要接触到由文献证据所提供的看法。但是，我们不能因此就认为认知考古学"必须"依靠文献材料形成或验证它的理论。虽然书面证据在帮助我们理解有文字的社会的思维方式当中确实是最重要的，但文献材料本身在许多方面是有偏差的，所以，在与考古证据相互印证之前，首先必须对它们进行充分的评价。同时，还必须清楚，即使在像希腊这样的社会，也还存在着提出认知假设的纯考古学资料和能够判断其有效性的纯考古学标准。

在书写系统发达而读写能力并不普及的社会，如中美洲，文字符号的应用是非常有限的，通常是应用在纪念性的公共建筑上或作为精华物品的陶器和玉器上。在这样的社会，认知假设的形式和验证只能依赖于纯考古材料和考古学标准。

世界的测量。测量世界的方法是人们认知图的一个重要方面。在许多情况下，古人用以测量世界的方法都能够在考古学上得到恢复，而最易恢复的就是时间、长度和重量单位。

时间单位。判断计时的存在或是找到一种带有与天体运行有密切关系的记录系统，如历法，或是提供明确的天文观测证据。前者是极易证实的。而后者则通常会在建筑当中得到证实。因为许多地方的建筑都是按照重要的天文现象来安排的。譬如，在尤科西肯（Uoxactun）的玛雅遗址，三栋建筑的排列正好标示出在夏至北、冬至南和两个平分时（春分、秋分）中太阳升起的位置。

长度单位。判断有无长度单位最好的办法就是运用统计学方法。这一方面的第一个例子就是对史前长度单位"巨石码"的推测。1955年，牛津大学工程学教授亚历山大·托姆曾对46个巨石圈的直径进行了测量，并将测量结果记在出现频率表上。结果发现，频率出现的最高点似乎恰好是约1.675米这一长度的整数倍。由于他认为巨石圈的排列是以半径为基准的，所以，他推测，长度单位已经被使用，其数值约为0.829米。尽管他的结论引起了非议，但他对于长度单位的确认却得到了认可。

重量单位。重量单位的存在可以通过发现一个重复出现的量的整数倍（按重量）的标准物的存在去证实。这一重复出现的量通常就可以看作是一种标准的单位。这类东西在许多早期文明中都有发现。从它们当中可以获取许多有关认知方面的信息。譬如，在摩亨佐达罗遗址曾发现了令人瞩目的经过仔细加工的立方体的彩石，它们均为一个固定的质量单位（即0.836克）的整数倍。这一发现被有些人认为是至少反映了下列的信息：

——该社会已经形成了相当于我们自己的质量或重量的概念。

——这一概念的使用包括了单位的运用，因而也就包含了系数测量的概念。

——存在着一个涉及等级计数范畴的计数系统。

——重量系统已经具有了实用性，并形成了一套从重量或质量上测量世界的计量系统。

——可能也存在着不同质地的材料间重量换算的概念，因而也就存在着价值比率的观念。

——这种价值比率观念可能会引发不同物品之间的固定的交换比率。

虽然上面列举的最后两条比其他各条具有更多的假设性，但由此可以看出，对重量单位的确认和分析也是我们获取当时人的相关认知信息的重要方法。

施工前的设计。证明有目的布局（即在建造之前就已存在着一个布局方案）的存在并不是一件容易的事情。有些看似规则的布局通常并非有意识规划的结果。譬如，恰塔尔的村落布局初看起来似乎存在着事先的规划，但当我们仔细地研究其形成过程之后，就会发现，那种极度规范化的效果仅仅是在简单地重复了已经确定了的格局的基础上形成的，根本不是有意识规划的结果，与蜂窝并没有多少区别。

一般来说，要判断有无事先的规划就必须有一些明确的证据来印证建造计划从一开始就已经被构思出来。原有的地图、建筑模型等对于做出这种判断无疑是很有用的。但这些直观地反映事先规划的遗存是极为少见的。

因此，最可行的办法就是寻找在成品中能观察到的，但又不是偶然产生的那种规范性的表现方式。冰岛的那座时间约为公元前3200年的甬道墓就是一个例子。冬至日，当太阳在这儿升起时，阳光正好可直接照在走廊上，并进入墓室。在入口上面建造的一个有裂口的特殊的"顶箱"（roof box），似乎也是为了让冬至日的阳光射入的。根据当地经纬度判断，这种安排不太可能是随意性的巧合，而应当是事先规划的结果。

而当布局完全规范化，即街道构架皆呈直角，甚至是方格状的时候，或是当城市的主轴是比照天文学上的重要特征来安排的时候，有意识的事先的规划的存在都是必定无疑的。

组织与权力符号。符号可以用来调整和组织人与物质世界的关系。在与权力联系在一起时，它又会支配人们对权力的服从。

货币是价值系统中的一种符号，而价值系统又是复杂社会的重要标志。货币不但是一种社会性的手工制品，而且是具有认知含义的手工制品。它可以用作一种度量手段，但其功能绝不限于此。至少它表达了对我们生活在商品世界的承认。同时也表达了一种认识，即商品交换可以通过货币这种人工交换媒介而得以有效地完成。货币特别是铸币，又是一种极有影响力的交流方式和关系表达方式。所以，通过货币同样可以探知许多认知方面的信息。

在非货币经济中，价值等级的存在常常可以通过考古上发现和确认的权力符号予以证明。譬如，在保加利亚瓦那（Varna）的一座时代约为公元前4000年的新石器时代墓地中发现了大量金制品。但不能简单地推定，金子在此就有很高的价值（金子在墓中的大量出现或许恰恰暗示了相反的含义，即它的价值是很低的）。对于这一看法的最后确认，还需其他的证据。而在发现中，确实找到了三个可以用来证实这里的金子的确有重要价值的证据。

金子用在带有明显的象征性的手工制品上，如用于装饰显然不是实用的钻孔石斧的柄。

金子用于装饰死者特别重要的部位，如用于面饰，用于包裹生殖器。

金子用于掩饰，如用以包裹石斧使之给人以纯金的感觉。

在观念上看重金制品就意味着与金制品联系在一起的人的社会地位是很高的。这样，就可以把金制品作为一种地位和权力的符号来看待。

等级社会的权力符号要比史前社会的权力符号多得多。它已经不仅仅局限在随葬品之类的墓葬证据，而是扩展到建筑和艺术等方面。从古埃及的金字塔和中美洲的神庙到华盛顿的国会大厦都是权力象征在建筑上的反映。同样地，中国的万里长城不仅是为了防御敌人，而且也是为了显示帝国的强大。

来世的象征。通过对来世象征的研究和揭示可以让我们对信仰系统有一个清楚的了解。

不过，对考古学家来说，面临的最大难题就是，信仰系统并非总是能够在物质文化中得到反映。即使得到反映，那些具有宗教性质的行为也常常与日常生活中的其他行为纠缠在一起，很难将二者截然分开。所以，考古学家的首要任务就是要确认其所以成为祭祀证据的原因，而不要犯那种将我们不理解的有关过去的所有行为都归作宗教行为的老错误。

祭祀的确认。要想把祭祀同其他活动区分开来，重要的就是不应忽视祭祀活动中超自然物品。一般说来，寻找祭祀活动存在的考古学证据，可以从以下几个方面去考虑

——祭祀仪式可能发生在一个特殊的与自然有联系的地点（如山洞、小树林、有泉水之处或山顶）。

——祭祀仪式可能选择在一种专门建造的用于神圣功能的特殊建筑（如庙宇等）中进行。

——用于祭祀仪式的建筑和设备的设计可能极易吸引人。这些可能会在建筑、特殊物品（如炉床、长凳等）和可移动的物品（如祭器）等当中得到反映。

——祭祀地点极可能存在着大量重复的象征物。

——祭祀仪式会同时包含公开的和隐秘的行为，其实很可能会在建筑中反映出来。

——清洁和亵渎的观念可以在祭祀地点的设施（如池塘或水盆）及其维护之中反

映出来。

——相关的神可能会在所使用的祭祀像或表现神的抽象形式中反映出来。

——祭祀仪式上的符号形象通常会同被崇拜的神或与之相关的神话联系在一起。最常用的是动物（现实的或神话中的动物）符号系统。特定的动物是与特定的神灵联系在一起的。

——祭祀仪式中所使用的符号可能与在葬仪和其他仪式中也能看到的那些符号有关。

——与崇拜有关的祈祷和特殊的运动（如敬慕的姿态），可能会在艺术、装饰像中得到反映。

——祭祀仪式可能会通过各种手段（如舞蹈、音乐等）去诱发宗教体验。

——用动物或人作祭品。

——食物和酒可能会作为供品被吃掉、烧掉或倒掉。

——其他的物品也可能会被用作祭品，从而产生贮藏或废弃等现象。

——所用备品和提供的供奉可反映出巨大的财富投入。

——从建筑本身及其设施当中也会反映出巨大的财富和资源投入。

上面列举的标志会为我们寻找祭祀仪式存在的考古学证据提供有益的帮助。而且，在一个遗址或地区被发现的标志越多，内含宗教（或祭祀）成分的推断就越有力。

超自然力量的确认。确认在祭祀活动中被崇拜的超自然力量，最根本的就是确认圣像，即带有宗教或祭祀含义的形象。在圣像发达的社会，借助于圣像，每个神都可以被区分开来。因为每个东西都有一个特定的神，如谷物有谷神，太阳有太阳神等。

不过，要研究圣像，认知考古学家就必须同碑铭学家、艺术史家密切合作，携手进行。

在文字资料丰富的社会，如古希腊，对于彩瓶上的神话场面的解释，主要依靠的是文学作品。因为在那里，在经典文学作品的大量神话和传说中通常会找到写在彩瓶上的神话人物的名字。在文字和书面证据流传不多的地方如中美洲，圣像学研究的重点就必须放在对不同象征符号的细致研究上，以求认出用一种可以解释的方式同特定的个体联系在一起的重复出现的象征符号。

埋葬行为与观念。墓葬材料不仅反映群体内部地位和财富差异，而且也反映着活人对于死亡及可能随之而来的那些东西的看法。

在随葬品中有些是表示了对来世的看法，有些则不是。譬如随葬食物供品，死者的行头、殉人等可能暗示了来世的一些观念。而随葬个人的财产则很难说一定就显示了对来世的看法。因为在一些社会，人们相信，死者的财产是死者专有的东西，别人是不能占有的。否则，占有它们的人必然会招致厄运。所以，必须把它们同死者埋在一起，而不是为了死者将来的使用。而另一些专门为随葬死人而制作的物品，像中国古代的玉衣，迈锡尼深坑墓中的金面具等则同时还表达了一种制作它们的人也相信自己会死的含义。

至于像埋葬形式，用于埋葬的建筑等则不仅反映了当时社会通行的习俗、活人本身的意识形态，而且同时也反映了当时的宗教信仰和相关的文化。

艺术与表现。通过艺术和表现，同样可以获得对个体或群体认知图的最深切的认识。

雕塑。用象征形式立体地再现世界的某一方面是认知上的一次飞跃。这种表现手法在旧石器偏早的时候就已经出现了。在新石器时代更为普及。突出的标志就是陶泥塑像的流行。对于以这种形式保存下来的遗存的研究有赖于对每个社会自身的雕刻习俗的了解，而每种习俗都需要专家才能被真正地理解和阐释。

平面表现。就表现世界而言，平面手法要比立体手法适用的范围广泛得多。平面表现手法包括平面上的绘画、素描、刻划等。通过它，我们可以考察艺术家是如何想象空间本身以及用来表现不同时代的事件的方式，可以去分析艺术家用以表现动物、人和现实世界其他方面的方式或"风格"等。

但正如上面谈论雕刻一样，平面表现的原则和习俗在不同文化间也是有差异的。因而，在每一种情况下都要进行细致的研究。

装饰。装饰也是一种重要的艺术表现形式。陶器和其他手工制品上的抽象图案都属于装饰的范畴。对于装饰分析最常用的一种方法就是"对称分析"（Symmetry analysis）。借助这种方法，有些学者提出，在一种文化当中，装饰主题及其排列的选择绝不是随意的。一个特定的文化群体通常喜欢属于特定对称类型的图案。

对称分析方法可能会揭示出不同群体间的关系以及隐藏在图案背后的认知结构中的某些东西，但它并非总是能让我们了解一种图案的含义或意图。这也许是它最大的局限性之一。

艺术与神话。富有活力的观察世界的方式可以有许多种。神话就是古代社会人们观察世界的一种方式。古代社会的许多深邃的思想都采用了神话的形式。

神话有其自身的逻辑。尽管不同文化背景下的神话的具体细节不同，但它们都是古代社会对其重大事件的一种叙述，都用一种单纯而简明的叙述成功地记录了世界的许多特征。因此，要理解特定社会的艺术，有时常常需要首先了解这一社会的神话及其思想。譬如，要了解古埃及的墓葬艺术，就必须理解古埃及人对来世和创世神话的看法。

对于神话，我们不应将其作为一种不可信的杜撰而不予考虑。相反，我们应当把它们看作是产生它们的那个社会所积累的智慧的体现。

四、结　语

从以上对认知考古学诸方面的介绍当中可以看出，认知考古学同社会考古学和后过程考古学派一样，都是针对过程考古学的某些倾向提出来的。它们的背后存在着一个共同的理论基础，就是对马克思主义的新理解。一般地把它称作新马克思主义，以区别于柴尔德、苏联和过程考古学的经典马克思主义。

新马克思主义最显著的特点表现在对待经济基础和上层建筑的关系上。经典马克思主义强调经济基础决定上层建筑，新马克思主义认为，上层建筑与经济基础同样重要，有时也起着决定作用。正是对上层建筑的重视促进了认知考古学的形成。所以，认知考古学是欧洲人文科学发展取向在考古学中的一个反映。同时，认知考古学的兴起与其他学科的影响有关。心理学中计算机的使用使智能研究产生了变革。人们认识到，对人类智力的理解也可以利用诸如数学、逻辑学等实证方法进行分析。这个影响最先出现在人类学，例如研究亲属称谓所反映出来的人们的观念与语言之间的联系。然后，才影响到考古学。

认知考古学所研究的问题并不全是新提出来的，但是把这些相关问题集中起来系统研究，使人们看到了考古资料在研究人们精神世界的潜力。它一方面促进了研究的深化，同时又加快了方法的提高。

认知考古学在中国考古学中有很大的发展前景，它不仅可以促进目前正在进行的对宗教遗存的研究，而且还可以开拓其他的研究领域。更重要的是认知考古学会得益于中国丰富的历史文献和古代铭文而得到长足的发展。

注　释

[1] Anonymous. "What is cognitive archaeology?" *Cambridge Archaeological Journal*, 1993, 3 (2): 247-270.

[2] Renfrew C, Bahn P G. *Archaeology-Theories, Methods and Practice*. London: Thames and Hudson, 1991.

（本文原载于《华夏考古》1996年第2期，第5～112页，与张文立合著）

聚落形态研究的昨天与今天

聚落形态的研究在考古学中具有越来越重要的作用。从世界的角度回顾它的历史，从不同空间层次分析它的研究特点及意义，对于我们正确地看待中国聚落形态研究的现状，以便更好地促进这方面的工作，将是一个非常有益的尝试。这正是本文的目的所在。

一

考古学是由汤姆森（Christian Jürgensen Thomsen）提出的"石器、青铜器、铁器"三个时代的理论而正式成为一门学科。这个理论使考古学自产生之日起就以解决遗存的年代为主要目的。发掘中使用的层位学是达到这一目的的可靠方法。层位学就像一个纲，从纵向联系的角度把握了遗址所在的所有地层堆积和遗迹堆积，以及其中的遗物内涵，可谓纲举目张。随着年代序列的普遍建立，考古学家开始更多地关注考古学文化所反映的生存情况和社会形式，期望考古学能像人类学那样展现一个社会的方方面面。为了这个目的，聚落形态的方法应运而生了，它像一张网从横向联系的角度把握了遗迹、遗址和地区等不同空间，以及其中的遗物内涵。

因此，聚落形态考古作为考古学中的方法，是学科发展到一定程度的必然产物。世界各地的考古学发展到一定阶段都可能形成这种方法，当然也有相互影响的因素。

美国是产生聚落形态方法最早的地区，早在20世纪末，著名的人类学家摩尔根（Lewis H. Morgen）就提出了如何通过研究北美土著人的房屋来研究他们的社会组织。随后，明德莱夫（C. Mindeleff）考察了美国西南部。他根据民族学类比解释了聚落是如何发展的，提出了用考古遗存确定定居的早晚顺序和聚落构成的方法[1]。

到了20世纪30年代，斯图尔特（Julian Steward）以美国西南部印第安人为例，运用地区和遗址的形态来研究其社会组织的发展过程。20世纪40年代美国出现了两个通过地区内遗址的分布和这种分布变化来研究社会发展史的成果：菲利普斯（P. Phillips）等人对密西西比（Mississippi）河下游的调查[2]和威利（Gordon Willey）对维鲁（Viru）河谷的调查[3]。后者曾被看作聚落形态研究开始的标志。它的意义在于：第一次对一个地区内的遗址布局进行文化发展过程的研究；第一次阐述了史前聚落形态研究的范围和它在考古学中的潜力；第一次在美洲把航空摄影用于遗址的定位和制图；第一次在一个大的操作系统中利用选样确定一个小地区。

20世纪50年代中期，聚落形态无论是在实践还是在理论方法上，在美国考古学界都得到普及。聚落形态成为一个文化发展阶段划分的重要标准。威利主编的文集《新大陆史前聚落形态》的出版，标志着聚落形态研究的潜力被广泛承认[4]。文集所收录的文章表明，研究者们在研究方法和课题上有很大差异。这里包括民族学家的参与，他们特别关注社区形态与社会组织、地面范围与社区人口的关系。这时的聚落形态实践有三个重要项目：亚当斯（Robert McC. Adams）在两河流域的迪亚拉（Diyala）地区的工作，桑德斯（W. T. Sanders）在墨西哥提奥提华坎（Teotihuacan）河谷的工作以及威利在洪都拉斯的伯利兹（Belize）河谷的工作。

20世纪60年代中期，聚落形态方法得到进一步完善，根据"全年的生存区域"的概念提出了聚落系统这一概念。这个概念与原先的聚落形态概念的区别是：聚落形态着重一个文化中同时期诸遗址在地形和自然地理方面的联系，而聚落系统更侧重于它们之间的功能联系。例如它要研究这群人在一年内居住过几个遗址，每个遗址的功能有何差异。这种研究需要大规模的系统调查，收集大量的自然遗存和人工物，以及较多的量化研究。对狩猎系统经济的聚落系统研究需要通过人工物和自然物的种类和比例确定这个遗址的功能；在农业社会要分析各遗址陶器的类型、纹饰和陶土成分，确定这个遗址的陶器来源和制陶中心，以搞清遗址之间的功能联系。

以英国为首的西欧考古学中，在19世纪下半叶就出现了以复原布局为目的的考古发掘，如菲奥雷利（G. Fiorelli）对庞贝（Pompeii）的发掘和查尔斯·牛顿（Charles Newton）对尼多斯（Cnidos）城的布局复原[5]。这种发掘首先是在古典时代考古中以石头建筑为特点的"硬遗址"中出现的。1899~1914年德国人又发明了寻找土坯建筑墙壁的发掘方法，搞清了巴比伦王国的城市布局[6]。20世纪20年代英国考古学家对印度河文明的摩亨佐达罗（Mohenjo-Daro）城址和哈拉帕（Harappa）城址的发掘和复原是这种发掘的典范。到了20世纪30年代，英国考古学家为了确定考古学遗存的族属，在研究中特别注意聚落的类型，把它作为确定其族属的重要标准，并根据这种聚落类型的分布确定其族属的范围[7]。福克斯（C. Fox）提出了聚落形态的概念[8]，此后柴尔德（V. G. Childe）在1934年发表了《苏格兰西部的新石器时代聚落》[9]，格里姆斯（W. F. Grimes）、霍格（A. H. Hogg）等人也相继发表了这方面的文章。他们的研究中心是遗存的分布与自然环境的关系，通过土壤类型、森林覆盖、水源与灌溉和天然屏障几个方面探讨不同时期分布的文化以及经济类型。在聚落形态的调查中更多地借助于档案和历史文献，只有克拉克（J. G. D. Clark）在斯达·卡尔（Star Carr）的发掘真正地运用了聚落形态的分析方法[10]。克拉克认为：一个家庭居住的房屋的形状很大程度上是由这个家庭的结构决定的。同样，一个聚落内建筑的布局是由文化内部的社会结构和与其他文化关系等因素决定的。

苏联在20世纪30年代，对第聂伯河畔基辅附近的科罗米辛纳Ⅰ遗址的一处特里波利（Tripolje）文化居址进行了面积达1.5万平方米的大规模揭露。这是第一个对氏族居住地的完整揭露，它向人们展现了这一地区远古农业部落的历史和人们的生活状况。1940～1946年在基洛夫格勒省南布格河支流辛纽哈河右岸的弗拉基米罗夫卡（Vladimirovka）居址进行了大面积揭露，发现200多座特里波利文化的房屋排列成五个同心圆的布局。这种对遗址的大面积揭露主要是用于对社会组织的研究，研究的结论是：中心是牲畜的圈栏。居住地属于一个氏族，各个房子则分属于氏族的大家庭[11]。

我国自20世纪30年代殷墟发掘以来，一直在努力了解殷墟的范围与布局，包括它的宫殿宗庙区、王陵区、手工业作坊和祭祀区、平民墓地，并搞清了宫殿区的平面布局。这是以复原布局为目的的考古发掘在中国的实践。1949年以后对陕西省半坡遗址的发掘则是第一次有意识地按照苏联学者的办法，通过一个遗址的大面积揭露，来研究当时的社会组织。20世纪80年代以来，随着中国文明起源的研究和对国外聚落考古方法的了解，发现了一批龙山时代甚至更早的一些城址，并且对许多区域聚落的等级进行了研究。

通过以上分析可以看出，在研究古代文明的地区很早就出现了以复原布局为目的、采取大面积揭露发掘方法的考古实践。在古典文明地区，两河流域、印度河流域、黄河流域和中美洲地区都有，但这并不是我们所说的聚落考古。威利对聚落形态的定义为："聚落形态是人类在土地上安置自己的方式。它涉及住房及其布局、与社区生活相关的其他建筑的性质与分布，它反映了自然环境、建筑者的技术水平、社会结构。由于聚落形态在很大程度上是由文化需求所决定的，所以它为考古学文化的功能解释提供了一个战略出发点。"[12] 特里格（Bruce Trigger）说，聚落形态是"用考古资料对社会关系的研究"。张光直说："聚落形态是在社会关系的框架之内来做考古资料的研究。"[13] 通过已有的定义以及聚落考古历史的回顾，我们认为：把遗存归纳为不同的空间层次，研究每个层次所代表的历史意义及相互关系，是聚落形态最主要的特点，也是区分以复原为目的的考古和聚落考古的标准。按照这个标准，新、旧大陆两地的聚落形态考古实践大体都出现在20世纪30～40年代，并以20世纪30年代以来苏联对特里波利文化的村落遗址发掘、20世纪40年代美国考古学家菲里普斯对密西西比河下游的发掘和威利对维鲁河谷的调查为代表。这个事实说明，聚落形态的出现是学科发展的必然趋势。

但各地的聚落形态考古有很大差别。从研究的空间层次看，美国偏重一个区域内诸遗址的性质及其分布变化的研究；英国偏重对一个考古学文化的遗址特点和分布变化的研究；苏联和中国注重一个遗址内遗迹布局的研究。从研究目的看，美国的研究分与技术、环境有关的生存方面的研究和对社会组织与等级化的研究；英国有不同族属聚落种类及分布的研究和聚落与地理环境的研究；中国和苏联主要是考古学文化的社会组织的研究。从研究方法看，中国和苏联以单个聚落的全部揭露为主，美国以地区范围内的遗址调查为主。因此各地的聚落形态研究是可以相互借鉴的。从对聚落形态考古本身的研究看，美国的聚落形态理论出现最早，并且始终处于一个不断探索和完善的过程，是一个更自觉的发展过程。

二

聚落形态研究是一种作业框架，像层位学一样用于田野工作中收集资料或用于室内整理组织资料。它是通过考古遗存不同的空间层次进行社会组织结构研究的桥梁，同时又是功能性解释的出发点。因此它广泛应用于考古学遗存的收集、整理分析和解释中。聚落形态的研究主要有两个方向：一个是人与自然间关系的研究，主要是聚落形态与自然环境以及技术水平的关系；一个是人与人间关系的研究，把聚落形态看成是当时社会、政治和宗教组织的基础。这两个方向的研究在资料的取舍上有所不同。前者是全部遗址的大小与分布，后者是单个遗址或遗址群的布局、形态。考古遗存的空间层次大体分单个建筑、由诸多建筑构成的聚落和由诸多聚落构成的地区三类。

1. 单个建筑

在简单社会中只有房屋，在复杂社会中还有庙宇和陵墓。在研究人与自然的关系中，房屋的类型和建筑材料都与当时的自然环境，如气候因素、建材资源和人们的建造技术有关。

在研究人与人关系时，有对家庭形态的研究，也有对家庭地位的研究。家庭形态有一对夫妻为主的核心家庭和多对夫妻的扩大家庭。房屋的面积和格局与家庭的人口与构成有密切关系。核心家庭与扩大家庭都可居住多间房屋，如果是核心家庭居住，这些房屋的功能都应当与这个核心家庭的需要相关，它们之间应当存在一定的差别；如果是一个扩大家庭居住的多间建筑，其中每个核心家庭住的房间的设施和器物都应当是基本相同的。这种研究要求对每一个房间有细致的分类标准。这些标准可以分成三大类：第一类是房间本身的特征，如面积、形状、门向以及在各个建筑中的位置。对于这一类特征，门向常常为人们所忽视，它是判断建筑内每个房屋之间关系的有力的证据。两河流域是史前村落布局了解最详细的地区，为我们通过聚落形态研究当时的社会组织提供了理想的资料。哈孙纳文化（Hassuna Culture）建筑内各房屋的门多通向建筑外，而很少相互开通，呈开放式格局；萨玛拉文化（Samarra Culture）的建筑相反，整个建筑只有一两个通向外面的门，房屋之间有门道相通，呈封闭式格局。这两种格局反映了一个建筑内的房屋之间的关系有很大差别[14]。从我国很少详细报道门向细节的情况可以看出，对它的重要意义还缺乏足够的认识。房屋分类的第二个标准是房间的设施，如居住面、灶和烟道、泥箱、窖穴、墓葬、壁画。分类的第三个标准是居住面上的遗物。有哪几种遗物，有无陶器、石器、金属器；它们的功能是什么，如陶器是炊器、盛器还是贮藏器，有无特殊的纹饰；石器是农具，还是手工业工具；另外还要注意房屋内的自然遗存，如动物骨骼、种子、花粉等。

关于家庭地位的研究，简单的平均主义社会中的房屋在式样和规模上基本一致，随着社会复杂程度的发展，房屋之间出现了差别，首领往往住在大房子里，以便于集会或举行仪式。当氏族贵族形成以后，他们的住房不仅大，而且也开始考究起来，与此同时，功能各异的建筑也开始增多，有专门的客房和祭室。在普通住房的遗物中，也会反映出家庭生产出现了专业化倾向。萨玛拉文化最重要的遗址梭万遗址（Tell es-Sawwan）的房屋分类正是基于以上的三类标准，分为普通住房和特殊建筑，它们有各自的分布区域[15]。战争可能使房屋的门向朝向一个围起的院落。

2. 由诸多建筑构成的聚落

在田野考古中，往往是一个遗址的某一时期的平面布局。在诸多时期反复居住的遗址中划分出这一时期的平面布局是聚落研究的可靠前提。对于一个聚落的研究主要从整体情况和内部结构两个方面入手，如范围的大小与定居时间的长短，首先取决于自然环境和人们生存技术水平，尤其是人们储藏、生产和运输的能力等因素，这些因素直接决定了一个社区能否全年基于这一个地点维持其生存，以及能够在这里定居多长时间。为了生存，人们往往定居在水源以及食物来源附近，且是比较安全的地方。

聚落内部的布局主要反映了建筑之间的关系，它主要是由家庭世系及社会组织决定的。张光直在1962年把极地地区的社区分成两个类型："西伯利亚"类型和"爱斯基摩"类型。前者由单系制构成，婚后选择单一的居住地点，这是一个经济上相互合作、内部凝聚力很强的群体。他们所居住的村落内房屋排列有序，正是这种凝聚力的象征。后者是由双系构成，人员变动较大，是一个较松散的群体，居住地内的房屋排列无序，家庭迁徙自由[16]。他的这种划分与斯图尔特在1958年划分的父系类型和双系类型非常相近[17]。这种类型的划分反映了聚落布局与血缘组织高度的一致性。

在复杂社会中，生存因素的决定作用变小了，血缘组织的影响也有所减弱。不同的阶层和职业的人可能有自己的居住地区，这可以根据建筑和遗物的差别判断出来。生产的专业化和贸易是研究的一个重要课题。要了解生产关系，可以从社区内的作坊和贮藏室的地点来探讨。作坊是属于全社区、还是属于某个建筑，生产与贮藏销售是同一群人、还是不同的人，西亚地区有这方面详细的研究[18]。除了家庭形态和专业分工与等级化影响着聚落布局以外，社会内部的宗教因素和社会外部的战争因素也会对布局产生影响。社区的中心地带，在简单社会主要是广场，建筑围绕着这个广场；在复杂社会,如苏美尔地区是庙宇,它构成了当地的政治、经济和宗教的中心。战争是聚落所处的一种文化环境,它可以导致社区内房屋布局的改变,也可以产生一些特殊的聚落,如山城、卫城等防御功能很强的聚落。

3. 一个区域

由若干个聚落构成的地区是聚落形态研究最高的空间层次。美国的聚落形态研究,把这个层次作为主要的研究单位。它的主要操作方法就是田野调查和航空摄影。第一项工作是确定区域范围。然后要建立区域研究的首要前提,即确保区域内的遗址属于同一时期。这主要是通过采集或试掘获得陶器标本,以确定遗址的年代。调查的具体内容有:遗址定位,与周围的关系,遗址面积,遗存的性质及遗存的分布情况,通过以上调查结果可以研究对资源的利用情况(如土地的使用、灌溉网络),人口和聚落间的政治、经济关系。

在对旧石器时代的区域研究中,随着发掘遗址数量的增多,许多地区的遗址点已经连成了面。可以研究的一个重要课题,是搞清某一群人的全年生存区,即某一群人一年内在几个遗址居住过,他们在各个遗址从事什么活动,以获取什么作为主要食物来源。这个方法是从遗址之间关系入手,又叫作聚落系统方法,从而使确定遗址功能成为一个重要课题。比较不同遗址出土物的区别,通过这个区别来推测人们的行为的差别,以此推测遗址功能的不同。经过大量的比较研究,已经初步建立了遗物差别与遗址区别的关系,又叫系统指数(System Index),例如纳吐夫文化(Natufian Culture)诸遗址中出土的打制石器及其他遗物与该遗址定居情况的关系[19]。

在农业社会的区域研究中,亚当斯是一位从田野调查、整理分析到发表研究论著"一条龙"的美国考古学家。他的田野工作水平和研究水平在当今都是一流的,他对两河南部调查采取综合研究,包括考古调查、陶器排列、历史文献、民族学资料、地理学、农业、水利和经济等等,从土地利用和聚落形态揭示了这一地区古代的兴盛和现代的荒芜过程,从生态和社会组织两个角度考察聚落形态的变化。其中对前王朝的乌鲁克文化(Uruk Culture)的研究,详细地再现了柴尔德提出的"城市革命"的过程。他按遗址的年代把遗址分为乡、镇、小城和城市四等。在乌鲁克早期,乡级遗址迅速增多;在乌鲁克末期,镇、小城增多,城市出现。这说明"城市革命"经历了人口增多和人口集中两个阶段。在这个剧烈的变革中,血缘村落在解体,地缘城镇在建立。亚当斯的工作说明了田野调查本身的学术研究价值,这在聚落形态的区域研究中的作用尤为明显[20]。

田野调查在区域聚落考古中扮演着越来越重要的角色。"区"一般由它的自然环境来定,如某个山地、某段流域。区的范围要由调查目的来决定。在区域调查中,一种是抽样的调查,一种是全面调查,采取哪一种方法与区的范围有关。在墨西哥河谷的工作采取了全面调查的方式[21]，所有人能踏查的地区均以间距30～50米徒步调查过。发掘者认为从长远看，这种方式是经济的，它对于发现中心遗址很有作用。在后古典期，这里有一个中心址，共90个村落，如果抽样调查，很可能发现不了中心址。全面调查还可以发现不同聚落群的交界地带，这个地区中东部地区在500年时间内遗址极少，是不同聚落的交界地带，很可能经常发生战争。全面调查的另一个优势是对于发现那些在村落以外丢弃的"非遗址遗存"具有很大潜力。

三

聚落形态考古在20世纪的下半叶成为世界各国普遍采用的方法。随着我国考古学界对外交流的增多和信息化的加强，我们对国外的聚落考古有了越来越多的了解，中外合作研究是相互了解的有效途径。通过对国外聚落考古的了解，我们会发现，其中有许多东西值得我们借鉴和学习。但是由于各地历史传统的不同，遗存性质的不同，以及调查区内自然环境的差别，不能生硬地套用国外方法，我们原有的作法是符合我国实际情况的。

但以往发表的资料对单体建筑缺少详细的特征介绍和分类，所介绍的特征中，比较重视其时代特点，而忽略同时期的房屋之间的差别。因此同一时期的房屋之间缺少个性。虽然不可能每个建筑都加以介绍，但至少应有比较全面详细的登记表，以便为寻找每个建筑在功能上的差异提供素材。

聚落考古主要是研究各种遗迹所构成的不同空间层次，但是不能忽视对其中的遗物的研究。例如，判断一个社会交往的性质，除了考察生产和储藏遗迹的布局外，遗物也具有重要的作用。平均主义社会之间的交往主要是生活用品，等级社会的交换物品往往是权力和财富的象征物。在研究遗物时除了原有的分类标准外，应考虑遗物所在遗迹的单位，使分类不仅具有年代意义，还具有功能意义。

作为一种聚落形态研究手段，区域性调查只是刚刚开始，其原因是以区域作为研究单位的考古要比以遗址作为研究单位的考古更加复杂，前者是以后者为基础的。只有以遗址为单位进行发掘所提供的该地区详细的时间框架为基础，才可能从事区域性研究。因此，从遗址发掘向区域调查的发展，既是考古学研究的深入，也是通过点、面相结合了解一个地区的最经济的研究方式。

目前，在区域性调查中遇到的问题有两点：一是地表的情况不能很好地反映地下的遗存。国外广泛使用全面的地面踏查，对于单一时期的遗址，现代又没有耕种的地方是比较适用的，但对于我国中原地区经过不同时期反复定居、现在人口密度大、又不断耕种的情况，其调查的意义则大打折扣。我国应当充分利用区域内已经发掘过的遗址资料从事调查。即使是在国外比较适宜调查的地区，也常存在着共同的不足：小遗址不易识别，大遗址的内部布局了解甚微，调查中很少能得到判断遗址功能的信息。目前国外进行区域调查主要是通过地面遗存分布的范围和密度确认同一时期内遗址的面积和人口分布的密度。地面调查结果与地下发掘结果的比较研究是一个重要课题，主旨是寻找它们之间在正常情况下的变化系数。例如，一个遗址的地表有早、中、晚三个时期的陶片，它们与地下实际陶片数量的比值是不同的。我们也应对即将发掘的遗址首先进行地面调查，通过大量的地面与地下的比较得出符合我国各地区、各时代具体情况的变化系数。

区域调查中遇到的第二个问题是如何划定它们的年代。如果遗址的年代不精确，遗址的时代跨度太大，根据遗址年代、定位和面积所绘制的不同时代遗址分布图，其遗址分布就要比实际密度大，这样就妨碍了对区域内人口和土地利用的研究。由于调查中所确认的年代是以遗址发掘中划分的年代为基础的，有时还要比遗址分期粗，所以，只能在划分的大的年代之间进行比较。

如何正确地看待区域调查的结果，直接关系到如何评价这一方法。我们认为，不能单纯从绝对值上去理解调查结果，而应当从相对的、相互之间的比例上去理解它。例如，地面调查的陶片分布密度可能和地下实际发掘的差别很大，但整个地区采取同一方法进行地面调查所得到的结果之间的比例应当与地下实际情况之间的比例是相一致的。在年代划分上，由于时间跨度长所导致的地面调查的遗址密度比实际密度大，但各个时期年代跨度都很长，所以各期相对密度的变化还是与实际密度变化相一致的。

总之，区域性调查是一种非常年轻的方法，又是一种有着很大潜力的考古学研究方法。

注　释

[1]　Parsons J R. "Archaeological settlement patterns." *Annual Review of Anthropology*, 1972, 1: 127-150.

[2]　Phillips P, Ford J A, Griffin J B. *Archaeological Survey in the Lower Mississippi Alluvial Valley, 1940-1947*. University of Alabama Press, 2003.

[3]　Willey G R. "Prehistoric settlement patterns in the Viru Valley, Peru." *Bureau of American Ethnology Bulletin*, 1953 (155): 1-U94.

[4]　Willey G R. Prehistoric settlement patterns in the New World. *Viking Fund Publications in Anthropology*, 1956.

[5]　格林·丹尼尔（Glyn Danniel）著，黄其煦译：《考古学一百五十年》，文物出版社，1987年。

[6] 塞顿·劳埃德（Seton Lloyd）著，杨建华译：《美索不达米亚考古——从旧石器时代至波斯征服》，文物出版社，1990年。

[7] Parsons J R. "Archaeological settlement patterns." *Annual Review of Anthropology*, 1972, 1 (1): 127-150.

[8] Fox C. *The Personality of Britain*. Cardiff: National Museum of Wales, 1932.

[9] Childe V G. "Neolithic settlement in the west of Scotland." *Scottish Geographical Magazine*, 1934, 50: 18-25.

[10] Clark G. *Excavations at Star Carr: An Early Mesolithic Site at Seamer near Scarborough, Yorkshire*. CUP Archive, 1954.

[11] 蒙盖特（А. Л. Монгаит）著，中国科学院考古研究所资料室译：《苏联考古学》，内部资料，1963年。

[12] Willey G R. "Prehistoric settlement patterns in the Viru Valley, Peru." *Bureau of American Ethnology Bulletin*, 1953 (155): 1-U94.

[13] 严文明：《聚落考古与史前社会研究》，《文物》1997年第6期。

[14] 杨建华：《两河流域史前时代》，吉林大学出版社，1993年。

[15] 张文立：《梭万遗址村落布局初探》，吉林大学硕士学位论文，1997年。

[16] Chang K C. "A typology of settlement and community patterns in some circumpolar societies." *Arctic Anthropology*, 1962, 1 (1).

[17] Steward J H. *Theory of Culture Change: the Methodology of Multilinear Evolution*. Urbana: University of Illinois Press, 1955.

[18] 杨建华：《两河流域史前时代》，吉林大学出版社，1993年。

[19] 杨建华：《西亚史前考古研究的新进展》，《考古》1996年第11期。

[20] Yoffee N. "Robert McCormick Adams: an archaeological biography." *American Antiquity*, 1997, 62 (3): 399-413.

[21] Ammerman A J. "Surveys and archaeological research." *Annual Review of Anthropology*, 1981, 10 (1): 63-88.

（本文原载于《青果集——吉林大学考古系建系十周年纪念文集》，知识出版社，1998年）

中国古代文明过程考察的不同角度及其相关问题

世界古代文明的出现是一个漫长的过程，只有从过程这个动态中才能准确地把握各文明的共性与特性。中国古代文明最典型的特征在她最成熟的阶段——以殷墟为代表的商代文明中表现得最为完整。因此，要研究中国古代文明的特点应当从殷墟时代所表现出的诸因素向前追寻，这样才能了解中国古代文明的特点以及她独特的发展过程。

一、考察古代文明过程的四个角度

中国的古代文明从某种意义上说就是中国古代国家，她的起源应当在国家产生以前的史前时代去寻找。对于这一阶段的研究，考古学责无旁贷应起着主要作用。从中国史前考古学现状和世界考古学的发展来看，笔者认为考古学对于文明过程大体上可以从四个角度来考察。

第一个角度：根据区系类型的方法来建立考古学文化的时空框架，这是科学地研究考古遗存的基础。从当前的中国史前考古学的现状来看，各地区都已经建立了自己的年代序列，只是各地建立的时空框架的尺度有粗细之分。例如黄河流域的分期和分区比较细，边疆地区的比较粗。

第二个角度：对每一个考古学文化的社会结构进行研究，重构它的历史。在这方面，每个考古学文化的发现有很大的差别。以半坡文化为例，这一文化的聚落有半坡、姜寨和北首岭三个较大规模揭露的遗址，墓地有元君庙和横阵等较为完整的资料；相比之下，对庙底沟文化的了解就没有这么充分的资料。要完成这项工作，就要求我们有计划地在发掘中填补空白，选择典型遗址进行若干年的重点突破，使我们对主要的考古学文化的社会结构有所了解。

第三个角度：跨越时空和考古学文化，对某一方面的演变轨迹进行梳理与研究，即对同一事物的历时比较。如对史前时代聚落、手工业、墓地等方面的专题研究。在我们探讨中国文明起源时，常常是这一阶段用大地湾的大房子，下一阶段用大汶口的墓葬，再下一阶段用龙山时代的城来说明中国文明因素的增长过程。目前已经有对史前聚落的较为全面的梳理[1]。由于并不是每个地区的各个阶段都有聚落资料，所以像兴隆洼的排房与半坡文化的环壕是地域上的差别还是时间上的早晚，尚无法定论。明确了研究的目的，我们应当有意识地通过发掘来填补这些缺环，使中国史前各种文明因素的发展线索逐渐清晰起来。

第四个角度：跨越时空和考古学文化，对某一时期各种文明因素的关系进行研究，即对不同事物的共时研究，从先后的角度寻找事物之间的因果关系。尽管先后事物不一定就是因果关系，但先后关系是因果关系的一个重要前提，通过因果关系来了解进入文明过程的社会机制。这种研究在中国尚未展开，是我们应当尝试的一个方法。

以上研究文明过程的四个角度也可以说是四个步骤，它们之间存在着先后的依赖关系。前两个步骤是具体的历史过程的考察，从第三步开始是超越时空的比较研究和事物之间内在规律的探索。这四个步骤基本上完成了文明过程考察中历史与逻辑的统一。

二、两河流域古代文明过程研究举例

笔者曾对两河流域的史前时代进行过这种研究[2]。为了说明这种研究方法，在这里主要介绍一下笔者对两河流域文明过程研究的第三步和第四步。

1. 第三个角度的考察

在对两河流域同一事物的历时比较研究中，笔者主要从农业与手工业所表现的生产力的发展、聚落与墓地表现出来的生产关系和神庙所反映的上层建筑的发展作一历时性的考察。

两河流域史前的农业基本上可以分为旱作农业、简单灌溉农业和农业量剧增三个阶段。在两河流域定居时期，人们主要居住在两河流域北部降雨量充沛的亚述高原。后来人们向南部迁徙，逐渐到了年降雨量仅200毫米的地区。要在这样的地区从事农业，必须要有简单的灌溉。灌渠遗迹的层位，清楚地揭示了灌溉是如何从利用天然沟渠到人工挖凿沟渠的发展过程。灌溉农业的出现是人类利用自然和改造自然能力的一个质的飞跃，对两河流域文明的产生具有关键性作用。灌溉农业导致农产量的剧增，两河流域农业进入了第三个阶段，其标志是收获工具的剧增，易于制造的陶镰取代了制作复杂的骨柄石叶复合镰，这是农业大幅度提高的必然结果。

手工业主要体现在陶器和金属制造业。陶器的发展大体经历了彩陶和素面陶两个阶段。彩陶的发展可以分为出现、定形、繁荣和持续四个小时期。素面陶以轮制为主，是史前陶器制作上的一个大的转变。陶器不再装饰器表，而注重造型的多样化。素面和轮制是陶器大批量生产的结果。陶器不再具有特殊的功能，这种功能逐渐让位于金属器。史前的金属制作分为三个阶段。它最早出现在公元前6840～前6620年的萨约吕（Cayönü）遗址，只有少量铜针类制品；第二阶段铜制品开始增多，出现了凿等小型工具；第三个阶段金属品明显增多，有冶铸技术与合金技术，并流行金器。需要指出的是，两河流域史前时代金属制造最发达的不是最早进入文明的南部，而是矿产资源丰富的北部，所以不能单纯强调金属在文明起源进程中的作用。

两河流域史前时代聚落形态的发展可以大致分为四个阶段：第一个阶段的聚落布局有成排的库房、中心空地和居住房屋以及窑场和蓄水池。从这些遗迹的规模看，它们大都是以整个聚落为单位而一次建成的，说明聚落在当时起着最重要的行政职能。这时的房屋格局是多间房屋，几乎每个房间都有通向聚落的门，房间之间一般没有房门相通，这说明同建筑内不同房间的人联系不太紧密。第二个阶段的聚落布局是房屋建筑成堆地分布，形成几片空地，基本不见以整个聚落为单位的设施。每个建筑格局都是一样的，由大、中、小三种房间构成。大房间有许多通向各个房间的门，很像我们现在住宅中的厅。小房间三个一排地分布在建筑的一侧，应是这个建筑中的储藏室。生活遗物一般是出在中型房间里，应是当时人们的住房。每个格局规整的建筑一般只有一个或两个通向聚落的门，建筑内各个房间之间是相通的，这说明同一建筑内不同房间的人之间关系密切。一个建筑里的居民应该是含有一对夫妻以上的扩大家庭。这个阶段的扩大家庭已经发展成为分解聚落组织的力量。第三个阶段的聚落建筑仍然呈无序状分布，但个别聚落在中心的显著位置有制陶作坊或"圣区"，反映出聚落间在功能上的分化。陶器的中子活化分析也说明了这时陶器有较大量的输出与进口的现象。但这时的聚落调查所反映的各聚落规模在较早的哈拉夫文化时期没有太大区别，但到了较晚的欧贝德晚期已经有了大小之别，说明聚落之间的功能分化在前，规模分化在后，两者之间有因果关系。这个阶段是聚落分化的最后阶段。到了第四个阶段，聚落内部与外部都开始重新整合。在聚落内部，以乌鲁克遗址为例，聚落中心是神庙，周围是手工业区，再外面是农业居民区。聚落之间形成了村、镇和城三级聚落组织。

墓葬中反映的人们之间的分化分为四个阶段。最初墓葬形制没有区别，随葬品数量略有差异，但没有无随葬品的墓，成人与儿童有所不同。第二阶段出现少量无随葬品的墓，墓葬形制尚未出现差别，说明有贫民出现，但还没有形成等级。第三阶段的墓葬可以分为几个档次，它们在墓葬形制与随葬品之间形成固定的组合，男子随葬品的数量多于女子。最后一个阶段财富与地位的分化使同一聚落的人已经无法再葬在同一墓地，从而形成了不同等级人群的墓地。墓地之间差别明显，具有自身特有的墓葬形制和随葬品。综观墓葬变化的四个阶段，前三个阶段是分化道路上量的发展。到了第四个阶段，分化已经达到不能葬在同一墓地的程度，说明社会分化与原有的原始社会组织不相容而导致了彻底变革，已经跨越了氏族社会解体阶段，进入国家的形成时期。

宗教的发展主要体现在宗教建筑上。最早的宗教建筑只是一个单间建筑，在结构和规格上都与普通住房没有区别，但地点比较固定，连续叠压的几层都在一个地点，房内缺少生活垃圾，居住面下多有人骨架。这种建筑可以称为单间祭室。第二个阶段是祭室的发展阶段，在结构和规格上比住房更加考究，有大的石头墙基，并与住房区有比较明显的分界，形成所谓的"圣区"，里面极少见到生活垃圾。第三个阶段是神庙阶段，在祭室的两侧出现侧厅，用于放置庙产和僧侣居住。这个阶段标志着神职人员已经成为一个独立的阶层。在这个阶段里，放置神龛的位置变得越来越隐蔽。最后一个阶段是塔庙阶段，庙宇一般有高高的台基，庙宇前往往有柱廊大厅，这些变化使得整个神庙变得宏伟、华丽，说明这时的庙宇已经超出宗教中心的功能而逐渐具有经济中心和政治中心的功能。在宗教建筑变化这四个阶段中，前三个阶段经历了宗教信仰由具体到抽象、仪式由简单到复杂、与神交往由普通民众到专门祭司的变化，第四个阶段的祭拜对象已经基本固定，并形成不同的等级，祭司开始借神的威严提高自己的地位，集中权力。

2. 第四个角度的考察

完成了第三个步骤的研究后，进入了第四步研究。我们把刚才总结的各个方面的发展阶段放入第一步所建立的时空框架中，绘制出表一。

表一　两河流域史前时代生产力、社会组织和意识形态发展变化表

年代（B.C.）	6900	6400	5800	5400	5000	4500
文化	乌姆	哈孙纳早　晚 哈拉夫早　　中　　　　晚 萨玛拉Ⅰ　Ⅱ　Ⅲ　Ⅳ 欧贝德Ⅰ　　　　Ⅱ　　　Ⅲ　　　Ⅳ　乌鲁克文化早					
生态	气温与降雨量的最佳时期					
农业	定居		灌溉		收获量剧增	
制陶业	装饰器表	规整、乏味的几何纹	繁缛几何纹、内壁中心纹	彩陶衰落—复兴—衰落		素面轮制
冶金业	少量小型铜制品	数量增多；出现生产工具；出现铅			成倍增长；合金范铸；金箔	
聚落	内向式，以村为主	多中心，以家族为主；散乱，功能分化		以神庙为中心的新格局；等级出现	人口剧增；流向城镇；等级制形成	
墓葬	随葬品数量差别；出现无随葬品墓葬		随葬品数量与墓制分成档次		分为不同墓地	
文化传播	文化内部	北部之间 第一次　第二次　第三次		南北统一 异族人出现	地方化；保持贸易通道；游牧人口出现	
宗教建筑	与住房相同的祭室	特殊结构的祭室		有附属设施的神庙	附属设施 发达的神庙	
总结	平均社会	分化			整合	

注：此表中年代以本书"自序"中的年代部分为准

根据生产力、社会组织和宗教意识的发展序列与阶段所绘成的表一，概括出两河流域从史前时代的定居到文明形成的大致发展轮廓，可以从中看出这些现象出现的先后，发现相互之间的依赖关系，进而通过了解这些现象之间的因果关系来理解文明起源与形成的历史过程。从这个表中可以看出只有在乌鲁克时期社会的各个方面几乎同时发生了变化，这使得社会的整体面貌发生了一个巨变。在这之前的变化都是参差不齐的。恩格斯在《家庭、私有制和国家的起源》一书中讲到了文明的起源与形成之间的差别：各种文明因素是在原始社会母体中孕育成长的。它们的继续发展到与原有社会无法相容，最后导致一个彻底的变革——文明社会便形成了。对两河流域文明产生过程的考察可以发现，文明的起源与形成的界限，即社会发生巨变就在乌鲁克时代。大多数研究者认为，从乌鲁克文化已经进入了国家的门槛。在乌鲁克文化晚期（乌鲁克遗址的第4层）发现了最早的泥板文字，但仍然没有王权。这时只是权力的进一步集中的过程。早王朝早期只留下了洪水传说，从早王朝中期开始出现了基什之王麦西里姆时代，这时王权才最终形成。也正是在这个时候，考古上所见到的宫殿规模才超过了神庙，反映了王权取代神权的过程。

对比中国的考古学研究，中国的文明起源与形成的门槛在哪里？中国有没有进入文明社会后权力进一步集中而产生王权的时期？回答这些问题都需要对中国文明起源和形成的过程加以系统的考察。如上文所述，很多考古发现上的空白还有待填补。

三、建立考古资料与社会参数之间的联系

除了考古发现上要填补空白以外，在方法上还应注意两点。

首先，在探讨文明进程时，人们往往用一些社会变化的参数来描述这个过程，正如塞维斯（E. R. Service）对社会发展所做的阶段划分所使用的，诸如人口、战争、城市化和生产的专业化等[3]。这些社会参数在考古中是怎样表现的，需要我们在它们之间建立一种联系。这种联系应是符合中国历史与考古的，它不仅有利于用考古资料重建中国的史前史，而且对世界的文明起源的研究也会有很大的贡献。在这里笔者仅举三个例子来说明这种研究。

第一个例子是亚当斯（R. McC. Adams）在两河流域聚落研究中建立遗址等级，并赋予社会组织的含义[4]。他首先将调查的遗址的面积分为三个级别，最小的是乡，面积在1000~60000平方米，其次是镇，面积为61000~250000平方米，城市的面积在500000平方米以上。按照这一标准，把乌鲁克时期至早王朝时期的遗址统计如表二：

表二 两河流域南部聚落统计简表

	乡	镇	城	都市
欧贝德文化晚期	17	3	1（？）	0
乌鲁克文化早、中期	112	10	1	0
乌鲁克文化晚期	124	20	20	1

这个统计表明，从乌鲁克时期开始至它的后期，聚落形态的变化主要表现在村落数量的剧增，同时镇的数量也有所增多。这个阶段是人口大幅度增加的时期，人们不得不向外迁徙，建立新的村落。这时人口增加之快是历史上罕见的。一方面是由于生产力的发展，尤其是农业的发展提供了一定规模的剩余粮食，另一方面也是周围的游动放牧部落逐渐下到大河流域开始定居生活的结果。这时尽管遗址的等级已经出现，但是城镇的数量和规模都还很小。从乌鲁克后期至早王朝的出现，聚落形态的变化主要体现在镇以上规模的遗址数量大增，说明这个阶段是在原有的人口基础上在空间上的一次大的调整，反映了社会组织处在一个大动荡大变革的时期。在这个变革中，原有的血缘村落在解体，地缘城镇在建立，遗址的规模在向高层次发展。总之，从乌鲁克时期开始，聚落形态经历了数量增多和规模增大前后两个阶段，这正是柴尔德提出的"城市革命"在考古上的具体表现，它为国家的出现奠定了基础。最高层次的遗址——都市是城邦的前身，而遗址之间的等级又体现了整个社会的阶层分化，构成了一个城邦内的"国"和"野"。

中国文明产生前后没有出现过两河流域那么大规模的人口流动，血缘组织也没有被破坏得这么彻底。在属于龙山早期的良渚文化中，有反山和瑶山等几个中心址。在夏文化有二里头一个大规模的中心址。这说明在中国文明进程中，权力的集中表现为由一个考古学文化的若干中心发展为一个考古学文化的一个中心[5]。

第二个例子是手工业专门化的研究。制陶业是史前时代最重要的手工业部门。关于陶器的生产方式在考古上比较难以确认，从陶器的标准化中我们可以发现批量生产及其带来的陶器标准化。我们原有的陶器类型划分基本不考虑陶器的尺寸，因此必须重新对全部陶器的尺寸进行测量。如果我们对仰韶文化阶段的陶器中同一型式陶器的尺寸进行统计就会发现，它们的尺寸各不相同，如果用图表表示，它们的尺寸呈分散状态；龙山时代的同一型式陶器尺寸非常接近，如果用图表表示，它们的尺寸呈几个堆的分布态。依靠直觉我们也可以发现王湾Ⅲ期文化和山东龙山文化的陶罐不仅同一型式器物的数量多，而且尺寸也非常相似，说明这时陶器已经不再是由每一个家庭单独制作的，而是由一个家庭作坊之类的单位完成其制作的。进行这种研究仅靠目前发表的考古报告恐怕难以胜任，因为从中我们很难找到所有复原陶器的尺寸信息。因而还有一个考古报告发表不断适应研究的拓展与深入的问题。

第三个例子是对某一考古学文化所表现的生产程序与分工程度的推测。以两河流域的哈孙纳文化和萨玛拉文化为例。哈孙纳文化的建筑是由泥块（Píse）垒砌而成的，由此推测它的建造过程大致可以分三步：挖泥—搬运到建房地点—垒砌。萨玛拉文化的建筑是由模制的泥砖建成，它的建造过程应当是挖泥—脱坯制砖—晾干—搬运到建房地点—垒砌。从工作程序上，后者更为复杂。哈孙纳文化的建材是湿的泥块，很沉，一次运送得比较少；萨玛拉文化的建材是干砖，比较轻便，一次可以运送较多。再看房屋的垒砌过程，哈孙纳文化直接把湿的泥块堆砌起来，有可能要堆几层待下层的泥块晾干后再向上堆砌，如果一次向上堆砌过多会把原来垒砌的湿泥块压塌。这样，哈孙纳文化房屋的建造不会需要太多的人，但所需的时间会比较长。萨玛拉文化的房屋是使用已经预制好的、器形规整的泥砖，工作效率会大大地提高，可以用较多的人在较短的时间内完成。不同的生产程序与分工应当与它们的家庭形态相关。哈孙纳文化是一种核心家庭的格局，多间建筑，每个房间都有通向外面的门，房间之间互不相通；萨玛拉文化也是多间建筑，整个建筑只有一个通向外面的门，房屋之间有门相通，是一种扩大家庭的格局。采取什么样的生产程序和分工是与它的社会组织（在史前社会主要是家庭组织）密切相关的。经过分析我们可以看出萨玛拉文化的劳动效率比哈孙纳文化的高。

以上三个例子只是想给人们一种启示，看到从考古资料中寻找它背后的历史意义的可能性。在这种研究中，一是要从联系的观点去看问题。原本相互之间有联系的事物作为遗存被我们发掘出来后，它们的联系已经看不出来了。这些遗存被我们归入遗迹、遗物类；在遗物中又按照不同的质地予以整理和发表。在研究中我们应当重新从联系的角度来看待它们，以此来寻找它们背后的历史意义。二是要关注遗存出土的背景，无论是在发掘中还是在研究中，要从它们所出土的单位、所共生的器物、放置的位置以及破碎的程度等细微的方面来分析它在当时社会中的作用。

中国有着悠久的古代文明，而且文明从来没有中断过。这对于我们中国考古学家来说，既是一个机遇，又是一个挑战，我们应当负起责任来。虽然这项工作需要几代人的努力，但是我们必须从现在做起。本文只是在这种研究中提出一些方法上的思考，希望引起同行的关注和讨论。

注　释

［1］　严文明：《中国新石器时代聚落形态的考察》，《庆祝苏秉琦考古五十五年论文集》，文物出版社，1989年。

［2］　杨建华：《两河流域史前时代》，吉林大学出版社，1993年。

［3］　Service E R. *Origins of the State and Civilization*: *The Process of Cultural Evolution*. New York:

Norton, 1975.

[4] Adams R M. *Heartland of Cities: Survey of Ancient Settlement and Land Use on the Central Flood Plain of the Euphrates*. Chicago: The University of Chicago Press, 1981.

[5] 张忠培：《中国古代的文化与文明》，《考古与文物》2001年第1期。

（本文原载于《吉林大学社会科学学报》2005年第2期）

中外考古学史的内在发展脉络初探

中国考古学和中国以外地区的考古学,作为同一学科在不同地区的实践,既有共性又有差别。同样,考古学在不同地区的发展历程,也应是既有同一性又有特殊性。寻找不同地区考古学发展史的内在脉络是考古学史中的一项中心工作。任何一个考古学研究或一个考古学派,无论它有多么强的独立性和个性,总是与此前或此后的研究存在着明显或隐晦、简单或错综、紧密或间接的、非单纯的而是多重的联系。考古学史的主要任务就是揭示各学派之间的内在联系,它构成了考古学科发展的内在脉络,并且是对任何一个孤立的考古学研究的意义进行准确定位和深刻把握的一个基本前提。

一

关于中国考古学史,目前只有对考古学的某一阶段[1]或某些重要人物[2]和事件以及理论方法的论述,尚不见全面综合性的论著。在这些研究中,有对中国考古学史内在发展脉络的精辟论述。张忠培先生在《中国考古学史的几点认识》[3]中提出了"表达中国考古学前进与发展的主流"的六件大事:

(1) 1921年,安特生主持的仰韶村发掘;
(2) 1931年,梁思永揭示的后冈三叠层;
(3) 1948年,苏秉琦发表的《瓦鬲的研究》;
(4) 1959年,夏鼐发表《关于考古学上文化的定名问题》;
(5) 1975年,苏秉琦《关于考古学文化的区系类型问题》学术讲演;
(6) 1985年,苏秉琦发表《辽西古文化古城古国——试论当前考古工作重点和大课题》

中国考古学从西方传入到现在,经历了将近一个世纪。在这近百年的发展中,中国考古学界有许多重大发现、理论和方法的发展以及研究成果的提出。张忠培先生在这大量的考古事件中挑选出以上六件事作为中国考古学的主流,反映了他对中国考古学发展内在脉络的认识。仰韶村的发掘标志着田野考古作为收集遗存主要手段的确立;后冈三叠层代表着中国考古学的层位学的形成;《瓦鬲的研究》是中国考古学类型学的典范;夏鼐先生的文章代表了中国考古学者对考古学文化的认识水平;苏秉琦先生《关于考古学文化的区系类型问题》将以考古学文化为单位的研究带入以地区为单位的研究，建立了各个地区的考古学文化时空框架和文化谱系。前五件大事所表现的顺序为：田野发掘—层位学—类型学—考古学文化—各地区的考古学文化时空框架。这五件大事不仅有时间上的先后，而且在逻辑上也有规律，即后者是以前者为基础的：没有田野发掘，就不需要也不会产生考古层位学；没有层位学证据，很难确认代表年代发展的类型学；没有考古发掘提供的层位上的共生和类型学提供的组合，就不会形成具有时间、空间和组合三要素的考古学文化概念；没有考古学文化这个史前考古学遗存的研究单位，就不会有各地区的时空框架。上述五个事件是在当时的诸多同类事件中选取的水平、最高影响面最大的，体现了中国考古学发展的主流，反映了历史与逻辑的统一。

第六件大事是苏秉琦发表的《辽西文化古城古国——试论当前考古工作重点和大课题》的演讲。这是将考古学文化的时空框架的研究全面推向考古学文化结构和发展过程的研究。在这之前关于文化结构和发展过程的研究都是零星的、超前的。这一转变是以中原及附近地区考古学文化时空框架普遍建立为基础的，因此是水到渠成的自然发展。苏先生及时提出了考古学文化研究重点的战略调整。所以第五件大事和第六件大事之间出现了研究层次的变化，体现了考古学发展中质的飞跃。综观80年代末的考古杂志，很少再有单纯以时空框架为课题的论文，学者多是力图以缜密的时空框架研究为基础来说明当时的社会和历史，至少是有这种意图。中国考古学界正在悄悄地发生着改变。

二

关于外国考古学史，我们主要了解的是欧美地区的考古学史[4]。通过比较研究我们发现，这里也存在着与中国考古学大致相近的发展脉络：

（1）18~19世纪英国人威廉·坎宁顿对索尔茨伯里平原的发掘和美国人托马斯·杰弗逊对弗吉尼亚土丘的发掘；

（2）19世纪40年代丹麦人沃尔赛对丹麦的史前墓葬和泥炭沼层的小规模地层发掘至19世纪下半叶谢里曼在希沙立克的大规模地层发掘；

（3）1903年瑞典人蒙特留斯的《东方和欧洲的古代文化诸时期》（后被日本人译为《先史考古学方法论》）提出了系统的考古类型学；

（4）1924~1925年麦克迪在《人类的起源》中提出了考古学文化的概念，柴尔德在《欧洲文明的曙光》中普及了这一概念；

（5）20世纪二三十年代美国考古学家基德在美国西南部建立了第一个地区考古学文化序列，欧洲由于各国面积普遍较小，所以没有建立各地区考古学文化序列的区系类型研究。

（6）①美国考古学家克拉孔在1940年发表的"中美洲研究的概念结构"和1948年泰勒发表的"一个考古学研究"，批评了以年代学为唯一目标的考古学，提出了要通过对遗存功能的研究进入到古代人类行为和考古学文化结构、社会组织的研究。出现了聚落考古和生态考古等方法；②1962年宾福德的"作为人类学的考古学"提出了新考古学派；③1984年英国考古学家伦福儒编辑的《社会考古学研究》标志着新学派，如社会考古学、认知考古学、新马克思主义考古学、后过程考古学等的兴起。

前五件大事与中国考古学的发展道路基本相同，体现了田野发掘—层位学—类型学—考古学文化—地区年代序列建立这一发展主线。第六件大事可以分为三个小阶段，体现了它的出现契机与中国的有很大不同。克拉孔和泰勒的文章是对原有年代学研究的剧烈反叛，说明美洲考古的转变是以否定前者为代价的。到新考古学派时，把前后两者更加激烈地对立起来，并冠之以归纳和演绎两种截然不同的方法。这时考古学的新理论和新方法甚至新术语多不是来自考古学本身，而是来自文化人类学等外学科。只有进入80年代以后，考古学才走向更加务实的阶段，在原有扎实的年代学基础上提出了令人信服的人类行为和社会组织发展的研究成果。

三

从欧洲、美洲和中国的考古学发展历程的时间与阶段的比较可以看出，欧洲先是对美洲产生影响，然后对中国产生影响，最后三地考古学交互影响、趋于一致。

表一 中外考古学发展脉络及对应的大事件

阶段 \ 地区	欧洲	美洲	中国
14世纪～19世纪初	古物学（1）	推测阶段（1）	金石学
19世纪中叶	考古学的形成（2）	分类-描述	
19世纪末20世纪初	初步发展（3）		转变
20世纪上半叶	成熟期（4）	分类-历史（2）（3）（4）（5）	现代考古学形成（1）（2）（3）1921～1949年
20世纪40～60年代	目标与方法转型（6）	对文化历史考古的不满	初步发展（4）1949～20世纪70年代
20世纪60～80年代	新、旧两种考古学	新（过程）考古学（6）	繁荣期（5）20世纪70～80年代
20世纪80年代至今	后过程、多学派		深化发展（6）黄河中心→满天星斗 古城、古国与文明探源

注：括号内数字为考古学发展阶段所对应的大事件

以上中外考古学发展主线的比较说明，考古学发展中存在一条共同的发展脉络。它是由考古学科的特点，即学科的性质、对象和方法所制约的。考古学首先要解决的是遗存的年代问题。标志着考古学形成的三期说就确立了这一目标，层位学和类型学都是为实现这一目标的具体方法。考古学研究的不是某个人的遗存，而是某一群人的遗存，它构成了考古学文化。考古学解决的年代不是单个遗存的年代，而是考古学文化的年代。最终必然形成以时间为纵轴、以空间为横轴的二维考古学文化时空框架。中外两地的发展主线一致，但是仍然各具特色。

蒙特留斯的类型学和苏秉琦的类型学代表着中外两个传统。他们分别以金属器和陶器为研究对象。国外的陶器研究中很少有像蒙氏那样细致的类型学研究。他们多注重某一种陶器在某一层位出现的比例，用单峰曲线来表示每件器物出现、发达和衰亡的过程。每种器物往往只给一个编号，而不注重同类器物之间内在传承的"式"和并行发展的"型"的辨认及其反映出的器物内在发展规律。我国的类型学以陶器研究为主，尤其注重对炊器的研究。除研究每件器物出现的时代外，注重对同一类器物之间内在发展演变的分析，辨认出同一发展序列的"式"和并行发展的"型"，并由此把不同考古学文化分为具有同一发展谱系的和不同发展谱系的。这种对器物自身发展的研究是由"物"研究"人"的可靠途径。例如晋中地区夏商时期的陶鬲可分为高领鬲、翻缘鬲和介于两者之间的中间型，它们分别代表了本土文化、商文化和二者的融合[5]。通过对不同时期这三型鬲的研究可以看出商人对晋中地区文化传播势力的消长以及本地居民作出的反映。如果和同时期其他具有商文化影响的土著文化比较可以看出商王朝对不同地区采取的不同策略[6]。这种由器物形态入手发掘其背后的历史意义的类型学是中国所特有的，是中国考古学者在长期实践中总结出来的。

基德的美国西南地区年代序列的建立与苏秉琦提出的区系类型研究，虽然都是由考古学文化本位发展到地区本位，但研究的侧重点有很大不同。美洲地区年代序列的建立主要是为了全美文化发展阶段的划分，最后分为石器期、古代期、形成期、古典期和后古典期几大阶段，比较同一时期各地区发展的异同。中国各地区系类型的研究注重文化区的划分，不同时期各地文化之间的关系和谱系，最终是为了说明中华的文化、民族和国家的形成。

中国和欧美在第六件大事上差别最大。欧美考古不仅出现得早，而且经历曲折，其中还可以细分为三个小阶段：40年代的功能考古、60年代的过程考古和80年代的社会考古，反映出文化人类学对考古学的巨大影响。人类学注重对文化结构的分析和文化的全面复原，对现存原始文化的生产技术、社会组织和宗教信仰的全面研究为考古学提供了文化个案分析的典范，并且由文化结构和功能的研究进入到文化发展过程的研究。这一点正是我国由历史学发展而来的考古学所缺乏的。中国考古学自产生之日起就是为了解决中国历史上的重大问题。秦汉帝国的形成始终是先秦考古所面临的重大课题。为了这一目标,开展了区系类型的研究,又进入到古文化古城古国的探讨,在其发展中吸收了国外考古学的新理论和方法。所以中国考古学是在肥沃的史学土壤中形成的。它就如同中国的文化和文字一样,有着根深蒂固的根基,并不断地吸收外来的新因素丰富自己,但始终不会改变前进的方向。

纵观世界上有历史传统地区的考古学的发展,在其早期都有一个考古与历史文献相结合的过程:在埃及有1822年商博良对罗塞塔石碑释读的成功;在两河流域是1847年罗林生对贝希斯敦铭文的考释;在中美洲19世纪下半叶有福斯特曼通过玛雅文手稿"德累斯顿"手本对玛雅文字中有关数字和历法方面文字的破译;在中国是对殷墟甲骨文的释读。这些成就使当地的考古学建立在一个可靠的历史学基点上。在历史传统地区的考古学都有对当地古文字的研究,如埃及学、亚述学等古文字学,它们是考古学和历史学结合的桥梁。美洲大部分没有历史传统的地区的考古学是和人类学密切结合;而古典时代的希腊、罗马考古则与艺术有着密切联系。正是由于全世界人类历史的丰富性,才导致今天世界各地考古学的多样性。但各地相似的发展阶段又表现出共同的发展脉络。

注 释

[1]　陈星灿:《中国史前考古学史研究》,三联书店,1997年。

[2]　张忠培、黄景略:《梁思永先生与现代考古学》,《考古与文物》1981年第3期;俞伟超、张忠培:《苏秉琦考古学论述选集》"编后记",文物出版社,1984年;张忠培:《中国考古学路上不会消失的足迹——悼念夏鼐先生》,《中国考古学研究论集》,三秦出版社,1987年。

[3]　张忠培:《中国考古学史的几点认识》,《中国考古学:实践、理论、方法》,中州古籍出版社,1994年。

[4]　杨建华:《外国考古学史》,吉林大学出版社,1995年。

[5]　晋中考古队:《山西太谷白燕遗址第一地点发掘简报》,《文物》1989年第3期。

[6]　张忠培、朱延平、乔梁:《晋陕高原及关中地区商代考古学文化结构分析》,《内蒙古文物考古文集(第一辑)》,中国大百科全书出版社,1994年。

西亚、两河流域考古发现与文化研究

西亚、北非、东南欧新石器时代发现与研究的进展
——介绍《近东新石器时代》

麦拉尔特（James Mellaart）著《近东新石器时代》，1975年由伦敦泰晤士·哈得森出版社出版（共300页）。麦拉尔特（伦敦大学）为小亚细亚恰塔尔（Çatal Höyük）、哈希拉尔（Hacılar）等新石器时代遗址的发掘者（各有专著），《剑桥古代史》第一卷第一分册（1970）和第二分册（1971）若干章节的执笔人，著有《近东早期文明》（1965），《黎凡特和安那托利亚铜石时代和早期青铜时代》（1966）等书和许多论文。该书除导言之外，分十一章，附^{14}C年表和详细书目。此书根据历年来考古发掘及其研究成果，对地中海周围（近东）地区史前史后期（公元前15000～前5000年）作了分区分期的综合介绍和研究。对于我们了解这些地区新石器时代的考古研究现状，是一本不可多得的好书。

作者将公元前15000～前5000年大体分成三个阶段：第一阶段为公元前15000～前8000年，即旧石器末期至更新世和全新世交替之际，这是狩猎采集经济时期；第二阶段为公元前8000～前6000年。在公元前8000年进入全新世以后，一部分人开始了人工培植谷物和畜养动物的尝试。在巴斯·莫得（Bus Mordeh，^{14}C 7950±200 B.C.）发现了具有人工畜养形态的绵羊，在穆瑞贝特（Mureybet）和耶利哥（A. Jericho）发现了人工培植的谷物，说明最初的农业已经出现，人类进入了新石器时代。公元前8000～前7000年，从东南欧到中亚草原边界、从高加索到巴勒斯坦南部，普遍建立了新石器时代村落。但这一阶段未发现陶器，故称之为前陶新石器阶段。第三阶段为公元前6000～前5000年，即发达新石器阶段。新石器文化得到充分发展，并开始向邻近地区传播，出现了素面陶器，此后又出现彩陶，在安那托利亚（Anatolia）和伊朗高地出现了金属。

作者把整个近东在地理上分成九个地区，并分别介绍了各地区的考古编年体系。这九个地区是：黎凡特（Levant）地区（包括叙利亚、黎巴嫩、巴勒斯坦），扎格罗斯（Zagros）地区，安那托利亚（小亚细亚）半岛和塞浦路斯，两河流域低地、伊朗高地、外高加索和阿塞拜疆，里海沿岸低地，东南欧（爱琴地区和巴尔干半岛南部）和地中海东南部（尼罗河流域）。这九个地区文化发展程度不同，相互之间有文化交

流。黎凡特、扎格罗斯和安那托利亚这三个地区，从旧石器时代晚期、中石器时代、原始新石器时代、前陶新石器时代到有陶新石器时代的发展序列连贯清晰，而其他地区往往在各期之间有缺环，尤其是有陶新石器时代之前的各阶段。这说明狩猎采集经济向畜牧农耕经济的过渡主要发生在安那托利亚、黎凡特和扎格罗斯山脉地区，即所谓农业起源的新月形地带。这一地区是离河较远的山地，降雨量比较充沛，适合旱地农业。恰恰在这一地区，生长着野生谷物和易于驯养的野生动物，主要是大麦、小麦、绵羊和山羊。因此在这一地区内，具备由狩猎采集生活过渡到农业生活的有利条件，大约在公元前9000～前8000年间，这种过渡在这一地区逐渐实现了。随着新石器文化的逐步发展，人们开始带着农业技术向两河流域和伊朗高地迁徙，这时出现了简单的灌溉技术。此后，新石器文化又从伊朗向它的北邻和东邻（即外高加索和阿塞拜疆地区和里海沿岸低地）传播。同时，西亚的新石器时代文化开始向东南欧的爱琴海地区和巴尔干半岛南部以及地中海东南部的尼罗河流域传播。

为了简洁、全面地介绍此书的基本内容，请读者先看分区与编年表（表一），对这一地区的文化有一个大概的了解。笔者将选择典型地区，分两部分说明，第一部分选一个编年系统详细、文化丰富的地区为代表，并以同时代其他地区的典型遗址补充；第二部分介绍几个典型的、发展序列详细的有陶新石器文化地区。

一

黎凡特地区是整个近东考古文化编年最详细的地区。

在中石器时代，有代表性的文化见于卡巴拉（Kabara）遗址（图一）。这时最大的进步是出现了复合工具，将细石器镶嵌在木把或骨把上。石器明显细化。这个遗址根据石器工艺的不同，可以分为两个阶段，早期的细石器中没有几何形的，只有头部斜截的小石片和窄小的尖状器；晚期出现了几何形状的细石器，如三角形、新月形等。雕刻器少。晚期作风与纳吐夫（Natuf）文化相似，反映了卡巴拉文化向纳吐夫文化的过渡。这一阶段的马哈马（Wadi Mahamagh，Wadi为阿拉伯语，指干涸的河床，存水时则成沙漠中的绿洲）遗址中，野山羊骨占全部兽骨的82%，法拉遗址（Wadi Fallah）羚羊骨占全部兽骨的74%。山羊和羚羊都是比较容易驯养的动物。这两种动物骨骼的集中发现，也许说明了这是驯养它们的第一步。属于晚期的爱因·盖夫Ⅰ（Ain Gev Ⅰ）有圆形茅屋、研磨器、刀等。^{14}C年代为公元前13750年±415年。

下一阶段是纳吐夫文化。^{14}C定年在公元前10300～前8640年。房屋主要是圆形棚子（图二，上）。直径一般在7～9米。半地穴式，凹入地下3～4米，有的居住面还垫1.3米厚的碎石，上部的建筑有芦苇和席子，由柱子支撑。入口呈坡状。每一个圆棚子近中部都有一个石头围成的圆形或椭圆形灶，其中有很多残破的石臼，有的灶附近铺

表一 近东各地区考古文化编年表

年代	利凡特地区	安那托利亚	塞浦路斯	扎格罗斯	两河流域北部	两河流域南部	伊朗	高加索 阿塞拜疆	里海
4000						欧贝德			
4200	拉巴 晚期 ⅢC		1			哈吉·穆哈默德	ⅤB达尔马 吉廷ⅤA		Ⅱ 纳马兹Ⅷ Ⅰ
4500	中期 ⅥA ⅥB ⅥC	西哈塔尔	15 2A 2B	萨拉布 古兰		萨布斯		哈伊费鲁 少拉费特	安诺Ⅰ
5000	有陶新石器B 蒙哈渚 D C B ⅤA	a b Ⅰa Ⅰb Ⅱ Ⅲ Ⅳ	3 4 5 费拉 6 7 基罗基蒂亚 麦尔辛13	摩哈马得·耶发 5(有陶) 6(无陶)阿里·库什		埃利都		绍木	哲通
5600	有陶新石器B 比布罗斯早期 阿姆克A ⅤB	有陶Ⅵ—Ⅷ Ⅲ	有陶Ⅷ 坎哈孙Ⅲ	耶发Ⅰ 木·拉费特 布斯·莫德	哈拉夫·萨玛拉	乌姆·达巴吉亚 晚 中 早	希阿尔克Ⅰ		
6000	耶利哥陶新石器B 拉马 德 贝哈 沙姆拉角 ⅤC	哈希拉尔无陶Ⅰ—Ⅷ			哈拉纳·萨玛拉				
6500	萨约日遗址 Ⅵ Ⅲ Ⅱ Ⅰ	色巴德		卡里木·沙尔文化					
7000	无陶新石器A						带洞		
7500									
8000	橡满贝特Ⅰ			扎威·克米-沙尼达文化					
8600	耶利哥原始新石器	贝尔狄比							
9000	纳吐夫文化						霍图洞		
9600				萨斯文化					
10000	卡巴拉文化	贝尔巴西							

图一　遗址分布示意图

有石板，有的在灶边的地下嵌有一个大石臼。有圆形窖穴，深80厘米，并抹有厚厚的石灰。有的在棚外，有的在棚内。

石器有很大变化，与卡巴拉文化相反，这里是细石器少，雕刻器多。在卡巴拉晚期的爱因·盖夫Ⅰ遗址中出现的少量的石镰和研磨器这时已较替及。研磨器中最主要的是蹄状头的杵和臼。新出现的大型石器有制皮用的刮削器、镐，屠宰用的砍砸器，还有石容器，多是石灰石、大理石制成的，少量是用玄武岩制成的（图二，下）。同时，骨器发达，洞穴艺术较高。

在纳吐夫发现二百多个墓葬。有的发现在洞穴里，有的发现在台地上，葬式有直肢、屈肢和坐式，有的死者的头被压在石头中间，好像以防死者从墓中逃走。有合葬、个体葬；有一次葬，也有二次葬。有人认为一次葬和二次葬共存的原因是半游牧：人们把远离住地后死的人暂时埋在外边，等到随季节迁徙的游动生活结束后再把尸体运回住地。随葬品较少，主要是个人装饰品，如齿状贝串成的项链、手镯，羚羊趾骨串成的项链和骨饰，有的染成红色。不随葬石容器、泥塑、骨镰和艺术品。

与纳吐夫文化大体同时的还有扎格罗斯地区的扎威·克米（Zawi Chemi）、沙尼达（Shanidar）遗址，^{14}C年代在公元前8920年±300年~8650年±400年。这些都是季节性居住的遗址，夏天居住在开阔的平原，冬天住在暖和的洞穴中。扎威·克米遗址的面积为59125平方米225米×225米，堆积厚2米。发现了一些大型灰坑和石圆圈，直径为4米左右，可能是圆棚的残迹。从残存的建筑堆积看，墙是由河砾石或磨石堆砌的（磨石不能用后，作为建筑材料）。沙尼达遗址中出土的动物骨骼说明当时主要猎取野山羊，遗址上层多为幼畜，这说明已经有了人工畜养。

纳吐夫文化分布区正是野生植物生长区。人们用镰收割野生大麦和小麦的穗。

西亚、北非、东南欧新石器时代发现与研究的进展——介绍《近东新石器时代》 ·87·

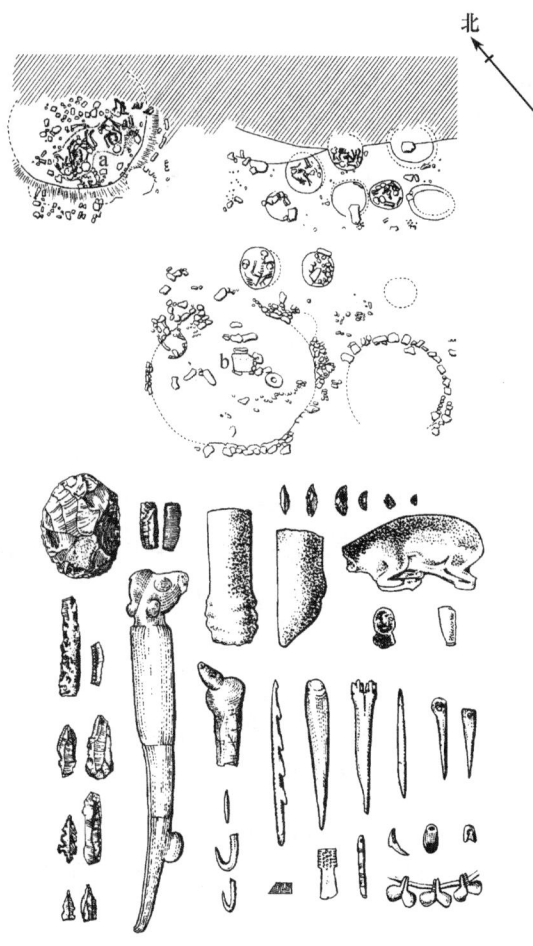

图二 纳吐夫文化遗迹和遗物

上.居址布局（选自马拉哈第三层）：圆形房屋、窖穴和废弃后葬人的墓。a.葬在屋里的酋长墓。b.灶和右面固定在地下的臼 下.纳吐夫的工具、武器和装饰品

下一阶段是中石器末期或原始新石器时代。这一阶段的遗址很少，主要是黎凡特地区的耶利哥遗址。耶利哥遗址中属于原始新石器时代的遗址也不甚丰富，从这一阶段的遗址里发现的动物骨骼看，羊占80%以上。甲穆（El Khiam③～④层）的山羊骨占83%，发拉Ⅱ的羚羊占88%），而且都是幼畜，这说明已经开始了动物的畜养，新出现的工具有石斧和镞。属于这一阶段的穆瑞贝特Ⅰ发现了圆形房屋，直径为7～12米，薄泥墙建筑，高50厘米，有木柱。这一阶段的其他方面情况目前了解得还很有限。

接下来的是前陶新石器时代（英文缩写为PPN，即Pre-pottery Neolithic）。它本身可以再细分为两个阶段：PPNA和PPNB。这两个阶段的典型遗址都在耶利哥。

在耶利哥PPNA阶段里（公元前8350～前7350年），发现了连续建筑的堆积层，每一层平均使用40年，即两代人的时间。这时的住房比以前有很大变化。从形状上看，

与圆形房屋同时，又出现了方形房屋；从建筑材料上看，墙用面包形砖砌成，这是泥墙向泥砖墙过渡的形态。房屋仍为半地穴式，比以前的圆形简易棚进步得多。居住面下有成人和小孩的墓葬，没有随葬品。后来又出现了防卫石墙，厚3米，高4米，墙内面积可达60.7亩。人口约2000，在墙内还有穹隆形顶的塔，可能用于瞭望。塔直径约10米，高8.5米，有22层阶梯，东边有一个高1.7米的门。这种建筑说明了定居，巨大的防御工事反映了当时的社会组织和远古的所谓"城市"生活。研究者认为这是目前世界上发现的最早的"城市"。但这种防御作用的城堡，同后来"城市革命"发生后出现的真正的城市，并不相同（未见分工、贸易之类的证据）。

这时的石器仍然承袭了旧的传统，有细石器、斧、镐和凿，但不见石容器。"贸易"往来也出现了，将当地死海产的沥青、硫黄和盐向外输出，从小亚细亚进口黑曜岩。但这应当说是原始交换，而不是商人从事的贸易。

耶利哥PPNA最大的一个进步就是培植了大麦和小麦，而当时邻近其他遗址还都是采集野生谷物。但未发现畜养动物。由于农耕的出现，使得耶利哥这个遗址延续了一千年，而且出现了用于防御狩猎采集者抢劫的巨大工事。作者在谈到定居与城市产生时说，农业并非定居的唯一原因，因为在前农业时代就有定居生活。城市的产生也不是农村人口增长的结果。一些村落最早产生了畜牧和农耕，引起人口的剧增，形成了城市。与它同时的邻近村落仍然过着狩猎采集生活，当时城市还没有附属的镇和村。只是由于城市人口的增长，多余的城市人口到了城市周围的地区开发，从而形成了为城市服务的镇和村。村民们用狩猎和采集物与城市市民进行交换。耶利哥是一个由于农耕经济的发生而形成的城市。

公元前7350年，耶利哥遗址荒废了。有人认为是地力耗尽的结果。在耶利哥，PPNA的结束和PPNB的产生之间有一段缺环，大约是公元前7350年到七千纪初期。代表这段时间的典型遗址是萨约吕（Çayönü Tepesi），它反映了PPNA到PPNB的过渡期。

萨约吕的显著进步是出现了锻打的铜，最先使用方形泥砖，并出现了烧制的泥像。这时的房屋主要是长方形多间屋，还有一种比较大的建筑，地面为"水磨石"，嵌有橙红色的卵石，可能是举行礼仪活动的场所。石器原料主要是黑曜岩和燧石，磨制的石器有磨盘、斧、珠、坠饰、手镯和石碗，还有鹿角把的石镰。泥塑有妇女像、动物像、几何形不知名器和珠子。妇女塑像不是写实的，和旧石器晚期一样，没有脸，体形只是弯曲的背线、圆肚子和两条腿，有围裙和围巾。这些泥塑一般高2.5~5厘米。

萨约吕期之后，是无陶新石器B阶段，这一阶段的遗址分布与PPNA不同。由于PPNA时气候变干，许多人都迁到了北部。这样，PPNB的大部分遗址都在北部黎凡特地区，大多数建在生土上。因此，由于时间上的缺环和地理分布上的差异，使得PPNB

的文化面貌与PPNA阶段的有很大差别。PPNB阶段有很多北部因素，似乎是从原始新石器阶段的穆瑞贝特Ⅳ发展来的。

　　PPNB阶段的年代大体相当于整个七千纪。这时的房屋仍是长方形，与以前不同的是出现了抹泥地面，有红灰面，也有白灰面。这一阶段的贝哈（Beidha）遗址共分六层。这六层建筑的变化非常有趣：Ⅵ层是半地穴式圆房子，直径4米，由木柱、芦苇和泥构成；房屋分布密集，一个院落中有几个房屋和储藏室。Ⅴ层仍是木柱建筑，形状为圆形或圆角多边形。Ⅳ层以圆角多边形为主，村中心有一组大房子、红色抹泥地面。Ⅲ、Ⅱ层变化大，皆为长方形建筑，大的面积为63平方米，白灰地面上画红彩，多间房屋，还有扶墙，可能是楼阁建筑并有凹入地下的手工业作坊。贝哈遗址房屋的变化，是整个近东地区房屋变化的一个缩影。它的发展顺序是：圆形到多边形到长方形。耶利哥PPNB有20层建筑堆积，为烟卷形泥砖建筑，砖的上面有指印纹，以便用泥浆将砖粘合牢固，灶为凹入地下的长方形灶，并出现了侧房。石器中新出现了长镰刀、压削的有柄式菱形尖头镞和桂叶形镞、船形燧石核以及标枪头。这时在叙利亚出现了一种石灰合成物的容器，被称作"白陶"（white ware，见图三）。它是以篮子为模型筑成的，然后烧干，表面磨光，有的还装饰上彩色条带。这种"人造石"容器还不能叫做陶器。它随着陶器的出现逐渐消失了。这时期的贸易主要有黑曜岩、燧石、玉和自然铜。已经出现了农业，但狩猎和采集仍占有重要地位。墓葬与以前的相似，无一定方向，微屈肢，以单人葬为主，一般无随葬品。成人葬一般无头，有的将人头保留在屋里。有的人头骨上被敷上一层泥，很像泥塑，将贝壳扣在眼窝上，并画有胡

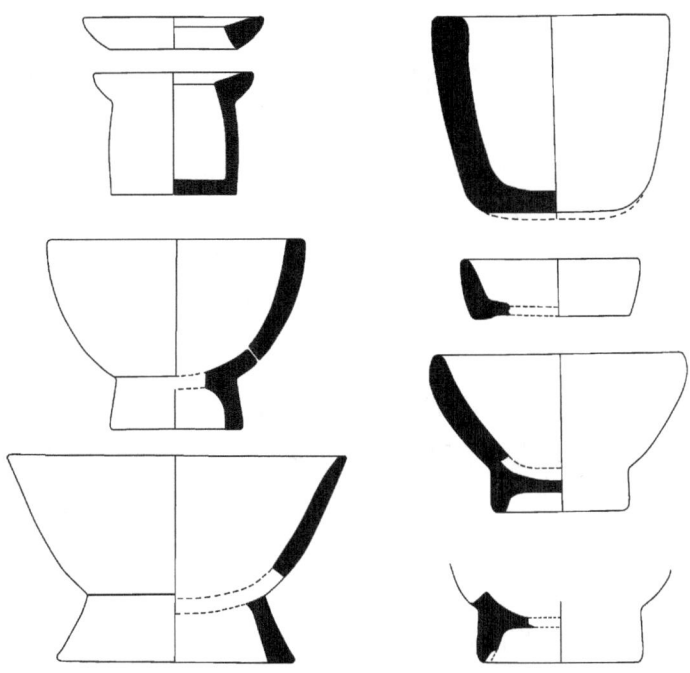

图三　前陶新石器晚期的白陶

须。这可能和当地的宗教活动有关。这时的泥像已经有了写实的特征了。动物泥像象征着繁衍兴旺。

PPNB时，气候又变得潮湿了。在这一阶段里，不仅在黎凡特，在小亚细亚和扎格罗斯山脉，遗址也普遍增多。扎格罗斯山脉的耶莫（Qal'at Jarmo）遗址16～6层、也是这一阶段的典型遗址。这个遗址面积为3～4英亩（合0.012～0.016平方千米），村落估计有20～30座房屋，居民约150人。有八层建筑堆积，延续时间为四百年左右。遗址共分16个地层，下面的16～6层为无陶新石器文化，上面的5～1层为有陶新石器文化。房屋是泥墙结构，最常见的布局是七间，面积约30平方米。其中四间用于储藏，15平方米用于生活、睡觉。中间的屋里有一个灶，灶边镶有太阳砖。地面铺着席子。房屋为平顶，用芦苇和泥构成有门和门道（图四，1）。磨制石器有很大进步，有杵、臼、磨石、门枢、石球和刃部磨光的石斧，还有大理石和雪花石的环、手镯，上面刻划着纹饰，石珠、调色板、石纺轮、石杯、碗和盘。仍然用细石器作复合工具的刃部。骨器有锥、针、环、珠、坠饰和刮刀。有写实的妇女塑像、带角的动物塑像和用来查数的圆珠和圆盘（图四，2）。种植大麦、小麦，畜养山羊和少量绵羊。

以上叙述了近东地区由狩猎采集生活到畜牧农耕生活的较变，即由中石器时代到无陶新石器时代的发展。这一转变是在小亚细亚、黎凡特和扎格罗斯山脉这一新月形地带完成的。

二

公元前6000年，PPNB文化消失了。巴勒斯坦和叙利亚平原废弃了。由于气候变迁，农业衰退了。一部分居民迁徙到其他地方，有的地方畜牧业代替了农业。这种情况持续了大约500年。这时已经出现了陶器，进入了有陶新石器时代。这一阶段的新石器时代遗址几乎遍布整个西亚，从西边的小亚细亚到东边的伊朗高原，从北边的高加索到南边的两河流域。各地的文化系统性增强，地方性差异越来越大，发展越来越不平衡。选几个典型地区分别予以介绍。

扎格罗斯地区的有陶新石器时代年代较早，主要是初期的素面陶和少量初期彩陶。甘吉·达雷（Ganj Dareh）D层的土器是目前整个西亚最早的陶器雏形（作者认为是陶器，但发掘者和大多数考古学家认为是土器，在房屋失火时，烧成陶器）。^{14}C定年在公元前7289～前6928年。与此同时的邻近地区都还处于无陶阶段。甘吉·达雷是一个定居村落，有的屋内有一个壁龛，里面叠压两个动物头骨。这种用动物头骨装饰的宗教传统兴盛于后来的恰塔尔遗址。

古兰（Gūrān Tell，Tell是阿拉伯语，意即中东地区的小丘）共有18层新石器时代建筑堆积（4～22层），延续时间大约是公元前6500～前5500年，反映了早期陶器的演

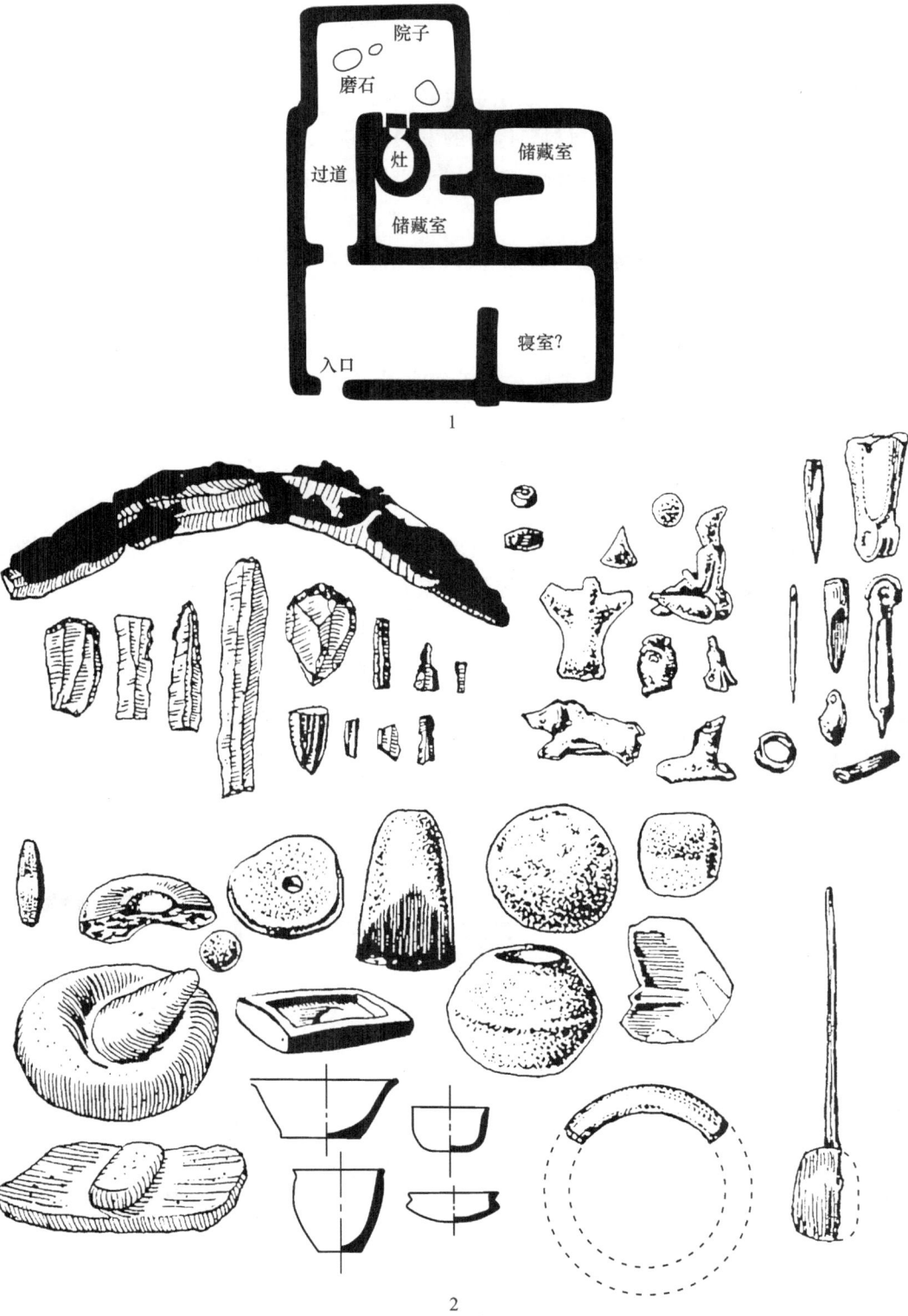

图四 耶莫前陶阶段的房址和遗物
1. 耶莫前陶阶段的房址　2. 耶莫前陶阶段的遗物

变情况。22~20层出现了原始陶器，19~17层是素面灰褐陶，器壁厚，主要器形是直腹或曲腹碗。18层还出现一种羼草的素面细泥黄陶，这种陶质易于施彩。18~15层出现了最早的彩陶，浅黄色地上施红或橘黄色彩，纹饰稀疏、简单。主要器形是直壁或曲壁的平底碗和酒杯。随着定居村落经济的发展，陶器进入了繁荣期。15~13层有浅黄色的素面陶，并新出现了"标准彩陶"（平底折腹碗上施斜线点状纹），这种陶后来流行于耶莫遗址的5~4层。故这种彩陶又叫耶莫类型陶器。12~8层彩陶发展为萨拉布（Sarab）类型。器形特点是折腹、圜底或平底，纹饰图案主要是菱形、三角形和"V"形组成的平行条带。多饰于口沿下。J~D层彩陶变成密集纹饰（close pattern）的萨拉巴陶。器形仍是折腹碗，但形体比以前大。11~4层出现了凹底碗，这是希阿尔克Ⅰ（SialkⅠ）文化的前身。希阿尔克Ⅰ的^{14}C为公元前5600~前5500年，因此古兰5~4层应稍早些（图五）。

早期陶器时代的经济与以前没有多大变化。萨拉布阶段之后，扎格罗斯地区荒芜了。许多遗址都废弃了。

安那托利亚地区有陶新石器时代最有名的遗址是恰塔尔遗址。遗址于1961~1965年发掘，主持发掘者正是麦拉尔特。遗址面积为21万平方米，是目前西亚发现面积最大的新石器时代遗址。发现了大约1000座房屋，人口大约有5000~6000人。其中总面积1/30的地方有14层建筑堆积。^{14}C数据有30个，大约在公元前6250~前5400年，12层

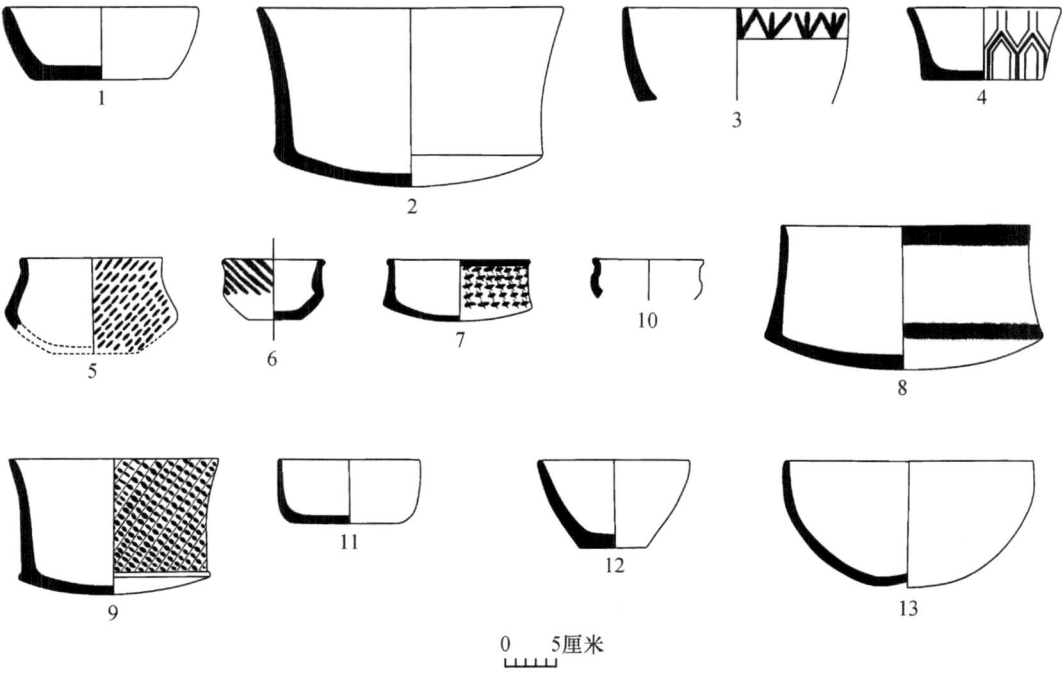

图五　古兰遗址陶器
1、2.素面黄陶　3、4.原始彩陶　5、6."耶莫陶"　7、8."萨拉巴"陶　9."密集形纹饰"陶
10~13.红色磨光陶

以下为无陶新石器时代，有陶和无陶阶段有缺环。

房屋为长方形，面积为25平方米。大的住房边上还有小的储藏室。住房从房顶进出，南墙边上有梯子，同时又是烟囱。房配布局密集，没有街道，人们在平顶房屋上进行交往（图六，1）。进行礼仪活动的房屋里有许多动物塑像和壁画。动物塑像常见的是牡鹿、公猪（图六，2）。住房和礼仪场所结构相同，但没有动物头装饰和壁画。

磨制石器和琢制石器99%是黑曜岩。公元前六千纪中期以后的石器工艺衰退了。12层开始出现陶器。12～7层的陶器是米色素面磨光陶，夹杂灰色斑点。器形有平底椭圆形碗、带把手的圆形缸。8层出现了黑色磨光夹砂陶。火候高，器壁厚，但形制和以前相同。到了7层晚期，陶器和以前大不相同，红色条带状的彩陶样式精美，还有许多妇女和动物的泥塑，动物塑像主要发现在坑里，一种妇女塑像仅发现于礼仪场所，应和礼仪有关；还有一种发现在住房墙砖的缝隙中。

墓葬多在住房的泥台下，许多头骨被有意弄坏。一般无随葬品，只有个人装饰品，多是石、贝和铅制品，并有许多红矿石。葬在礼仪场所的人似乎地位较高，随葬品丰富，有石碗、礼仪活动中用的匕首、黑曜岩镜子、磨光的权标石、箭囊、木容器、金属珠子和环，还有公猪的下颌骨。墓葬里没有发现陶器和泥塑。

从恰塔尔出土的遗物看，这时已经出现了专门从事贸易和手工业的人。经济主要是简单的灌溉农业、养牛和工业品的生产，恰塔尔人控制了南部安那托利亚的科尼亚（Konya）平原，并从事黑曜岩贸易。

下一阶段的新石器文化以哈希拉尔有陶阶段的9～6层为主要代表。

哈希拉尔有陶阶段房屋形状多是长方形，40平方米，墙厚1米，由面积为50平方厘米的面包砖建成。门道在对着中间院落的长的一边，宽1.5米；有两个门柱，高1.7米。这时从屋顶出入的习惯消失了。对着入口的墙附近有一个灶，灶附近有一个泥箱保存

图六　恰塔尔文化的建筑

火种，灶边有嵌在地下的磨石和臼。这一遗址发现了大约50座房屋，人口约250人。

这个阶段石器种类变化较大。琢制工艺不发达，狩猎工具消失。武器只有权标和投掷器。刀、镰片增多，刮削器减少，出现了纺轮，有铜针等小型铜制品。磨制石器中出现了通体磨光的绿石斧、大理石碗。

陶器发达。从哈希拉尔有陶新石器时代一开始（9层），就是细泥的浅灰色或奶色陶，少数有红色条带或曲线装饰。7~6层红或褐红陶代替了灰陶，器形是圜底双环耳罐。6层彩陶仍少见，主要是用动物头装饰。

共发现三座墓。两座葬于坑内，另一座葬在浅墓穴中。M1有石珠、三足大理石罐。M2有一人头饰的杯子。

新石器晚期阶段，典型遗址有哈希拉尔5~2层和晚期恰塔尔，年代为公元5400~5050年。哈希拉尔有房屋、谷仓、哨所、陶器作坊和礼仪场所。房屋出现了新布局：主屋、前屋和走廊（图七，1）。陶器作坊和住房结构相同，只是缺乏家内用具。磨石上有红色、黄色的矿石，箱子里有泥模子和调色板，还有一堆未用过的彩陶器。没发现陶窑。陶器多是单彩陶，形制单调（图七，2）。墓发现较少，随葬品有珠子、陶罐。

哈希拉尔2层毁于火。这也许是1层的外来者到来的结果。

哈希拉尔1层、西恰塔尔（Çatal West）、坎·哈桑2B（Can Hason 2B）和麦尔辛（Mersin）遗址都属于铜石并历时代早期。房屋内壁多有扶墙建筑（图八，1）。有各种彩陶：多彩陶代替了单彩陶，浅色地的黑彩陶代替奶色红彩陶；图案由几何形变成线形，很像编织的篮子（图八，2、3）。经济活动也与以前有很大差别。纺轮代替了刮削器，说明纺织代替了制皮，狩猎在减少，畜牧在发展。铜器出现了，但还只限于小型器，如针、锥等。权标和投石成为唯一的武器。墓葬都在居址外。以前的旧传统，如红色抹泥地面，从屋顶出入，在居址内用矿石埋葬，二次葬都少见了。

至于两河流域则到公元前6000年才有人居住（遗址均属有陶阶段）[①]。但是由于土地肥沃，灌溉农业，使得这里的文化发展很快。新石器时代晚期，文化发展在整个近东已处于领先的地位，孕育着人类最早的苏美尔（Sumer）文明。

最早的遗址是乌姆·达巴吉亚（Umm Dabaghiyah）。房屋为南北向，由一个起居室、一个厨房、一至二间小储藏室组成。地画抹红、白色泥。燧质石器的原料有当地的燧石、凡湖的黑曜岩。琢制石器有石片、石核、端状和边刃刮削器、有柄石镞。磨制石器有进口石料的珠子，权标头、玄武岩石斧和绿石斧。骨器有锥、刮刀、投掷器、球和纺轮等。陶器中细泥陶是从安那托利亚的麦尔辛（Mersin）遗址进口的，粗砂磨光陶是本地造的。这说明早期受外地影响比较大。陶器以素面陶为主，也有彩

---

① 新的考古发现说明在前陶时代已经有人在两河流域居住。

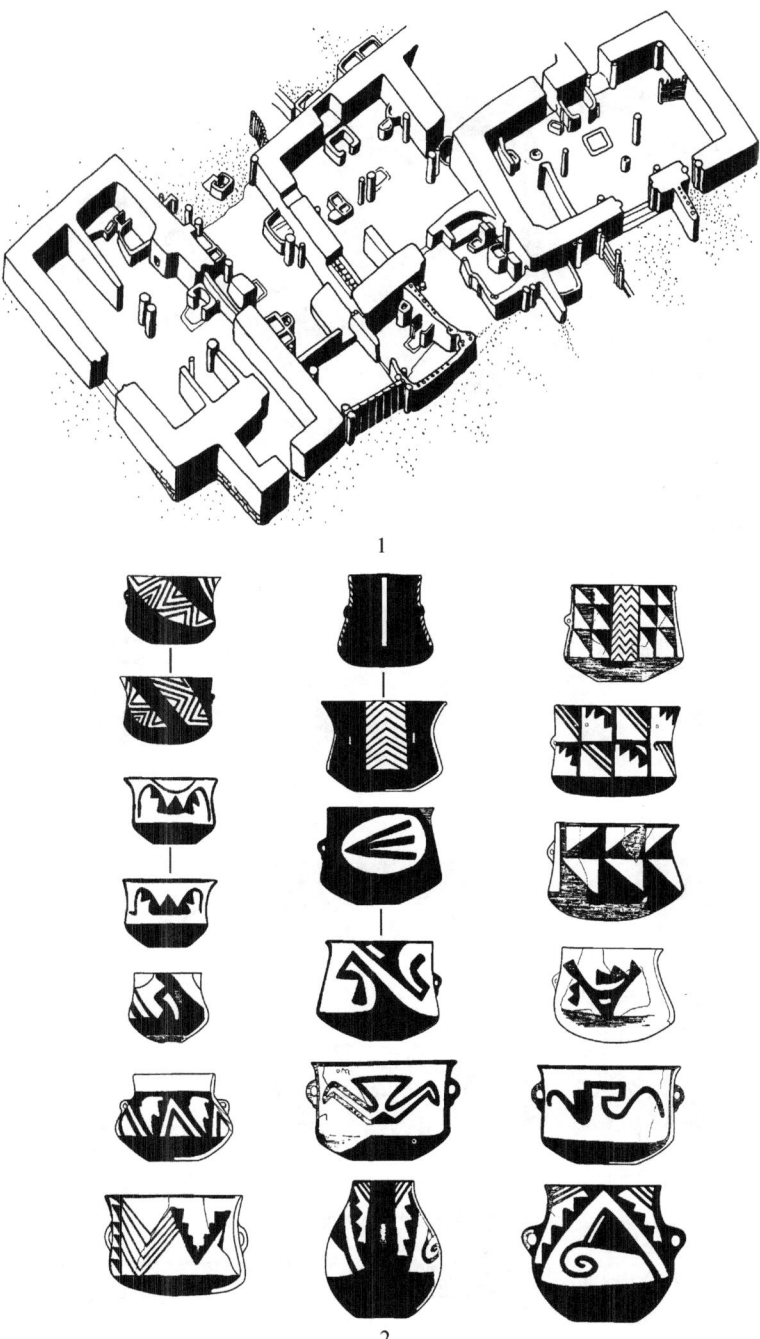

图七 哈希拉尔Ⅴ~Ⅱ层的遗迹遗物

图八　铜石并用时期早期的遗迹遗物

1. 坎哈孙2B层的居址布局　2. 哈希拉尔Ⅰ的彩陶　3. 西恰塔尔的彩陶（由下自上年代从早到晚）

陶，以米色红彩为特征。器形简单，平底为主，圆折腹，在上层（2~1）有大型折腹罐，高50厘米，用于储藏。陶器上有瘤状和竖行穿孔耳，有的上面有动物或人头装饰。

乌姆·达巴吉亚遗址是底格里斯河西部发现的最早的文化，它揭示了两河文明的起源。从乌姆·达巴吉亚文化以后，两河北部与南部文化分道扬镳了。

在两河北部，公元前5500年以后有三个重要的文化：哈孙纳（Hassana）文化、萨玛拉（Samarra）文化和哈拉夫（Halaf）文化。哈拉夫文化在最北部，萨玛拉文化在最南部，哈孙纳文化居中。从年代上看，三者起始时间大致相同，哈孙纳文化结束较早，萨玛拉文化与哈拉夫文化延续的时间稍长一些。

哈孙纳遗址面积为3万平方米。房屋在较早的地层中是圆形和方形共存。后来出现长方形双间屋，经过不断发展，出现了坚固美观的多间房屋，有门道、院落、住室、作坊和一定数量的储藏室。石器工艺不发达，石料有当地的燧石和进口的黑曜岩。陶器火候高，有夹砂陶和羼草陶。器形简单朴实，流行圜底器。典型器物是带有刻划纹饰的短颈球形壶。图案有人字纹、网状三角纹（图九，1）。

萨玛拉文化最典型的遗址是梭万遗址（Tell es-Sawwan）。面积为24200平方米，共分5层（1层最早，5层最晚）。1、2层只有粗陶，刻划纹，不见彩陶，石容器多（图一○）。反映了无陶向有陶的过渡。3~5层以彩陶为主（图九，2）（图九，萨玛拉陶器），有防卫墙，发现了"T"形隔墙。流行多间建筑，并有几个门道，说明这种建筑不止一家居住。彩陶纹饰图案是水平的，中间有各种不同的主题，都与编织物有关，如席纹。器壁内也有图案，如芦苇、树、跳舞的姑娘、追捕鱼的水禽，还有妇女脸装饰的陶器。这时的经济是简单的灌溉农业，捕鱼业占一定比例。

北部的哈拉夫文化分成三期，早期遗址不太丰富，建筑情况不清。遗物只见陶器和泥印。陶器火候高，器形简单，装饰主题单调（图一一，1）。方块内填点的图案与小亚细亚的麦尔辛遗址21~20层的彩陶图案相似，反映了与西部的联系。

中期房屋是"钥匙孔"屋（图一三）。哈拉夫人比较保守，圆形房屋延续时间长。有袋形窖穴。彩陶图案均为编织纹，略微复杂（图一一，2）。由于农业的发展（这里主要是旱地农业），人口的增长，这一文化开始向西、北扩张，反映了中期的繁荣。

晚期分布范围不如中期大，转向东、南扩展，那里的哈孙纳和萨玛拉文化已经消失了。发现了一间大房子，里面有带妇女雕像的龛，有石祖和手指形的护符。最有特点的是陶器，主要是多彩的盘、碗和罐（图一一，3）。

继乌姆·达巴吉亚文化之后，两河南部最早的文化是埃利都（Eridu）文化，只发现了祭祀场所，有龛、祭坛，内部有扶墙。这可能是文明时代寺院的前身。陶器是粗灰陶，图案全部是几何纹。器形有各种碗、碟、酒杯、短颈球形壶。

下一阶段是萨布兹（Sabz）文化。这个遗址未发现建筑。新出现的工具有磨光的燧石锄头，用沥青将木把固定，刀、镰、纺轮增多，星形纺轮最典型。陶器具有本地特点。

图九 两河北部的陶器
1、5. "标准刻画陶" 2、6.彩陶 3、4.彩绘刻划陶 7.去壳盘

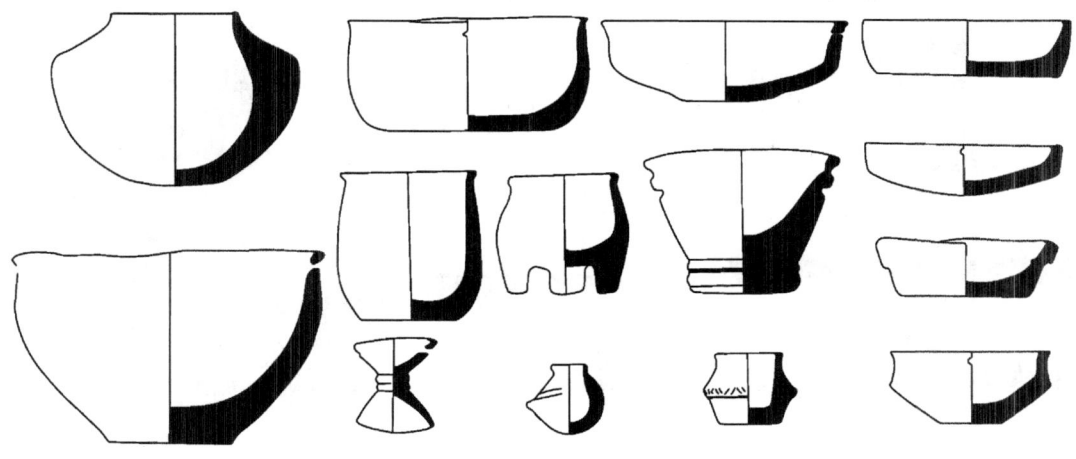

图一〇　萨玛拉遗址石容器

最后为欧贝德（Ubaid）时期，属于铜石并用时代。发现一组寺院建筑遗址。陶器中出现了蛋壳陶，器形以锅底形碗为主（图一二）。

下面我们再回到前面谈到的黎凡特地区。如上文所述，进入公元前六千纪有陶新石器时代后，黎凡特地区分成了两个文化区：北部的叙利亚、黎巴嫩和南部的巴勒斯坦地区。在各地有陶新石器文化充分发展的同时，黎凡特这个古老的新石器文化发源地反而落后了。一种原因可能是这里气候太干使得旱地农业衰退，出现了畜牧文化；另一种原因可能是它向邻近地区传播文化而延缓了自身发展。

黎凡特有陶新石器时代可以分成早、中、晚三期。巴勒斯坦地区只有中期遗址，中期偏早的有蒙哈塔（Munhata）遗址和耶利哥有陶新石器A（Pottery Neolithic A，即PNA），中期偏晚的有拉巴（Wadi Rabah）遗址和耶利哥有陶新石器B（PNB）。这里主要谈一下黎巴嫩、叙利亚地区。这一地区的重要遗址有比布罗斯（Byblos），沙姆拉角（Ras Shamra）和阿姆克（Amuq）（整个黎凡特地区有陶新石器文化分期、分区见表二）。

表二　黎凡特地区有陶新石器分期分区表

年代＼地区	黎凡特			邻近地区
	巴勒斯坦	黎巴嫩	叙利亚	
早		比布罗斯早　沙姆拉角　↓　　　　↓	ⅤB阿姆克A ⅤA　　B	哈拉夫早　哈孙纳　萨玛拉 ↓
中	蒙哈塔　耶利哥PNA 拉巴　耶利哥PNB	比布罗斯中　沙姆拉角　↓	ⅣC　　C ⅣB阿姆克 ⅣA　　D	中 哈拉夫　麦尔辛19-7层 晚　↓
晚		比布罗斯晚　沙姆拉角	ⅢC ⅢB	西恰塔尔　麦尔辛16层　欧贝德

1. 早期

2. 中期

3. 晚期

图一一　哈拉夫文化陶器

在比布罗斯遗址，发现了有陶新石器时代早期整个黎凡特地区唯一的建筑遗迹。面积为3000米，有平顶和穹隆顶两种。单间房屋，使用约一指粗的芦苇，地涂成红色，房屋布局排列稀疏。

黎凡特地区北部的陶器以彩陶平底器为主，南部以压印纹、圜底器为主。最早的陶器是带瘤状耳的素面刻划陶，器形简单，主要有小罐、折腹或半球形碗。有几何形图案的印章。

图一二 欧贝德文化陶器

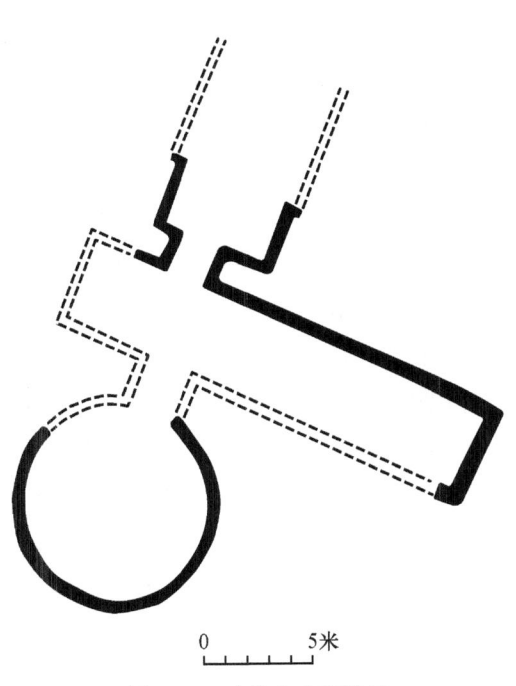

图一三 哈拉夫中期房址

到了中期之初，东部两河流域北部的哈拉夫文化的影响很强，当地的文化传统突然停止了。中期后段时，哈拉夫文化影响变小了，本地的文化特征又得到恢复，但受哈拉夫文化影响所产生的地方变体仍然存在。这时石器中的狩猎工具减少，只有镞、斧、凿增多。从这时起，黎凡特受西部小亚细亚的影响越来越小，受东面两河北部文化的影响则越来越大。

新石器时代晚期阶段，由于哈拉夫文化在公元前4500年突然消失，这里发生了巨大的变化。与此同时，南部两河的欧贝德文化出现了人口"爆炸"，首先进入了文明时代。晚期房屋为长方形，泥砖墙，石头铺成的地面。石镞代替了投石。赤铁矿穿孔的权标、石雕和黑曜岩珠子反映了石器工艺水平。有石纺轮和陶纺轮。陶器主要是炊器，红陶占大多数，磨光陶消失，流行压印纹饰的附加泥条。彩陶图案的风格粗犷，能够看出刷彩时留下的不整齐的刷痕。木器发达，陶器已趋向衰落了。

三、结　语

由于篇幅的关系，不再叙述伊朗高地、高加索、里海附近以及从西亚传播的希腊、埃及的新石器时代文化。

从整个近东地区的新石器时代看，尽管各个文化区都有其特点，发展水平各不相同，但文化发展的趋势是相同的。

（1）从建筑上看，房屋形状从圆形到多边形到长方形，由单间变成多间，有过道、院落、起居室、作坊和一定数量的储藏室，抹泥地面，并在屋内流行扶墙结构。耶利哥前陶新石器B已有神庙；由堆泥墙到泥砖墙，泥砖形状从一面隆起的面包形发展为上面有指印纹的长条形。从屋顶出入，变成从门出入。

（2）从工具上看，琢制工具逐渐衰落，磨制工具不断发展。后期出现了通体磨光的石斧。狩猎工具逐步减少，到了有陶新石器时代只有权标状器和投掷器了，后来石镞代替了投掷器。收割工具如刀、镰和木工工具逐渐增多。纺轮代替了制皮的刮削器。

（3）从墓葬看，早期一般埋在居址下面，撒有红矿石，随葬品少，只限于个人装饰品。后来墓葬多埋在居址以外，并随葬陶器、动物和个人装饰品。

（4）从陶器上看，最初的陶器质地粗糙，壁厚，无彩，只有刻划纹。后来出现了细泥陶、彩陶。早期彩陶纹饰在器表中占的比例很小，排列稀疏。后来变成排列密集的几何形图案。新石器时代末期变成曲线、旋涡状的线形图案，很像篮子。早期为单色，以米色底红色彩为主，后来出现了多彩陶。末期以黑彩为主，图案草率，可以看出刷彩时毛刷不整齐的笔锋。

书中对各种文化遗存的主要特征，特别是陶器的特征分析比较薄弱，因此，对各种文化类型的亲缘关系和渊源关系也就缺乏严密的论证。

［本文原载于《考古学文化论集（一）》，文物出版社，1987年］

西亚农业起源

农业的出现是人类历史上生产力的一次大飞跃。农业的起源一直是历史和考古学科的重大研究课题。现代考古资料说明,世界各地农业的发生、发展是多源的,是不同地区生产力发展的结果。迄今为止,西亚地区提供的有关农业以及畜牧业起源的材料最为丰富。

西亚的两河流域(Mesopotamia)——幼发拉底河(Euphrates River)和底格里斯河(Tigris River)流域是人类文明的最早发源地之一。这里的考古工作开展得很早,特别是近年来发掘了一大批公元前十千纪到公元前五千纪的遗址,从旧石器晚期到中石器时代和新石器时代,对于农业的产生、发展和传播有极为丰富的发现。放射性碳(^{14}C)定年方法的广泛应用有助于我们建立各地区的年代序列。同时,自然科学工作者如农学家、植物学家、动物学家和地质学家参加到考古研究的队伍中来,使农耕和畜牧起源的研究有了空前巨大的进展。

西亚是指高加索山脉和里海以南,内夫得沙漠和波斯湾以北,西起安纳托利亚(Anatolia)高原,东至兴都库什山麓这一广大地区。按其地理环境自西向东可分为:①土耳其的安纳托利亚高原;②西濒地中海的黎凡特(Levant)地区,包括黎巴嫩、巴勒斯坦、约旦和叙利亚这一狭长地带,它又可细分成南、北两个地区:南部的约旦、巴勒斯坦和黎巴嫩以及北部的叙利亚;③两河流域;④伊朗西南部的德赫洛兰(Deh Loran)平原;⑤扎格罗斯山脉地区;⑥里海附近地区。

最后一次冰河期结束后,全新世时代开始。气候发生了变化,开始转暖转湿。气温上升使冰河融化,海平面升高,海岸线内移,尤其是在地中海东岸和波斯湾沿岸。冰河期在地中海沿岸保留下来的小片草地和栎树林开始向四周扩散。植被的变化决定了人工栽培作物的种类。在地中海东岸广阔的栎树林中,植被的主要成分是一年一熟的大籽草,这正是大麦和小麦的野生祖本。这种植物成片地生长在一起,春季成熟。由于果实储藏在种子里,所以这种植物有抵抗夏季干旱的能力。种子成熟了,脆弱的头部就散落下来,纤细的小穗掉到干旱的地缝里,防止了啮齿类动物和鸟类的祸害。大籽草的这种习性吸引着采集者。随着这种作物数量的增加,它的经济价值逐步提高。当时猎取的动物仍是赤鹿、瞪羚。正是在这种环境下,人类才开始了从狩猎、采集向畜牧、农耕的过渡。

一、史前畜牧、农耕遗存的发现

（一）公元前十千纪——驯养动物的第一步

在这一地区人类最先驯化的是动物，而不是植物。这时期开始了狩猎向畜牧过渡的第一步——有选择地狩猎。扎格罗斯山脉地区中石器时代的萨斯遗址中大量的动物骨骼，说明当时主要以狩猎为生，猎取的动物有野牛、野山羊、野绵羊、野驴、赤鹿、獐、野猪、狐狸、山猫、狼、刺猬以及鱼、鸟等小动物。里海地区这一时期的遗址有里海南岸的阿里洞穴，共有五层堆积，猎取的动物种类主要是瞪羚、山羊、绵羊、猪、牛等几种。安纳托利亚地区在这一时期有贝尔狄比（Beldibi）遗址，也是狩猎经济，猎取鹿、野牛和野山羊。这时期最发达的是黎凡特地区南部的纳吐夫（Natuf）文化。这是1928年由美国考古学家多萝西·加罗德（Dorothy Garrod）在巴勒斯坦犹太山西坡的苏克巴（Shukbah）洞发现的，纳吐夫是苏克巴洞的所在地。这一文化分布于土耳其南部到埃及北部的地中海东岸的条形地带。1956年，狄安娜·科克布莱德（Diana Kirkbride）开始发掘贝哈遗址（Beidha）[1]。

贝哈遗址中的纳吐夫文化层中野山羊骨占动物骨骼的76%，瞪羚占30%。某一种动物的大量出现说明当时的狩猎已是有选择地进行了。山羊和瞪羚都是比较容易驯服的动物，这说明人类已经迈出了驯养动物的第一步。纳吐夫遗址中出土的工具既有制皮用的刮削器，屠宰用的砍砸器，又有收割野生谷物的镰和加工用的磨石、杵和臼，反映了当时的狩猎和采集经济特征。房址有的在洞前台地，有的在开阔平原，都是不坚固的园棚住址，中部有一个灶。估计这时人们刚从山洞走下来，定居在平原，除了从事以前的狩猎经济以外，还较多地采集野生植物。

（二）公元前九千纪——家畜的出现

公元前九千纪，人们开始驯养野生动物，并出现了人工喂养的动物。1933年德国人发掘了位于巴勒斯坦伯利恒东南的甲穆遗址（EL Khiam）。1951年珍·佩洛（Jean Perrot）发表了发掘成果。遗址上层的山羊骨占83%，瞪羚骨占14%，而且山羊多是幼畜（一岁半以下的）。这些动物应该是人工喂养的，因为如果是猎物，应多是容易猎取的老、弱、幼小的动物和母畜，而健壮的公畜则不易猎取。只有在人工畜养阶段，才把每年出生的幼畜的50%左右杀作肉食，并且多是公畜，母畜和老畜数量较少。这个阶段，在扎格罗斯山脉地区，出现了最早的家畜——绵羊。1960年动物学家兼考古学家索莱基（R. L. Solecki）在扎格罗斯山脉北麓发现了扎威·克米遗址（Zawi Chemi），动物学家帕金斯（D. Jr. Perkins）在遗址的最上层发现了家养绵羊的证据。在距这个遗址4千米处发现了沙尼达（Shanidar）洞穴，洞穴中共分A、B、C、D四层（从上到下），其中C层和D层属于旧石器时代，A层属于新石器时代开始阶段，B层又细分成B1和B2，B2属于中石器时代，B1属于原始新石器时代，B1的年代与扎威·克米村落遗址同时，且都是季节性居址。沙尼达的洞穴是当时居民冬猎的住所，在夏季他们则来到扎威·克米营地，从事一些采集经济。这时期的其他地区仍是猎取野生动物，就是在扎威·克米，家养的绵羊也很少，并与野山羊共存。尽管数量少，但是已经发生了质的变化，完成了狩猎向畜牧的过渡。

（三）公元前八千纪前期——人工栽培作物的出现

公元前八千纪前半期，人类开始了栽培植物的尝试，完成了采集向农耕的过渡。1965年范罗恩（M. Van Loon）发掘了叙利亚沙漠地区幼发拉底河左岸的穆瑞贝特遗址（Mureybet）。该遗址西距阿勒颇86千米，面积5英亩（约合20234平方米），是无陶新石器村落，^{14}C定年在公元前8265年±115年～前7780年±140年。遗址共分四层，最底层属纳吐夫文化。在遗址的第二、三层发现了一粒碳化的小麦和大麦种子。有些专家认为，这里不是这种野生植物的原生地带，而是人们有意识地把它们带到这里种植的。但是从种子形态看，是成熟后从穗上散落下来的一种野生品种。这说明人类刚刚开始尝试种植。

黎凡特地区南部的贝哈遗址第Ⅵ层中，在一处被焚房屋的灰泥中发现了碳化谷物，其中有二粒小麦处于由野生向栽培的过渡形态。大麦种子仍是野生形态。由于发现的面积很大，所以确定这是人工种植的。这说明当时人们已经注意选择优良的野生品种栽培了。

这时期西亚最著名的新石器时代遗址是耶利哥（Jericho），发现于19世纪末，但主要在1952年至1958年由卡提林·肯容（K. M. Kenyon）发掘。它位于死海北岸，是迄今发现最早的有城堡建筑的公社。无陶新石器A阶段（^{14}C定年为公元前8350年～前7350年）发现了碳化的二粒小麦和双棱有稃大麦的种子，并已具有人工栽培的形态。还有小扁豆、无花果等其他作物。但这时没有发现人工驯养的动物。猎取的瞪羚占36%，还有野牛、野山羊和野猪。正因为这个遗址的居民已经掌握了人工种植谷物的技术，所以这一阶段才能延续一千年之久。居民筑有坚固的防御工事，整个村落围绕着厚3米、高4米的墙，墙内还有直径10米、高8米的塔。与此同时的其他遗址还未发现人工种植的证据。

（四）公元前八千纪后期——真正的农业经济的开始

公元前八千纪后半期，在黎凡特和扎格罗斯地区普遍建立了农业村落，开始了真正的农业经济。黎凡特南部的耶利哥遗址已进入无陶新石器B阶段，除了种植A阶段的作物外，还种植一粒小麦，畜养山羊，猎取的瞪羚只占17.86%。贝哈遗址前陶新石器B阶段驯养的山羊占86%，同时种植二粒小麦和野生大麦。

在黎凡特北部，这时期最重要的是萨约吕遗址（Çayönü Tepesi），位于叙利亚北部，^{14}C定年为公元前7570年±110年。这个遗址经1964年、1968年和1970年三次发掘，面积为250米×150米，属于无陶新石器文化。这里发现了最早的锻打的铜制工具。遗址共分五层，年代为公元前7500~前6800年，反映了驯养动物和栽培植物出现和发展的过程。下面两层（Ⅰ、Ⅱ层）的实物表明，人工驯养的动物只有狗，有野生的二粒小麦、野生和家植的一粒小麦、采集来的阿月浑子、巢菜。上面两层（Ⅳ、Ⅴ）的实物则证明，已经畜养山羊、绵羊、狗、猪，种植一粒小麦和二粒小麦。

在扎格罗斯山区有甘吉·达雷（Ganj Dareh）遗址。这是1965年由加拿大蒙特利尔大学史密斯（P. E. L. Smith）开始发掘的，属于克尔曼沙赫（Kermanshah）文化群[2]。遗址分A、B、C、D、E五层（自上而下）。^{14}C定年E层为公元前8450年，D层为公元前7018年，B层为公元前6938年。D层的遗物表明这里已成为永久性村落。在泥砖上发现了山羊的蹄印。这应当是村落中饲养的山羊在泥砖还未干时踩踏所致。这个遗址发现的90%的动物骨骼是山羊的，这说明D层已经畜养山羊，另外还猎取野绵羊，种植二粒小麦和大麦。

（五）公元前七千纪——农业经济大发展时期和西亚农业向周围地区传播的开始

进入公元前七千纪，农业起源最早的黎凡特和扎格罗斯山区的农业村落有很大的发展和进步。最典型的是扎格罗斯山区的耶莫遗址（Qal'at Jarmo）。它是由著名考古学家布雷伍德（R. J. Braidwood）等人于1948年、1950~1951年、1954~1955年发掘的。这个遗址当时被视为"世界上第一个农村公社"。它的面积为3~4英亩（约合12140~16187平方米），^{14}C定年为公元前6050年。它共分十六个文化层，延续时间大约400年，最上面五层出现陶器。畜养山羊、狗和猪（这是无争议的最早的家猪）。猎取野绵羊和牛等，但野生动物不到5%。已经种植一粒小麦、二粒小麦和两棱大麦，但品种形态还接近野生的，同时还采集扁豆、豌豆、香豌豆、杏和阿月浑子。

黎凡特地区南部有拉马德遗址（Tell Ramad），位于大马士革的西南。面积为150

米×175米。1963年至1968年发掘。遗址分三层，有石基和泥砖建筑的方形房屋。种植一粒小麦、二粒小麦，采集小扁豆、豌豆、杏仁、阿月浑子，畜养山羊、绵羊、牛和猪，猎取瞪羚、鹿和猫等野生动物。

在这个时期，农业开始从发源地向四周传播。西部的安纳托利亚高原首次出现了由泥砖房屋组成的村落，说明已经有了定居的生活，开始了食物采集者向食物生产者的过渡。遗址主要有哈希拉尔（Hacılar）、阿西克里（Asikli Höyük）和坎·哈桑（Can Hason 2B）等。哈希拉尔遗址位于安纳托利亚的西南部、陶鲁斯（Taurus）山以北的布吐尔湖（Burdur Lake）附近。最底层的无陶新石器阶段共分七层，^{14}C定年为公元前7000年。在最下层，驯养的动物只有狗，牛的骨骼很像家养的，但材料少，还不能确定。猎取赤鹿、山羊、绵羊和野猪，种植大麦、一粒小麦和二粒小麦。阿西克里和科尼亚（Konya）平原的坎·哈桑遗址是原始农耕和狩猎相结合的经济，种植一粒小麦、二粒小麦、两棱有稃大麦，采集小扁豆、巢菜、胡桃、葡萄、梅子、山楂，猎取赤鹿、野牛和野山羊。与黎凡特和扎格罗斯地区相比，这里的农耕比畜牧早而且发达，动物的驯养从狗开始，这与当地的自然环境有关。

这时期伊朗西南部出现了第一个居住遗址阿里·库什（Ali kosh）。遗址位于两河低地东部的德赫洛兰平原，这是动植物的非原生地带，没有发现野生动植物的遗存。这里是天然冬季牧场，人们在这里集约式采集野生豆类，并开始种植谷物。在遗址中发现少量二粒小麦和两棱大麦。这里年降雨量为120毫米左右，适合旱地农业。畜养的无角山羊占动物总数的73%，狩猎在经济中仍占有重要地位，猎取瞪羚、野驴、牛和野猪。从遗址中出土的石器和石器质料看，在文化上与扎格罗斯地区联系密切。很可能，这些动物的原生地带在东部的扎格罗斯山地。这是人类通过改变野生动物的自然生长区来驯化动物的一个实例。人们把动物带到这个适于人类居住的水量充沛的低地来驯养。

（六）公元前六千纪以后——灌溉农业的出现及农业的继续传播

公元前六千纪以后，整个西亚地区的农业发生了很大的变化。部分发达的旱地农业衰落了，有的转变成单一的畜牧业。而雨水线（年降雨量200毫米）以外的河流低地由于灌溉技术的发明，出现了农业，并得到了迅速的发展。同时，农业继续向四邻传播。

黎凡特地区是农业最早的发源地，这时的耶利哥遗址变成了牧场。这是气候干旱、当地农业衰落，来自西、北部地中海沿岸游牧民族侵入的结果。

在德赫洛兰平原，阿里·库什遗址的莫哈迈德·加法尔（Mohammed Jaffar）阶段只发现畜养的山羊、绵羊和牛，不见农业的迹象。

扎格罗斯地区有代表性的是萨拉布遗址（Sarab）。这里饲养绵羊、山羊，种植二粒小麦、两棱大麦和野大麦。从这以后扎格罗斯山地不再有人居住。

安纳托利亚高原在这个时期农业发达。最典型的是恰塔尔土丘遗址（Çatal Höyük）和哈西拉尔遗址的有陶新石器阶段。这两个遗址由著名的考古学家麦拉尔特（James Mellaart）主持发掘和编写发掘报告。恰塔尔遗址是西亚地区迄今发现的最大一个新石器时代遗址，面积为32英亩（合129499平方米），人口可达8000到1万人。^{14}C定年在公元前6300年至公元前5500年之间。居民从事简单的灌溉农业。第Ⅵ层的牛骨有明显的形态变化，末梢肱骨的测量值与现在的安纳托利亚家牛一样。畜养品种有牛和少量的狗，作物以小麦为主，有一粒小麦、二粒小麦和普通小麦，还有六棱裸大麦并有少量狩猎和采集遗存。安纳托利亚地区山羊和绵羊的饲养出现较晚，直到公元前五千纪前半期的坎·哈桑遗址的2B层才出现家养山羊和绵羊。

公元前六千纪两河流域低地出现了农业村落，乌姆·达巴吉亚遗址（Umm Dabaghiyah）即是其中的一个。这里种植一粒小麦、二粒小麦和大麦，没发现畜养的遗迹。

继乌姆·达巴吉亚遗址之后，在两河流域平原北部有哈孙纳（Hassuna）、萨玛拉（Samarra）和哈拉夫（Halaf）文化。哈拉夫文化在北部，当时居民从事旱地农业，种植小麦和大麦，饲养绵羊、山羊和牛。萨玛拉文化在南部，居民从事灌溉农业，畜养少量绵羊和山羊，猎取瞪羚和捕鱼。哈孙纳文化介于前两者之间，是旱地农业与狩猎相结合的经济。

公元前六千纪后期，两河流域平原南部出现了农业村落埃利都，它大概是来自北方的农人建立的。当时只有掌握了初步灌溉技术的人才能在大河下游的冲积平原定居、生产。除了灌溉农业，畜养牛和羊，捕鱼也占重要地位。后来的苏美尔文明正是在这一文化基础上发展起来的。

这时的里海地区也出现了农业村落。最早的哲通遗址位于伊朗高原和北部卡拉库姆（Karakum）沙漠之间。居民种植大麦、小麦，饲养山羊、绵羊，间或狩猎。晚期开始饲养牛，狩猎经济衰落。

二、关于农业起源的几个问题

（一）野生动植物的分布及农业起源的地区

根据考古遗存可以确定：西亚农业最初起源于黎凡特到扎格罗斯山脉这一新月形地带，在两河流域平原的北部形成一个弧形圈。为什么农业起源于此呢？从地理条件看，这一弧形地带都是海拔稍高的山地，远离河流，可以免于河水泛滥之灾。同时这一地区都在雨水线之内，雨量充沛，适合旱地农业。正因为具备这些有利条件，野生的大麦、小麦和瞪羚、山羊、绵羊非常丰富。许多从事西亚地区考古的考古学家和动植物学家都对这一地区的自然环境和野生动植物的分布做过比较细致的研究。从一粒小麦、二粒小麦和大麦的分布看，这些野生植物分布的密集区恰好是发现种植作物最早的新月形地带。同时，他们认为最初居民是定居在有丰富野生植物资源的地区，而不是零星地分布。因此，具有丰富野生资源的原始文化遗址分布区应被视为最初产生农业的地方。

（二）农耕的起源

西亚地区新石器时代种植的作物主要有小麦和大麦。小麦分一粒小麦、二粒小麦和普通小麦；大麦分有稃大麦和裸大麦，各自又分为二棱和六棱，而六棱大麦是人工对二棱大麦选择后的品种，出现的年代比较晚。从野生品种的分布看，大麦生长在海拔500~1500米的地区，不超过1500米，不耐寒。一粒小麦分两种：安纳托利亚西部是小粒的；安纳托利亚中部到伊拉克、伊朗和外高加索是大粒的。一粒小麦可在海拔2000米的地区生长，比较耐寒，因此这种小麦的分布比较广。

从采集到农耕，种子形态经历了三个阶段。第一阶段是自然生长的草籽，粒很小，成熟后从穗轴上散落下来，纳吐夫遗址发现的是这一阶段的典型。第二阶段是人工种植野生植物的阶段，在种植过程中人们开始有意选择良种。种子形态仍旧是野生的。穆瑞贝特第二、三层发现的碳化种子即属这一阶段，贝哈遗址发现的种植的野生大麦种子是比较进步的硬穗品种。许多考古学家把这一阶段叫作"种植阶段"，与真正的农业相区别。第三阶段是完全的栽培品种，是真正的农业经济阶段。最早的人工品种见于耶利哥无陶新石器A阶段。

（三）畜牧的起源

西亚新石器时代畜养的动物主要有山羊、绵羊、狗、猪和牛。这一地区发现了这些动物的野生形态，说明畜牧同农耕一样，都起源于本地。

旧石器晚期的猎人已经开始了专门化狩猎，只猎取某几种动物，如瞪羚、赤鹿、野山羊、野绵羊和野猪等。这在遗址中的反映是某几种野生动物骨骼比较多，有的所占比例相当高。如在纳吐夫文化的贝哈遗址中，野山羊占76%。

随后人们开始驯养野生动物的尝试。野山羊和野绵羊都是食草动物，易于驯服，而且每年循环活动范围比驯鹿等要小，容易放牧。更重要的一个原因是这几种动物的经济价值比较高，可以为人类提供较多的肉、乳和皮毛。驯服野生动物的一种方法是把野生动物圈在它的自然生长区的一个小地区里，使之不再与外界的野生品种接触，防止猛兽侵害。甲穆遗址中发现的大量幼畜骨骼应是人工畜养的野生品种。另一种方法是通过改变动物的自然生长区来驯养动物，如阿里·库什遗址的巴斯·摩德（Bus Mordeh）阶段的居民就是把野生动物从扎格罗斯山地带到水量充沛的德赫洛兰低地平原。经过长期的畜养，野生动物的形态按照人类的意志发生了改变，变成了家生动物，肉和毛多的动物繁衍下来。现代科学有多种办法判明野生动物与畜养动物的区别，例如，利用偏振光在显微镜下观察骨质中晶体的排列。由于畜养的动物肉多，因此骨质的负重量加大，引起骨质发生变化。野生动物骨质的晶体杂乱排列，而家畜则是直向排列。骨质的变化早于整个动物形态的变化。另一种方法是分析脱氧核糖核酸的变化。

根据现有的材料看，在西亚地区驯养狗比在北美晚一些，最早见于萨约吕遗址下层，年代为公元前7500年。家养绵羊最早出现于扎威·克米遗址，年代为公元前8920年±300年。家养山羊最早见于甘吉·达雷遗址D层，年代为公元前7289年±196年。野猪和野牛比山羊、绵羊分布广，从欧洲到亚洲都有分布。确切的证据家猪在耶莫遗址发现，除了比现在近东的野猪小以外，牙的形态也说明已是人工畜养，年代为公元前七千纪后半叶。恰塔尔遗址第Ⅵ层（公元前5800年）的牛骨已属家畜形态，因此在第Ⅻ～Ⅹ层（公元前6400年）就已经养牛。

从地理分布上看，绵羊的驯养发生在扎格罗斯山地北部，山羊的驯养发生在扎格罗斯山地南部，牛的驯养最早发生在安纳托利亚，而猪的驯养则是在农业的基础上发生的。从这一分布中我们可以看出，最早的动物驯养是在野生动物的分布区内分别出现的。

通过近30年来畜牧、农耕遗存的发现和对西亚自然环境、野生资源的研究，我们了解西亚农业的起源是一个漫长的历史过程，从公元前九千纪家畜的产生到公元前七千纪农业村落的普遍建立，大约经历了两三千年的时间。狩猎、采集向畜牧、农耕的过渡是在西亚各个地区不同时间以不同方式完成的。有关西亚农业起源的材料年代最早，内容最丰富，通过对这一地区农业起源的研究，可以了解这一变革的普遍规律，对其他地区这一问题的探索也具有一定的参考价值。

正是在西亚发达的农业基础之上，这里产生了苏美尔、阿卡德、巴比伦和亚述文明。因此，可以说，农业是文明的基础。

注　释

[1]　Kirkbride D. "Beidha: early Neolithic village life south of the Dead Sea." *Antiquity*, 1968 (42).
[2]　克沙曼沙赫文化群是一组伊朗西部的克尔曼沙赫平原的新石器时代遗址。

（本文原载于《外国考古大事集》，重庆出版社，1986年）

西亚史前考古研究的新进展

西亚地区自1948年芝加哥大学的布雷德伍德率领第一支多学科联合考古队发掘耶莫遗址以来,用各种自然科学方法和考古方法对史前人类获取食物及其他生活资源方式(即生业活动)的研究构成了这个地区史前考古中的重要内容,并且在世界范围内处于领先地位。进入20世纪80年代及90年代初,这方面研究又出现了许多新趋势,无论是研究对象和研究方法还是研究的空间单位和时间范畴,都有所拓展,使得这方面的研究进一步深入。

中国考古学中史前经济研究起步较西亚地区晚,但中国作为世界上重要的农业起源地,有着丰富的地下遗存。西亚地区的这种研究及变化趋势将会对中国的同类研究有很大启示,并有助于我们从中国的具体现状出发有选择地吸收国外的成功经验,加快我们的研究步伐。

一、对自然遗存研究的拓展

哲通遗址位于中亚土库曼斯坦共和国,在新石器时代属于西亚文化区的东端。1989~1992年英国、俄罗斯和土库曼斯坦联合考古队对这个遗址再次进行发掘(1904~1908年美国考古学家庞皮利发掘了两个土丘)。1957年麦森再次发掘,并命名为哲通文化[1]。这个遗址自然遗存的研究向我们展示了90年代初的研究水平。遗址共分5层,以前的发掘揭示了第1、2层,1987年开始发掘第3层,1992年开始发掘第4层,并打了两条交叉横贯遗址的探沟。发掘的目的有以下几点。

(1)获取有关各层聚落布局和遗迹特征的资料。

(2)详细研究遗址某一部分的地层,以获得有关土丘形成的证据。

(3)获取有明确地层的^{14}C标本。

(4)获取有明确地层的标本以进行考古与土壤微形态(soil micromorphological)分析。

(5)收集动物骨骼、陶器、石器和骨器。

(6)调查遗址最底层以了解这里最初被居住使用的情况。

这里主要介绍该遗址有关植物、动物遗存的研究。

对植物的研究,主要是要解决如下问题:①当地种植什么作物?②它们是怎样被收获和加工？③是否种植草类，它们能否反映耕作条件？④野生植物是否在食物中占有很大比重？⑤哪些植物用作燃料和建筑材料的羼和料？从中可否了解遗址的环境？⑥这些考古资料，尤其是农作物，能否反映这里与西亚其他早期新石器农业地区的联系？⑦从建筑遗迹中出土的植物遗存能否确认该建筑的功能？⑧能否揭示生业的变化，如从依赖野生植物到农作物？

植物遗存有三个来源。第一，是通过冲洗泥土而获取的浮选样品，共132个。在实验室对其中的87个浮选样品进行分类，并对其中最丰富的14个浮选品进行了详细分析。根据分析结果可知，这些浮选样品中包含有木炭、谷物、草籽、花粉、羊的粪便和骨头碎片，谷物中有谷粒和谷壳，其中90%是一粒小麦（einkorn wheat），此外还有少量二粒小麦（emmer wheat）和六棱大麦（six-row barley）。同时还种植羊面草（goatface grass）。植物中海岸棍棒灯芯草（sea club rush）的存在说明土壤中盐分很高。第二类植物遗存来自泥砖和抹炉壁的泥中所夹的谷草。谷草中不见秆与穗的结合部位，也没有秆的根部。这说明对农作物的收割是先使用镰把谷穗割掉后再割秆的二次收割法。第三类植物遗存是花粉和木炭。花粉分析结果显示，遗址附近有沼泽地。木炭分析表明，作为燃料的植物是草本植物和灌木，而且火的使用构成当地生态形成的一个重要因素。

关于植物遗存的研究，分析结果回答了以下几个问题：当地人们以种植一粒小麦为主，此外还收割一些草类；收割方式是以镰为工具的二次收割；用谷草作羼和料；用灌木和干草作燃料；当地有沼泽地，土壤盐化严重。其中一粒小麦占90%的作物结构为西亚地区所少见。西亚以二粒小麦为主，但比重没有这么高，南部的印度则以大麦为主，所以这里的农业应当是在当地发展起来的。

对动物的研究，主要是要解决以下几个问题：①人们开发利用了哪些野生动物，它们在生业中起什么作用？②家养动物是什么？它们是怎样被饲养和使用的？③建筑遗迹中出土的动物遗存可否帮助我们认识建筑的功能？④从动物遗存中可否了解生业的变化？⑤这里对动物的使用、利用情况与该区其他新石器代早期遗址有哪些差别？

这里的动物遗存保存较好，主要是发掘中使用手铲和干筛发现的。在浮选中也发现一些动物骨头，以鱼骨为主，由于太碎，不易辨认。到目前为止，只有全部发现物中的45%（2130块）被研究过，其中2007块出自第3层，123块出自第4层。确认的动物种属有16种哺乳动物，一种鸟，一种蜥蜴和一种龟。哺乳动物可确认的最少个体是159个，其中91个（占57%）是家畜，有81个羊和4个狗；68个（占43%）是野生动物，瞪羚最多（21个个体），野山羊、绵羊共11个，狐狸5个，以及野猪、野兔、猫和龟。从建筑附近空地采集的土样中分析出有山羊粪，这样大量的羊群应是采用公山羊畜牧方式。根据羊下颌骨判断的年龄看，羊被宰杀时多属幼畜，说明养羊的目的主要是食肉，而不是为了皮毛和乳品。

在一处建筑遗迹中集中发现有大量动物骨头，其情况如下。在屋子里发现49块骨头，其中31块是羊骨，而且往往是肉附着最多的部位，其中一半已经炭化；在院子里羊骨部位很全，许多骨头上有狗啃的痕迹；在屋外还发现有狐狸、猫和野猪的骨头。这一事实说明，屋子外面及院子是屠宰和加工兽皮的地方，屋里则是把动物加工成熟肉（屋内有一灶）并食用的场所，狗一般是不许进屋吃东西的。

通过动物遗存的分析，大致可以说明这样三个问题：猎取瞪羚、野羊、狐狸等作为辅助食品；以畜养羊为主，并以食肉为主要目的，采取公山羊畜牧的方式；了解了动物宰杀和食用的场所。

除了动植物遗存之外，对石器的使用痕迹的观察进一步证实了上述推论：石片用于狩猎和屠宰，镰用于割谷草，杵、臼和磨盘用于加工谷物，刮削器用于制皮，刮刀用于抹砌房屋的墙壁和地面。

从哲通动植物研究这一实例中可以看到，研究的内容已从单单确认野生与家养的种属及其比例扩展到与生业有关的各个方面，如从收割到加工的整个过程，由燃料到羼和料等。研究中采用设问的方法，这是基于几十年的研究经验来预测发现的内容，从而有助于开发发现物潜在的信息。

二、利用人工遗存研究生业活动

80年代以前对生业活动的研究主要是通过动植物自然遗存，多采用自然科学手段，80年代以来考古学者逐渐应用人工遗物、利用考古学方法研究这一课题。

伊拉克北部杰齐拉平原的乌姆·达巴吉亚遗址在70年代初由克科布莱德女士带领进行了四次发掘。这个遗址属于新石器时代彩陶初期阶段（年代为公元前6千年纪前半叶），与同文化的其他遗址相比，有大量的打制石器。要确定该遗址当时的经济活动，需要对这些打制石器进行分析[2]。

在全部打制石器中，有92.6%是原料和废料，没有二次加工的痕迹。余下的是经过二次加工的工具，共1009片，分为26种，即石叶197、石片165、镞41、钻54、喙形石片7、刮削器132、雕刻器26、齿状石叶50、镰叶2、刀形片158、四边形器3、新月形器2、边刃石片及石叶120、火石29、镐2、锤21件。在这些打制工具中除石叶和石片外，石刮削器和刀形石片数量较多，其功能是刮削与切割，主要用于加工兽皮和切割兽肉，说明当时人们以猎物和制皮为主。但令人不解的是镰的数量并不多。镰的数量很少，与同一文化的其他遗址中镰的数量往往占总数的10%～15%形成鲜明的对比，说明收集谷物不是获取食物的主要手段。从石叶、石片、石钻、齿状石叶等石器看，这里还是一个石器制作地点，并有大量的原料和废料。

其他种类的遗存也反映了这个遗址的经济生活。在收集的动物遗存中，野驴数量高达全部动物的66%~70%；羚羊次之，为16%；羊占9%，牛、猪、狗共占2%。这说明猎取野生动物应当是当时人们获取食物的主要手段。墙壁上的壁画描绘出网猎野驴的情景，不仅反映了猎物的种类而且回答了镞的数量很少的原因。遗物中收集的植物遗存有豌豆、小扁豆、小麦，这些植物都生长在潮湿的环境理想的地区。这个遗址的自然环境是石灰岩地质，上面是很薄的一层耕土层，不适宜农业。遗址中发现的作物很可能不是当地生产的，应当是从外地输入的，遗址中基本不见农具也证明了这一点。大量的野驴、羚羊和网猎的场面以及石刮削器和刀形石片暗示出，当时人们很可能用这些野生动物的肉和皮去换取粮食。在遗址的建筑中，成排的库房占全部建筑的1/2以上，库房面积很小，一般2米×2米，无门，墙比居住的房屋厚，可达50厘米，当是起隔热作用的。它们可能是加工贮藏大量野生动物的地方，以备与外界交换。

从乌姆·达巴吉亚研究事例可以看出，对石器类型、比例和功能的分析是了解当时人们生产活动的重要渠道，同时还应结合建筑、壁画等其他人工遗存提供的情况和动、植物遗存的鉴定结果以及当地自然环境。综合各类资料并进行分析可以初步得出这样一个结论：乌姆·达巴吉亚遗址是一个专门化遗址，主要从事狩猎、制皮和石器制造，并用其产品与外界换取部分谷物。

利用人工遗存研究人们经济活动的另一个例子是黎凡特地区南部死海附近的贝哈（Beidha）遗址，面积40米×60米，其文化性质属于中石器阶段的纳吐夫文化[3]。这里的石器工具可以分成十一类：①刮削器；②多功能工具；③雕刻器；④刻槽或齿状石片；⑤斜截石片；⑥钻；⑦二次加工石片；⑧几何形细石片；⑨不规则形细石片；⑩有背细石器碎片；⑪其他。在这十一种石器工具中，几何形细石片以新月形为主，说明这些遗存属于纳吐夫文化早期。其中，细石器数量较多，第8、9、10种以及第4种合计占全部石器工具的2/3，而第8种（几何形细石器）是第9种（不规则形细石器）的二倍。其余石器工具出现次数为：第1、7种次之；第3、5种较少；第6种和第11种（有硅光，与收割植物有关）最少。

通过民族学类比、微痕试验与分析和装柄使用的观察，可以推测：几何形细石器用于投掷，反映了狩猎活动；不规则形细石器用于切割，反映了制皮活动；雕刻器用于制作骨器和木器，反映骨、木器制作活动。第4种和第7种出现频率也很高，但目前还难以判断它们的功能。

通过石器的类型划分、各种类型所占比例的统计和功能分析，贝哈遗址的经济生活应当是以狩猎为主，植物采集比较少。这不仅表现在切割谷物工具数量很少，而且这个遗址发现的磨制的谷物加工工具也只有2件，这与同一文化其他遗址出土较多的谷物加工工具形成明显的差异。但这里又不是专门的狩猎营地。

除了石器以外，贝哈遗址在遗迹方面也有不同于其他遗址之处，即它只有两种遗迹：一种是灶，直径为35~60厘米；另一种是烧烤坑，直径为1.5~2.5米，坑内有大量的动物骨头和大石头。这个遗址的面积为40米×60米。

纳吐夫文化遗址目前已发现几十处。遗址可以分为中心基地（base site）和周围营地（camp site）两类。中心基地的特点是面积大，堆积厚，遗物种类多（有磨光石器），有建筑和墓葬等。营地遗址的特点是面积小，堆积薄，遗存种类单一。贝哈遗址面积大，堆积厚，打制石器种类多，类似基地遗址；但该遗址不见房址、墓葬、磨制谷物工具和骨器，又有营地遗址的特点。研究者进行分析得出的结论是：这是一处反复多次使用的季节性营地遗址，因为打制石器分布的范围就是人们的活动范围，而在这一范围内，石器种类的分布是一致的。从遗迹看，只有灶和烧坑，没有反映定居生活的房址、储藏设施、墓葬和大型磨制石器，所以这个遗址不是定居遗址，但又不是高度专业化的固定地点。自然遗存中不见植物遗存说明人们居住时不是收获季节，而是狩猎季节，很可能是一个冬季营地。

利用人工遗存研究经济活动是研究向纵深发展的必然趋势，即逐渐开发人工遗存潜在的信息，更多地利用考古学本身的方法。这是考古学家多年来探索的结果，从而改变了在发掘中收集自然遗存、在研究中等待其他学科帮助的被动局面，走上了多学科结合的研究之路。

三、由点至面的区域性研究

80年代以前，经济活动的发掘和研究以单个遗址为单位，研究重点的遗址中是否存在人工畜养的动物和种植的植物及其所占比重。它们构成了史前经济活动的一个个点。根据这些点的位置和年代可以勾画出农业起源地区与农业发展阶段。80年代以来，随着发掘遗址数量的增多，许多地区的遗址点已经连成了面，开始采用聚落形态方法从事区域性研究。空间单位的扩大和研究方式的改变使研究内容有了很大的拓展，如某一地区分几种经济类型？它们之间是一种什么关系？聚落里的人们是如何利用周围的自然环境？

西亚地区最早的农业起源地有两个：西边的黎凡特南部和东边的扎格罗斯山区。它们分别是由当地的旧石器时代晚期文化发展而来，直到新石器中期即发达的农业村落时期，文化序列连贯，没有缺环。对扎格罗斯地区进行区域性研究，使人们了解到这一地区聚落发展的三个阶段。

第一阶段：以公元前9千年以前的扎兹（Zarzi）文化为代表，特点是每年有计划地在一定区域内迁徙。

第二阶段：以公元前8~前9千年的扎威·克米沙尼达（Zawi Chemishanidar）和卡里木·沙希尔（Karim Shahir）遗址为代表。每年的迁徙仍在继续，但其中二三个地点随着居住时间的延长变成半定居遗址。这些遗址的自然环境优越,并辅以最初的农业和畜牧。

第三阶段:以公元前8~前6千年的乌姆·达巴吉亚文化诸遗址为代表。一些半定居遗址变成小的永久性村落。环形年迁徙圈由以小定居点为中心的放射性系统取代。这时,村落周围有一些地点人们用以暂时从事某种生产,例如平原上的狩猎地点、屠宰地点、放牧点……乌姆·达巴吉亚遗址恰好属于这一阶段的一个地点,而同时的大遗址马格扎利亚(Magzalia)是永久性村落,发现许多农具和人工培植、畜养的植物和动物遗存(图一)。

对扎格罗斯山区聚落发展阶段的研究是研究单位从点向面发展的结果。从这个结论中可以看出,在很早的阶段遗址就可能有功能上的差别,有贸易,有专业化,从而导致了新的社会结构的形成。这就是两河流域最初的社会分化。

西亚地区西端的纳吐夫文化的研究单位也已经由点发展成面。在贝哈遗址所在的佩特拉(Petra)地区,纳吐夫文化遗址中以野山羊为主,羚羊次之,有少量野驴。石器中有孔雀石、燧石,还有海贝。通过对这一地区自然环境的研究可以基本了解到当时人们获取食物和生活用品的情况:野山羊生长在岩石地带,因此当时人们主要是从

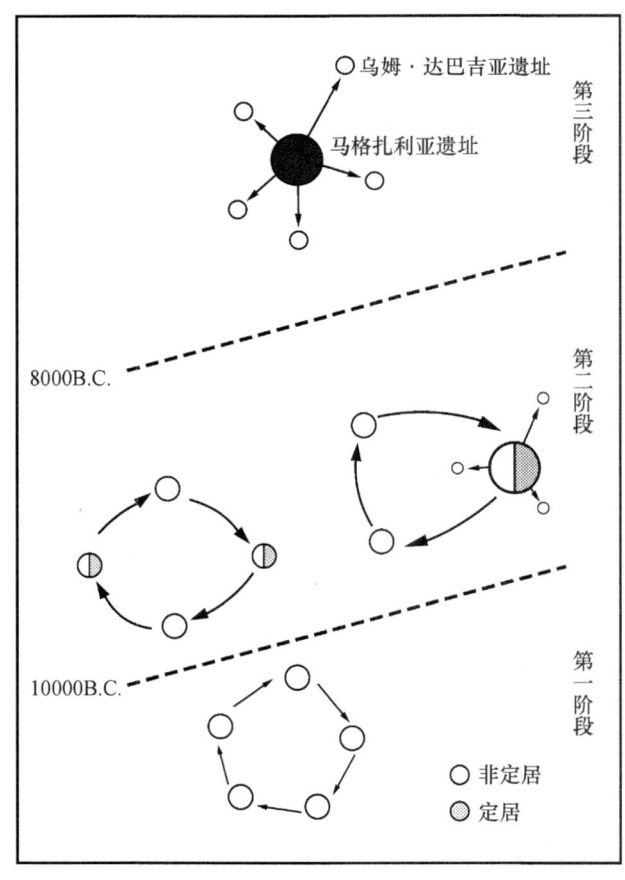

图一 扎格罗斯地区聚落发展阶段示意图

岩石地带获取食物，从阿拉伯高原获取羚羊，也偶尔去林地和高原开阔地猎取野驴；石器主要使用当地的燧石、阿拉伯高原出产的孔雀石，并使用来自100千米以外红海的海贝。

这里的植物在一年内变化大，野生谷物是在暮春和初夏成熟，成熟后就散落在地上，所以采集季节非常短暂。其他果类各个季节都有，干果的收获在冬季。植物采集的时间随纬度变化。在佩特拉的纳吐夫文化遗址中，较少发现植物遗存，有可能这里的生业类型是猎取可放牧的动物，如野山羊、羚羊等。

如果我们把视角再扩大到整个纳吐夫文化分布区，则会看到这样的情景：营地之间距离较大，它们之间有大、小之别，因而人口随季节不断地聚合和分散。聚合多是在植物收获的春夏之际。

把聚落的差异和其共存的石器结合起来，可以将整个纳吐夫文化的遗址分为三类（表一）。

表一　纳吐夫文化遗址的分类[3]

遗址类别	打制石器	地貌	其他遗物	定居情况
A	不规则细石器	森林、海岸	石核少，正式工具多杵臼、磨盘	集中，定居时间长，堆积厚，遗迹多
B	齿状石片刮削器	台地、沙漠		较集中，定居时间较长，活动种类多
C	几何形细石器			临时住地，狩猎为主

上文介绍的贝哈遗址属于纳吐夫文化的C类遗址。通过由点到面的研究以及自然物和人工物的结合研究，使我们对纳吐夫文化、佩特拉地区以及贝哈遗址这三个层次的生存有了一个比较全面、粗略的了解。

四、从农业起源向发达农业研究的延伸

80年代以前，对生业的研究主要集中在旧石器晚期至新石器早期这一阶段，目的是了解人类是怎样从狩猎、采集经济变为畜牧、农耕经济的。80年代以来，随着"文明起源与国家形成"研究的深入，发达农业的进步和变化作为一个重要原因开始受到人们的重视，从而使这项研究的时间范围大大向后延伸，同时更加注重经济类型所反映的生产力水平以及与社会组织的内在联系，因而推论的成分比较大。

哈孙纳（Hassunan）文化和萨玛拉（Samarra）文化是美索不达米亚平原的两支彩陶文化，属发达农业阶段，年代均在公元前六千纪下半叶[4]。两者相邻，哈孙纳文化在北，萨玛拉文化在南，两者交界处恰好是雨水分界处。北部的哈孙纳文化在雨水线

分布之内，所以这里的年降雨量基本可以维持靠雨水浇地的旱作农业；南部的萨玛拉文化则位于雨水线之外，年平均降水量难以维持农业的需要，只有人工灌溉才能从事农业生产。对萨玛拉文化的梭万遗址（es-Sawwan）出土的植物种子进行鉴定得知，这些作物是需要大量雨水才能生产的，如麻类作物。萨玛拉文化晚期的乔加·马米（Choga Mami）遗址发现了相互叠压的灌渠遗迹，所以萨玛拉文化居民从事着简单灌渠农业。

由于自然环境不同，哈孙纳文化和萨玛拉文化采取了不同的农业生产方式，对劳动力的投入以及土地占有都有很大影响。首先，萨玛拉文化对耕地的劳动力投入要大于哈孙纳，灌渠的建立[5]、保养和清理需要许多劳动力。而且在开凿灌渠之前，要寻找一块平整的、便于灌溉的土地，还需要垒出坝埂。在浇灌时还需要有人经常照看。灌区内的草比较多，还要经常锄草。因此，灌溉农业是一种集约化生产方式。也就是说，每年每亩耕地的劳动力投入是非常高的。哈孙纳文化处于雨水线之内的边缘地带，现在的气象资料表明，这里常常受到旱灾的威胁。为了避免干旱造成的减产，哈孙纳文化居民的人均占有土地就不能根据平均亩产粮食来确定，而是要大大多于年平均需要量。采取这种广种薄收的农业生产方式，即使一些地点发生旱灾，总的收获量仍不受太大的影响。由于每个家户（household）要开垦大于年平均需要量的土地，所以哈孙纳文化居民的人均农业投入量可能高于萨玛拉居民。

这两种农业生产方式由于劳动力投入有差别，因而对土地占有的意识也不同。萨玛拉文化采取灌溉农业，它一方面使开垦每亩土地要投入大量劳力，另一方面又使每亩土地能提供较多的、有保障的农产品，因此萨玛拉文化居民不会轻易开垦超出自己需要的农田，这使得萨玛拉文化的农田非常有限、珍贵，居民非常看重对土地的占有。从事旱作农业的哈孙纳文化比较容易开垦新的农田，而且他们也经常需要这样做，这使得哈孙纳文化的居民对土地没有那么强烈的占有意识。

对比这两种农业生产方式，哈孙纳文化的农业生产过程比较简单，而萨玛拉文化的农业生产有许多道程序，比较复杂，因而这个文化的劳动组织和劳动管理也会有所不同，这些直接影响着两个文化的社会结构。萨玛拉文化及其后继者率先进入文明的源头正是植根于这种复杂的农业过程以及由此而形成的发达的家族形态，这不仅为社会提供了大量的农业剩余产品，同时加速了社会的分工和等级的形成。

注　释

[1]　Harris D R, et al. "Investigating early agriculture in Central Asia: new research at Jeitun, Turkmenistan." *Antiquity*, 1993, 67.255: 324-338.

[2]　Mortensen P. "Patterns of interaction between seasonal settlements and early villages in Mesopotamia."

The Hilly Flanks and Beyond: *Essays on the Prehistory of Southwestern Asia*, 1983: 207-230.

[3] 公元前10000~前9000年；见Byrd B F. The Natufian Encampment at Beidha: Late Pleistocene Adaptation in the Southern Levant. Aarhus: Jutland Archaeological Society 23, 1989.

[4] Reinhard B. "Lasting alliances and emerging competition: economic developments in early Mesopotamia." *Journal of Anthropological Archaeology*, 1995, 14.1: 1-25.

[5] 早期多是利用天然沟渠，参见杨建华：《两河流域史前时代》，吉林大学出版社，1993年。

（本文原载于《考古》1996年第11期）

恰塔尔遗址发掘
——国外田野与发表工作的新进展

恰塔尔遗址（Çatal Höyük）位于土耳其南部的科尼亚（Konya）平原。20世纪60年代由伦敦大学考古学家麦拉尔特（James Mellaart）主持发掘。这个遗址的特点是面积大（32英亩，约120000平方米），年代早（公元前6500～前6200年），房屋密集，通过房顶出入与交往，大量的壁面和牛头雕塑以及居住面下的合葬墓。这个遗址自发掘之日起，就引起了世界考古学家的极大兴趣。90年代以来，剑桥大学考古学系的伊恩·霍德（Ian Hodder）博士主持了这个遗址的再发掘[1]。根据霍德博士的文章以及通过他文章中所介绍的国际互联网的网址（http://catal.arch.cam.ac.uk./catal/catal/huml）的上网查询，我们对这个遗址的进展情况有了比较全面的了解。霍德是当今世界后过程考古学的代表人物，所以通过对这个遗址的发掘我们不仅可以了解到当前西方考古学的发掘与发表资料的方法，而且可对后过程考古学略知一二。

在西方考古学教科书中，考古工作分为遗存的收集、整理和阐释三个部分。遗存的收集主要是对遗址的发掘和记录。在发掘记录中，自皮特·里弗斯（Pitt Rivers）以来，一直强调描述与阐释相分离。霍德认为，对这个观点有必要进行反思。首先，描述包括了对遗物和遗迹的分类，分类就意味着对其功能的认可，就包含了阐释的成分。一件遗物的类别要借助它所出土的遗迹的性质而确定；反过来一个遗迹的性质也需要依靠它的出土物来判断。这种相互依赖的关系，就使得描述与分类处于不断地完善的动态过程中。其次，一个遗址的发掘与研究还要放到更大的背景中去。当今，全球一体化也体现在考古学中，恰塔尔遗址的发掘，一方面要回答土耳其考古学家所关心的母神崇拜和当地壁画图案的起源与演变问题，另一方面又要回答农业和复杂社会起源的世界性课题。这种强调遗物、遗迹互为背景，以地区乃至世界为背景的方法，被霍德称之为"情景考古学"（contextual archaeology），它是后过程考古学派的一个主要特点。

在恰塔尔遗址发掘中，首先强调的是多学科的合作。由于重视遗存的出土背景，许多非田野考古专家亲临遗址。这样可以使这些专家了解他们研究对象的出土环境和状态。一个动物学家从烧骨的出土背景中，可以了解到这里的烧骨与其他遗址烧骨的区别。这有助于解释烧烤动物骨头的目的。另一方面，这些专家的到来使发掘人员得到了各方面的信息，便于他们注意和记录更多以前被忽视的信息。这样做，促进了学科合作的深入。从网页上我们了解到该遗址所做的各学科研究的情况，有土壤研究、黑曜岩分析、动物骨骼研究、人骨研究和考古生物学研究。土壤的微型分析对原有的地层划分进行了验证，并为地层的形成提供了证据。考古生物学的主要研究对象是浮选和筛选所得到的微型动、植物标本。主要工作有按单位确定微型动、植物种属（例如它们在一个建筑中的空间分布，包括种属和疏密，这些资料为确定建筑的性质提供了有力的证据）、了解周围地区的植被（它为研究动、植物的畜养与栽培提供了宝贵的资料）、确定遗址中树木的种属（通过对木炭的分析研究，了解人们对林地资源的开发利用，主要是木料与烧材）对考古发现的植物进行基因的分析和植物化石分析（例如对小麦和大麦壳的分析结果表明，这些作物是生长在潮湿的沼泽地带或遗址周围的冲积地区，而不是较干燥的高地；对遗址中的草拌泥中的草进行分析表明，它们产自干旱地区。这些分析有助于人们对遗址周围土地利用情况的解释）。对于这些微型动、植物标本，发掘者非常注意它们的出土背景，可以分成出自灶坑、废弃堆积、居住面、地层及其他基体中。同样的动、植物种属出土在不同的背景中，它所代表的历史意义是不同的，这又一次体现了背景考古学的特点。

  人类学家的加入是恰塔尔遗址多学科发掘的另一个重要特征。研究"垃圾"形成的人类学家帮助发掘人员区分遗存的堆积过程和堆积形成之后的转变过程。人类学家从不同的视角看待发掘，并对发掘作以评价。首先，他们认为恰塔尔遗址的发掘记录仍是以描述为主，没有超越静态的水平。应当考虑这些人工物是如何结合成为考古遗存的动态过程。不仅要考虑居住面上破碎的陶器的意义，同时要考虑刚刚发现的考古资料之间内在联系，它会帮助人们提出新的解释。人类学家的参与不仅拓宽了考古学家的视野，而且使他们看到了不同解释并存的可能性。

  恰塔尔遗址的考古记录系统有益于新的信息技术的运用。这个记录系统高度数码化，能适应庞大的资料体系。计算机网络在遗址上的使用，将实验室和田野发掘者的终端连为一体。当数字化的资料输入后，很快就形成了遗物分布图。人们可以从网上迅速得到各种资料和分布图，这有利于分析资料和寻找不同资料之间的内在联系。由于这个网络加入了国际互联网，因而它还面向世界。在因特网上我们查到许多有关恰塔尔遗址的资料，在发掘者所介绍的这个网页上，通过该遗址的数据库（Database）可以直接查到发掘信息和各类专门资料。它包括遗迹单位登记表、出土遗物数据及其出土背景。数据库资料不仅有数码式、文字式，还有多媒体数据库，可以为不同读者提供各种信息。我们上网时，1998年的数据尚未全部完成，目前可以查询的有发掘日记、发掘数据（有关各遗迹单位、各种迹象和各种取样标本的信息）和发现物数据（有关陶器、石器和动物骨骼等的信息，均按单位查询）。其中遗迹单位的统计表与我们田野中使用的基本相同。这些原始数据的发表不仅有利于遗址内部的比较，还有利于遗址间的比较研究。当年发掘结束后，还有一份"恰塔尔遗址1998年档案报告"，包括发掘工作的介绍与总结、各区发掘情况、各种遗迹遗物的分类介绍和各种标本的采集与分析。这种记录和发表的形式除了快捷和详细外，还可以不断地充实和完善，它始终处于一种开放的动态系统。

在发掘记录和发表的资料中，出土物的背景资料占有非常重要的位置。有关出土物背景的资料主要采取两种方式。第一种是工地和探方负责人的日记。由于发掘者所使用的计算机是联网的，所以这种日记是由很多人来完成的。在日记中包括了很多表格中无法容纳的内容，有许多细节的描写，还有发掘者认识过程的记录，其中很多涉及出土物发现时的详细情况。这些资料为没有参加发掘的考古学家乃至未来的考古学家评判发掘者的工作提供了可能，也为日后解决可能出现的争议提供了翔实的资料。第二种记录方式是录像。它除了使文字和表格所记录的内容更加形象化，还包含了更多的"边缘"性信息，如发掘者的工作环境和讨论时的情况。录像犹如一只永远睁开的眼睛，记录着各种观点和阐释产生的全过程。

恰塔尔遗址发掘资料的上网，使第一手发掘资料得到了及时、广泛的传播。它打破了考古学原有的发掘、整理和解释的三个先后步骤，淡化了发掘者和非发掘者的界线，缩短了各学科之间的距离。原有在正式出版之前发掘资料一直保存在发掘者库房中的做法，使得本来应当向前发展的学科水平滞后了。发掘与出版之间的时间越长，学科被人为滞后得越久。当然，恰塔尔遗址的做法也会带来一些新的问题，例如将来资料的正式出版就不会像以前那样受到重视，此外还有资料权利的保护问题。但从长远看这种做法更有利于学科的发展。它不仅对非发掘者有利，而且对发掘者也有利。发掘者可以通过网络得到非发掘者的帮助，不断获得新的信息，开阔眼界，使他们的采样与发掘方式更适合研究的课题，并尽可能记录下更多的相关信息，使分类更加准确，阐释更加完善。

从恰塔尔遗址的发掘中，我们可以看到西方考古发掘、记录和发表的趋势是即时的、不断变化的。它特别强调出土物的背景资料，以便判断对出土物的分类、阐释的正确与否。同时强调不同资料之间的内在联系、不同学科的相互结合。它的记录系统是一个公开的、多角度的、使不同的人都能进入考古过程的高科技信息系统。

注　释

[1] Hodder I. "Always momentary, fluid and flexible: towards a reflexive excavation methodology." *Antiquity*, 1997, 71.273: 691-700.

（本文原载于《中国文物报》1999年8月11日，与滕铭予合著）

试论萨玛拉文化

一、前　　言

　　两河流域，即幼发拉底河和底格里斯河流域，是世界上最早进入文明的地区。这里很早就引起了各国考古学者的注意。18世纪开始进行发掘。随着大量的亚述、阿卡德帝国和苏美尔城邦遗迹和遗物的出土，发现了许多史前时期的考古遗存。萨玛拉文化就是其中之一。它位于两河流域中部，介于北部亚述高原和南部冲积平原之间，是两河流域南北文化交流的枢纽，与其他原始文化有着密不可分的联系。因此，对它的研究具有重要的学术意义。

　　萨玛拉文化，因1911年德国赫兹费尔德（Ernst E. Herzfeld）在巴格达附近发现萨玛拉（Samarra）墓地而开始为人们所知晓的[1]（图一）。随葬品主要是陶器。这种陶器无论就器形，还是就纹饰来看都是一种新的类型，当时把它命名为萨玛拉陶器。

　　20世纪30～50年代又先后发掘了尼尼微[2]（Nineveh）、布克豪兹[3]（Boughouz）、哈孙纳[4]（Tell Hassuna）、马他拉[5]（Matarrah）和希姆沙拉[6]（Shemshara）。这些遗址中的萨玛拉遗存也大多是以陶器为主。在哈孙纳和马他拉遗址中，萨玛拉陶器与哈孙纳文化陶器共存，因此，萨玛拉被归入哈孙纳文化。在萨玛拉陶器与标准的哈孙纳陶器之间的关系上有几种看法：一种认为，萨玛拉陶器是哈孙纳文化晚期出现

图一　各遗址地理位置示意图

的新的陶器类别，并且只占少数，也有人把它称为哈孙纳文化陶器的变体（Derivative Hassuna），亦即萨玛拉陶器是由哈孙纳文化陶器演变来的[7]；另一种意见是，这两种陶器主要是功能上的差别，哈孙纳文化陶器是一种实用器，萨玛拉陶器是一种工艺品，供人们欣赏或用于礼仪活动[8]；还有一种观点是，萨玛拉陶器不仅不代表一个文化，也不是一种陶器类别，而只是一种彩陶纹饰的风格[9]。

1964年梭万遗址（Tell Es-Sawwan）的发掘[10]在萨玛拉文化研究史上是一个划时代的事件。这次工作揭示了萨玛拉文化的长期发展过程，从发掘出的许多房址和生产工具中，人们了解到萨玛拉文化居民的生产和生活方式。从陶器、石器、塑像以及建筑各个方面来看，这一文化与哈孙纳文化判然有别。从此，萨玛拉文化在两河流域史前考古中确立了。1967、1968年，对乔加·马米（Choga Mami）遗址的发掘[11]，揭示了这个文化晚期的文化面貌以及灌溉农业的情况。著名的英国考古学家麦拉尔特（James Mellaart）在新的考古材料基础上，根据梭万和乔加·马米遗址的发掘，把萨玛拉文化分成三期，并对各期的文化特点做了综合概述[12]。

从20世纪初萨玛拉文化遗存的发现到60年代确认这一文化名称的过程可以看出，人们的认识是随着实践的发展逐渐深化的。但是，迄今对它的研究还只是个开始，有许多问题没有很好地解决。首先这个文化的分期比较粗，难以看出变化规律，并且只限于个别遗址，这个局面对于今后的田野工作和文化本身的研究都是不利的；其次，萨玛拉文化之所以被归入哈孙纳文化的一个重要原因就是过多地强调了两者的共性，没有充分认识各自的文化特点，同时对于哈孙纳文化共存的遗址的文化性质缺乏认真分析；第三，由于许多遗址的年代和文化性质不清楚，所以没有搞清它在各个阶段的地理分布情况；第四，关于这个文化与周围原始文化的联系，有不少学者进行过讨论[13]。但大多是建立在哈孙纳萨玛拉属同一文化系统这个基点之上的。尽管在相邻文化中找到了与萨玛拉文化相似的因素，但由于没有把握住萨玛拉文化自身传统和不同的发展阶段，无法解释这种相似性是怎样形成的，更无法通过这些对比找出萨玛拉文化的源和流；第五，关于这一文化的起源，有人认为是来自东面的伊朗[14]，我们认为起源的探讨要建立在分期的基础上，否则把晚期含有的外来因素当作这一文化的起源，只能铸成大错。

综上所述，目前要将萨玛拉文化的研究向前推动一步的关键所在，就是要搞清它的发展阶段和主要的文化特征。因此本文拟就萨玛拉文化的材料从各个遗址的分期入手，在前人研究的基础上，对萨玛拉文化的分析工作进行再研究，进一步探讨这一文化的发展规律；同时对整个萨玛拉文化的特征进行再分析，找出那些萨玛拉文化本身固有的、贯穿始终的文化因素，并在此基础上与相邻文化进行对比，寻找异同，搞清它们之间的关系，从而解决文化的源流以及在发展过程中与相邻文化相互影响的情况，并通过各遗址的地层叠压关系搞清它们的相对年代；在确定遗址的分期和文化性质的基础上，搞清萨玛拉文化在不同时期的分布范围，并探讨形成的原因。通过上述分析才可以使我们看出萨玛拉文化在两河流域的地位。

二、分期之再研究

麦拉尔特是唯一一位对萨玛拉文化进行了分期研究的考古学者。他在《近东新石器时代》一书中对萨玛拉文化进行了分期，并对各期的文化面貌进行了综述：梭万遗址第1、2层为萨玛拉文化早期，梭万遗址第3、4、5层为中期，乔加·马米遗址的萨玛拉文化层为晚期。早期有大量的石容器和少量素面陶，中期为典型萨玛拉陶器（classic Samarra ware）阶段，基本不见石容器。彩陶纹饰分几何图案和自然主义图案（naturalistic design）。几何纹由数道平行条带纹组成，每个条带都由一种几何母题构成，各条带不断变换纹饰母体，有的向右，有的向左，还有波浪纹；自然主义图案有鹿纹、树纹、人面纹、水禽、山羊、螃蟹、蜘蛛和蝎子。这些图案一般是绘在器内底呈旋转状排列。晚期自然主义图案消失[15]。麦拉尔特的分期反映了彩陶从无到有、从复杂到简单的过程。

早期的遗存目前只见于梭万第1、2层，晚期见于乔加·马米的萨玛拉文化层。按照这一分期标准，其他所有目前发现的含有萨玛拉文化遗存的遗址年代都应属于中期。在这些遗址中，有一部分遗址的萨玛拉文化遗存并不具备麦拉尔特所说的中期彩陶的所有图案。这说明中期彩陶特点比较复杂，不只代表了一个时期的文化面貌。因此有必要对中期进行再分析，从而解决大多数含有萨玛拉文化遗存的遗址年代，并探讨萨玛拉文化彩陶的发生和发展过程。

由于各个遗址的发掘和发表的材料都以彩陶片为主，因此本文的分期只能以纹饰为主，器形为辅。我们先从各个遗址中的萨玛拉文化遗存的分析研究入手，这里还要包括一些含有萨玛拉文化遗存的其他文化性质的遗址。它们可以从一个侧面反映萨玛拉文化发展的阶段性，至于它们的文化属性，在下文中要进行分析。

1. 马他拉遗址

这个遗址共发掘了十三个地点和一条探沟，其中只有第Ⅵ区、第Ⅸ区和探沟（TT）的地层比较理想。第Ⅵ区分五层，其中下部的3、4、5层的底部又各分出一个居住面（Floor），上部的1、2层未发现建筑遗址，是任意划分的。第Ⅸ区也分为五层，上部的1、2层底也各分出一个居住面。2层居住面以下只挖了一个2平方米的探方到生土。探沟共分三层（TT1、2、3），各层又分为3小层。其他地点没有划分层次，堆积很薄。

陶质有粗陶和细泥陶，器表除素面外，还有刻划纹和彩陶。从器形上看，陶器可以分成两类，素面陶和划纹陶为一类，属于哈孙纳文化陶器；彩陶为另一类，属于萨玛拉文化陶器。器形各不相同。

遗址发掘报告以有无彩陶为标准，将遗址分为早、晚两期。彩陶的出现确实是这个遗址划分年代的重要标志，但是这种划分还比较粗，没有反映出陶器的发展序列。根据各层陶器的对比，我们将遗址分为四段八组，各段组与报告中地层的关系如下（表一）：

表一　马他拉各区地层对应表

段组	地层	Ⅵ区	Ⅸ区	探沟（TT）
Ⅰ	1	5		3②
Ⅱ	2	4 3f		3①
	3	3 2 1		
Ⅲ	4		2f	
	5		2	
	6		1f	
Ⅳ	7		1	2① 1③
	8	地表-1	地表-1	1①

注：f即居住面（floor）；地表-1即指1层上至地表之间

从第Ⅱ段开始出现彩陶，也就是说，从这一层开始出现萨玛拉文化的陶器。彩陶纹饰是由复线（multilinear）或窄网纹（crosshatching）构成的V形（chevros）纹带，排列稀疏（图二，1~4）

第Ⅳ段的彩陶作风与第Ⅲ段的迥然有别。纹饰成排，横向排列。每一排由一种实心几何纹母题组成，图案排列密集。纹饰母题主要有双排倒三角纹，错位方格纹（图二，7）、V形纹（图二，8）、阶梯纹（图二，8）、回纹（图二，5）和垂帘纹（图二，6内彩）。各排纹饰母题，互有区别，给人一种动态的感觉。

这个遗址的地层说明，排列稀疏的线形几何纹，要早于排列密集的实心几何纹。

2. 尼尼微遗址

这是一个几种文化相互叠压的遗址。其中的Ⅱb层是萨玛拉文化的堆积。

从查到的资料中，我们只了解这一文化的彩陶纹饰。这些纹饰的作风非常一致，都是横向排列的实心或网状几何纹母题构成的条带。纹饰母题有横向V形纹（图三，2）

图二 马他拉遗址彩陶
1~8.选自注释[5]

以及由此发展来的ε形纹（图三，1），倒三角纹或X纹组成的篱笆纹（图三，3、4），错位方格纹（图三，5），以及由此发展来的阶梯纹（图三，6、7）和变形阶梯纹（图三，9），以及宽带回纹（图三，8）、垂帘纹（图三，10）。

这是一个彩陶纹饰非常单纯的地层，与马他拉第Ⅳ段彩陶纹饰相同。这进一步证实了马他拉第Ⅳ段的彩陶与第Ⅲ段的是不同的时期的。

3. 哈孙纳遗址

哈孙纳遗址共分15层堆积。最底部的1~5层是哈孙纳文化遗存，其上的6~10层为哈拉夫文化堆积，其中3~6层还有一部分萨玛拉文化遗存。

由于材料的限制，我们是从其他论文和综述书中了解该遗址的，只掌握这类遗存的部分陶器器形和纹饰母题。根据纹饰作风和母题的不同，可以将这些萨玛拉文化陶器分为三组，A组数量少，是复线或窄网纹条组成的各种V形纹条带，纹饰排列稀疏。B组陶片多，为横向排列的实心几何纹母题构成的密集图案，如倒三角纹（图四，5）和错位方格纹（图四，8）。C组最典型的是一片人面纹饰的陶片，出自第V层[16]。由于材料局限，我们不了解A、B组出土层位，《早期两河流域的比较考古学》中说，第3层只有12片萨玛拉陶片，从第4层开始萨玛拉陶片数量增多，并且流行实心图案[17]。这说明第3层不见或少见实心图案，而且数量少；第4层实心图案多，同时数量也在增加。据此，我们推测第3层出土的萨玛拉陶器可能是饰有A组纹饰的，而第4层出土的萨

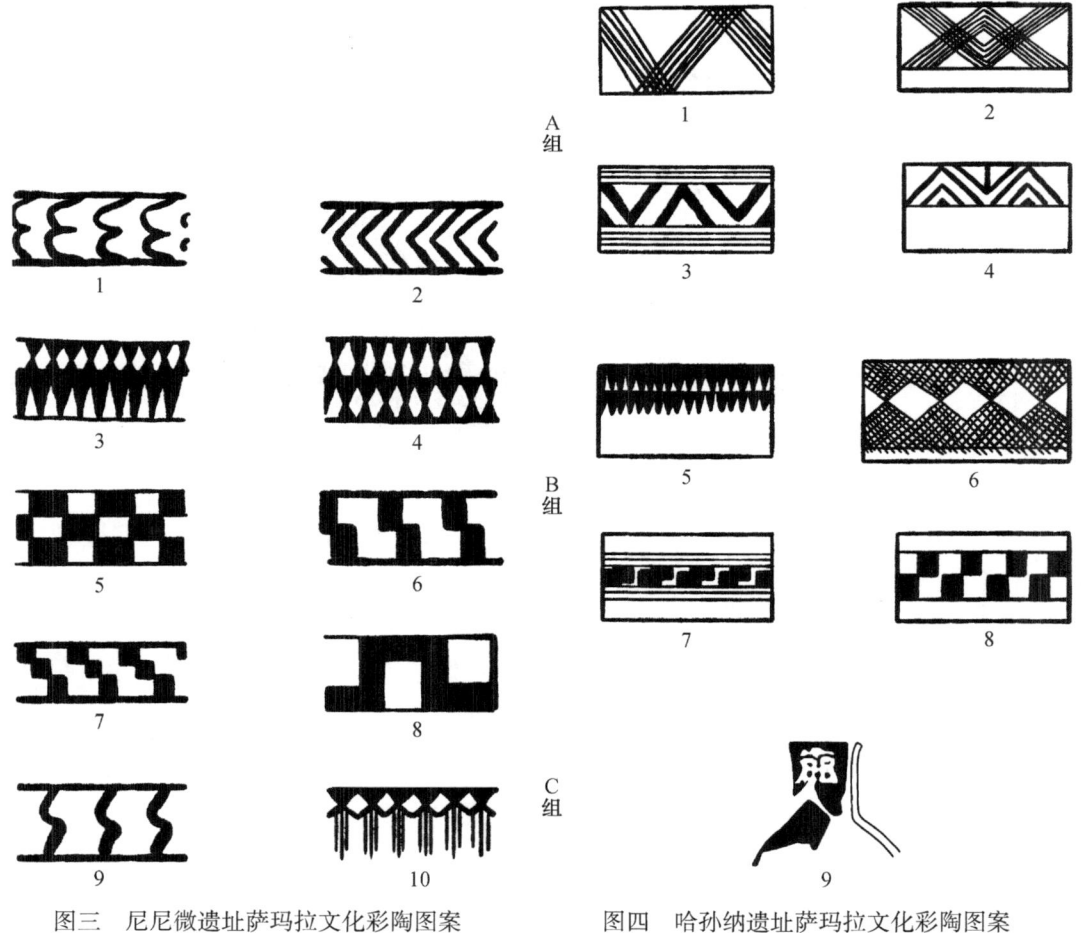

图三　尼尼微遗址萨玛拉文化彩陶图案　　　图四　哈孙纳遗址萨玛拉文化彩陶图案
1~10. 选自注释［1］b　　　　　　　　　1~8. 选自注释［7］　9. 选自注释［48］

玛拉陶器应是B组纹饰。C组陶片则有明确的地层。它们的年代顺序为A组最早，C组最晚，B组居中。A组与马他拉第Ⅲ段的彩陶相同，B组与马他拉第Ⅵ段的彩陶以及尼尼微的萨玛拉文化彩陶相同。这与马他拉遗址的地层关系也是一致的。

4. 希姆沙拉遗址

遗址共分16层，其中9~16层为史前时期遗存。底部的16~14层为无陶新石器时代堆积，其上的13~9层为萨玛拉文化遗存。

在我们看到的有关资料中没有详细介绍萨玛拉文化彩陶的具体层位，所以无法根据地层对这些彩陶进行分期研究。但是根据纹饰的作风和母题的差别，可以将这些陶器分成A、B两组（图五）。A组是由复线构成的V形纹带，排列稀疏。B组是横向成排排列的各种实心几何图案，纹饰密集，有倒三角纹、阶梯纹、横向V形纹。

A组纹饰与马他拉第Ⅲ段及哈孙纳A组相同，B组与马他拉第Ⅳ段、哈孙纳B组和尼尼微遗址相同。根据这些遗址的年代关系，我们推测A组当早于B组。

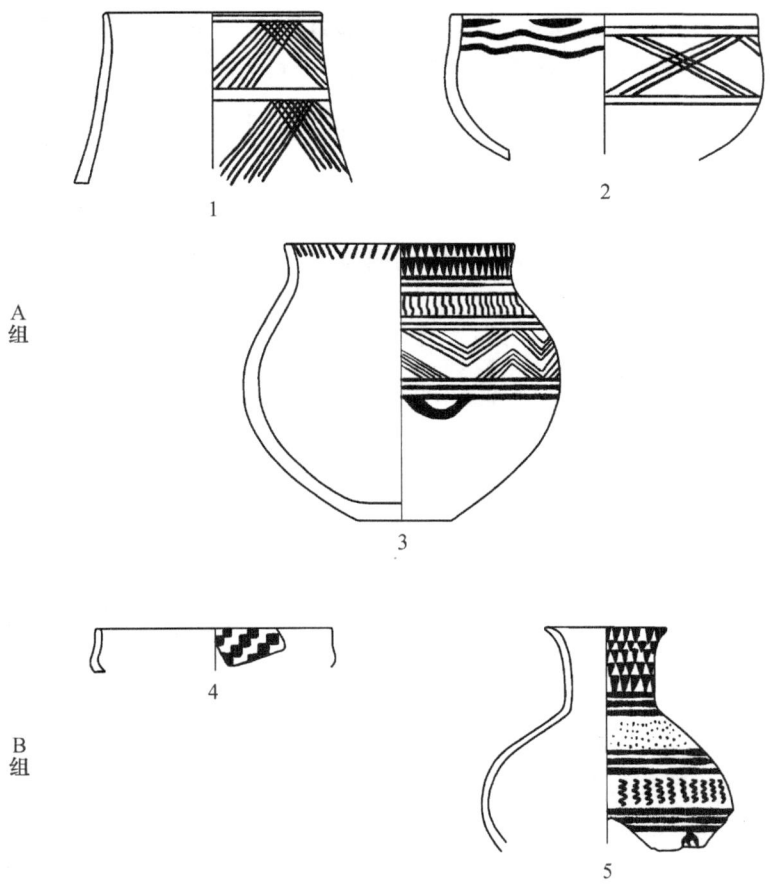

图五　希姆沙拉遗址彩陶

1~5.选自注释［6］b

5. 梭万遗址

由于几次发掘的地层不统一，这里以第一次发掘简报[18]的地层为准。遗址共分5层，编号顺序为自下而上，第1层下为生土，第5层上为耕土，第3层又分为A、B两小层。

麦拉尔特已指出第1、2层为萨玛拉文化的早期，在此我们只讨论相当于中期的出自第3、4、5层的陶器的分期。

第3、4、5层出土的陶器按其纹饰可以分成A、B、C组（图六）。A、B组出于第3层，C组除了少量出于第4、5层外，也都出于第3层（4、5层出土的陶片少，大多数出于第3层）。地层关系说明C组当晚于A、B组。第3层第192号房屋（Room192）中出土的陶片有网状地纹、万字纹、波浪纹和写实图案（图七），均属于C组。这进一步证明C组是一单独组合。从彩陶纹饰看，三组的差别也是显而易见的：A组以线形纹为主，排列稀疏，空地远远大于施彩面积，主要纹饰有复线交叉纹和V形条带纹、网状三角纹（图六，1~3）。B、C组是以实心几何纹为母题横向排列的图案，作风繁缛，空地与施彩的面积基本相等，甚至小于施彩部分。B组有倒三角纹、错位方格纹和阶梯纹（图六，4~6）。C组有水生动物纹（图六，12）、波浪纹（图六，7，内彩）。正三角纹带（图六，11）、鹿纹（图六，9）、人面纹（图六，11）、网状构成的地纹图案（图六，8）和地纹花瓣纹（图六，13）。

这三组虽同出于第3层，但A、B组陶片少，而且碎；同时第3层的192号房屋内只出有C组陶片。因此，代表第3层文化内涵的应是C组，代表4、5层的也应是C组，而A、B组应早于C组。至于为什么A、B、C组同出于第3层，有两种可能：一种可能是A、B组虽早于C组，但个别A、B组可能沿用到使用C组的时期；另一种可能是A、B组陶器是被使用C组陶器的人们扰乱上来的。简报中介绍第Ⅰ层已有少量彩陶了[19]，估计可能就是这种陶器。我们认为第二种可能性更大一些，但也不能绝对排除第一种可能。A组与马他拉Ⅲ段同时，B组与马他拉第Ⅳ段相同，C组是晚于A、B组的遗存，与哈孙纳遗址中的C组相同。它代表了3、4、5层的年代，A、B组的存在说明这个遗址有过相应的发展阶段。

6. 布克豪兹遗址

这个遗址没有发表报告，在布雷德伍德（R. J. Braidwood）的《新的萨玛拉类型铜石并用时代遗物及其意义》[20]一文中重点介绍了这个遗址出土的萨玛拉文化彩陶。彩陶纹饰有垂帘纹、波浪纹、回纹、篱笆纹、网状地纹、错位方格纹和变形梯纹，器内底饰有鹿纹。纹饰皆为横向排列密集的实心几何纹和写实图案，可分两组：错位网状方格纹，见于尼尼微遗址，与马他拉第Ⅳ段的年代相当，为A组；余者皆与梭万C组相同。

图六 梭万遗址萨玛拉文化彩陶

1~6、9、12、13.选自注释［10］b　7、8、11、14.见注释［10］e　10.见注释［10］a

（10.出自Ⅳ层，余皆出自Ⅲ层）

图七　梭万遗址第三层R192（第192号房屋）出土彩陶片

选自注释［10］b

7. 萨玛拉墓地

从见到的有关资料中，我们对它的了解仅限于彩陶纹饰和个别器形（图九）。这一墓地陶器的纹饰母题最丰富，大量的地纹图案、波浪纹和动植物写实图案是这个遗址所特有的，与梭万遗址C组相同，为B组；同时还有一些实心几何图案与尼尼微遗址相同，年代也应基本相当，为A组。这个遗址代表了萨玛拉文化彩陶发展的顶峰。

8. 乔加·马米遗址

麦拉尔特把这里的萨玛拉文化层定为萨玛拉文化晚期，叠压在它上面的文化层原报告称为"过渡层"（transitional level），麦拉尔特的分期没有包括这一层的遗存。在此属于萨玛拉文化中期的只有调查材料，全部是彩陶片，纹饰有回纹、正三角纹、网

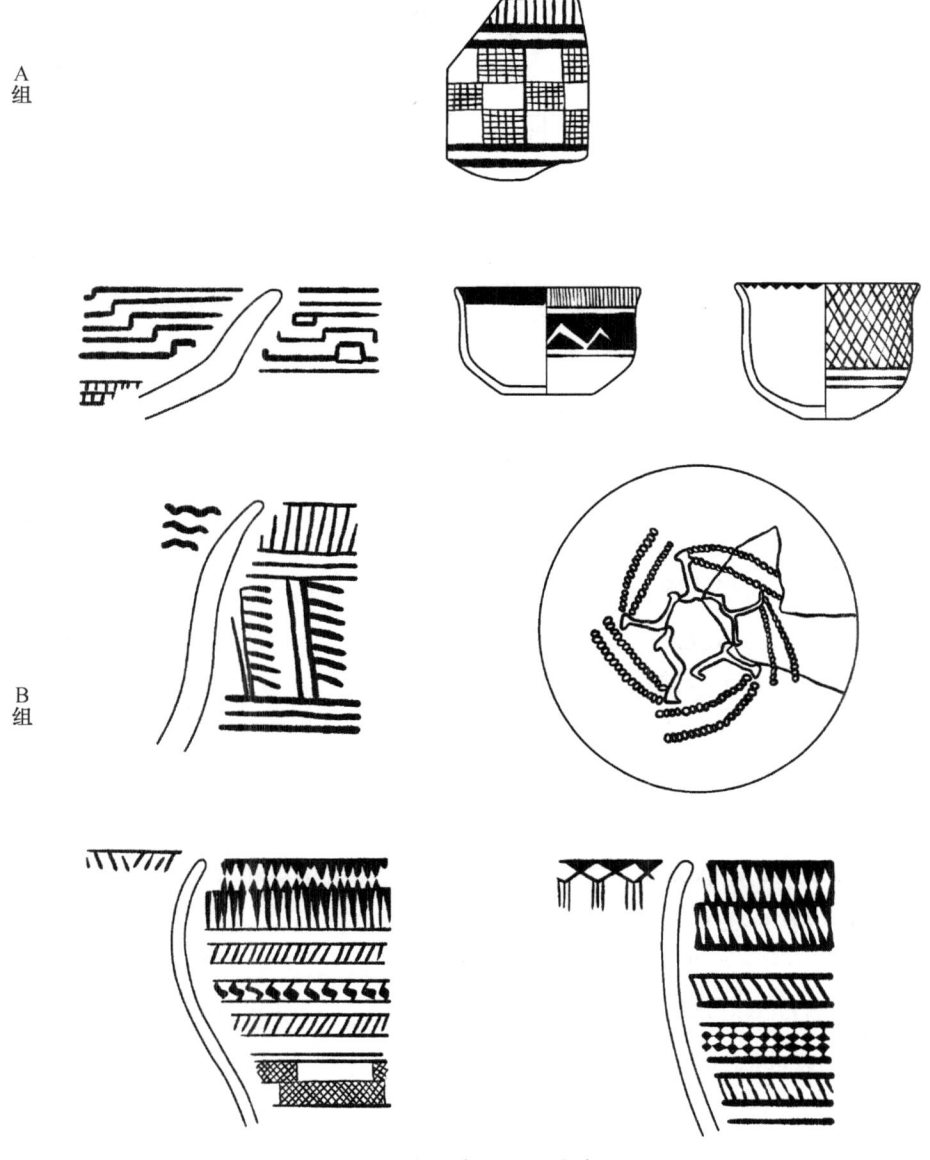

图八 布克豪斯遗址彩陶
选自注释［1］b

状地纹的V形条带和蝎子纹（图一○，1~5），与梭万C组相同。

以上对各遗址的萨玛拉文化遗存进行了再分期，可以将原来的中期遗存划分成三组：第一组以马他拉遗址第Ⅲ段的彩陶为代表；第二组以马他拉遗址第Ⅳ和尼尼微Ⅱb层的彩陶为代表；第三组以梭万遗址的C组彩陶为代表。这些遗址的相对年代关系如下（表二）：

表二　相关遗址相对年代关系

遗址组	马他拉	尼尼微	哈孙纳	希姆沙拉	梭万	布克豪兹	萨玛拉	乔加·马米
一	第Ⅲ段		A组	A组	A组			
二	第Ⅳ段	Ⅱb层彩陶	B组	B组	B组	A组	A组	
三			C组		C组	B组	B组	调查材料

第一组彩陶纹饰主要是复线和网纹构成的V形纹带、交叉纹和三角纹。图案简单，施彩部分小，排列稀疏；第二组以数道平行实心几何纹带为特征，组成条带的纹饰母题有实心或少量网纹构成的倒三角纹、错位方格纹、阶梯纹、回纹、ε字形纹和垂帘纹，还有少量第一组流行的网纹构成的V纹条带，不同的是第一组一般是1~2道，第二组则在2道以上。施彩面积与空地基本相同，图案密集，作风繁缛；第三组仍以实心或网状纹构成的几何形图案为代表，但施彩的面积比空地要大，流行地纹图案，同时新出现波浪纹、正三角纹条带及各种写实的动、植物纹和人面纹。动物纹中以水生动物为主，有的器底的水生动物用锯齿状线条画出，就像从波光粼粼的水面向下看到的景物，器内底纹饰排列为离心旋转状，有二分式、三分式和五分式，反映了当时人们的艺术绘画水平。

这三组中能够看出发展关系的是V纹条带，第一组是一至二道的网状窄条带（图四，3），第二组是二道以上的网纹条带，条带与空地之间的宽度基本相等（图一一，8）；第三组是地纹或网纹构成的V形条带（图九，17；图一〇，2）。总的看来，一、二组之间的差别大，二、三组之间的差别比较小。第一组以线纹图案为特征，第二、三组以实心块状图案为特征，有些图案如垂帘纹、回纹等是二、三组共有的。因此，一、二组反映的是期别的不同，而二、三组只是段组的差异。

把我们对中期的再分期与麦拉尔特的分期结合起来，可以将整个萨玛拉文化进行重新分期：

我们把麦拉尔特划分的"早期"，即梭万遗址的第1、2层，定为萨玛拉文化第一期。

本文把中期再分期中的第一组定为萨玛拉文化第二期。

本文再分期中的第二组定为萨玛拉文化第三期前段，第三组定为第三期后段。

麦拉尔特分期中的"晚期"，即乔加·马米遗址的萨玛拉文化地层为萨玛拉文化第四期。

乔加·马米的"过渡层"遗存为萨玛拉文化的第五期。这一期与第四期联系紧密，基本器形没有发生变化，所以不应看作是萨玛拉文化向欧贝德文化的过渡期（详见后文中与欧贝德文化的对比）。

图九 萨玛拉墓地彩陶

1~18、20、21.选自注释［1］b 19.选自注释［11］a 22.选自注释［34］

第一期以素面陶为特征，同时有大量石容器；第二期出现彩陶，纹饰为线形几何纹，比较简单；第三期彩陶发展到顶峰，前段为宽带或板块几何纹，后段出现动、植物写实图案；第四期几何纹和写实纹饰开始简化；第五期纹饰简化，基本不见写实纹饰。萨玛拉文化的彩陶是从简单到繁缛再发展为简化的形式：由线形几何纹发展到实心几何纹，然后又出现写实的动、植物纹，最后演变为线形几何纹和写意动物纹以至动物纹全部消失。纹饰母题由简单、种类少发展为复杂、种类多，又变成简单。纹饰组合由早期（第二期）的一个条带的单体发展为不同母题构成的若干条带的复体（第三期）。早期空地比施彩部分大得多，后来发展为空地与施彩部分基本相等，施彩部

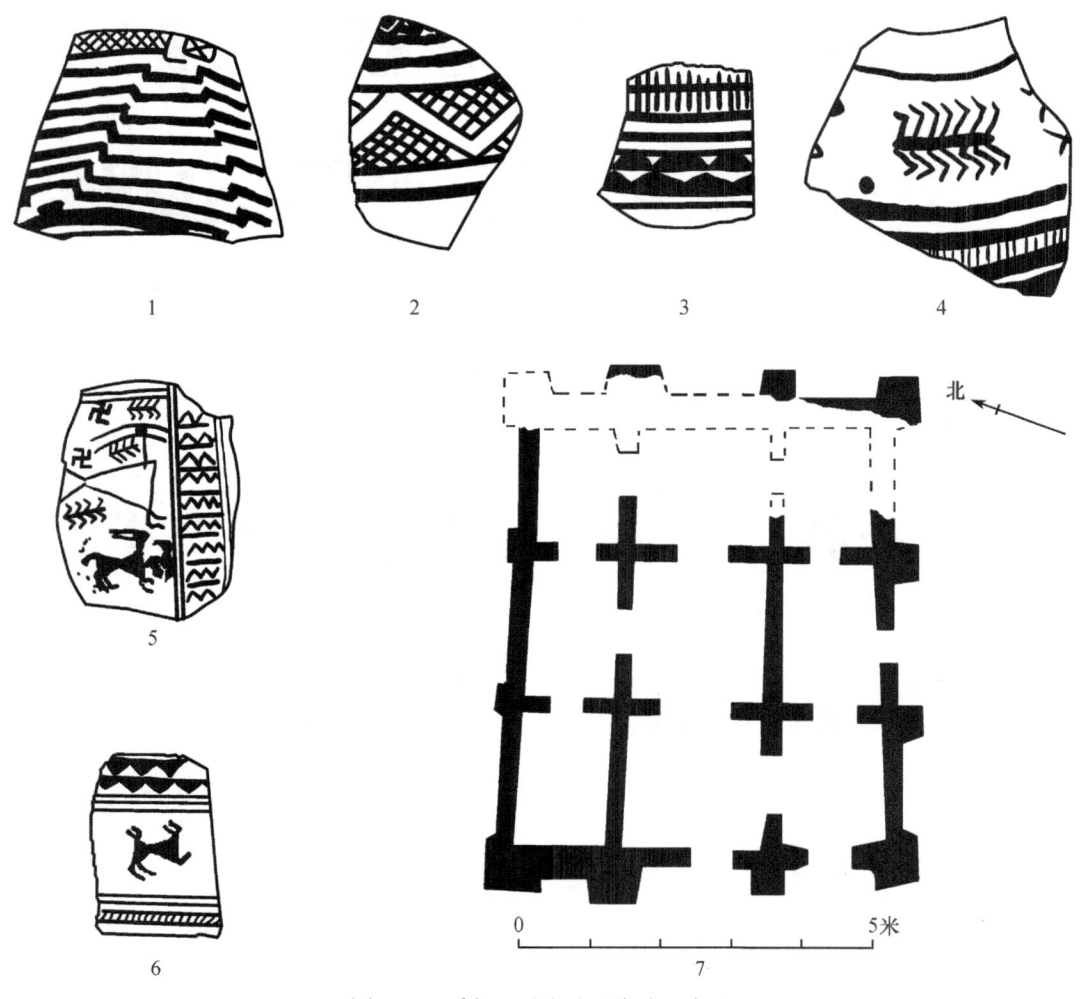

图一〇 乔加·马米遗址陶片、房址

1~4.采集品（选自注释［11］f） 5~7.选自注释［11］b

（5.出自萨玛拉第四期地层；6.出自萨玛拉第五期地层；7.萨玛拉第四期房址，探方H）

分大于空地，到了晚期（第四、五期），施彩部分又变小了。整个彩陶纹饰的变化由简单到复杂再到简单，但这不是简单的重复。早期作风是简单、朴素、规整，晚期是简化、潦草（图一一，15），并有一些早期不具备的因素，反映了这一文化的衰落。

三、主要文化特征的分析及与相邻文化的比较

萨玛拉文化在长期发展过程中，与近邻文化发生了相互影响。因此，各文化之间必然会产生一些相近的因素，有些遗址的文化面貌比较复杂。因而在分析某些遗存的文化属性和某些遗址的文化主体时，往往会产生不同的见解。要区别哪些遗址以萨玛

拉文化为主体，哪些遗址的萨玛拉文化属于外来因素，首先要确定遗址中属于萨玛拉文化的遗存。这就需要明确萨玛拉文化的主要文化特征，尤其是那些贯穿于始终的文化传统。这不仅仅包括陶器，还有石器、建筑和宗教传统等，而且只有把握住这一文化的本质，并与诸文化进行比较研究，才能搞清它在发展过程中吸收了哪些外来文化因素，并对其他文化有哪些影响，从而明确文化联系中的主次地位，并从中寻找萨玛拉文化自身发展的来龙去脉。

（一）

萨玛拉文化的陶器以罐和碗为主（图一一）。罐类主要是整体呈长方形的侈口曲颈罐和整体近方形的大口罐，碗主要有敛口或直口弧壁碗、敞口曲壁碗和直口曲壁碗，有平底、圜底和圈足之分。其他器形还有侈领罐、双唇罐、深斜直腹碗、大浅盘、杯等。

萨玛拉文化陶器器形特点是口沿外侈、接近口沿的上腹部是内凹的曲壁。这种作风始于第一期的石容器器形（图一一，1、2），并且在素面陶和彩陶中一直保留下来。彩陶上普遍有浅黄色陶衣，主要是褐色、深灰或浅灰色彩，无光泽。

萨玛拉文化的石器也有自身传统。磨制石器发达，有大量磨制的谷物加工工具，如臼、杵、磨盘等，还有一些磨制的斧、锄，石容器也很发达，主要见于第一期，并大多发现在墓中。打制石器没有什么特点，有石片、石屑、镰和刮削器。

萨玛拉文化建筑从布局和建筑材料看，也不同于其他文化。在梭万遗址第1层发现了两个比较完整的建筑遗址（图一二，1），西南部的建筑1共有14个房间和一个院落。东北部的建筑2面积更大，但不太规整。墙外侧的转角有扶垛（buttress）。两个建筑之间是一个很窄的过道。建筑1东侧的四间房屋布局规整，门都开在中轴线上，南北贯通，在最北端房间的北墙中部与门相对处有一壁龛，龛下发现一尊雪花石膏刻成的"母神像"（Mother Goddess）。房址内没有发现灶、窖穴和家庭用具，只有一些泥像和石像。居住面下发现了130座墓葬，没有一座墓埋在墙基下，这说明墓葬和建筑是有关的。从这个建筑的布局、内涵以及与之相关的墓葬看，这应是一处祭祀场所。在第1层居住址的外围有一条断面呈"V"形的防御沟，顶部宽2.5米、底部宽0.5米、深3米。第1层毁于火。第2层又重新修整，布局与第1层基本相同。

代表萨玛拉文化第三期的梭万第3层经过了大规模发掘，发现了村落的一部分（图一二，2），可以了解到当时村落的大小，房屋分布的密度。这一层建筑的平面呈"T"字形，房内常见储藏谷物的泥箱，墙外转角处有扶垛。这一层的人们又在原来防御沟的内侧筑起了一道围墙，第4、5层的建筑变化不大。

麦拉尔特根据梭万遗址第1层和第3层的建筑提出：萨玛拉文化中期的建筑有变

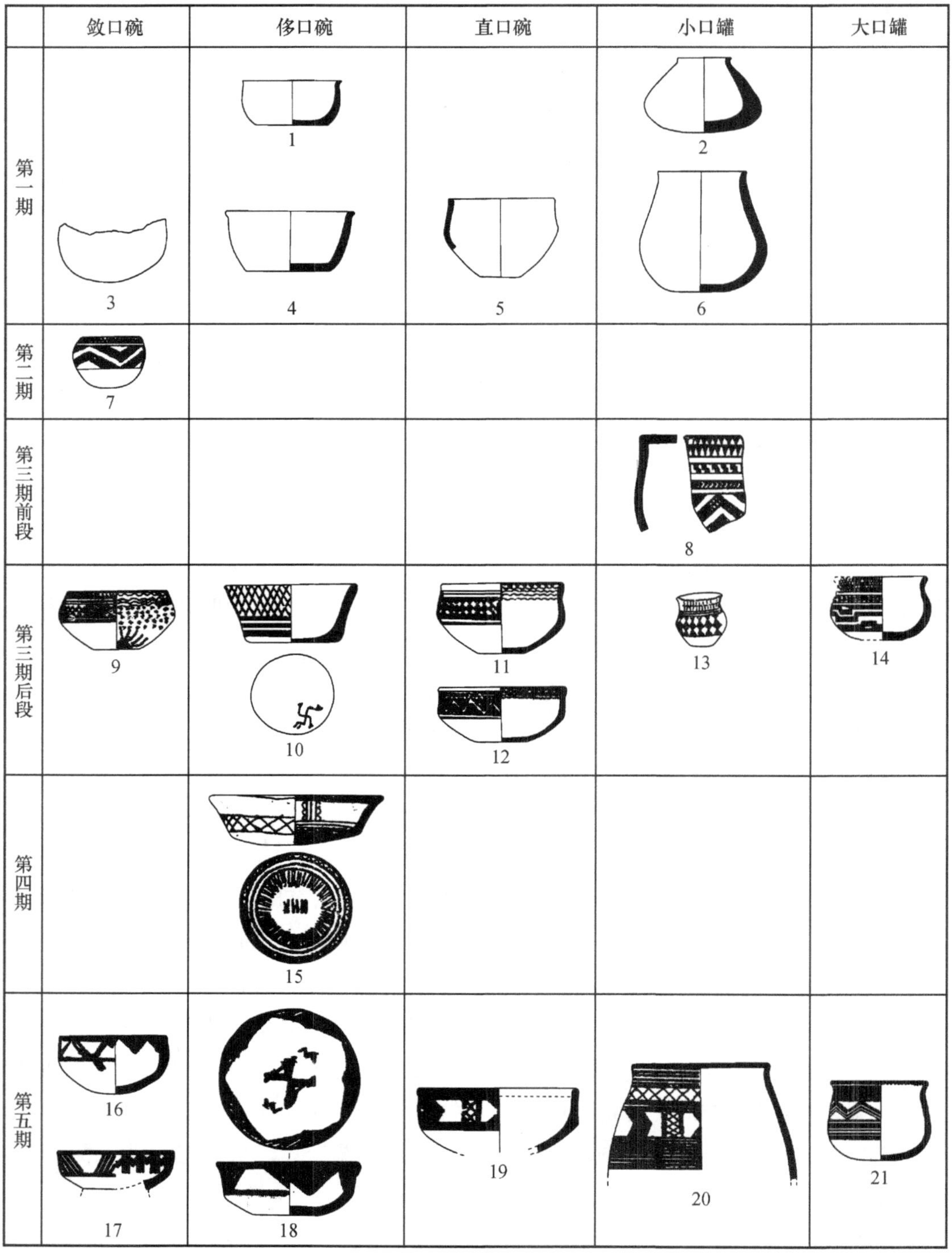

	敛口碗	侈口碗	直口碗	小口罐	大口罐
第一期	3	1 4	5	2 6	
第二期	7				
第三期前段				8	
第三期后段	9	10	11 12	13	14
第四期		15			
第五期	16 17	18	19	20	21

图一一 萨玛拉文化主要陶器

1~7、9、13.选自注释[10]a　8.选自注释[10]b　10~12.选自注释[10]e　14.选自注释[10]d
15~21.选自注释[11]b
（1、2.为石容器）

小的趋势，而早期是以大房子为主。从第1层和第3层的建筑布局和出土物看，这是两种用处完全不同的建筑。第1层的应是祭祀场所，第3层是居住址，不能相提并论。因此，从先前的材料看，还不能得出建筑面积变小的结论。

在代表萨玛拉文化第四期的乔加·马米遗址地层中，建筑皆为方形多间，有二、三个门道。墙外侧有扶垛，附近有成排的泥箱，内有烧痕，可能是储藏东西用的（图一〇，7）。

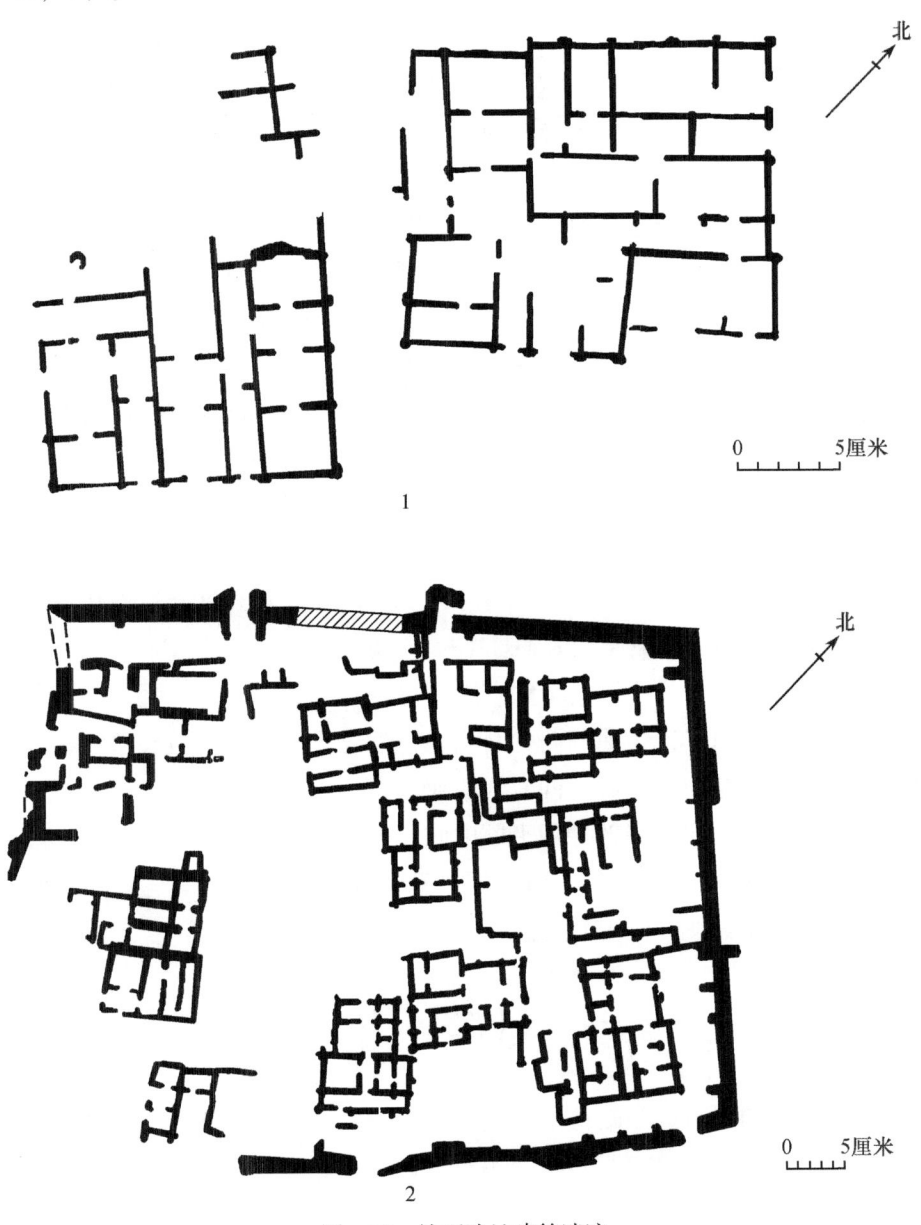

图一二　梭万遗址建筑遗迹
1. 第一层平面图　2. 第三A层平面图

从这些建筑中可以看出萨玛拉文化布局的特点是方形、多间，屋外墙角处流行扶垛，不仅改变了房屋单调的布局，而且加固了墙，分担了房顶的重量。建筑材料为模制干砖。梭万遗址的砖一般为80厘米×30厘米×5厘米，乔加·马米遗址是圆柱状干砖，长60~90厘米、直径12~18厘米。

萨玛拉文化的居民有着自己的宗教传统，有独特的泥塑和石雕，以人形为主，并且绝大部分是妇女形象。报告中称为"母神"像，同时有个别男性塑像，这是迄今西亚地区发现的最早的男性塑像。

梭万遗址的泥像皆为素面，分站式和坐式两种，以坐式为主。在颈部和腰部有圆饼状堆泥表示的项链和带饰。眼睛有两种表示方法，一种是用镶嵌的贝壳表示眼睛，然后用黑彩在贝壳上画出瞳孔，在贝壳的上方画眉毛（图一三，1）。另一种是附加二条平行泥条，像个裂开的谷瓣，简报中叫作"咖啡豆眼"，（图一三，3）。石像是由雪花石膏（alabaster）刻成的。泥像和石像的高度一般在5~11厘米。

乔加·马米遗址的泥像上均有彩绘，全部是女性泥像。以站式为主，坐式比较少；头部较长，被称为"蜥蜴式头"；眼睛皆为附加泥条状，有平行的（图一三，4），也有斜行的（图一三，5）；在颈部和腰部有圆饼状项链和带饰；身上的彩绘图案以实心圆点纹为主，以代表服饰；脚很大，以保持站式泥像的重心平稳（图一三，6、7）。

萨玛拉文化泥像的总特点是长的"蜥蜴"式头，泥条状"咖啡豆眼"，身上有泥饼装饰。第三期后段的彩陶上的人面像与同时期的泥塑是一样的（图六，11；图四，9）。这些石像和泥像主要发现在祭祀场所和墓葬中，反映了萨玛拉文化宗教传统的一个方面。这个文化的祭祀遗址只见于梭万遗址第1层，它的布局是门和龛相对，位于房屋的中轴线上。

萨玛拉文化的经济形态也有自身的特点。虽然也是农耕、畜牧经济，但是它的农业不是旱作农业，而是原始灌溉，同时渔猎比较发达。这主要是由当地的自然条件决定的。它分布于北部高原和南部冲积平原之间，位于雨水线的南部边缘，降雨量少，不适合旱作农业，同时又有许多湖泊，为灌溉农业和渔业提供了良好的条件。在乔加·马米遗址的南部发现了灌渠的遗迹。

（二）

把萨玛拉文化陶器看成是哈孙纳文化陶器的一种类别的观点，主要是由于萨玛拉文化陶器经常与哈孙纳文化陶器共出。随着田野考古工作的开展，单纯的萨玛拉文化遗址的发掘，萨玛拉文化的概念以及它的文化特征已逐渐明确了。然而，这种萨玛拉文化的面貌主要以典型萨玛拉陶器（Classic Samarra），即本文分期中的第三期为标准，而第一、二期的遗存与哈孙纳文化的区别则不大清楚。例如对梭万遗址第一、二

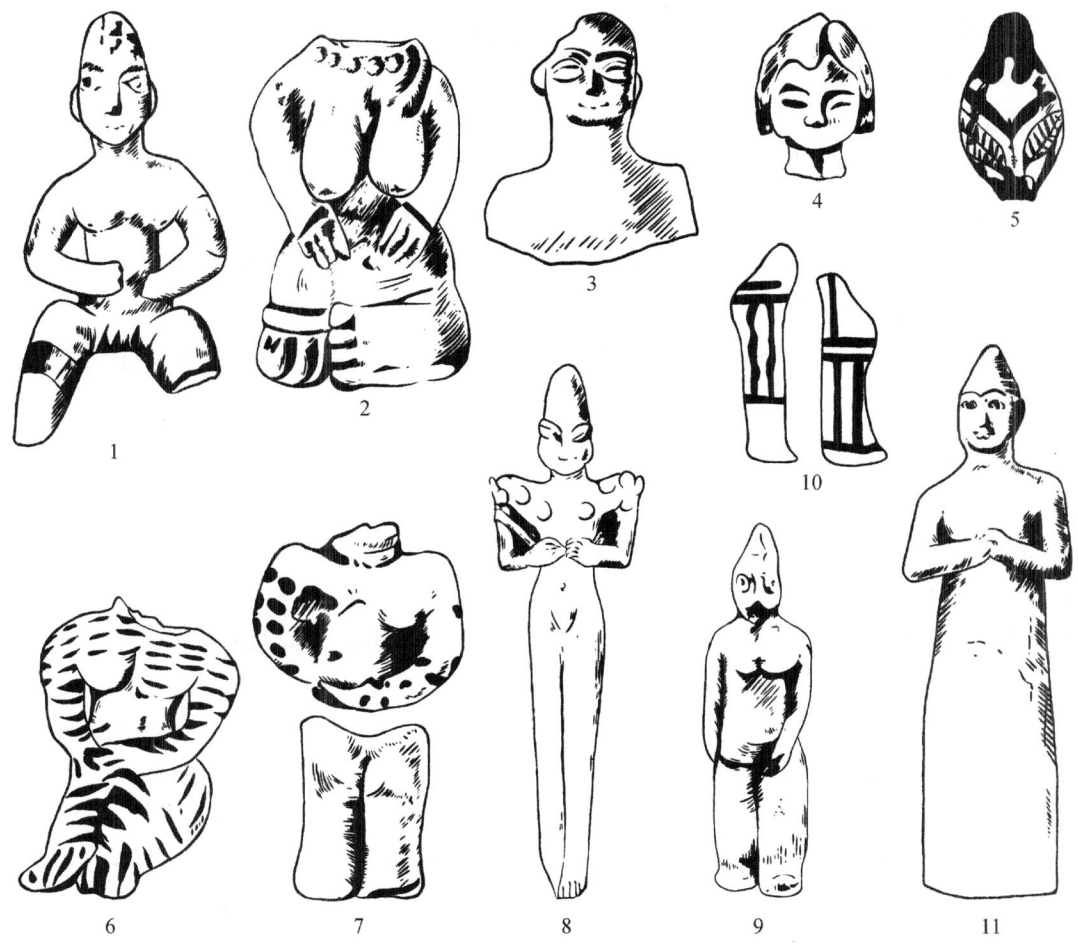

图一三　萨玛拉文化和欧贝德文化及早王朝的泥像和石像

1~9. 泥像　10、11. 石像

（1~3.萨玛拉文化第三期；4~7.萨玛拉文化第四期；8.欧贝德文化四期墓葬；9.欧贝德文化一、二期；
10.萨玛拉文化第一期；11.早王朝宫殿遗址）

（1~3.选自注释［10］b；4~7.选自注释［11］a；8、9、11.选自注释［44］；10.选自注释［10］a）

层的文化性质以及希姆沙拉遗址的文化性质都还有不同的意见，所以有必要讨论一下萨玛拉文化和哈孙纳文化的异同。

哈孙纳文化以亚述高原为分布中心，可以分为早、晚两期。早期以哈孙纳遗址1b~2层[21]、耶里姆一号丘（Yarim Tepe I）10~7层为代表[22]；晚期以哈孙纳3~4层和耶里姆一号丘的6~1层为代表。

早期建筑使用不规则泥块砌成，有圆形房屋，也有方形房屋。房屋周围有一些平行的矮墙。早期陶器有粗陶、磨光陶和原始彩陶（archaic painted pottery）。粗陶中最常见的器形是垂腹罐；磨光陶和原始彩陶的器形有半圆形圜底碗和斜腹平底碗、圆腹罐（圜底为主，图一四，1~4）。

晚期建筑仍使用不规则泥块，布局为方形多间，墙内侧流行扶垛，以加固墙。陶器有标准彩陶（standard painted pottery）、刻划陶和划纹加彩陶。器形有平底鼓腹碗、卵圆腹圜底罐、平底罐等（图一四，5~8）。早、晚期纹饰基本相同（图一四，9~12），唯早期不见"V"形条带状网格纹和交叉纹（图一四，13、14）。

哈孙纳文化石器贫乏，只有少量打制石片、镰和略加磨制的斧。妇女泥像是写意性质的，与叙利亚、巴勒斯坦地区的拉马德Ⅲ（Tell Ramad Ⅲ）的相似[23]。在耶里姆一号丘发现了包铜的珠子[24]。

哈孙纳文化与萨玛拉文化的差别是一望而知的。萨玛拉文化的建筑始终使用模制干砖，哈孙纳文化的则使用泥块。虽然都有方形多间式布局，萨玛拉文化的流行墙外转角处用扶垛加固，哈孙纳文化晚期建筑则是墙内侧用扶垛加固。哈孙纳文化的磨制石器不发达，基本不见石容器。两个文化的泥像也完全不同。以前之所以把萨玛拉文化归入哈孙纳文化晚期，除地层共存外，在文化特征上认为两者陶器相似。这两个文化均以罐和碗为主要器类，但器形截然不同。哈孙纳文化的陶器流行直领、直口或敛口，颈部和肩部的分界明显；最大腹径在器中部，呈球形，并流行圜底，给人一种圆浑的感觉。萨玛拉文化的陶器流行侈口或侈领，肩部曲折，器壁流行内凹曲线，以平底器为主，并有一部分圈足，给人一种线条流畅的感觉，这种传统与早期石容器的器形是一致的。从彩陶纹饰看，哈孙纳文化的彩陶与萨玛拉文化早期彩陶（主要是第二期）有很多共性，都流行网状纹、三角纹和"V"形纹带。哈孙纳彩陶为红彩，萨玛拉

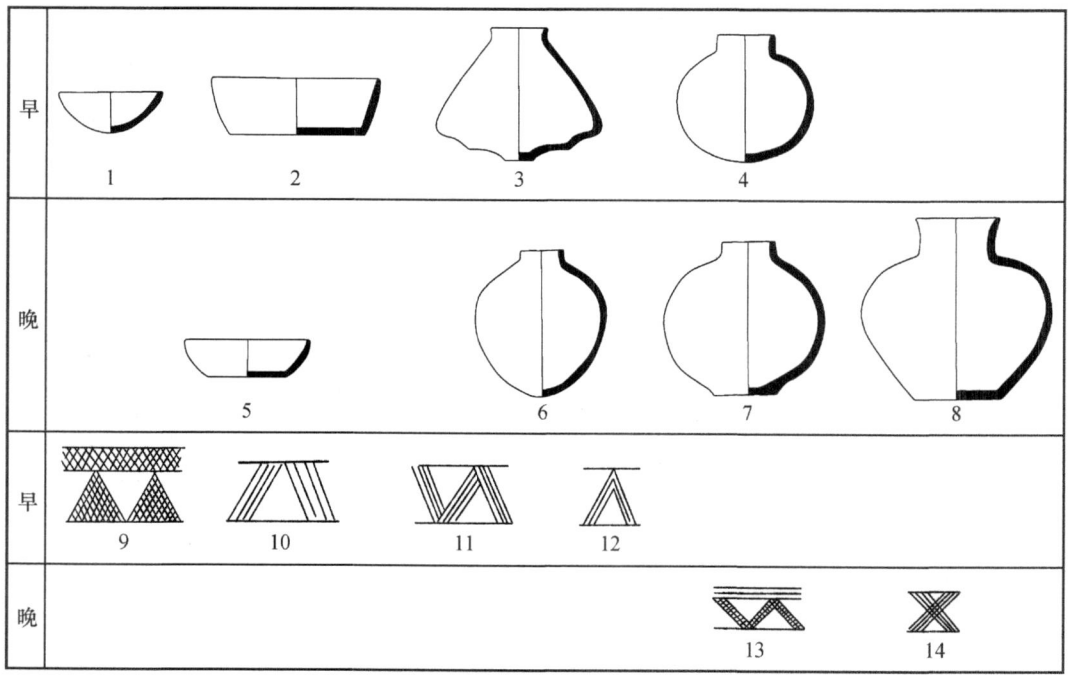

图一四　哈孙纳文化早、晚期陶器对比
1~14. 选自注释［7］

文化的彩绘为褐色。梭万遗址第1、2层中有许多哈孙纳文化原始彩陶，说明在萨玛拉文化早期，哈孙纳文化的影响较多，它的彩陶是在哈孙纳文化彩陶的影响下发展起来的。而哈孙纳文化的彩陶则是起源于它的前身乌姆·达巴吉亚（Umm Dabaghiyah）文化[25]。这是两河流域新石器时代彩陶的一个发源地。由于这个原因，萨玛拉文化早期的彩陶与哈孙纳文化彩陶酷似，但两者的陶器器形并不相同。因此这是两个独立的文化。它们的关系之所以比较密切，主要是地域和年代的相近造成的。

掌握了萨玛拉文化和哈孙纳文化的标准，我们就可以解决那些有争议的遗址和含有这两种文化因素的遗址的文化性质了。

希姆沙拉遗址的彩陶，一种意见认为属于哈孙纳文化[26]，另一种意见认为属于萨玛拉文化[27]。它的彩陶器形有曲颈罐、大口罐，这些都是萨玛拉文化的典型器物，大多数彩陶纹饰属于萨玛拉文化第二期，因此这个遗址的彩陶应属于萨玛拉文化。至于彩陶纹饰与哈孙纳文化的非常相近，正说明了萨玛拉文化彩陶是在哈孙纳文化的影响下产生的。

下面讨论萨玛拉文化与哈孙纳文化共存的遗址的文化性质。

关于梭万遗址第1、2层的文化性质有两说。一种认为是哈孙纳文化早期[28]，另一种认为是萨玛拉文化早期[29]，但两者都认为1、2层与3～5层是连续发展，一脉相承的。这样，就会得出两个结论：按第一种说法，这里最早是哈孙纳文化分布区，而其后的3～5层的萨玛拉文化是由哈孙纳文化的早期彩陶发展来的；按第二种说法，这里是萨玛拉文化的发源地，萨玛拉文化有其自身的发展，同时受到北部哈孙纳文化的影响。我们赞成后者的看法，这里一开始就是萨玛拉文化的村落。从第1层起就使用萨玛拉文化独具一格的模制干砖和泥、石像以及大量的石容器，这些都是哈孙纳文化不见的。哈孙纳文化早期彩陶的出现是萨玛拉文化早期缺乏陶器的补充，反映了萨玛拉文化早期受到了较多的哈孙纳文化彩陶的影响。持第一种说法的人只把萨玛拉典型彩陶作为衡量萨玛拉文化的主要标准，没有注意到早期石容器和素面陶以及早期彩陶与典型彩陶在器形上的承袭关系，因此没有掌握萨玛拉文化前彩陶阶段的文化面貌。

根据马他拉遗址各层出土陶片的差别，可以把这一遗址的文化分成四段，只有第三、四段才有彩陶。目前普遍认为素面和划纹陶是乌姆·达巴吉亚-哈孙纳文化系统，彩陶是萨玛拉文化。这种划分基本上是对的。至于这个遗址为什么没有哈孙纳文化彩陶，目前还无法解释。也许与它在哈孙纳文化和萨玛拉文化交界处这样一个地理位置有关。目前关于整个遗址的文化性质还没有进行过讨论。遗址中有明确地层关系的除了陶器还有建筑，第一段只有用火烧烤过的坑，第二、三、四段建筑基本相同，使用不同于萨玛拉文化的泥块作为建筑材料。从陶器看，素面陶和划纹陶以垂腹和鼓腹高直领罐以及弧壁碗为代表（图一五），彩陶则以折沿大口罐和侈领罐为主（图二，3、4）。这两种器形分别是乌姆·达巴吉亚-哈孙纳文化和萨玛拉文化最有代表性的。陶器始终以素面和划纹陶为主。石器中没有梭万遗址那么发达的磨制石器。因此，这个遗址的性质应是乌姆·达巴吉亚-哈孙纳文化。从建筑特点和陶器看，第一段属于乌姆·达巴吉亚文化，第二段属于哈孙纳文化早期，第三段属于哈孙纳文化晚期。到了第四段（尤其是第八组），素面陶中也出现了萨玛拉文化的曲颈罐、侈领罐和曲腹碗（图一五，12、11、15），说明萨玛拉文化已开始逐渐代替了哈孙纳文化。这里是哈

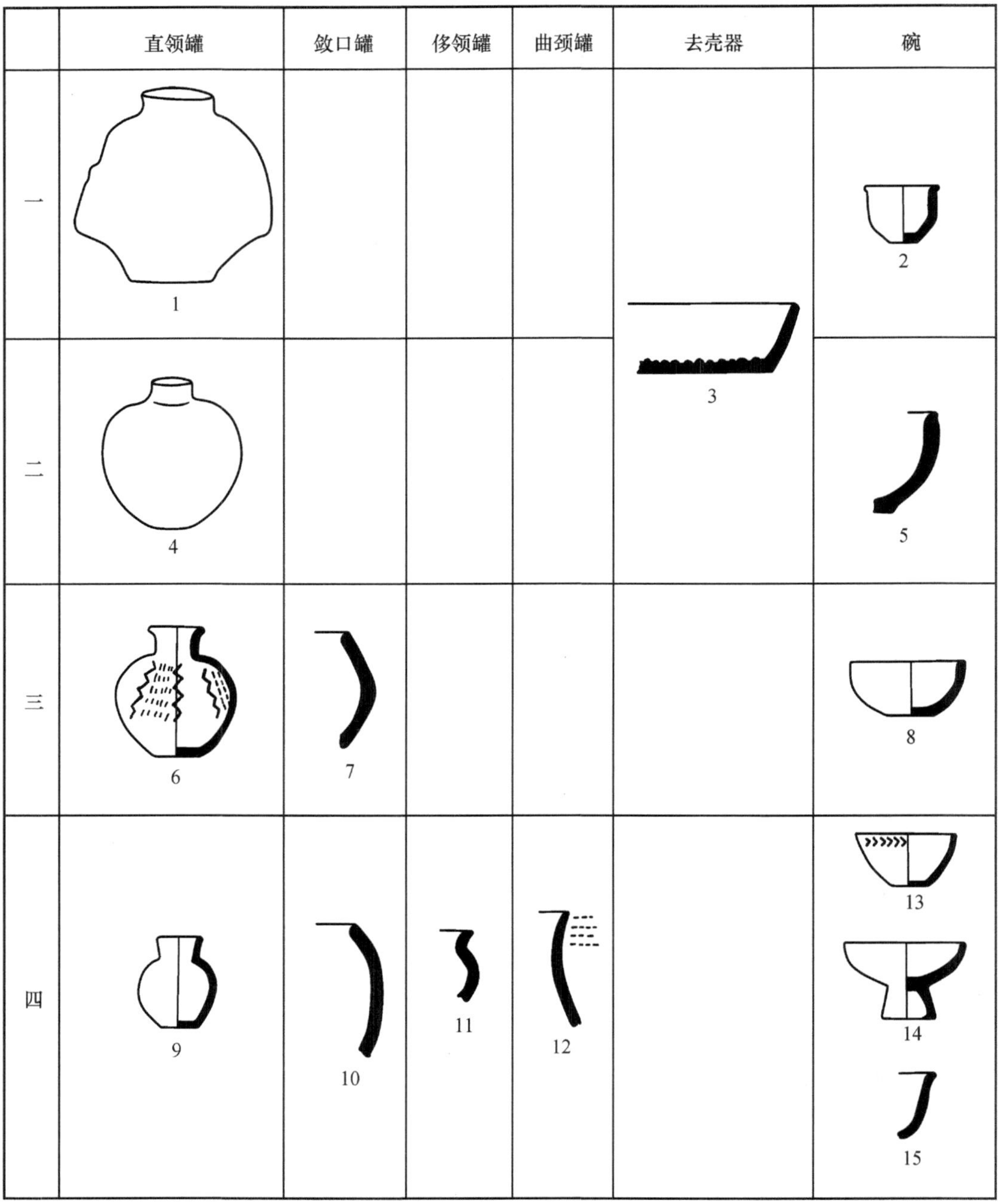

	直领罐	敛口罐	侈领罐	曲颈罐	去壳器	碗
一	1					2
					3	
二	4					5
三	6	7				8
						13
四	9	10	11	12		14
						15

图一五　马他拉遗址素面和划纹陶器分期图

孙纳文化分布区的南端,与南部的萨玛拉文化相毗邻。因此,当萨玛拉文化向北传播时,这个遗址首当其冲,受萨玛拉文化影响最早、最多。

哈孙纳遗址是在第3层即哈孙纳文化晚期出现了少量萨玛拉文化陶片,4、5层增多,第6层达到高峰,以后被哈拉夫文化代替。遗址中除去陶器外,其他特征全是哈孙纳文化的特点:磨制石器不发达,建筑材料也使用泥块,房屋内部有扶垛。这些迹象有两种可能,一种与马他拉遗址相同,也是哈孙纳文化遗址,到了第5、6层开始逐渐向萨玛拉文化过渡,后来很快又被哈拉夫文化取代,因此建筑方面仍是哈孙纳文化的特点。另一种可能是这个遗址始终以哈孙纳文化为主体,同时有南面传来的萨玛拉文化。这里是哈孙纳文化的中心区,文化要比边缘地区延续得长,或许它的下限直接与哈拉夫文化初期衔接,而萨玛拉文化始终是与其共存的外来因素。

以上分析说明,含有两种同样文化因素遗址的文化性质并不完全相同。要对各种因素的谱系和两者的构成以及所处的地理位置进行具体的分析,才能搞清哪一种文化因素是该遗址的主体,哪一种是外来因素。

萨玛拉文化与哈孙纳文化的对比,说明萨玛拉文化并非像达巴(Takey Dabbagh)说的那样[30],是哈孙纳文化的变体。那么,这种陶器不发达而石器和建筑都比较进步的萨玛拉文化应起源于何处呢?

(三)

有些人认为萨玛拉文化起源于东部的伊朗。帕金斯(A. L. Perkins)认为萨玛拉墓地的大量地纹图案(negative design)与伊朗的相似,应起源于伊朗[31]。麦孔(Donald E. McCown)在《早期伊朗的比较地层学》中说[32],萨玛拉文化彩陶中大量的写实图案在两河流域很少见,它应起源于伊朗。现在,这种伊朗起源说已不大有人提起了。麦拉尔特认为,伊朗地区根本没有与萨玛拉文化相似的写实图案,伊朗影响的说法应当摒弃[33]。我们认为,文化的起源与影响是完全不同的两回事,这个问题不应简单地肯定或否定,应该经过分析再下结论。

在伊朗地区的彩陶文化中,胡泽斯坦(Khuzestan)的苏萨Ⅰ期(Susa Ⅰ)文化[34]和伊朗高原的希阿尔克Ⅱ期(Sialk Ⅱ)文化[35]有与萨玛拉文化相似的因素。

苏萨是伊朗最早的城邦国家——埃兰的首都,苏萨Ⅰ期文化应是原始埃兰文化。在苏萨Ⅰa的墓葬中,有些陶器与萨玛拉文化三期后段的相似(图一六,一),如浅腹碗内底的纹饰排列,回纹和鸟纹。但大多数陶器具有欧贝德文化的特征,如不见陶衣;流行带流罐,都是欧贝德文化晚期的特点。因此,苏萨Ⅰa的年代晚于萨玛拉文化,相当于欧贝德文化时期。这种相似性应看作是萨玛拉文化对苏萨Ⅰa文化的影响。

希阿尔克Ⅱ期文化的陶器与萨玛拉文化也有许多相似之处(图一六,二)。碗内

图一六 伊朗西南部陶器
一. 苏萨1a墓中陶器（选自注释［34］）
二. 希阿尔克Ⅱ陶器（选自注释［12］）

底的旋转纹饰，用箭头表示的水生动物和跳舞的纹饰也见于萨玛拉文化第三期后段，山羊纹在萨玛拉文化三期后段[36]、第四和五期都存在。山羊纹较早就出现在伊朗地区，是这一地区的传统因素，余者皆属于萨玛拉文化因素。

通过对比可以知道，萨玛拉文化与伊朗地区彩陶文化的往来发生在第三期以后。因此，关于萨玛拉文化起源于伊朗的彩陶文化的说法是不能成立的。但两者在萨玛拉文化第三期以后发生了文化联系。从年代对比和这些相似因素的谱系关系分析可以认为，在它们的交往中萨玛拉文化占主导地位。

两河流域东部的扎格罗斯（Zagros）山地的耶莫（Jarmo）无陶文化[37]为我们探讨萨玛拉文化的起源提供了线索。

耶莫文化的房屋为方形多间，使用泥块（Pisé）做建筑材料。房屋分居室、仓库和院子。

打制石器中有许多细石器。发现的镰片是用沥青粘在一起的。磨制石器非常发达，有刃部磨光的石斧和谷物加工工具，如杵、臼、研磨器、马鞍形磨石。发现了近千片石容器残片，大约复原了350件石容器，都是由大理石制成的，并注意利用石料的纹理作为装饰。器形为倒截锥体侈口器、半圆或椭圆形碗和折腹碗。

耶莫文化是以发达的磨制石器为特征的，这一点与萨玛拉文化相同。梭万遗址第1、2层的石器与耶莫文化的有许多相似之处（图一七）：有沥青粘合的镰，谷物加工工具杵、臼，大量以侈沿为特征的石容器。不同的是耶莫文化有发达的细石器，而萨玛拉文化有更多通体磨光的石斧、锛。这应是年代上的差别。耶莫文化要比萨玛拉文化早得多，无陶为其主要特征。^{14}C数据在公元前6500～前6000年之间。

通过对比可以看出，萨玛拉文化早期的石器与耶莫文化基本相同，属于同一系统。说明萨玛拉文化的起源与耶莫文化的无陶阶段有关。希姆沙拉遗址的无陶层和曼达利地区的特马坎（Turmakian）遗址[38]都属于耶莫系统。这说明早在农业村落初期，居住在扎格罗斯山地的耶莫文化的居民就已经向西部的两河流域附近迁徙了。但是萨玛拉文化与耶莫文化在陶器、建筑等方面还有很大差别，很有可能萨玛拉文化是由耶莫无陶文化的一个支系发展来的本地文化。

（四）

在讨论萨玛拉文化与相邻文化的关系时，还应提到与哈拉夫文化的关系。

哈拉夫文化主要分布在叙利亚东北部的喀布尔（Khabur）河流域和伊拉克北部以及土耳其的东南。哈拉夫文化分为三期。早期的遗存有阿帕拉契亚（Arpachiyah）TT10层以下的地层[39]，乔加·巴扎（Choga Bazar）15～13层[40]，阿恰巴（Aqab）T$_3$下层[41]；中期有阿尔帕契亚TT10～TT7层，乔加·巴扎12～8层，耶里姆Ⅱ号丘

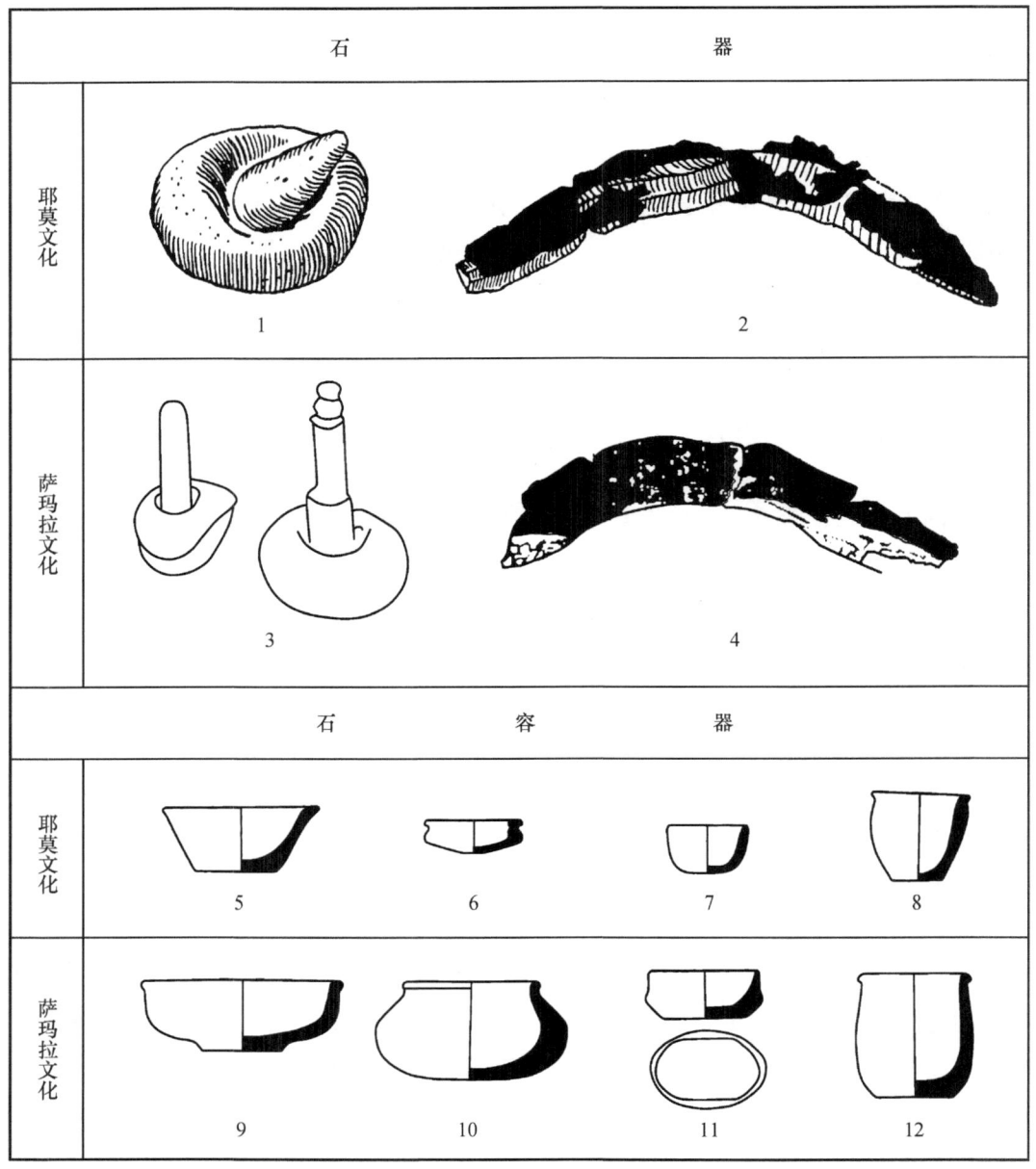

图一七 耶莫文化与萨玛拉文化石（容）器

1、2、5~8.出自耶莫遗址（选自注释[12]） 3、4、9~12.出自梭万遗址（选自注释[10]a）

和阿恰巴T_2下层，T_1下、上层；晚期有阿帕拉契亚TT6层，乔加·巴扎7、6层，阿恰巴$T_1$4层和$T_2$1层。哈拉夫遗址的遗物非常丰富，但是没有划分地层，从陶器看，早、中、晚期都有[42]。

哈拉夫文化的建筑是由圆形向方形发展的，使用泥块为建筑材料。早期为圆形，中期是圆形房屋前面加一长方形竖室，呈"钥匙孔"（Key hole）状，晚期为方形。

陶器器形特点是棱角明显，彩绘有光泽。早期彩陶纹饰以写实的牛头纹为主，有少量几何纹；中期动物纹简化成写意性质的，几何纹发达；晚期流行多彩的花瓣纹。

大多数学者都认为萨玛拉文化和哈拉夫文化是两种截然不同、没有什么联系的文化。但是在哈拉夫早期，萨玛拉文化的传播对哈拉夫文化有一些影响。在哈拉夫遗址中有一件折腹碗是明显的哈拉夫早期器形，而器内壁饰的却是典型的萨玛拉文化第三期的垂帘纹（图一八）。

萨玛拉文化和哈拉夫文化是两河流域新石器时代后期延续时间较长的两支彩陶文化，有过较多次接触，但是两者没有发生较多的文化联系，是两种完全不同的彩陶文化。两河流域南北两个系统的形成应始于这个时期。

图一八　哈拉夫文化早期陶器
选自注释［42］

（五）

萨玛拉文化的去向问题，要从萨玛拉文化的最晚阶段第五期谈起。

萨玛拉文化第五期只见于乔加·马米遗址，发掘报告中把这一层的遗存叫作过渡层（transitional level），即萨玛拉文化与欧贝德文化层之间的过渡。麦拉尔特在萨玛拉文化的分期中没有包括这一期，他认为这种遗存"与其他文化有联系并晚于乔加·马米的萨玛拉文化晚期"。在前文分期中，我们把这层遗存归入了萨玛拉文化，并定为第五期。萨玛拉文化与欧贝德文化的比较将更进一步证明它的文化因素仍以萨玛拉文化为主。

欧贝德文化分布在两河流域的南端[43]，以埃利都（Eridu）遗址[44]为代表，可以为四期，19~15层为第一期，14~12层为第二期，11~8层为第三期，7、6层为第四期。

圜底碗、折腹碗、杯、双唇罐、竖领罐是这一文化的主要器形，它的纹饰也是由简单到复杂再到简单。第一期纹饰比较简单，为线形几何纹；从第一期较晚的地层出现地纹图案，纹饰复杂；到了第四期，纹饰又开始简化（图一九）。

从主要器形上看，萨玛拉文化与欧贝德文化并不相同。但是欧贝德第一期和少量第二期的陶器与萨玛拉文化第四、五期有许多相似之处。欧贝德第一期流行的曲颈罐是萨玛拉文化的主要器形，第一期常见的复线"V"纹带（图一九，9）和单线数道横向"V"形纹带（图一九，8）广泛流行于萨玛拉文化的第四、五期。第一、二期的折腹碗（图一九，7、13）与萨玛拉文化第四期的基本相同。个别器形和纹饰从萨玛拉文化第二期的后段即可看出端倪。欧贝德文化第一期的长腹杯和第二、三期流行的双唇穿孔罐在萨玛拉文化第三期就已经出现（图六，4、10），尽管器形并不完全相同。欧贝德文化第一期的正三角纹（图一九，2）和一、二期流行的波浪纹（图一九，12）以及二期出现的花瓣纹（图一九，14）也都见于第三期后段。

通过对比我们认为，萨玛拉文化晚期与欧贝德文化早期的文化面貌最为相似，具有一些时代的共性。萨玛拉文化第四、五期与欧贝德文化第一期和第二期偏早的年代基本相当。乔加·马米遗址的"过渡层"即萨玛拉文化第五期上面叠压着欧贝德文化第二期的陶片，这说明萨玛拉文化的下限不会晚于欧贝德文化第二期。乔加·马米遗址"过渡层"的陶器器形与萨玛拉文化第四期基本相同，而与欧贝德文化第一期差别较大，但纹饰上又与欧贝德文化早期比较接近，这应是南面欧贝德文化对这里影响的结果。欧贝德文化第二期已显示出向北传播的趋势。阿米亚（Ras al'Amiya）是目前发现欧贝德文化第二期最北端的一个遗址[45]。与第一期相比，向北前进了很多。

通过萨玛拉文化和欧贝德文化的对比，使我们明确了乔加·马米"过渡层"应归入萨玛拉文化，它的欧贝德文化因素可能是从南面传来的，而不是由它过渡到欧贝德文化，因为它与欧贝德文化第一期和第二期前段年代基本相同。所以"过渡层"这一概念是不妥当的，应该是逐渐被欧贝德文化第二期代替的阶段。同时，两者的对比也给我们一个启示，欧贝德文化与萨玛拉文化似乎是有着亲缘关系的两种文化。上面我们只从陶器上做了比较。下面将从宗教、建筑和经济形态方面进行考察。

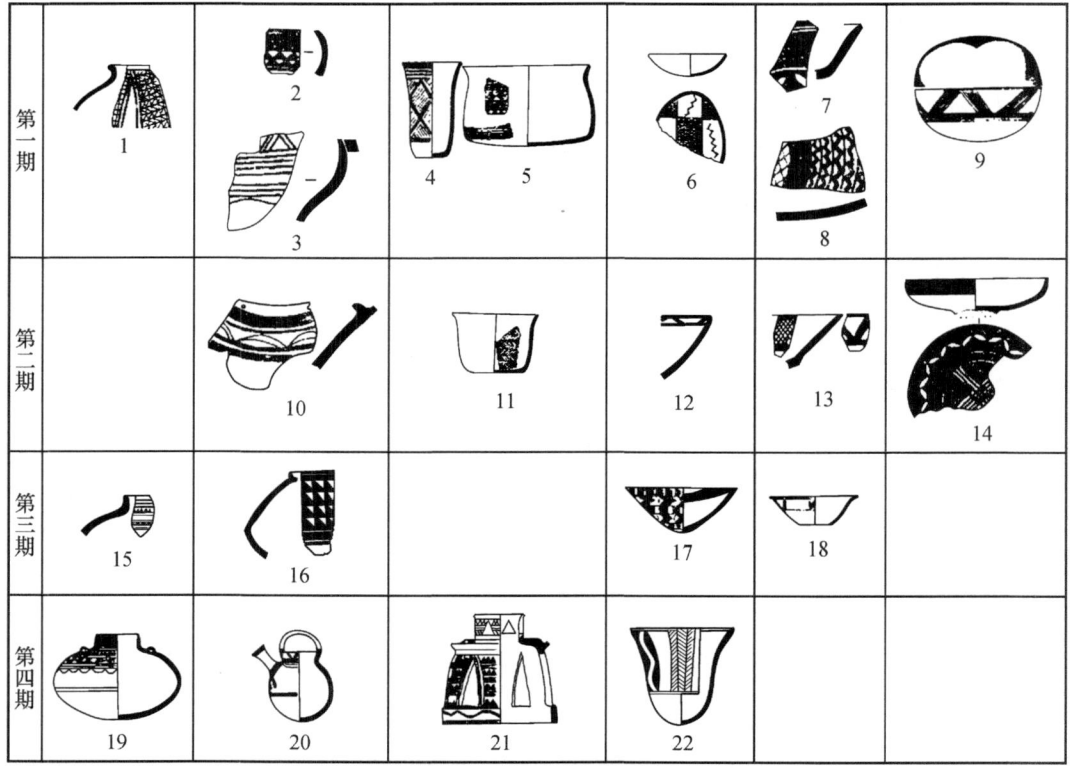

图一九　欧贝德文化陶器分期

1~22.选自注释[44]

泥像和石像代表了一个人们共同体的习俗和信仰。在这方面，这两个文化有承袭关系。梭万遗址的泥像以坐式为主，眼睛有贝壳式和平行"咖啡豆眼"，颈部和腰部有圆泥饼装饰（参见图一三，1~3）。乔加·马米出土的萨玛拉第四期泥像则以站式为主，脚非常大，用以保持平衡。头部略长，平行或斜行"咖啡豆眼"，颈部和腰部也有泥饼装饰，并绘彩以代表服饰（参见图一三，4~7）。埃利都遗址16层和12层出土的两件泥像皆残，从腿部看应为站式，大脚，绘彩，与萨玛拉文化晚期的相同（参见图一三，10）。在埃利都相当于欧贝德文化第四期的墓葬中出土了3件完整的站式泥像，皆为男性，长头，斜行"咖啡豆眼"，裸体，左手执一"权标"，素面（参见图一三，8）。埃利都遗址的早王朝宫殿中出土的一件雪花石膏刻像与梭万早期的雪花石膏像非常相似，贝壳眼睛，有头饰，所不同的是这一件身穿长袍（参见图一三，9、11）。

欧贝德文化最早的建筑就使用模制干砖，说明开发冲积平原的欧贝德文化居民已掌握了成熟的建筑技术。而在其附近的诸文化中，只有萨玛拉文化最早、最广泛地使用模制干砖。欧贝德文化流行在墙外侧转角处用扶垛加固的办法和方形多间式布局，也与萨玛拉文化相同。门道与神龛相对的寺庙最早见于梭万遗址第一层，在欧贝德文化中，这一传统一直得以保留和发展。

捕鱼业也在萨玛拉文化第三期以后的经济生产中占有重要地位，彩陶中大量的水生动物纹和波浪纹是当时生产活动的真实写照。埃利都寺庙的祭坛上和陶器中常常发现鱼骨，说明欧贝德文化居民是以鱼作为贡物的。这些都反映了两者在经济生产方面的共性。

以上这些相同因素都足以说明欧贝德文化主要是在萨玛拉文化的基础上发展来的。萨玛拉文化第四、五期和欧贝德文化第一、二期的相似程度不仅表明它们有着亲缘关系，而且具有共同的时代风格，有些器形完全相同，这说明两者是同时的。那么，欧贝德文化不可能是由萨玛拉晚期演变来的，很可能是从它的三期后段发展来的。我们推测，大概在萨玛拉第三期后段有一支居民继续向南迁徙，到达萨玛拉文化分布区的南端和欧贝德文化北界之间的地带，在这里定居并开始了向欧贝德文化的过渡。但这一推测还未得到考古发掘的证实，因为这一地区尚未进行过考古工作。

欧贝德文化的起源是早期两河流域考古的重大课题，它牵涉到苏美尔文明的起源，讨论得也很热烈。麦孔认为欧贝德文化来自伊朗西南部，并认为苏萨Ⅰ遗址和法尔斯（Fars）地区可能就是欧贝德文化的故乡。布雷德伍德研究了欧贝德文化第一期彩陶后提出，欧贝德文化可能来自伊朗或伊拉克中部山地边上。加瓦特（Abdul Jalil Jawad）综合了前人的论述，经过对欧贝德文化与相邻文化的对比，认为应来自伊拉克中部[46]。奥茨（Joan Oates）也认为欧贝德文化起源与北方有关，欧贝德文化既与萨玛拉文化有相似之处，又与伊朗法尔斯地区的文化相似[47]。根据上文的分析，我们认为欧贝德文化主要是继承萨玛拉文化发展来的，而伊朗地区的文化主要与欧贝德文化的第三、四期相似。

综上所述，萨玛拉文化的各个阶段都与邻近文化有过交往；它与耶莫文化的关系说明它的发展是继承了耶莫无陶文化；萨玛拉早期文化与哈孙纳文化有密切的联系，吸收了哈孙纳文化的彩陶，出现了富有自身特色的彩陶，但两者是完全不同的两种文化；萨玛拉文化与哈拉夫文化共存时间较长，但联系较少，只是在哈拉夫文化早期吸收了个别萨玛拉文化因素，两河流域南北两个系统的形成大概始于这时；萨玛拉文化从第一期后段开始，与伊朗西南地区发生了文化联系，并居于主导地位，这是城邦时代的苏美尔文明与埃兰文明密切联系的开始；萨玛拉文化与欧贝德文化的相似性说明前者是后者的主要来源。

四、年　　代[①]

关于萨玛拉文化与近邻文化的相对年代，论述得比较多的是萨玛拉文化与哈孙纳文化、哈拉夫文化的年代关系。目前对这个问题主要有两种看法：第一种认为萨玛拉文化和哈孙纳文化早于哈拉夫文化。劳埃德（Seton Lloyd）在《两河流域考古》[48]一书中把哈孙纳文化和萨玛拉文化称为前哈拉夫（Pre Halaf）文化。伯尼（Charles Burney）在他的《古代近东》[49]中把哈孙纳文化和萨玛拉文化放在新石器时代部分，而把哈拉夫文化归入"最早城邦的产生"章节中。第二种看法是以麦拉尔特为代表的，他认为这三种文化是基本同时、并行发展的。关于萨玛拉文化与欧贝德文化的相对年代，麦拉尔特认为梭万遗址的第3～5层与欧贝德文化第一期相当[50]。

我们应当从各文化之间的叠压关系中寻找这一问题的答案。

哈孙纳遗址最下层的1a是乌姆·达巴吉亚文化堆积，1b～2层是哈孙纳文化早期，3～5层是哈孙纳文化晚期，与萨玛拉文化第二、三期遗物共存。6～10层是哈拉夫文化堆积。第6层仍有少量萨玛拉陶片，有些考古学家认为第6层的哈拉夫陶器属于哈拉夫文化中期，7～10层则属于哈拉夫文化晚期[51]。这一遗址反映的年代关系是：

哈拉夫中期→哈孙纳晚期

哈拉夫晚期→　　　　　→哈孙纳早期

萨玛拉三期、萨玛拉二期

尼尼微遗址最底部的1、2a层是哈孙纳文化堆积，2b层是萨玛拉三期前段遗存，2c层是哈拉夫文化。有人认为这里的哈拉夫文化是早期的[52]。这个遗址反映的年代关系是：

---

① 最新的年代见本书"自序"。

哈拉夫早期→萨玛拉三期前段→哈孙纳文化

梭万遗址1、2层是萨玛拉文化第一期和哈孙纳早期，第3层是萨玛拉文化三期后段遗存。第4、5层也是萨玛拉三期后段遗存，同时出现少量哈拉夫陶片。从发表的陶片纹饰看，属于哈拉夫文化中期[53]。这个遗址反映的年代关系是：

　　　　萨玛拉三期后段　　　　　　　萨玛拉一期
　　　　　　　→萨玛拉三期后段→
　　　　哈拉夫中期　　　　　　　　　哈孙纳早期

在马他拉遗址中，第一段是乌姆·达巴吉亚文化，第二段是哈孙纳早期。第三段是哈孙纳晚期与萨玛拉二期共存，第四段是萨玛拉三期前段逐渐取代了哈孙纳文化。这一遗址的年代关系是：

　　　　　　　　萨玛拉二期
　　　　萨玛拉三期前段→　　　　→哈孙纳早期
　　　　　　　　哈孙纳晚期

乔加·马米遗址的地层比较复杂，萨玛拉三期后段遗物是调查材料，萨玛拉第四期和第五期从灌溉渠遗址中得到证明，"过渡层"（第五期）的上面有欧贝德文化第二期的陶片，同时被哈拉夫文化晚期的水井打破，这个遗址的年代顺序是：

　　　　欧贝德第二期
　　　　　　　→萨玛拉第五期→萨玛拉第四期……萨玛拉第三期后段
　　　　哈拉夫晚期

（……代表没有直接地层关系的年代顺序）

耶里姆一号丘的10～7层是哈孙纳早期，6～1层是哈孙纳晚期，其上被哈拉夫中期墓葬打破。它的年代序列是：

　　　　　　　　哈拉夫中期→哈孙纳晚期

阿尔帕契亚遗址中10层以下是哈拉夫早期与少量萨玛拉前段共存，10～7层是哈拉夫中期，5～1层是欧贝德文化第三期。这个遗址的年代序列是：

　　　　　　　欧贝德三期→哈拉夫晚→中→早
　　　　　　　　　　　　　　萨玛拉三期前段

乔加·巴扎遗址的最下层的15～13层是哈拉夫早期与少量萨玛拉三期前段陶片共存，12～8层是哈拉夫中期堆积，7～6层是哈拉夫晚期，5～1层是乌鲁克文化。这个遗址反映的年代关系是：

　　　　　　　　萨玛拉三期前段
　　　　　哈拉夫中期→
　　　　　　　　哈拉夫早期

另外，萨玛拉墓地中有萨玛拉三期后段与哈拉夫中期陶器共出的现象[54]。布克豪兹遗址也有萨玛拉三期后段与哈拉夫中期陶器共存的现象[55]。

综合上述遗址反映的诸文化之间的地层关系，并结合文化特征的对比，可以了解到萨玛拉文化各期与邻近文化的相对年代（表三）。

表三

萨玛拉文化	I	II	前段	III	后段	IV	V	
哈孙纳文化	早	晚→						
哈拉夫文化			←	早	中		晚	
欧贝德文化						I	II	III

有几点需要说明。第一，关于哈孙纳文化的下限。哈孙纳晚期与萨玛拉第二期共存是毫无争议的。但与萨玛拉第三期的关系则比较复杂：在马他拉遗址，哈孙纳晚期只与萨玛拉第二期共存，到萨玛拉三期前段便逐渐取代了哈孙纳文化；在尼尼微遗址也是这样，萨玛拉第三期叠压在哈孙纳文化之上（属于哈孙纳哪一期不清楚）；在哈孙纳遗址的3～5层则是哈孙纳文化晚期与萨玛拉二、三期共存。从地理位置和各遗址的分期看，萨玛拉文化到达马他拉遗址的年代比较早，而到达哈孙纳和尼尼微的时间应大体同时或到达哈孙纳应略早些。但是在这两个遗址中，这两种文化共存的年代却是不同的，并且是哈孙纳遗址中的哈孙纳文化晚期的年代更晚。这种现象只能解释为哈孙纳文化在各地消失的时间不同。很有可能，哈孙纳文化在其中心区的哈孙纳遗址消失得最晚，因此出现了哈孙纳晚期与萨玛拉第三期共存的现象；而在哈孙纳文化区北端的尼尼微遗址和南端的马他拉遗址，哈孙纳文化消失得比较早。因此在这些遗址中，萨玛拉三期前段叠压其上或逐渐取代了哈孙纳文化。

第二，关于哈拉夫文化的上限。虽然阿尔帕契亚和乔加·巴扎遗址的地层都说明哈拉夫早期与萨玛拉三期前段同时，但是哈拉夫早期的文化面貌有较多的无陶新石器晚期（Pre-Pottery Neolithic B，即PPNB）的孑迹。因此，我们认为它的上限要比萨玛拉第三期早得多。

第三，哈拉夫晚期与萨玛拉第五期的关系。在乔加·马米遗址中，哈拉夫晚期的井打破了第五期的地层，同时第五期的地层上面有几片欧贝德文化第二期的陶片。虽然哈拉夫晚期与欧贝德文化第二期的年代关系在地层中没有反映出来，但是欧贝德二期有一些哈拉夫晚期的因素[56]，说明欧贝德文化与哈拉夫晚期有过交往，应当是同时并存的。再者，欧贝德文化到了第三期便迅速地向北扩展，一直到达哈拉夫文化的故乡。在阿尔帕契亚遗址，欧贝德第三期叠压在哈拉夫晚期地层上。这也证明哈拉夫文化的下限不会比欧贝德第二期晚很多，应当是基本同时的。前文已经谈到萨玛拉第五期与欧贝德文化第二期的一部分年代相当，由此，我们认为萨玛拉第五期与哈拉夫晚期也大体同时，只不过哈拉夫文化的下限晚于萨玛拉文化的下限。

通过地层关系的分析，我们认为萨玛拉文化和哈拉夫文化是基本同时的，哈拉夫文化结束的年代可能略晚一些。而哈孙纳文化只与上两个文化的前半段同时。关于萨玛拉文化和欧贝德文化的相对年代，我们通过文化特征的分析，认为欧贝德文化开始的时间应晚于萨玛拉文化三期后段，但这个问题目前还不能从地层上予以解决。

大量的^{14}C数据为我们确定萨玛拉文化的绝对年代提供了一系列可靠的依据。

马他拉地层的年代为公元前5620年±250年[57]，它代表了哈孙纳文化前身乌姆·达巴吉亚文化的年代。属于这一文化的塔拉塔特（Telul eth-Thalathat）遗址的^{14}C定年为公元前5570年[58]。麦拉尔特认为这是乌姆·达巴吉亚文化末期的年代。这两个数据说明哈孙纳文化和萨玛拉文化的上限不会早于公元前六千纪中期。

梭万遗址第1层的^{14}C定年为公元前5506年±73年[59]，耶里姆二号丘第7层哈孙纳文化早期的^{14}C定年为公元前5200年±90年[60]。

梭万第3层的^{14}C定为公元前5349年±150年[61]，哈孙纳的第5层为公元前5090年±200年[62]，阿尔帕契亚第8层的年代为公元前5077年±83年[63]。阿姆克B（Amuq B）[64]的年代为公元前5234年±84年，下一阶段（Amuq C）属于哈拉夫中期，这个数据说明哈拉夫中期的上限不早于公元前5234年。

乔加·马米遗址的萨玛拉文化第五期地层的年代为公元前4896年±182年[65]。属于哈拉夫文化末期的吉里基哈西扬（Gerikihaci Yan）的^{14}C定年为公元前4515年±100年[66]。

从以上^{14}C年代的数据看，萨玛拉文化基本存在于公元前六千纪后半叶。第一、二期为公元前六千纪后半叶的前半，第三期为公元前六千纪后半叶的后半，第四期为公元前五六千纪之交。第五期为公元前五千纪的前半叶。

五、分　布

目前一致认为萨玛拉文化的中心分布区在两河流域北部高原和南部冲积平原的交界处，北达亚述高原北部的尼尼微，西到幼发拉底河中游的布克豪兹，东南可到两伊边界的乔加·马米。

这个分布范围有一部分与哈孙纳文化相重叠，而萨玛拉又有相当一段时间与哈孙纳文化并行发展，它们是否同时分布在这一地区？尼尼微遗址的地层说明它们在那里是先后发展的关系。那么，可能它们分布的时间和地域有关。要解释这种现象就要在分期基础上考察萨玛拉文化不同期别遗存的分布情况。文化的分布是受该文化本身状况以及和邻近文化的相互关系制约的。因此，只有建立在分期基础上探讨文化的分布才能产生更接近客观实际的认识。

研究文化分布的另一个前提是要搞清含有这一文化遗存的遗址的文化性质，即这些遗址的萨玛拉文化因素是否是这些遗址的文化主体。希姆沙拉、尼尼微、萨玛拉、布克豪兹和乔加·马米基本上都是萨玛拉文化遗存,无疑地,这些遗址的性质就是萨玛拉文化。阿尔帕契亚和乔加·巴扎遗址绝大多数是哈拉夫文化遗存,只有几片萨玛拉文化的陶片,应属于哈拉夫文化的遗址。梭万遗址第1、2层,马他拉遗址和哈孙纳遗址中的萨玛拉文化遗存则与哈孙纳文化遗存共出。通过前面的分析可知,梭万遗址第1、2层是萨玛拉文化早期,马他拉遗址的前三段是乌姆·达巴吉亚-哈孙纳文化,第四段萨玛拉文化逐渐代替了哈孙纳文化。哈孙纳遗址基本属于哈孙纳文化。

在搞清遗址性质和文化分期的基础上,我们可以比较准确地勾画出萨玛拉文化在不同时期的分布范围。

萨玛拉文化第一期的遗址目前只有梭万遗址。这时分布范围比较小,仅限于亚述高原的南端,现在巴格达北部附近;并较多地受到北面哈孙纳文化的影响。

萨玛拉文化第二期的遗址有梭万遗址和希姆沙拉遗址,并传播到马他拉遗址和哈孙纳遗址与哈孙纳文化共存。这时除去原来的中心区外,开始向北面哈孙纳文化区扩展,首先到了哈孙纳文化的南界马他拉,然后向哈孙纳文化的腹地分布,到达哈孙纳遗址和东北部的希姆沙拉遗址。

第三期是萨玛拉文化的鼎盛时期,遗址的数量也最多。前段的遗址有梭万、马他拉、希姆沙拉、尼尼微、布克豪兹、萨玛拉和哈孙纳(在这里哈孙纳的文化还未完全消失)。在阿尔帕契亚和乔加·巴扎也有这时期的陶器。这时文化继续向北传播,北界达尼尼微,基本取代了这里的哈孙纳文化;并且进而向西北面的哈拉夫文化区传播;与此同时,开始向西传播,到达幼发拉底河中游的布克豪兹。后段的遗址有梭万、哈孙纳、布克豪兹、萨玛拉和乔加·马米。在这个时期,北部的遗址除哈孙纳外基本消失,并开始向东南部传播,南界到达曼达利(Mandali)地区的乔加·马米。

第四、五期的遗存目前只有乔加·马米遗址。这时的萨玛拉文化只是偏于东南一隅,它的主要分布地区已被哈拉夫文化占据了。

概括地说,萨玛拉文化的发源地和中心区在亚述高原的南端。在它的繁荣阶段,分布北到亚述高原的北界,西到幼发拉底河中游,东南到两伊边界。它的影响波及叙利亚和伊拉克北部的哈拉夫文化区。到了晚期,分布区有南移的趋势。

在分期基础上来探讨该文化不同时期的地理分布可以看出这一文化的消长过程。萨玛拉文化在初期分布范围小,受到较多先进文化的影响(例如哈孙纳文化早期的彩陶)。随着文化的发展,分布范围也扩大了。在它的鼎盛时期文化分布达到了顶点,并对周围的文化有很大影响。文化分布区的大小主要是由文化本身决定的。只有高度发展的文化才有能力传播。同时,先进的文化必然对不成熟的文化产生影响,在两者的交往中多是由发达的一方起主导作用。哈孙纳文化与萨玛拉文化共存的情况按其年代可以分成两类:第一类是哈孙纳文化早期与萨玛拉第一期共存;另一类是哈孙纳晚期与萨玛拉第二、三期共存。从共存的地理情况看，第一类多分布在萨玛拉文化区，如梭万遗址；第二类多分布在哈孙纳文化区，如马他拉、哈孙纳遗址。这说明萨玛拉文化在第一期素面陶阶段吸收了哈孙纳文化的早期彩陶因素，从而发展起自己的彩陶，又反过来影响、取代了哈孙纳文化。充分吸收外来的先进因素，是加快文化发展的一个重要原因。从这个意义上说，人类历史是各民族人民在交往过程中互相取长补短，你追我赶地向前发展的，是各族人民共同创造的。萨玛拉文化分布范围的大小是由文化自身决定的，它的分布方向也主要是由自身的生产力发展水平决定的。萨玛拉文化早期主要向北分布，发达阶段开始向南传播。北部的亚述高原是旱地农业区，年降雨量为250毫米，比较适合灌溉技术不太发达的居民从事生产，同时北部的萨玛拉文化遗址均分布在原来文化废墟之上，如马他拉、尼尼微和希姆沙拉，不见或少见建在生土上的，说明当时人们能够从有限的生产能力出发，寻找更省力的途径从事生产。进入繁荣阶段以后，灌溉技术有了一定的发展，人们开始向南部雨水线（年降雨量为200毫米）以外的冲积平原迁徙，这里的农业生产必须建立在简单灌溉的基础上。同时，这时人们已有开拓新的居住地的能力。南部的遗址从目前发掘的情况看，均建立在生土上，如布克豪兹、梭万、萨玛拉和乔加·马米。其中布克豪兹和萨玛拉遗址的人们已经居住在幼发拉底河和底格里斯河的台地上，这是农业居民沿河下到冲积平原的开始。

在探讨萨玛拉文化分布的范围和方向的主要原因时，相邻文化的影响也是一个不可忽视的因素。在这些相邻文化中，哈拉夫文化对萨玛拉文化的影响最为明显。

萨玛拉文化在第三期时，分布范围最大。但是分布在哈孙纳文化故地的北部遗址大多都没有得到充分发展，在第三期后段开始之前就基本结束了。其主要原因可能是北面哈拉夫文化的兴起。例如尼尼微、哈孙纳村落很快就被哈拉夫文化占据了。在此基础上哈拉夫文化继续向南传播，到达了萨玛拉文化的中心区，在布克豪兹、梭万和萨玛拉遗址与萨玛拉文化的第三期后段共存。到了萨玛拉第四期，萨玛拉分布区向东南迁徙。在萨玛拉文化末期，哈拉夫文化又出现在萨玛拉文化最南部的乔加·马米遗址。因此，萨玛拉文化后期向南分布是与哈拉夫文化南进分不开的。

六、结　　语

对萨玛拉文化诸方面的研究表明，萨玛拉文化在史前两河流域中占有相当重要的地位，是整个两河流域史前考古中的一条主线。

萨玛拉文化经历了比较长的发展阶段。它始于素面陶逐步代替石容器的阶段，终于新石器时代末期。年代跨度在500年以上。在它的鼎盛时期，分布到两河流域北部的广大地区，对周围文化有较大影响。

萨玛拉文化各期的分布以及与近邻文化的联系，构成了整个两河流域新石器时代诸文化分布和变化的图景。

在萨玛拉文化第一期时，亚述高原的大部分地区是哈孙纳早期文化，它的南端是萨玛拉文化，并受到北来的哈孙纳文化影响（图二〇，1）；第二期时，萨玛拉文化向北传播，与哈孙纳文化一起分布在亚述高原（图二〇，2）；第三期前段，萨玛拉文化基本取代了哈孙纳文化，分布在整个亚述高原，并向西北的哈拉夫文化区传播，同时向西到达幼发拉底河流域（图二〇，3）；第三期后段，哈拉夫文化取代了萨玛拉文化的北部分布区，占据了亚述高原，并向萨玛拉文化中心区传播，同时萨玛拉文化向南到了乔加·马米（图二〇，4）；到了第四期，哈拉夫文化可能已占据了萨玛拉文化中心区，而萨玛拉文化主要分布在南部，同时可能有一支萨玛拉文化继续向南迁徙，逐渐过渡为欧贝德文化，并最终到达两河南部的冲积平原（图二〇，5）；萨玛拉文化第五期时，哈拉夫文化已达到萨玛拉文化的南部——乔加·马米附近，同时萨玛拉文化已逐渐被欧贝德文化第二期代替（图二〇，6）。最后，整个两河流域被欧贝德文化第三期占领了，包括哈拉夫文化的故乡。这次文化传播的速度和势头都是以前任何文化所不能比拟的。从阿尔帕契亚遗址可以看出，哈拉夫文化正是在它的繁荣阶段被欧贝德文化毁灭的，房址、手工业作坊被烧毁，大量完整的陶器被砸坏，说明这两个文化的交替是用暴力完成的。这暂时的统一反映了前王朝时代的苏美尔人已经很强大了，为它们首先步入阶级社会打下了坚实的基础。

由于萨玛拉文化地处两河南、北部交界处，同近邻文化往来密切，使它能较多地吸收各种文化因素，发展比较快，同时又对其他文化有很大影响。

为了便于说明，将这些文化联系图解如下：

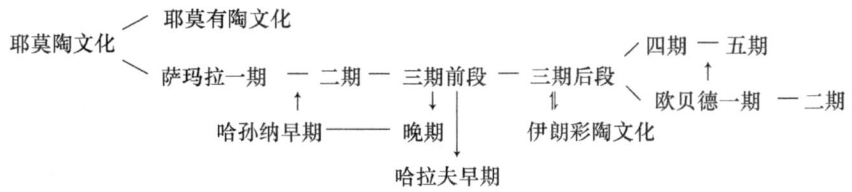

· 箭头所指为接受影响的文化

萨玛拉文化是欧贝德文化的主要来源，因此它对两河流域的文化有许多贡献。

首先，为两河流域南部的苏美尔城邦打下了经济基础。南部地区能够最早进入文明，与这里的自然环境是分不开的。这里靠近湖泊，适合从事灌溉。灌溉农业比旱作农业提供更多的粮食。而这一生产技术的尝试开始于萨玛拉文化。从梭万遗址的植物分析看，当时人们已掌握了灌溉技术，乔加·马米灌渠遗址的发掘证明了这一点。

其次，萨玛拉文化奠定了两河流域文明时代的宗教传统。萨玛拉文化和前王朝、早王朝的人像系统一脉相承；萨玛拉文化早期的宗教建筑是门、龛相对，位于中轴线上，这一布局开了前王朝寺庙布局的先河。

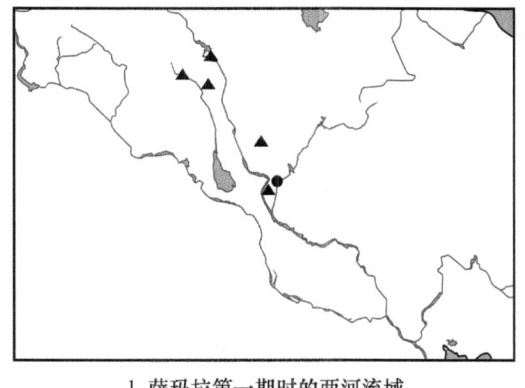

1. 萨玛拉第一期时的两河流域

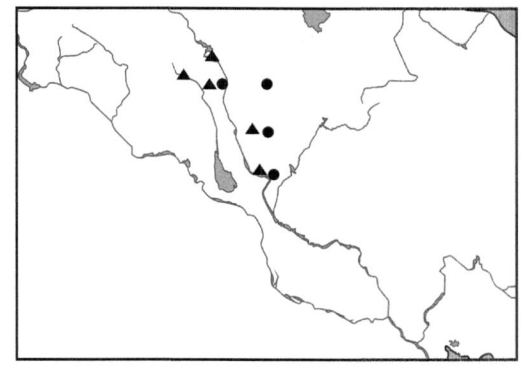

2. 萨玛拉第二期时的两河流域

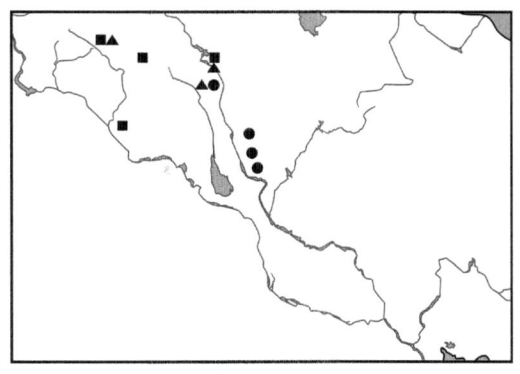

3. 萨玛拉第三期前段时的两河流域

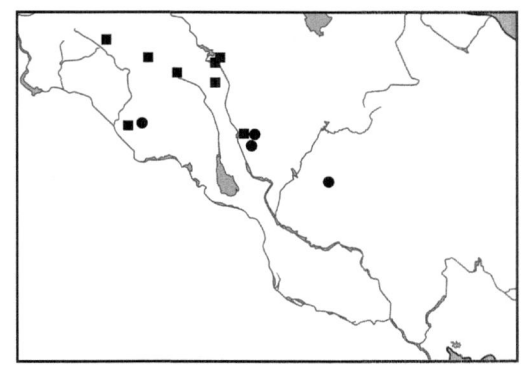

4. 萨玛拉第三期后段时的两河流域

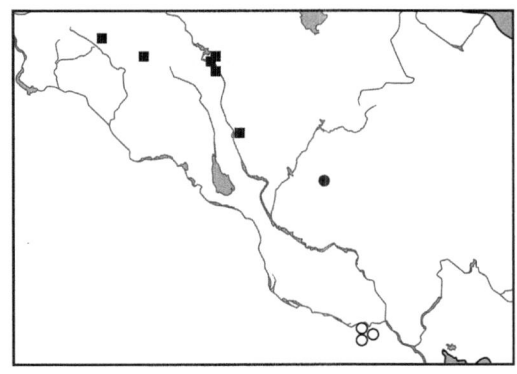

5. 萨玛拉第四期时的两河流域

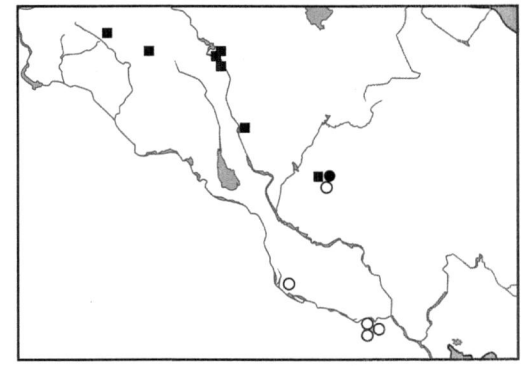

6. 萨玛拉第五期时的两河流域

图二〇 萨玛拉文化各期两河流域诸文化的分布
（■ 哈拉夫文化　▲ 哈孙纳文化　● 萨玛拉文化　○ 欧贝德文化）

附记：本文是在导师林志纯、张忠培二位先生指导下完成的硕士研究生论文，并承刘观民、严文明、林沄诸先生提出意见。

注　释

[1] a. Herzfeld E E. *Die Ausgrabungen von Samarra, Vol. 5, Die Vorgeachicitlichen Topfereien von Samarra*. Belin: D. Reimer, 1930.

b. Braidwood R J, Braidwood L S, Tulane E, Perkins A L. "New chalcolithic material of Samarran type and its implications: a report on chalcolithic material of the Samarran type found at Baghouz on the Euphrates, and a reconsideration of the Samarran material in general (especially the painted pottery) in the light of this new material." *Journal of Near Eastern Studies*, 1944, 3: 47-72.

c. Perkins A L. "The comparative archaeology of early Mesopotamia." *Studies in Ancient Oriental Civilization*, 1957, 25.

[2] 尼尼微遗址位于伊拉克北部的摩苏尔（Mosul）地区。1931~1933年发掘。见

a. Thompson R C, Mallowan M E L. "The British Museum excavations at Nineveh 1931-1932." *Liverpool Annals of Archaeology and Anthropology*, 1933, 20: 71-186.

b. Braidwood R J, Braidwood L S, Tulane E, Perkins A L. "New chalcolithic material of Samarran type and its implications: a report on chalcolithic material of the Samarran type found at Baghouz on the Euphrates, and a reconsideration of the Samarran material in general (especially the painted pottery) in the light of this new material." *Journal of Near Eastern Studies*, 1944, 3: 47-72.

c. Perkins A L. "The comparative archaeology of early Mesopotamia." *Studies in Ancient Oriental Civilization*, 1957, 25.

[3] 布克豪兹遗址位于叙利亚幼发拉底河中游的东岸、阿布卡马尔（Abukamal）城附近。1936年由耶鲁大学发掘。没有发表报告。这个遗址陶器的介绍见Braidwood R J, Braidwood L S, Tulane E, Perkins A L. "New chalcolithic material of Samarran type and its implications: a report on chalcolithic material of the Samarran type found at Baghouz on the Euphrates, and a reconsideration of the Samarran material in general (especially the painted pottery) in the light of this new material." *Journal of Near Eastern Studies*, 1944, 3: 47-72.

[4] 哈孙纳遗址位于摩苏尔地区，南距摩苏尔城35千米，在尼尼微的附近。1942~1943年发掘。见

a. Lloyd S, Safar F. "Tell Hassuna." *Journal of Near Eastern Studies*, 1945, 4.

b. Perkins A L. "The comparative archaeology of early Mesopotamia." *Studies in Ancient Oriental Civilization*, 1957, 25.

[5] 马他拉遗址位于伊拉克中部偏北，南距克库克（Kirkuk）城34千米。1948年由芝加哥大学东方研究院发掘。Braidwood R J, Braidwood L S, Tulane E, Perkins A L. "New chalcolithic material

of Samarran type and its implications: a report on chalcolithic material of the Samarran type found at Baghouz on the Euphrates, and a reconsideration of the Samarran material in general (especially the painted pottery) in the light of this new material." *Journal of Near Eastern Studies*, 1944, 3: 47-72.

[6] 希姆沙拉遗址位于底格里斯河支流小扎卜尔河右岸。1955~1957年和1958~1959年由丹麦人发掘。

a. Mortensen P. *Tell Shimshara*: *The Hassuna Period*. Copenhagen: Royal Danish Academy, 1970.

b. Singh P. *Neolithic Cultures of Western Asia*. London and New York: Seminar Press, 1974.

[7] Dabbagh T. "Hassnua pottery." *Sumer*, 1965, 21: 93-111.

[8] Braidwood R J, et al. "Matarrah." *Journal of Near Eastern Studies*, 1952, 11.

[9] Braidwood R J, Braidwood L S, Tulane E, Perkins A L. "New chalcolithic material of Samarran type and its implications: a report on chalcolithic material of the Samarran type found at Baghouz on the Euphrates, and a reconsideration of the Samarran material in general (especially the painted pottery) in the light of this new material." *Journal of Near Eastern Studies*, 1944, 3: 47-72.

[10] 梭万遗址坐落在底格里斯河东岸台地上,由伊拉克学者发掘。从1964-1973年共发掘八次。

a. El-Wailly B, Abu es-Soof F. "The excavations at Tell es-Sawwan: first preliminary report (1964)." *Sumer*, 1965, 21: 17-32.

b. Al-A'dami K. "Excavations at Tell es-Sawwan (second season)." *Sumer*, 1968, 24: 54-94.

c. Wahida G. "The excavations of the third season at Tell es-Sawwan, 1966." *Sumer*, 1967, 23: 167-178.

d. Abu es-Soof B. "Tell es-Sawwan: excavations of the fourth season (spring 1967)." *Sumer*, 1968, 24: 3-15.

e. Abu es-Soof B. "Tell es-Sawwan: excavations of the fifth season (winter 1967, 1968)." *Sumer*, 1971, 27: 3-7.

f. Yasin W. "Excavation at Tell es-Sawwan, 1969. Report on the sixth season's excavations." *Sumer*, 1970, 26: 3-11.

g. Flannery K V, Wheeler J C. "Animal bones from Tell Es-Sawwan, Level III (Samarra period)." *Sumer*, 1967, 23: 179-182.

h. Ippolitoni F. "The pottery of Tell Es-Sawwan, first season." *Mesopotamia*, 1970-1971, V-VI: 105-179.

[11] 乔加·马米遗址在梭万的东南,巴格达东部的曼达里(Mandli)地区,接近伊朗。1967-1968年进行了第一次发掘。见:

a. Oates J. "First preliminary report on a survey in the region of Mandali and Badra." *Sumer*, 1966, 22: 54-60.

b. Oates J. "Choga Mami 1967-68, a preliminary report." *Iraq*, 1969, 31: 115-152.

  c. Oates J. "Excavations at Choga Mami." *Sumer*, 1969, 25: 133-137.

  d. Helbaek H. "Samarran irrigation agriculture at Choga Mami in Iraq." *Iraq*, 1972, 34: 35-48.

  e. Oates J. "A radiocarbon date from Choga Mami." *Iraq*, 1972, 34: 49-173.

  f. Oates J. "Prehistoric investigations near Mardali, Iraq." *Iraq*, 1968, 30: 1-20.

[12] Mellaart J. *The Neolithic of the Near East*. London: Thames and Hudson, 1975.

[13] a. Dabbagh T. "Hassnua Pottery." *Sumer*, 1965, 21: 93-111.

  b. Braidwood R J, et al. "Matarrah." *Journal of Near Eastern Studies*, 1952, 11.

[14] a. Perkins A L. "The comparative archaeology of Early Mesopotamia." *Studies in Ancient Oriental Civilization*, 1957, 57.

  b. McCown D E. "The comparative stratigraphy of early Iran." *Studies in Ancient Oriental Civilization 23*. Chicago: University of Chicago Press, 1942.

[15] Mellaart J. *The Neolithic of the Near East*. London: Thames and Hudson, 1975.

[16] Oates J. "First Preliminary keportona survey in the region of Mandali and Badra." *Sumer*, 1966, 22: fig. 10.

[17] Perkins A L. "The comparative archaeology of early Mesopotamia." *Studies in Ancient Oriental Civilization*, 1957, 25.

[18] Abu es-Soof B, El-Wailly F. "The excavations at Tell es-Sawwan: first preliminary report (1964)." *Sumer*, 1965, 21: 17-32

[19] Al-A'dami K. "Excavations at Tell es-Sawwan (second season)." *Sumer*, 1968, 24: 54-94.

[20] Braidwood R J, Braidwood L S, Tulane E, Perkins A L. "New chalcolithic material of Samarran type and its implications: a report on chalcolithic material of the Samarran type found at Baghouz on the Euphrates, and a reconsideration of the Samarran material in general (especially the painted pottery) in the light of this new material." *Journal of Near Eastern Studies*, 1944, 3: 47-72.

[21] Lloyd S, Safar F. "Tell Hassuna." *Journal of Near Eastern Studies*, 1945, 4.

[22] 耶里姆一号丘位于伊拉克北部的辛贾尔（Sinjar）平原，由苏联考古工作者发掘多次。见：

  a. Merpert N Y, Munchaev R M. "Early agricultural settlements in the Sinjar Plain, Northern Iraq." *Iraq*, 1973, 35: 93-113.

  b. Merpert N Y, Munchaev R M. "The investigations of Soviet expedition in Iraq, 1973." *Sumer*, 1976, 32: 25-61.

  c. Merpert N Y, Munchaev R M. "The investigations of Soviet expedition in Iraq, 1974." *Sumer*, 1977, 33: 65-104.

  d. Merpert N Y, Munchaev R M, Bader N O. "Soviet expedition of the Sinjar Plain." *Sumer*, 1978, 34: 27-71.

  e. Bashilov V A, Kouza A V, Bolshakov O G. "The earliest stratum of Yarim Tepe Ⅰ." *Sumer*, 1980,

36: 43-64.

f. Bader N O, Merpert N Y, Munchaev R M. "Soviet Expedition's Surveys in the Sinjar Valley." *Sumer*, 1981, 37: 55-95.

[23] Mellaart J. *The Neolithic of the Near East*. London: Thames and Hudson, 1975.

[24] Merpert N Y, Munchaev R M, Bader N O. "Soviet expedition of the Sinjar Plain." *Sumer*, 1978, 34: 27-71.

[25] 乌姆·达巴吉亚文化主要是近十几年来发掘的。主要分布在亚述高原，与哈孙纳的文化范围大致相同，^{14}C年代在公元前6500~前6000年之间，见Mellaart J. *The Neolithic of the Near East*. London: Thames and Hudson, 1975. 近年来苏联在辛贾尔（Sinjar）地区进行多次调查和发掘，其中1974年发掘的耶里姆一号丘的早期地层与乌姆·达巴吉亚向哈孙纳文化过渡的遗存，证明到了乌姆·达巴吉亚是哈孙纳文化的前身。见Bashilov V A, Kouza A V, Bolshakov O G. "The earliest stratum of yarim Tepe I." *Sumer*, 1980, 36: 43-64.

[26] Mortensen P. *Tell Shimshara: The Hassuna Period*. Copenhagen: Royal Danish Academy, 1970.

[27] Singh P. *Neolithic Cultures of Western Asia*. London and New York: Seminar Press, 1974.

[28] a. Burney C. *The Ancient Near East*. Ithaca: Cornell University Press, 1977.

b. Edwards I E S, Gadd C J, Hammond N G L, et al. *The Cambridge Ancient History*. Cambridge: Cambridge University Press, 1970.

[29] a. Mellaart J. *The Neolithic of the Near East*. London: Thames and Hudson, 1975.

b. Singh P. *Neolithic Cultures of Western Asia*. London and New York: Seminar Press, 1974.

[30] Dabbagh T. "Hassnua pottery." *Sumer*, 1965, 21: 93-111.

[31] Perkins A L. "The comparative archaeology of early Mesopotamia." *Studies in Ancient Oriental Civilization*, 1957, 25.

[32] McCown D E. "The comparative stratigraphy of early Iran." *Studies in Ancient Oriental Civilization 23*. Chicago: University of Chicago Press, 1942.

[33] Mellaart J. *The Neolithic of the Near East*. London: Thames and Hudzon, 1975.

[34] Childe V G. *New Light on the Most Ancient East*. New York: D. Appleton-Century Company Incorporated, 1934.

[35] Mellaart J. *The Neolithic of the Near East*. London: Thames and Hudson, 1975.

[36] Yasin W. "Excavation at Tell es-Sawwan, 1969: report on the sixth season's excavations." *Sumer*, 1970, 26: fig. 16-25.

[37] 耶莫遗址位于伊拉克库狄斯坦（Kurdistan）的契契马尔（Chemchemal）平原。1948年和1950年芝加哥大学在此发掘，曾被誉为世界上最早的农业村落。遗址分十五层，下面十层为无陶新石器，上五层有陶器，见：Braidwood R J. *Prehistoric Men: Chicago Natural History Museum, Popular Series, Anthropology, 140. 37*. Chicago: Chicago Natural History Museum, 1948.

耶莫文化有关的还有古兰（Guran），萨拉布（Sarab）遗址等，见：Meldgaard J, Mortensen P, Thrane H. "Excavation at Tepe Guran, Luristan." *Acta Archaeologica*, 1963, 34: 97-133.

[38] a. Oates J. "First Preliminary keportona survey in the region of Mandali and Badra." *Sumer*, 1966, 22: 54-60.

b. Oates J. "Prehistoric investigations near Mardali, Iraq." *Iraq*, 1968, 30: 1-20.

[39] Mallowan M E L, Rose J C. "Excavations at Tall Arpachiyah, 1933." *Iraq*, 1935, 2: 1-178.

[40] a. Mallowan M E L. "The excavations at Tell Chager Bazer and an archaeological surrey of the Habur region, 1934-5." *Iraq*, 1936, 3: 1-59.

b. Mallowan M E L. "Excavation at Brak and Choga Bazar." *Iraq*, 1947, 9: 1-259.

[41] Davidson T E, et al. "Two seasons of excavation at Tell AQAB in the Jerizah, N. E. Syria." *Iraq*, 1981, 43: 1-19.

[42] Oppenheim B M V. *Der Tell Halaf: eine neue Kultur im altesten Mesopotamien*. Leipzig: F. A. Brockhaus, 1931.

[43] 欧贝德文化位于两河流域南部三角形的冲积平原，属于苏美尔前王朝早期，晚期是乌鲁克（Uruk）时期［它的末期包括捷姆迭特·那瑟尔（Jamdet Nasr）阶段］参见：《世界上古史纲》编写组：《世界上古史纲（上册）》，北京：中国人民出版社，1979年：129页。

[44] Safar F, Mustafa M, Lloyd S. *Eridu*. Baghdad: Ministry of Culture and Information, 1981.

[45] Stronach D. "Excavations at Ras Al'Amiya." *Iraq*, 1961, 23: 95-137.

[46] Jawad A J. "The Eridu material and its implications." *Sumer*, 1974, 30: 11-46.

[47] Oates J. "Ur and Eridu, the prehistory." *Iraq*, 1960, 22: 32-50.

[48] Lloyd S. *The Archaeology of Mesopotamia, From the Old stone Age to the Persian Conquest*. London: Thames and Hudson, 1978.

[49] Burney C. *The Ancient Near East*. Ithaca: Cornell University Press, 1977

[50] Mellaart J. *The Neolithic of the Near East*. London: Thames and Hudson, 1975

[51] Perkins A L. "The comparative archaeology of early Mesopotamia." *Studies in Ancient Oriental Civilization*, 1957, 25.

[52] Perkins A L. "The comparative archaeology of early Mesopotamia." *Studies in Ancient Oriental Civilization*, 1957, 25.

[53] Yasin W. "Excavation at Tell es-Sawwan, 1969: report on the sixth season's excavations." Sumer, 1970, 26: Plate IX-9是一横向牛头纹，属哈拉夫文化中期。

[54] Braidwood R J, Braidwood L S, Tulane E, Perkins A L. "New chalcolithic material of Samarran type and its implications: a report on chalcolithic material of the Samarran type found at Baghouz on the Euphrates, and a reconsideration of the Samarran material in general (especially the painted pottery) in the light of this new material." *Journal of Near Eastern Studies*, 1944, 3: 47-72.

[55] Perkins A L. "The comparative archaeology of early Mesopotamia." *Studies in Ancient Oriental Civilization*, 1957, 25.

[56] 属于欧贝德文化第二期的埃利都遗址十四层彩陶碗的器型和纹饰与哈拉夫文化晚期的多彩大浅碗相似。见Safar F, Mustafa M, Lloyd S. *Eridu*. Baghdad: Ministry of Culture and Information, 1981: fig. 91-14. 另外属于欧贝德文化第二期的阿米亚的彩陶碗有许多与哈拉夫晚期器型相似。见Stronach D. "Excavations at Ras Al'Amiya." *Iraq*, 1961, 23: 95-137.

[57] Oates J. "A radiocarbon date from Choga Mami." *Iraq*, 1972, 34: 49-173.

[58] Mellaart J. *The Neolithic of the Near East*. London: Thames and Hudson, 1975.

[59] Oates J. "A radiocarbon date from Choga Mami." *Iraq*, 1972, 34: 49-173.

[60] Merpert N Y, Munchaev R M. "Early agricultural settlements in the Sinjar Plain, Northern Iraq." *Iraq*, 1973, 35: 93-113.

[61] Oates J. "A radiocarbon date from Choga Mami." *Iraq*, 1972, 34: 49-173.

[62] Oates J. "A radiocarbon date from Choga Mami." *Iraq*, 1972, 34: 49-173.

[63] Mellaart J. *The Neolithic of the Near East*. London: Thames and Hudson, 1975.

[64] Mellaart J. *The Neolithic of the Near East*. London: Thames and Hudson, 1975.

[65] Oates J. "A radiocarbon date from Choga Mami." *Iraq*, 1972, 34: 49-173.

[66] Mellaart J. *The Neolithic of the Near East*. London: Thames and Hudson, 1975.

［本文原载于《考古学文化论集（一）》，文物出版社，1987年］

苏美尔文明探源
——欧贝德文化研究

一、问题的提出

苏美尔文明是世界上最早发明文字的古代文明,在人类发展史上具有十分重要的地位。在苏美尔文明研究中,探源工作一直是一个热门课题。前王朝时期两河南部文化序列的确定,为这一问题的解决奠定了基础。1931年在莱顿召开的第十八届东方学国际会议上,将前王朝分为三个时期:欧贝德期(Ubaid,公元前4300~前3600年)、乌鲁克期(Uruk,公元前3600~前3100年)和捷姆迭特·那瑟尔期(Jemdet Nasr,公元前3100~前2900年,又叫原始文字期)[1]。

探源问题的一个关键是,两河南部居民在前王朝发展序列中的哪个阶段可以真正地被称为"苏美尔人"。语言文字学家认为,苏美尔人是在原始文字时期之初才到达这里的。他们的根据是,历史文献中提到的一些建于原始文字时期以前的城市名字都不是苏美尔语。有人还以此为根据,提出更早的居民可能是迁徙到此的闪米特人。考古学家则认为,这种立论的前提是不可靠的,并不存在文字出现之前使用非苏美尔城市名字的证据[2]。作为一个考古工作者,我们只能根据遗存,采用考古学方法回答这个问题。类型学研究表明,欧贝德文化与乌鲁克文化具有承袭关系,而在乌鲁克晚期发现的最早的象形文字,又是苏美尔楔形文字的前身。英国考古学家琼·奥茨(Joan Oates)说,把苏美尔的祖先定在欧贝德文化晚期是毫无疑问的,但似乎又已经太晚了[3]。所以现在已经将苏美尔文明的源头追溯到了欧贝德文化。无疑,欧贝德文化的研究,对探索苏美尔文明的形成过程将具有十分重要的意义。

典型欧贝德文化是英国人伍雷(Wolley)在欧贝德遗址发现的。后来,伊拉克文物局在埃利都(Eridu)遗址发现了典型欧贝德文化和更早的遗存[4]。根据遗址的地层,发掘者把这些早期遗存命名为埃利都期(19~15层)和哈吉·默哈穆德(Hajji Muhammed)期(14~12层),欧贝德文化的研究主要集中在两个问题上:①欧贝德文化是怎样形成的;②欧贝德文化在苏美尔文明的形成过程中起了哪些作用,其中最重要的作用是什么?这两个问题的答案分别产生在埃利都遗址的早期遗存和典型欧贝德遗存中。本文试图通过新的考古资料和对原有资料的重新研究,对这些问题加以探讨。

二、欧贝德文化的形成

当人们把苏美尔文明的源头追溯到欧贝德文化之后，必然要继续探索欧贝德文化的起源。在本世纪上半叶，两河南部最早的遗存大多属于典型欧贝德时期（公元前4300～前3600年）[1]，所以人们自然把寻根的目光投向了两河流域以外的地区：印度、伊朗、土耳其和巴勒斯坦，其中伊朗起源说最为流行。随着埃利都遗址更早的遗存的发现，人们把注意力集中到这里。关于它们与典型欧贝德的关系有两种看法：以埃利都的发掘者为代表的一部分人认为，早期遗存与典型欧贝德的文化面貌差别较大，所以典型欧贝德是新来居民的遗存。但是现在越来越多的人认为它们是同一考古学文化的不同发展阶段，并把埃利都期、哈吉·默哈穆德期、典型欧贝德的早、晚段统一叫作欧贝德文化1、2、3、4期。如果后一种观点是对的，那么最早的欧贝德文化又是从哪来的？有人提出来自两河流域北部，尤其是在萨玛拉文化（Samarra）中有许多与欧贝德文化的相似之处。1969年在乔加·马米（Choga Mami）[5]遗址发现兼有萨玛拉文化和欧贝德文化因素的陶器，当时被命名为过渡陶。因此要搞清欧贝德文化是否由萨玛拉文化演变而来以及怎样演变的，需要从研究过渡陶入手。

综上所述，了解欧贝德文化的形成之关键是要搞清三个重要环节，首先是过渡陶的来龙去脉，其次是它与埃利都遗址早期遗存的关系，最后是早期遗存与典型欧贝德的关系。

1. 过渡陶的研究

过渡陶最早是在乔加·马米遗址命名的。在这个遗址中它是叠压在埃利都期之上、哈吉·默哈穆德期之下。1978年在冲积平原的欧威利遗址（Oueili，拉尔沙城邦附近）也发现了过渡陶[6]，从最底部的20层到10层均为过渡陶，其上是埃利都期遗存。这个遗址发现的重要性在于，首先，过渡陶第一次在冲积平原发现；其次，为过渡陶的研究提供了理想的层位学根据；最后，它在层位上与乔加·马米的矛盾向我们暗示了过渡陶之间可能有早、晚差别。由于欧威利遗址的发掘，使人们把乌鲁克城邦附近的瓦尔卡地区（Warka）的史前遗址，如298号遗址和1604号遗址的陶器也归入过渡陶[7]。

对过渡陶的研究我们主要从陶器的器形和纹饰两方面入手，对它们进行比较、分析（表一）。

---

[1] 最新的年代序列详见本书"自序"。典型欧贝德文化是指欧贝德文化第3～4期。

表一

遗址	纹饰	器型	与其他遗址关系
瓦尔卡地区	线形	小口罐为主	与欧威利12~20层相近，与马他拉遗址的萨玛拉第二期相同
20~12层 欧威利11~10C层 10b~9b层	线形 线形为主，少量块形 线形为主，少量块形	小口罐为主 小口罐为主 小口罐为主	与瓦尔卡地区相同 与埃利都19相同 与埃利都17、18相同
乔加·马米	线形	大口罐为主	器形与萨玛拉文化晚期相同，纹饰与过渡陶相同

根据地层关系可知，瓦尔卡地区最早，欧威利遗址次之，乔加·马米最晚。由此可见，过渡陶是一种文化类型，有着自身的发展过程。它源于萨玛拉文化第二期。这时萨玛拉文化受哈孙纳文化（Hassuna）强烈影响，线纹和小口罐是这种影响的痕迹。就在这时萨玛拉文化的一个分支来到了冲积平原，如瓦尔卡地区的史前遗址和欧威利遗址的底部遗存，形成了萨玛拉文化的南部类型。这说明冲积平原的定居与开发早在前欧贝德时期就已经开始了。这种南方分支就是过渡陶，当它发展到欧威利遗址第11层时，开始逐渐演变成埃利都期。另外还有一部分过渡陶受萨玛拉文化晚期影响，形成了乔加·马米遗址的过渡陶。

2. 早期遗存与过渡陶和典型欧贝德的关系

搞清了过渡陶的来龙去脉，我们最关心的还是它向埃利都期的演变过程以及哈吉·默哈穆德期与典型欧贝德的关系。这里我们将对早期遗存的陶器纹饰进行文化因素分析，兹列表如下（表二）：

表二

纹饰 地层	A 组 线 纹	B 组 线 纹 ＋ 块 状 纹	C 组 块 状 纹
19	平行线、对角线、网纹	线纹+实心三角、内壁实心三角、外壁线纹	实心纹、阴纹波浪纹
18	少 许	↓	△
17		消失	
16—15			阳纹波浪纹、阴纹花瓣纹
14—12	↓	△	↓ △
11—			△ 阳纹花瓣纹 △

△：代表以该纹饰为主

从上表可知，以19～15层为代表的埃利都期的纹饰组合最为复杂，体现了过渡陶向欧贝德文化的转变，而这种转变又是缓慢的、逐渐的。尽管代表过渡陶的A组纹饰在17层已经基本绝迹，但是它的影响以改头换面的形式出现在B组，一直保留到哈吉·默哈穆德期结束的第12层。

哈吉·默哈穆德期和从第11层开始的典型欧贝德期的纹饰组合单纯，仅以两种纹饰为主，因而特征十分明显，反映了发展过程中的阶段性。但是这些主要纹饰都不是突然出现的，而是孕育在更早的阶段中，所以又反映了发展过程中的连续性。因此，认为典型欧贝德期为新来移民的物质遗存是没有道理的，从埃利都期至欧贝德末期应叫作欧贝德文化1～4期，它们是一个人们共同体在不同阶段留下的一个考古学文化。

以上分析描述了欧贝德文化的形成过程：欧贝德文化是从萨玛拉文化第二期的南部分支——过渡陶发展而来的，经过欧贝德文化第一、二期的逐渐演变，发展为成熟的欧贝德第三、四期文化。起源于萨玛拉文化的证据不只限于陶器方面，在建筑、经济活动和宗教方面也有大量证据。其中宗教遗存中祭室布局和泥塑人像最为清晰，最有说服力[8]。由于欧贝德文化不是源于典型的萨玛拉文化而是源于其分支，因此在陶器的主要器类——罐上则呈现出大口与小口的区别，但在建筑、工具和宗教方面则反映出明显的一致性。

三、对文明形成的主要贡献

欧贝德文化前期从发展水平看与其他地区同时期的彩陶文化基本相同。但为什么它最先跨入了文明的门槛？纵观世界古代文明，多是产生在大河流域，如尼罗河流域、两河流域、印度河流域和黄河流域。因此，有人提出水力国家说，认为这些古老文明的产生和那里庞大的灌溉系统有关。由于灌溉系统需要管理，所以就出现了行政机构——国家。但是两河流域的情况并非如此。早在萨玛拉文化，就有了灌溉农业，乔加·马米遗址发现了这时的灌渠。这些早期灌渠，大多是利用天然沟渠，然后挖几条水渠将其连接起来，这时经常发现的燧石铲就是疏浚河道用的。这种原始灌溉不需要复杂的管理系统。这里大规模的水利设施是在早王朝时代才出现的。但是，世界上的古老文明为什么多产生在大河流域？两河流域的研究或许对回答这个问题有所启示。让我们再回到欧贝德文化的研究中去。

欧贝德文化对文明的贡献应从文化内部以及与其他文化关系两方面来考察。它与外界的联系是以冲积平原为中心呈扇形向外扩散，根据它对各地传播的强弱以及各地的反映，可以分成欧贝德文化变体、殖民地、波及区和同源共振区。

1. 欧贝德文化内部的发展

欧贝德文化经过一、二期的形成阶段，已进入成熟阶段。文化内部的发展体现在生产力的进步和社会等级的分化两个方面。

在生产力发展中，农业技术进步是最为重要的，是其他一切变化的根本动因。在欧贝德文化一、二期，人们使用着自无陶新石器时代以来的石叶复合镰。随着灌溉技术的发展，冲积平原沃土的潜力日益明显，收获量大幅度增加，原有复合镰由于制作复杂已经不能满足农业的需要。于是，从第二期末开始出现了陶镰，颇似中国的陶刀，刃薄而锋利。陶镰在遗址中常常是成捆地出土，说明它是成批的、大量生产的。陶镰出现在典型欧贝德阶段的前夜，暗示了农业的发展与其他方面变化的因果关系，说明它是社会发展的重要原因。

随着农业的发展，手工业也有很大进步。代表当时手工业最高水平的部门仍然是制陶业。第三期常见陶器有第二期开始出现的带流壶和口沿内侧穿孔的罐以及新出现的长圆腹罐。纹饰有波浪纹、花瓣纹、横向Z字纹和菱形网格纹。第三期偏晚的第8、9层出现了半圆形蛋壳陶碗，上面绘有富有想象色彩的花瓣纹。第四期出现了环耳罐和长颈瓶，它们是联结欧贝德文化与乌鲁克文化的桥梁。这时神庙中还出现了陶香炉。其他陶制品有泥弯钉，长头、泥条状眼、身材修长的男女陶塑像，出在神庙中的狗和蛇的塑像以及墓中随葬的帆船模型。这时的金属品只有乌尔（Ur）遗址发现的少量铜针。

社会组织的变化表现在大型神庙的出现和墓葬中反映出的社会等级的划分。在欧贝德一、二期，宗教建筑只是一个单独祭室，与一般的建筑除出土物和内部结构略有不同外，在规模上基本相同。到了第三期，两河流域出现了真正的神庙。它是由原来的祭室在两侧各加一个侧厅形成的，故又叫作三分式布局。原来的祭室变成了中央神殿，侧厅是放置庙产和僧侣居住的场所。这时已出现了固定的祭器：香炉和装供物的带流壶（里面常发现鱼骨）。侧厅的出现标志着神庙的发展已大大超出其他建筑，并且本身已有固定资产，僧侣阶层已彻底从普通人中区分出来，成为专业神职人员。人们再不能像从前那样不受限制地向神祈祷，而是要通过僧侣才能与神接触。宗教的发展一方面加速了社会等级的分化和原始社会的瓦解；同时又使新产生的社会等级的存在合法化，反映了上层建筑对经济基础的反作用。

埃利都遗址发现了欧贝德第四期的墓地大约1000座，发掘了193座。墓的形制为土坑墓，一半以上有泥砖镶成的棺。有单人葬、成年男女双人葬和成年男女加一小孩的家族葬。葬式为直肢，头向西北，与神庙中龛的方位相同。根据墓葬形制和随葬品，墓葬可以分为四等：最高的一等随葬品在7件以上，有棺。第二等的随葬品在1~6件，有棺，其中大多数是合葬的"小康之家"。第三等是无棺有6件以下随葬品或无随葬品有棺的。最下等是无棺无随葬品的，这类墓的葬式多为墓地中少见的屈肢葬，因此墓主人可能是异族奴隶。四等少，二、三等多，反映出一种两头小中间大的结构，说明等级分化刚刚开始。墓葬反映的差异远远小于神庙与普通住房的区别，所以这应是一处公共墓地，并不包括当时的氏族贵族和僧侣。欧贝德文化正是处在这样一个发展阶段从两河南部向外传播的。

2. 欧贝德文化变体的形成

欧贝德文化第二期已达到阿米亚遗址（Ras Al-Amiya），表现出北上的趋势。到了第三期已达到北部高原，取代了那里的哈拉夫文化。由于北方的欧贝德文化中具有部分哈拉夫文化传统，从而与南部的欧贝德文化具有一定差异，故称之为文化变体。它主要分布在底格里斯河的基尔库克、辛贾尔和摩苏尔地区。

北方居民完全模仿南来文化中有利于生产的先进工具和易于表现等级差别的文化特征，如陶镰和泥弯钉广泛见于北方各地，在高拉遗址（Tepe Gawra）第13层发现了三分式布局的神庙，内出有带流壶和香炉等礼器。在墓葬和具有宗教意义的人像方面，北方居民保留了原有传统。墓葬保留了区别于南方的当地屈肢葬传统，在神庙中仍有墓葬。陶像以不表现面部与南方相区别。而在印章和金属制造方面，在原有基础上进一步发展，远远高于南方，在欧贝德文化末期已出现铜斧和铜镍合金。

陶器的吸收和融合十分复杂。碗的器形基本模仿南部，其上的纹饰只仿制了南方简单的波浪纹和条带纹，不见复杂的花瓣纹。罐中有一部分仿造南部而制成圜底，但是口沿则保留了当地风格，还有一部分则完全是本地器形。其上的纹饰既有南部简单的波浪纹、网格纹，又有哈拉夫文化风格的纹饰。

经过了传播和吸收的过程，两河北部形成了与欧贝德文化本体大同小异的地方变体，形成了两河流域历史上的第一次统一。

3. 欧贝德文化的殖民点

欧贝德文化在自己的文化波及区以外还建立了它的殖民地。在地中海东岸的沙姆拉角遗址（Ras Shamra）发现了典型欧贝德文化的黑彩绿陶，同时还有欧贝德文化的仿制品。由于这个遗址周围没发现任何欧贝德文化的因素，所以这些遗物反映了欧贝德文化居民的到来，是他们在这里殖民的证据。但是这一"入侵"的路线尚不清楚。

另一个殖民点是位于欧贝德文化西南的沙特阿拉伯的波斯湾沿岸。这里发现了31处含有欧贝德文化的遗址。这些陶器与两河南部的完全相同。近年来对这些陶器的中子活性分析表明，它们是从苏美尔进口的。与这些陶器共存的其他遗物有大量的三角形石镞，反映了经济中狩猎占有相当比重。这里与两河南部的联系可能是殖民或贸易的关系。

4. 同源共振区

伊朗西部的扎格罗斯山脉至海湾地区，是一个历史悠久、文化传统稳定的地区。这个文化传统始于公元前6500年的耶莫（Jarmo）无陶文化。其中一支逐水草迁徙到两河流域，是萨玛拉文化的前身。另一支则向南迁到德赫洛兰平原，经过了阿里·库什（Ali Kosh）系列，这里又出现了萨布斯（Sabz）系列，它与同时期的欧贝德文化发生了密切联系。

萨布斯系列与欧贝德文化有许多共同之处。但最大的相似点是彼此发展阶段的同步性，即萨布斯系列的四期分别相当于欧贝德文化的四期。两区关系的另一个特点是在宗教和埋葬习俗方面的相似性，也实行石板砌成棺和多人葬。其他方面的相似体现在陶质、横向Z字纹、阴纹、花瓣纹、圜底器、口沿穿孔罐等方面。但萨布斯系列的自身特征也很明显，有器形独特的陶器，保留了原有的"T"形陶像、星形纺轮，并有伊朗地区特有的山羊纹和蛙纹。

根据这里与两河流域相似性的历史原因和同步发展的特点，我们把这种相似性叫作同源共振现象，即它们之间的相似性不完全是由传播造成的，还有另一个原因就是它们具有同一个源头——耶莫文化。葬俗方面的相似当是这种亲缘关系的证据。与此相反，与南部相似程度很大的北方则保留了当地的葬俗。

5. 欧贝德文化对周邻文化的影响

欧贝德文化对北部的传播实现了两河南北的统一。但它的传播范围还在不断扩大，形成了西达地中海岸、南达沙特阿拉伯、北至土耳其南部、东到伊朗高原的文化波及区。

在向西北方传播中，欧贝德文化到达了叙利亚北部和土耳其南部。这一地区面对欧贝德文化的影响，只吸收了最简单的圜底碗和波浪纹、条带纹。麦菲士遗址（Mefesh）清楚地反映出这种融合过程：仿欧贝德的圜底碗上的哈拉夫纹饰逐渐被波浪纹所取代。罐类受其影响出现少量圜底，但是不见与欧贝德文化完全相同的器物。接受欧贝德文化影响的陶器仅限于彩陶，而彩陶在全部陶器中由17.6%下降至1.1%哈曼遗址（Hamman），说明欧贝德文化影响很小，且在逐渐变得更小。在欧贝德文化第四期时，它对外影响减小的现象也见于两河北部，这时出现了地方化的趋势，标志着欧贝德文化之后地方的社会——政治组织的产生。

欧贝德文化还向东北方传播，对伊朗西北部文化产生了影响。在吉延遗址（Giyan）VB和VC分别发现了欧贝德文化第三、四期的圜底碗、波浪纹和横向Z字纹。但VC的欧贝德文化因素已经很小，代之而起的是来自伊朗高原的锡阿尔克（Sialk）文化。

从波及区内两个点的情况可以看出，土著文化对欧贝德文化因素的吸收多限于彩陶中的圜底碗和波浪纹。在大小扎卜尔河流域，发现零星欧贝德文化遗物，但对当地不定居的营地式生活没有什么影响，这些遗物可能是途经这里的欧贝德人留下来的。

欧贝德文化的波及范围我们只以陶器分布为标准。至于与外界的贸易网络恐怕比这个范围要大得多。从欧贝德文化中发现的来自印度的宝石和安那托利亚高原的黑曜石、铜矿石就证明了这一点。对欧贝德文化向外传播情况进行总结，不仅对于了解欧贝德文化为文明奠定基础，而且对于总结考古学文化之间的传播与吸收的模式都具有重要意义。

首先，当地居民对外来文化影响的取舍是有目的的选择，可以分为三种情况：

（1）单纯模仿的。这主要是先进的生产工具、代表身份的礼器、神庙建筑和陶碗。

（2）在模仿中加以改造的。主要是陶器中的罐和碗。

（3）保留当地传统的。如宗教用的偶像、埋葬习俗、本地有特色的小件（印章、星形纺轮）和陶罐。

在陶器中，碗类的模仿程度高，器形普遍采用南方的圜底，纹饰只模仿简单的纹饰；罐类的传统因素强，在器形上一部分是模仿南部，但仍有一定差异，在纹饰上除少部分模仿南部外，仍以当地传统纹饰为主。造成这种差别的原因可能是制作技术的难易和功能的不同。碗类器形简单，易于模仿。同时它作为一种盛器，常常出现在宴飨宾客的场面，能够表现主人身份，北部遗址的陶碗采用了与其他陶器完全不同的细泥陶质，也说明它在功能上与其他陶器有别。这令人联想到"钟鸣鼎食"这一成语，而各地文化用仿欧贝德文化器物作为地位和身份的标志，恰恰说明了欧贝德文化的发达和周围文化对它的依赖。罐类则情况不同，它的形制复杂，不易仿造，因而传统因素多一些。同时它作为贮藏器，不能表现主人的身份，因而没有必要花费很大精力去模仿南部的陶罐。

其次，根据各地文化与传播主体之间的相似程度可以划分为不同等级，形成了本体、变体和波及区等不同的空间层次。在文化变体中，对外来文化影响的反应以上文总结的第一、二种情况为主，少量第三种情况；殖民地则以第一种情况为主，第三种情况次之，少量第二种情况；同源共振区以发展的同步为主要特征，三种情况兼而有之，但是传统习俗方面有较大的一致性；文化波及区则以第三种情况为主，第二种情况次之，个别第一种情况。

欧贝德文化传播的范围说明了这个文化的实力。但是它传播的目的是什么？冲积平原土地肥沃，灌溉技术发达，是有名的"粮仓"。但是这里缺少建筑木材、石头、冶金业的原料——矿石和制作装饰品的贵重石头。这些资源在土耳其南部和伊朗都很丰富，而这两个地区恰恰是欧贝德文化对外联系的重点。河流除了赐予人类肥沃的土壤和丰富的水源外，还提供了舟楫之便，许多遗址都位于大河主流和支流岸边，陶帆船模型反映了当时的航行水平。

欧贝德居民为了获得本地缺乏的资源，向四周扩张。但是它的客观作用正如哥伦布发现美洲新大陆一样，连他们自己也未曾料到。这个传播对文明的产生做出了巨大的贡献。首先，由于先进文化因素的扩散和周围文化的吸收，提高了周邻文化的发展水平，缩小了文化间的差距，形成了更大的文化系统，从而为后欧贝德文化率先进入文明创造了良好的文化环境。世界上各种古代文明没有一个是孤岛式形成的，没有一个是在相互隔绝的文化环境中矗立起来的。美国学者普赖丝提出的墨西哥中部早期国家的"丛体相互作用"的模式也证明了这一点[9]。张光直教授也提出中国文明形成过程中的相互作用圈及其在文明中的作用[10]。

其次，在传播中欧贝德文化也吸收了其他文化的先进因素。两河北部在冶金业和印章制作上的优势对欧贝德文化产生很大影响，促进了南部的发展，尤其是冶金业。它与制陶业呈反比发展，在乌鲁克文化阶段它已取代了制陶业在手工业的重要位置。冶金业对于社会组织的变化起了巨大作用。英国考古学家柴尔德曾说：冶金业造就了一个新的阶层——手工业工匠，打破了原有的自给自足的经济，并且要求农业有更大的发展，以维持大量的非农业人口。

最后，更大的文化系统的形成刺激了贸易。而贸易又为财富的集中、剩余财产的产生造成了有利条件，加速社会的分化。战争是文化交流中最残酷的形式，欧贝德文化晚期墓地中所见的异族奴隶可能是从外地掠来的战俘，两河北部发达的防御工事也说明了战事的频繁。

世界古代文明多产生在大河流域，而各地文明前夜又都有一个文化间相互作用的时期。因此，河流为文明的产生提供了文化间相互交往的渠道，这是各地文明形成的相同之处。但是各地文化交往的方式却各不相同。两河流域是以一点为中心向外传播，印度河和尼罗河则是两个主要文化系统的对立和统一，中国既有全方位的文化融合，又有黄河流域东西方文化的撞击。在世界文明起源中，形成了异曲同工的多线进化的模式。

注　释

[1]　有关前王朝序列的年代说法不一，但大同小异。本文采用了新近出版的比较权威的著作Fagan B M. *People of the Earth* (Third Edition), 1986.

[2]　Lloyd S. *The Archaeology of Mesopotamia, from Old Stone Age to the Persian Conquest*. London: Thames and Hudson, 1978.

[3]　Eswards I E S, Gadd C J, Hammond N G L. *The Cambridge Ancient History*. Cambridge: Cambridge University Press, 1970.

[4] Safar F, Mustafa M A, Lloyd S. *Eridu*. Baghdad: Ministry of Culture and Information, 1981.

[5] Oates J. "Choga Mami, 1967-68: a preliminary report." *Iraq*, 1969, 31 (2): 115-152.

[6] Huot J L. "Tell el' Oueili: the works of 1978 and 1981." *Sumer*, 1983, 39: 18-67.

[7] Adams R M. "An early prehistoric site in the Warka region." *Sumer,* 1975, 31.1-2: 11-15.

[8] 杨建华：《试论萨玛拉文化》,《考古学文化论集（一）》, 文物出版社, 1987年。

[9] Price B J, et al. "Shifts in production and organization: a cluster-interaction model ［and comments and reply］." *Current Anthropology*, 1977, 18 (2): 209-233.

[10] 张光直：《中国相互作用圈与文明的形成》,《庆祝苏秉琦考古五十五年论文集》, 文物出版社, 1989年。

（本文原载于《吉林大学社会科学学报》1991年第6期）

布拉克遗址
——两河流域上游古代文明的地下史书

两河流域孕育了世界最早的古代文明。在它的下游出现了最早的文字和最早的城邦。两河流域下游肥沃的冲积平原为文明的兴起提供了天然的粮仓，但是这里缺乏木材、石料和铜矿等重要资源。两河流域北部的上游地区至地中海沿岸为其提供了这些文明必不可少的资源。从这个意义上说，两河流域北部是两河流域古代文明的重要组成部分。布拉克遗址（Tell Brak）正是这一地区的一个重要遗址。

布拉克遗址位于幼发拉底河支流的喀布尔（Khabur）河畔。卡布尔河流域是两河流域北部史前文化分布非常密集的地区。它曾是哈拉夫文化繁荣时期的一个重要中心地区，随后曾一度被南部传来的欧贝德文化所取代。到了城邦初建的乌鲁克时期，这里由于成了一个贸易中转站而逐渐发展成一个拥有大神庙的城市。两河流域南部城邦从现在位于土耳其东部的迪亚巴克尔（Diyaberkir）附近开采铜矿石，经过马尔丁（Mardin）运抵这里，再从这里运往两河流域南部。

一、遗址的发掘情况与年代

布拉克遗址是叙利亚北部最大的土丘遗址，面积为800米×400米，土丘顶部高出现地表43米。它的周围还有乌鲁克时期和罗马时期的小丘。土丘在公元前四千纪达到历史上最大面积，超过100万平方米。

这个遗址第一次发掘是由马洛万（M. E. L. Mallowwan）在1937~1938年进行的[1]。1976年开始重新发掘并延续至今。1976年首先由大卫·奥茨（David Oates）和琼·奥茨（Joan Oates）夫妇发掘，直至1993年他们退休[2]。1994年起由马修斯（R. J. Matthews）接任[3]。1998年起又由安伯林（G. Emberling）等人发掘[4]。这是英国在两河流域唯一一个连续发掘时间最长、规模最大的遗址。由于遗址面积很大，一般是在几年之内集中在一至二个发掘区工作。发掘区分布于整个土丘。发掘地点多选择在土丘比较高的地方。

通过对出土遗物的形态学、地层学[5]和放射性碳测年数据[6]可以了解到，这个遗址最早的定居始于公元前6000年，最晚结束于罗马时代，其中大规模的定居、有较明确地层的是在公元前4500～1200年（关于遗存的年代、阶段和发掘区与层位详见表一）。

表一

年代（公元前）	阶段	发掘区（地层）
1200	中亚述	HH1层
1550	米坦尼	HH2～7层
1800	古巴比伦	HH8层
2200	阿卡德晚期	CH3层FS3层SS ER ST HS3
2250	纳拉姆辛时期	CH4层FS4～5层SS ER4层ST
2400	前阿卡德（尼尼微Ⅴ期）	CH6～7层HS2，4
2900	早王朝Ⅰ期	TW2～8层SS
3100	杰姆迭特·那瑟尔	TW9～10层
3300～3500	乌鲁克晚、中期	TW12～16层HS1
	乌鲁克早期	CH13层HS6
4200	欧贝德文化Ⅲ、Ⅳ期	CH1985～87年
4500	哈拉夫文化	NSP、TP和眼庙等地的地表采集
	欧贝德文化Ⅱ期	
	萨玛拉文化	

根据上表可以将大规模定居时期分为以下几个阶段：第一阶段是史前时代（公元前4200年以前）；第二阶段是城邦初建的乌鲁克时代；第三阶段是城邦时代的早王朝；第四阶段是城邦向帝国过渡的阿卡德时代，在第三与第四阶段之间还有一个过渡，即尼尼微Ⅴ期文化；第五阶段是米坦尼帝国与亚述帝国时代，在它之前有少量古巴比伦的遗存。在这五大阶段中，遗存最丰富的是第二、四、五阶段。

二、乌鲁克时代的布拉克

布拉克遗址最早的定居大约在公元前6000年，其主要根据是地表采集到的细石片、细石核、黑曜石等。最早的陶器是少量萨玛拉文化的彩陶，年代大约为公元前5000年，是南部巴格达附近的萨玛拉文化北传的证据。随后这里成为哈拉夫文化的一个普通遗址。就在哈拉夫文化的晚期，这里出现了两河流域南部欧贝德文化第二期的哈吉·穆哈默德（Hajji Muhammad）陶，这是目前在两河流域北部发现的最早的南部陶器。这说明这个地点对于南部人来说是十分重要的。来自南部的影响延续到欧贝德晚期。

进入乌鲁克时代，这里成为两河流域的贸易站，遗址达到了空前的繁荣，面积也达到了历史之最。这时期的遗存主要见于土丘南部的CH区和北部的TW区。CH区是1937年马洛万首次发掘的。在这里发现了一个巨大的庙宇——眼庙（由于在这个庙中出土了许多形似眼睛状的泥块标志而得名）。这个庙宇从公元前3500年一直沿用了近千年。TW区发现了这个城的北门，规模宏大，附近的房屋里发现了与行政管理和社会生产有关的证据，如南部特有的圆筒印章、批量生产的陶器和特有的建筑技术。这些应是南部居民到来的证据。由此可以推测，整个聚落可能是南部贸易的殖民地。贸易在公元前四千纪最为繁荣。由于贸易路线是通向北部的，所以北门处发达。但是这似乎不是布拉克繁荣的开始。因为在这些房屋的下面还有一系列更早的地层，最早的为公元前3800年。在这些更早的地层中发现了宽厚的墙和大门，可能是城墙或大建筑的围墙。这些更早的遗物是典型的两河流域北部的特点。其中有两个记事泥板条[7]，上面刻有数字和象形的山羊和绵羊，与公元前四千纪中期的陶器共生。这种记事符号也见于同时的陶器上。它们的年代比南部瓦尔卡（Warka）遗址的象形文字的泥板还早。这个阶段也见于土丘南部"眼庙"的最早地层。在1996年发掘的HS6区发现了乌鲁克早期的陶窑。

在乌鲁克时代的中期和晚期，这里的发达得益于两河流域南部的铜矿贸易，有南部居民的殖民。但在此之前的乌鲁克早期，当地北部文化的发展水平、南北两地的关系一直是学者们研究的重要问题，这些问题涉及两河流域文明起源是一源还是多源？两河流域北部的文明是在内部进化过程中产生的还是南部传播过程中产生的？如果是多源，以南部为代表的中心区域文明和以北部为代表的边缘区域文明在文明起源方式上有什么不同？

三、阿卡德王朝的布拉克

阿卡德王朝兴起以前，在公元前三千纪前半叶，这里出土的遗物与两河流域南部有很大不同，被命名为尼尼微Ⅴ，它连接着乌鲁克时代与阿卡德时代。从1994年的发掘起，在土丘的西北角新开了一个HS发掘区，在这里乌鲁克、尼尼微Ⅴ和阿卡德时期的遗存都有发现，但工作重点是尼尼微Ⅴ时期的遗存。1996年在这里发现了尼尼微Ⅴ时期的一座庙宇，在祭坛的附近发现了圆筒印章、琢制燧石叶、车轮模型。

通过对泥板文书上的研究可知，乌鲁克时代的联盟解体后，北方的许多城市衰亡了，但是布拉克遗址却出现了尼尼微Ⅴ时期的文化遗存，成为公元前三千纪中期北方的一个重要城市中心。在早王朝结束时，北方中心开始接受了南部的行政管理的形式、贵族的艺术，这包括楔形文字、圆筒印章、还愿像（Votive Worshipper Statues）和贝壳镶嵌艺术。

布拉克遗址政治上达到顶峰是在公元前三千纪后半叶的阿卡德时代。从两河流域北部的一些重要遗址，如埃布拉（Ebla）、马里（Mari）和贝达尔（Beydar）土丘出土的泥板都可以证实，布拉克就是古代的纳加尔（Nagar），它在公元前三千纪是叙利亚东北最重要的地点。大约公元前2500年，阿卡德的缔造者萨尔贡（Sargon）首先征服了苏美尔的一些城市，然后依靠战争扩大领土，他和他的后代建立了世界上第一个帝国，东起伊朗西部，西至幼发拉底河畔。他的孙子，纳拉姆辛（Naram-Sin），把布拉克作为一个省府以便统治两河北部。1937~1938年，马洛万在CH区发掘了大部分叠压在眼庙上的行政官署（宫殿），外墙厚10米，筑墙的泥砖上刻有那拉姆辛的名字。主要是由于这个理由，1976年又重新开始了对布拉克的发掘。希望通过刻有那拉姆辛名字的泥砖，来确定它所在层位的年代，并通过层位学把早于它和晚于它的层位连接起来，建立这一地区唯一的具有绝对年代性质的年代序列。除了叠压在眼庙上的阿卡德时期建筑外，我们又发现了两个阿卡德时代的纪念性建筑。这些建筑与其他遗址的阿卡德建筑有很大区别，即使在阿卡德的首都也没有发现过这样的建筑。

第一个建筑在CH区眼庙上面叠压的行政管理区（宫殿）的对面，是一个大建筑群，位于土丘的西南角（SS区）。眼庙与这个建筑群之间有一道宽沟，它很可能是通往城南门主要街道。这个建筑群是典型的北部风格，它的大部分（50000平方米）已经被揭露，至少由四个建筑组成，东院、南院、西院和西北院，而且是分阶段建成的（图二）。

南院是一个大的礼仪性院落，有一个大型的石头台基。在院落与一东侧房（30号房屋）交接处有烧制的砖铺成的地面，一间东侧房（9号房屋）里有砖垒砌的通往东部院落外面的排水管道。这个院落西边是行政区，有大量的印章。在礼仪性院落里，我们发现了一尊卧置的人头牛像。从文献得知，这是一个"躺在沙马什（Shamash）院落中的出席者（Attendant）"，庙宇就是为了纪念它而建的。东院位于南院的北面，大门朝东直接通向外面。在这个院落的一个西侧房里（6号房屋）发现了带阶梯的水井，是沐浴的地方。西北院位于东院的西面，面积最小。在它的北侧房里（4号，1号房屋）发现了唯一与日常生活有关的遗物，有泥砖砌成的长方形灶，地面和灶里有很多灰，应是厨房。西院位于南院的西边。其中的一间南侧房（18号房屋）的面积较大（10米×9米），西墙边有长凳，可能经常有人来这里。地面上发现了80个印章的印纹泥块，从背部看多是敷在门或容器上的。这些迹象后说明这间房屋具有行政管理的功能。西院的西侧房（20号房屋）有大泥箱和排水设施，有可能是门房。这间侧房和边上的另一间（21号房屋）均发现了祭酒的石容器、青铜镰和石珠等器物。

另一个阿卡德时代的建筑也是一大建筑群，包括一个庙宇和三个院落，在土丘的东北角，靠近北门（FS区）。这些建筑废弃的时间大约都在那拉姆辛时期，并且在很短的时间内被有意回填。在回填后的顶部和边上是贡物，西北建筑中发现了几具完整的驴、一个狗、和羚羊角的骨架[8]。由此可知，庙宇是为了纪念草原动物的保护神沙侃（Shakkan）。整个建筑群是为了到土耳其安纳托利亚高原从事铜贸易的商队提供的客店，他们用驴做为挽畜。发现的楔形文字泥板记录了的驴杂交情况，埃布拉出土的泥板上记录了这里出产优质品种的驴。

从阿卡德时代发现的三个大型建筑可以看出，这个时代遗址的政治地位达到了顶峰，这与阿卡德王朝的统治中心北移有关。同时这个时代遗存受南部影响明显减少，当地的北方传统得到了加强。

四、米坦尼与中亚述帝国时代的布拉克

在阿卡德时代之后，布拉克有当地胡里特人统治者的宫殿。在公元前2000年后，聚落保留了北半部，这里成为了一个宗教中心。

从公元前16世纪起，兴起了新的王朝——米坦尼（Mittani）王国。这个王国从它的故乡卡布尔三角区，扩展到从扎格罗斯山脉到地中海这一广大地区。布拉克成为它的一个重要城市，而且是米坦尼故乡的一个被发掘的最重要的遗址。我们在北部HH区发现了一个宫殿。尽管它不是皇宫，但是有很大的接待客人的房间，以及制作玻璃器皿、象牙、铜铁和贵金属的作坊，还发现了记载正式决定的泥板文书，里面有两个米坦尼国王的名字。

米坦尼时期的城市在公元前13世纪两次被亚述洗劫。除了米坦尼统治时期的一些新房屋，后来的聚落在平原的东面。

在公元前4世纪的罗马时代，在土丘东部有一个叫德贝塔（Thebeta）的小土丘，位于向南通往辛贾尔（Sinjar）平原的古道上，很可能这条建于公元前四千纪的贸易路线在罗马时代仍然在使用。

五、发掘方法的进步

布拉克遗址发掘时间之长有助于我们了解它的发掘过程，是我们研究国外田野考古方法的发展的很好实例，而且对我们实施大遗址的保护和长期有计划地发掘也有一定的借鉴意义。

发掘的历程可以从两个方面梳理：一是对遗址自身的认识；另一个是把遗址放入一个更大的区域空间，通过与周围遗址的比较来认识它。

对于遗址自身的研究开始于1937～1938年。第一次发掘的主要工作是揭露CH区的眼庙，发表了庙宇的布局图和采集的一些史前时代的陶器。

1976年开始的发掘目的性很强，是要通过出土那拉姆辛铭文的泥砖建筑建立两河流域北部的年代序列，并恢复对这个遗址的发掘，主要是对分布在整个土丘上几个高点上的大型建筑址的揭露。经过大约十几年的发掘，基本建立了这个遗址的详细的年代序列[9]。

1994年起，开始寻找能够有不同时期的地层相互叠压的地点进行发掘。这些发掘区往往是没有大型建筑的地点。同时对遗址古代的地貌进行研究。

1998年以来，发掘人员明显增多，研究更加专门化，如陶器、石器、动植物标本的专业人员直接参与发掘（以前则是把标本带回来交给专业人员鉴定）。同时在对遗址地貌的了解基础上研究遗址的形成过程。

从更大的空间来比较布拉克遗址与周围遗址的关系是从1988年开始的。这项研究分宏观和微观两个角度：一是宏观的角度对卡布尔河流域遗址的宏观系统的研究，了解布拉克遗址在整个卡布尔河流域的地位。为了这个目的，首先进行了以布拉克遗址为中心方圆170平方千米的调查。通过调查可以看出，布拉克遗址无论从地理位置，还是遗址的面积上看，与卡布尔河流域的其他大的遗址都有所区别。在整个卡布尔河流域有两个地区进行过详细的调查，一是以布拉克遗址为中心的地区，一是在布拉克遗址以东以雷兰（Leilan）遗址为中心的地区。两个地区的遗址均始于哈拉夫文化。在公元前四~前三千纪，两地的遗址分布形态有所不同：在布拉克遗址地区，遗址是集中在两条小河的岸边，而雷兰地区的遗址是散布在这个区域的北半部。在哈拉夫至乌鲁克时代，布拉克遗址区的遗址数量剧增，并且布拉克遗址群的边缘遗址已经达到距离布拉克10千米之遥的地方。雷兰地区的遗址数量保持不变。在乌鲁克时代之前，这两个地区都是村落遗址。随着乌鲁克时代的到来，布拉克遗址的面积在逐渐增加，在乌鲁克中晚期达到了遗址历史上的最大面积，成为了当地的一个中心遗址，而雷兰遗址仍然基本保持原有的面积。从遗址分布看，布拉克地区的遗址多围绕在布拉克遗址周围，雷兰地区的遗址是分散的。到了乌鲁克时代至尼尼微V时期，两地向着相反的方向发展，布拉克地区的遗址数量在减少，雷兰地区的遗址在增多。在尼尼微V之后到在早王朝晚期至阿卡德时期，在布拉克遗址周围出现了一批小遗址（大多数小于1万平方米），数量几乎与乌鲁克时期相同；而雷兰地区，一方面向平原北部的发展趋势仍在继续，另一方面在围绕雷兰遗址本身15千米半径的小遗址的数量没有再增加，而遗址的面积（概括雷兰遗址本身）都在扩大。到了公元前三千纪的最后一个世纪，是历史上胡里特人统治时期。在卡布尔河流域地区和布拉克遗址地区有一个重新的振兴，但雷兰地区最主要的雷兰遗址基本全部废弃，产生了大约300年的缺环，直到阿摩列伊人在北部兴起。北部兴起的新时代的聚落布局特点是，小遗址如雨后春笋般地出现，这说明每个遗址的人口数量比以前少了。到了二千纪中期，中亚述取代了米坦尼的地位在两河流域北部兴起，雷兰地区由于在东部，与亚述帝国的首都尼尼微更接近，作为帝国的一个中心区得到了很大的发展，遗址的数量比从前增加近一倍。

通过布拉克遗址周围地区与雷兰遗址周围地区的比较可以看出，这两个地区的发展时期与发展的动力是不同的。前者最发达的时期是在乌鲁克时期，它得益于两河流域南北之间的贸易；后者发达时期比较晚，与北部政治中心在这里建立有关。

另一个是对布拉克遗址周围小遗址的微观研究，主要是调查布拉克附近的遗址情况。发掘调查的结果是，从史前到公元前二千纪，布拉克遗址一直是附近地区的大遗址，说明它在这段时间一直占主导地位。1998年对布拉克遗址周围的地区选择了33个1米×2米的探方进行发掘，以了解主丘与周围的关系。选择的33个探方的位置呈内、外两周包围在主丘外面，内、外圈之间的距离在300～400米。有的地点尽管很重要，但因为土地主人不同意而无法进行发掘，对这次布方的系统性有略微的影响。发掘的结果显示了布拉克主丘在不同时期的定居范围和周围小遗址的分布，但是现在还是没有能够划定主丘居址的边界。

布拉克遗址这部有关两河流域北部古代文明的地下史书，已经被英国考古学家阅读了几十年，在我们的眼前已经展现出几幅不同时期比较完整的历史画面，阅读方式也在不断改进。这个阅读过程仍在继续。我们相信，随着工作的深入和方法进步，它一定会为人们提供更加真实、丰富的历史事实。

注　释

[1] Mallowan M E L. "Excavation at Brak and Choga Bazar." *Iraq*, 1947, 9.

[2] Oates D, Oates J. "An Urartian stamp cylinder from north-eastern Syria." *Iranica Antiqua*, 1988, 23: 217-218; "Akkadian buildings at Tell Brak." *Iraq*, 1989, 51: 193-211; "Some observations on Roman and Hellenistic occupation in the Khabur." *Resurrecting the Past, A Joint Tribute to Adnan Bounni*. Leiden, 1900: 227-248; "Excavations at Tell Brak, 1990-91." *Iraq*, 1991, 53: 127-4; "Excavations at Tell Brak, 1992-93." *Iraq*, 1993, 55: 155-199; "Tell Brak: a stratigraphic summery, 1976-1993." *Iraq*, 1994, 56: 167-176.

[3] a. Matthews R J, Matthews W, McDonald H. "Excavations at Tell Brak,1994." *Iraq*, 1994, 56: 177-186.

b. Matthews R J. "Excavations at Tell Brak,1995." *Iraq*, 1995, 57: 87-112.

c. Matthews R J. "Excavations at Tell Brak,1996." *Iraq*, 1996, 58: 65-78.

[4] Emberling G, Cheng J, Larsen T E, et al. "Excavations at Tell Brak 1998: preliminary report." *Iraq*, 1999, 61: 1-42.

[5] Oates D, Oates J. "Tell Brak: a stratigraphic summery, 1976-1993." *Iraq*, 1994, 56: 167-76.

[6] a. Ambers J. "Radiocarbon results from Tell Brak." *Iraq*, 1993, 55: 198-199.

b. Bowman S G E, Ambers J C. "Radiocarbon dates for Tell Brak, 1987." *Iraq*, 1989, 51: 213-15.

[7] Jasim S A, Oates J. "Early tokens and tablets in Mesopotamia: new information from Tell Abada and Tell Brak." *World Archaeology*, 1986, 17: 348-62.

[8] a. Clutton-Brock J. "A dog and a donkey excavated at Tell Brak." *Iraq*, 1989, 51, 217-224.

b. Clutton-Brock, Davies S. "More donkeys from Tell Brak." *Iraq*, 1993, 55: 209-221.

[9] Oates D, Oates J. "Tell Brak: a stratigraphic summery, 1976-1993." *Iraq*, 1994, 56: 167-176.

参 考 书 目

Ambers J. 1993. "Radiocarbon results from Tell Brak." *Iraq*, 55: 198-199.

Bowman S G E, Ambers J C. 1989. "Radiocarbon dates for Tell Brak, 1987." *Iraq*, 51: 213-215.

Clutton-Brock J. 1989. "A dog and a donkey excavated at Tell Brak." *Iraq*, 51: 217-224.

Clutton-Brock J, Davies S. 1993. "More donkeys from Tell Brak." *Iraq*, 55: 209-221.

Eidem J, Warburton D. 1996. "In the land of Nagar: a survey around Tell Brak." *Iraq*, 58: 51-64.

Emberling G, Cheng J, Larsen T E, et al. 1999. "Excavations at Tell Brak 1998: preliminary report." *Iraq*, 61: 1-42.

Fielden K. 1977. "Tell Brak 1976: the pottery." *Iraq*, 39, 245-255;

1981. "A late Uruk pottery group from Tell Brak, 1978." *Iraq*, 43: 157-166.

Finkel I L. 1985. "Inscriptions from Tell Brak1984." *Iraq*, 47: 187-201;

1988. "Inscriptions from Tell Brak 1985." *Iraq*, 50: 83-86.

Illingworth N J J. 1988. "Inscriptions from Tell Brak 1986." *Iraq*, 50, 87-108.

Jasim S A, Oates J. 1986. "Early tokens and tablets in Mesopotamia: New information from Tell Abada and Tell Brak." *World Archaeology*, 17: 348-362.

Mallowan M E L. 1947. "Excavation at Brak and Choga Bazar." *Iraq*, 9.

Matthews D M. 1991. "Tell Brak 1990: the glyptic." *Iraq*, 53: 147-157.

Matthews D M, Eidem J. 1993. "Tell Brak and Nagar." *Iraq*, 55: 201-207.

Matthews R J. 1995. Excavations at Tell Brak, 1995." *Iraq*, 57: 87-112.

1996. Excavations at Tell Brak, 1996." *Iraq*, 58: 65-78.

Matthews R J, Matthews W, McDonald H. 1994. "Excavations at Tell Brak,1994." *Iraq*, 56: 177-186.

Oates D. 1977. "Excavations at Tell Brak,1976." *Iraq*, 39: 201-207;

1982. "Tell Brak." *Fifty Years of Mesopotamia Discovery*. London (BSAI), 62-71;

1982. "Excavations at Tell Brak,1978-81." *Iraq*, 44: 187-204;

1985. "Excavations at Tell Brak 1983-84." *Iraq*, 47: 159-173;

1987. "Excavations at Tell Brak 1985-86." *Iraq*, 49: 175-191.

1990. "Tell Brak: the Mitanni palace and temple, Hamidiya 2." *Berne*, 149-157.

Oates D, Oates J. 1988. "An Urartian stamp cylinder from north-eastern Syria." *Iranica Antiqua*, 23: 217-218;

1989. "Akkadian buildings at Tell Brak (1987-88) ." *Iraq*, 51: 193-211;

1900. "Some observations on Roman and Hellenistic occupation in the Khabur." *Resurrecting the Past, a Joint Tribute to Adnan Bounni.* Leiden, 227-248;

1991. "Excavations at Tell Brak,1990-91." *Iraq*, 53, 127-124;

1993. "Excavations at Tell Brak, 1992-93." *Iraq*, 55:155-199;

1993. "Tell Brak: a stratigraphic summery,1976-1993." *Iraq*, 56: 167-176.

［本文与Joan Oates（英国剑桥大学麦克唐纳研究院）合著，原载于《古代文明研究通讯》2002年总第12期］

两河流域上古时期的神庙和宫殿

两河流域是世界上产生文明最早的地区之一。在南部冲积平原最早定居的欧贝德（Ubaid）文化的埃利都（Eridu）遗址揭开了它的上古历史的序幕，波斯人的入侵宣告了它的结束。两河流域的考古发掘开始得很早，但是真正的系统发掘和正规记录开始于德国学者W. 安德烈（W. Andrae）和R. 科尔德威（R. Koldewey）于1899年在巴比伦（Babylon）的发掘。他们发明的寻找泥砖墙的发掘技术对后来的两河流域考古影响很大，使古代建筑的发掘和研究占有十分重要的地位。笔者将通过对目前发现的这时期神庙和宫殿建筑遗存的综合分析，探讨它的变化过程以及它在功能上和文化上的意义。但由于受资料所限，对建筑的下部情况了解得多些，而对上部情况则了解较少，所以多限于对建筑规模及布局变化的研究（图一）。

第一阶段：单祭室神庙的出现至基本定型。

这一阶段相当于两河流域的前王朝时期，它包括了埃利都·欧贝德文化期（公元前5000～前3500年）、乌鲁克（Uruk）文化期（公元前3500～前3100年）和原始文字时期（公元前3100～前2900年）[①]。

最早的神庙建筑发现于埃利都遗址第16层，属埃利都文化（欧贝德第一期）（图二）。这是一个面积为3平方米的单间建筑。建筑材料为长方形砖，砖的上面有大拇指印痕，可能是为了使两层砖之间加泥后粘得更牢固。门位于东南面墙的中部偏东。室内中部有一个供桌，上面有供品，并有烧痕，应是举行仪式的地方。在西北面墙的中部有一壁龛，里面放置着祭拜的祭坛。神庙的方向为西北向。这是两河流域上古时代早期建筑的风俗，大多数建筑都是四角对着正东、南、西、北向。这个原始庙宇虽然小而简陋，但它已具备两河流域神庙的基本特征：位于一端的祭坛和位于中部的供桌构成了祭室的中轴线。

到了埃利都遗址第9层时，神庙有了很大变化（图三）。这个建筑的东北部没有发掘。从发掘的部分可以看出祭坛和门道。祭室呈长方形，在祭室周围出现了侧室，这是祭司的住所和放置神庙用品的地方。同时，为了加固较薄的泥墙，在墙外侧隔一定距离加扶垛。这是模仿当时的芦苇建筑，为了加固就在外侧等距离地附加柱子。这种建筑至今在沼泽地区的阿拉伯人村庄里还可以看到。这个神庙属于欧贝德第三期。

---

① 最新年代数据详见本书"自序"。

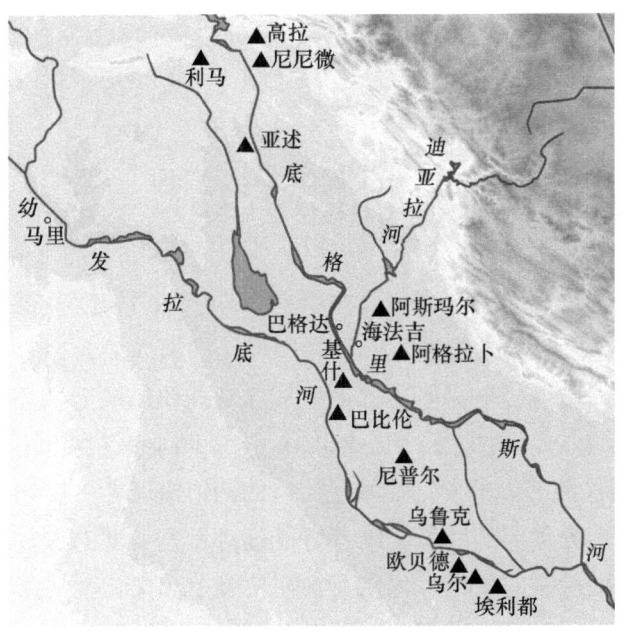

图一　两河流域主要遗址位置

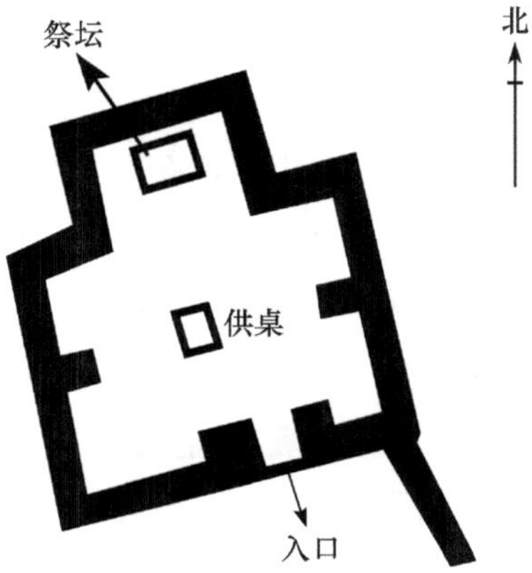

图二　埃利都16层神庙

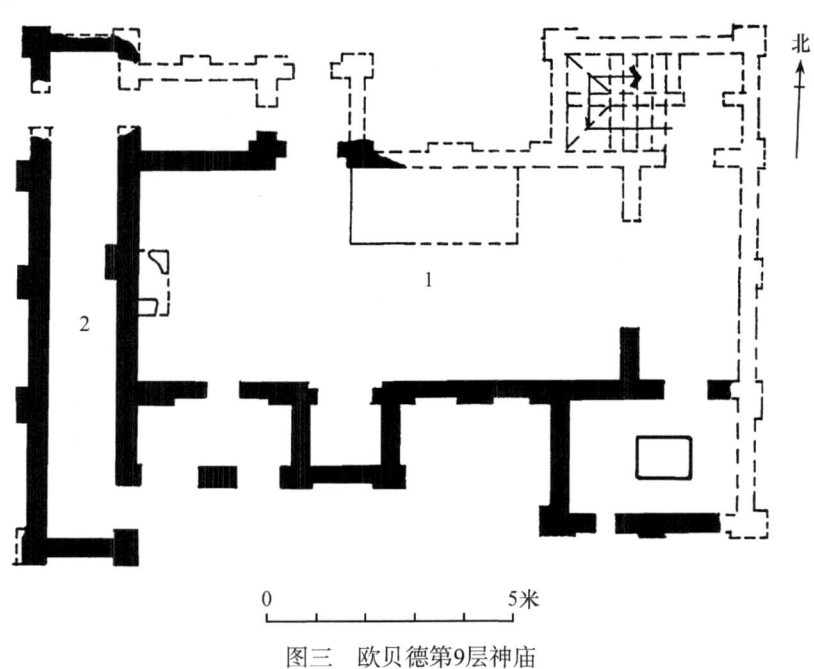

图三　欧贝德第9层神庙
1. 祭坛　2. 泥凳

埃利都第7层发现的神庙布局更加固定了（图四）。面积为18.5米×13.5米，为标准的三分式布局，中间是祭室，两翼为侧室。祭室从一侧室进入，门道与祭室的中轴线呈十字形交叉。这是后来神庙的基本形式。在神庙周围还发现了许多鱼骨，这正是献给淡水神和智慧神恩基（Enki）的供品。神庙年代属欧贝德第四期。

两河流域北部的欧贝德时期神庙发现于高拉遗址（Tepe Gawra）第13层，这是一个"卫城遗迹"，是由三个神庙建筑围成的。其中建筑a保存完整，建筑b的一部分由于土墩的风化而消失，但仍可以根据保留的部分复原整个建筑，建筑c破坏严重，整体布局不清。这三个建筑都面向一个中心院落。虽然在建筑中未发现用于礼仪行为的设施和遗物，但它们的布局和墙外侧的扶垛装饰与埃利都遗址第9层的神庙基本相同，因此把它断定为神庙。欧贝德文化时期，两河流域南北两地的文化遗存基本一致，高拉遗址的神庙布局再一次证实了这一点。它反映了这一时期南部对北部的统一，显示了两河南部率先进入文明时代的雄厚实力。

到了乌鲁克和原始文字阶段，两河南部开始步入文明时代。统治者的贪欲、体脑分工引起的智力发展和对人民统治的有力的行政手段，使神庙有了大规模的发展。

乌鲁克阶段的遗址经过大规模发掘的有乌鲁克城（现名瓦尔卡，Warka）。据估

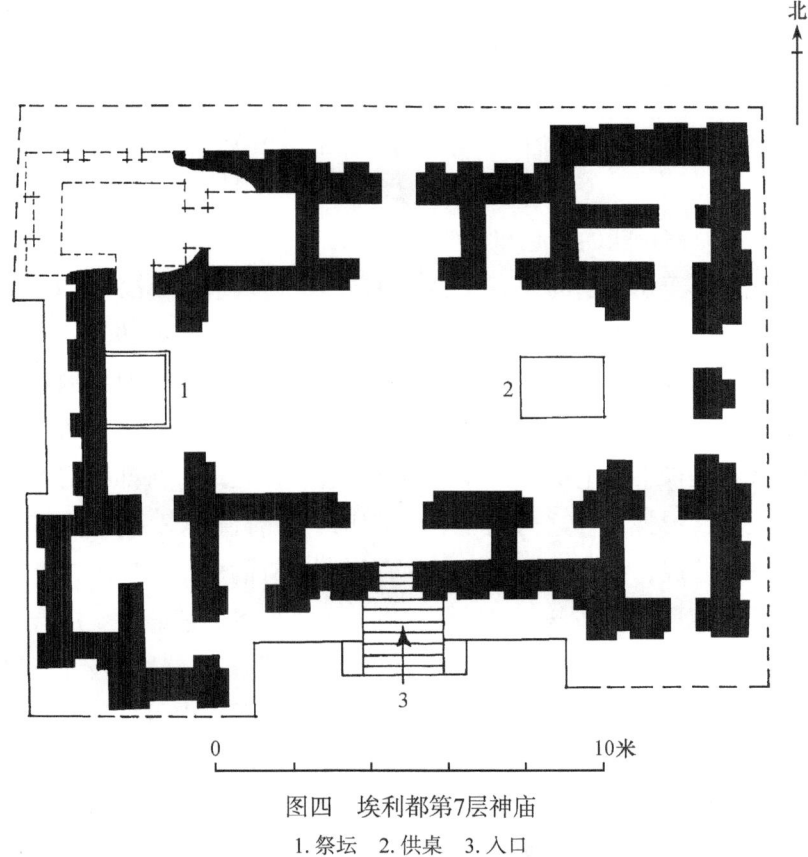

图四　埃利都第7层神庙
1. 祭坛　2. 供桌　3. 入口

计,此城在这个时期面积约250万平方米,其中官方建筑物、园地、墓地和民居各占三分之一。大建筑物集中在两个地点:一个是安努(Anu)庙区。安努庙始建于欧贝德时期,最上面一层是乌鲁克时期的遗存。因为它的墙是白色的,所以被称为"白庙"。白庙的面积约23米×19米,它是建在由欧贝德时期庙宇的废墟堆积形成的高台上,这是后来早王朝时期高台建筑的雏形。白庙的平面布局仍遵循着埃利都第9层神庙的十字形入口的格局。另一地点是埃安娜(Eanna)庙区。这里分18层,每层都有神庙建筑。其中规模特大的在6～4层,如第4a层的D庙和C庙。D庙面积为80米×55米,侧房规整讲究,墙外侧的扶垛不仅具有加固作用,又起着装饰四壁的作用。入口移至神庙的一端,与祭室中轴线呈"T"形交叉。这种"T"形布局是新出现的,并广泛流行起来。这里还有一个柱廊建筑,门厅宽30米,两排柱子,柱径2米左右,建筑外表采用这时期最流行的镶嵌锥形装饰物的作法,因此又称之为锥镶宫。

这时期的两河北部,欧贝德文化已像潮水一样退去,当地的传统又重新显露出来,被称为"高拉期(Gawra Phase)"。这时的神庙以高拉遗址第8层的为代表。这是一种整体近方形、内由几个房间构成的神庙,它与南部的神庙迥然不同,没有采用以单祭室为主、周围绕以侧房的南方布局。

前王朝时代是两河流域的神庙从出现到基本定型时期。最初是单祭室神庙,祭坛和供桌呈一条直线构成了建筑的中轴线;而后在祭室周围出现了侧室,形成了以殿堂为中心的复合建筑,殿堂中轴和门道呈垂直交叉的"十"字形;随后门道后移,门道与中轴交叉呈"T"形。在这一阶段后期,两河北部又出现了具有地方风格的方型多室神庙。

第二阶段:多祭室神庙的兴起和单祭室神庙的完善;宫殿的出现。

早王朝时代是苏美尔文明的鼎盛阶段。根据巴格达以东迪亚拉河(Diyala River)流域的考古资料,早王朝考古可以分成三个阶段,早期为公元前2900～前2750年,中期为公元前2750～前2650年,晚期为公元前2650～前2350年。这时期的建筑材料发生了变化,以前是长方形平面形砖,这时出现了长方形凸面砖。建筑方法也不同,以前是平砖横砌,现在是像书架上的书一样边朝下放置,而且每一行都朝与上一行相反的方向倾斜,形成人字形排列。这构成了早王朝建筑的年代标尺。房屋为平顶,用棕榈树干、灌木枝和泥建成,门旁有顶面下凹的石门枢。有的建筑用扇形砖砌成的柱子支撑屋顶。祭室的一侧通常有一条长泥凳,用以放置祈祷者的还愿像。还有一些可搬动的陶支座和支撑容器和香的铜或石雕像。有的祭坛上面放有一块石板,从里面伸出一个陶管,下面连着一个密封的陶罐。从圆筒印上的雕刻图案中得知这些装置是用于动物牺牲仪式和祭酒仪式的。

这时的神庙分为两类:一类是平地起建的,另一类是新出现的高台基建筑,即所谓的塔庙。但是由于台基都有程度不同的风化,所以对这类庙宇的布局了解甚少。海法吉（Khafaje）遗址的大型椭圆庙的发掘揭示了这类塔庙的建造过程。神庙的地基处是一个人工挖成的4.6米深的凹坑，里面填有从城外运来的洁净沙土。根据凹坑的大小计算，大约需要运64000立方米的沙土。然后在这上面修建了一座地面式庙宇，并在周围修了一道基本对称的椭圆形围墙。墙内侧还建造了一些附属建筑，使神庙外面形成一个长方形院落。后来这个地面神庙废弃了，并逐渐被废弃物填满，形成了一个高台。后来的人们在这个高台上建起了塔庙，并在原有的围墙外又修了一道围墙。这样，在两层围墙之间又出现了一个外院空间，在这里盖了一座宽敞的房屋，可能是祭司住所。最后又在外院增修了一座精致的大门。这三层建造、扩建过程均发生在早王朝中晚期，使其面积达8000平方米以上，庙前的中央广场达200平方米以上（58米×38米）。由于塔庙上部破坏严重，至今对它的布局尚不清楚。

地面建筑由于保存下来了下部遗存，使我们对其布局和规模有所了解。阿斯玛尔丘（Tell Asmar）是埃什努纳（Eshnunna）城邦所在地。这里发现了早王朝早、中、晚三个时期的神庙。早王朝中期的神庙出现了一种新布局，并成为整个早王朝神庙的主要形式。一个神庙包括一个主祭室和几个小祭室，它们都围在中心院子周围，院子后面是祭司住室。在二号祭室的祭坛下面发现一处窖穴，里面有21尊还愿泥像。这种以院落为中心周围有若干祭室的神庙布局可能起源于北方。高拉遗址第13层发现的欧贝德时期神庙，虽然本身构成与南部埃利都遗址的神庙相同，但整体布局是三个神庙围着一个院子，可视为多间祭室的雏形。到了高拉遗址第8层，这种院子周围绕以多间祭室的布局建成了一个整体。因此，阿斯玛尔丘的这个神庙可以看成是北方因素的产物，是高拉时期神庙建筑的发展。但这个神庙中的祭司住所还很简朴。同属于早王朝中期的阿格拉卜丘（Tell Agrab）的沙拉庙（Shara Temple）具有十分考究的祭司住所，可以看成是阿斯玛尔方庙的完善形式。这个建筑只保存了西南部，其余部分是想象复原的。它的左上角是由两个小祭室构成的一个单元，左侧中部是主祭室，顶端是一个双层台基构成的祭坛，祭室中部有两排供桌。左下方是讲究的祭司住所。

前王朝时代形成的单祭室神庙仍然存在。到早王朝中期向晚期过渡时，出现了南、北因素融合的神庙布局，可以尼普尔（Nippur）遗址的伊南娜庙为例。整个庙宇分东、西两个祭室，整体布局为方形。两室各有一个泥砖柱。东部祭室仍是"T"形布局，西部的比较大，门道改在了祭室中轴线上，形成了对称式布局，这种形式在其后直到亚述帝国时代，是两河流域神庙的主要布局。

早王朝神庙出现一种新的装饰手法。方形的雕刻墙板，中间是一个圆形或方形孔，用钉子从这个孔里把墙板钉在神庙的内壁。这些画面记载了一些历史人物，如乌尔南筛（Ur-Nanše）背石头建筑庙宇。早期雕刻手法是线条状。晚期变成浮雕。

早王朝中期以后，随着世俗势力的增长，许多统治者不再居住在神庙里，而开始为自己建造宫殿。早王朝宫殿遗存发现在基什（Kish）、埃利都、马里（Mari)和阿斯玛尔等遗址，现以埃利都宫殿为例。

埃利都宫殿的年代比较早。有外墙环绕，面积约68米×35米。南部中间是一个庭院，其后是一个朝觐室，其余部分是与神庙的祭司住所十分相似的王室贵族居住的房屋，这构成了后来宫殿的基本内容。

早王朝时代是神庙的继续发展时期，出现了大型塔庙。布局一方面沿用以殿堂为中心周围绕以侧房的南方传统，另一方面北部影响逐渐增大，形成一种新的以院落为中心周围绕以若干祭室的新格局。尼普尔神庙则是南北风格结合的产物，既是方形的多祭室，又保留了"T"形交叉的祭室布局，同时出现了祭坛、供桌和门道呈一直线的对称布局。王权的加强导致了宫殿的出现。它是建立在发达的神庙基础上，吸收了神庙中考究的祭司住所的布局，又根据宫殿的功能加上了庭院和觐见室而形成的。

第三阶段：单祭室神庙的延续至多祭室神庙的流行；宫殿的发展。

这时期是两河流域由城邦奴隶制转变成帝国奴隶制时期，历经阿卡德王朝·乌尔第三王朝、古巴比伦王国、亚述王国、新巴比伦王国等主要朝代，从公元前2000年前期至公元前5世纪。但在巴比伦和亚述王国的考古发掘中，对单个神庙、宫殿的注意力转向了对整个城市布局的复原，因而后期的资料比较少并且不太详细，但仍可从这些零星资料中看出其大致变化趋势。

这一时期建筑的一大特点是等级制度十分明显。在最高统治者居住的都城和地方统治者居住的一般城市，各种建筑在规模、结构、布局以及功能上都存在着差别。都城的神庙可以乌尔第三王朝的首都乌尔城（Ur）的塔庙为代表。它位于乌尔都城的西北部，基座由三层台坛构成。台坛可能是在早期建筑的废弃堆积四周和顶部铺砌烧制砖而形成的，砖上还印有乌尔纳姆（Ur-Nammu）国王的名字。第一层台坛保存最好，面积为61米×45.7米，高15米。通往第一层台坛顶部的三条阶梯，相交于塔庙的正中处，这里的砖柱说明当时还有柱廊式建筑。上面二层台坛风化严重，发掘者吴雷（Leonard Woolley）对塔庙做了想象复原。

这一阶段的神庙向着两个方向发展：一种是位于都城内代表王朝强大势力的神庙，它向着更加雄伟壮观的趋势发展，如乌尔的塔庙；另一方面是在一般地点的神庙，随着宫殿的出现在规模和布局上不再发展，甚至于依附宫殿，变成家用神庙。阿斯玛尔神庙A正代表了后者。这个建筑是一个地方统治者建立的，年代为乌尔第三王朝第四代王舒新（Shū-Sîn）统治时期。整个建筑分三部分，两侧是庙宇，中间是宫殿。东部神庙是独立的，与宫殿相连，西部的则是宫殿内的私人教堂。但是两者布局相同，是在尼普尔的对称式布局基础上又增设了庭院和前室。利马丘（Tell al-Rimah）的神庙是这种对称式布局的进一步完善：门、庭院、前室、祭室和塔庙都排列在一条中轴线上。在这里还发现了保存完好的穹顶建筑的屋顶。神庙的外墙和面向院落的墙上，都饰以扶壁柱，有的是单柱，有的是成组的，总共277根。发掘者认为这是代表螺弦或棕榈树干。

这种对称式布局随着亚述帝国的兴起，被多祭室并列布局所取代。亚述城（Ashur）是亚述帝国的都城，这里发现了供奉月神欣（Sin）和日神沙玛什（Shamash）的神庙。它最初是阿淑尔·尼拉里一世（Ashur-Nirāri I，公元前1500年）建造的，后来被辛那赫里布（Sennacherib，公元前704~前681年）修建成完全不同的布局。这两次建筑的布局都是成双的前室、祭室，并有一个中心院落和侧房。这种在整个建筑的中轴线上并列若干祭室的布局是亚述帝国特有的，很可能是原有北方传统的继续。但是单个的祭室的布局又吸收了以前的对称式布局因素。这种布局一直延续到波斯人入侵。

这时期作为统治者权力象征的宫殿规模差别更加显著。国王居住的宫殿可以马里国王济姆利里姆（Zimri-Lim）宫为例。马里是一个与亚述早期并存的北方国家，公元前1757年被古巴比伦王汉谟拉比（Hammurapi）所灭。这个宫殿的面积达200米×120米，房屋有250个以上，有外院、大厅、礼拜堂、觐见室、祭室等。大厅和礼拜堂有精制的壁画。西北角是皇室住所，西部中间部分是官吏住宅区，西南部是御膳所和仓库。在皇室附近的两间屋里发现大量王室文书，被称为"马里档案"，有人推测这两间房子是皇室的学校。这个建筑所用的砖上刻有国王济姆利里姆的名字。

作为地方统治者的宫殿可以阿斯玛尔宫殿为例。阿斯玛尔宫殿面积约34米×72米，整个形状不大规整，可以明显地分成北、中、南三部分。中间为宫殿主体，是一套居室和朝觐室。通过一个窄的门道可以进入南部，这里发现了镜子，装饰化妆品一类的遗物，推测是后宫所在地。北部是服务招待场所，由一个大院与宫殿中部相连。在宫殿东侧，发现了一排有排水设施的房子，用途不详。

下面谈几点认识。

上古时期是两河流域古代文明的繁荣阶段。神庙和宫殿建筑的发展序列与当时的政治、经济发展是同步的，反映了整个社会发展的一个侧面。

前王朝初期就出现了神庙，最早的神庙虽然只是一个3平方米的祭室，但它却奠定了后来神庙的基本布局——由顶端的祭坛和中部的供桌构成了神庙的中轴线。后来又出现了祭司居住的侧室，门道开在侧室，与中轴线交叉呈"十"字形或"T"形，同时规模也在增大。

早王朝时代出现了塔庙，使这种宗教建筑更具威严。布局除沿用前王朝以单个祭室为中心的形式外，又出现了多祭室建筑，晚期出现门在中轴线一端的对称式布局。早王朝中期发现了最早宫殿，基本布局是以院落为中心，其后是朝觐室，周围是王室住所。

早王朝以后都城和一般城市差别显著，因而国王和地方统治者的神庙与宫殿也不相同。神庙仍延续以前的对称式布局，只不过更加完善。到了亚述帝国，出现了多祭室并列的布局。而宫殿始终未形成某种固定的布局，但其基本格局即以院子和觐见室为中心，周围为住室始终未变。

神庙的发掘使我们了解到两河流域宗教的建筑形式。但是神庙内举行的仪式和神庙变化的内在意义，仅仅从发掘所揭示的遗迹难以回答。这要结合其中的遗物、同时代其他反映宗教内容的遗存，有关历史文献和后来的宗教建筑加以探讨。

通过后来的宗教建筑，我们可以确认神庙内一些设施的用途，如壁龛、祭坛、供桌和用于放置还愿像和香炉支座的泥凳。通过文献可知：在神庙中从事的仪式主要有两大类——供桌和牺牲。供桌主要是崇拜者献给神的食物、饮料和油。在发现的供品单上最常见的供品有面包、牛肉和啤酒一类的饮料，后来又增加了蜂蜜、牛奶、枣、无花果、盐、饼、家禽、鱼和蔬菜。在埃利都第7层的神庙中发现了鱼骨，在乌鲁克第4层神庙发现许多壁上抹泥的长方形槽子，里面有焚化的动物一类供物，有的槽中供品排列十分整齐。牺牲仪式是由一个有资格的祭司一面念着咒语，一面砍断动物的喉管，涌出的血本身就是奠酒。乌鲁克时期的神庙中发现了这种牺牲和祭酒仪式的装置。在浮雕艺术中也常常表现这种奠酒仪式。

神庙祭拜的对象是神像，按理说它应位于祭坛上或挂在壁龛的墙上，但至今尚未发现这类遗物。有人认为或许是神像很贵重而且易于搬动，因而难以发现。代表祭拜者向神提出某种请求的"还愿像"则比较常见，它们的功能可以通过其上的铭文得以确定。这些泥像有的呈碎片散在地下，多位于它们原来站立的泥凳附近，有的被埋入殿堂地下或祭坛里。阿斯玛尔方庙二号祭室的祭坛下的一个窖穴中发现了21尊泥像。泥像双手交叉呈祈祷状，有的手里还拿着杯子。

神庙建筑在宫殿出现前夕的早王朝早期达到高峰，海法吉遗址的大型椭圆形塔庙反映了这时神庙的规模。这时的两河流域已是发达的城邦奴隶制时代，因此神庙不仅应看作是举行宗教仪式的场所，还应是统治者的政治、经济中心。早王朝时期的苏美尔文献表明，神庙占有大量土地，并把其中大部分土地作为份地分出去或租出去。因此神庙还是统治者实施政治、经济特权的场所，是他们权力的象征。

神庙的发展以至出现宫殿的过程，从一个侧面反映了统治阶级的出现和势力增长的过程。在原始社会中产生了原始宗教，而主持宗教仪式的人是具有特殊资格的人，即祭司，他们成了特殊公民。随着祭司搬进了神庙，他们的特权也在增加。但是他们要在习惯于平等的原始社会末期提高自己的权力，只有借助于神的威严。在神庙不断发展的同时，祭司的住所也更加豪华。在早王朝早期，神庙建筑发展到顶峰。这时的楔形文学中尚未出现"王"字，在浮雕中也是以宗教场面为主。随着奴隶制的进一步发展，统治者的权力已达到不再需要以神的名义发号施令时，宫殿就出现了。

王室住所与祭司住所的相似正说明了这种权力的转移。

神庙和宫殿的变化不仅具有功能上的意义，而且还反映了两河流域南、北文化势力的消长和融合过程，尤其是代表传统文化因素的神庙建筑。

两河流域的文明起源于南部的苏美尔地区，最早的神庙也出现在那里。整个前王朝时期，神庙发展一脉相承。到了早王朝中期，出现了具有北方因素的多祭室方形布局，而古文字的研究也说明这时期的许多王的名字是闪米特人（Semitic）。乌尔第三王朝是苏美尔文明的复兴，这时期和公元前二千纪早期的古巴比伦王国仍然是由南方传统发展而来的对称式布局。到亚述帝国时代，又流行起多祭室并列的亚述布局，而祭室内部门—前室—祭室呈一线的格局又是南方巴比伦式风格。这与两河流域的上古史完全吻合，南部苏美尔文明的发达、北部闪米特人的兴起、文化的融合直到两河流域南北的最后统一。

[本文原载于《史前研究》，三秦出版社，1989年]

西亚早期陶泥制品的研究

陶容器是新石器时代以来考古研究的主要遗存。但是陶容器的出现已是陶泥制品发展到成熟阶段的产物。在它出现之前，陶泥制品还有很长一段发生和发展的历史。这段历史正是本文所要论述的内容。

陶泥制品的原料是分布极为广泛的黏土，这种黏土是火成岩的主要成分——长石的分解物。它们是直径为0.0005毫米、厚0.00005毫米的细小晶体。当黏土受潮时，这些小晶体迅速出现可塑性和黏、韧性；当它干燥时，这些小晶体便联结在一起，变得十分坚硬；当它被加热到700~900℃时，溶化在一起，不再改变形状。黏土常常从其原生地被水冲到河床附近。在这个转移过程中，黏土又携带了不同的矿物质、金属元素和有机杂质。这些物质都影响着黏土的成分、颜色以及加热后的氧化和玻璃化程度，所以各地的黏土有很大差别。

黏土资源丰富，人们一旦掌握了它的性能，便根据自身需要，利用它为人类服务。由于它的可塑性，黏土被捏塑成各种几何形物体、塑像、珠饰等；由于它干燥后可以像石头那样坚硬，便用它来建造房屋；根据它的耐火、防潮和防太阳晒、防虫咬等特征，人们用它建造各种储藏设施；它的耐火性可以用作各种灶具、窑等。这些也正是我们发现的早期陶泥制品的种类。本文拟根据西亚各地区发现的陶泥制品，按地区、按时代进行综述，并进一步讨论它的产生和发展过程以及出现的原因，以便对考古学中最常见的一类遗存的早期历史作一探讨。同时，由于中国考古学界还很少有人涉足这一领域，所以这一问题的讨论对中国考古学界来说有借鉴的意义，应在发掘和研究中把它作为一个专题予以充分的重视。

一、各地的考古发现

这里的西亚地区，西起土耳其，东到伊朗、阿富汗，南至沙特阿拉伯，北到高加索山脉和阿塞拜疆。在这一地区内，最早进入农业经济的地区有土耳其的安那托利亚高原、地中海东岸狭长的黎凡特地区和两伊边界的扎格罗斯山区，这些地区发现了早期陶泥制品。下面分别介绍各地区的发现情况（图一）。

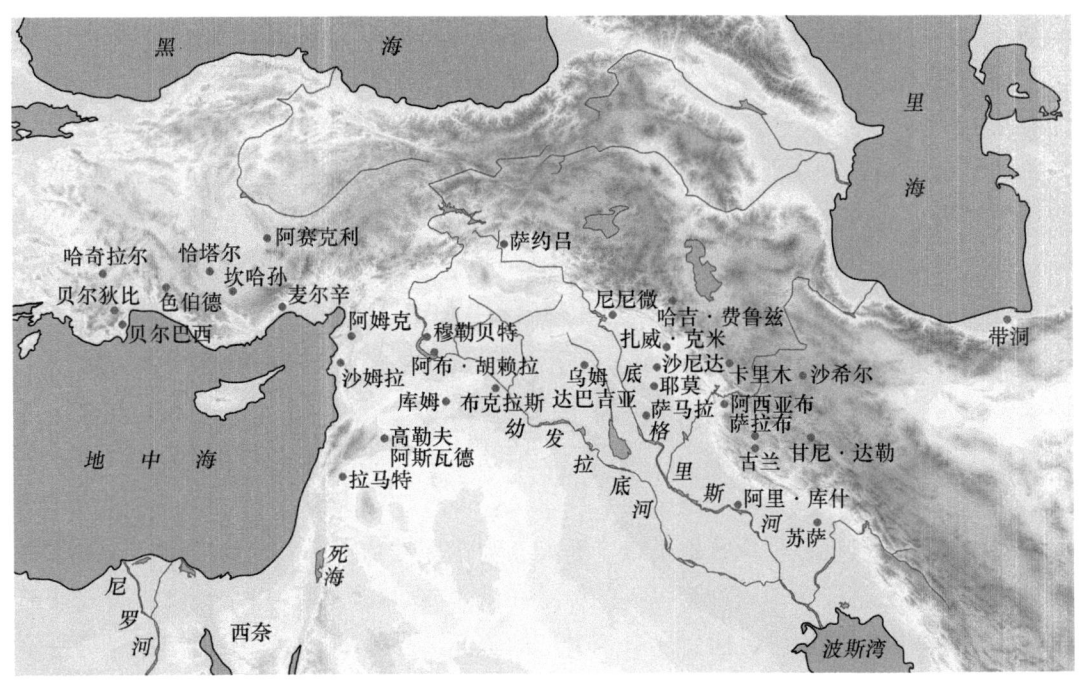

图一　遗址分布示意图

1. 叙利亚

叙利亚属黎凡特北部，基本代表了黎凡特的发现情况。根据陶泥制品的发展和当时的经济生活，可以将这一地区的陶泥制品的发展分为四个阶段：

Ⅰ：公元前9000～前8000年。这个阶段仍属于中石器时代，人们从事狩猎采集经济，但已经有定居的聚落。

公元前9000～前8500年可以穆勒贝特遗址（Mureybet）Ⅰ期为代表，属纳吐夫（Natuf）文化。建筑为圆形，保留的泥墙高50厘米，厚10厘米。泥墙内壁抹得平整，外侧有竖置平行的柱槽，说明这时建筑是木骨泥墙。发现的10厘米厚的泥墙应是木柱墙内侧抹的泥，由于木质腐烂，只保留了木柱一侧抹的泥。这是这一地区最早使用泥土的证据。

公元前8500～前8000年的情况可以穆勒贝特第二期为代表，其文化属性是纳吐夫文化向前陶新石器时代A阶段（PPNA）的过渡。这一阶段的定居规模有所扩大。遗址中发现200多座房屋，房屋为圆形，直径3～4米。墙由石头垒成，泥用作粘合石头的灰和抹墙面、地面和屋顶。房内的设施有靠墙的石砌抹泥的长凳。最重要的是，室外的灶坑内壁也抹泥，这是泥向陶过渡的重要环节。通过这个实践，人们将慢慢意识到泥土可以防火，而且经过烧烤后将不再改变形状，比干泥更加坚固。

与此同时的阿布·胡赖拉遗址（Abu Hureyra）仍是半定居生活，因此未发现任何泥制品。这说明陶泥制品是随着定居生活的开始才出现的。在这一地区刚出现时主要用于建筑方面，穆勒贝特遗址和阿布胡赖拉遗址中发掘出的土全部过了筛，没发现一件陶泥小件。

Ⅱ：公元前8000~前6500年。这一阶段是向新石器时代过渡时期，出现了农业，但还不普及。这一阶段的遗址有穆勒贝特遗址的第三、四期、阿斯瓦德遗址（Asward）和高勒夫遗址（Ghoraife）。第一个遗址仍处在狩猎采集阶段，后两个遗址已是农业村落。这时的陶泥制品有建筑材料、塑像和几何形物体。

建筑材料仍然是用于抹砌地面、墙壁。但这时的泥已经开始有意羼入有机物，形成草拌泥。这说明人们在不断的实践中已经意识到夹料可以减小干燥引起的收缩幅度，防止裂开。这种技术后来广泛运用于制陶技术中。地面抹平后还用黑彩画有人字纹地画。

最早的泥像发现在阿斯瓦德遗址，有妇女塑像和动物塑像。妇女塑像为坐式，高3~6厘米，大底座。脸部表现有捏起的鼻梁和戳印或附加泥球的眼睛，没有表现嘴部和耳部。身体形状突出了乳房，还有烟卷形的腿部，脚很小。塑像表面没有经过任何加工处理（图二，1）。动物塑像有40件，可以辨认出的动物有野山羊、牛和公野猪。

几何形物体的形状很规整，有球体、锥体、圆盘体和圆柱体，尺寸为2~3厘米，有的上面还有划纹（图三，1）。

Ⅲ：公元前6500~前6000年。这一阶段属于陶容器产生之前的新石器时代阶段。这时的主要遗址有拉马得（Ramad）第一期、高勒夫第二期、阿布胡赖拉遗址、沙姆拉角（Ras-Shamra）ⅤC阶段、库姆丘（Tell Koum）和布克拉斯第一期。这时农业已经基本普及、但也有特例，如库姆丘是农业和狩猎的混合经济，布克拉斯没有农业。由于这时的经济生活发生很大变化，建筑也发生了相应变化，墙的原料由石头变成泥制品。可以说农业村落基本是由泥土构成的，用泥垒墙主要用两种方法：一种叫作堆泥法（Pisé）。这是将草拌泥堆成厚约50厘米的一层，待晾干后再堆下一层，直到需要的高度。另一种方法是用泥砖垒墙。泥砖为手制，两面凸起，一般是垒在石墙基之上。房屋内有时还能发现用泥砖垒成的方柱，多在灶和储藏箱附近。

泥制品除了用于垒墙外，还用来建造各种房屋设施。如房内的台地和长凳，可能是为了便于坐卧。随着农业的发展，出现了储藏粮食的需要。在房内靠墙处有泥砖垒成的方形泥箱，同时还有直径1.8米的窖穴。在布克拉斯遗址还发现了泥管，可能是排水设施。这时的灶有一道泥制的围沿。这一阶段还出现了最早的壁炉，但没有发现烟筒，说明炉温还不高。

这时的陶泥小件有塑像、印章、珠饰和纺轮。人像的四肢与躯干分离开了，有的与抹泥的人头骨共存，说明具有宗教功能。动物像不见腿部，可能是表示蹲式，身体肥胖（图二，5）。印章有两类，一类是板块式，上有刻划纹，另一类是纽扣式，便于

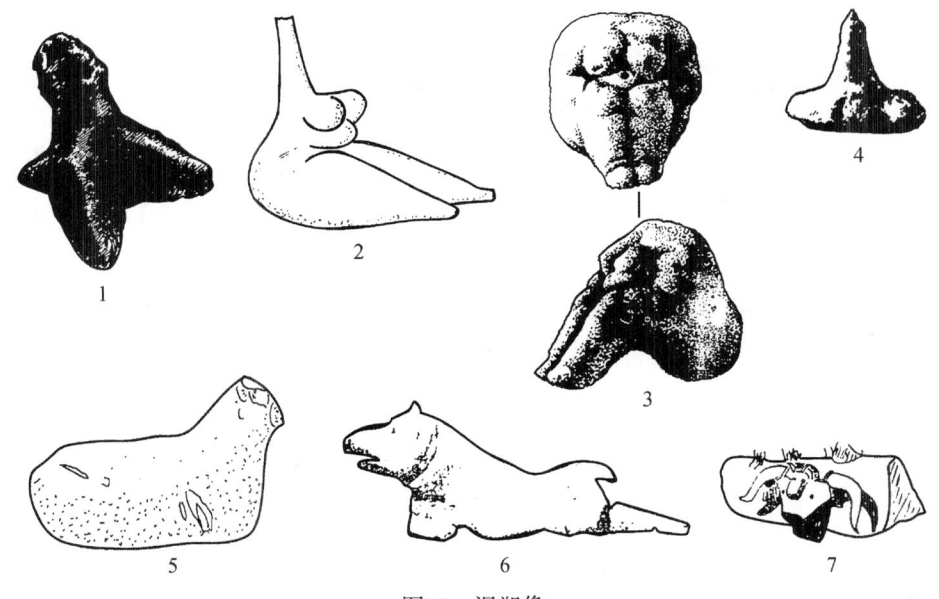

图二 泥塑像

1~4.妇女塑像（分别出自阿斯瓦德、萨拉布、恰塔尔和萨拉布） 5~7.动物塑像（分别出自阿布胡里拉、萨拉布和恰塔尔）

携带。珠饰为圆柱形，还有相同形状的绿石、石英石珠。纺轮为双锥形、形状不规整。

Ⅳ：公元前6000~前5500年。这是陶容器出现时期。陶容器有两种，一种是夹砂陶的大杯和罐。罐的壁厚5厘米，底厚10厘米，器高40厘米。另一种陶器是黑色磨光陶的小杯和球形罐，火候高、陶质硬、器壁薄，有划纹，这种陶器可能来自安那托利亚地区。本地区在农业起源时期处于领先地位，但在以后则逐渐落后，所以陶器出现比其他地区晚500~1000年。

这时期其他的陶泥制品与上一阶段基本相同，只是出现了模制干砖，塑像更加写实。

2. 安那托利亚

这一地区最早的陶泥制品发现在贝尔狄比（Beldibi）洞穴遗址，这个遗址的堆积从旧石器时代晚期到铜石并用时代。陶泥制品出土于B层中的第8、9小层。虽然没有^{14}C数据，但根据地层关系和共生关系，其年代当在公元前8500~前8000年。在这个年代里出现陶泥制品并不奇怪，但令人奇怪的是这个陶泥制品是一件夹砂的陶容器！这在整个西亚尚属孤例。由于这一地区尚未发现同一时期的平原遗址，所以这个陶器的年代有待将来的考古发现予以确认。

这一地区有明确年代的泥制品是从公元前7500年开始。从公元前7500~前6800年可以划作泥制品的第一阶段。这一阶段共发现了八处遗址，有四处遗址发现了泥制品。

建筑中的泥制品数最多。阿塞克里遗址（Asikli）代表了这一地区最早的泥土建筑，已经使用了泥砖，地面抹泥。哈希拉尔遗址（Hacılar）的前陶时期（1~7层为公元前7000~前6800年）使用的泥砖规格比较固定，为72厘米×28厘米×8厘米，居住面用小石子和泥抹平。建筑内的设施有用泥垒砌的高台，贮藏箱和灶。

泥制小件的数量较少，只见于萨约吕遗址（Cayönü），有珠饰、塑像和几何形物体。

人像没有头部和胳膊，只有躯干和大腿。整体形态为坐式，从臀部和大腿看，为女性。动物像数量比人像多，但形态不清楚。几何形物体有球体、锥体、四方体、圆盘体和圆柱体。球体直径为1~5厘米。器表面颜色是淡黄、微红或灰黑色，说明用火略加烧烤过。

总之，这一阶段有陶泥制品的遗址占50%，而且种类齐全，尤其是建筑中的使用已经相当成熟，说明这已不是陶泥制品的初期。

从公元前6800~前5800年为陶泥制品的第二阶段。这一阶段发现了五处洞穴遗址、七处平原遗址，在这些遗址中全部发现了陶泥制品。

这一阶段用于建筑及其内部设施的陶泥制品除泥砖外，新出现了墙上的高浮雕，以公牛、羊为主，由草拌泥经模制而成，突出犄角，晚期用真牛角取代。这种装饰只见于这时最大的恰塔尔遗址（Çatal Höyük）的祭室中（图二，7）。这时的泥箱根据其位置可能有不同的功能：成对或成排的泥箱是贮藏谷物的、灶边的是存放燃料的、公牛和公羊浮雕下面的是装供品的。另外还新出现了穹顶陶窑和壁炉。

几何形物体的体积出现了差别。例如恰塔尔遗址的球体直径为5~10厘米，应当是投掷的泥球。塑像更加写实，例如动物像以羊、牛为主，长3~8厘米，已经有耳部、尾部和角部的描写。人像少，但已是四肢与躯干表现清楚，这可能与制作方法有关。这时已是分部位制作，发现的躯干颈部有一孔，说明头部是后安置或是用其他材料制成。人像均为女性，身体肥胖，臀、腹和乳房都很突出（图二，3）。这时还新出现了印章，一种为板式，一种为圆形带纽的，刻划的图案有交叉线和涡纹。

这时最重要的发现是陶容器的出现。陶容器为泥条盘筑法制成，陶胎中的羼合料以砂为主，个别夹草或贝，反映了文化之间的差别。陶胎发黑，是未充分燃烧的结果。器表磨光，个别施陶衣。器形为小碗和直沿或卷沿罐，多有器纽。装饰有彩色条带和指甲划纹，数量很少。

总之，这一阶段的陶泥制品已经普及，几乎每个遗址都已使用。种类增加了墙浮雕装饰、印和陶容器，塑像各部位的表现更加清晰，写实性更强。原有的品种在功能上出现分化，如几何形物体。

3. 扎格罗斯山区

这一地区在公元前九千纪初尚未发现陶泥制品，属于这时期的扎威·克米（Zawi-Chemi）遗址中只有石质、骨质、角质、皮质和贝壳质的人工制品和一些植物遗存。大约在公元前九千纪中叶，这里出现了定居生活方式，并随之出现了陶泥制品。根据陶泥制品的种类和数量变化以及这一地区经济的发展，陶泥制品的早期历史可以分为以下三个阶段：

第一阶段（公元前8500～前7500年）是陶泥制品出现时期。其种类以各种小件为主。这时仅在阿西亚布遗址（Asiab）发现了用于建筑的泥制品，它们是大量的小而坚硬的泥块，估计是房顶枝条上敷的泥。泥制小件主要是塑像和几何形物体。人像仅有2～4厘米高，只有一个大致的人形轮廓，连性别都没有反映出来。动物塑像也很小，难以辨认其种属。在甘吉·达雷（Ganj Dareh）遗址出土的泥像可以看出是山羊和绵羊，制造粗糙。几何形物体发现在阿西亚布遗址和甘吉·达雷遗址，约有十几个。形状为标准的锥体、四方体、球体、圆盘体和圆柱体。锥体底径为0.5～2厘米；球体直径有0.5厘米和0.5～3厘米两种；圆盘体直径为1厘米和0.5～5厘米两种；圆柱体长1～4厘米，直径2毫米。

总之，这一阶段的陶泥制品主要集中在阿西亚布和甘吉·达雷两个遗址，其他遗址中则少见，尤其是洞穴遗址（如带洞，Belt Cave）基本不见。另一个特征是这一地区最早的陶泥制品以小件为主，而其他地区则是以建筑材料为主。还有一个现象是，出自阿西亚布的泥制品从一开始就都经过烧烤，因此在这里似乎没有通常所说的"前陶新石器时代"。

第二阶段（公元前7500～前6300年）陶泥制品广泛应用于建筑及其各种辅助设施。这是由于这时农牧业经济基础上的定居已经普及。阿里·库什（Ali Kosh）遗址出现规格为15厘米×25厘米×10厘米的泥块，耶莫（Jarmo）和甘吉·达雷的泥土中掺和了植物夹料，甘吉·达雷的泥砖均为两面凸起的圆盘形，规格为100厘米×30厘米×7厘米。建筑内的灶、壁炉和储藏箱也都利用了泥土制作和抹砌。壁炉上方还有烟筒相连。

这时出现了最原始的陶泥容器。一种是双锥体的大折腹罐，高80厘米，壁厚5～6厘米。无底，可能是从口放入贮藏品，从底取出。还有直径80厘米至1米的大盆，底厚9厘米。这种器物外表未经任何处理，盆壁和底的接缝也十分清楚。它们应是从泥制方形储藏箱发展来的。另两种是小型容器，如小杯、小盘，质地很粗，夹有石粒和炭粒。第三种是壁薄、质地坚硬的黑陶，装饰各种指甲印压纹。前两种出自甘吉·达雷D层；第三种出土于该遗址的B层，说明它在年代上晚于前两种。

这时的人像已有性别特征，均为女性，坐式，乳房突出。动物像多表现人工饲养的家畜，如山羊、绵羊。动物形体矮胖，背上捏起一道棱象征脊椎，有时还有表现耳部和尾部。耶莫遗址也发现一个猪的塑像。对耶莫遗址的动物像分析表明，塑像均经过400~500℃的烧烤。总之，这时期各遗址都发现了数量不等的陶泥制品，数量最多的是伊朗的克尔曼沙赫（Kermanshah）地区和伊拉克的基尔库克（Kirkuk）。

第三阶段（公元前6300~前5800年）陶容器广泛分布于扎格罗斯山区的所有遗址，其增长速度以耶莫遗址为例：在1950~1951年度发掘中，第3~5层出土204片陶片，其上的第1、2层为12000片。最常见的器形是直径15~30厘米，高10~15厘米的碗，形状有直壁、曲壁、平底和圜底。这种器形是从同形的石容器中衍变来的。其他器形还有大杯、带流罐和小圆罐。在古兰遗址（Guran），陶器的增多是伴随着游动的牧民的小木屋逐渐被定居的农民的泥砖房取代的过程。在带洞，陶器的普及与农业成为主要经济活动的转变同时。这时的陶器上出现了陶衣，还有红彩，图案为篮子纹饰、网纹、斜雨点纹、三角纹等。

这时的建筑中有泥垒的凳子、桌子，还用白石膏抹墙壁、用小石子和红泥制成水磨石面。

这时的塑像有两类：一类是写实的、肖像式的人像。最著名的是萨拉布遗址（Sarab）的"维纳斯"。这种人像均为坐式，身体由几部分组成。有头饰，脸部有划纹表现手法，眼睛用小圆泥珠镶嵌（图二，2）。另一种是写意的，整体呈金字塔形，在近底部的内凹就代表了大腿，也有下垂的乳房（图二，4）。动物像中既有野生的，也有家养的。耶莫遗址共出土了1100件，共可分为15个种属，如狗、猪、绵羊、山羊等（图二，6）。

总之，这一阶段已经进入了陶器新石器时代。

二、讨 论

以上综述了各地区陶泥制品的发现。通过这些资料，我们可以初步探讨以下几个问题：陶泥制品是怎样出现的；各种陶泥制品的发展过程；某些制品功能的考证以及陶泥制品对人类文明的贡献。

首先是陶泥制品的出现问题。从以上三个地区的发现来看，它的出现大致在公元前九千纪。叙利亚地区最早，在公元前九千纪之初，其他两个地区分别在九千纪中叶和末叶。如果我们结合当地的经济发展情况便可以看出，陶泥制品出现时间的早晚与该地区定居生活确立的时间有关。黎凡特及叙利亚地区是整个西亚最早进入定居的狩猎、采集生活阶段，所以这里的陶泥制品出现最早。黏土资源丰富，又不需要复杂的制作工具，只用手就可以制成。但是为什么在定居以前基本不见陶泥制品泥？从道理上讲，陶泥制品厚重、易碎，不便于经常迁徙的人们携带。从世界各地的发现情况看，欧洲最早出现陶泥制品是多尔内·威斯多内斯遗址（Dolni Vestonice），年代约为公元前25000年，有妇女、动物塑像和灶，还有法国旧石器时代晚期的安道波洞穴（Le Juc d'Andowber），这里有墙浮雕和动物塑像。这两处遗址周围的小环境说明这里狩猎资源异常丰富，四季都有，所以这里的先民可以定居在这里从事狩猎活动，前一个遗址的居住时间长达800年。而现在仍在过着游动生活的狩猎采集者：布须曼人、澳大利亚土著和俾路米人，尽管他们已经通过贸易有了枪、刀和金属容器，但是他们从来未使用过陶泥制品。这说明定居是陶泥制品使用的前提，反过来陶泥制品的使用又有助于定居的实现。

早期陶泥制品的种类主要有建筑材料、储藏设施、灶具、建筑装饰、塑像、几何形物体、印章、珠饰和陶容器。根据它们是否携带方便，这些陶泥制品可以归成两类，一类是与建筑有关的不可携制品，另一类是可携的小件制品。各地区由于考古发现和遗存保存情况的不同，都有一些空白。如果将三个地区综合考虑，可以大致了解各种陶泥制品的发展情况。

建筑材料最早出现在叙利亚，这一地区比较清晰、连贯地反映了它的发展过程：黏土最初用于粘合垒墙的石头和抹墙、地面、屋顶。黏土由直接使用发展为有意掺入植物夹料，说明人们对黏土性能的认识和有意控制。随后出现了用黏土垒墙的技术，先是由湿泥和干泥块垒砌，后来出现规格一致的模制干砖。储藏设施主要是泥箱，安那托利亚地区出现最早，扎格罗斯山区出现最晚，但在后一地区储藏箱发展成可以搬动的储藏罐，最后成为陶制贮藏容器。灶具最初是简单的圆形地下灶，灶边逐渐形成一圈高起的凸棱。后来又出现了壁炉，壁炉由无烟筒发展成有烟筒，从而使炉子温度得到提高。建筑装饰主要是墙浮雕，出现比较晚，而且只见于某些特殊等级的遗址中的特殊功能的建筑。

塑像是小件制品中出现最早的一种。早在旧石器时代晚期，它就与石像共存于个别遗址中。西亚发现最早的塑像在扎格罗斯地区，只表现出一个人形，连性别都看不出来；这种塑像渐渐发展为以躯干为主的塑像，乳房突出，脸部有捏起的鼻子和镶嵌小泥珠的眼睛；最后人像由于身体各部位是分别制作后组合而成的具有了写实的效果，但女性的特征部分仍采用夸张的表现手法，反映了对女性的生殖能力的崇拜。塑像均以坐式为主。印章出现比较晚，分板式和扣式两种。陶容器的出现是早期陶泥制品发展到尾声的标志。虽然安那托利亚发现的年代在公元前8000年的陶器我们目前尚不能作出圆满的解释，但是扎格罗斯地区的发现提供了一些陶器出现的可靠材料。陶器的来源有两个：一是从大储藏设施发展来的陶质贮藏容器，另一个是从石容器发展来的陶质盛食器。器壁由厚到薄，器表由无任何处理到打磨、施陶衣和进行装饰，器表装饰有刻划和绘彩两种。刻划最早是指甲纹，彩绘最早是简单的直线组成的网纹，三角纹和人字纹等。

各地区都出现一种几何形物体。对于它的功能，贝西拉特（D. S. Besserat）进行了详细的考证，提出这代表了当时简单的记录系统。从发现的情况看，首先是它们形状固定，只有锥体、球体、圆盘体、圆柱体和四方体；其次它延续的时空范围在整个西亚从公元前九千纪至六千纪，六千纪以后便都经过有意的烧制，说明它具有永久保存的必要；最后是它在每个遗址都达到一定数量。以耶莫遗址为例，球体1153个，锥体106个，四方体20个，圆盘体292个（图三，1）。以前只是把它们分别叫作弹丸、钉饰、棋子和器盖。对它们没有给予充分注意。但从其发现看，这是该地区很重要、很有特点的遗物。伊朗西部的亚亚遗址（Yahya）和苏萨遗址（Susa）的发现给了这个问题的答案。这个遗址年代为公元前四千纪，在这个遗址发现的"档案馆"中，几何形物体被装在一个大的空心圆球中，圆球就像一个信封一样。每个球内装的几何形物体的种类和数量不等，但都刻在空心球的外表（图三，3）。在档案馆中共出的泥版上也刻划着同样的几何形物体（图三，2），因此这些几何形物体代表着交换物品的数字。每个泥球中装的几何形物体代表了某种物品的数量，只要对这个泥球"拆封"便可知道。这种空心泥球还见于同时代的尼尼微（Nineveh）和瓦尔卡（Warka）遗址。

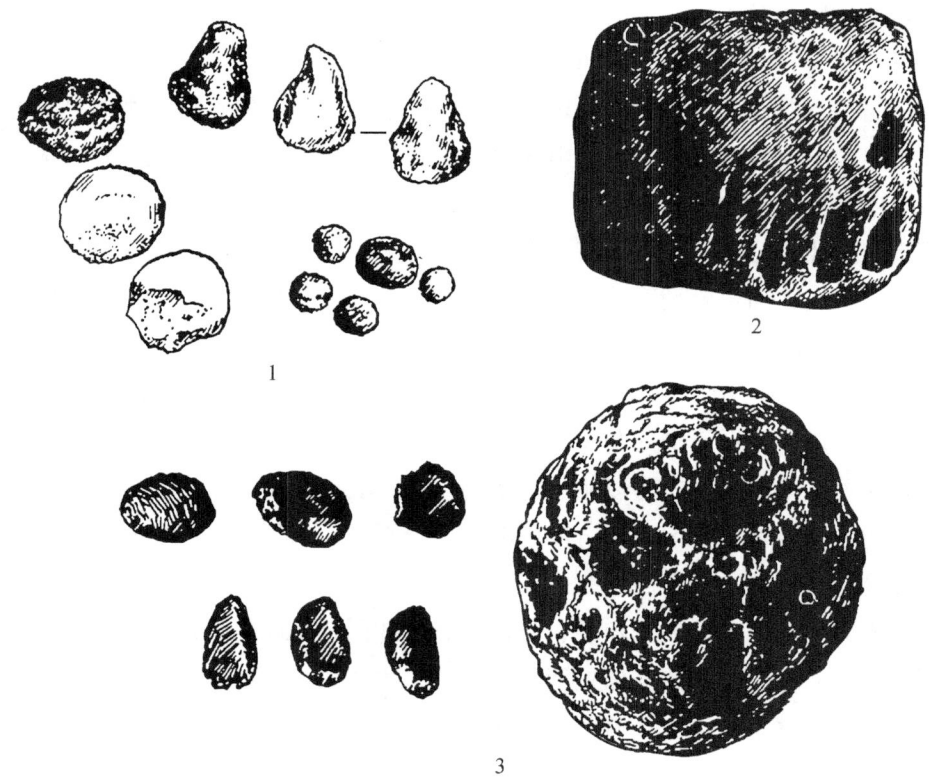

图三　几何形物体及相关遗物

1. 各地出土的几何形物　2. 数字泥板　3. 苏萨出土的空泥球和内装的三个圆整体、三个圆柱体几何形物体（同样的几何形物的形状还印在空泥球外表）

苏美尔楔形文字也可以进一步证明它的这一功能。在泥版文书中，一个小锥形代表1，圆形代表10，大锥形代表60，大锥形下部有一圆形围绕代表600，大圆形代表3600。由此可见，早在文字出现以前，西亚就存在一种三维空间的记录系统，它比文字早五千年！

总之，陶泥制品的发展是人类物质生活和精神生活发展的需要：定居产生了泥制建筑和炉灶；生产的发展使剩余增加，促进了贮藏设施的发展和完善；交换和经济的进步使用了几何形数字体系和印章；观念和制作技术的发展使塑像不断变化；技术的积累出现了最初的陶容器。这些早期陶泥制品在陶容器出现后仍在继续发展，并伴随人类进入文明社会。在文明社会中，仍然可以看到它对文明的产生作出的贡献：泥土建筑发展成雄伟壮观的宫殿和庙宇；印章上的刻划纹和几何形物体演变成泥版上密密麻麻的文字；制陶的成型技术和烧制技术为金属的冶炼准备了技术条件，这一切辉煌的成就都是从这简单的陶泥制品开始的[①]。

（本文原载于《青果集——吉林大学考古专业成立二十周年考古论文集》，知识出版社，1993年）

---

① 本文的年代都是未经过数轮校对的，现在使用的是树轮校对过的，参见序中的最新年代。

聚落与社会考古

社会考古学与聚落考古

20世纪80年代初,新考古学的大量许诺,诸如寻找文化变化的原因(或原动力)以及普遍的发展规律等,没有取得令人信服的结论,人们开始对文化生态学和文化进化论产生了怀疑。新考古学是把自然环境变化和人们在技术领域中做出的反应看成是社会变化的根本原因,这时人们开始意识到它具有环境决定论和技术决定论的成分。这种理论把一切物质现象都看成是维持人类生存的手段,于是用功能来解释一切。但是实际上,功能主义并不能解释一切文化现象,因此新考古学又被称为"功能—过程学派"。

在反思的过程中,人们意识到社会的生产关系也是解释文化变化的一个重要原因,并且开始强调社会关系的重要性。考古学家伦福儒(Colin Renfrew)和申南(Shennan)的"阶级、资源和贸易"、斯普里格斯(Spriggs)编著的《考古学上的马克思主义观点》,引用了大量社会人类学和社会学的观点,这使得20世纪80年代在欧洲形成了社会考古学。彼特斯·博古斯基(Peters Boguski)在《欧洲考古学的理论趋势》一文中把社会考古学作为一种解释模式,并把1984年伦福儒编辑的《社会考古学研究》论文集作为社会考古学这一学派的纲领性宣言。他们认为,把人们的社会关系作为研究的重点,是因为社会生产关系决定了可利用的自然资源、社会的分工、社会产品的所有与分配以及剩余产品和社会给予它的价值。他们反对最初的新考古学把环境变化、技术革新和人口压力作为农业起源的根本原因。因为只有人口压力和社会结构形成不均衡时才成为问题,决定一个社会人口结构的许多因素里有阶层及其生产关系,因此向农业社会过渡最主要的是社会原因。在考察部落制社会和酋邦社会时,在考古学上可以观察到许多社会发展水平方面的特征,如聚落形态、建筑布局、集中劳动成果、剩余生产、贮藏、专业化、等级、代表地位的遗物、地区内和地区间的贸易、战争、考古学文化边界的变化等,这样就大大地丰富了塞维斯(Service)对人类社会发展阶段游群、部落、酋邦和国家的划分[1]。

聚落考古是考古学与地理学结合的产物,如同地层学是从地质学中借用来的一样。层位学与聚落考古都是考古操作中的一种方法,只不过层位学要说明的是遗存之间的纵向关系,而聚落考古要说明的是遗存之间的横向关系。后者较前者更为困难,因而出现得也比较晚。最早的聚落考古实践是美国考古学家在维鲁河谷进行的,它是以地区为单位对相关遗址的年代、功能以及布局等方面进行动态的研究,以说明这一地区的文化变化。后来这一方法又在两河流域和中美洲的瓦哈卡地区取得了很大的成功。聚落形态是人们在地形中选择居住位置的方式，它涉及居住房屋以及相互间的布局、与社区内其他建筑等遗迹的关系。它反映了自然环境、建筑技术和社会关系与结构等，因此它在研究社会考古学方面具有很大的潜力。最初从地理学借鉴来的聚落研究是以地区为单位的，但它又是由遗址构成的。这就涉及对遗址本身的研究，这方面苏联考古学家早在20世纪30年代基辅附近克罗米辛纳成功地再现了特里波列人的社会生活，我国考古学家在陕西省半坡遗址和姜寨遗址也比较完整地再现了史前时代的氏族生活。这些研究都把重点放在对社会的复原上，丰富了聚落考古的方法与成果。社会考古学派对不同人类发展阶段的社会有不同的研究课题，强调利用聚落考古学有意识地研究不同社会的某些重要的问题，增强了研究的目的性，深化了社会考古学的研究。

一

人类最早的社会阶段是处于狩猎采集的游团社会（band）。这时的遗址一般分为洞穴遗址和开阔地带两类遗址。对于这个阶段，社会考古学研究的主要问题是确定遗址是临时性住所还是定居址；人们的活动区域和相互间的血缘关系；游动的范围，例如狩猎区、采集区和季节性迁徙路线。这方面的研究可以西亚的贝哈遗址为例。

贝哈遗址（Beidha）位于死海南岸，属于中石器时代遗址[2]。最有特点的遗物是石器，其中属于工具的有11种：刮削器、多功能工具、雕刻器、齿状器、斜截状石片、钻、二步加工石片、几何状细石片（以新月形为主）、非几何状细石片、有背细石片、带有硅光的其他形状石片。在以上11种工具类型中，几何状细石片数量最多，非几何状细石片次之，齿状器再次之，以上这几种石器的数量共占总数的三分之二。其余的三分之一中，刮削器和二步加工石片较多，斜截石片与雕刻器较少，带有硅光的石片数量最少。

石器工具的类型是当时人们经济生活的反映。能够把石器类型与经济生活联系起来分析的桥梁是对这些石器功能的推测。根据民族学对比、微痕分析与实验和对装把使用的观察，可以初步确定几种石器的功能：作为投掷器端刃的几何形细石器和作为加工兽皮的刮削器的数量多，说明狩猎活动和与之相关的加工兽皮的活动频繁；而与骨木器加工相关的雕刻刀和收割野生植物的带硅光的石片少则反映了采集与骨木器加工很少。

贝哈遗址的面积和遗迹也有自身的特点。这个遗址的面积为40米×60米，即2400平方米。这个遗址的遗迹不同于其他遗址，只有灶和烧烤坑两种。灶的直径为35～60厘米。烧烤坑的直径为1.5～2.5米。上面有大量的动物骨和大石头。贝哈遗址所属的纳吐夫（Natufu）文化可以分为中心基地与周围营地。中心基地面积大，堆积厚，遗存种类多；周围营地遗址则与之相反。贝哈遗址的特点是：面积大，堆积厚，打制石器种类多，所以比较像基地遗址；但是这个遗址没有房屋和墓葬等遗迹，磨石和骨器都很少，又有营地遗址的特点。综合这些因素，对贝哈遗址比较合理的解释应当是这是一处多次使用的季节性遗址（这个季节应当是非收获季节，而是狩猎季节，所以很可能是冬季遗址）。因为在根据打制石器所确定的人们的活动范围中，工具种类分布一致，有灶和烧烤坑，但不见反映居住生活的遗存，如磨制工具、房屋、储藏设施和墓葬。所以它不是定居性遗址，也不是单一功能的遗址。

结合贝哈遗址出土的动植物遗存以及佩特拉（Petra）地区的资源可以进一步了解到：当时人们获取食物和生活用品的情况：野山羊生长在岩石地带，因此当时人们主要是从岩石地带获取食物，从阿拉伯高原获取羚羊，也偶尔去林地与高原开阔地猎取野驴；石器主要使用当地的燧石、阿拉伯高原出产的孔雀石，并使用来自100千米以外红海的海贝。

二

第二类社会是处于前国家的农业定居社会。对于这样的社会要研究的课题有农业和手工业的发展水平，如有无专门化的倾向、有无灌溉农业；公共纪念性建筑的分布以及劳动量的投入；社会各部分之间的关系，如婚姻关系、贸易伙伴关系和宗教方面的联系；遗址的布局、功能以及遗址间的关系，如村落与祭祀遗址。通过聚落考古对这一阶段的社会进行探索的方面比较丰富。

西亚伊拉克北部的哈孙纳遗址（Tell Hassuna）每一层的布局清楚地反映了核心家庭的不断扩大的动态过程[3]。

哈孙纳遗址的ⅠC—Ⅴ的年代为5500~5100年（未校对）。ⅠC层揭露了500平方米，发现了3个独立的方形多间建筑。它们共用一个院落，在院落边有各自的储藏箱。灶与石臼在各自的建筑内。最北的房子面积为25平方米，分为5~6个房间。最大的应是堂屋（内院）。西北角有一个功能不清的残破的圆形房屋。这三个建筑应当是一个小的、自给自足的家庭。

Ⅱ层有一个18~20间的建筑，它们似乎原来是两个独立的建筑，后来连到一起。南部似乎保留了小家庭的建筑，并拥有一个空院，大房间（10平方米）是睡觉和招待客人的。在长形房子（3.5~5平方米）有灶，还有近方形房间（3~4平方米），至少有一间有储藏箱。北部原来是一个拥有4个大房间（10~16平方米）的建筑，周围有一些小的（1~5米）房间。

Ⅲ层：在发掘的500平方米内出现了不规则建筑，它包括15~20间房屋，分2~3排围在开放式的院落周围。这是两个残的由过道隔开的泥砖建筑。西边的建筑面积80平方米，似乎是由小家庭建筑逐渐扩展成一个扩大家庭的。墙厚的部分应当是原来的建筑主体，这一部分布局规整，它应是原来的小家庭（核心家庭）。墙薄的部分是后来附加上的，从而形成了扩大家庭。这个房屋增加的过程在河南省新石器时代的大河村遗址中也有同样的发现。当一个家庭达到5~6人时，家庭发生裂变。这些后增加的人在原有房屋边盖起了新的建筑。

Ⅳ层：到了哈孙纳文化晚期的Ⅳ层，建筑之间大多已经连在一起了，共用一道墙，反映了人口增加的过程。一个建筑一般由2~3个住房和2~3个储藏室组成。门道仍然通向户外的院落。整个建筑的面积达35~40平方米，院落为25平方米左右。这似乎是预先设计好了的一个扩大家庭建筑。

Ⅴ层：建筑布局更加规整，表明计划性更强。总面积约140平方米。从6个建筑的统计中可以看出，房间可以分三种规格，最大的是院落（不到15平方米）；中型的长形房间（10平方米）；小的方形屋（2~4平方米，为储藏室）。

根据这个遗址地层中建筑的变化看，先有扩大家庭的出现，而后形成扩大家庭的建筑布局，这又促进了村落人口密度的增加。

东山嘴遗址的布局为研究人们的活动区域和劳动分工提供了一些线索[4]。东山嘴遗址位于中国东北部赤峰地区，是夏家店下层文化的村落。它有明确的防御设施，但其内部房屋群之间比较分散，从已发掘的部分看，居住地可以分出北、中、西区。北区由F4、F5、F6为主，中区以F1、F2、F3主，西区以F7、F8为主。每个建筑群周围都有数量不等的灰坑。由于小区之间都有一定的距离，所以相互之间的关系不很紧密，并各自有灰坑环绕。从这个遗址出土的遗物的类别来看，当时居民除了饮食、睡觉的生活以外，还从事农业、木器制作、陶器制作、骨器制作等方面的生产活动，此外还有占卜的宗教活动。

根据各个遗迹出土的遗物，我们发现有两大类的组合：第一类主要是陶器+农具，如F8（瓮、盆、三足盆、铲、锄）、F1（豆、斧）、F6（杯、鬲、瓮、罐、盆、石铲、骨簪，其中的陶器只有杯发表了器物图，其余只是文字说明）、H11（两个鬲、斧）和H6（三足盘）。另一类是在目前发布的资料中不出陶器和农具的，如H8（骨锥、骨矛、陶纺轮）、H7（石刀、骨簪、骨饰、陶范）和H12（陶垫）。我们把这两类组合放回到它们各自的出土单位后可以发现，第一类多出在房子中（如F8、F1、F6），以及紧挨房屋的灰坑中（如H11、H6）。第二类均出自灰坑，这些灰坑的特点是远离房子，如H7、H8、H9这一组灰坑，另一个特点是面积较大，形状不规则，坑壁倾斜度较大，如H7和H12。第三个特点是骨器多出在这种灰坑中。简报推测它们的功能是垃圾坑，并且说坑内很少见陶片，主要是兽骨。我们认为，陶片应是当时非常多见的一类垃圾，但是这些"垃圾"坑却很少见陶片，而且当时又不大可能有垃圾分类的做法，所以第二类灰坑的功能还须重新考虑。可以明确的是，陶纺轮代表了纺织活动；陶范反映了制陶行为；骨锥、骨矛、骨簪和骨饰的集中出现有可能是一种骨器加工行为，但也不排除日用生活用具的可能。根据美国考古学家对遗存形成的民族学研究看，体积小的遗物被留在原地的可能性比较大。换句话说，体积越小，被发现在使用地点的可能性就越大。反之，体积大的遗物如一个大陶器，不大容易被保留在原生地。当它们被打碎后，一般很快就被人们移到垃圾堆放处，进入了废弃过程，因此体积较大的残破的陶器类遗物一般都被转移过，而被发现在垃圾堆放处。这个遗址中出土的骨器体积比较小，它们出现在灰坑中不大可能是在被用坏后有意被人们倾倒在这里的，而应当是在这里使用后，留在这里的。更重要的是，这些骨器大多是完好的，完全没有被废弃的理由。另外从这些灰坑的形状看，它们大而浅，具有采光好、挡风的优点，应当是冬季以外的室外工作地点。这里的房屋是地穴式，采光很差，白天在这些挡风的浅穴式灰坑内从事手工业生产要比在屋内和屋外的平地上更加理想。H7、H8和H9就是一组明显的例子。房屋和距房屋较近的灰坑多出土陶容器和农具，说明房屋主要是用于吃饭和睡觉的，并放置农具。简报中说，距离房屋较近的灰坑面积小，形状规整，当是储藏用的窖穴。我们认为这种分析与实际情况相符。

除了以上第一类和第二类组合以外，还有介于这两类之间的个别单位，这需要做进一步的分析：F2是一座房址，出土一件陶盆和一把骨刀，应归入第一类。H5出土了（经化验得知里面装有谷物）稷、石锄，只是出了一把石镞。从组合的大多数遗物和它距离F4的位置看应当归入第一类。距离F4较远的H4和H1分别以骨铲、陶拍和石镞、石刀、骨锥、卜骨、陶纺轮为主，并分别出少量的陶壶、骨铲和折腹盆，应当归入第二类。应当指出，归入第一类的F2中的石镞和归入第二类的H4的骨铲只是全部遗址中的特例。事实上完全一刀切的现象在真实情况中则是非常少见的。在F4周围的H6、H5、H4和H1由近及远地排列和其中的遗物组合由第一类向第二类的过渡即陶器越来越少、手工业工具越来越多进一步证明了遗迹器物组合与遗迹位置的相互关系。

从以上分析可知，东山嘴遗址的夏家店下层居民是把生活用的陶容器和农具放在房屋和近房屋的较为规整、较深的窖穴内，其他手工业工具放在距离房屋略远的不规则的浅坑内。这说明当时的农具和手工业工具基本上是分别放置的。从房屋和灰坑的关系可以看出，从事农业和手工业的人都住在同一个房子里，这两种劳动都是以家庭为单位进行的。从家庭之间来说，不存在农业和手工业的分工。但在家庭内部可能存在这两种劳动的分工。遗址中共出土12件陶纺轮，已发表的4件均出自远离房屋的H8和H1。如果联系到在同一地区的大甸子夏家店下层文化的墓葬中有明确的女性随葬纺轮的现象，或许在房屋外的浅穴内劳动的以女性为主。有一点是可以肯定的，生活和家庭手工业生产的地点已经分开。那么不同的手工业生产是否也有分工呢？遗址中纺轮多和骨器尤其是骨锥共出似乎说明了某些家庭比较擅长这些生产活动。

三

社会考古学研究的第三类社会就是酋邦与国家阶段的社会。它与定居社会的研究内容与方法有许多相同之处。首先要确定最重要的中心址，即首都，并确定内部结构与功能。可以从血缘关系、官僚机构、储藏与再分配的规模与方式、宗教、手工业专门化以及贸易等不同角度了解它的运行。其次是中心址以外的反映行政方面的遗物，如印章、度量衡器和道路等。最后是各独立的社会单位之间的关系，有贸易的和战争的形式等。

两河流域的乌鲁克遗址是前苏美尔时代最大的都城遗址，面积达250万平方米，其他遗址都在1万~20万平方米。这么大规模遗址的形成是一个很长的发展过程，这就是柴尔德的"城市革命"。聚落研究显示，这个过程从公元前5000年左右的欧贝德文化晚期到公元前3000年左右的乌鲁克末期，经历近2000年的时间。阿丹斯（Robert Adams）对两河流域的聚落调查再现了这一过程[5]（表一）。

表一

年份\等级	乡	镇	城	都市
3500	17	3	1（？）	0
3200	112	10	1	0
2900	124	20	20	1

注：亚当斯用的是未经过数轮校对过的年代。公元前3500年相当于乌鲁克早期；公元前3200年相当于乌鲁克中期；公元前2900年相当于乌鲁克晚期

这个统计表明，从乌鲁克时期开始到后期，聚落形态的变化主要表现在村落数量的剧增，同时镇的数量也有所增多。这个阶段是人口大幅度增加的时期，人们正在不断地向外迁徙，建立新的村落。这时期人口增长之快在历史上是罕见的，一方面由于生产力的发展，尤其是农业发展提供了一定规模的剩余粮食，另一方面周围的游动的放牧人看到了冲积平原种植农业的巨大潜力，纷纷下到大河平原开始了定居的生活。这时遗址之间的等级已经出现，但是城镇的数量和规模都还很小。

从乌鲁克时期到捷姆代特-奈斯尔时期，聚落形态的变化主要体现在镇以上的遗址规模数量大增，说明这个阶段是在原有的人口基础上对空间的一次大的调整，反映了社会组织处在一个大动荡大变革的阶段。在这个变革中，原有的血缘村落在解体，地缘城镇在建立，遗址大规模在向高层次发展。这个表中体现了聚落数量增多和规模增大两个阶段，前者是后者的基础，后者是前者的必然。这就是柴尔德提出的"城市革命"，这是最早的国家-城邦的形成。遗址之间的等级化是城邦内"国"和"野"的

分化[6]。巴昆A遗址位于伊朗西南部的波斯波利斯平原，年代为公元前4100～前3700年，属于欧贝德文化晚期。从1928～1956年不断有人在此发掘，其中规模最大的是1932年和1937～1938年的两次发掘。

1937～1938年的发掘区在遗址中、南部，只有BB27-28、BB86和BB78探方区内发现了建筑，其他探方内发现了窑址和厚厚的废弃物及炭灰。建筑物均为东北—西南走向，出土物有铜矿渣、石器、陶器、人和动物塑像、纺轮、小彩陶管、绘有精制纹饰的彩陶、石权标、石杆、石质和泥质投掷器、石碗、铜钻、铜针、铜凿和铜矛（长25厘米），其中许多器物为半成品。根据遗迹和遗物现象，这里应是一处手工业作坊。

1932年发掘区位于遗址北部，探方布局集中。在发掘区内发现了大片的建筑遗存，也为东北—西南走向。这片建筑群由13个建筑组成，每个建筑之间常常共用一堵墙，使建筑连成一片。建筑为长方形，由3～4间房屋构成。这些建筑中很少发现遗物，但出土了140个印纹块，而且只出在Ⅰ号、Ⅱ号、Ⅳ号、Ⅶ号和ⅩⅢ建筑中。

印纹块根据其形状和背面的粘附物质可以分为四型。

A型　21个。背面有绳和绳结痕，或有席纹和成排的绳纹。这种印纹块可能是附着在袋子扎口的绳子上以及柳编篮子上，故称作"袋印"。

B型　2个。形状规整为药片状，即"片状印"可能是一种收据类证明物。

C型　13个。残破严重，形状各异，把它们叫做"其他"类，其中有的可以看出是罐的口部[7]。

D型　104个。是用于封门的门印。

前三型印纹块都是用于可携性货物上的，如袋子、篮子和罐子上。它一方面可以标明内装物品的种类、数量，另一方面可以标明货物的输出地点或发货地点。这些情况说明当时可能已经存在着某种经济组织以确保交换货物的安全，如果印块被拆封便将受到惩罚。最后一型印纹块是固定在不可携的建筑上的。耐人寻味的是，这些印块只出在贮藏室或通向中厅的门前，印块是用于封门的，这进一步证明了3号和4号房屋是用于贮藏物品的，而且库房未经允许不准打开，所以门印对于了解这个遗址当时的经济组织至关重要。

这140个印纹块根据其正面的印纹可以分为6类，其中前5类是多次反复出现的纹样，第6类的纹样都是只出现一次，归入"其他"类。

印纹是持印者的标志。不同的印纹应代表不同的所有者，所以各种印纹出现次数应与不同所有者对物品的控制权有关，而且不同印纹的空间分布当是代表了不同所有者对各个建筑的占有与使用。

上述分析可以看出，Ⅶ号建筑只归持第2类印纹的所有者控制。Ⅲ号建筑由持有第1类、第2类和第4类纹样的所有者使用，Ⅳ号建筑由持有第1类、第3类和第5类纹样的所有者控制，其余的Ⅱ号和ⅩⅢ号建筑则由持"其他"纹样的所有者使用。由此可以看出,在特定的建筑中所有者对可携物品的控制权是有差别的,例如持有第1类纹样的所有者的权限要明显地大于持第4类纹样的所有者。从发掘到的整个遗址布局看,北部是贮藏手工业产品的区域,并且控制和组织这种交换活动。中南部是手工业生产区。这里发现的遗物可能就是当时的产品。北区由于不见遗物,所以不知贮藏品为何物。但是这种布局至少明确这样一个事实:生产区和贮藏区已经分开,生产与产品保管很可能不再由同一群人从事;在保管与交换活动中出现了不同的所有者、他们对这种有组织的经济活动的控制权力是不同的。

在巴昆A遗址时期,生产区和贮藏区完全分开,说明生产活动和对产品的保管与交换活动出现了区别,生产者很可能不再负责对产品的贮藏与交换,印纹的分布说明对产品的保管和交换是由不同所有者负责的,他们之间的权力是不同的。贸易正在向专门化的方向发展。

在20世纪80年代后期国外的社会考古学已经兴起,聚落考古的研究刚刚起步。与此同时,我国的考古学家也提出了考古学研究的三个层次:考古学文化时空框架与谱系研究的"基础层次"、全面复原考古学文化的社会的"中层研究"和解释文化发展变化的"高层研究",并提出要完善基础层次,大力发展中层研究[8]。其中的中层研究是指复原社会的生产力、社会关系和上层建筑,所以有很大一部分就是社会考古学研究的内容。对于中层研究所使用的方法,当时只是提到了民族学类比的方法,但应当说民族学类比并不是考古学的"内证",而考古学本身当时还没有什么成熟的方法。上文所列举的研究实例都是80年代以后出现的。由此我们感觉到从那时起到现在,世界范围的考古学在理论、方法与研究成果方面都有了很大的进步。中国的考古学研究具有丰富的资料,希望我国的考古学家也能在运用聚落考古的方法研究社会考古学方面赶上和走在国外同行的前面。

注　释

[1]　杨建华:《外国考古学史》,吉林大学出版社,1995年。

[2]　Byrd E B. *Natufian Encampment at Beidha*. London, 1989.

[3]　Flannery K V. "The origins of the village revisited: from nuclear to extended households". *American Antiquity*, 2002, 67 (3).

[4]　杨建华:《赤峰东山嘴遗址布局分析及其相关问题》,《北方文物》2001年第1期。

[5]　Adams R M, Nissen H J. *The Uruk Countryside: Natrual Setting of Urban Societies*. University of Chicago Press, 1972.

[6]　杨建华:《两河流域史前时代》,吉林大学出版社,1993年。

[7] 遗址布局参见杨建华：《从聚落布局看史前社会交换方式的变化——来自西亚地区的三个实例》，《考古》1999年第5期。

[8] 杨建华：《试论考古学研究的三个层次及其方法》，《吉林大学学报》1988年第2期。

（本文原载于《古代文明研究通讯》2005年总第25期）

从聚落布局看史前社会交换方式的变化
——来自西亚地区的三个实例

  社会之间的交换是社会间交往的一种主要形式,原始社会进入阶级社会正是社会发展和社会间交往加强的结果。因此,对于社会交换变化的研究构成了文明起源研究的一个重要课题。西亚地区一方面由于考古发掘开始早,另一方面由于长期居住遗址都形成边界明显的土丘而便于全面揭露,所以这一地区是世界考古中居住址发掘最多、最完整的地区。在大量的史前时代聚落布局资料中,位于两河流域北部的乌姆·达巴吉亚遗址(Umm Dabagiyah)和阿尔帕契亚遗址(Tell Arpachiyah)以及位于伊朗西南部的巴昆A遗址(Tell I-Bakun A)(图一)提供了丰富的、属于不同时期社会交换的证据。这三个遗址以及相同文化的其他遗址的聚落布局及其出土物向我们展现了当时生产与交换的情景,对三者之间的比较将帮助我们对史前社会交换的发展模式进行动态追踪。这种研究是重建史前史的桥梁。这个发展模式不仅具有西亚地区文明进程的自身特征,而且具有全人类文明形成的一般规律,因而它对两河流域国家形成的研究和中国文明起源的探索都具有重要意义。

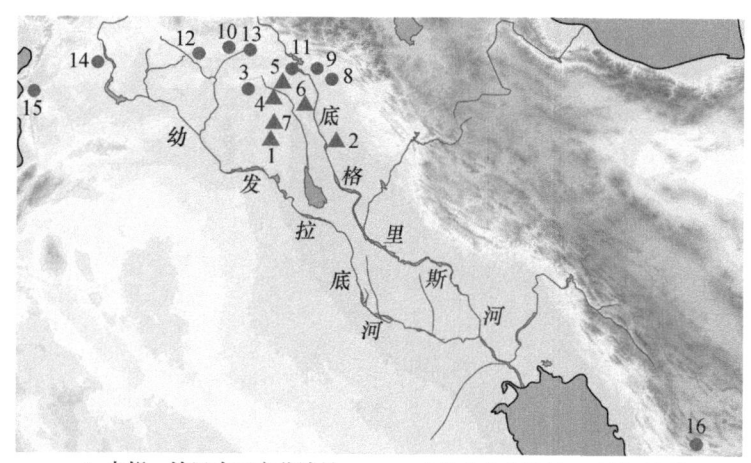

▲ 乌姆·达巴吉亚文化遗址 ● 哈拉夫文化遗址 巴昆A遗址

图一 遗址分布示意图

1. 乌姆·达巴吉亚(Umm Dabagiyah) 2. 马他拉(Matarrah) 3. 耶里姆(Yarim) 4. 索托(Sotto) 5. 塔拉塔特(Thalathat) 6. 哈孙纳(Hassuna) 7. 库尔(Kul) 8. 阿尔帕契亚(Arpachiyah) 9. 高拉(Gawra) 10. 乔加·巴扎(Chagar Bazar) 11. 尼尼微(Nineveh) 12. 哈拉夫(Halaf) 13. 布拉克(Brak) 14. 尤努斯(Yunus) 15. 麦尔辛(Mersin) 16. 巴昆(Tall-I Bakun A)

一

乌姆·达巴吉亚遗址位于底格里斯河以西的杰兹拉（Jazirah）荒原附近。这个遗址是由英国考古学家科克布莱德（D. Kirkbride）女士发掘的[1]，其年代为公元前六千纪前半叶，分为早、晚期，在晚期开始出现简单的条带纹饰的彩陶。

此遗址的建筑可分为两类。第一类是住房，为一套方形多间建筑，一般由1间居室、1间厨房和1~2间仓库或其他用途的房间组成。建筑内房屋的边长为1.5~2米，在每间屋子的隔墙正中留有拱形顶门道，其宽和高皆为50~70厘米，所以出入于房屋之间需弯腰。整个建筑只有部分有通向外面的大门。没有门的建筑多在墙角处搭1~2个台阶作为从屋顶出入的通道。厨房里有灶，并在墙底处通入居室内形成壁炉，其上是一个附壁柱式烟囱。另外在靠墙处地面上还有一个半圆形坑，内有一基石，旁边有磨石，应是加工谷物或器物的场所。地上常有嵌入地面的大型陶容器和泥箱，可能用于盛放谷物。许多房间还绘有狩猎场面的壁画（图二）。

遗址的另一类建筑是成排的库房。每间边长1.5~1.75米，排列规整。最长的一排长40米，包括19间库屋，应是一次建成的，反映了当时的设计规划。库房的墙厚达50厘米（住房墙厚40厘米），而且垒墙的泥块中有意掺入较多的草和沙子。地面抹泥，有的墙与地面的折角抹成圆弧状，有的设有排水管道。房内无灶，也没有通向外面的大门，各屋之间的门道也很少见，应以屋顶出入为主。仓库内很少发现遗物，只有10%的房间内有嵌入地面的大型储藏罐，其中有一个罐内及周围有2000多枚弹丸。

乌姆·达巴吉亚遗址面积为8500平方米，分12个建筑层。除顶部的第1层破坏严重外，各层布局都比较清楚。这个遗址的早期布局以底部的第12~6层为代表，布

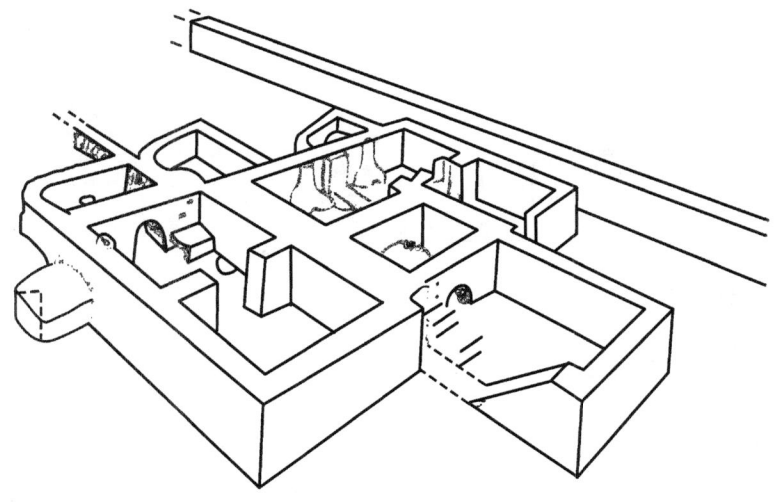

图二　乌姆·达巴吉亚住房复原图

局始终以一个空场为中心，北、东、南三面是环绕空场的成排库房，西边是住宅区（图三）；晚期布局以5~2层为代表，这时住房增多，并侵占了原来的库房区，同时使原来位于中心的空场一分为二，变成东、西两个中心（图四）。早、晚期布局的变化一方面反映了与库房有关的生产逐渐减少，另一方面说明整个社会的单中心式布局正在向多中心发展，是社会组织分化的开端。因此晚期布局的规划远不及早期严格。但早、晚期的共同特点是用于公共活动的广场位于中心，生产区和生活区分开，这种布局应是从整个社区出发设计的，反映出社区组织在当时的权威地位，把公共活动的广场放在聚落中心说明这种布局是满足全社区人的需要，生产和生活区也是考虑到活动的方便，表现出一种人人平等的社会生活。这种布局和中国半坡遗址和姜寨遗址基本相同，代表了以社区为主要组织者的聚落布局。

目前正式发掘的乌姆文化遗址共有7处[2]。它们之间相距仅3千米，只有乌姆·达巴吉亚遗址和马他拉遗址（Matarrah）位于这个文化的最南端，距其他遗址70千米左右。与乌姆·达巴吉亚遗址住房与库房的组合不同，塔拉它特遗址（Telul Eth-Thalathat）是居住区、窑区和石器制造地点相结合，索托遗址（Tell Sotto）则是居住区、蓄水池和畜养牲口的圈栏，反映出各遗址所从事的生产各有特色。但共同点是不同的建筑和设施是按功能集中在一起的，这说明不同劳动部门是以整个社区划分的。问题是乌姆·达巴吉亚遗址的库房和生产什么有关？也许从遗址出土的遗物中会找到答案。

遗址中除陶器外，最多的人工制品是石器，以打制石器为主，其中的类别及所占比例见表一。

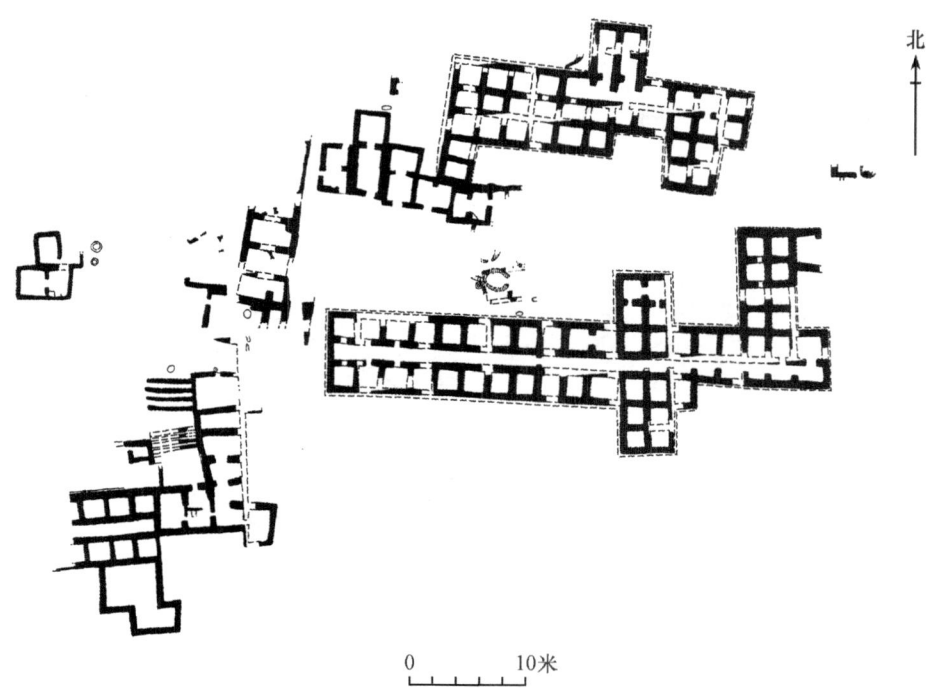

图三　乌姆·达巴吉亚遗址早期布局

图四　乌姆·达巴吉亚遗址晚期布局

1009片打制石器工具的种类和数量如表二。

表一　石器类别统计表

无二次加工的原料、废料				经过二次加工的工具	
92.6%（*n*=12770）				7.4%（*n*=1009）	
石叶	石屑	石核	石片	由石片加工的	其他
54.9%	27.7%	13.2%	4.3%	54.4%	45.5%

表二　打制石器统计表

器类	石叶	石片	镞	钻	喙形片	刮削器	雕刻器	齿状石叶	镰叶	刀形片	四边形石片	新月形石片	边刃石片-石叶	火石	镐	锤
数量	194	165	4	54	7	132	26	50	2	15	3	2	120	29	2	21

从这个统计[3]中可以看出，除了大量的石叶和石片外，刮削器和刀形片数量最多，这些石器主要用于刮削和切割。根据壁画中描写的用网围猎野驴和羚羊的情景可以推测，刮削和切割的对象是驴皮和驴肉。在出土的动物骨骼中，野驴占66%～70%，羚羊占16%，羊占9%，牛、猪、狗占2%，也可以证明这一点。壁画中的围猎可以解释石镞数量少的原因。这个文化的其他遗址中常见的石碗、石斧和石镰在这里不见，说

明这里基本不从事农业生产。这里虽然出土了豌豆、小扁豆、六棱有稃大麦等植物，但遗址附近很薄的耕土下即是石灰岩，这些作物很可能是外来的，也许正是用大量的驴皮、肉换来的。动物骨骼主要发现于库房环绕的中心广场，附近还有一个灶，说明那里是屠宰、加工的场所。库房墙壁很厚，起到隔热的作用，内部的下水管道和墙与地面的圆弧角正是为冲洗和晾干兽肉和兽皮所设计的。

从乌姆·达巴吉亚文化的遗址分布可以看出，乌姆·达巴吉亚文化遗址是远离文化中心区的边缘遗址，正因为如此，这里的自然环境也与中心区大不一样。这里的人们正是依赖当地的自然环境采取了与中心区农业经济完全不同的经济生活方式——狩猎、加工兽肉兽皮并制造石器。他们与同一文化内其他聚落的人们交换产品，互通有无。所以，乌姆·达巴吉亚遗址是初期定居农业文化的一个狩猎和屠宰站点，这种特殊遗址说明特殊的劳动分工和由此而产生的产品交换出现很早，这种由自然环境造成的专业化生产是旧石器时代以来半定居环形迁徙圈向以定居村落为中心的放射性系统演变的结果，乌姆·达巴吉亚遗址是该文化中心遗址区的一个卫星遗址。

二

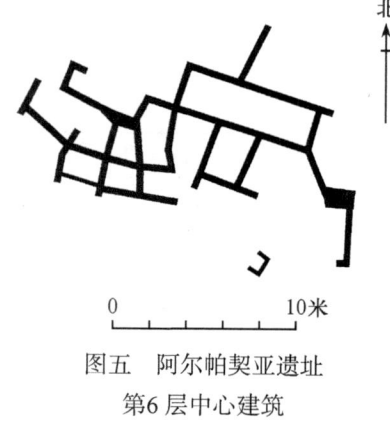

图五　阿尔帕契亚遗址
第6层中心建筑

阿尔帕契亚遗址位于两河流域北部的摩苏尔（Mosul）地区。第一次发掘是在1933年，这里的层位关系和丰富的出土物为整个哈拉夫（Halaf）文化的分期提供了年代标尺[4]。哈拉夫文化是两河流域发达的彩陶文化，年代为公元前5500～前4500年。在阿尔帕契亚遗址第6层（即哈拉夫文化晚期，公元前5000年之后[5]），遗址中心有一座多间长方形建筑（图五），在其中的1间房子内出土了大量被火烧过的彩陶片，这些陶片均可以复原成完整陶器。陶片下面是一层木炭，很可能这些陶器原来是摆放在木架上的。彩陶旁边有成块的红矿石和调色板，应是为陶器绘彩用的颜料和工具。建筑的西侧是水井，西北方是一座窑址。由此可以了解到在这里进行的取水、陶器成形、绘彩、烧制等一系列工序以及工作地点，这应是一处制陶作坊。在另一间屋子有燧石、黑曜石石叶和石核、石屑，说明这里也生产石器。在这个作坊内的1间屋子的顶端放置了一组与祭祀有关的遗物：1尊男石像和1尊女石像、5件石制手指骨模型、1件真人手指骨和1件槽形石碗，很可能在这里还举行某种与生产相关的宗教仪式。

与乌姆·达巴吉遗址一样，这里的生产和贮藏地也在一起，所不同的是生产和生活区的布局发生了变化。陶器作坊位于全社区的中心，住房在作坊的周围。这反映出制陶工业在整个社会中所占的重要地位，也许制陶业正是这里财富的主要来源。在哈拉夫文化阶段，社区的中心不再是空地或中心广场了，而是当时最重要的建筑。这种以位置象征其地位的作法成为其后两河流域文明中聚落布局的原则。

从阿尔帕契亚遗址这样大规模的制陶作坊和它位于社区中心的布局看，其生产的陶器绝不会仅仅是为了满足本社区的需要。从陶器类型分析和中子活性分析两个方面或许可以了解这里的产品及其去向。

这个作坊中的陶器无论是数量、种类还是质量都是其他遗址所不及的。其中最有特点的是陶盘，数量和种类最多，多用黑、红、白三彩绘制，纹饰布局非常严谨，盘内底多是由若干花瓣构成的一朵大花，内壁划分出许多道以器底为中心的同心圆，里面绘制精细繁缛的棋盘格纹。这种高水平的绘彩技术可能只有专门化的工匠而且是阿尔帕契亚这种重要遗址的匠人才能具备（图六）。戴维森（T. E. Davidson）对阿尔帕契亚遗址第6层和高拉遗址（Tepe Gawra）的陶片成分进行中子活性分析，发现高拉遗址A中30%～40%的彩陶陶土成分与阿尔帕契亚第6层相同，其中主要是陶盘，这说明阿尔帕契亚遗址主要是制作陶盘向外输出[6]。戴维森还发现喀布尔河（Khabur River）支流有6个小遗址，从哈拉夫文化晚期开始使用同一种成分的陶土，即其中的乔加·巴扎（Choga Bazar）遗址的陶土，这说明从文化晚期开始，乔加·巴扎社区向附近村落输出陶器[7]。

陶器类型学和中子活性分析表明，哈拉夫文化陶器的专门生产与交换可以分成三个层次，最高层次是阿尔帕契亚遗址，它可能是整个哈拉夫文化的中心，它向全文化区的一些重要遗址输出陶器，如摩苏尔地区的高拉、尼尼微（Nineveh），辛贾尔（Sinjar）地区的耶里姆二号丘（Yarim Tepe Ⅱ）和喀布尔河流域的哈拉夫、乔加·巴扎和布拉克遗址（Tell Brak）。其次是西区中心遗址哈拉夫遗址，它向喀布尔河上游的乔加·巴扎、布拉克和尤努斯遗址（Yunus）出口陶器，也偶尔与摩苏尔地区阿尔帕契亚遗址交换陶器。最低层次是小河流域的制陶中心，如前面提到的乔加·巴扎遗址，它一方面从高级制陶中心输入陶器，同时还向附近小村落输出陶器[8]。三个层次的陶器产品也反映了这种等级化（参见图六）。另外，哈拉夫文化还向周围其他文化输出陶器，其传播势头非常迅猛，在西部的安那托利亚高原东部犹如潮水般涌来，随后又退了下去（见麦尔辛遗址[9]）。

陶器是人们生活中不可缺少的物品，但盛食时使用盘还是碗并没有太大区别，而上面绘制什么纹饰与使用更无太大关系。陶器生产的专门化使得同一功能的陶器在质量上出现了差别，那些精制品应当是为了满足上层人物或特定场合的需要。所以陶器的差别反映了遗址之间和人群之间的差别。阿尔帕契亚的制陶中心是在长期生产实践中竞争的结果，聚落布局表明分工已经引起地位变化，但是这种差别只是不同生产集团之间的差别。

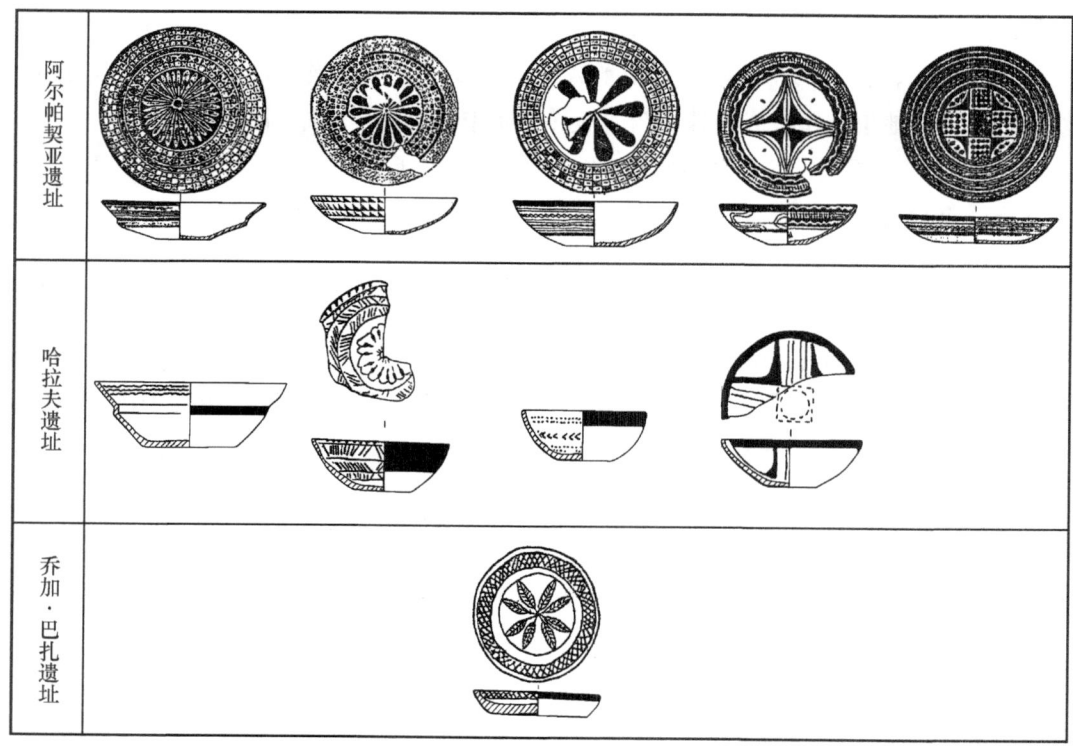

图六　三个层次制陶中心的陶盘

三

巴昆A遗址位于伊朗西南部的波斯波利斯（Persepolis）平原，年代为公元前4100～前3700年，属于铜石并用时代[10]。从1928～1956年不断有人在此发掘，其中规模最大的是1932年和1937～1938年的两次发掘（图七）。1937～1938年的发掘区在遗址中、南部，只有BB27～28、BB86和BB78探方区内发现了建筑，其他探方内发现了窑址和厚厚的的废弃物及炭灰。建筑物均为东北—西南走向，出土物有铜矿渣、石器、陶器、人和动物塑像、纺轮、小彩陶管、绘有精制纹饰的彩陶、石权标、石杵、石质和泥质投掷器、石碗、石方印、铜钻、铜针、铜凿和铜矛（长25厘米），其中许多器物为半成品。根据遗迹和遗物现象，这里应是一处手工业作坊。

1932年发掘区位于遗址北部，探方布局集中。在发掘区内发现了大片的建筑遗存，也为东北—西南走向（图八）。这片建筑群由13个建筑组成，每个建筑之间常常共用一堵墙，使建筑连成一片。建筑为长方形，由3～4间房屋构成。这些建筑中很少发现遗物，但出土了140个印纹块，而且只出在Ⅰ号、Ⅱ号、Ⅳ号、Ⅶ号和ⅩⅢ号建筑中（见图八中的实心线）。这5座建筑有一些共同的特点，1号房屋有通向户外的大门；2号房屋为中厅，有通向各房屋的房门；3号房屋（有的其内还有4号房屋）是最里

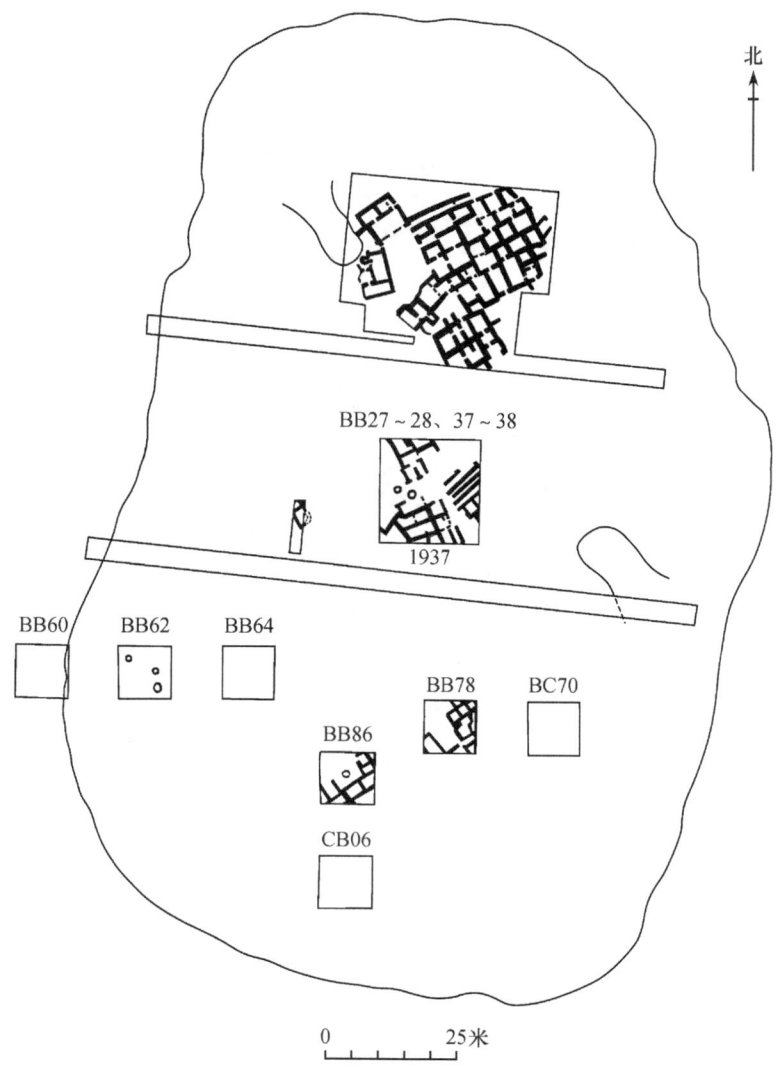

图七　巴昆A遗址历年发掘平面图

面的屋子,报告叫它后屋(Backroom),面积较小,可能是贮藏室。建筑的格局是从1号房屋进入,经过2号中厅到达最里侧的库房(图九)。

印纹块根据其形状和背面的粘附物质可以分为四型。

A型　21个。背面有绳和绳结痕,或有席纹和成排的绳纹。这种印纹块可能是附着在袋子扎口的绳子上以及柳编篮子上,故称作"袋印"。

B型　2个。形状规整为药片状,即"片状印"可能是一种收据类证明物。

C型　13个。残破严重,形状各异,把它们叫作"其他"类,其中有的可以看出是罐的口部。

D型　104个。是用于封门的门印。

前三型印纹块都是用于可携性货物上的,如袋子、篮子和罐子上。它一方面可以

图八　巴昆A遗址北区布局（实心线为出印文块的建筑）

标明内装物品的种类、数量，另一方面可以标明货物的输出地点或发货地点。这些情况说明当时可能已经存在着某种经济组织以确保交换货物的安全，如果印块被拆封便将受到惩罚。最后一型印纹块是固定在不可携的建筑上的。耐人寻味的是，这些印块只出在贮藏室或通向中厅的门前，印块是用于封门的，这进一步证明了3号和4号房屋是用于贮藏物品的，而且库房未经允许不准打开，所以门印对于了解这个遗址当时的经济组织至关重要。

　　这140个印纹块根据其正面的印纹可以分为6类，其中前5类是多次反复出现的纹样，第6类的纹样都是只出现一次，归入"其他"类。印纹和印纹块分类及其出土地点详见表三。

　　印纹是持印者的标志。不同的印纹应代表不同的所有者，所以各种印纹出现次数应与不同所有者对物品的控制权有关，而且不同印纹的空间分布当是代表了不同所有者对各个建筑的占有与使用。根据上表的统计并删除只出现一次的印纹（"其他"类），不同印纹的出现次数与空间分布如表四。

　　从上述分析可以看出，Ⅵ号建筑只归持第2类印纹的所有者控制，Ⅲ号建筑由持有

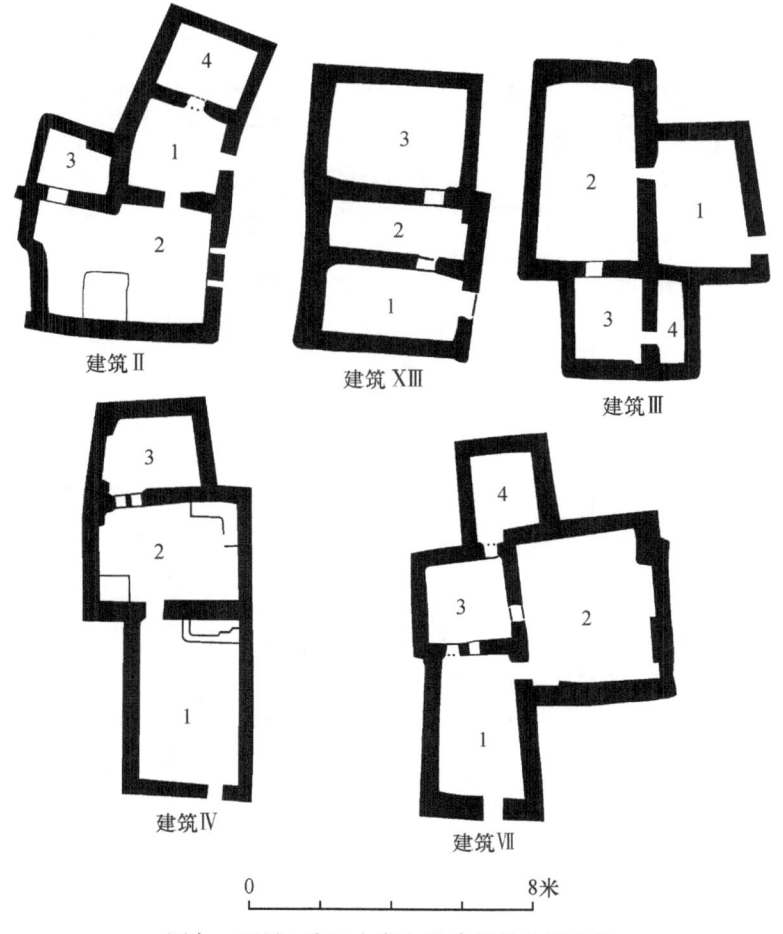

图九 巴昆A遗址出印文块建筑的布局比较

第1类、第2类和第4类纹样的所有者使用，Ⅳ号建筑由持有第1类、第3类和第5类纹样的所有者控制，其余的Ⅱ号和ⅩⅢ号建筑则由持"其他"纹样的所有者使用。由此可以看出，在特定的建筑中所有者对可携物品的控制权是有差别的，例如持有第1类纹样的所有者的权限要明显地大于持第4类纹样的所有者。

从发掘到的整个遗址布局看（参见图七），北部是贮藏手工业产品的区域，并且控制和组织这种交换活动。中南部是手工业生产区。这里发现的遗物可能就是当时的产品。北区由于不见遗物，所以不知贮藏品为何物。但是这种布局至少明确了这样一个事实：生产区和贮藏区已经分开，生产与产品保管很可能不再由同一群人从事；在保管与交换活动中出现了不同的所有者，他们对这种有组织的经济活动的控制权力是不同的。

巴昆A遗址出有精美的彩陶，这里是以农业为主要经济的聚落。发掘者认为这一地区农业居民与游牧民同时存在，并且推测该遗址所从事的专门化生产的产品去向可能就是当地的游牧民。

表三　印纹、印纹块分类表

出土地点	印纹、印纹块种类	印纹1	印纹2	印纹3	印纹4	印纹5	其他	总计
建筑Ⅱ	门印						12	15
	袋印						2	
	其他						1	
	片状印							
建筑Ⅲ	门印	1	9		7			25
	袋印		1					
	其他						7	
	片状印							
建筑Ⅳ	门印	36		12		15		80
	袋印			8			6	
	其他	2						
	片状印						1	
建筑Ⅶ	门印		3				5	12
	袋印						4	
	其他							
	片状印							
建筑ⅩⅢ	门印						4	8
	袋印							
	其他						3	
	片状印						1	
总计		39	13	20	7	15	46	140

表四　印纹分布表

印纹种类	出现频率/%	出土建筑
第1类	27	Ⅲ、Ⅳ
第2类	9.2	Ⅲ、Ⅶ
第3类	14.2	Ⅳ
第4类	5	Ⅲ
第5类	10.7	Ⅳ

四

  以上三个不同时代的遗址出自不同地区和不同的文化传统，因而三者之间的差异不能排除地域和文化传统的因素，而且由于考古遗存的残缺不全使得三者难以完全从几个相同的方面进行对比。但是，这三者之间的变化确实可以使我们从大的方面对史前时代（主要是西亚）的生产和交换活动的发展演变作一动态的考察。

  从各种生产与生活的关系看，乌姆·达巴吉亚文化时期两者是按功能集中在一起，分为生产区和生活区，社区布局以广场为中心。到了哈拉夫文化阶段，从事最重要活动的建筑占据了社区的中心，周围是住宅。巴昆A遗址尚未发现住房，但是生产区也位于遗址中心，住宅有可能在未发掘的西部或东部边缘地带。这种布局的安排反映出同一社区内不同活动之间已出现了地位差别，地位重要的则占据聚落的中心位置。

  从生产活动和贮藏活动的区域布局看，在乌姆·达巴吉亚文化和哈拉夫文化时期，两者是在一起的。这说明生产活动和交换活动没有明显的区别，生产者同时又是交换活动的从事者，他们有权决定自己产品的去向。在巴昆A遗址时期，生产区和贮藏区完全分开，说明生产活动和对产品的保管与交换活动出现了区别，生产者很可能不再负责对产品的贮藏与交换，印纹的分布说明对产品的保管和交换是由不同所有者负责的，他们之间的权力是不同的。这种生产与贮藏区域布局的变化说明对其产品的交换先是以社区为单位进行，然后是由社区内从事这种生产活动的人群进行，最后变成由专门从事交换的不同的人或人群所垄断。这一变化过程反映了从事交换活动的人群的范围在不断地缩小，这将导致贸易的专门化。

  根据不同遗址所处的自然环境以及生产和交换的产品看，乌姆·达巴吉亚遗址的狩猎、屠宰和加工的专门化生产是由当地特殊的自然环境造成的。阿尔帕契亚遗址的制陶生产则是长期生产活动中竞争的结果，哈拉夫文化每个社区的不同的制陶能力将造成他们相互间在财产和地位上的差别。乌姆·达巴吉亚向外输出的狩猎产品和换回的农产品是为了满足全社区的需要，这种交换起到了经济类型互补的作用。阿尔帕契亚遗址向外输出三彩盘，是为了满足当地特殊身份的人的需要。同一功能的器物在质量上出现不同的等级，说明使用它的人群中出现了相应的不同等级。我们常说那些精美的艺术品"代表了古代劳动人民的智慧结晶"，但是生产它们的动力则是为了满足当时的特殊人物或特殊活动。这些质量不同的器物反映并强化了这种人与人之间的差别。

  简而言之，乌姆·达巴吉亚遗址的生产和交换活动是一个文化内平等的分工，社区内和社区间都体现着这种平等关系。生产和交换活动是为了满足各社区全体人民的生存需要。阿尔帕契亚遗址的生产和交换活动出现了不平等，制陶活动高于其他活动。各社区制陶水平也不相同，精美陶器的交换是为了满足当地上层人物的需要。但是这些差别仅仅体现在不同的人群之间。巴昆A遗址的社会分工已经发展到同一产品的生产和交换之间了，对产品的贮藏和交换权的差别说明由分工造成的差别已经体现在个人之间。以上这些变化构成了人类从原始社会向阶级社会过渡的一个重要方面。

注　释

［1］　Kirkbride D. "Umm Dabaghiyah 1971: a preliminary report." *Iraq*, 1972, 34; "Umm Dabaghiyah 1972: a second preliminary report." *Iraq*, 1973, 35; "Umm Dabagiyah 1973: a third preliminary report." *Iraq*, 1973, 35; "Umm Dabagiyah 1974: a fourth preliminary report." *Iraq*, 1975, 37.

［2］　乌姆·达巴吉亚文化7处遗址如下。

（1）乌姆·达巴吉亚遗址，同［1］。

（2）哈孙纳遗址Ⅰa层，参见Lloyd S, Safar F. "Tell Hassunah." *Journal of Near Eastern Studies*, 1945, 4.

（3）耶里姆Ⅰ号丘11、12层，参见Merpert N I, Murchaev R M. "The Earliest Strata of Yarim Tepe I." *Sumer*, 1980, 36.

（4）马他拉遗址底层，参见Braidwood R J. "Matarrah." *Journal of Near Eastern Studies*, 1952, 11.

（5）塔拉塔特15、16层，参见Fukai S, Matsutani T. "Excavations at Thalathat 1976." *Sumer*, 1977, 33; *Teluth-Thalathat. The Excavation of Tell the Fifth Season 1976*. The University of Tokyo, 1980.

（6）索托遗址和库尔遗址，参见Merpert N I, Murchaev R M, Bader N O. "The investigations of Soviet expedition in Iraq, 1973." *Sumer*, 1976, 32; "The investigations of Soviet expedition in Iraq, 1974." *Sumer*, 1977, 33; "Investigations of Soviet expedition in Northern Iraq, 1976." *Sumer*, 1981, 37.

［3］　Mortensen P. "Patterns of interaction between seasonal settlements and early villages in Mesopotamia." *The Hilly Flanks*. Chicago: Chicago University Press, 1983.

［4］　Mallowan M E L, Rose J C. "Excavations at Tall Arpachiyah, 1933." *Iraq*, 1935, 2.

［5］　杨建华：《试论萨玛拉文化》，《考古学文化论集（一）》，文物出版社，1987年。

［6］　Davidson T E, McKerrell H. "The Neutron activation analysis of Halaf and, Ubaid pottery from Tell Arpachiyah and Tepe Gawra." *Iraq*, 1980, 42.

［7］　Davidson T E, McKerrell H. "Pottery analysis and Halaf period trade in the Khabur Headwaters region." *Iraq*, 1976 (38).

［8］　穆朝娜：《试论哈拉夫文化聚落发展的阶段性》，《华夏考古》1999年第1期。

[9] Garstang J. *Prehistoric Mersin*. Oxford: Oxford University, 1953.

[10] Alizadeh A. "Socil-economic complexity in southwestern Iran during the fifth and fourth millennia b.c.: the evidence from Tall-I Bakun A." *Iraq*, 1988, 26.

（本文原载于《考古》1999年第5期）

从聚落布局看史前宗教功能的演变

　　史前宗教出现得很早，人们一般把旧石器中期对人类有意识的埋葬看成人类宗教出现的证据，并把史前时代的宗教称为原始宗教。在漫长的史前时代，原始宗教必然在发生着变化，它的功能也会随之改变。史前宗教是史前史研究的一个重要内容，并且构成了社会发展变化的一个重要因素，也是文明起源的一个动因。史前宗教研究最主要的证据来自考古学，但是通过考古学研究史前宗教仍有很大的难度。这是因为大量的宗教活动很少留下实物遗存，所以从发现的遗存中确认哪些具有宗教功能是十分困难的。比较有把握确定的与宗教有关的遗存，是那些从事过宗教活动的建筑。而在户外进行的零散的、小规模的宗教活动，则很难保存下来或被发掘者识别出来。宗教建筑与其他建筑（主要是住房）之间的位置关系和出土物的组合差别是我们了解当时宗教活动的一个重要渠道。

　　宗教活动是人们有意识组织的。在宗教建筑中，宗教仪式参与者的规模和范围反映了宗教建筑服务的对象。从聚落的整体布局角度分析宗教建筑与周围建筑之间的关系，可以了解它的服务对象和功能。根据笔者了解到的有关史前聚落的资料，可以把宗教建筑与周围建筑的关系分为三个发展阶段：为血缘家庭服务的宗教建筑、为社区服务的宗教建筑、为附近几个村落服务的宗教建筑。

一、为血缘家庭服务的宗教建筑

　　这个阶段的宗教建筑是我们目前在考古上能够辨认出的最早的宗教性建筑。属于这个阶段的宗教建筑见于西亚和美国西南部。

　　西亚的恰塔尔遗址（Çatal Höyük）位于土耳其安那托利亚高原南部的克尼亚（Konya）冲积平原上[1]。遗址面积为600米×350米，其中新石器时代的遗存有12万平方米，是目前西亚发现面积最大的新石器时代遗址。遗址内共发现14层建筑堆积，连续定居了近1000年（公元前7200～前6200年，经树轮校正）。遗址内第12层以下为前陶新石器遗存。在遗址的最兴盛时期，共发现了大约1000座房屋，人口为5000～6000人。最大发掘面积为2000平方米，仅占土丘面积的1/30。

　　恰塔尔的房屋为标准的单间建筑。人们通过梯子从房顶出入，在梯子的附近有炉和灶。各房屋的形状与大小基本一致，而且房内的设施也极为相似，一个长凳，北面和东面各有一个用于做活与睡觉的低矮泥台,南端为烹饪区,有炉、灶和燃料箱,还有出入房屋的梯子(图一)。低矮泥台的下面埋有二次葬。

尽管所有的房屋格局与设施非常一致,但是仍然存在着区别,即有些房内有泥塑像和壁画以及数量较多的墓葬。根据这个差别,发掘者把这些建筑叫做祭室(Shrine)(图二),其余为普通住房。表一是各层祭室所占比例、塑像在祭室中的比例、墓葬在祭室中的比例以及壁画在祭室中的比例的统计[2]。祭室在所有建筑中所占比例大约

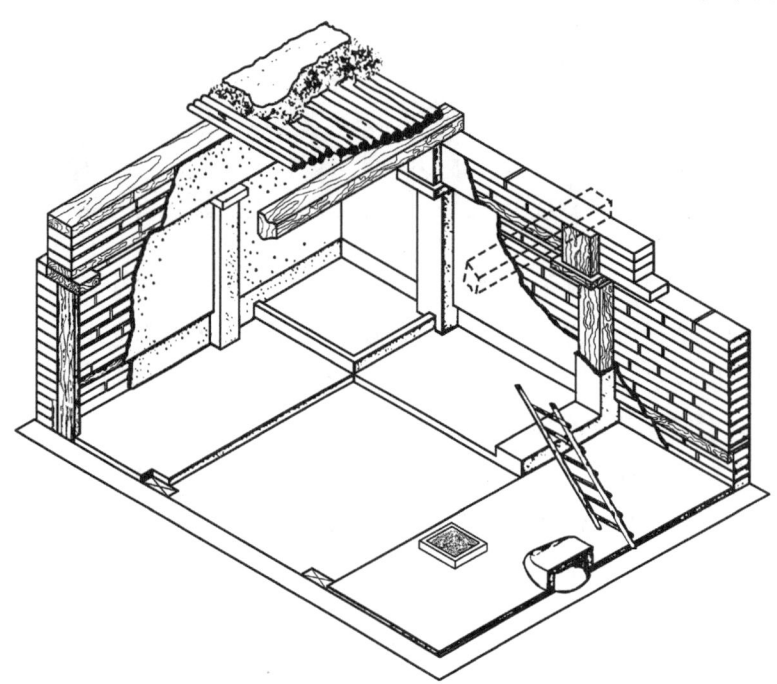

图一 恰塔尔遗址房屋格局图

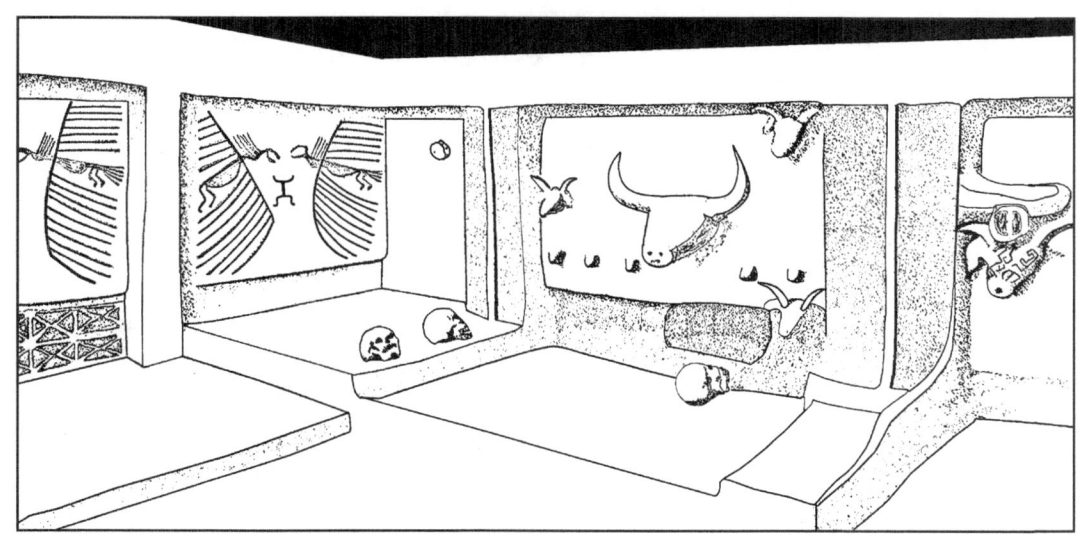

图二 恰塔尔遗址祭室的塑像和壁画

为20%（第4、2层例外），祭室中有塑像的比例占60%以上（第5、2层例外），祭室中有墓葬的数量也比较多，占60%以上（第8层例外）。这些统计说明了少量宗教性建筑拥有大量的塑像与墓葬。所以我们有理由相信，这种有宗教功能的祭室在各层中都是十分重要的。

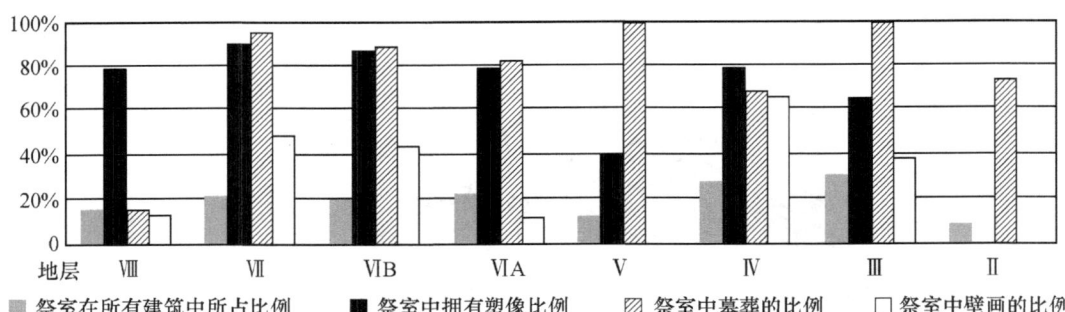

表一　各层祭室所占比例及塑像、墓葬、壁画在祭室中的比例统计表

由于祭室的生活设施与普通住房一样，所以祭室也具有居住功能。祭室内墓葬数量多，这说明不仅仅是祭室内的居民在这里举行葬礼，周围住房居民的葬礼也在这里举行。所以祭室不仅仅是住在祭室的人从事宗教活动的场所，祭室周围的居民也应参加在祭室里举行的宗教仪式。这样，祭室就成为了维系周围居民的一个纽带，拥有同一个祭室的人们就构成了某种特定的社会群体。

这个遗址各层的发掘位置都在同一区域。因此通过对每一层平面图的分析，我们可以了解到宗教建筑与住房之间的关系及其变化（表二；图三～图六）。

表二　恰塔尔遗址各层发掘面积与建筑面积比较表　　　（单位：平方米）

层位	发掘面积	公共空间	建筑数量	建筑的平均面积
8	525	128（24%）	11	36
7	1811	278（15%）	35	44
6B	2089	346（17%）	44	43
6A	1945	611（31%）	38	35
5	1670	531（32%）	22	52
4	1043	273（26%）	13	59
3	603	131（22%）	9	52
2	505	97（19%）	9	45

第7～6A层的祭室位于普通住房区的中心位置，一方面说明祭室的位置具有隐蔽性，因为进入祭室必须经过住房的屋顶，外人一般不允许进入；另一方面也说明了它是通向周围住房的，是供周围居民使用的，一个祭室与它周围的普通住房就构成了一种社会组织。由于祭室的土台上多摆放有人头骨，所以很可能是祖先崇拜，也就是这

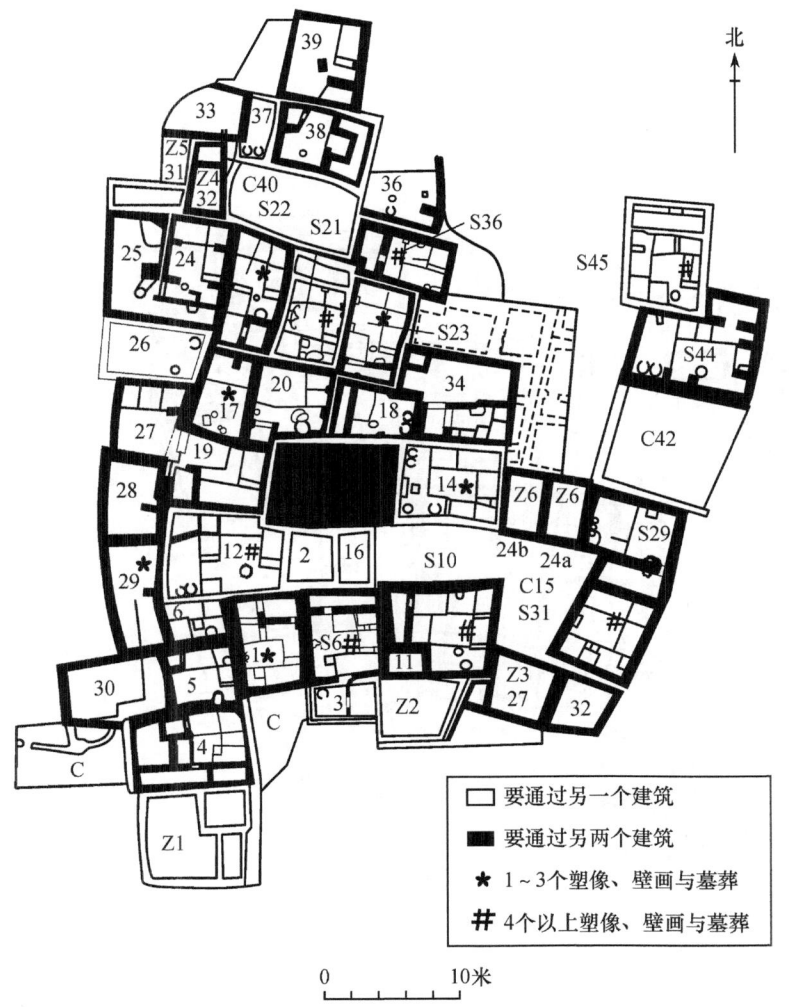

图三 恰塔尔遗址第7层布局与祭室位置

个组织是一个具有共同祖先的血缘群体。祭室和周围住房的人们多数在这里举行葬礼等宗教活动，祭室中常见的塑像应当与这些葬礼有关。所以我们可以得出这样的结论：恰塔尔遗址第7～6A层的祭室属于为血缘家庭服务的宗教建筑（第5层以后宗教建筑的服务对象则发生了变化，我们下文还要讨论）。

这种类型的宗教建筑遗存还见于美国西南部地区[3]，这种血缘祭室在这里是逐渐发展而成的。在公元前700～前600年的制篮人（Basket Makers）Ⅰ期，人们居住在一个直径约为3米的圆形半地穴式建筑内。到了制篮人Ⅱ期（公元前100年），房屋直径增大到6米，房屋格局一致，屋中间是一个灶，灶和前室之间有一道挡风的矮墙，墙的一侧常有储藏用的泥箱，在灶与后室之间的中轴线上有一个小圆洞，这是印第安人进入精神世界的通道，被称为"斯帕扑"（Sipapu）。这说明当时的建筑是以居住功能为

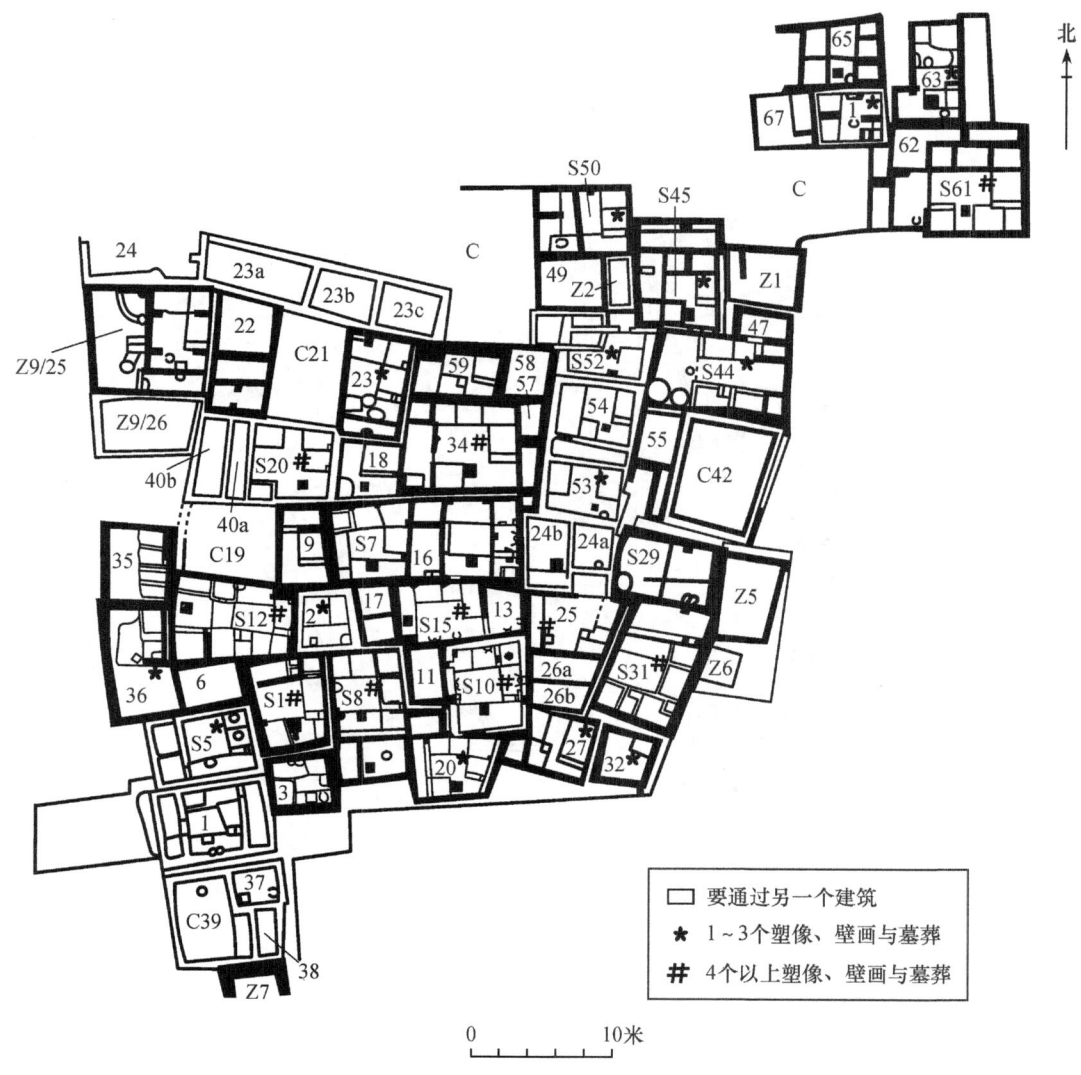

图四　恰塔尔遗址第6B层布局与祭室位置

主，兼有宗教功能，每个住房均一样（图七）。

到了制篮人Ⅲ期的晚期至皮埃布罗（Pueblo）Ⅰ期（公元700~800年），地面建筑增多，人们逐渐搬到地面上生活，原有的地穴式建筑变得更深了，并成为了专门的宗教场所，即印第安人的"基瓦"（Kiwa）。这时的地面建筑已经由原来的单间变成多间的排房，所以"基瓦"服务的对象不只是一个家庭，而应该是有血缘关系的若干家庭（图八）。从服务的范围和家庭数量看，这时宗教建筑的功能应当与恰塔尔遗址第7~6A层的宗教建筑相同。这时的宗教建筑虽然是以宗教功能为主，但仍然兼有其他功能。在寒冬和酷暑，深入地下的基瓦仍然是印第安人居住的场所。除此之外，民族学资料显示，基瓦还是男子的作坊，其中一项任务就是缝制宗教仪式上穿的衣服，男孩是跟舅舅而不是父亲学习这些技艺。

图五　恰塔尔遗址第6A层布局与祭室位置

属于这一阶段的宗教建筑在西亚其他一些地区也有发现，但是比较零散。在靠近地中海沿岸的前陶新石器时期，房屋的地面上常常发现抹泥的人头骨，有些房屋的墙角处有动物头骨，这些都是宗教活动的证据[4]。

综合这一阶段的宗教建筑可以发现，这时的宗教建筑还没有从住房中分离出来。从建筑的地点、结构和规模看，宗教建筑与其他建筑没有区别，只是在出土物和设施方面能够体现宗教的功能，它服务的对象是具有共同祖先的若干血缘家庭，它的作用主要是维系这种血缘组织。

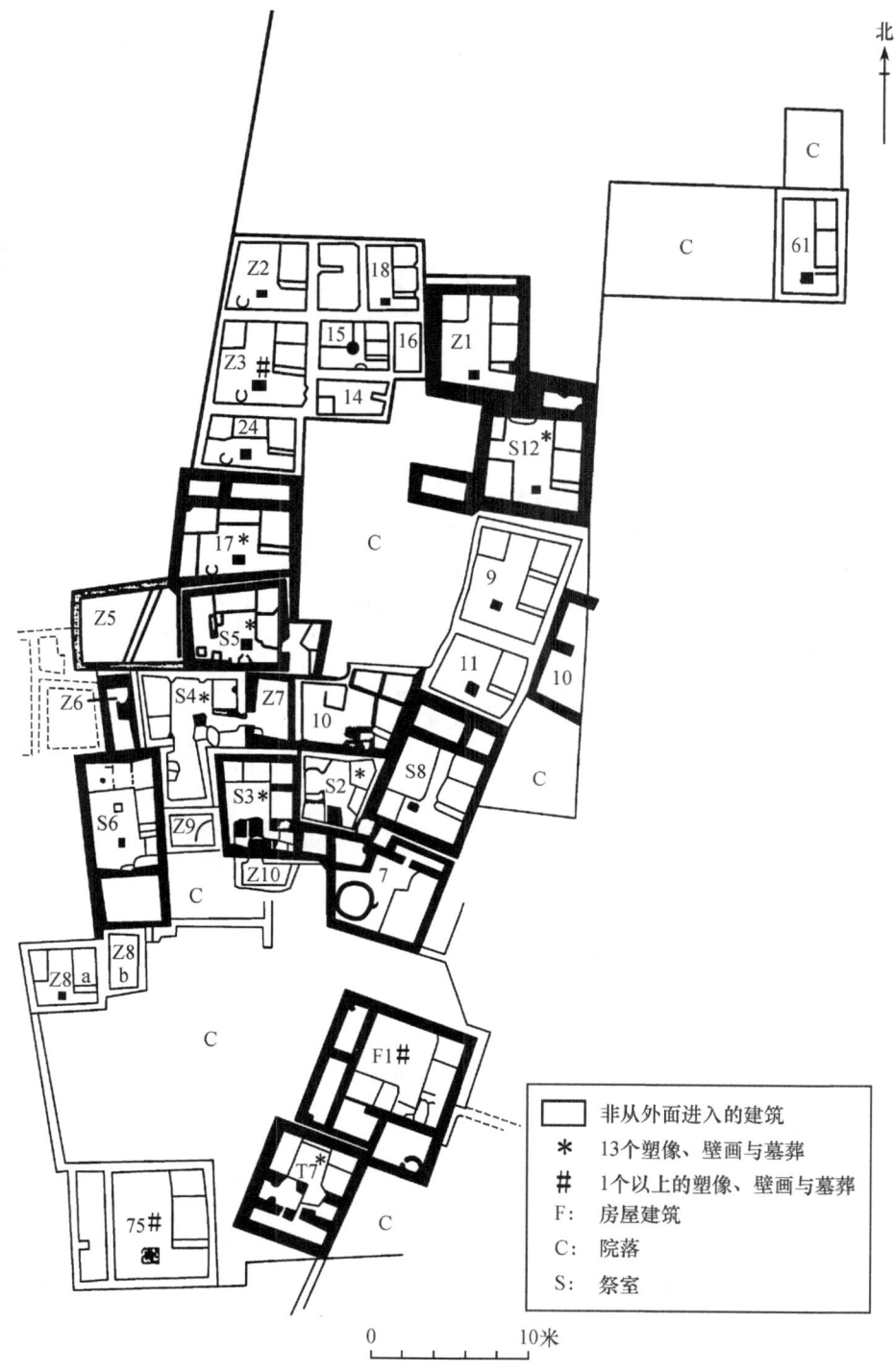

图六 恰塔尔遗址第5层布局与祭室位置

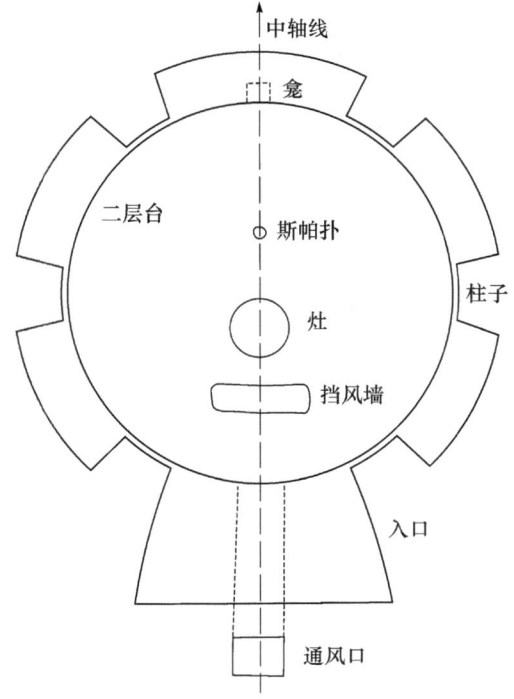

图七 制篮人Ⅱ期的建筑

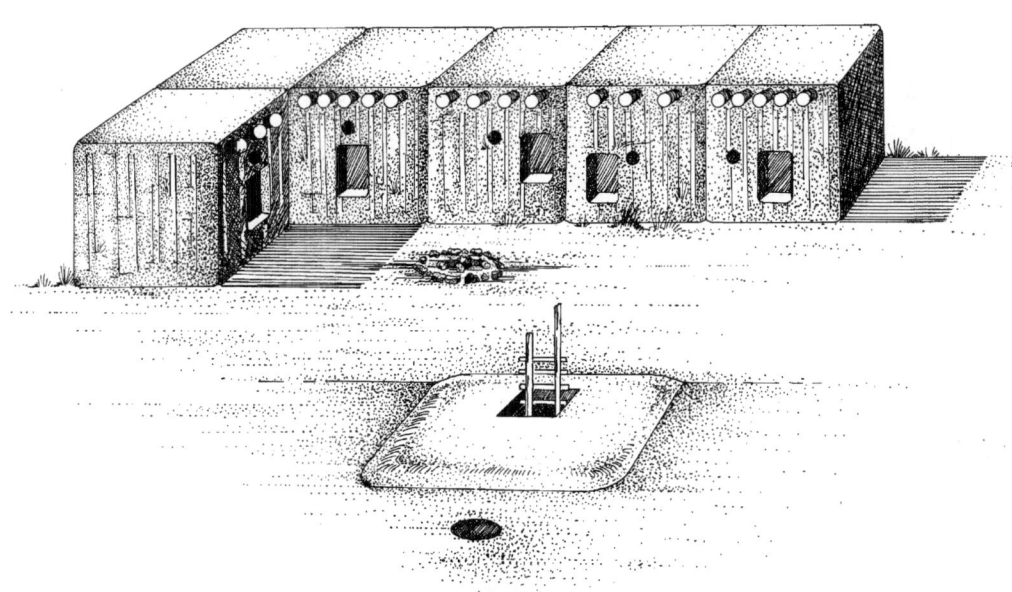

图八 皮埃布罗Ⅰ期的基瓦

二、为社区服务的宗教建筑

从恰塔尔遗址的层位变化中我们发现,在第5~2层,一种新的格局取代了原来宗教建筑被周围住房所包围的格局(见图六)。它的特点是公共空间的出现,密集型布局中出现了街道。这种变化最先出现在第6A层(见图五)。此时房屋布局开始变得稀疏,中部有一个大的院落。到了第5层,祭室的位置从周围普通住房的层层包围中移到了建筑群的边缘地带,靠近院落与街道。由于祭室不再是周围住房的核心和纽带,所以邻里间也不再构成一个社会单位。这时每一个建筑的居民都是一个独立(孤立的分布)的社会单位。

祭室位置由隐蔽变成了开放,这个变化意味着服务对象的改变,它不再是具有隐蔽性的血缘关系群体,而是成为一种外人也可以进入的社区公共设施。

两河流域的哈孙纳文化(Hassuna Culture)是初期的彩陶文化,分布在亚述高原,年代为公元前6500~前6000年[5]。这个文化发掘面积最大的是耶里姆Ⅰ号丘(Yarim Tepe I)[6]。该遗址可以划分为12个地层,每一层的建筑布局虽然都有不同程度的变化,但有两点是基本不变的:一是遗址的中心始终是一片空地,这很可能是当时村落的中心广场;二是遗址北部有一两座特殊的建筑,这些特殊建筑应当具有宗教功能。因为一是从建筑的形状看,这个文化的住房是长方形建筑,但北部的建筑为圆形,晚期虽然也变成了长方形,但是有双层围墙;二是这种建筑内有墓葬,很少见生活垃圾。根据这些特点,可以认定这是具有宗教功能的建筑。由于这种建筑只集中在村落的某一个地点,它应当是为整个社区服务的。

两河流域的萨玛拉文化(Samarra Culture)是一个发达的彩陶文化,年代为公元前6500~前5500年。这个文化发掘面积最大的梭万遗址(Tell es-Sawwan)位于巴格达附近[7]。具有宗教功能的建筑集中在聚落的南部,即建筑1和建筑2(图九),出土物与其他建筑完全不同,不见家庭常见的生活垃圾。而且这两座建筑的地下发现了近百座墓葬,这些墓葬既没破坏建筑,也没有被建筑的墙体所叠压,所以应当是建筑完成后有意识地在地面下埋葬的。这些建筑应当是为整个村落服务的。从这些建筑的地点看,它不会只为周围的几个建筑服务。而且几个有血缘关系的家庭也不可能在建筑内埋葬上百座墓葬。在这个阶段,宗教建筑与住房的差别在增大,说明宗教建筑有专门化的倾向。但是宗教建筑中普遍埋有墓葬的传统仍然保留了下来。

这种变化同样也见于美国西南部的皮埃布罗人。皮埃布罗Ⅱ期时(公元1000年),原有的祭室进一步完善,墙壁上开始抹泥和绘画,在与"斯帕扑"相对的北壁上增加了壁龛,这时的基瓦只有宗教功能。这种祭祀行为是以若干建筑单元为单位进行的,这些建筑单元是以血缘为纽带维系的,对外人是保密的,因此可以称作血缘祭室。与

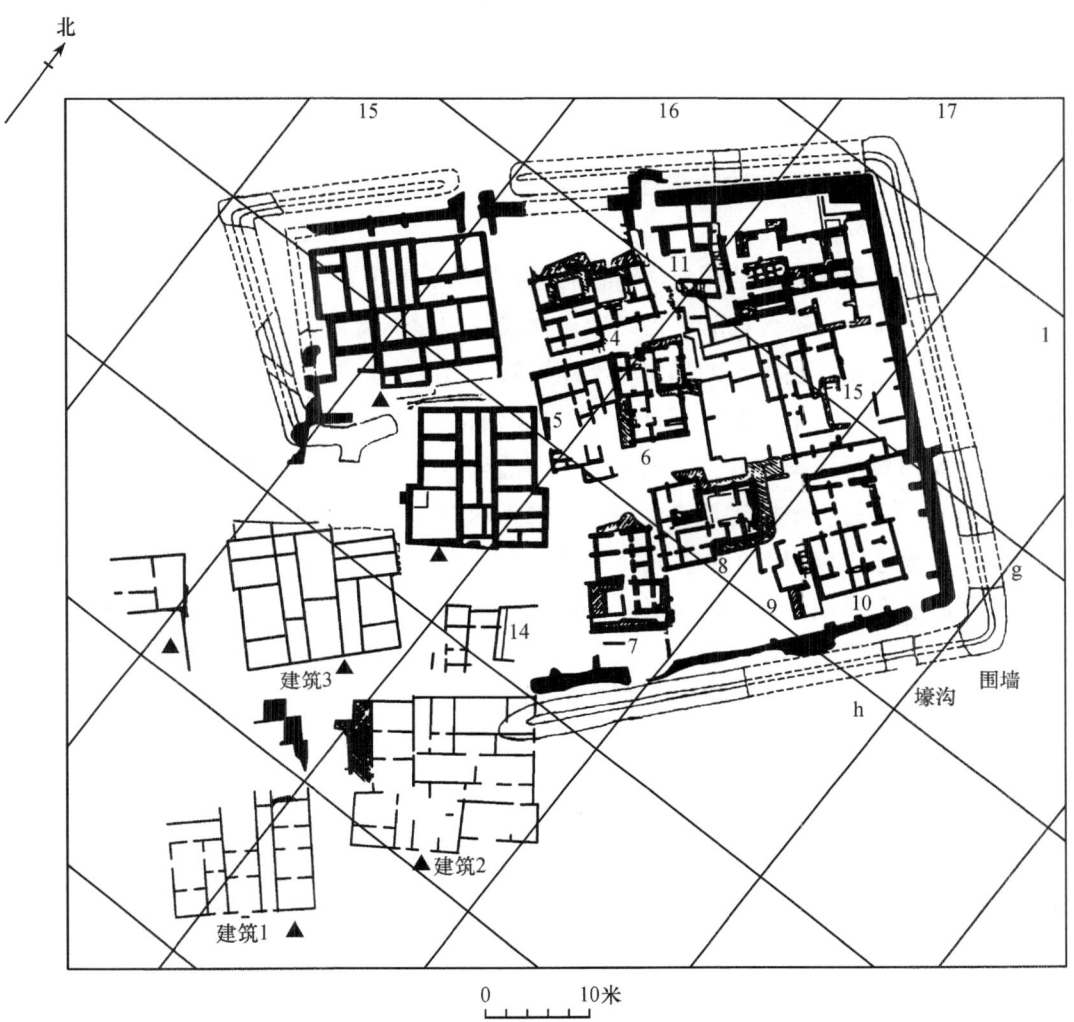

图九　梭万遗址第1～3层平面图
（▲为第1层建筑，余为第3层建筑）

此同时，新出现一种巨大的独立的基瓦，它不与任何建筑单位相连，有的位于村落中心。它的格局与血缘基瓦相同，只是房屋直径可达30米，在房内中部有灶，灶的两侧各有一个凹入地下的矩形石槽，有人认为是放置脚鼓的，在举行仪式时要奏乐。有的大基瓦边上还有塔或数层石围墙环绕。从大基瓦的规模和位置看，它应当是服务于整个村落的。

为社区服务的宗教建筑有以下特点：从地点看，它面向整个社区，因而它是开放而不是隐蔽的；从出土物分析，它的功能逐渐与住房分离，向着专门化方向发展；从与周围建筑之间的关系看，祭室的服务对象有扩大的趋势，最早的祭室是一个村落的部分地区专用，如恰塔尔遗址第5～2层，后来祭室是一个村落使用，如耶里姆Ⅰ遗址和梭万遗址的祭室以及皮埃布罗人Ⅱ期的基瓦。

三、为附近几个村落服务的宗教建筑

祭室的规模和专门化倾向的进一步发展,使得有些村落的祭室成为了几个聚落共同使用的宗教建筑。

两河流域发现的服务于几个村落的祭室最早见于哈拉夫文化(Halaf Culture)。这是一个与萨玛拉文化部分同时、但结束得比较晚的彩陶文化,年代为公元前6000~前5000年。在经过大规模发掘的阿尔帕契亚(Tell Arpachiyah)遗址[8]发现了属于哈拉夫文化中期的圆形祭室,前面还有一个长方形前室。祭室的墙基用大石块垒砌而成,建筑的外径约12米(图一○)。祭室的地面铺有洁净的沙子。这些大石块和沙子都是从村落外面运来的。根据建筑这个祭室所投入的大量劳动力来看,它应当是整个村落乃至几个村落才能负担得了的。这个祭室的周围有双层围墙环绕,形成一个祭祀区。在祭祀区内没有发现任何生活垃圾。祭祀区内有墓葬,并且多是人头葬,盛放在绘有精美纹饰的彩陶器中。墙外的生活区建筑呈长方形,有生活垃圾。这时期的聚落已经分为有宗教建筑的聚落和没有宗教建筑的聚落,但是它们在面积上还没有出现差别。

美国西南部的皮埃布罗人进入第Ⅲ期(公元1200年)后,大祭室的附近多有大型广场(图一一)。由此推测参加祭祀仪式的人很多,而且大多数人只能在广场上参加仪式。这么多人应当包括来自周围村落的居民,所以这时期的基瓦是供周围几个村落共同使用。这时期祭祀活动的规模和参与程度有了等级划分。

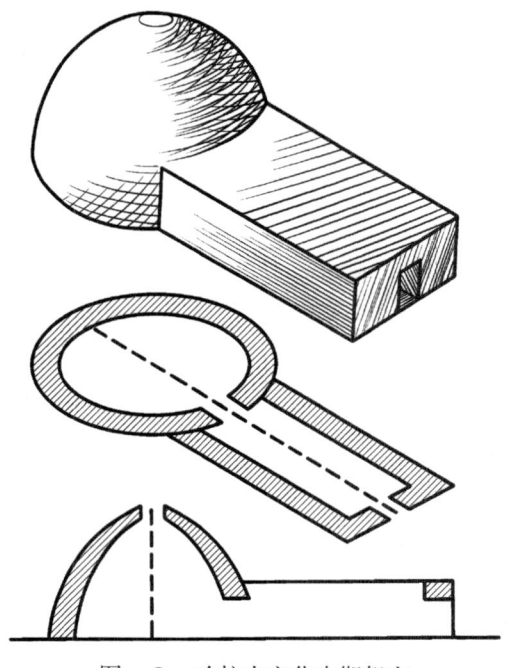

图一○　哈拉夫文化中期祭室

图一一　皮埃布罗Ⅲ期的大型公共建筑

两河流域到欧贝德文化（Ubaid Culture）时期，祭室发展成了神庙。欧贝德文化是两河流域南部冲积平原最早的定居者所创。发掘面积最大的遗址是埃利都遗址（Eridu）[9]，包含了欧贝德文化第Ⅰ～Ⅳ期。第Ⅰ期的宗教建筑仍是单间祭室。到了第Ⅲ期（Ⅸ层），出现了侧厅，原来的祭室变成了神殿。神殿内门道、供桌、神坛位于建筑的中轴线上（图一二）。出现用于放置庙产与僧侣居住的侧厅，标志着原始宗教发生了质的变化。神庙有了自己的财产，这使得社会上层财富的积累合法化。神庙成为社会再分配的机构，并逐渐成为国家机构的雏形。祭司居住在神庙里，是宗教专门化的最终标志。普通的人不可能再与"神"发生关系，而要借助于僧侣。从此宗教开始为少数人所垄断，开始了人为宗教的过程。这个变化就是中国史书上所谓的"绝地天通"。专职祭司成为正在形成的等级社会中最上层的人物，并加速了体脑分工、这些祭司就是人类历史上最早的知识分子[10]。

对这一时期聚落的调查显示，有神庙的聚落数量不多，说明这时神庙服务的范围很大，而且有神庙聚落的面积要比普通聚落面积大。埃利都遗址是一个以神庙为中心的大遗址，全部人口推测为5000人左右。而与此同时的欧贝德遗址只是一个普通村落，种植作物、捕鱼、猎取羚羊、畜养牛和羊。手工业已出现专门化，制造陶器、石器和珠子等装饰品。人口约750人。对欧贝德文化遗址面积的统计可以清楚地看出，遗址分为大小两类（表三）。

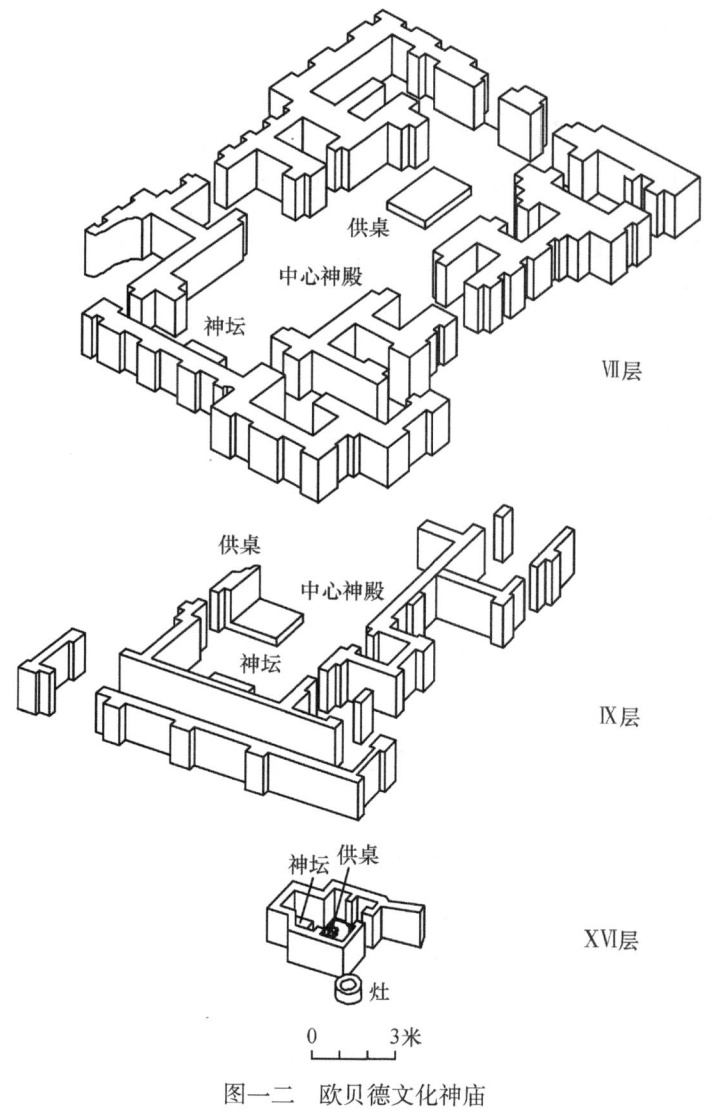

图一二　欧贝德文化神庙

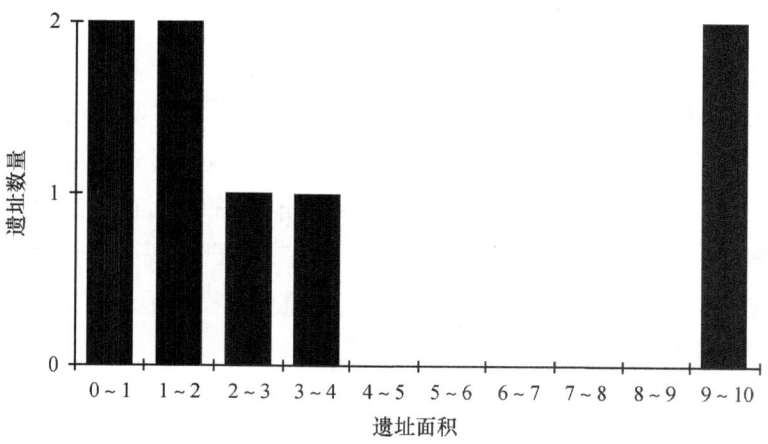

表三　欧贝德文化大小遗址统计（引自注释10）

到欧贝德时期，原始宗教已经走到了尽头。有神庙的埃利都遗址面积大，神庙是这个遗址的中心，围绕着神庙，形成了最早的城，附近村落又围绕着城构成了最早的城邦，最早的人类文明——城邦时代到来了。

四、结　　语

通过对西亚、两河流域和美国西南部史前宗教建筑的分析，我们基本可以大致了解到宗教活动在漫长的史前时代功能的演变过程。

在第一个阶段，祭室在结构与出土物方面都与住房有相同之处，说明当时的祭祀活动只是在日常生活中进行，每个人都可以与"神"沟通。到了第二个阶段，最初的祭室也兼有生活与宗教两种功能，如恰塔尔第5~2层的祭室和印第安人的祭室。后来逐渐成为了独立的建筑，集中在社区的某一个地点。从宗教建筑的面积推算，举行仪式的时候，容纳不下村落的全体居民，所以这种仪式很可能是经常举行的，因而也不会非常隆重，仍然是每个人都可以与"神"沟通，但已经不像以前那样在家中就可以进行。第三个阶段，宗教功能已经完全独立，出现了专门的祭司。普通人要与"神"沟通，只能到固定的地点，有的甚至要到附近的聚落去。这时的宗教仪式规模很大，由专职的祭司组织，人们依照不同的等级在仪式中扮演不同的角色。有的人可以进到神殿里，有的只能在神庙的广场上。从神庙焚烧供物的灶来看，这时参加仪式是要带上供品的，从不易保存的鱼到可以保存的谷物，神庙的经济中心和再分配功能逐渐形成。祭司在宗教的外衣下提高自己的地位，并使其合法化。

总之，宗教建筑的变化反映了它们由分散到集中、数量由多到少、功能由兼顾到专门、服务对象由血缘家庭到聚落乃至超聚落的过程。一句话，就是逐渐脱离民众的过程。

祭室的发展与变化是社会需要的产物，它的变化也反映了当时社会组织的变化。最初的定居农业阶段，血缘是维系社会组织的重要纽带。在第一个阶段，祭室只为血缘组织服务，说明当时血缘组织是社会的基本单位。随着社会生产力的发展，人口的增多，社区中出现了外来人口，这时就必然出现为他们服务的宗教建筑。社区祭室的出现说明已经存在了超越血缘关系的社会组织，它们也需要有自己的宗教仪式和为其服务的宗教场所。当聚落内部的分化加剧时，超聚落组织出现了。而几个聚落共同使用一个祭室或神庙的现象，说明宗教建筑在社会的整合过程中起到了核心的作用，具有很大的凝聚力。

以上的发展阶段是以同一遗址的层位关系或年代为依据的，资料主要来源于西亚与美洲。中国目前能够确认的史前时代的宗教建筑还很少，西亚与美国西南部之间则是根据社会发展阶段将它们联系在一起的。两者虽然文化传统与年代完全不同，但是也可以纳入到一个进化的发展轨道中来。有一点需要指出的是，西亚及两河流域与美国西南部的一个重要区别在于，后者在出现了社区祭室后，血缘祭室仍然保留了下来，这大概是美国西南部地区在欧洲人到来之前一直处于史前时代的一个重要原因。血缘祭室既是巩固血缘关系的工具，反过来这种血缘纽带也成为了这一地区向文明社会迈进的桎梏[11]。

注　释

[1] Mellaart J. *Çatal Hüyük: A Neolithic Town in Anatolia*. London: Thames and Hudson, 1967.

[2] Düring B S. "Social dimensions in the architecture of Neolithic Çatalhöyük." *Anatolian Studies*, 2001, 51: 1-18.

[3] Rohn A H. *Mug House, Mesa Verde National Park-Colorado: Wetherill Mesa Excavations*. (No Title). U.S. National Park Service, U.S. Department of the Interior, 1971.

[4] Mellaart J. *The Neolithic of the Near East*. London: Thames and Hudson, 1975.

[5] 杨建华：《两河流域史前时代》，吉林大学出版社，1993年。

[6] a. Merpert N Y, Munchaev R M. "Early agricultural settlements in the Sinjar Plain, Northern Iraq." *Iraq*, 1973, 35 (2): 93-113.

b. Merpert N Y, Munchaev R M. "The investigations of Soviet expedition in Iraq, 1973." *Sumer*, 1976, 32: 25-61.

c. Merpert N Y, Munchaev R M, Bader N O. "The investigations of Soviet Expedition in Iraq, 1974." *Sumer*, 1977, 33: 65-104.

[7] a. El-Wailly F, Es-Soof B A. "The excavations at Tell Es-Sawwan. First preliminary report (1964)." *Sumer*, 1965, 21: 17-32.

b. Al-A'dami K A. "Excavations at Tell es-Sawwan (second season)." *Sumer*, 1968, 24 (1-2): 57.

c. Wahida G. "The excavations of the third season at Tell es-Sawwan, 1966." *Sumer*, 1967, 23: 167.

d. Abu al-Suf Behnam. "Tell Es-Sawwan. Excavation of the fourth season (spring 1967). Interim report." *Sumer*, 1968, 24: 3-16.

e. Yasin W B A. "Excavation at Tell es-Sawwan, 1969: report on the sixth season's excavations." *Sumer*, 1970, 26: 3-11.

[8] a. Mallowan M E L, Rose J C. "Excavations at Tall Arpachiyah, 1933." *Iraq*, 1935, 2 (1): i-xv, 1-178.

b. Ismal Hijara. "Arpachiyah 1976." *Iraq*, 1980, 42 (2): 131-154.

[9] Safar F, Mustafa, M A, Lloyd S. *Eridu*. Baghdad: Ministry of Culture and Information, 1981.

[10] Stein G J. "Economy, Ritual and Power in Ubaid Mesopotamia". *Chiefdoms and Early States in the*

Near East: The Organizational Dynamics of Complexity. Monographs in World Archaeology 18. Madison: Prehistory Press, 1994: 35-46.

[11] 杨建华：《美国西南部史前聚落形态及其比较研究——兼论文明起源的动因》，《史前研究》，三秦出版社，2000年。

（本文原载于《考古》2005年第8期）

西亚史前聚落的发展与文明进程

西亚以及两河流域是世界上最早进入文明的地区之一，也是考古开展最早的地区之一（图一）。这里的遗址大多是由平地起建的房屋以及它们的废墟构成的，所以房屋遗迹总有几行泥砖保存下来，遗址也总是随着房屋的重建而在不断地增高。由于这

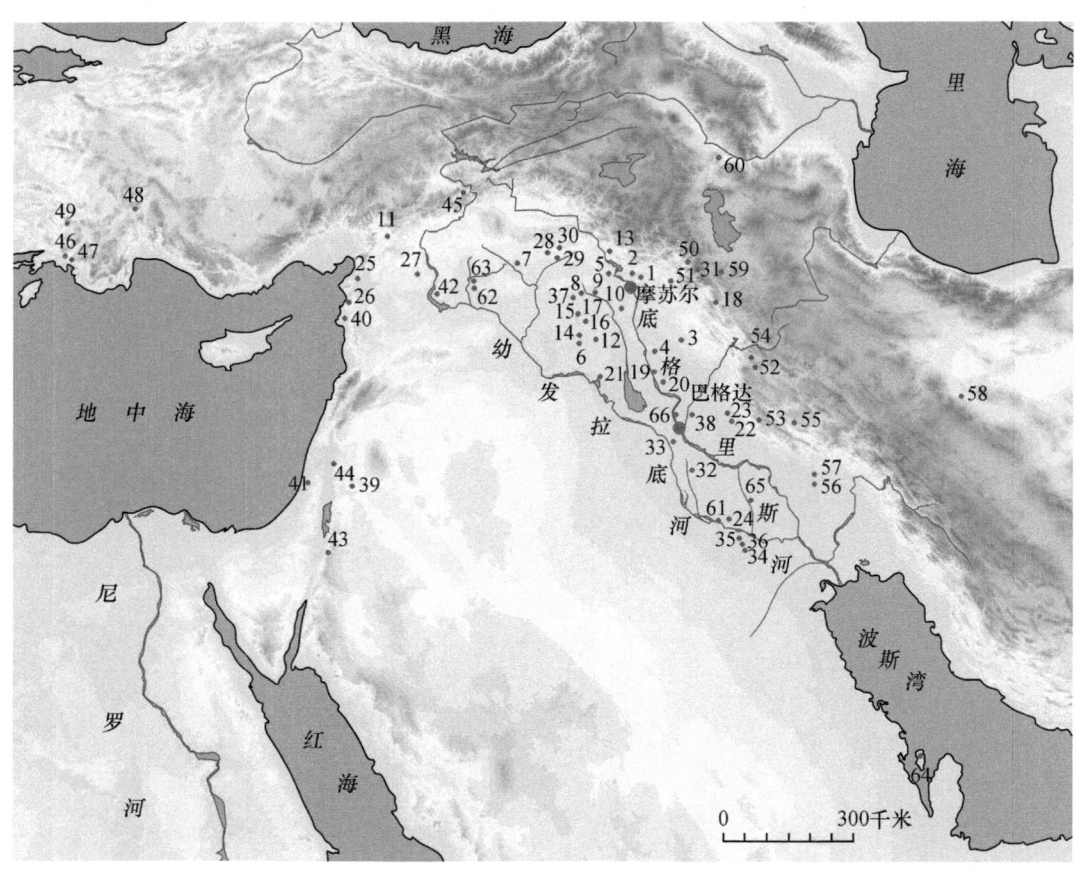

图一　西亚及两河流域遗址分布示意图

1. 阿尔帕契亚　2. 高拉　3. 耶莫　4. 马他拉　5. 尼尼微　6. 乌姆·达巴吉亚　7. 哈拉夫　8. 耶里姆　9. 塔拉它特　10. 哈孙纳　11. 塞卡果祖　12. 克米兹丘　13. 内姆里克　14. 吉宁　15. 马扎利亚　16. 库尔　17. 索托　18. 希姆沙拉　19. 萨玛拉　20. 梭万　21. 布克豪斯　22. 乔加·马米　23. 特默克班　24. 欧威利　25. 阿姆克　26. 麦尔辛　27. 万努力新　28. 乔加·巴扎　29. 布拉克　30. 阿恰巴　31. 巴那希尔克　32. 阿米亚　33. 捷姆代特·那瑟尔　34. 埃利都　35. 欧贝德　36. 乌尔　37. 加里·雷什　38. 海法吉　39. 耶利哥　40. 沙姆拉角　41. 卡巴拉　42. 穆勒贝特　43. 贝哈　44. 拉马德　45. 萨约吕　46. 贝尔狄比　47. 贝尔巴西　48. 恰塔尔　49. 哈希拉尔　50. 扎威·克米·沙尼达　51. 麦拉发特　52. 甘吉·达雷　53. 古兰　54. 萨拉巴布　55. 吉延　56. 阿里·库什　57. 萨布兹　58. 锡阿尔克　59. 达尔玛　60. 舒拉威里　61. 哈吉·默哈穆德　62. 麦菲士　63. 哈曼　64. 波斯湾的欧贝德文化遗址　65. 泰洛赫　66. 乌恰尔

个地区遗存的特点，西亚及两河流域的考古资料中房屋遗迹的布局和整个遗址的布局相对于世界其他地区都是保存得最为完整的。因此，这一地区的聚落考古对该地区国家形成过程的研究中占有非常重要的地位，并且对中国文明起源的探索具有重要的参考意义。

两河流域最早的文明开始于苏美尔城邦时代，到了巴比伦和亚述帝国时代达到顶峰。这一地区走向文明的特点是从城市进入国家的。由这个过程所形成的早期国家一般都具有这样一些特点：即分工与商品经济比较发达、有经济与商业功能发达的城市、有自由民阶层等。两河流域进入文明的道路与早期文明的特点都与中国的古代社会有很大差别。两者的比较对于丰富人类进入文明与国家的道路有着重要的意义。

两河流域与中国的文明均起源于它们的史前时代。两地有着很多的差异。但是我们要探讨的是那些本质性的主要是社会结构方面的差异，聚落考古为我们提供了理想的研究框架。本文将通过聚落考古的途径来了解两河流域史前时代的社会结构。聚落研究的单位有单个的建筑、整个遗址与遗址群。它们所反映的社会结构分别是家庭形态、主要社会单位和文化发展的格局。在有条件的情况下，我们还会利用其他的资料，如墓葬，来丰富或证实我们的结论。

一、西亚前陶新石器时代——农业村落的形成

两河流域的古代文明以及它的史前时代是在西亚新石器时代的大的文化背景下产生的。西亚的农业村落是经过了后旧石器时代的孕育、定居的出现、村落普及与初步发展等不同发展阶段。

表一介绍了这一时期两河流域北部的主要发展阶段。

表一 西亚前陶新石器时代年表

绝对年代（公元前）	发展阶段	两河流域北部
6800~6000	村落初步发展	向陶器新石器过渡
8800~6800	村落普及	前陶新石器晚期
10000~8800	定居形成	前陶新石器早期
12000~10000	定居萌芽	后旧石器时代

* 西亚及两河流域的^{14}C定年由于最近普遍采用树轮校对的年代，因此其绝对年代都不同程度地提早了。年代越早的数据提早得越多。最早的纳吐夫文化的年代未经树轮校对的年代是公元前10000年左右，经过树轮校对以后，成为12000年，大约提早了2000年，史前时代最晚的年代，如乌鲁克文化的年代的下限则没有什么改动，仍然与早王朝开始的年代相接。上表的绝对年代数据是根据比较新的文章中的结论。见文后注释[1]

（一）后旧石器时代的定居萌芽

西亚地区最著名的后旧石器文化是纳吐夫（Natuf）文化[2][3]。它是在20世纪50年代由这个遗址的发现而命名的。它是在卡巴拉（Kabara）文化的基础上形成的，都分布于死海附近。

纳吐夫文化的石器有大量的三角形和新月形的细石片，在制作上采用了有秩序的微型雕刻技术。磨制石器有石臼、蹄状石杵、石容器、磨盘和用于磨制骨器的有槽磨石。其他大型打制石器有齿状镰片、钻、刮削器、镐和砍砸器。纳吐夫文化有精致的石制或骨制的艺术品，如用卵石和骨头刻成的动物肖像、骨制镰把的端部圆雕而成的动物头像。

这时的墓共发现200多座。一次葬中以单人葬为主，还有成人合葬和成人与小孩的合葬。葬式有微屈和坐式两种。坐式葬的头和腿部都压有石头。二次葬的人骨上常常有红矿石。随葬品以个人装饰品为主，如羚羊角、齿状贝或羚羊趾骨串成的项链、骨饰等。有些齿状贝是来自地中海和红海。合葬墓上的标志常常是摆一圈石头，单人墓上多放置一个残破的臼。

纳吐夫文化的经济来源是以采集野生大麦与小麦、猎取羚羊与山羊为主。加工植物的工具的数量和种类比以前明显增多。这些工具多成组地出现，如石杵与石臼多成对出现。在窖穴中成对的杵臼被解释为两个人成对的配合[4]。石臼是以石灰岩和玄武岩制成的，它的制作是很费力气的。然而在遗址中却发现了大量的残破石臼，有的用作建筑材料，有的用作墓上的标志，这也可以反映出加工植物食物在纳吐夫文化经济中占有的重要位置。

这时人们居住的营地遗址，规模比以前大，有的已经达2000平方米。这一文化虽然延续了二千年之久，但却没有发现有明显地层的遗址。很可能纳吐夫人是联合成较大的群体，采取了游动迁徙的生活方式。人们住在洞穴前的台地上或水源旁的开阔地带。在1958~1967年和1983年两次发掘的纳吐夫文化的营地遗址——贝哈（Beidha）遗址的研究最为清楚地表现了纳吐夫文化人们的居住方式[5]。

贝哈遗址位于死海南岸。在中石器时代的遗址中，最有特点的遗物是石器。在这个遗址中，石器经过细致的研究，可以分为94个类型，其中属于工具的有11种：刮削器、多功能工具、雕刻器、齿状器、斜截状石片、钻、二步加工石片、几何状细石片（以新月形为主）、非几何状细石片、有背细石片、带有硅光的其他形状石片。通过对这些石器——类型出现频率；它们的形态，即长、宽、厚及其完整性；再加工的位置、比例与类型——等三个角度的分析，可以看出在这个遗址各个点出土的石器类型的分布是一致的，时代也应基本一致。在以上11种工具类型中，几何状细石片数量最多,非几何状细石片次之,齿状器再次之,以上这几种石器的数量共占总数的三分之二。其余的三分之一中,刮削器和二步加工石片较多,斜截石片与雕刻器较少,带有硅光的石片数量最少。这一比例与纳吐夫文化的其他遗址的比例是一致的,而且在几何形石片中以新月形为主,是纳吐夫文化早段的特征。

石器工具的类型是当时人们经济生活的反映。能够把石器类型与经济生活联系起来分析的桥梁是对这些石器功能的推测。根据民族学对比、微痕分析、微痕实验以及对装把使用的观察,可以初步确定几种石器的功能。

通过对贝哈遗址出土的石器的分析我们初步可以确定,这个遗址人们所从事的主要经济活动,以狩猎为主,另有少量采集经济(表二)。

表二 后旧石器时代石器类型与功能的推测

石器类型	石器功能	石器比例	经济活动
几何形细石器	投掷器的尖端	多	狩猎为主
刮削器	加工兽皮	较多	制皮重要
雕刻刀	加工骨木器	少	骨木器少
带硅光石片	收割谷物	少	采集比例小(谷物加工工具只有2件,与其他遗址不同)

贝哈遗址的面积和遗迹也有自身的特点。这个遗址的面积为40米×60米,即2400平方米。这个遗址的遗迹不同于其他遗址,只有灶和烧烤坑两种。灶的直径为35~60厘米。烧烤坑的直径为1.5~2.5厘米。上面有大批的动物骨和大石头。

根据以往对纳吐夫文化的遗址的分析与总结,在纳吐夫文化遗址中,可以分为两种类型的遗址,即中心基地与周围营地(表三)。

表三 基地遗址与营地遗址的比较

基地	面积大	堆积厚	遗迹种类多,建筑、墓	遗物种类多,有磨谷石器
营地	面积小	堆积薄	遗迹种类单一	遗物种类单一

根据纳吐夫文化遗址的分类以及与贝哈遗址的比较,可以看出贝哈遗址的特点是:面积大、堆积厚、打制石器种类多,所以比较像基地遗址;但是这个遗址没有房屋和墓葬等遗迹,磨石和骨器都很少,又有营地遗址的特点。综合这些因素,对贝哈遗址比较合理的解释应当是,这是一处多次使用的季节性遗址(这个季节应当是非收获季节,而是狩猎季节,所以很可能是冬季遗址)。因为在根据打制石器所确定的人们的活动范围中,工具种类分布一致,有灶和烧烤坑,但不见反映居住生活的遗存,如磨制工具、房屋、储藏设施和墓葬。所以它不是定居性遗址,也不是单一功能的遗址。

对贝哈遗址本身的出土遗物、遗迹等特点分析之后,我们还要把眼光放得更远些，以便了解贝哈遗址所在的佩特拉（Petra）地区的遗址与资源。这一地区的纳吐夫文化遗址中以野山羊为主，羚羊次之，另有少量野驴。石器中有孔雀石、燧石，还有海贝。通过对这一地区自然环境的研究可以基本了解到当时人们获取食物和生活用品的情况：

野山羊生长在岩石地带，因此当时人们主要是从岩石地带获取食物，从阿拉伯高原获取羚羊，也偶尔去林地与高原开阔地猎取野驴；石器主要使用当地的燧石、阿拉伯高原出产的孔雀石，并使用来自100千米以外红海的海贝。

这里的植物在一年内变化大，野生谷物是在暮春和初夏成熟，成熟后就散落在地下，所以采集季节非常短暂。其他果类各个季节都有，干果的收获季节在冬季。植物采集的时间随纬度变化在佩特拉的纳吐夫文化遗址中，发现的植物遗存较少，有可能这里的生业类型是猎取可放牧的动物，如野山羊、羚羊等。

如果我们把视角再放大到整个纳吐夫文化的分布区，则会看到这样的情景：营地之间距离较大，它们之间有大小之别，因而人口随季节不断地聚合和分散。聚合多是在植物收获的春夏之际。

把聚落的差异和其共存的石器结合起来，可以将整个纳吐夫文化的遗址分为三类（表四）。

表四　纳吐夫文化的遗址分类

遗址类别	打制石器	地貌	其他遗物	定居情况
A	不规则细石器	森林、海岸	石核少、工具多杵、臼、磨盘	集中、定居时间长、堆积厚、遗迹多
B	齿状石片、刮削器	台地、沙漠		较集中、定居时间较长、活动种类多
C	几何形细石器			临时驻地，狩猎为主

从整个纳吐夫文化的遗址分类来看，贝哈遗址应当属于C类遗址。通过由点到面的研究以及自然遗物与人工物的结合，使我们对纳吐夫文化区、佩特拉地区以及贝哈遗址这三个层次的生存战略有了一个比较全面、粗略的了解。

戴维·克拉克的《分析考古学》[6]中所引用的民族学的实例，有助于我们可以理解远古居民的这种采集经济与季节性迁徙的生活。通过对伊朗法尔斯（Fars）省的原始部落巴萨利（Bassari）人的研究，可以大致了解到他们一年中摄取食物的种类和数量。食物的种类有野生谷物、小动物、鱼、河狸等，它们在全年的食谱中随季节的变化而变化。谷物的消费址在1～2月时最高，达70%，6～8月最低，仅占15%，9～12月在30%～40%；小动物在主要消费时期在5月，达60%，到10～11月时又形成一个的小高峰，达到35%；鱼的消费只有一个高峰，是在6～8月，6月鱼的消费达80%～85%，到8月减少到75%；河狸的消费分两个时期，12～4月为高峰期，为15%，其余季节为5%（图二，1）。

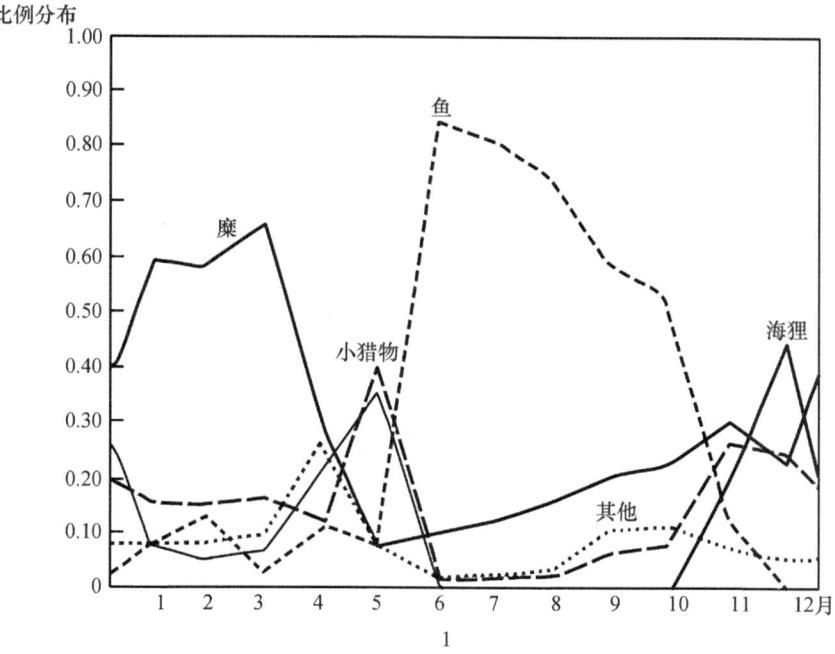

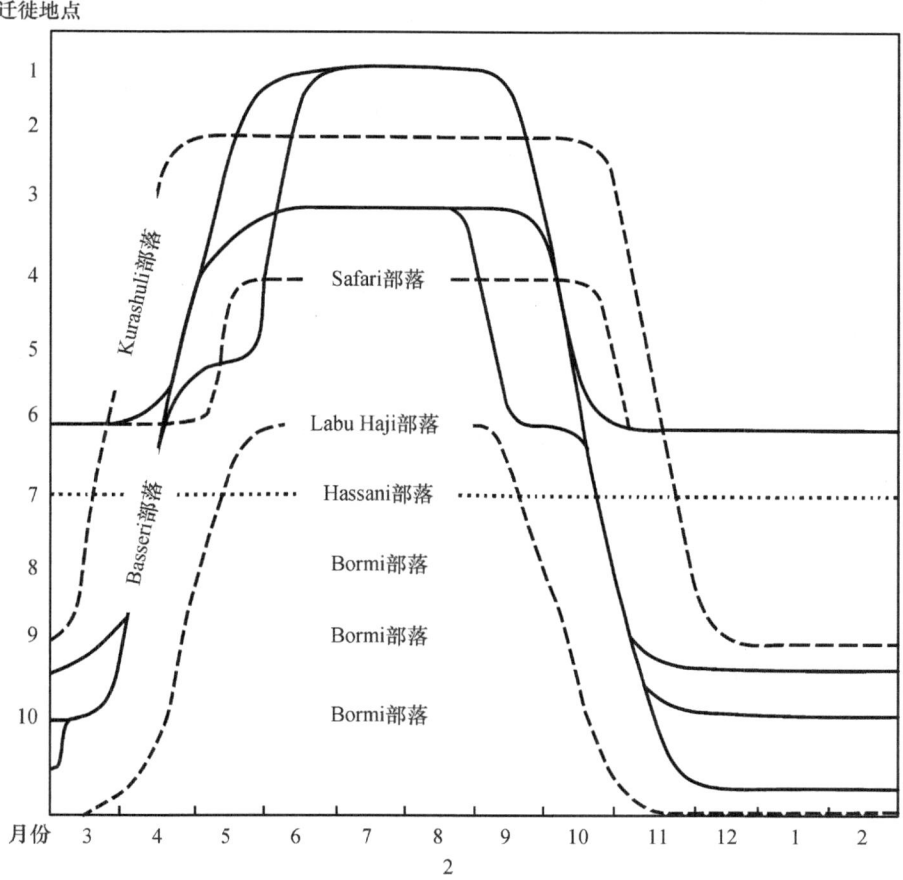

图二　民族学中食物资源开发与部落迁徙

（选自David Clark, *Analysis Archaeology*.）

这些食物资源是在不同的地点，为了获取这些资源，巴萨利人采取的是季节性迁徙的生活方式。他们所迁徙的地区大致有11个地点，由北向南分布。1~2月在这一地区的最南端，3~6月是迁徙的时期，从南向北迁到了地区的中部，在那里定居到10月份左右，然后再逐渐迁徙回南部。这个全年的季节性迁徙的路线与我们现在看到的候鸟的迁徙路线很相似（图二，2）。

在这个季节性游动的过程中，并不是所有人都迁徙，那些老弱病残的人可能仍然留在基地遗址。这就是定居的萌芽。纳吐夫文化基地遗址与营地遗址的划分说明这个时期正处在由移动性生活方式向定居性生活方式的转变时期。

在纳吐夫文化结束之后，定居生活有了进一步的发展。在法拉哈（Wadi Fallah）遗址，发现了后纳吐夫时期的居住遗址，均为圆棚，分布在四级台地上（图三）。

有学者对其出土物进行了详细的统计[7]，其方法是：

（1）把每个圆棚的出土物分别放置。

（2）统计每个房屋的工具组合。

（3）寻找工具组合与圆棚的大小、有无灶、与臼的关系。

（4）用多元统计的方法确定哪些房屋的组合相同与不同，圆棚的大小与它与圆棚的位置与关系联系起来。

这个遗址的房屋有大小之别，以9号圆棚和10号圆棚为例，9号圆棚是大房屋，出土物分类中的15种都有；10号是小房屋，15类器物中没有锥、齿状工具、二步加工石器（表五）。

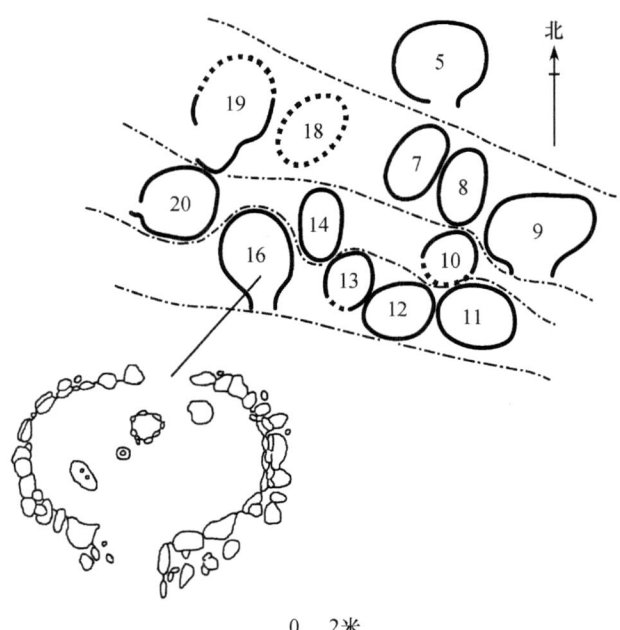

图三　法拉哈遗址后纳吐夫时期聚落

［选自 Flannery K V. "The origins of the village revisited: from nuclear to extended households." *American Antiquity*, 2002, 67 (3).］

由此可以推测：9号圆棚是男女同住的房屋；10号圆棚是只有一种性别的人居住的。由于没有锥，很可能是男性。这个推测与弗兰纳瑞（Flannery）的观点相符，即大房屋应该出土男性与女性的工具、有灶的小房屋应该出女性的组合、无灶的小房屋应该出土男性的组合。

表五　房屋出土物种类比较

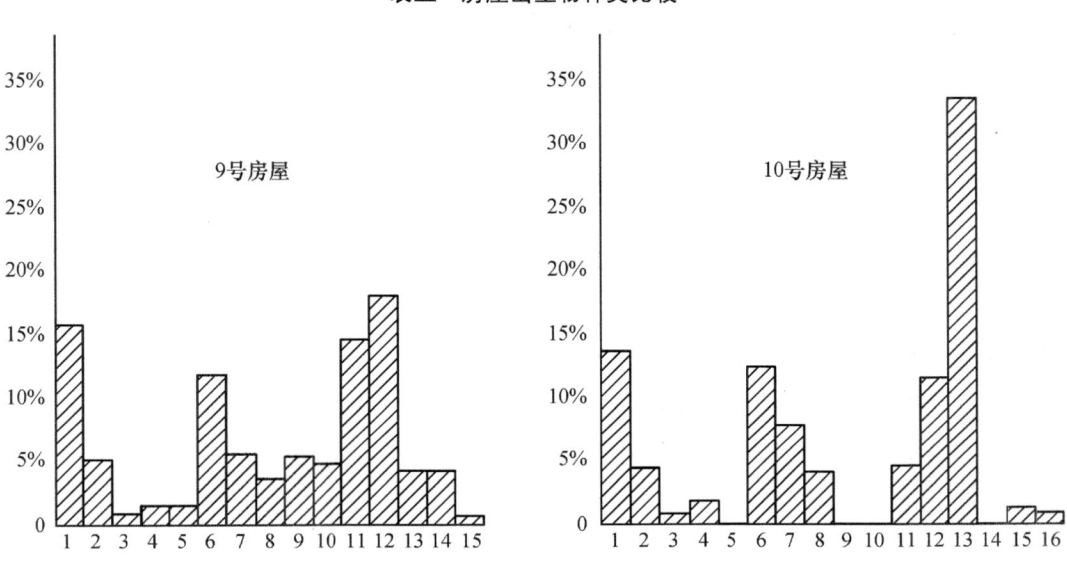

1. 斧、凿、镐　2. 镰刃与刀　3. 镞　4. 钻孔器　5. 锥　6. 雕刻器　7. 刮削器　8. 齿状工具　9. 刻槽工具　10、11. 二步加工石片　12. 小石叶与细石器　13. 石板　14. 石器　15. 玄武岩石杵　16. 黑曜石石片

一个中非的例子可以作为这种现象的佐证。坦桑尼亚的哈扎（Hadza）狩猎采集者。他们几周做一次迁徙，一个营地由18个成年人构成。在一个旱季营地（直径为28米），有17个圆棚（图四）。这个营地考虑了地形、风向，但是更多的是从社会关系出发，尽管这在考古学家看来并不明显。

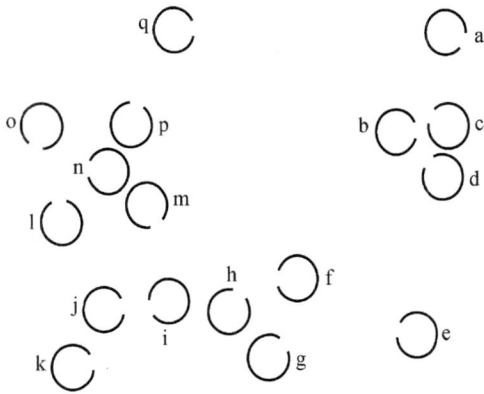

图四　坦桑尼亚的哈扎（Hadza）狩猎采集者的圆棚

［选自Flannery K V. "The origins of the village revisited: from nuclear to extended households." *American Antiquity*, 2002, 67 (3).］

1959年的调查结果反映了这群圆棚的居民之间的亲属关系：

圆棚j中住着一个成年女子，她的女儿分别住在f、h、I圆棚中；

圆棚a中住一对成年男女，其女儿分别在b、c、d圆棚中；

圆棚q中居住的一成年男子的儿子住在f圆棚；圆棚q中的成年女子的女儿住在o圆棚中；

圆棚e中的成年男子的女儿住在n圆棚中。

在这个例子中，有的房屋只有一个单身，有的住有成年男女（因此，有些房屋应该只出男性工具，有些只出女性的，还有两者都出的。这群圆棚可以分为至少两代人，根据我们了解到的亲属关系可以把它们分为四组，其中分布最为集中的是右上角的a-b、c、d组和左下角的j-f、h、I、k组。也许通过仔细研究出土物的风格，也可能找出这种血缘关系。在两代人的居住位置方面，子女中女儿离母亲房屋近的占多数。

另外，民族学调查还显示，圆棚是由妇女在1~2小时内建起的。民族学上常见的情况是，非定居的地上圆棚多是由妇女完成的，她们决定了居住的面积、形状和地点。当建筑需要投入更大的劳动力时，如挖地穴式圆棚需要使用石块抹砌时，就成为了男人的劳动，男人们是用泥砖或泥建成的长方形住房的建造者。

（二）定居的出现

经过后旧石器阶段以后，西亚进入了前陶新石器阶段早期（PPNA），出现了定居的村落。最为典型的是位于死海沿岸、约旦河谷的耶里哥（Jericho）遗址。这个遗址的繁荣得益于它东面丰富的泉水资源。早在纳吐夫时期就已经有人在这里居住进入前陶新石器时期，这个遗址是迄今发现的这一时期西亚最大规模的定居点[8]。在这里发现了最早的石墙，石墙经过多次修缮，墙外有宽8、深2米的壕沟（图五，1）。墙内的面积为3万平方米，推测有1500人口。在石墙的里侧有石头建成的塔，塔的直径为10米，现在保留的高度为8米。东部的门道高1.7米，从里面进去有22级台阶。每一级台阶都是由一整块石头构成（图五，2）。能够维持这么多人和这样大型的定居地的经济是这里发现的最早的人工栽培的小麦和大麦，但是动物仍然是野生的羚羊。死海的盐与沥青也是他们的生活资料来源。主要集中在黎凡特（Levant）地区的南部，即约旦河谷与死海沿岸（现在的以色列、巴勒斯坦为中心）。这个时期的定居遗址和人工栽培的作物只是少数的几个点，犹如沙漠上的绿洲。

这时期的房屋遗迹仍然是圆形或椭圆形棚子（图六）。建筑材料已经不再是木桩，而是用大石块或废弃的磨盘、石臼做房基，上面用泥堆。虽然泥墙不太高，但是这是人们认识泥土的开始，这是定居生活的必然。居住面常常是由砾石与泥铺成。烧烤坑与室外灶成群分布，坑壁也用石头和泥镶边并抹砌。

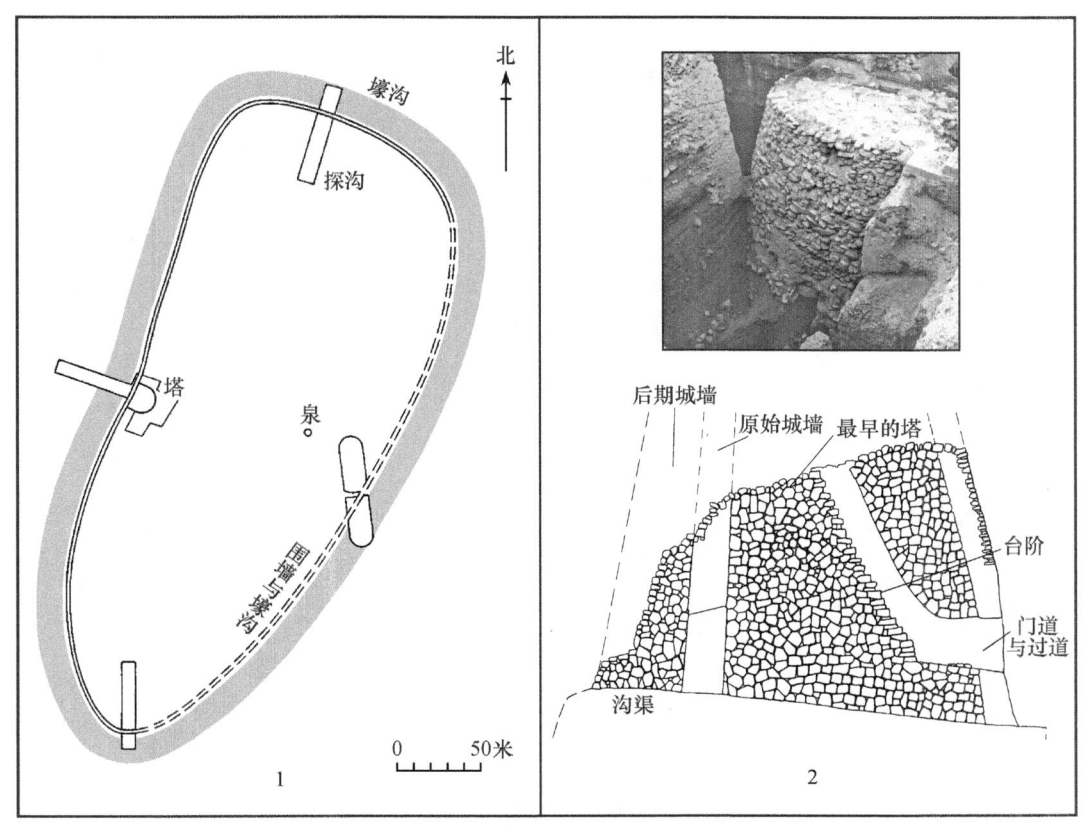

图五　耶里哥遗址前陶新石器早期的遗址布局与石塔
（选自Roaf M. *Cultural Atlas of Mesopotamia*. Oxford, 1990.）

（三）村落的普及

进入前陶新石器晚期（PPNB，可进一步分为早、中、晚段。早段为公元前8800～前8300年；中段为公元前8300～前7550年；晚段为公元前7550～前6850年[9]），人们的生活开始普遍依赖种植的谷物，狩猎的营地被定居的村落所代替。这时期的遗址不仅分布在黎凡特的南部，并且向北扩展，到了现在的黎巴嫩和叙利亚，这些北部的遗址都是建在生土上的，是人们迁徙到这里来的。在南部的耶利哥遗址仍然有这个时期的定居。

在这个时代，食物准备的技术发展得很快，定居遗址开始普及。PPNB中期，为了使食物的准备有足够的空间建起了前室，灶位于前室与中心房屋之间，吃饭在房屋内（图七）。

前室有大量的磨石、石杵、前室的地面经过抹砌，所以多间建筑的产生首先是为了分隔不同功能的区域而出现的，建筑的面积在40平方米左右，应是一个核心家庭。这时的食物准备是在前室，这是家庭间相互来往的活动场所，是开放的，而食物的消

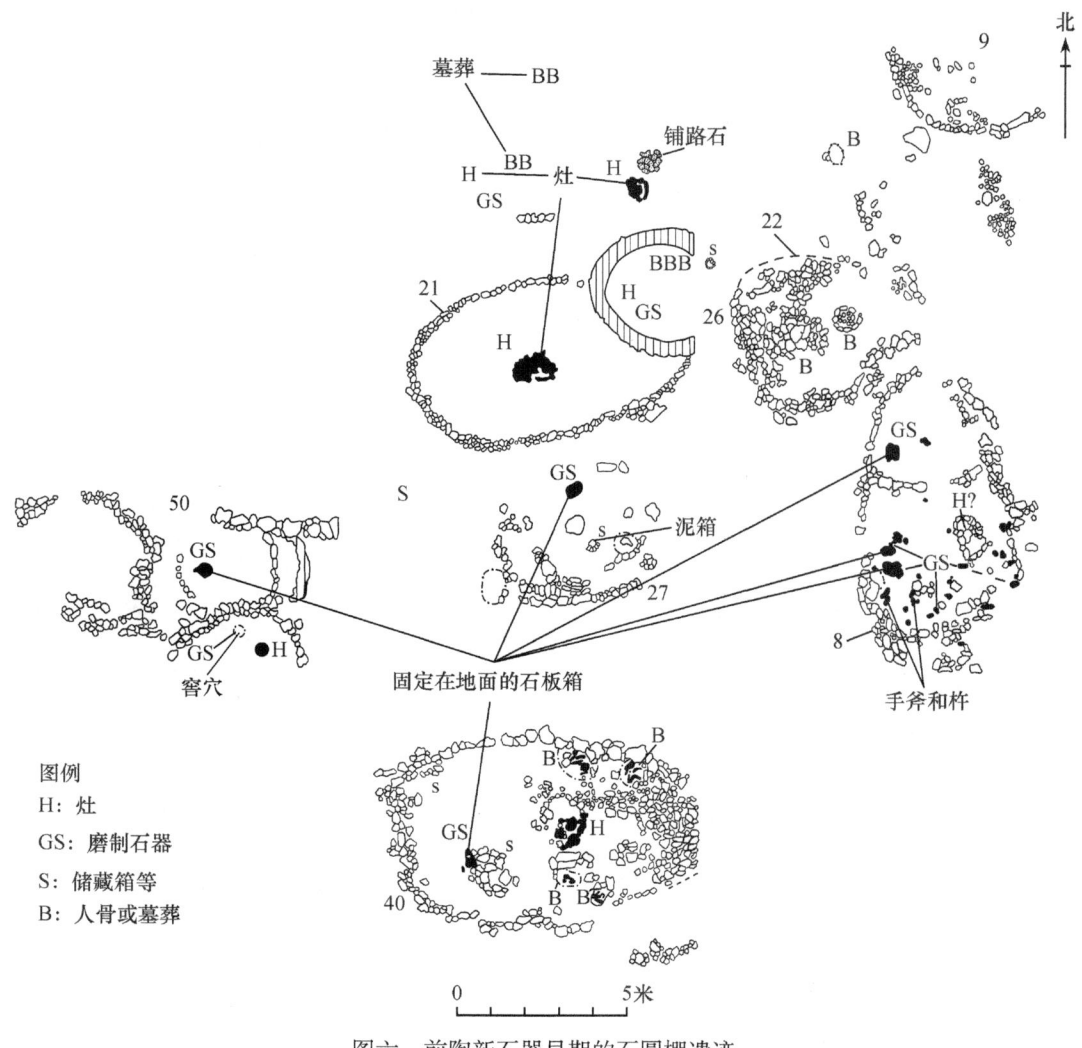

图六　前陶新石器早期的石圆棚遗迹

［选自 Wright K L. "The social origins of cooking and dining in early villages of Western Asia." *Proceedings of the Prehistoric Society*, 2000 (66).］

费是在家庭内部进行，具有隐私性。地面上摆放的抹泥的人头骨是对年长者的纪念，说明年长者是身份最高的人，这种祖先崇拜是维系家庭的精神寄托（图八）。

　　这种变化的过程在美国西南部的印第安人那里也可以找到证据：房屋建筑最早是圆形地穴式单间建筑，一切活动均在这里进行；后来房内的储藏设施和加工谷物设施从房内移至屋外，在房屋北侧构成了东西向排列的石板砌成的储藏箱和磨制谷物工具箱；后来，又在这些成排的箱子和半地穴式房屋之间出现了柱洞和灶。这些柱子构成了没有墙壁的棚子，既可以遮阳，又可以避雨，是做饭和家庭作业的场所。从这些变化可以看出，由单个建筑发展成建筑单元，是劳动场所和储藏设施与住房分离的结果。这个建筑单元包括了南部半地穴式房屋、北面成排的储藏箱和介于其间的有灶的

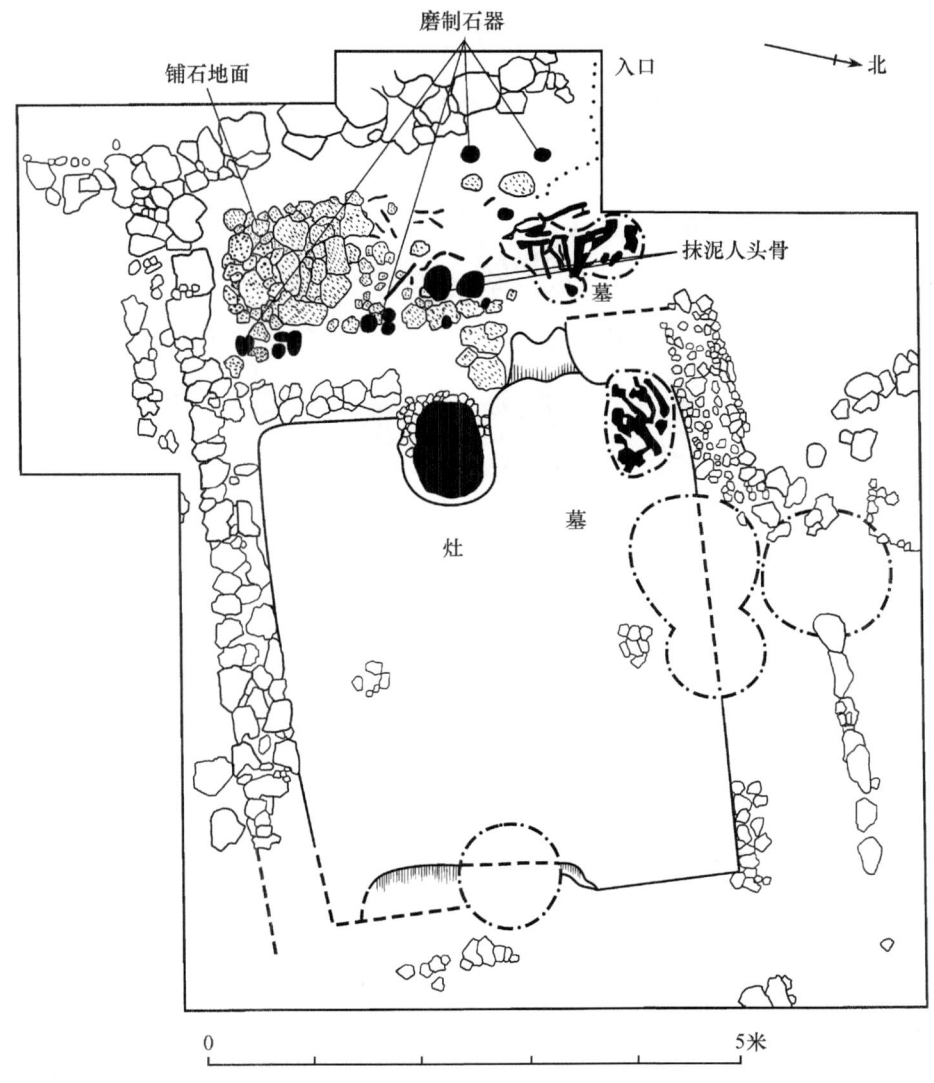

图七　前陶新石器晚期中段的建筑（艾因·加祖尔）

[选自Wright K L. "The social origins of cooking and dining in early villages of Western Asia." *Proceedings of the Prehistoric Society*, 2000 (66).]

棚子，它代表了一个家庭吃饭、睡觉、食物加工与准备、储藏和家内劳动等全部活动的空间，所以一个单体建筑与一个建筑单元的居民构成是相同的，只是专有功能的空间更加明确，人口上可能也有所增加。这个家庭的构成应当是一对夫妻和他们的子女构成的。这时家庭人口的增多是经济发展的结果。

穆利贝特（Mureybet）遗址[10]位于北部的叙利亚境内。这个遗址分四个时期。最早的Ⅰ期是纳吐夫时期，Ⅱ期是前陶新石器早期，Ⅲ期和Ⅳ期是前陶新石器晚期。这时期农业村落已经普及。建筑发生了很大的变化，一是形状由圆形变成方形或长方形；二是建筑材料多是面包形的软石灰石。地面仍然是由石头和泥铺成，但上面抹和

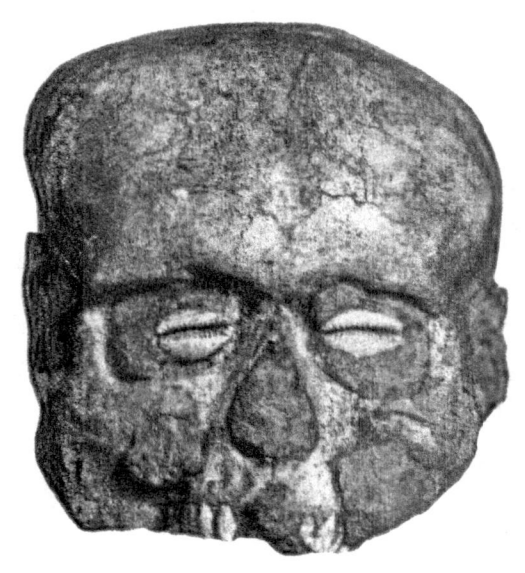

图八　耶里哥遗址出土的前陶新石器的人头骨
（选自Roaf M. *Cultural Atlas of Mesopotamia*. Oxford, 1990.）

红泥。这是前陶新石器晚期的一个重要特征。另一个重要特征是居住面上摆放人头骨的现象。这时的建筑以穆利贝特Ⅲ期ⅩⅣ层的方形房屋为例（图九），边长3.5米，没有门。共分4间，每间边长1.5米。一间有灶，一间有储藏箱。有一面墙上有一个洞，里面发现了一个肉食动物的下颌骨。这是西亚新石器时代的一种祭祀传统。房屋居住面上摆放着一个抹有泥的人头骨。居住面下有成堆的二次葬人骨，墙壁上有浅黄色地，上画黑彩的"Z"形壁画。

前陶新石器晚期的末段，建筑变成了长方形多间，其中有的房间可以确认为储藏室，反映了储藏设施的发达，这说明了剩余的增多以及它的私有化。这时的食物准备与消费都在建筑内。私人空间与公共空间的界限比以前明显。贝哈遗址C层的建筑为双层建筑，食物的储藏与准备在楼下，做饭与进食都在楼上。发现的灶都是从房屋顶部坍塌下来的。换言之，在近东的纳吐夫文化晚期与前陶新石器晚期之间，由长方形的核心家庭房屋与私有的储藏室构成的聚落取代了不规则圆形圆棚与共享的储藏设施的营地。为什么会发生这些？弗兰纳瑞（Flannery）认为，前陶新石器发展得太快了，社区变得很大，不是每个家庭都想与邻居联系紧密通过生产来共度危机。储藏的私有——把储藏设施放到建筑内是防止与收入少的家庭共享的一种办法。于是后来的新石器时代，生产效率比较高并把私有产品储藏起来的家庭开始在经济上超过他们的邻居。

北部最典型的前陶新石器晚期的萨约吕（Çayönü）遗址[11]分为5层，其中上层的建筑布局与贝哈遗址的相似，叫做格子式建筑（cell plan）（图一〇），也应是双层建筑。第4层的建筑是有方形泥砖建成，有一个5米×8米的作坊，分为6~7间小屋，每间都有其独特的工具，如骨器或磨制石器。

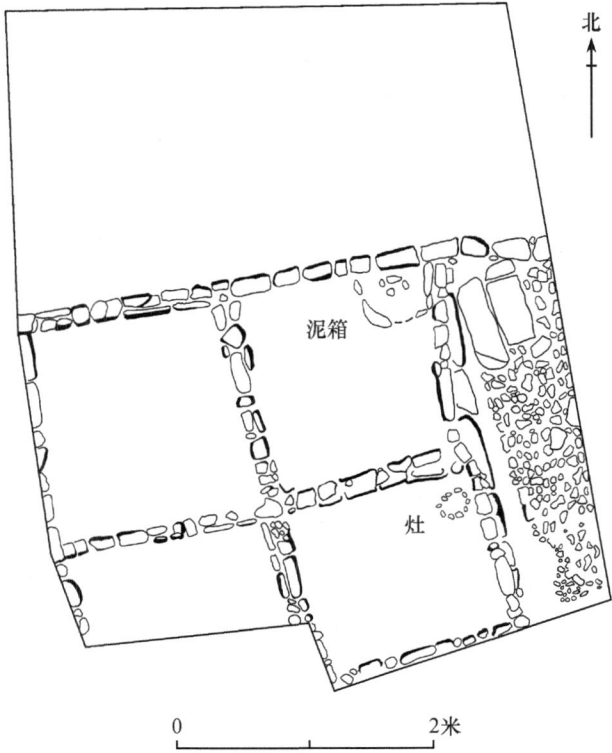

图九　穆利贝特遗址前陶新石器晚期建筑布局

（选自Mellaart J. *The Neolithic of the Near East*. London, 1975.）

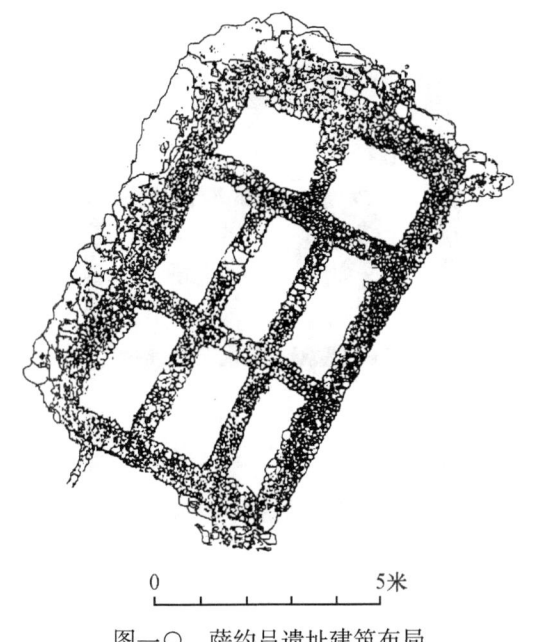

图一〇　萨约吕遗址建筑布局

（选自Mellaart J. *The Neolithic of the Near East*. London, 1975.）

（四）村落的初步发展

这是前陶新石器时代向陶器新石器的过渡时期，聚落与建筑的格局已经进入了稳定阶段。在这些发现的遗址聚落布局中，我们不仅看到了不同类型的出现；而且发现这时期的聚落已经出现了大小之别。继承前陶新石器晚期多间建筑传统的可以耶莫（Jarmo）遗址为代表[12]。

它所在的聚落是普通的村落，分布呈散点分群状；同时还有一种继续使用单间建筑的传统，可以恰塔尔遗址（Çatal Höyük）[13]的建筑为代表，它所在的聚落是一个超大型的，建筑分布呈密集型。

耶莫遗址在伊拉克的库迪斯坦（Kurdistan），位于伊朗与伊拉克交界处的扎格罗斯（Zagros）山麓中段。遗址坐落在海拔800米左右的橡树与阿月浑子树的林地中，面积为3～4英亩（1.2万～1.6万平方米）。遗址共分16层，下面的16～6层是前陶新石器文化，发掘者推测大约经历了400年。上面的5～1层为有陶新石器时代。村落有20～30个房屋，居民约150人。建筑为泥墙结构，布局为多间。以前陶新石器时期的一间房屋为例。这个建筑面积为5米×6米，被隔成7个小间，其中最小的、相连的四间为储藏室，灶为内壁抹泥的坑，灶边有打火石和加热食物的石头。灶位于紧靠院落的一间储藏室里，与院落相通。院落里有加工谷物的磨石。从布局看，食物的储备、加工与炊煮的场所是连在一起的。剩余的空间大约是15平方米，为起居室。最靠里面的一间房间的地面铺有席子，应当是卧室（图一一）。

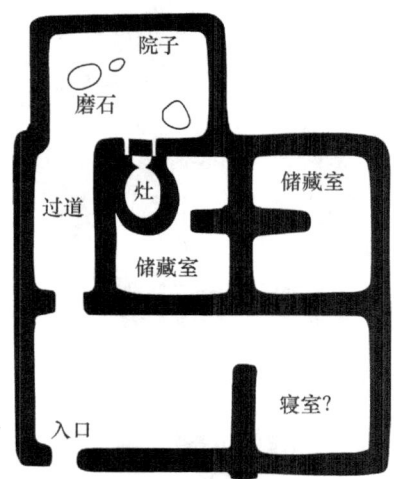

图一一 耶莫遗址建筑布局

（选自Mellaart J. *The Neolithic of the Near East*. London, 1975.）

恰塔尔遗址位于安那托利亚高原南部的克尼亚（Konya）冲积平原上。遗址面积为600米×350米，其中新石器时代的遗存分布有32英亩（12万平方米），是目前西亚发现面积最大的新石器时代遗址。发掘的面积仅占土丘面积的30分之一。共发现14层建筑堆积，连续定居了800年左右或更长的时间。12层以下为前陶新石器遗存。在遗址的最兴盛时期，共发现了大约1000座房屋，人口为5000～6000人。

恰塔尔的房屋为标准的单间建筑，面积为5米×5米或6米×4米，更大一些或更小一些的都很少见。人们通过梯子从房顶出入，在梯子的附近有炉和灶，所以房顶的出入口不仅为了人的出入，也便于炊烟的排放。屋顶为平顶，房屋间密集，没有街道和小巷，人们是通过屋顶进行交往的。这种布局在现在的土耳其的农村仍然保留了下来（图一二）。

房屋之间的形状与大小基本一致，而且房内的设施也极为相似：一个长凳、几个用于做活与睡觉的低矮泥台、房屋南端设有炉、灶和燃料箱的厨房与梯子（图一三）。

附近还有各式谷物储藏箱。低矮小台的下面埋有二次葬。建筑材料为形状不规整的泥块和木柱。墙与地面抹砌黄泥或白灰面，根据它们的一层层抹砌，我们可以判断维修的次数，整个遗址的结构是排列密集的房屋，这使得单个建筑无法变更布局，它们只能在原地重建。

尽管所有的房屋格局与设施非常一致，但是仍然存在着一个普遍的区别，即有无泥塑像和壁画的区别。根据这个差别，发掘者把前者叫做祭室（图一四），后者为普通住房。祭室与住房还有一些细微的差别，如祭室内的墓葬数量多，个人装饰物比较精美，有住房内墓葬中不见的石权标与石镞、黑曜石镜子、骨带扣、礼仪性石匕首、金属珠饰和木器。这些精美的随葬品是十分少见的。尽管有人对祭室这个概念持有疑义[14]，认为这是现代人的看法，但是这些差异的普遍性说明了这时不同功能的建筑以及它们在人们心中的位置已经出现了差别。

壁画的内容有代表了当时织毯的简单几何图案、包含了聚落和火山的风景图、狩猎场面和秃鹫衔着无头的人的死亡场景。这些壁画是由当地的矿物质颜料绘制的，颜色容易褪色，而浮雕的装饰则是永久性的。所以这些壁画应当与某些重大的事件有关，我们可以发现一层层颜料的重新绘制过程。浮雕以动物主题为主，嵌在墙上或泥制长条凳的两侧。最常见的动物主题是公牛，发掘者认为这代表了对男性的崇拜。

经济形式为简单的灌溉、养牛、贸易和石器制造，种植小麦、大麦和豆科植物、六棱裸大麦说明这里有灌溉农业。遗址附近有丰富的黑曜石原料，遗址中石器以黑曜石为原料的数量也比较多，而且有像黑曜石琢制精美的权标和匕首等精品，还发现了最早的几何纹的印章，这些都说明这个遗址极有可能控制着整个克尼亚平原的黑曜石贸易。这也是这个遗址能够成为整个西亚新石器时代最大城镇的原因。

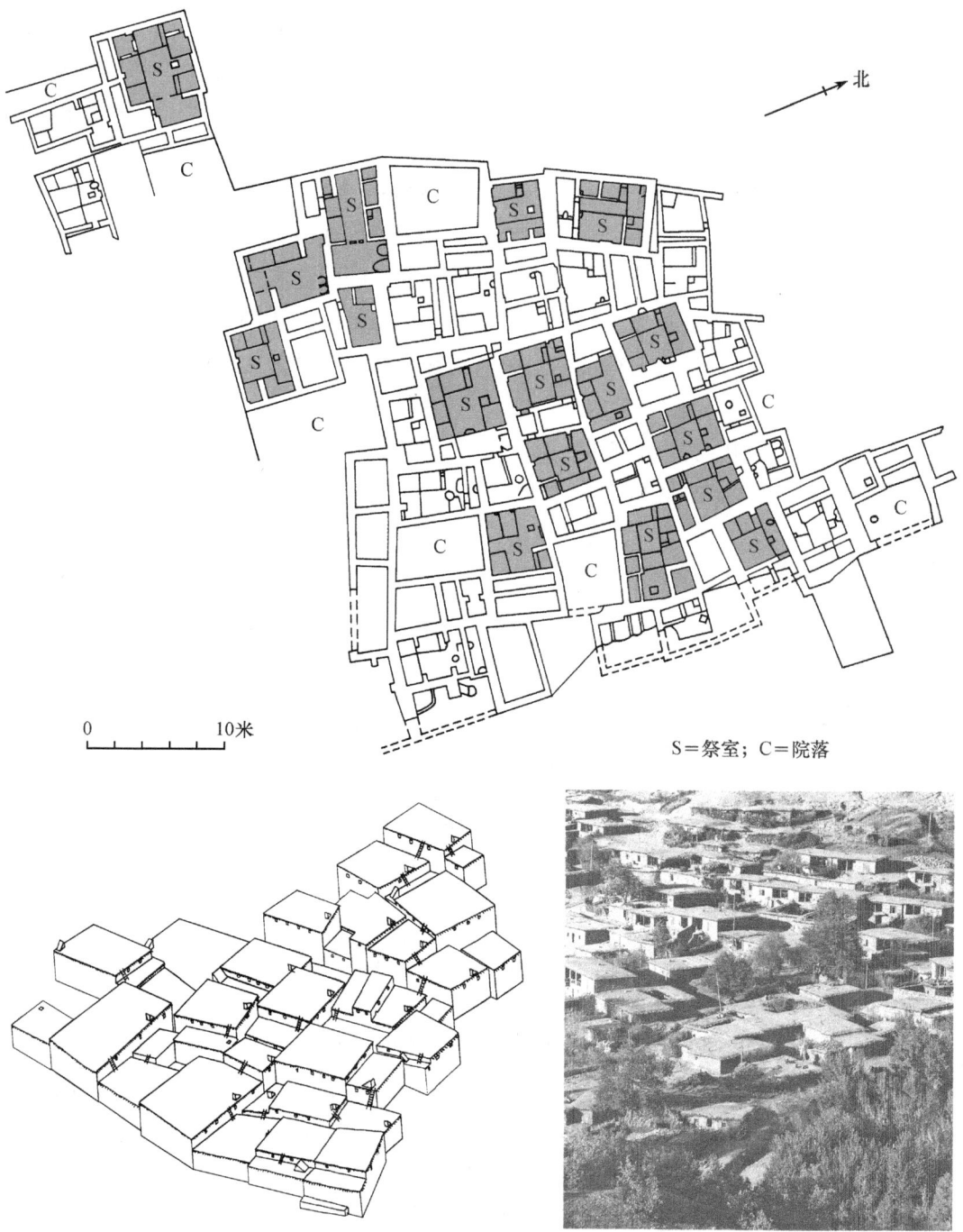

图一二　恰塔尔遗址古代建筑与当地现代建筑
（选自 Roaf M. *Cultural Atlas of Mesopotamia*. Oxford, 1990.）

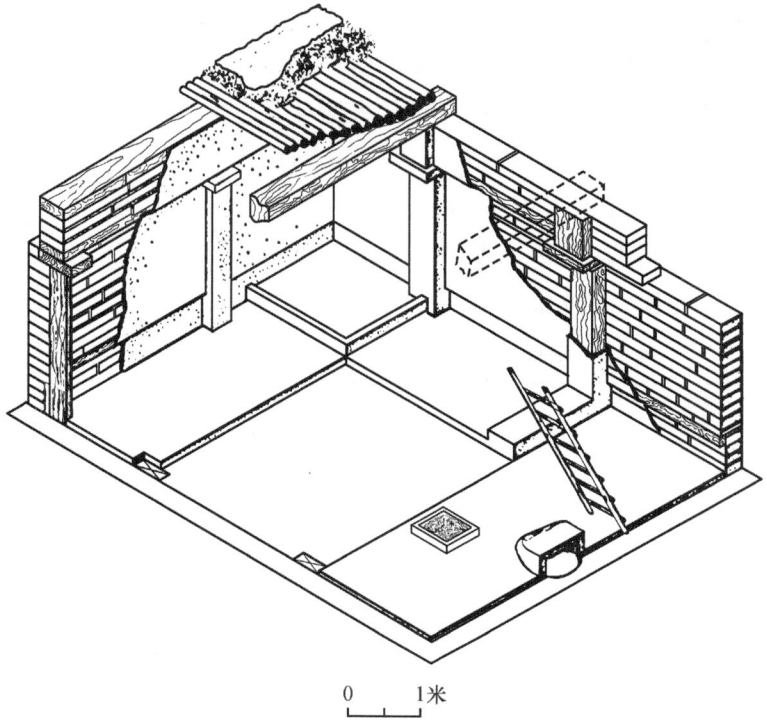

图一三 恰塔尔遗址房屋格局

(选自Mellaart J. *The Neolithic of the Near East*. London, 1975.)

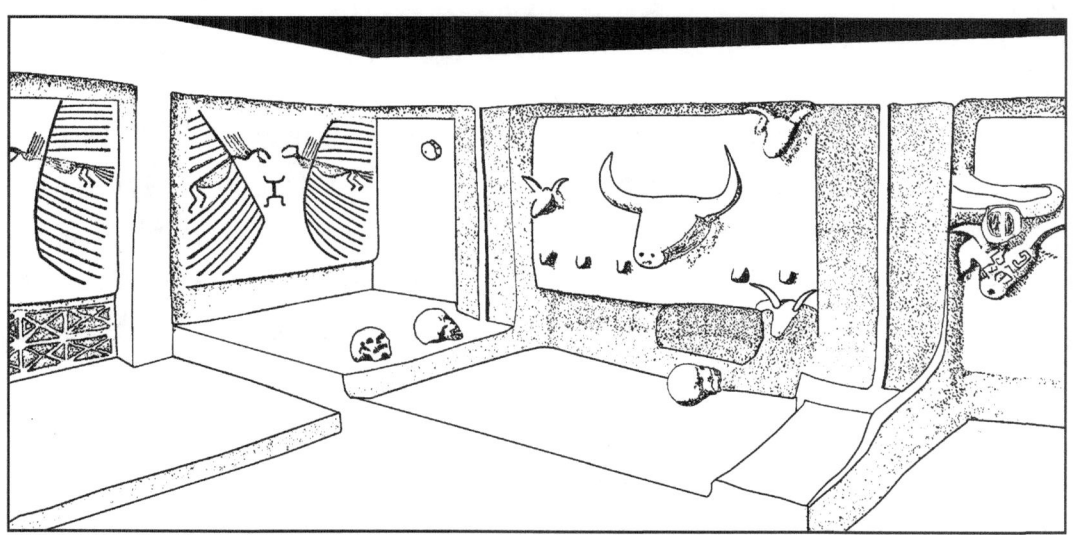

图一四 恰塔尔遗址祭室的壁画与泥塑像

(选自Roaf M. *Cultural Atlas of Mesopotamia*. Oxford, 1990.)

恰塔尔遗址经过大规模的科学发掘。每一层揭露的建筑布局为我们理解早期新石器时代人们的社会组织的变化提供了宝贵的资料。在认真研究它之前我们需要明确的有两点：首先，恰塔尔遗址是一个很少见的大遗址，它的情况不一定能反映当时的普遍现象；其二，这个遗址各层的发掘面积不尽相同，其中最大面积为2000平方米，这只是整个遗址的1/30，所以揭露出来的建筑布局不一定能够代表整个遗址的情况。尽管如此，对这个遗址布局的动态分析仍然是十分重要的，尤其是普通住房与祭室的关系所反映的原始宗教及其变化非常宝贵。

表六　恰塔尔遗址各层发掘面积、建筑面积的比较

层位	发掘面积（平方米）	公共空间（平方米）	建筑数量	建筑的平均面积（平方米）
8	525	128（24%）	11	36
7	1811	278（15%）	35	44
6B	2089	346（17%）	44	43
6A	1945	611（31%）	38	35
5	1670	531（32%）	22	52
4	1043	273（26%）	13	59
3	603	131（22%）	9	52
2	505	97（19%）	9	45

* 此表数据选自During B S. "Social dimensions in the architecture of Neolithic Catal höyük." *Anatolian Studies*, 2001 (51).

从上表和布局图中我们可以看到一个大致的变化。

第7～6A层是密集型布局（见图一二，1）；第5～2层出现了公共空间与街道（图一五），这些变化说明了这个遗址的居民在他们如何规划社区时是经过选择的。这种选择主要是与他们的社会发展相适应的。这种布局主要是反映了社会组织的变化。

在第5层出现了比较大的变化，即公共空间的出现。与此同时，还发生了两个重大的变化：一是建筑面积普遍增大（见表六），这与晚期的开放式有关，人们比较容易扩大一个建筑的面积另一个重要的变化是祭室的位置。

祭室这个概念是由20世纪60年代的发掘者麦拉尔特（Mellaart）提出来的。他对祭室的确认提出了五条标准：壁画、浮雕、有动物头塑的长凳、泥塑人像、土台上摆有人头骨。他认为有时确认祭室并不容易。在布局图中，研究者把具有四条标准的建筑用"#"表示出来，具有1～3条标准的建筑用"*"表示。这样我们可以发现，具有最多宗教标准的建筑并不一定是设施最全和面积最大的建筑，这说明建筑的精美程度不完全是由是否具有宗教功能能够决定的。

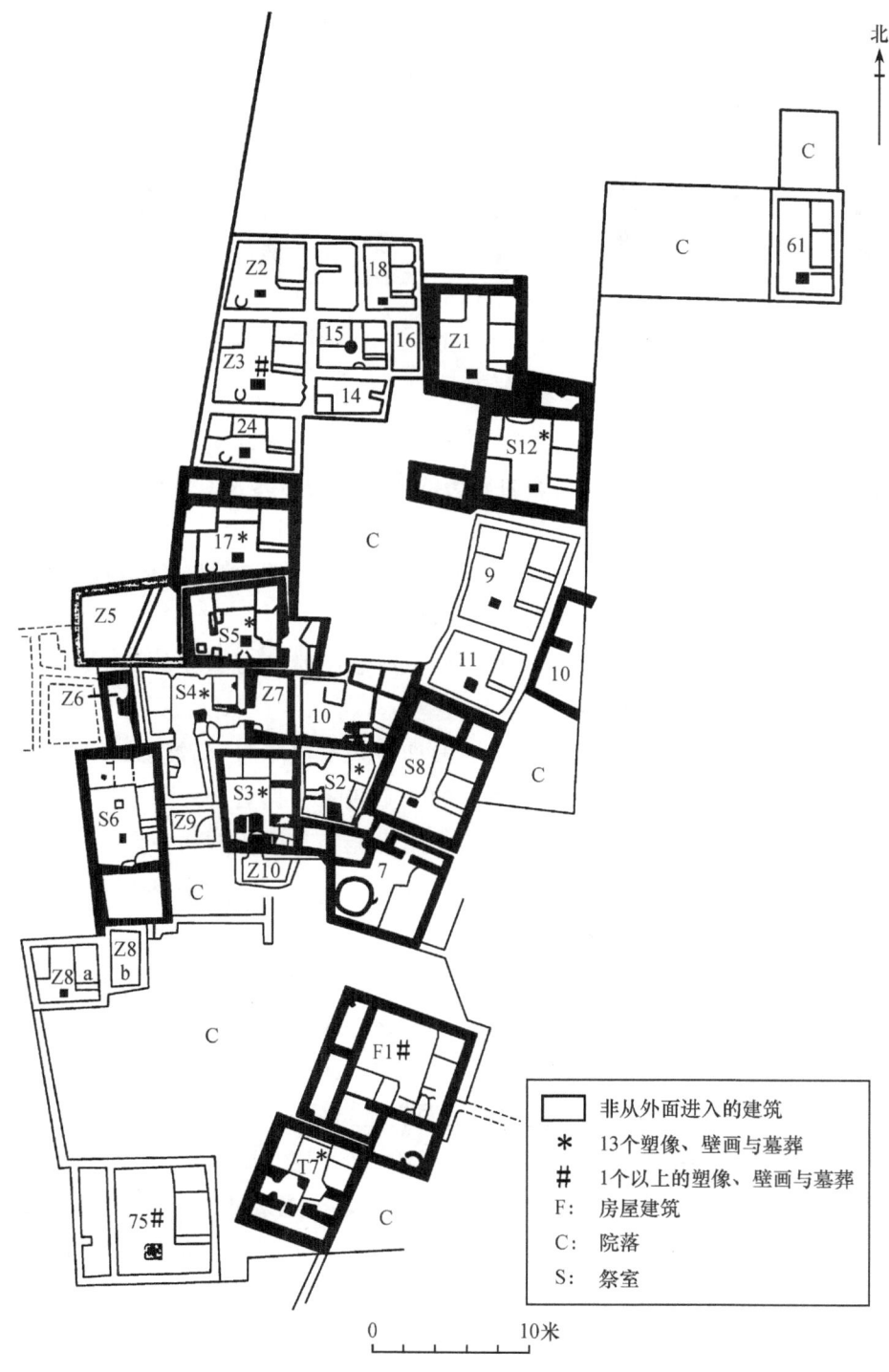

图一五　恰塔尔遗址第5层遗址平面图

（选自Mellaart J. *The Neolithic of the Near East*. London, 1975.）

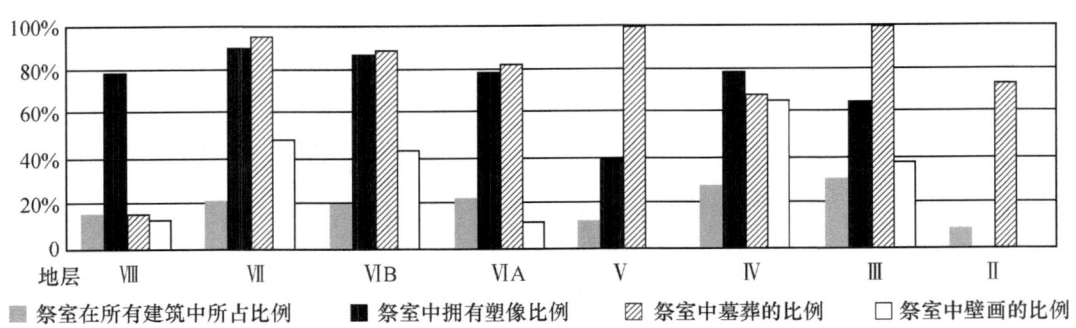

表七 恰塔尔遗址塑像、墓葬、壁画与祭室的比例

表七是各层祭室所占比例、塑像在祭室中的比例、墓葬在祭室中的比例以及壁画在祭室中的比例的统计。祭室与普通住房的比例大约为20%（第4、2层例外）；祭室中塑像达60%（第5、2层例外）；祭室中墓葬数量也比较多，达60%以上（第8层例外）。这些统计说明了少量宗教性建筑拥有大量的塑像与墓葬。所以我们有理由相信，这种宗教功能的祭室在各层中都是十分重要的。

基于祭室的生活设施与普通住房的一样，所以祭室具有居住的功能。祭室内墓葬数量多，这说明大多数葬礼都是在祭室内举行。所以祭室不仅仅是住在祭室的人从事宗教活动的场所，祭室周围的居民也应参加在祭室里举行宗教仪式（主要应是葬礼）。这样，祭室就成为了维系周围居民的一个纽带，拥有同一个祭室的人们就构成了某种特定的社会群体。恰塔尔祭室的作用可能与美国皮埃布罗印第安人的基瓦（Kiwa）相同：这样的宗教建筑只是同一祖先的人们共享，它还尚未成为独立的、没有住房功能的宗教建筑[15]。

祭室所在位置的改变清楚地反映了它与周围居民联系的变化。在第7、6层的密集型布局中，祭室被包围在普通住房中间，进入祭室往往需要经过普通住房的屋顶，最多的需要经过三个建筑的屋顶。这样，外人要进入就会被附近的居民发现。祭室的隐蔽性明显地大于普通住房，祭室的位置说明它应当是供周围的居民所使用的，一个祭室与它周围的普通住房就构成了一种社会组织，他们之间的联系是由宗教信仰维系的。由于祭室的土台上多摆放人头骨，所以很可能是祖先崇拜，也就是这个组织是一个具有共同祖先的血缘群体，这一点与印第安人中拥有一个基瓦的群体的性质也是十分相似的。

从第5层开始，公共空间的出现，分解了原有的密集型布局，并且逐渐出现了街道。这时祭室的位置也发生了重大的改变。它不再被周围普通住房所层层包围，而是移到了建筑群的边缘地带，靠近院落与街道。这说明祭室的作用发生了变化，应当是服务对象的改变，它不再具有隐蔽性并只面对有血缘关系的群体，而是一种公共设施，外人也可以进入。这个变化与基瓦的变化也是相同的。这时每个普通住房的面积普遍增大，相互间不再紧密相连，成为了一个相对独立的单位。

总之，恰塔尔遗址第2~8层的布局变化反映了社会群体规模的变化以及宗教建筑的相应改变，布局出现了公共空间。

西亚新石器时代的聚落经过了后旧石器时代的基地与营地遗址的共存、前陶新石器早期最早的拥有人工栽培作物的农业村落的出现到前陶新石器晚期的农业村落的普及，最后在向陶器过渡时期不同形式村落的定型。人们居住的房屋也相应地发生了变化：从后旧石器时代没有墙的圆棚、前陶新石器早期永久性的泥墙圆形单间建筑到前陶新石器晚期的长方形多间建筑，最后在向陶器过渡时期出现了单间与多间两种形式共存的不同格局。从聚落布局与房屋建筑的形态以及附属的设施的变化看，人们的生活方式从游动到定居，人们的社会基本单位由具有共同祖先的血缘群体到个体的核心家庭。在后旧石器时期与前陶新石器早期，是圆形单间的棚子或房屋，它们拥有公共储藏设施。虽然我们很难确认哪些建筑是公共的储藏设施，但是到了前陶新石器晚期的长方形房屋内普遍具有的储藏粮食的泥箱可以反证在此之前是储藏设施的共有。根据储藏的所属而划分的社会基本单位是生活消费的基本单位。具有共同祖先的血缘群体的人们在祭室中从事特定的宗教活动，这些祭室既是住房也是宗教活动场所，它起着维系血缘群体的作用。在核心家庭成为主要的社会单位时，这种祭室也由经历了专为某一血缘群体服务到为整个社区服务的转变。

二、两河流域新石器时代至铜石并用时期——走向城市文明

在新石器时代，远古人类留给我们最精彩的遗物就是彩陶。整个西亚的彩陶新石器时代的考古主要是在两河流域地区开展的。这里有丰富的聚落考古资料，可以比较清楚地展现了各时期的聚落与建筑的布局以及它们的演变过程。这是一个从村落走向城市的过程。在这个城市化的进程中，可以大致分为以社区为本位、以建筑为本位、社区的分化与社区的整合四个阶段。前两个阶段主要表现以血缘组织为基本生产、消费单位到以扩大家庭为生产、消费单位的变化，第三个阶段为等级化的发展，等级意味着对资源支配的不同途径，所以这一阶段主要是社会经济的进步。最后一个阶段主要表现为政治组织的发展，这是国家形成的阶段，国家则意味着一个中心对人与边界的控制。

表八介绍了这一时期两河流域发展的大致框架。

表八　两河流域新石器时代至铜石并用时期年表

绝对年代（BC）	发展阶段	两河北部		两河南部
3000年	社区整合	乌鲁克文化		乌鲁克晚
				乌鲁克中
4000年				乌鲁克早
				欧贝德末
5000年	社区分化	欧贝德文化Ⅳ		欧贝德Ⅳ
		欧贝德文化Ⅲ		欧贝德Ⅲ
		哈拉夫晚期		欧贝德Ⅱ
6000年	建筑本位	哈拉夫中期		欧贝德Ⅰ
		哈拉夫早期	梭万Ⅲ	欧贝德0
		典型哈孙纳	梭万Ⅱ	
	社区本位	原始哈孙纳	梭万Ⅰ	

* 此表年代数据选自Rothman M S. *The Local and the Regional-An Introduction, Uruk Mesopotamia and Its Neighbors*. Oxford, 2001.

（一）社区为本位的阶段

以社区为本位是指社区为主要的生产和生活的组织者，具体表现为一个聚落的生产区、生活区和墓葬区均是由社区统一安排的。这个阶段的考古学文化以哈孙纳文化为代表。哈孙纳文化又可以分为原始哈孙纳（Proto-Hassuna）与典型哈孙纳（Classical Hassuna）前、后两期。

1. 原始哈孙纳期

这一时期最有代表性的遗址是乌姆·达巴吉亚遗址（Umm Dabagiyah，简称乌姆遗址）。这个遗址位于伊拉克北部杰兹拉（Jezireh）的辛贾尔（Sinjar）平原，遗址面积为100米×85米，堆积形成的高度比现在的地表高4米，共12层建筑层，可以分为4个时期[16]。

这时期的建筑为方形多间，一般由一间居室、一间厨房和一至二间仓库或其他用途的房间组成。方形建筑内的房屋每边长1.5~2米，在每间屋子的隔墙正中留有拱形顶的门道，宽和高皆为50~70厘米，出入这种房间之间需要弯腰行走。整个建筑有的有通向外面的大门，有的没有。没有门的建筑往往在一个墙角处搭建一个一至二层台阶，台阶上面的墙壁上还留有脚窝，这里应是从屋顶出入的通道，台阶和脚窝均起着梯子的作用。厨房有炉灶和烟囱。厨房里的灶在墙底处通入居室内形成壁炉，其上是一个扶壁柱式烟囱。室内常见的设施还有靠墙处地面的一个半圆形凹坑，里面有一个基石，上面抹泥，旁边还有磨石，大概是加工谷物或器具的地方。房内地面常常有嵌入的大型陶罐和泥箱，可能是盛放谷物的。乌姆遗址的一些房间还绘有狩猎情景的壁画。

乌姆遗址发现了成排的库房，每间边长1.5～1.75米，排列规整。墙厚约50厘米，垒墙的泥块中有意掺和较多草和沙子。地面抹泥，有的墙与地面的折角抹砌成圆弧状，有的设有排水管道。房内无灶，也没有通向外面的大门，各屋之间的通道也很少见，应该是以屋顶出入为主。仓库内很少发现遗物，只有10%的房间内有嵌入地面的大型储藏罐。罐内很少发现遗物，只有一个储藏罐内发现了许多泥制弹丸，还有一些散落在地面上，共有2400枚。

除库房和住宅外，还有成排的矮墙。在库房围成的院子中堆放一些垃圾，其中有许多动物骨头。

乌姆文化的建筑均由夹沙的草拌泥垒砌而成，住房建筑的泥中沙子和草的含量少于库房，墙厚40厘米（仓库厚50厘米）。建筑方向为南北向。房顶由灌木和芦苇作支架，上面敷泥。整个建筑被隔成若干小间，而每间的跨度均不超过2米，而且屋顶出入方式是用台阶和脚窝而不是用木梯子，这些现象很可能说明这个文化的生态环境中缺少木材。

乌姆遗址布局的特点是生活区与储藏区都是有意规划的，说明了社区这一级社会组织是当时主要的组织者。这种以社区为本位的聚落布局的另一个特点是聚落的中心多有一个或几个中心广场。这些空地的地面一般都经过有意的加工，地面常抹有泥与河卵石铺成的地面，这是社区组织活动的场所。乌姆遗址的早期与晚期布局有所不同。早期（第12～9层）的布局始终是以一个空场为中心，北、东、南三面是环绕村落的库房区，西边是住宅区。晚期（第5～2层）的住房增多，侵占了原来的库房区，原来的空地一分为二，成为东、西两个院落。这个变化反映了社区中心的分化，由一个中心变成了两个中心，而且库房的面积也在减少（图一六）。

同一时期的其他遗址也反映了生活区与生产区的统一规划，但是像乌姆遗址早期这样有大批的库房建筑的很少见。索托（Sotto）遗址[17]的第6层也揭示了这时村落布局的一部分。住房为长方形多间，周围有隔成小间的小仓库，4～5间为一组，不像乌姆遗址那样连成一排。在东南角发现了由五堵平行墙构成的建筑。发掘者认为是蓄水池。它的建筑过程是先垒墙，然后挖池子。在两个建筑的拐角处有一个长方形的大浅坑，坑内留有绿色的腐殖土，发掘者推测这是畜养牲畜的围栏。

在塔拉塔特遗址（Thalathat）[18]发现了一个窑区，共发现了11座窑址，大部分只保留了底部，呈椭圆、圆形和圆角方形，坑底为坚硬的红烧土，坑内有大批的黑灰和木炭屑，个别还保留了部分窑箅和火道，应是陶窑。

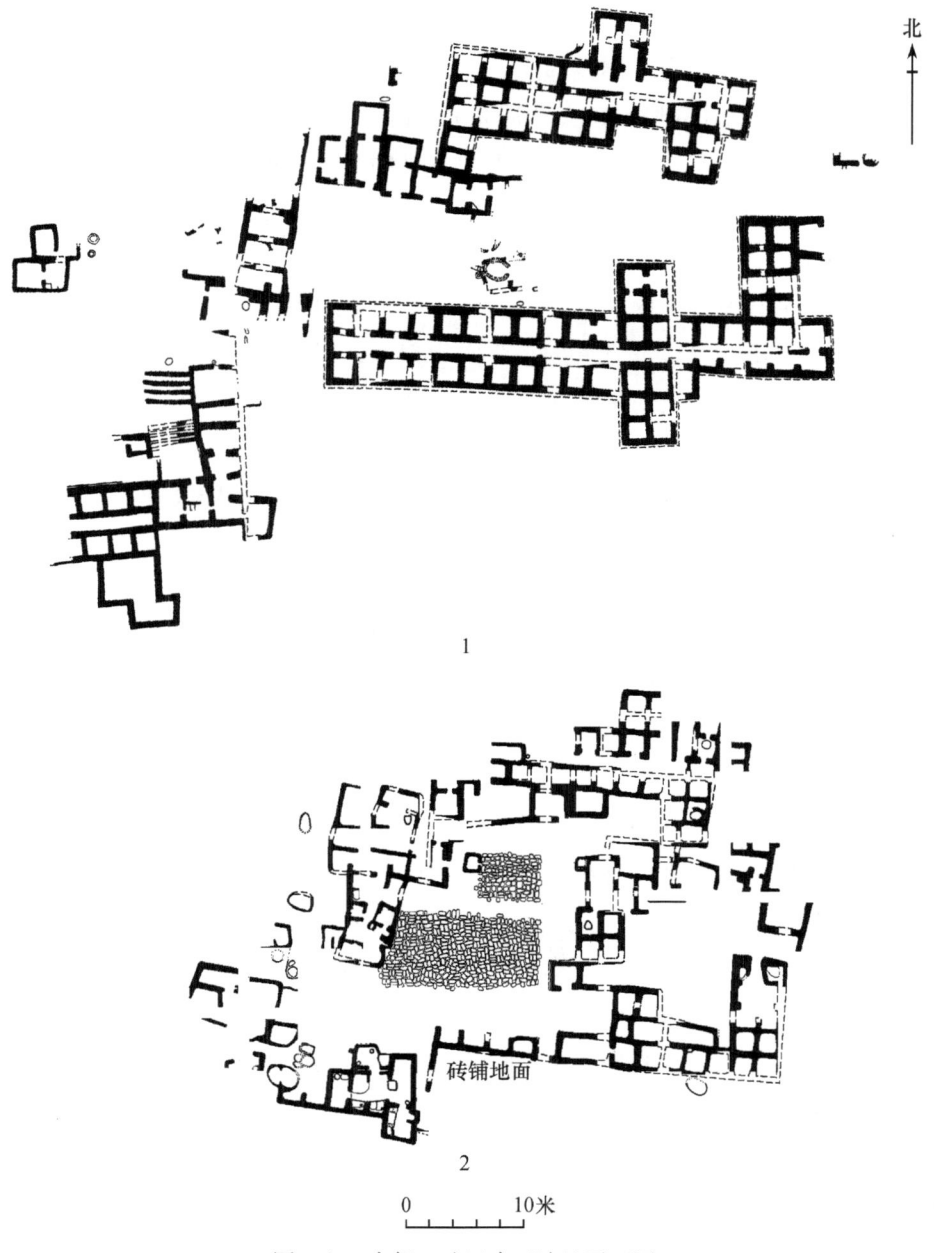

图一六　乌姆·达巴吉亚遗址平面图

1. 12-9层平面图　2. 5-2层平面图

（选自Kirkbr ide D. "Umm Dabaghiyah 1973: a third preliminary report." *Iraq*, 1973: 35; "Umm Dabaghiyah 1974: a fourth preliminary report." *Iraq*, 1975: 37; "Umm Dabaghiyah 1973: a third preliminary report." *Iraq*, 1973, 35; "Umm Dabaghiyah 1974: a fourth preliminary report." *Iraq*, 1975, 37.）

通过该时期各遗址布局的比较，可以看出这时期村落布局的基本特点。

这个文化布局中一个显著特点是储藏手段的发达。用于储藏的设施有成排的库房，每个多间建筑中的储藏室以及建筑中常见的储藏容器（如泥箱和储藏罐）。从储藏设施内保留的遗物可知，有些是储藏谷物的，有些是放置泥制弹丸等生产工具和武器的，还有的是放置兽肉、兽皮以及储水的蓄水池。这说明当时的生产水平已经能够有了一点剩余，人们的生活是有计划的。

不同的储藏设施在使用上，具有不同的等级。最高一级是成排的库房和成排的蓄水池。它应是整个村落所共有的。库房与其他建筑布局有序，是村落的一部分，而且从它本身规整的格局看，是一次建成的，这大大超出了一家一户的能力，应是全体村民共同劳动的结果。次一级的是一个多间建筑中的储藏室，它应是整个建筑中的居民所共有。再次一级是房内的泥箱和储藏罐，它或是归该建筑中所有成员共同占有、或是只属于它所在的房内的主人。以上分析说明，处于这一阶段的原始社会居民，并不是所有东西都归整个村落共同分配，而是有着不同的分配等级。

布局所反映出的第二个特点是生产和生活区相结合。乌姆遗址是居住区和库房区的结合，塔拉塔特遗址是居住区、窑区和石器制造地点的结合，索托遗址则是居住区、蓄水池和畜养牲口的圈栏。墓葬很少见，应在村落外的公共墓地内。

虽然一个村落内有不同功能的建筑和设施，但是它并未混杂在一起．而是按功能集中在一起，这说明不同劳动部门是以整个村落划分的，而不是某些家庭所特有的职业，这种情况与我国半坡文化十分相似，如制陶业是整个村落来管理的。

布局所反映的第三个特点是各遗址在遗迹构成方面有一定的差异，尤其是乌姆遗址的早期显得最为突出。乌姆遗址早期布局中一个最大特点是仓库数量极多，与住宅不成比例，这或许说明居民从事的经济活动的关键。其次，许多住宅内有猎驴的壁画。第三，这里的动植物遗存中，家畜（牛、羊、猪和狗）占全部动物的11%，而野驴占70%，羚羊占16%，其他野生动物占3%。种植的谷物有一粒小麦，二粒小麦、裸大麦，还有六棱小麦、豌豆和小扁豆，后三种作物都是潮湿土壤的作物，但是从这里的生态条件看，这里年平均降雨较少，地表下30厘米以下就是石灰岩层，地势起伏，土地盐碱化，只有少量灌木。这说明在人们的食物中，至少那些潮湿土壤的作物是外地进口的。根据以上分析，该遗址的发掘者科克布莱德（Kirkbride）认为，这里是猎人和农人之间的中介人建立的贸易站[19]。狩猎部落把他们的猎物带到这里，在院内肢解动物，在带有排水管道的仓库内清洗，然后放在成排的矮墙上晾晒，最后把它们储藏在成排的库房内。仓库墙厚，里面很凉，整个库房区向西开放，通风条件也很好。这里的居民用这些东西换回他们所需要的粮食。从乌姆遗址晚期住房扩大，库房缩小的变化看，这种经济活动有日趋衰落的势头。

以耶里姆 I 遗址（Yarim Tepe I）[20]为代表的其他遗址则以农业和畜牧业为主。这里发现的动植物遗物中农作物数量多，家畜占全部动物的82%，其中以牛为主。这和它们所在的自然环境有关。耶里姆Ⅰ遗址位于伊布拉小河东岸，是易于耕作的肥沃平原。

对乌姆文化的分析表明，在具有相同文化传统的人类共同体内，存在着经济类型的差别，这既是自然环境的差别，又是利用环境，因地制宜的结果。由于生产上有所偏重，应当存在着以村落为单位的产品交换。它的特点是储藏和交换都是全社区在一起进行的。而大约1000年后的贸易则发生了很大的变化。以伊朗南部的巴昆遗址为例[21]，北区是储藏、交换区，中南部是生产区．说明生产与储藏，交换已经分开。在储藏区内发现140余块印章以及大量印文泥块，其中104块是门封泥。这说明储藏室的门是上锁保护的，产品已经属于某个人或小团体所有。而且也暗示北区不仅限于储藏和交换，还可以控制中、南区的生产，监督货物的分配，成为了当时的行政中心。发掘者还进一步根据不同房屋出土的印章的印文进行了分析，说明了巴昆遗址内部组织结构的空间布局，通过对比可知，乌姆是两河流域史前贸易的最早实例。

这个文化布局的最后一个特点是所有遗址刚定居时都采用了穴居的形式。例如耶里姆T27、T37、和T47及T7北部、有遗址最早的堆积，可细分为Ⅰ、Ⅱa、Ⅱb三小层，清楚的反映了这里的居民是怎样定居和开发这个村落的[22]。最早的Ⅰ层只有一个平面呈"吕"字形的大坑，坑内有灶，显然是住人的场所。到了Ⅱa层，坑被填平，在它的北侧和西侧建起了两套住宅。Ⅱb层时，北侧和西侧住宅连为一体，并向东扩展，形成一个大院，在它的南边形成一个圆形房屋和若干方形房屋构成的另一套住宅。底部的Ⅰ层堆积很薄，说明延续的时间很短；它的分布范围也很小，不到T37的南部。这反映了最初开发者在这里定居的时间和空间，"吕"字形地穴坑内是他们为建筑永久性住宅取土时形成的，同时又是他们暂时的栖身之地，当周围的地面建筑盖好后，大坑很快被当作了垃圾坑。

塔拉他特遗址看到情况也是如此。最底部的16层有14个大坑和2个窑址，大坑集中为东、西两群。西群中H202面积为2.75米×2.15米，西侧有阶梯，坑内有灶。东群的H105和H104相连，呈"8"字形，共有一个亚腰形椭圆灶到了15层时，大坑消失，在东群坑的西侧和西群坑的北侧建起了两套住宅。

从遗址定居初期由穴居搬入地面建筑的数量看，地面建筑最多不超过三套，他们都相隔较近，占地面积多在边长为40米的范围内，这些人就是遗址中最早的移民，是向外迁徙的基本单位。

以目前发掘的七个乌姆文化的遗址看，这个文化的分布范围比较小，除马他拉遗址（Matarrah）[23]在基尔库克南34千米处，其余六处皆位于底格里斯河以西，喀布尔河以东杰齐拉荒原以北。马他拉遗址可能还是这一文化的南界、就是说在马他拉遗址和其他遗址之间将发现更多的乌姆文化遗址。还有另一种可能，即马他拉遗址是乌姆文化居民在分布范围之外建立的一个殖民点。从目前情况看，这种可能似乎更大。

2. 典型哈孙纳期

这时期最有代表性的遗址是哈孙纳遗址[24]和耶里姆Ⅰ遗址,这两个遗址都是在原始哈孙纳时期就有人居住。

房屋形状分长方形多间和圆形单间两种。长方形多间建筑一般由七八间房屋组成,有的相互之间有通道。一般建筑往往由核心部分和附属部分组成。从附属建筑的墙的厚度和残留情况来看,应该比核心建筑略矮。根据建筑细部,如墙的接缝、居住面的抹砌次数以及门道、过道与院落踩踏面的连接可知,一般是先盖核心建筑,而附属部分往往都是由原来的过道和院落扩建而成的。它反映了人口的增加和家庭的裂变的过程和程度。有些房屋没有门,可能仍然保留了从屋顶出入的习俗,尤其是用于储藏的房屋。在同一组建筑中,有些房屋之间有过道相通,呈"套间式",有些房屋则不相通,各自有通向外面的门,可能这种房屋中居住着几个联系不太紧密的核心家庭。

圆形单间建筑只见于早期。最大的直径6米,一般为2.5米。在房屋居住面和地下常常埋有人骨以及随葬的动物骨头、项链和石容器等。在耶里姆Ⅰ的第12层北端有两个圆形房屋,F319和F333。F319地下有墓,地面有精美的项链。F333的居住面上有肢解的人骨。到了第8层,原来的建筑由一个双层墙的长方形单间房屋取代,这个建筑的地下也埋有一个婴儿,随葬牛骨、羊骨和彩陶罐,在居住面上还有燧石工具、石核、石磨盘和红矿石堆积。从这些现象可以确认两点:第一,圆形房屋和大多数长方形多间建筑的功能是不同的,有一部分圆形房屋与埋葬有关;第二,用于埋葬的地点可能是有选择的,并在若干个地层中连续不变,如第12~8层村落北部始终是圆形房屋,并常出有墓葬。

典型哈孙那时期的建筑材料是泥块。它是在泥块未干之前垒砌成墙。泥块也有一定的规格,在耶里姆Ⅰ遗址第12层的泥块一般长50、宽24、厚5厘米。到了第8、9层时,泥块尺寸为长35、宽25、厚6厘米,这说明长、宽、高的比例在逐渐趋向合理。个别建筑还有双层墙,内墙和外墙的泥块有着不同的规格,说明人们已经根据不同建筑的需要来决定泥块的大小。

居住面是在地面上铺芦苇席,或者用掺有碎陶片、小石头子的泥抹砌表面,再抹一层白灰面和细泥。房顶的建筑方法是先盖芦苇席,然后抹泥,最后抹白灰。

耶里姆Ⅰ遗址的12个建筑层按布局和建筑结构可分成两大阶段,它们之间的过渡是在第7层,这和陶器的演变是吻合的。第8~12层有圆形单间建筑和方形多间建筑两种,以后者为主。建筑与建筑之间的距离一般为6~12米。北部村落(即T27探方处)有与埋葬有关的建筑,村落中部(即T37中西部)为空地,可能是当时的中心广场,空地以南有两群建筑。在第7层的过渡层,布局凌乱,仍有圆形建筑。第6层以上只有方形建筑,布局也发生了很大变化。房屋之间排列密集,个别留有2米左右的过道。这时北部为成排的库房，西南角为窑场，但中心广场仍然保留。靠近地表的第1～3层被哈拉夫文化墓葬打破，布局不详。

在耶里姆Ⅰ遗址的12个建筑层中，第5层揭示得最完整，呈现出一个比较完整的村落布局（图一七）。

在这个面积约1500平方米的发掘区内，共发现了11组建筑。北端的1号建筑是由14间大约4平方米的小房间组成的双排建筑，没有灶和其他家庭用具，也没有门道，很可能是与乌姆文化相同的库房建筑。在1号建筑以南，是2号、3号和4号建筑，原来这些建筑与1号建筑之间有一个2米宽的过道相隔，后来由于这些建筑向北扩建，使得这个过道仅剩下0.7～1米宽了。2号建筑和3号建筑之间原来也有一个过道，后来这个过道上盖上了屋顶，并隔成了几间房屋。6号建筑南部是成排的矮墙，发掘者推测是晾晒谷物平台的支架。每座建筑内都有院子，灶一般设在院内，附近还有嵌入地下的磨石，说明在同一个屋檐下的人吃的是"大锅饭"，是一个共同的消费单位，而且每个建筑内的各个房间一般互不相通，有些房间有通向户外的门道，有些可能仍从屋顶出入。北侧成排的库房和西南角的窑场应是整个村落共同占有的。从这个村落布局的分析中我们看到整个村落、一组建筑和一间房屋所代表的三级社会组织，最低级的组织只是一个居住单位。中级组织是消费单位。高级组织则是从事某些大规模生产活动（如制陶）的生产单位。中心广场的存在暗示着高级组织还具有组织和行政或宗教仪式的功能。整个村落的布局如窑场、公共库房和中心广场的位置都是由高级组织安排的。由此可见，村落是当时最基本的社会组织，这正是氏族社会最典型的特征。

这个遗址的布局反映了当时人们从事生产和生活的情况。磨谷盘、晾谷台以及炉灶是当时加工谷物的遗存；大批的炭化小麦、大麦的遗存和牛、羊、猪骨说明人们从事着农业和畜牧业结合的经济方式，并以狩猎业作为补充；窑址以及周围填满木炭和灰的大坑是人们制陶的场所。陶窑直径为1.5～2米，窑箅为多孔式，顶部为穹隆顶。

哈孙纳遗址更清楚地反映了核心家庭的不断扩大的动态过程。

哈孙纳遗址的Ⅰc-Ⅴ的年代为5500～5100年（未校对）。Ⅰc层村落的范围不清，可能是1万～1.5万平方米，后来发展到3万平方米（200米×150米左右）。Ⅰc-Ⅴ层是一个泥砖建成的定居村落。这个遗址的储藏设施是圆的储藏箱。还有未烧制的泥罐（直径0.6～1.5米，平均1米），器壁是夹草的泥，外面涂有沥青，内部涂石灰。使用时嵌入坑里，口与地面平齐，坑内再填平。泥箱内的炭化谷物说明了它的用途。泥箱边上有破碎的大碗．是舀谷物的。泥箱的容积是0.11～1.17立方米，平均为0.52立方米。

Ⅰc层，揭露了500平方米，发现了3个独立的方形多间建筑。它们共用一个院落，在院落边有各自的储藏箱。灶与沉重的石臼在各自的建筑内。最北的房子面积为25平方米，分为5～6个房间。最大的应是堂屋（内院）。西北角有一个功能不清的残破的圆形房屋。这三个建筑应当是一个小的、自给自足的家庭（图一八，1）。

西亚史前聚落的发展与文明进程 · 275 ·

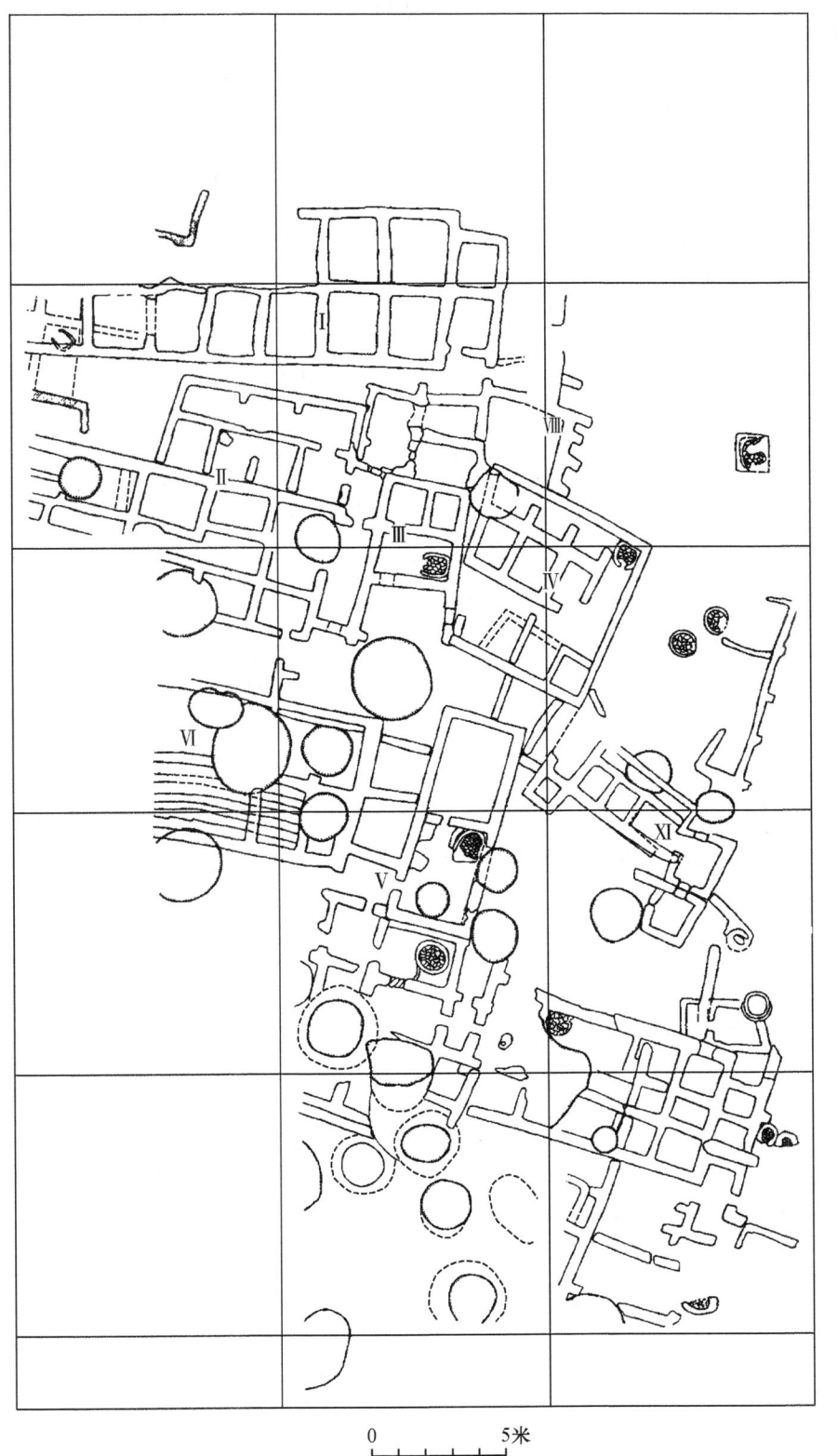

图一七 耶里姆 I 遗址第 5 层平面图

（选自 Merpert N I, Munchaev R M. "Excavations at Yarim Tepe 1972." *Sumer*, 1973, 29.）

Ⅱ层，有一个18~20间的建筑，它们似乎原来是两个独立的建筑，后来连到了一起。南部似乎保留了小家庭的建筑，并拥有一个空院，大房间（10平方米）是睡觉和招待客人的。在长形房子（3.5~5平方米）有灶，还有近方形房间（3~4平方米），至少有一间有储藏箱。北部原来是一个拥有4个大房间（10~16平方米）的建筑，周围有一些小的（1~5米）房间（图一八，2）。

Ⅲ层，在发掘的500平方米内出现了不规则建筑，它包括了15~20间房屋，分2~3排围在开放式的院落周围。这是两个残的由小巷隔开的泥砖建筑。西边的建筑面积80平方米，似乎是由小家庭建筑逐渐扩展成一个扩大家庭的。在这个建筑中，我们可以发现墙的厚度不同，墙厚的部分应当是原来的建筑主体，这一部分布局规整，它应是原来的小家庭（核心家庭）。墙薄的部分是后来附加上的，从而形成了扩大家庭。这个房屋增加的过程在河南省境内新石器时代的大河村遗址中也有同样的发现。当一个家庭达到5~6人时，家庭发生裂变。这些后增加的人在原有房屋边盖起了新的建筑。通常一个建筑可以容纳12人，甚至15~20人。储藏箱嵌在房屋与院落的地面下，大多数的容积在0.5立方米以上，发现的6个泥箱的总容积为3120立升。如果一个核心家庭为5口人（2个是孩子），这些谷物足以维持6个核心家庭。在这个建筑里，厨房和若干个储藏室分散在不同位置，说明食物的准备是分几组进行的（图一八，3）。

Ⅳ层，这似乎是预先设计好了的一个扩大家庭建筑。它围在院落（15平方米）的三面，东面是对称的。发掘者认为5个房间和一个走廊与今天当地住房相似；稍大一点的中心房间（4.5平方米）有一个灶，这个房间的南边是成对的长方形房间（每个为3.5平方米），北边是成对的方形房间（1.5平方米）。方形房间可能是储藏室，有陶器。在这个建筑的周围共有3个炉、4个灶，说明有几处做饭的地方。这个建筑有屋顶的面积达80平方米以上，如果加上周围的院落，共计120平方米。按着纳罗尔（Naroll）的计算方法[25]，可以住8~12人。根据炉、灶的位置，应当是一个扩大家庭，是由3个核心家庭构成，他们自己磨谷物，做饭，但共同储藏和共用劳动空间（图一八，4）。

Ⅴ层，建筑布局更加规整，表明计划性更强。总面积约140平方米，应该住14~15人（按纳罗尔的计算）（图一八，5）。更有意义的是，从6个建筑的统计中可以看出，房间可以分三种规格，最大的是院落（不到15平方米），中型的长形房间（10平方米），小的方形屋（2~4平方米，为储藏室）。

根据这个遗址地层中建筑的变化看，弗兰纳瑞认为是先有扩大家庭的出现，而后形成扩大家庭的建筑布局，这又促进了村落人口密度的增加[26]。假定当时揭露的500平方米是村落面积。这个村落的发展可以分为以Ⅰc层为代表的核心家庭时期，每万平方米为90~200人；以Ⅲ层为代表的由于随意增加建筑而形成了扩大家庭，这时每万平方米200~250人；以Ⅴ层为代表的规整的扩大家庭阶段，这时的每万平方米280~400人。这个变化说明事先规划的扩大家庭布局可以容纳更多的人口。

西亚史前聚落的发展与文明进程 · 277 ·

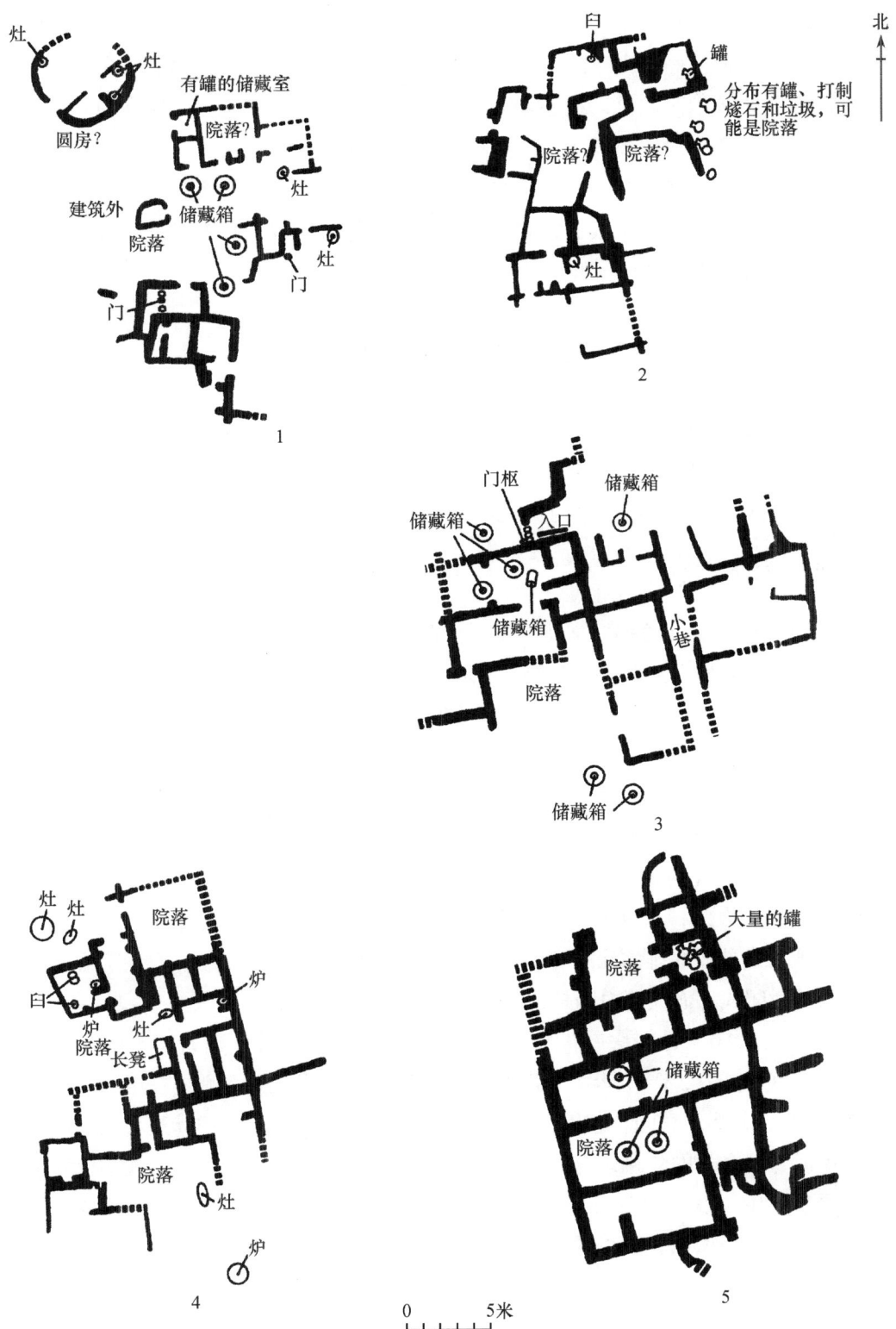

图一八 哈孙纳遗址各层房屋平面图
1. Ⅰc层 2. Ⅱ层 3. Ⅲ层 4. Ⅳ层 5. Ⅴ层

[选自Flannery K V. "The origins of the village revisited: from nuclear to extended households." *American Antiquity*, 2002, 67 (3).]

需要指出的是，哈孙纳遗址的Ⅰc和Ⅱ层属于原始哈孙纳阶段，Ⅲ层是典型哈孙纳阶段，Ⅳ和Ⅴ层已经在向更晚的萨玛拉文化过渡。所以上述分析的建筑布局的变化说明，在原始哈孙纳阶段是以核心家庭为主；在典型的哈孙纳阶段，家庭中繁衍的新的一代开始在原来住房的周围居住，这样就逐渐形成了一个包括了几对夫妻在内的以血缘为纽带的扩大家庭；在向萨玛拉文化过渡时期，扩大家庭已经成为社会的基本单位，在建造房屋时就已经是按扩大家庭的规模来设计，所以不会再出现随着人口增加而不断地扩建房屋的现象。

（二）以建筑为本位的阶段

属于这一阶段的有萨玛拉文化与哈拉夫文化。萨玛拉文化的建筑是继续了上一阶段哈孙纳文化多间建筑发展而来的；哈拉夫文化则是两河流域很少见的单间建筑，很可能它是恰塔尔类型房屋的延续与发展。

1. 萨玛拉文化[27]

萨玛拉文化分布在哈孙纳文化之南，因此海拔高度和降雨值都比哈孙纳文化低。这一文化经过大规模发掘的遗址有梭万遗址[28]与乔加·马米遗址[29]。

梭万遗址位于底格里斯河东岸，面积为220米×110米（图一九）。

这个遗址的建筑最突出的特点就是高度一致性。首先是格局一致，所有建筑的整体形状均呈"T"字形，内部可以划分为三部分（图二〇，1）；其二是建筑的面积也高度一致，平均占地60平方米（图二〇，2）；第三是通向户外的门道与房屋之间的门道的位置的一致，说明每座建筑对外是封闭式，而建筑内则是开放式。整个建筑只有一个通向户外的大门，个别有两个大门。建筑内的房屋之间都有门道相通、或是都朝着大房子开，或是在并排的几间房屋中，门道都开在中轴线上（图二〇，3）说明每座建筑对外是封闭式，而建筑内则是开放式。

建筑大约由10～11间房屋构成，房屋分大、中、小三种。建筑两侧的格局基本一致。有三间面积在2米×2米的小房间排列在建筑的一侧。另一侧是一至二间边长为2.8～3.7米的近方形大房间，它周围的房间的门一般都朝着它开，估计这种大型房间可能是院落或堂屋之类的建筑，有的院落中发现4个灶。余者为中型房屋，遗物也基本发现在这类房屋中。发现的遗物可以分为三类：第一类数量最多，是加工谷物的工具，有石杵、石臼和石磨盘、石磨棒；第二类是农具，有石锄和石铲；第三类是手工业工具，如石斧和调色板。这三类遗物的出土地点和组合耐人寻味。从建筑1至建筑8的统计看，建筑1和建筑2未发现任何遗物；建筑3、5、6只有第一类遗物；建筑4、7有前两类遗物；建筑8是三类俱全。这个统计反映了这三种遗物的组合，同时也反映了每种遗

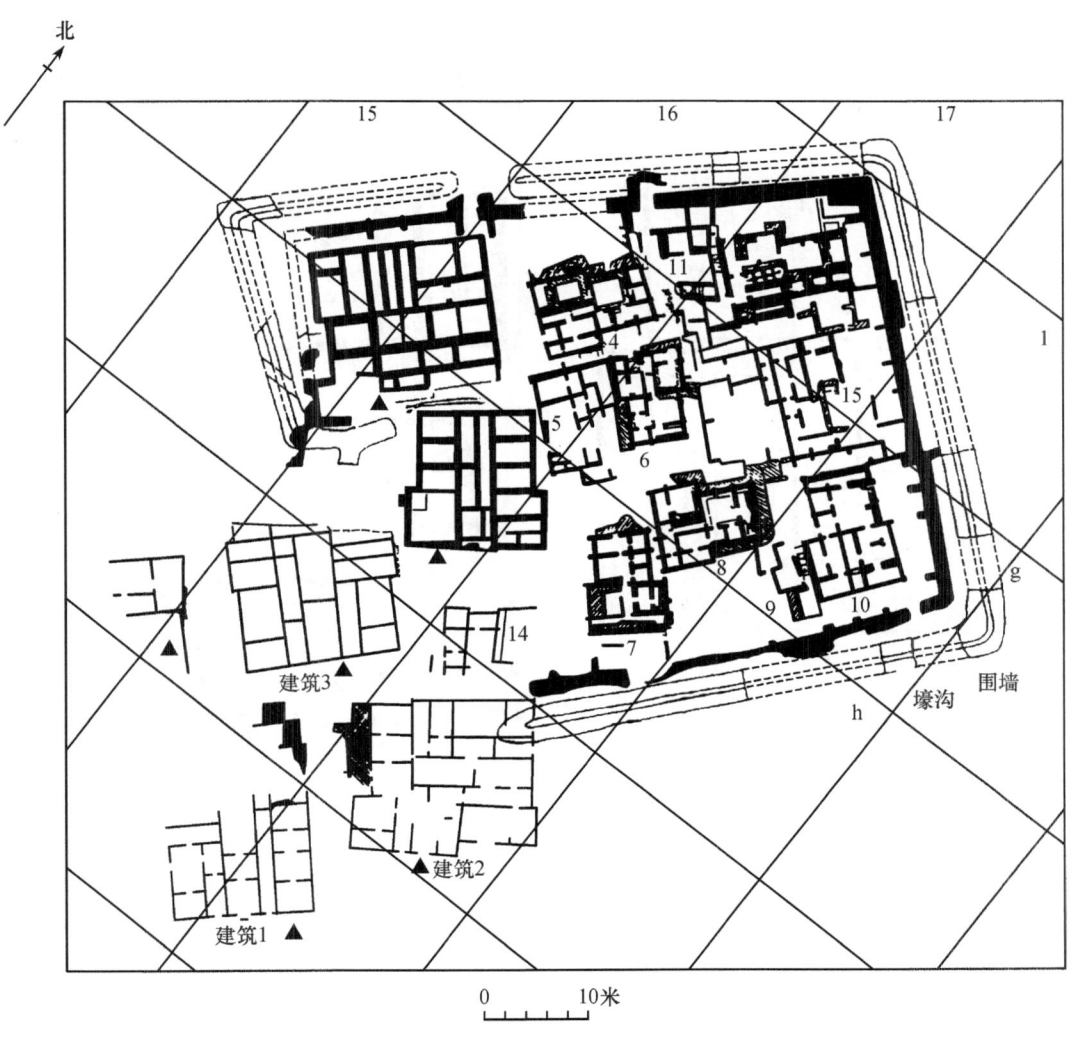

图一九 梭万遗址平面图

(选自 Wahida G. "The excavations at Tell es-Sawwan 1966." *Sumer*, 1967, 23.)

物的出现次数：第一种出现6次；第二种出现3次；第三种出现1次。根据以上统计推测，第一种遗物是当时人们生活的必需品，每个建筑内的居民都要自己加工谷物，而第二、三种遗物则并不是每个住宅都有，这或许意味着生产部类已经出现了分工的萌芽，而从事农业生产的家庭和人要多于从事手工业生产的。由于以上这些遗物主要发现在中型房屋，小型房屋基本不见遗物，因此在一套建筑内的大、中、小型房屋的功能是不同的。大型房间是建筑内的公共院落或堂屋，里面有灶，是做饭的地方；中型房屋是人们的起居室；小型房屋是仓库[30]。

乔加·马米遗址在梭万遗址的东南方，界于两河流域南北分界线与伊拉克与伊朗的分界线上，无论在自然地理环境与考古学文化方面都处于中介地带。遗址面积为350米×

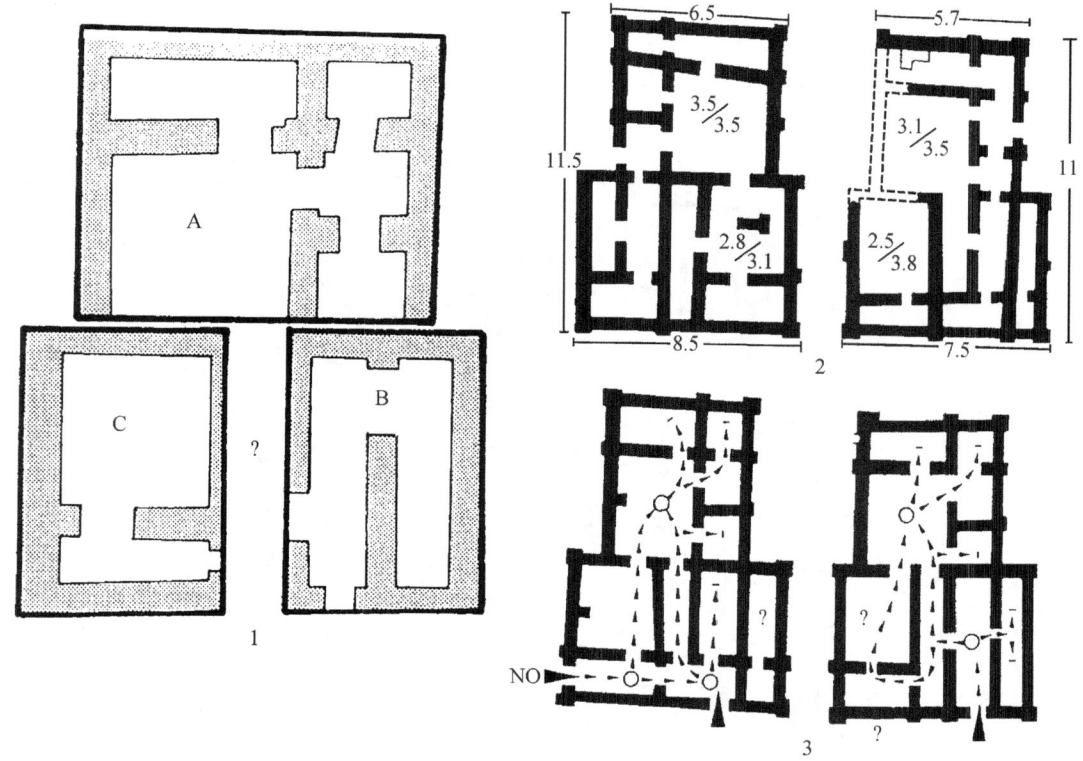

图二〇　梭万遗址房屋结构图
1. 房屋分区　2. 房屋面积　3. 房屋门道

（选自Margueron J. "Architecture et societe a l'e poque d' Obeid." *Upon The Foundation*, Copenhagen, 1989.）

100米，比梭万遗址略大一些。建筑整体呈近方形，面积约8米×6.5米，它的典型格局是由9间纵横各自为三行的近方形房间组成。整个建筑为封闭式，只有1~2个通向屋外的大门，而同一个建筑的各个房间有门道相通。这些特征与梭万遗址是完全相同的（图二一）。

以上分析表明，这个文化的建筑格局规整、一致，每个建筑内部功能齐全、联系密切，说明一个建筑所代表的社会组织已经在村落等级内部发展得相当成熟，它必将取代村落而成为新的社会基本单位。

梭万遗址各层的建筑都是由模制泥砖砌成的，这是两河流域出现最早的模制砖，反映了这个文化在建筑技术上的发达。砖的尺寸比较固定，长度在50~70厘米，宽度为20~30、厚为6~8厘米。砌法为单行横卧，因此砖的宽度就是墙的厚度，砖之间用泥灰加固。由于墙比较薄，所以在墙外角往往有扶垛加固，建筑的方向与其他文化不同，均是建筑的角正对着东、南、西、北方向。

乔加·马米的建筑材料均为烟卷形泥砖，长60~90、直径12~18厘米。砌法为横竖交叉砌成，因而墙很厚。但作为文化传统，在墙外仍有扶垛。墙下部为防潮抹有石

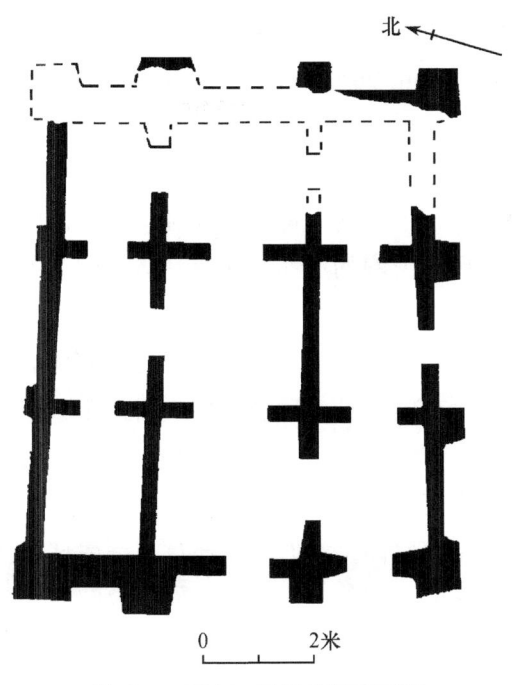

图二一　乔加·马米房屋布局图

（选自Margueron J. "Architecture et societe a l'e poque d' Obeid." *Upon This Foundation*, Copenhagen, 1989.）

灰浆。房间遗物说明是居住用的。只有一间例外（第9号房屋），在房屋角落里有一块竖石、石头前面有一片烧烤很硬的地面，地面下有婴儿葬。竖石是祭坛常见的设施，烧烤的地面应是在竖石前反复焚烧食物时形成的。那么埋在下面的婴儿一定与其上的宗教活动有关。民族志中原始民族杀婴祭祀很普遍，因此这里的婴儿瓮棺葬可能是有意埋入房基内的奠基牲。

萨玛拉文化的分布特点与哈孙纳文化的有很大不同，主要是在地点的选择和村落密度方面。首先，村落的定位是有选择的，这大概与萨玛拉文化所处的自然环境有关。它所在地区最大的特点是降雨量小，它位于雨水线边缘，年降雨量为200毫米左右。所以从事农业的前提是需要灌溉农业提供一部分水源。因此萨玛拉文化的遗址多选择在离水源比较近的河床附近。梭万遗址也位于底格里斯河的东岸。其次，遗址之间的距离比较大（也包括遗址发掘数量的局限），其中相距最近的萨玛拉遗址和梭万遗址之间也有11千米。最后，尽管萨玛拉文化的村落分布稀疏，但其分布范围远远超过哈孙纳文化，这大概与靠河流的舟楫之便有关。

下面谈谈哈孙纳文化与萨玛拉文化的比较。

这两种文化最大不同是建筑，当是反映了二者在家庭形态方面的区别。萨玛拉文化的建筑面积大于哈孙纳文化的。根据民族学资料，这种面积的差别主要来自血缘组织。一个建筑单元包括了一个建筑与它周围的院落，它是考古学上可以识别出来的一个社会结构的单位。我们同意现在普遍的观点，即哈孙纳文化的家庭形态是一个核心家庭或者是一个宗室家庭（stem family），而萨玛拉文化是扩大家庭[31]。核心家庭是只有一对夫妻的家庭，宗室家庭是只有长子结婚后仍然留在父母家中。扩大家庭是许多结婚成家的子女都留在家中，他们在扩大家庭中形成几个类似的宗室家庭。每一个家庭的人口都有生老病死，每个人终生都是消费者，但是每个人只在生命的某一段时间是生产者，这就构成了所有家庭的周期。在家庭周期中、消费人数与生产人数的比例是最重要的，它的比值决定了一个家庭周期的变化，生产人数越高对这个家庭越有利。一个核心家庭或是一个宗室家庭是由不同辈分的夫妻构成的，这样的家庭周期比较长，在很长一段时间内生产的产品可以稳定地供给这个家庭的消费人数。然后会突然出现短暂而严重的危机。扩大家庭有几对夫妻是同一辈分的，每对夫妻的年龄都有所不同，因此扩大家庭的周期短，经常会出现生产人数少于消费人数的窘况，但是危机程度没有核心家庭或宗室家庭高，它们可以通过家庭内部的互补渡过难关，而核心家庭或宗室家庭则只有靠家庭之间的合作。这样就可以解释哈孙纳文化与萨玛拉文化在建筑结构、面积等方面重大的差异。除此之外，还有一些细微的不同也可以反映家庭之间以及家庭与社区之间关系的差异：哈孙纳文化的院落地面常常抹砌平整，而室内地面一般不经抹砌，这说明人们多在院落里从事各种活动。哈孙纳文化的储藏箱一般都在院落里，灶有的在院落、有的在屋内。建筑多是围着院落建的，而且一个建筑内有若干个通向户外的门。这说明哈孙纳文化的居民的私人空间与共有空间的界限并不十分清晰。萨玛拉文化的建筑之间的空地的地面没有抹砌的现象，而是把建筑内的地面抹砌平整，说明萨玛拉文化的居民很少在建筑外活动。萨玛拉文化的建筑不再围着院落，所有设施都在建筑内，一个建筑只有一个（少量有两个）通向户外的大门，这说明私人与公共空间的界限十分清楚，各建筑之间的社会距离在增大。

哈孙纳文化与萨玛拉文化在家庭形态方面的差异，我们可以在它们各自的生产领域中找到它们出现的原因。这种生产方式的分析不能仅限于某一种生产，因为一个社会的生产领域之间是相互联系的，会呈现出大致相同的合作方式，所以我们要综合几种生产的情况进行分析。考古上能够反映得比较清楚的有建筑、陶器与生业三个方面的生产。

哈孙纳文化的建筑是由泥块构成的。这些泥块就产自附近周围，由于泥块湿、不成形，所以不容易搬运。在垒砌的过程中，大约建筑30~50厘米就要停下来把它们晾干，否则垒砌太高就会堆下来。所以哈孙纳建筑过程重复性强，不需要太多的劳动力，但是需要的工时比较长。

萨玛拉文化的建筑是由模制干砖建成。这些干砖多是预制好的，搬运起来轻便、容易。在垒砌过程中，可以一次完成。所以萨玛拉文化的建筑的过程重复性少，工序复杂，劳动组织规模大，但是需要的工时比较短。

这两个文化都发现了陶窑.但是它们的大小不同：哈孙纳文化的陶窑一般容积为0.37立方米，萨玛拉文化的陶窑为2.1立方米。现在两河流域民族的调查显示，每一个陶器在烧制过程中所需要的燃料随陶窑尺寸的变小而增多，也就是说，陶窑容积越大，越节省燃料。民族学调查还显示，在陶窑中每1立方米的陶器重量为198千克。以下是根据考古发现统计的两个文化的制陶数据（表九）。

表九 哈孙纳文化与萨玛拉文化制陶业比较

文化数据	陶窑容积	陶土重量	陶土：燃料	燃料	陶容积（2kg/1个）
哈孙纳	0.37	73.3	1.54：1	1.5	37
萨玛拉	2.1	415.8	3.24：1	4.3	208

* 数据选自Bernbeck R. "Lasting alliances and emerging competition: economic developments in Early Mesopotamia." *Journal of Anthropological Archaeology*, 1995, 14.

根据这两个文化中一个陶窑所需要的燃料数值，按一个人背30千克计算，哈孙纳文化的烧一次陶窑需要1~1.8个人背的燃料；萨玛拉文化的陶窑则平均需要4.3个人背的燃料，从两者的生产效率上看，萨玛拉文化的陶窑的燃料是哈孙纳文化的2.8倍，但所生产出来的陶器却是哈孙纳文化的5倍多。同时也说明，哈孙纳文化烧制同样多的陶器要比萨玛拉文化的重复性高，而劳动组织的规模小。

最后一项分析是这两个文化的生业。它们均以农业生产为主。但是哈孙纳文化位于降雨线以内，可以从事旱作农业；萨玛拉文化位于降雨线以外，要靠灌溉维持农业，考古发现也说明萨玛拉文化的梭万遗址的农作物遗存有麻类等喜水的作物，在乔加·马米还发现了灌渠的遗迹，说明萨玛拉文化确实有简单的灌溉农业。灌溉农业的投入要大于旱作农业，如灌渠的挖凿与保护、清理，要有平坦的地才能进行灌溉，同时还要除草，所以萨玛拉文化的农业生产中劳动程序多而复杂，是一种集约化农业。哈孙纳文化由于进行旱作农业，每年耕作的面积大于平均需要量以防止旱灾。两者相比，萨玛拉文化对每亩地投入的劳动力大于哈孙纳文化，但哈孙纳文化农业的总投入量不一定小于萨玛拉文化；萨玛拉文化每亩的产量大于哈孙纳文化，这种产量的提高是稳定的。而哈孙纳文化则有年成的好坏。萨玛拉文化的农业由于对每亩土地投入的多，人们对开垦的土地是不会轻易放弃的，因此这一文化的人们对土地私有的观念要比哈孙纳文化的居民强得多。

通过上述建筑、陶器与农业的生产领域的比较，我们可以看出这两个文化在各方面的劳动合作都是相同的：哈孙纳文化的劳动程序少，重复性强，对劳动力的需求比较少；萨玛拉文化的劳动程序比较多，参与的人多，劳动程序复杂，即劳动组织复杂。我们可以进一步推测：哈孙纳文化的劳动集团之间合作简单，家庭之间相互依赖，因而有平等的意识。萨玛拉文化家庭之间独立，劳动集团结构发达，生产效率高。家庭之间交往比较少。

两个文化劳动组织的差异是这两个文化家庭形态不同的根本原因,其中灌溉农业所需要较多的劳动力是萨玛拉文化形成扩大家庭的最根本的原因。在这样的生业系统中,核心家庭不是可行的经济单位。在现代近东的许多地区,结婚的儿子都保留在他们父亲的家户中,这是为了谷物农业和牲畜的畜养。这样的经济类型超出了核心家庭的劳动分工能力。在古代近东,许多村落不仅仅种植小麦与大麦,还种豌豆和能够提供纤维的亚麻,不仅饲养羊,还有猪和牛。一个15~20人的扩大家庭才能够有更多的劳动力从事这样有复杂分工的经济,以及一些手工业劳动。在萨玛拉文化中见到的是多间建筑,不仅面积大,而且还有固定的格局,说明扩大家庭已经成为这个文化中很成熟的家庭形态。

以上我们讨论了这两个文化的生产方式与家庭形态的联系。同时,这种家庭模式还决定了所有制的形式。哈孙纳文化有发达的公共储藏设施。人们的劳动产品共同消费,劳动力短缺,旱作农业的土地充足,土地公有化程度高。萨玛拉文化的农业家庭间不合作,没有公共储藏设施。简单的灌溉使得人们对土地的投入增大,土地的质量也变高,但是可耕地短缺。它给人们的社会关系带来的后果是较少依赖自然和社区,家庭的独立性比较强。所以我们把萨玛拉文化为代表的阶段称为"以家庭为本位的"阶段,这是发达的村落时期,是进入城市文明的一个重要阶段。

2. 哈拉夫文化

哈拉夫文化位于两河流域最北端,包括现在的土耳其东部、叙利亚和伊拉克北部。在它的东边有陶鲁斯(Taurus)山脉,东边有凡湖。这一地区有着比较丰富的石料与矿产资源。在这个文化中,经过大规模发掘的、代表不同类型、并具有分期标尺意义的遗址有阿尔帕契亚遗址(Arpachiyah)[32]和耶里姆Ⅱ(YarimⅡ)遗址[33]。

阿尔帕契亚遗址底部第11~9层为长方形泥土建筑,房内有圆形灶和灰堆,还有许多生活用具和废弃物。从第8层开始,村落中出现了二道南北向的平行墙,墙厚75厘米,墙东面的建筑由方形变成了圆形,出现了弧形墙,厚35厘米。其上的7~6层仍为圆形房屋,居住面上抹有石灰面,房内垫着洁净的细沙,这是从土丘以外取来的,这种舍近求远的行为一定是出于某种目的。到了第5、4层,圆形房屋出现了石基。墙变厚,面积增大。第3、2层的圆形房屋墙更厚,并出现了长方形前室。以上都是围墙以东的各层情况,这里的生活用具和废弃物都很少。在平行墙以西,仍以长方形建筑为主,房内有生活用具和垃圾。这说明墙以东的圆形建筑是非居住区,很可能是当时的"圣区",而这两道墙可能是"圣区"的围墙,"圣区"内的遗物可以进一步证实它的功能。

在"圣区"发现了三座墓葬,都位于圆形建筑附近[34]。其中两座是将火葬的人骨放在陶器内的瓮棺葬,这是哈拉夫文化一种特殊的葬俗。从3层起,房屋石基使用大河卵石,大概是取材于遗址西部3千米处的科斯尔河,每块石头5～10吨,每个建筑需要650～900块。这需要投入大量的劳动力,绝非一家一户所能办到的,即使是这个村子的全村劳动力也难以胜任。第7、6层建筑内垫的细沙也同样是集体劳动的产物。由此看来,这个圣区可能是这个村落和邻近村的一个宗教中心,而葬在圣区内的人或许是具有特殊社会地位的人。

到了第1层,即该遗址最晚的哈拉夫文化层,布局发生了重大变化。村落中心被一个长方形多间的大型作坊所占据,周围有水井和陶窑。这说明手工业在这个遗址的重要性,财富正是从这些作坊中产生出来的。三彩陶代表了哈拉夫文化制陶技术的高峰,这一层中发现的三彩陶数量和质量是其他遗址所不及的,说明这个遗址是哈拉夫文化区制陶中心。在作坊的一间屋里,发现了150多件遗物,有三彩陶器、石容器、石制装饰品、护符、雕像。彩陶和石制装饰品放在靠墙的木架上,地上有成块的红矿石和调色板。在另一间屋里有燧石和黑曜岩石叶和石核、石屑。这个作坊最终毁于火。

根据遗址的布局和建筑可以看出,阿尔帕契亚遗址发掘区的底层是居住区,最上层是手工业区,而其中层的大部分时间是"圣区",所以它不代表哈拉夫文化普通的村落。耶里姆Ⅱ遗址的发掘为我们提供了普通村落的情况。

耶里姆Ⅱ位于辛贾尔平原,东距耶里姆Ⅰ丘250米,是一个直径100～140、高9米的土丘。从1969～1976年,苏联考古队在这里进行了大规模的发掘。发掘由上至下地按地层大面积揭露,直到1976年才最后挖到生土。整个遗址分9层,均为哈拉夫文化中、晚期堆积。村落有圆形和长方形建筑两种(图二二)。

圆形建筑一般室内有灶。建筑直径4～5米,墙厚30～45厘米,基本不见石墙基。长方形建筑有两种,一种是圆形建筑的附属建筑,多是在圆形建筑使用一段时期后附加的;另一种是独立的方形多间建筑,其中隔成的小房间面积很小,为1.5～1.54平方米。建筑中常见的遗物有石片、石矛、刮削器、骨椎、石磨盘、纺轮、陶器和大量的动物骨骼,其中许多是牛骨。这些遗物反映了当时人们在室内从事的活动:加工谷物、编织、做饭以及从事一些简单的手工劳动。第9层的309号建筑内还发现了铜印坠。从各种建筑的面积和房内设施看,圆形房屋可能是当时的住房,方形建筑多做储藏用。

遗址底部的第9、8层,与上面各层略有区别。作为附属建筑的方形房屋很少见,它的储藏作用由窖穴代替。窖穴为筒形,少量袋形,直径为1～2米。7层还发现了奠基坑和祭坑。67号圆形建筑建在一个夯过的土台上,在土台南部有一个深6～7、直径30～40厘米的祭奠坑。

耶里姆Ⅱ代表了哈拉夫文化生活村落的情况,而阿尔帕契亚遗址只是一个专业化的聚落。从他们的建筑分布情况来看,哈拉夫文化的建筑布局呈无序状排列,许多

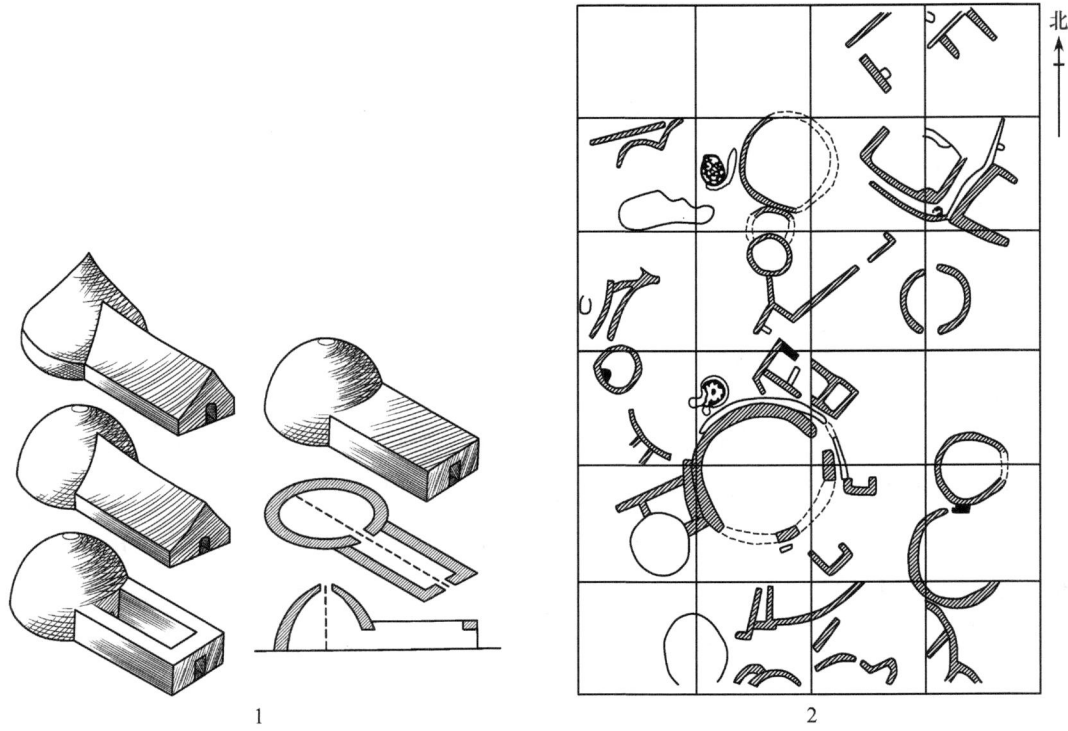

图二二　哈拉夫文化遗址房屋布局
1. 阿尔帕契亚的圆形房屋布局　2. 耶里姆Ⅱ遗址布局
（选自杨建华：《两河流域史前时代》，吉林大学出版社，1993年）

圆形房屋的成堆地聚在一起。在建筑技术方面，有的遗址使用了泥砖，如耶里姆Ⅱ和阿恰巴（Aqaba）[35]尺寸一般为长23～25、宽14～16、厚7～9厘米。但大多数遗址仍以泥块为建筑材料。哈拉夫文化有特点的建筑是圆形房屋，直径一般为3.5～5米，厚40～50厘米。有的墙为直壁，有的墙向上收敛，复原出的屋顶为穹顶。关于圆形建筑的用途，众说纷纭。根据阿尔帕契亚遗址情况看，圆形房屋似乎与宗教有关。可是在耶里姆Ⅱ则是圆形和方形共存，圆形为居室，方形多是附属建筑。从圆形建筑的发展历史来看，它产生于西亚地区西部的黎凡特地区，主要流行在前陶新石器早期，到了前陶的晚期，大部分地区已经由圆形发展成方形。与哈拉夫文化大体同时的其他文化都使用方形房屋，只有它在北部的外高加索和阿塞拜疆还有圆形建筑（舒拉威里文化，Shulaveri，公元前5000～前4500年[36]）。在哈拉夫文化之后的北部欧贝德时期，也发现了圆形寺庙（高拉遗址13层）。所以圆形建筑在两河北部以至更北的地区保留了很长时间，它既可以作为居室，又可以作为祭室。但是像哈拉夫文化一样，圆形建筑兼有两种功能，还是不常见的。圆形房屋作为祭室的现象，在美国西南部的印第安人中也有这种现象。从西亚与美国西南部史前时代的圆形房屋的发展看，这些圆形房屋最初都是人们的住房，当社会发展到一定程度它们又都被方形或长方形房屋所取代[37]。但是圆形房屋并没有很快消失,而是作为宗教建筑得以保留[38]。在哈孙纳文化和哈拉夫文化中,圆形房屋内常常发现墓葬;在美国印第安皮埃布罗人中称为基瓦(Kiwa)。在这两个地区,用作宗教的建筑多是人们记忆中非常远古的形式。

哈拉夫文化遗址内部与遗址之间的关系都有非常显著的特点。遗址内部的布局给人留下了很深的印象,就是建筑布局杂乱无章,没有总体规划。虽然哈拉夫文化中大规模发掘的遗址数量很多,但是发表平面图的仅有上面介绍的阿尔帕契亚遗址、耶里姆Ⅱ遗址和耶里姆Ⅲ遗址[39]。这种布局与其他两河流域史前文化的遗址构成了鲜明的对比。这可能暗示着哈拉夫文化的氏族组织的衰退和个体家庭的兴旺,因而出现了各自为政的建筑布局。

哈拉夫文化遗址内部的另一个显著特点是,一些遗址在某些方面非常发达,已经具有了区别于其他遗址的特色,如阿尔帕契亚遗址曾经是以宗教建筑为特点的聚落,后来又成为制陶业非常发达的村落。如果结合各遗址陶器的类型学分析与陶土的中子活化分析[40]可发现,哈拉夫文化的制陶业有不同等级的中心:整个文化的制陶中心(阿尔帕契亚遗址)、地区制陶中心(西区的哈拉夫遗址和东区的阿尔帕契亚遗址)以及小流域制陶中心[喀布尔河流域的乔加·巴扎(Choga Bazar)[41, 42, 43]]。

哈拉夫文化遗址之间关系最显著的特点是,该文化的分布范围非常大[44](图二三[45])。

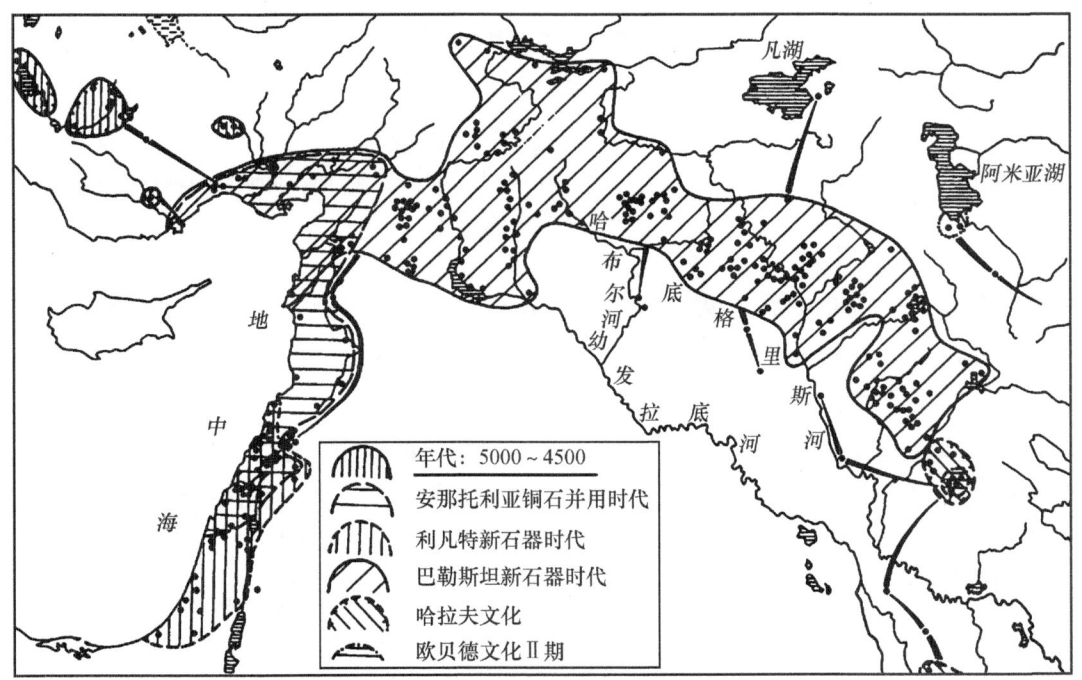

图二三 哈拉夫文化分布图

(选自Breniquet C. "Nouvelle hypohese sur la disparition de la culture de Halaf." *Prehistore De La Mesopotamia*, Paris, 1987.)

它的原生区域可以分为以哈拉夫遗址为中心的西区，即现在的土耳其东部和叙利亚；以阿尔帕契亚遗址为中心的东区，主要是以摩苏尔城为中心的伊拉克北部。在哈拉夫文化的中期，开始向外扩展，首先是向西一直到了地中海沿岸，在那里形成了一片很大的文化波及区。在晚期掉头向东南部扩展，逼迫萨玛拉文化南迁，并占领了萨玛拉文化原来的文化区。哈拉夫文化扩张的结果是在两河流域第一次形成了一个大范围的统一，主要是两河流域北部的统一。在这么大的分布区里，各地的哈拉夫文化是以它特有的陶器为标志的，这些来自不同区域的陶器既有哈拉夫文化的共性，这主要表现在陶器的器形上；也有各自的特点，主要反映在陶器的纹饰上。根据各遗址陶器的相似度所得出的遗址间相差的程度[46]可以看出（图二四），哈拉夫文化遗址之间的相似程度在很大程度上不是由它们之间的距离决定的，而是由各遗址的地位确定的，这说明了遗址的地位已经出现了一定的差距，并且在物质文化上有所体现。

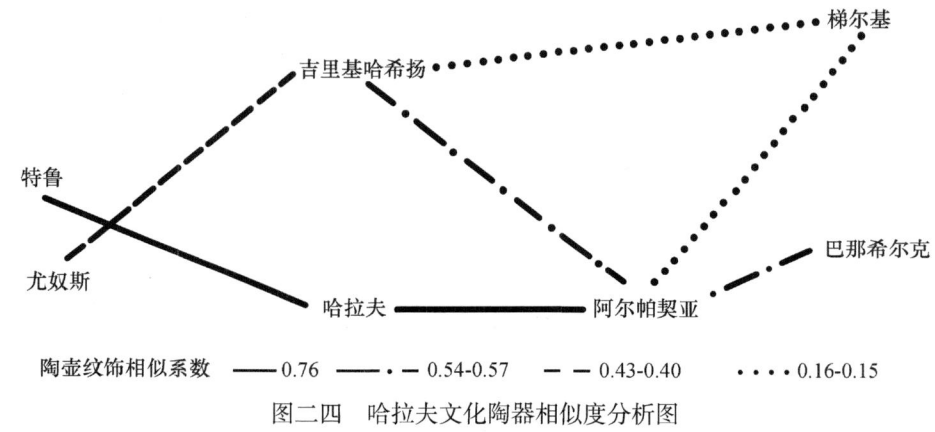

图二四　哈拉夫文化陶器相似度分析图

（选自LeBlanc S A, Watson P J. A "Comparative statistical analysis of painted pottery from seven halafian sites." *Paléorient* 1, 1973: 117-133.）

根据上文分析的哈拉夫文化的遗址内部与相互之间的特点，哈拉夫文化中作为社会细胞的个体家庭已经冲破氏族组织的羁绊而逐渐独立，并且导致了氏族组织的松散；另一方面在社会内部，存在着专业化的加强、贸易的发达以及财产的多少而形成的不同等级，宗教在人们的社会生活中起着越来越大的作用，这些说明了当时的社会组织已经超过了单一村落的水平向更高一级社会组织发展。在这种氏族组织松散和超氏族组织形成的时候，个人之间是否也存在着分化，我们只能从墓葬方面寻找答案。

在耶里姆Ⅱ附近的耶里姆Ⅰ丘，发现了哈拉夫文化的墓地。这里原先是哈孙纳文化村落，废弃后被居住在耶里姆Ⅱ的居民作为他们的墓地。但是没有详细的报道。我们对哈拉夫文化墓地的了解主要来自居住址内的墓葬。哈拉夫文化居住址内的墓葬种类繁多，反映了哈拉夫文化葬俗的复杂性。从葬式上大致可以分为土葬与火葬两大类。土葬以侧身屈肢葬为主，还有婴儿瓮棺葬、人头瓮棺葬和人头葬；火葬有原地火葬和他地火葬,火化后都将人骨拣入陶器中埋葬。在居住内的墓葬中,大人墓与小孩墓大体相等。小孩基本没有随葬品,也很少火葬,这说明成人与小孩在葬俗上有区别。但在其中发现了一个10岁左右的儿童死后采取了成年人的葬礼:实行火葬,并在火化时将石膏杯、石碗和陶碗有意打碎后扔进火中。成年人的墓葬根据随葬品的数量可以大致分为二种:无随葬品的墓、1~2件随葬品的墓和5件以上随葬品的墓。随葬品的数量与葬式与埋葬地点有关。火葬墓均有随葬品。1973年在耶里姆Ⅱ发现了一座原地火化墓,在火化时有三个石容器和两件陶器被有意打碎扔入火中,还扔进陶纺轮、贝饰、黑曜石珠和石印坠。在阿尔帕契亚遗址的"祭祀区"内发现的人头葬是用绘有最精美纹饰的陶器盛放的,在这个遗址中也发现了被扔进墓中、埋在门槛下的。哈拉夫文化墓葬中葬式、随葬品与埋葬地点的组合说明这一文化的居民已经形成了一定的差别,这种差别一方面是由于宗教的原因,另一方面是贫富的分化。

在同属于以家庭为本位的阶段,哈拉夫文化与萨玛拉文化属于两个不同的文化传统。但是村落这一级社会组织都已经丧失了原来的主导地位而逐渐让位于个体家庭。由于两者在文化传统与自然环境方面的不同,使得他们在文化面貌上呈现出很大的差异,最主要是在农业以及相关的聚落形态上和建筑格局上完全不同。

哈拉夫文化位于两河流域北部高原,降雨量充沛,适于旱作农业,萨玛拉文化位于降雨线边缘,采用了简单灌溉农业。西吉拉(Hijira)对两河流域北部的杰齐拉(Jazirah)地区进行过聚落调查,发现哈拉夫文化是以5~6个遗址为一群。一个遗址人口为100人左右,25~30个家庭。遗址周围半径1千米是农田,可以维持这个遗址的人口。萨玛拉文化的遗址分布与哈拉夫文化不同,遗址面积较大,乔加·马米遗址为3万平方米,人口为750~1000人。遗址间相距1.5~3千米[47]。

萨玛拉文化的多间建筑是两河流域扩大家庭的开始,哈拉夫文化的单间建筑说明这个文化仍然是以核心家庭为主。两种不同的家庭模式都处于向文明进程的道路上,但是哈拉夫文化走得更远一些。这主要表现为个人之间在随葬品上有比较固定的区别,社区之间出现了功能上的区别。哈拉夫文化被西方考古学家看作是酋邦社会(chiefdom)。酋邦社会首先是塞维斯(Service)[48]将这个概念普及的,他认为酋邦社会的主要特点是社会的分层,有酋长,他具有再分配的权利,在再分配这个机制中,酋长获取得多,给普通人的少,这样就借助再分配来提高自己的经济地位和政治地位,并使其合法化。哈拉夫文化所体现的社会分层并不明显,村落之间出现了功能上的差别,但是在面积的大小和地位方面并没有因此而发生变化。人们之间已经出现了财富多少的区别,有无随葬品的墓葬。这些特征说明哈拉夫社会只能算是一个简单的酋邦社会。但是哈拉夫文化还有一些自身的特点:这个文化的分布范围很大,人们在这一范围内是通过陶器的纹饰来辨别所在区域,强调文化之间的差异。在随葬品所反映的人们的财富中,有一些是通过贸易获得的原料或成品,例如随葬的各种石制的珠子、印坠和护符，有石灰石、方解石、绿松石、玻璃料，还有黑曜石珠子。金属制品中有铜和铅制的印坠和珠子。这些器物的原料有一部分是来自外地，而且不是生活必需品。在分层社会中，上层人常常通过使用舶来品把自己与普通人区分开。这是酋邦社会的一个特点，即通过远途贸易使财富增加的办法。这种方式增加财富的速度是比较快的，但是有风险。所以常常会导致社会的不稳定以及战争的频繁。

（三）社区分化的阶段

两河流域在建立了以扩大家庭为本位的阶段之后，家庭与家庭之间、聚落与聚落之间出现了差别，这种差别主要体现在专业化的发展所导致的经济上的分化，也就是等级化发展的时期。这时的两河流域南部冲积平原出现了最早的居民，他们所留下的物质文化就是欧贝德文化。

欧贝德文化是两河流域南部最早的居民。根据埃利遗址[49]的发掘，可以将欧贝德文化分为四期（Ⅰ、Ⅱ、Ⅲ、Ⅳ期），后来发掘了欧威利（Oueili）遗址[50]又发现了比都埃利遗址更早的遗存，命名为欧贝德0期。这个文化的建筑与聚落可以分为神庙与民居两个部分。

1. 神庙

埃利都遗址中属于欧贝德1期（埃利都期）的地层是第18～15层。最早的建筑层为第18层，距地表11.7厘米，发现了砖墙遗迹，砖的尺寸一般为长50、宽25、厚6厘米。布局不清。

最早的建筑布局发现在第17层，砖的形制与第18层相同，墙的厚度与砖的宽度相同，墙面不抹泥。房屋为方形，四角对着东西南北四个方向。建筑的北部残。房中部有一个高20厘米的方砖台。西南和西北墙中部有一个向房内凸出的半砖块的壁柱。在房屋南部有个直径为1.3米的灶坑，里面有大量的灰烬，应当是焚烧的供品。房屋的面积很小，边长仅3米左右。这个房屋正位于后来的神庙之下。从欧贝德文化居民的宗教建筑的位置具有固定不变的习俗看，它应是最初的祭室。房屋的设施也可以证明这一推测。方台是庙内常见的供桌，而房外的灶坑则是火化供物的必备设施。

第16层发现了可以被准确判断为祭室的建筑，具有苏美尔神庙中供桌与祭坛相对的格局（图二五）。建筑仍为方形，墙内侧抹泥。室内面积为2.1米×3.1米。西北墙中部向外凹，形成一个宽1.1、进深1米的龛。龛内有一个24厘米高的祭坛，房中部有一供桌，周围有灰烬。门位于东南墙，与龛相对。门两侧有壁柱加固。在西南墙和东北墙中部各有一个砖壁柱。在房外侧有一个圆形灶，地点与第17层的相同。在门附近发现了许多彩陶片。

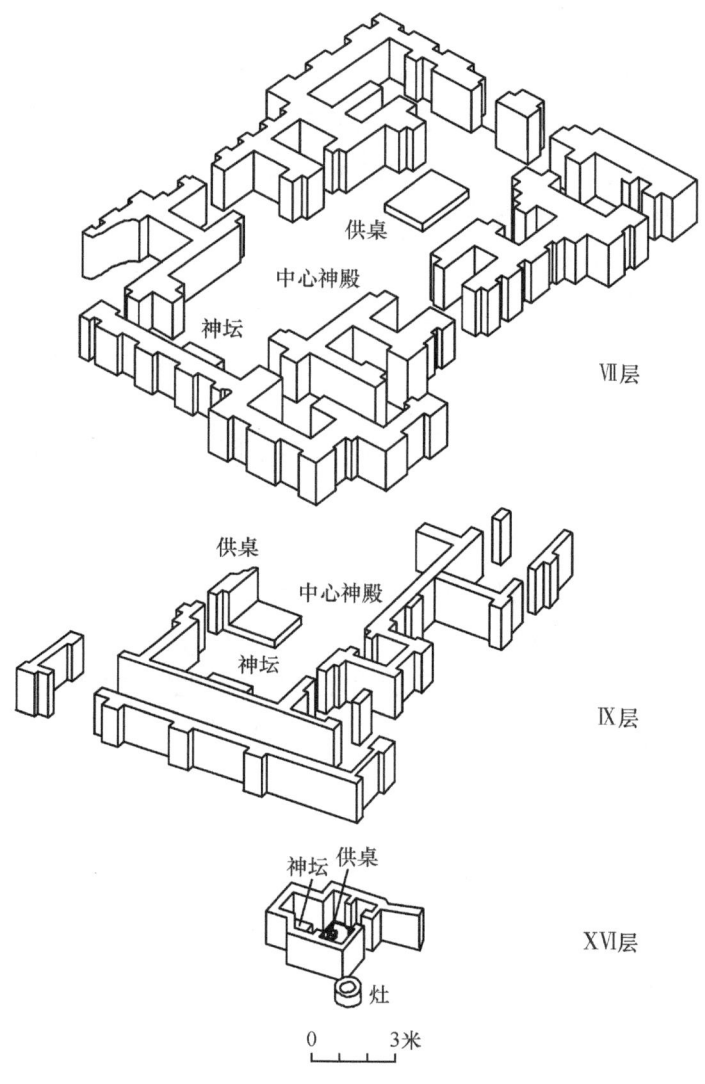

图二五 欧贝德文化祭室与神庙

(选自Roaf M. *Cultural Atlas of Mesopotamia*. Oxford, 1990.)

第15层的祭室与以前的布局有很大差别。这个建筑的面积有所增大（7.3米×8.4米），而且变成长方形。西北和西南向的墙保存完好，其余两面墙只保留一部分，在西南墙外还有一道平行墙。房内有壁柱。砖的体积变小，平均尺寸为长40、宽14、厚8厘米，上面有五个凹坑，便于施泥灰与另一平行砖黏合。两个长边的墙都是双墙，中间有夹空。另外两个短边墙都是单墙，有许多壁柱加固。门在东南墙，灶坑改在房外的东北部。

欧贝德文化Ⅱ期（哈吉·默哈穆德时期）见于埃利都遗址的第14～12层。第14层的建筑是对第15层神庙的改建扩建，在布局上没有什么变化。其上的两层没有发现建筑，或许这时期的祭室改在别处。如果是这样，当时一定有巨大的变化，因为自史前时代以来宗教建筑的地点一般都是时代延续不变的。第13、12层虽然没发现祭室，但出土了很多陶器。在第12层上覆盖了厚厚一层沙土，标志着这里曾被废弃一段时间。

欧贝德文化Ⅲ～Ⅳ期的遗存发现在埃利都遗址第11～6层。在第11层，在原来第14层的祭室位置上又重建了神庙，布局发生了很大变化，分中殿和侧厅两大部分，已经成为真正意义上的庙宇。整个建筑建在一个台基上，台基是由从前的建筑废墟加以平整而形成的。台基上还有从地面通向神庙的坡道，坡道外侧有排水沟。庙墙外侧隔一定间距就有扶壁柱，既可以加固墙，又形成凸凹状的装饰。砖的尺寸一般为长52、宽27、厚7厘米，墙的厚度与砖的宽度相等。中殿面积一般为12.6米×4.5米。东南侧厅由三间房屋组成，其中一间最大的房间的中央有一个高十几厘米的长方形台，上面有烧痕，周围是灰烬，应当是当时焚化祭品的场所。西部侧厅已被晚期建筑所完全破坏。

侧厅的出现使原来的祭室变成了中央殿堂，是人们祭祀神灵的地方，侧厅用于焚烧供物，放置庙产以及供僧侣们居住。因此，祭室向神庙的转变是宗教建筑发展史中的一个质的飞跃，它标志着宗教已经由产生于民众之中变成高于民众之上。巨大的规模和高高的台基是这种标志的最好写照。同时出现了住在神庙的专门祭司阶层，普通的人不可能再与"神"发生关系，而要借助于僧侣，从此宗教开始为少数人所垄断，开始了人为宗教的过程。而专职祭司成为正在形成的等级社会中最上层的人物，也是人类历史上最早的知识分子。

第10层的神庙与第11层的布局基本相同。

第9层的神庙布局比较完整（见图二五）。殿堂一端的中部有一个高40厘米的坛，另一端是门道。在长轴的中部也有一个门道，于是在殿堂中形成了"十"字形门道的格局。

第8层的神庙布局近于完整，是标准的二分式布局。整个神庙面积为21米×12米。神殿两侧是侧厅，神殿后面的走廊消失。侧厅内发现大量的鱼骨，应是当时的供品。神殿中轴线上神坛与供桌相对。神坛前面的两侧各有一凸出的墙垛，使神坛附近形成了一个像舞台似的空间，使神坛变得比以前更加隐蔽，更富有神秘感。与它相对的入口处也有凸起的墙垛，使入口到墙垛处形成一个过渡空间，经过墙垛才真正进入了殿内。与神坛相对的门道是双门，从供桌两边进入。另一个门道位于侧厅中端，门前有台阶，门道横贯于神庙中轴线上。这两个门道呈"十"字形交叉状。除了这两个供朝拜者出入的门道外，还有一个供庙内僧侣从侧房进入中殿的侧门。供桌上面明显的火痕和地面上厚厚的灰烬，当是焚化供物的遗迹，还有一些长30～40厘米的弯钉状泥制品。

第7层的神庙与第8层相同（见图二五）。这里发现了两层居住面，说明使用了相当长的时间。在下层地面上覆盖了40厘米厚的堆积，有大量的灰烬和鱼骨。

第6层神庙是欧贝德文化最晚的一座，面积为23米×12米。它的布局更加对称，形状上有两点变化：一是神庙变成了长条形，二是与神坛相对的门不见了，只保留了侧厅中部的带阶梯的门道。这是乌鲁克时期"T"形布局的先声，反映了乌鲁克文化与欧贝德文化的连续性。这样一来，神庙外面的人再也无法窥见到庙内的神坛，而只有从侧厅的入口进到中殿才能见到。这种布局的变化使得神坛——这个神庙的中心变得更加隐蔽、更加神秘了。这时的神庙内发现了陶制香炉这种专门用于宗教仪式的器皿。

埃利都遗址所发现的欧贝德文化的神庙代表了欧贝德文化宗教建筑的发展过程，可以分为三个阶段。

第一阶段，第18～14层是祭室阶段。这时的宗教建筑只不过是一个面积为6～7平方米的方形房屋，但里面具备了宗教建筑的基本设施：神坛和供桌，室外还有焚化供物的灶。

第二阶段，第11～9层是神庙初期阶段。这时面积增大，布局复杂，出现了侧厅，但布局尚未定型。

第三阶段，第8～6层是神庙布局基本定形阶段。神坛后面的过道消失，形成了标准的侧厅、殿堂、侧厅的三分式布局。神殿内由纵横两个门道相交变成横向门道与殿内纵轴线相交。

这个变化反映了人和神的距离逐渐加大、神的地位越来越高、越来越神秘的过程。

与此同时，作为人和神之间桥梁的祭司阶层也在随之提高本身的地位。宗教的功能正在发生改变。

人们向神供奉的物品主要是鱼，这在各层庙宇中都有发现。城邦时代的拉格什城邦（Lagash）神庙中也发现了大量的鱼骨。捕鱼业曾是欧贝德文化居民的主要经济活动，大批的网坠是这种经济的真实证据，因而把鱼作为供品献给神也是苏美尔人保留的古老传统。

2. 民居

这时的民用建筑发现在北部阿米亚[51]和阿巴达[52]遗址。阿米亚的建筑以院落为中心，周围有若干间房屋。房屋面积一般为3米×2米。房内有陶器、纺轮和燧石器。在房屋外面经常发现圆形炉灶，直径达2米左右，上面还有近1米高的弧形壁，估计是穹顶，里面有厚厚的灰。

在阿巴达遗址，发现了这时期较为完整的村落布局（图二六，1）建筑相互间由街道和小巷分开。每个单元为长方形，四角对着正东、西、南、北向。在建筑中部有一个与短轴平行的"T"形院子，把建筑从中间分开，形成三分式布局。建筑材料为泥砖，尺寸为50～56厘米×27厘米×7厘米，相交放置，墙面抹泥。地面为夯土，一般有三层居住面。房顶有木柱、芦苇和泥构成。门为木制或芦苇的，有木枢和门槛。

遗址中部是一座最大的建筑，它的面积是周围建筑的三倍（图二六，2）。外墙有扶垛装饰，里面有三个长方形大厅，中间的最大，两侧的比较小。在这个建筑的东北边后来又加了一道围墙。入口在西南部，入口处是一小厅，有通向各间屋子的门道。这个建筑的居住面下发现了大量的婴儿瓮棺葬，这种现象与梭万遗址第一层的很相似。这个建筑位于遗址中部，面积最大，并且是唯一外墙有扶垛的（外墙面用扶垛装饰是后来庙宇建筑的主要特征）。

其中出土的遗物中有三种物品非常有意义：一是石权标头；二是泥制的筹码（tokens）（图二七，1～5），是两河流域最早的三维记数系统，是二维的泥板文书上的象形文字的前身；三是一块非常原始的泥板文书（图二七，6）[53]。这些器物都是周

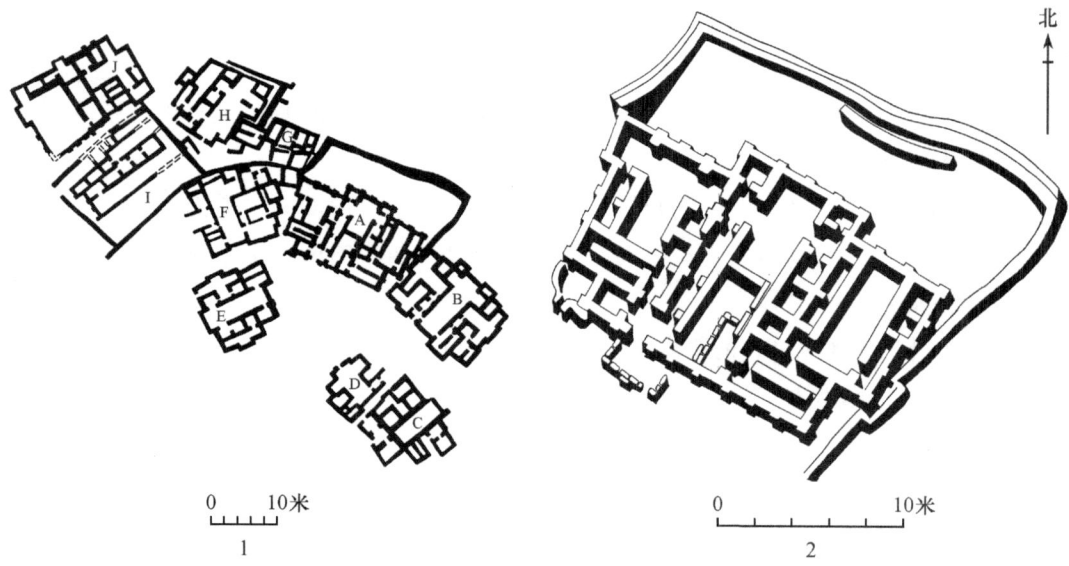

图二六　阿巴达遗址的欧贝德文化村落与房屋布局
1. 阿巴达遗址第Ⅱ层布局　2. 建筑A布局

（选自Jasim S A. "Structure and function in an 'Ubaid Village'" *Upon This Foundation*. Copenhagen, 1989.）

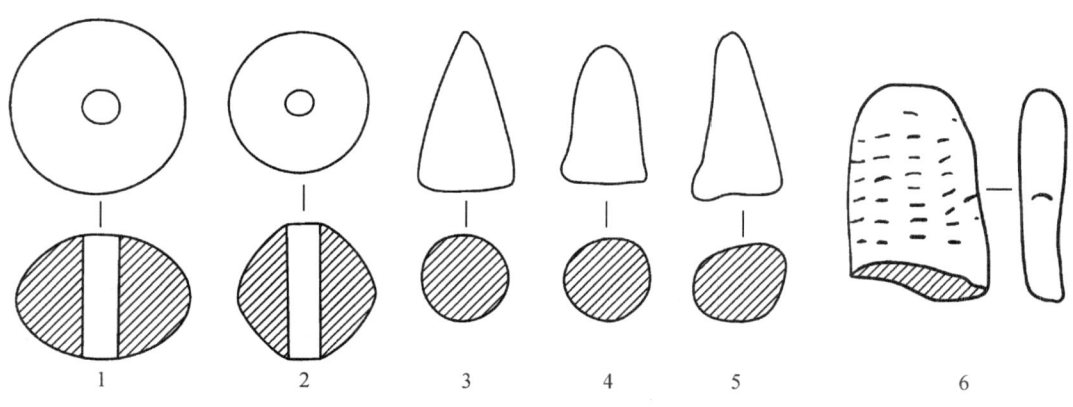

图二七　阿巴达遗址建筑A出土的遗物

（选自Jasim S A. "Structure and function in an 'Ubaid Village'" *Upon This Foundation*. Copenhagen, 1989.）

围建筑中所不见的,说明这个建筑与周围的其他建筑在功能上是不同的。对于它的解释有两种,一种认为是宗教性建筑;另一种认为是上层人住的大房子。我认为这两种功能兼而有之。建筑内的墓葬说明了它的宗教性的功能,但是筹码与泥板则是经济管理方面的遗物,应该是这时上层人物所从事的事情。很可能在欧贝德时期,住房与宗教场所尚未明确地独立出来。上层人兼有宗教与经济管理两方面的职能。

阿巴达遗址的布局是欧贝德文化时期的一种村落的布局。基于这个遗址位于两河流域中部,可能具有南北两地的特点。以建筑布局为例,这里的三分式建筑正是梭万遗址的萨玛拉文化村落建筑与埃利都遗址欧贝德文化第三期的三分式庙宇建筑之间的过渡类型。由此可以看出萨玛拉文化与欧贝德文化在建筑上的发展脉络以及民用建筑与宗教建筑之间的联系。阿巴达遗址的建筑是典型的三分式布局,但根据中央大厅的数量可以将这种三分式布局分为两种形式,即只有一个中央大厅的和多个中央大厅的。拥有一个中央大厅的三分式建筑是阿巴达遗址除建筑A以外的其他建筑;多个中央大厅的是位于阿巴达遗址中心的建筑A,这种建筑形式是扩大家庭继续聚合的结果。在马德胡尔(Mudhur)遗址[54]和恰辛姆(Qasim)遗址[55]我们可以看到这两种类型的建筑。

马德胡尔遗址位于伊拉克东部的哈姆伦(Hamrin)地区,这一地区在20世纪80年代在抢救性发掘中发现、并发掘了许多遗址。马德胡尔遗址的房屋发掘完整,出土物发表得也非常详尽,是我们了解欧贝德文化民居的理想资料。这是一个只有一个大厅的三分式格局建筑(图二八),中间是大厅,两侧为多间房屋。整个建筑的面积约160平方米。只有一个通向户外的大门。建筑内各房间相通。门道从9号房间进入7号大厅;从大厅可以分别进入5个方向:一是进入10号房间;二是进入7号南厅—6—17—16;三是进入7号北厅—11—13—14;四是进入3号房间—4—5—房顶;最后是进入2号房间。

根据门道和各房间的面积,整个建筑内的房间可以分为以下几类:

A小屋,一门,3平方米以下,有2、14、16号房间;

B过道式小屋,两个门,3平方米以下,有4、5、13、17号房间;

C中型房间,5~9平方米,有3、9、11、6号房间;

D大厅,40平方米,只有7号房间。

在7号大厅里有一个灶,相互对称的13、17号房间也各有一个灶。从门道的走向和灶的分布看,这个建筑内部仍然有亲疏之分,有可能包括了一个以上的独立消费单位。6号与11号房间有较多的陶器,西端的3、9、10号房间和大厅都可用作卧室。冬天可能是睡在大厅里,这里有灶取暖。夏天的当地人多习惯于睡在房顶上。这里发现通往房顶的设施。这种建筑的最大特点是对外的封闭式和对内的相通式。而它们在建筑格局和面积上的一致性说明了这种建筑所为代表一级居住组织在社会中已经起着非常重要的作用。其中大厅的面积最大,而且又有灶等家用设施,应当是父系家长居住的

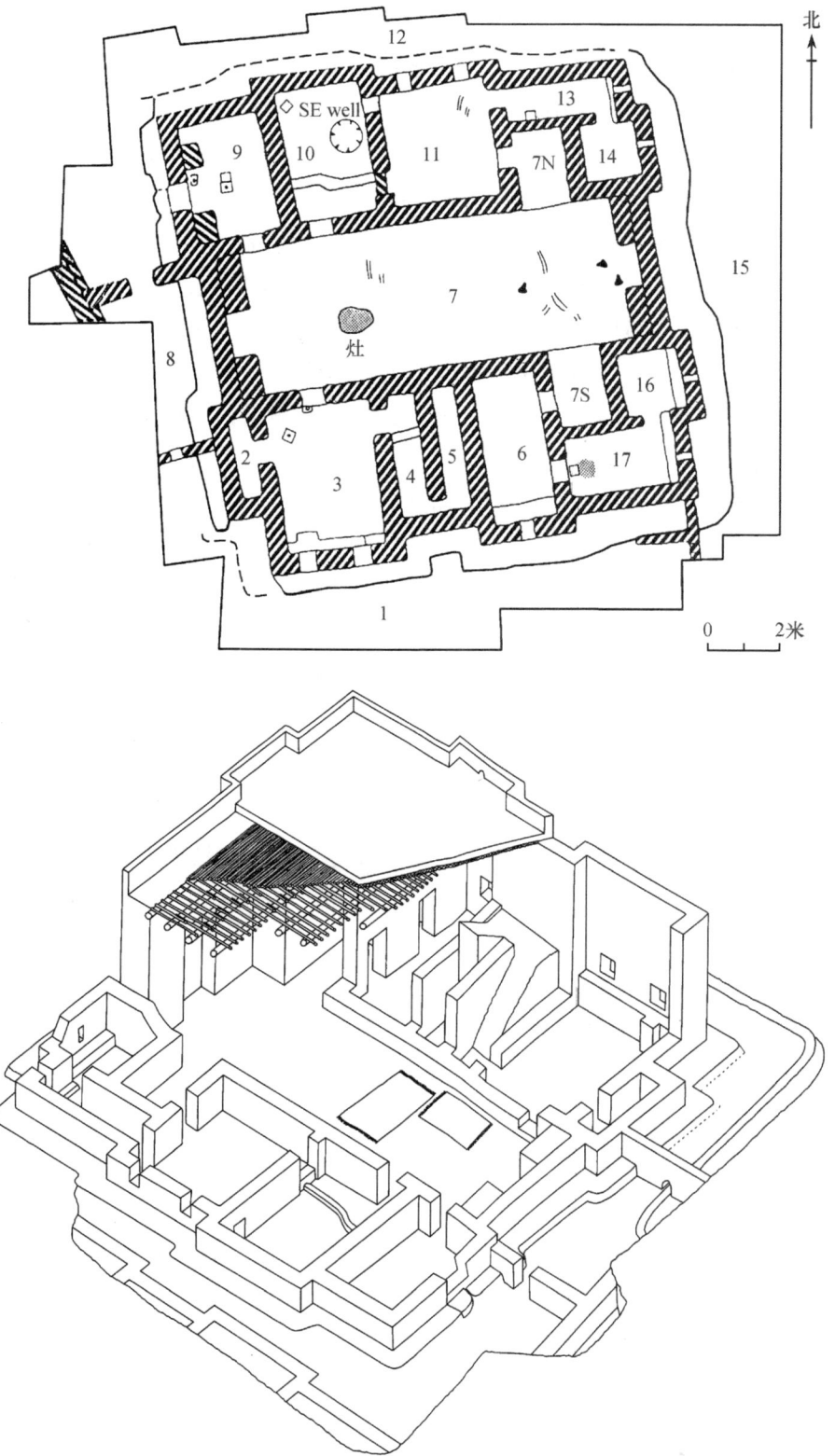

图二八　马德胡尔遗址的欧贝德文化房屋布局

（选自Roaf M. "Ubaid social activities as seen from Tell Madhhur". *Upon This Foundation*. Copenhagen, 1989.）

房屋，并且是扩大家庭议事的场所。

恰辛姆遗址也位于哈姆伦地区。这里发现的房屋建筑是属于多个大厅的布局（图二九），一个中心大厅（1号）和两个附属大厅（10、16号），这三个大厅均有灶，应当是三个相对独立的消费单位。中心大厅有两个侧厅（13、14号）；附属大厅也各有两个侧厅（15、7号；8、12号）。这个建筑的布局非常对称，发掘者认为中心大厅是父系家长的居住场所，两个附属大厅可能是他的两个儿子的家庭附属大厅，虽然建筑面积比中心大厅的小，但是与这两个附属大厅相连的房屋比中心大厅的多，说明这两个儿子的家庭的人口比较多。这个建筑布局的严格对称性与马德胡尔非常相似，但是后者只有一个中心大厅。恰辛姆遗址的这种多大厅建筑是扩大家庭进一步增大的结果。

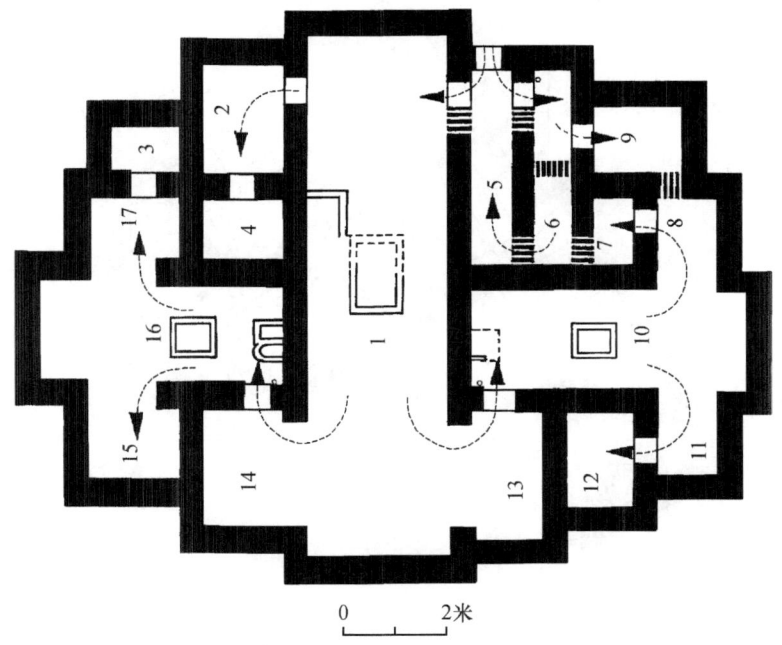

图二九　恰辛姆遗址的欧贝德文化房屋布局

（选自Maisel C K. "Emergence of civilization from hunting and gathering to agriculture." *Cities and the State in the Near East*. Routledge, 1995.）

20世纪80~90年代由法国考古学家发掘的欧威利遗址揭示了更早的欧贝德遗存，法国考古学家把它叫做欧贝德0期。这个遗址有欧贝德0~4期的遗存，最大特点是大型的格子形建筑，地面还铺有席子。发掘者认为这是粮库。在这个时期能够有这样大规模的、持久的粮食储备设施，是人们难以料到的，它既反映了农业剩余的水平，又反映了经济管理的水平（图三〇）。

在埃利都神庙发掘区东部70米处发掘了一个7米长的探方，在这里发现了普通的居住房屋，共分14层。从出土的陶器来看，基本上相当于欧贝德文化的第三、四期，其下限略晚于神庙和墓地。从这个小小的探方中，可以窥见当时普通居民生活的一斑。

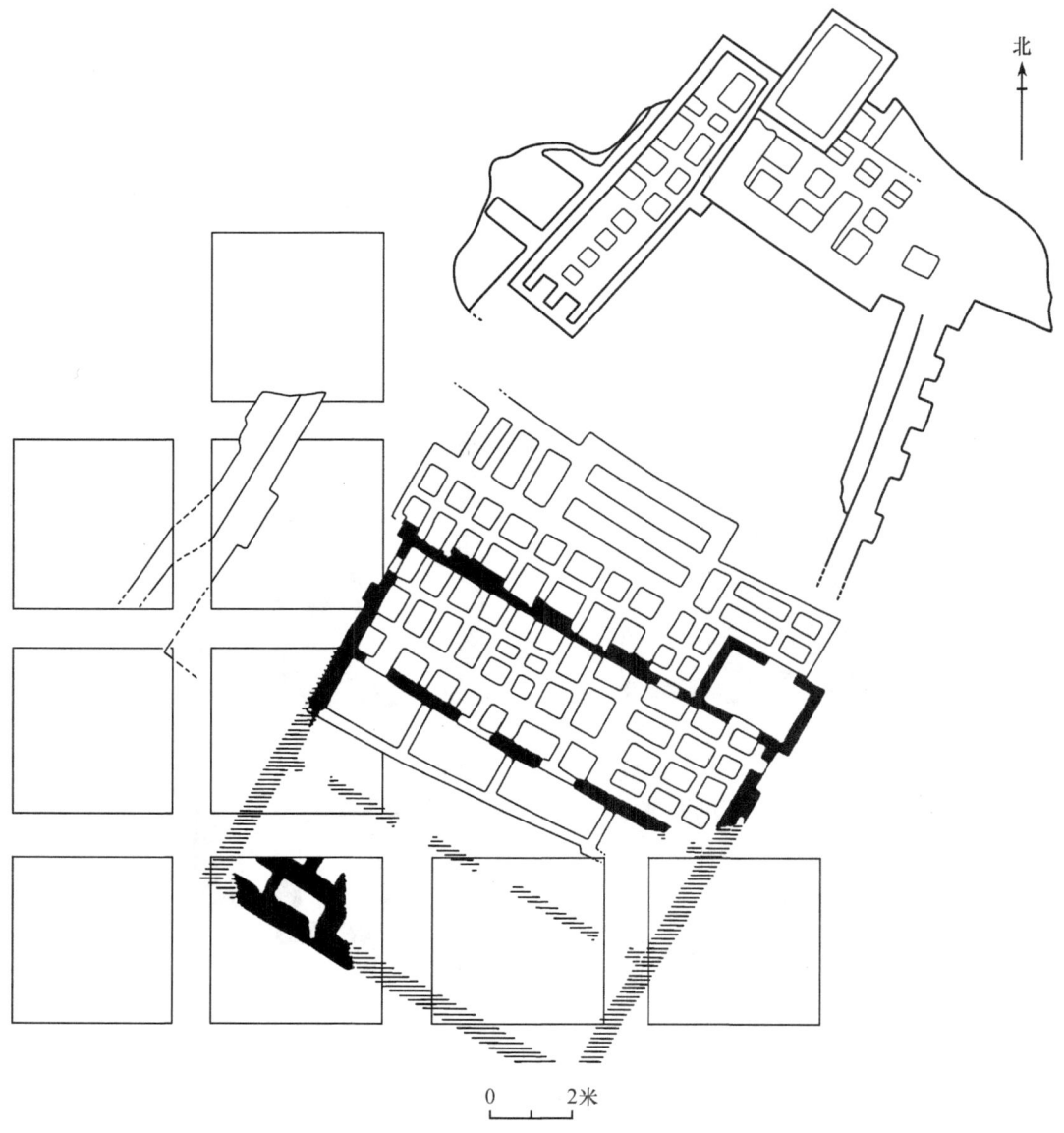

图三〇　欧威利遗址的欧贝德文化储藏设施布局
（选自Huot J. "First Campaign at Tell el' Oueili." *Sumer*, 1980, 36.）

墙是由砖或芦苇抹泥而成，各层墙的走向是一致的、反映了居住的连续性。房屋为多间式格局。屋外有一个直径为2米的穹顶灶，与阿米亚遗址的完全相同，反映了欧贝德文化居民在生活习俗方面的一致性。房屋内的遗物有质地比较粗糙的陶器、圆盘状石制或陶制网坠、石斧、磨盘、弯钉状泥制品和大量的鱼骨，第8层以上出现陶镰，反映了渔猎为主的经济逐渐让位于农业经济。

通过对埃利都遗址内的居住房屋和神庙区的遗物进行比较，可以发现两者之间既存在共性，也存在着差别[56]。两地都存在的遗物有陶镰和加工谷物的石杵，这说明在这两个区域都有从事农业生产，在家庭用具方面没有区别。两地的差别主要表现在陶器上，从器形到纹饰。其中细长的高杯见于墓葬与庙区，民宅区少见。庙区的香炉和盛鱼骨的壶只见于庙宇。民宅区的陶器制作粗糙，纹饰种类少而简单，反映了器物功能的差别和社会等级分化的程度。

这种社会等级不仅存在于同一遗址的不同功能区中，而且还存在于遗址与遗址之间。埃利都遗址是一个以神庙为中心的大遗址，全部人口为5000人左右。而与此同时的欧贝德遗址只是一个普通村落，种植作物、捕鱼，猎取羚羊，畜养牛和羊。手工业已出现专门化，制造陶器、石器和珠子等装饰品。全部人口约为750人。对欧贝德文化的遗址的面积的统计可以清楚地看出，遗址分为大小两类（表一〇）。

表一〇　欧贝德文化大小遗址统计

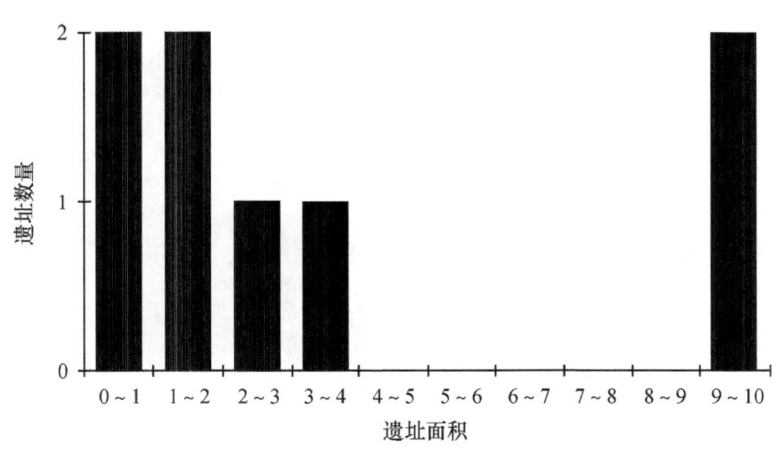

* 选自Stein G J. "Economy, ritual and power in Ubaid Mesopotamia." *Chiefdoms and Early States in the Near East. Monographs in World Archaeology 18*. Madison: Prehistory Press, 1994: 35-46.

欧贝德文化在第二期开始大规模向外扩张，首先传入两河流域北部，那里的哈拉夫文化吸收了欧贝德文化，但又部分地保留了当地的传统。北部的高拉（Gawra）遗址是一个大型遗址[57]，反映了北部居民如何吸收南部神庙建筑的过程。

遗址共分20层，下部的20～12层属北方欧贝德文化，保留了哈拉夫文化的传统，时常有圆房出现。最底部的第20层发现了一个圆形房屋，直径不到5米，内有三个不规则的间壁墙，由长13、宽9、厚5厘米的泥砖垒成第17层也发现了两个圆形房，并有墓葬。此后一直以长方形建筑为主，但是到了第11A层的后欧贝德时期又出现了圆形房屋，这种传统因素的时隐时现是外来文化影响与当地传统因素力量消长的结果。值得注意的是，有圆形房屋的地层中都不见神庙，而且圆形房屋中都有墓葬，所以圆形房屋可能是宗教场所。

第19层出现了长方形庙宇，中殿长10米。第18层的神庙与第19层相似，布局清楚，为标准的三分式。中央殿堂是祭坛，与供桌成一条线，里面埋有四座墓葬。神庙主室长边为东—西向。第14层神庙建筑的砖墙下部出现了石基，这和阿尔帕契亚遗址的哈拉夫文化祭室一样。这说明到这个阶段，宗教建筑不仅在布局上而且在结构上都不同于民用建筑，反映人们的虔诚心情。从这一层开始，建筑方向改为墙角对存正南北向，这是萨玛拉文化以及两河南部的神庙建筑传统。

到了第13层，全部遗址基本被宗教性质的建筑所占据，形成了一个卫城，面积大约为边长30米的方形，中间是一个18米×15米的广场、地面铺有细小的砾石和穷土，北面、东北面和东面有三个神庙环绕（图三一）。

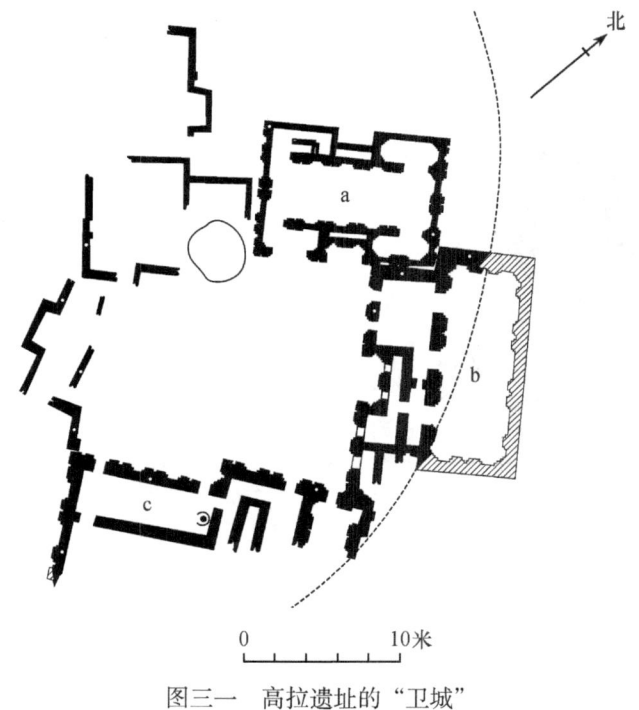

图三一　高拉遗址的"卫城"

（选自Tobler A J. *Excavations at Tepe GawraII: Levels IX–XX*. Philadelphia: University of Pennsylvania Press, 1950.）

泥砖墙也有墙垛加固形成的凸凹装饰，具有南部风格，墙面涂有红、黑两色。这个布局反映了当时的社会组织的发达和宗教祭拜仪式的复杂，其中北庙保存较好，面积为12.25米×8.65米。它的布局是由三分式发展而来的，门开在长轴一侧，中殿与侧房由间壁墙相隔。中庙只保留了前半部，后半部由于土丘斜坡的倾塌已不复存在，长14.5米，从中心广场进入中庙有3~4个门道。东庙也不完整，前面墙长20.5米，侧墙只保留了8.89米长，有四个门可以从中央广场进入、庙内地面下埋有五座墓。

这三座庙都由泥砖建成，但是每座庙的泥砖规格都各不相同。北庙的砖长36、宽18、厚9厘米，中庙砖的规格为长49、宽24、厚10厘米，东庙为长56、宽28、厚14厘米。

卫城的西面和南面是一段一段的影壁墙，整个发掘区内未发现民用建筑，可能在卫城的西南部。

第13层的卫城被大火毁灭，并伴有一场大破坏和屠杀。第12层的建筑则为世俗建筑和一个长方形的小型寺庙，庙内龛下有墓葬。北端发现了一座位于道路旁边的瞭望塔。第12层建筑也是被火毁灭，人骨架的姿势说明死者在临死前曾挣扎过。这些迹象都表明，在欧贝德文化的末期，北部战事的频繁和战争的规模之大。在北部地区的欧贝德陶器中，与南部欧贝德文化完全相似的是神庙中使用的香炉、带流壶等礼器以及盆、碗、杯等盛食器礼器只出在高拉遗址。这说明拥有神庙的高拉遗址在吸收南部先进文化的过程中处于领先的位置，也说明社会的上层人物在吸收外来先进文化中所起的领导作用。

欧贝德文化除了向两河流域北部传播以外，还向两河流域的西北方传播，在那里形成了欧贝德文化的波及区；向东部的伊朗西南部传播，与那里的具有同一传统的地方分支形成了同源共振区，并在不同地点建立殖民点（图三二）。

这是两河流域南北的第一次统一。欧贝德文化的这次向外传播体现了这一文化的实力。其传播的主要目的应当是建立与外界的联系，以解决两河流域南部资源匮乏的问题。两河流域南部除了肥沃的冲积平原以外，没有石料、木材和矿产。但是它的这次向外传播，使先进的文化得以扩散，提高了附近文化的发展水平，减少了文化之间的距离，形成了更大的文化系统，为这一地区进入文明创造了良好的文化环境；而且在传播过程中，欧贝德文化本身也吸收了其他文化的先进因素，如北部的冶金业和印章制造业；同时在这个更大的文化系统的流通中，欧贝德文化加速了自身的财富集中

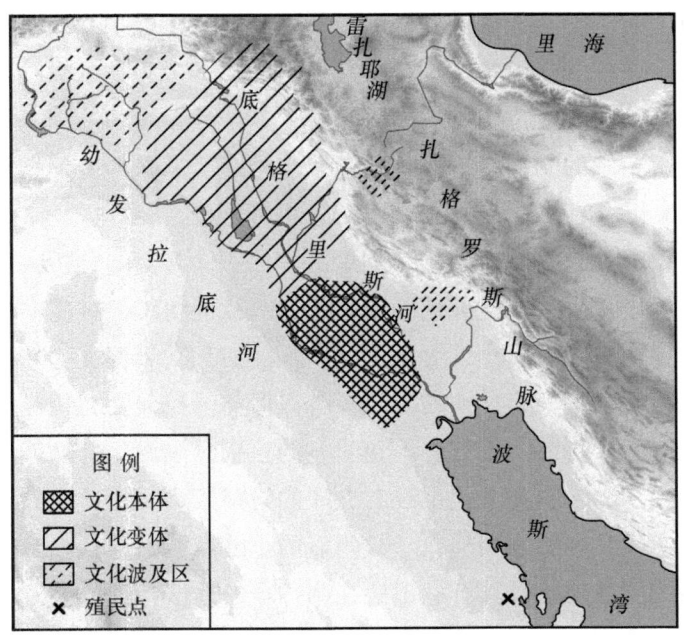

图三二　欧贝德文化的传播

（选自杨建华：《两河流域史前时代》，吉林大学出版社，1993年）

和社会分化。

欧贝德文化的聚落已经出现了地位的分化,个人之间是否也存在了差别?我们可以根据墓葬的形制和随葬品的多寡的分析中寻找答案。

欧贝德文化墓葬中发表资料最理想的是埃利都遗址的墓地。在神庙区以南发现了欧贝德晚期的墓地,有800~1000座,其中发掘了197座。

墓葬是在沙地上挖一墓坑,四壁用砖镶边。这种做法与萨玛拉文化的相同。一般垒放四行砖,然后将死者放在砖垒的箱内沙土上,填沙至泥砖高度时再铺1~2层砖将棺封好。

葬式为仰身直肢,与北部的屈肢葬形成鲜明的对比。有单人葬、成年男女双人葬和成年男、女、小孩的三人葬。这应是一个家庭的合葬墓。家庭合葬是分几次埋入的。一般的情况是当需要开棺再放入尸体时,把原先埋入的人移至一边,放入第二个死者,或者将其压在第一个死者上面,或者将泥棺加宽。后放入的小孩多放在死者的头部,但大多数小孩是单独埋葬。还有些人直接埋在沙土里,没有泥棺。第一次埋入的死者的随葬品在脚下,第二次的放在头部以示区别。随葬品有陶罐、陶盘和陶杯,以及黑曜石珠子、贝珠。随葬品经过统计可以看出有三个档次:无随葬品的、1~6件随葬品的和7件以上随葬品的。无随葬品的墓葬有28座,占发掘墓葬的14%;1~6件随葬品的墓葬有156座,占79%;7件以上随葬品的墓葬有13座,占6.6%。无随葬品的墓葬中50%没有泥棺,7件以上随葬品的墓葬都有泥棺,这说明随葬品的多少与墓葬的形制已经初步形成固定的组合。在无随葬品的墓葬中,有屈肢葬,他们很可能是从北部来的,而且地位非常低下。根据随葬品数量所划分的三个档次,以及它们各自所占的比例,反映当时个人的分化尚在初期,呈现出两头小,中间大的格局。这种分化只是随葬品数量上的区别,主要是实用的陶器和普通装饰品数量的多少,而不见来自外地的稀有物质而加工精致的物品。这种差别似乎与神庙所反映的专门祭司阶层以及神庙与住房差别是不大相称的。我们下文还将讨论这种现象。

通过对欧贝德文化遗存所反映出来的聚落以及相关方面的分析,我们可以看出,欧贝德文化也已经进入复杂社会。聚落出现了两级社会组织,神庙中出现了专职的祭祀人员。上层人物的房屋与墓葬也可以辨认出来。但是欧贝德文化在这些方面表现得又不十分明显,只能算是一个早期的复杂社会。但与哈拉夫文化相比,进化程度更高一些。哈拉夫文化的聚落的面积没有出现明显的差别,因而只有功能上的分化,而没有出现地位上的差别。哈拉夫文化也没有专职的祭司人员。除此之外,欧贝德文化还有一些与哈拉夫文化完全相反的现象。最明显的是欧贝德文化的墓葬中很少见舶来品和非实用器。各地区之间也没有有意识地强调各自的地区差别的做法,不像哈拉夫文化那样通过陶器的纹饰来标明自己所在的地区。欧贝德文化所反映出来的这些自身特点应当是一种原料财政(staple finance)的经济类型。原料财政就欧贝德文化而言,就是粮食财政。上层人物是通过占有剩余的谷物来建立和发展等级社会。这是一种最简单而直接的剩余产品的流通。但是它需要大量的储藏和运送，所以这种剩余财富的积累成本高，不易迅速集中财富，但是风险低，社会的稳定性强。

通过对欧贝德文化的分析，我们可以大致了解这种原料财政的社会运作。欧贝德文化是以灌溉农业为基础的社会，农田的自然条件的不同必然使田地的产量有所差别，而水田的投入之大使得田地要长期地耕作下去，这样就必然出现农业产量所导致的贫富分化。像我们在阿巴达遗址中所看到的大型建筑，很可能就是在灌溉农业中出现的富人的房屋。这个家庭的家长是通过血缘关系来调动农业劳动力的。其次是神庙的作用。农业是一种周期性的生业，具有很强的难以预料性。因此神庙承担着安抚自然神和储备粮食以备赈灾的双重任务。早王朝以来神庙供奉的主要神是恩吉（Enki即淡水神），最能说明神庙在这个农业社会的作用。

最后，从欧贝德文化的遗存中可以推测当时的上层人物对剩余粮食的生产、储藏与调动的。在埃利都遗址和乌尔（Ur）遗址周围进行过田野调查，根据欧贝德文化特有的陶镰的分布所确定的农田的范围达100平方千米（图三三）。

这样大面积的农田是超出这两个遗址所需要的，这应该是大规模的剩余粮食的生产。而且这些农田多位于这两个遗址的北部，即幼发拉底河的上游，这样可能更加便于收获的粮食顺流而下地运送。农业储藏设施我们在欧威利遗址见到过。它存在的规模和延续的时间都说明了这时期已经有稳定的粮食储备。神庙是欧贝德文化唯一的公共建筑，当时的祭司就是通过掌管神庙，在部落的节日时调动劳动力和剩余的粮食，从而提高自己的地位并使其合法化。但是我们在欧贝德文化中看到，它所传播的范围说明这个文化是很有实力的，而这种实力与墓葬中所表现的贫富的分化又不太相称。

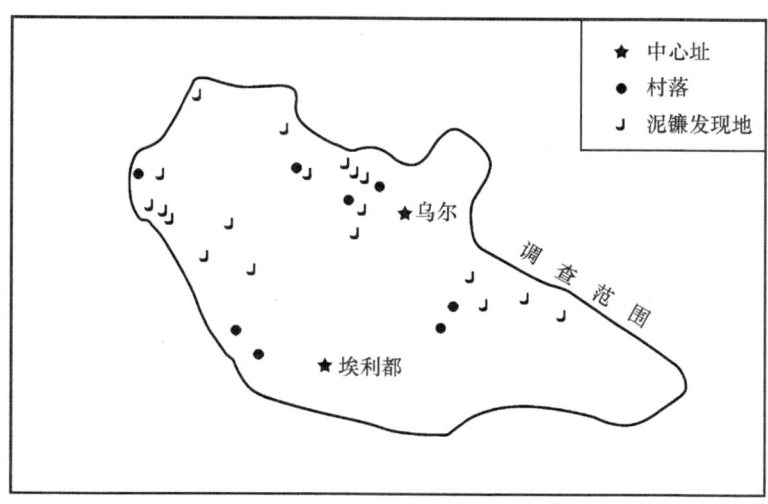

图三三　欧贝德文化陶镰的分布

（选自Wright H T. "Appendix: the southern margins of Sumer." *Heartland of Cities*. Chicago: University of Chicago Press, 1981: 295-345.）

很可能这个文化是在尽量弱化这种已经出现的差别，即通过神庙的宗教仪式强调成员之间的文化认同、在陶器上不表现各地区之间的差异以强调苏美尔作为一个共有的区域、在墓葬中不使用舶来品等非实用品彰显已经获得的地位，这些做法都是为了强调所有欧贝德文化居民的"成员"（membership）的角色。这一切是通过与哈拉夫文化的比较才能悟到的。哈拉夫文化的上层人物是使用舶来品作为象征权力与财富的物品，表明了他们想用具有"外来"风格的精品把自己与普通人区分开来以表现自己的经济实力，使其地位合法化。这说明在欧贝德文化的社会中，上层人物的权力是十分有限的，社会在稳定地增长。他们是通过控制当地的剩余产品——粮食，而不是外来的贸易品。他们是通过强调"成员"的概念与神庙中的礼仪仪式来实现的。

（四）社会整合的阶段——乌鲁克文化

乌鲁克文化首先是发现于乌鲁克遗址[58]。这个遗址共发现了18个地层，其中最早的第18～13层是欧贝德文化时期，经过第14～12层的短暂过渡，欧贝德文化的彩陶全部消失，进入了乌鲁克时期（第11～4层），在这个时期陶器全部是由快轮制成的素面陶，第5～3层出现了圆筒印章，第4层发现了最早的泥板文字。第3层的遗存与另一处重要遗址完全相同，叫做捷姆迭特-那瑟尔时期。在1930年第18次东方学国际会议上，学者一致同意根据乌鲁克遗址建立两河流域前王朝的文化序列：即欧贝德文化—乌鲁克文化—捷姆迭特-那瑟尔文化。

根据乌鲁克遗址的地层可以将乌鲁克文化分为早、中、晚三期：第12～10层为早期；第9～6层为中期；第5～4层为晚期。各期的绝对年代大致为：早期为公元前4150～前3800年，中期为前3800～前3350年，晚期为前3350～前3100年[59]。

乌鲁克文化大致处于公元前四千纪。在这一千年中，两河流域发生了巨大的变化，这是国家的形成时期，上一阶段形成的上层社会的势力进一步发展，必然会出现以他们的意愿为标准的社会重新整合，这就是政治上对人与边界的控制。由于在这一时期它的分布及其影响遍及整个两河流域及周边地区，所以也可以叫做乌鲁克时代。这一时期我们在考古上可以辨认的这种整合，主要体现在聚落之间的等级上和聚落内部的布局两个方面。根据各地的聚落研究，我们可以了解到在乌鲁克时期各地都分别发生了社会的整合，存在各地的自治组织：在两河流域南部是以乌鲁克遗址为中心的聚落群；在偏北一些是以尼普尔（Nipper）为中心的聚落群；在两河流域北部是以尼尼微（Nineveh）遗址为中心的聚落群，在伊朗西南部是以苏撒（Susa）遗址为中心的聚落群。

我们以两河流域南部的乌鲁克为中心的聚落群为例，来说明这时期的自治组织。在这一地区这种聚落之间等级早在乌鲁克时期的早期就已经形成（图三四）[60]。

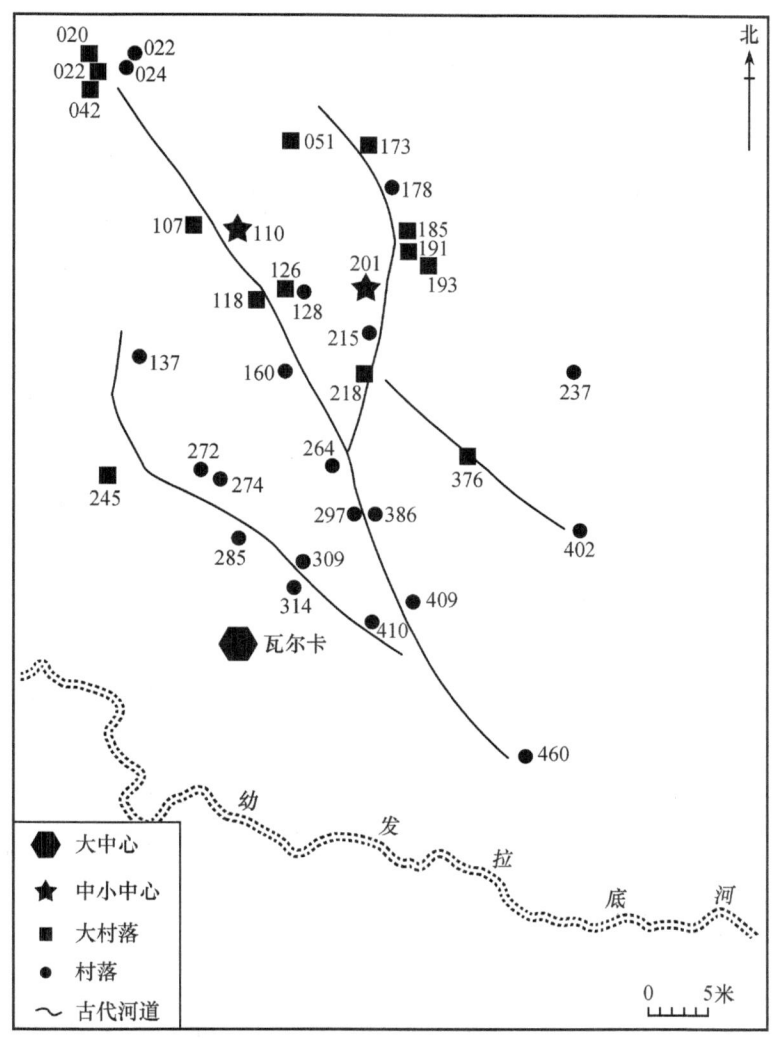

图三四　瓦尔卡地区乌鲁克文化早期的聚落形态

（选自Johnson G A. "Spatial organization of early Uruk settlement systems." *L'archaeologies de L'Iraq*. Paris, 1980.）

　　从聚落的面积看，乌鲁克遗址本身是唯一的一个大中心，其余有小中心、大村落和小村落的不同等级，这样就形成了四个等级，每个等级都有其相应的面积（表一一）。

　　通过对遗址面积与它们与大中心和小中心的关系的分析可以发现，大、小中心周围的遗址都存在一种现象，即距中心址的距离与遗址的面积成正比，说明聚落之间的关系除了有乌鲁克遗址为中心的系统外，还存在许多由小中心构成的亚系统。这些亚系统间的相互作用是通过乌鲁克遗址的行政功能来实现的。

　　乌鲁克时期晚期的聚落研究表明，遗址的数量有了明显的增加[61]。这时在乌鲁克遗址附近有100多个遗址，只有乌鲁克遗址的面积为250万平方米（2.5平方千米），其余的遗址的面积在1万～20万平方米不等，根据遗址的面积仍然可以将遗址分为4个

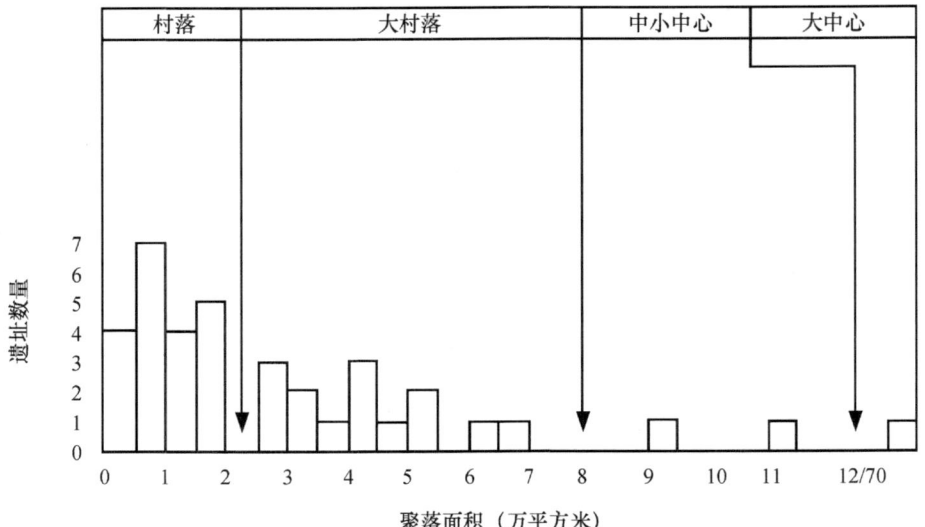

表一一　乌鲁克时期遗址面积与等级划分

等级。根据乌鲁克遗址的面积，有人提出乌鲁克遗址的人口大约为4万人。按照农业的产量计算，要维持这些人口的生活，需要70平方千米的农田，也就是乌鲁克遗址周围5千米的范围。但是这个遗址周围并不存在这么大范围的空地，因为在它周围半径5千米的范围内有一些小型的遗址。这说明乌鲁克遗址本身是不能够提供维持这个遗址人口的粮食的，需要从其他村落调拨，很可能乌鲁克时期存在着这样的经济管理机构。

无论是乌鲁克早期还是晚期，遗址的分布都是呈线形排列的。因此，在这种分布的基础上，学者们想象出连接遗址之间的古河道。

美国考古学家亚当斯（Robert Adams）对两河流域南部进行过大规模的聚落调查，并根据各遗址的年代与面积的变化过程揭示了这一地区的城市化的发展[62]。他把遗址的面积分为不同级别，它们分别相当于村、镇和城的规模。乡村遗址的面积为0.1~6公顷（1000~60000平方米）；镇的遗址的面积在6.1~25公顷（61000~250000平方米），城的面积为50公顷以上（500000平方米）。根据这一标准，他将乌鲁克文化时期和随后的捷姆迭特-那瑟尔（Jemdet Nsar）阶段调查的遗址统计如下（表一二）。

表一二　乌鲁克时期聚落面积的变化

年份/等级	乡	镇	城	都市
3500	17	3	1（？）	0
3200	112	10	1	0
2900	124	20	20	1

* 亚当斯用的是未经过树轮校对过的年代。公元前3500相当于乌鲁克早期；公元前3200相当于乌鲁克中期；公元前2900相当于乌鲁克晚期

这个统计表明,从乌鲁克时期开始到后期,聚落形态的变化主要表现在村落数量的剧增,同时镇的数量也有所增多。这个阶段是人口大幅度增加的时期,人们正在不断地向外迁徙,建立新的村落。这时期人口增长之快在历史上是罕见的,一方面由于生产力的发展,尤其是农业发展提供了一定规模的剩余粮食,另一方面周围游动的放牧人看到了冲积平原种植农业的巨大潜力,纷纷下到大河平原开始了定居的生活。这时遗址之间的等级已经出现,但是城镇的数量和规模都还很小。

从乌鲁克时期到捷姆迭特-那瑟尔时期,聚落形态的变化主要体现在镇以上的遗址规模数量大增,说明这个阶段是在原有的人口基础上对空间的一次大的调整,反映了社会组织处在一个大动荡大变革的阶段。在这个变革中,原有的血缘村落在解体,地缘城镇在建立,遗址大规模在向高层次发展。这个表中体现了聚落数量增多和规模增大两个阶段,前者是后者的基础,后者是前者的必然。这就是柴尔德提出的"城市革命",这是最早的国家-城邦的形成。遗址之间的等级化是城邦内"国"和"野"的分化。

乌鲁克时期出现大型居址——城或镇的另一个证据是轮制素面陶器的普及。这种陶器的出现一方面说明从事制陶的人比以前少了,而且专业化增强了,另一方面说明对陶器的数量要求比以前多了,这是大型聚落和人口增加的结果,从而形成了规模化生产,轮制加快了制陶的速度,同时也没有以前那么多时间来对每一件陶器绘制花纹,这种饰彩的做法不仅没有可能,而且也没有必要。因为不再需要用图案来展示自己所在的氏族,血缘组织正在不断地被地缘组织所取代。由于陶器是考古上最常见的遗物,所以陶器的这种改变使得乌鲁克时期与以前的任何时代在物质文化上出现了很大的区别。

乌鲁克时期最大的遗址始终是乌鲁克遗址。根据早王朝的文献——吉尔加美什史诗记载,乌鲁克遗址当时叫"瓦尔卡"(Warka),是由著名的吉尔加美什(Gilgamesh)建立的,三分之一是庙宇,三分之一是民宅,三分之一是花园。在早王朝时期,乌鲁克遗址占地面积为250公顷(2.5平方千米)(图三五)在遗址的中心发现了大型的建筑,根据古代文献,把属于乌鲁克时期的两个大型建筑分别命名为祭拜天神安努(Anu)的庙和祭拜女神埃安娜(Eanna)的庙。这两个庙所在正好在遗址的中心位置,安努庙在西部,埃安娜庙区在东部。据此,有人进一步推测乌鲁克这个大型城市是由两个权力或两部分人联合而成的。这时聚落内部已经按照建筑的重要程度重新布局,最重要的建筑位于聚落的中心位置。神庙是城市的核心,是城邦政治、经济和文化的中心。其他城市也是以神庙为中心,周围是官邸,再外围是手工业匠人,最外围是农业居民。这种布局反映了当时的社会等级的顺序。

乌鲁克时期的建筑主要分神庙与民居。

神庙以乌鲁克遗址的最具代表性。神庙建筑的规模是当时农业剩余与专业化分工

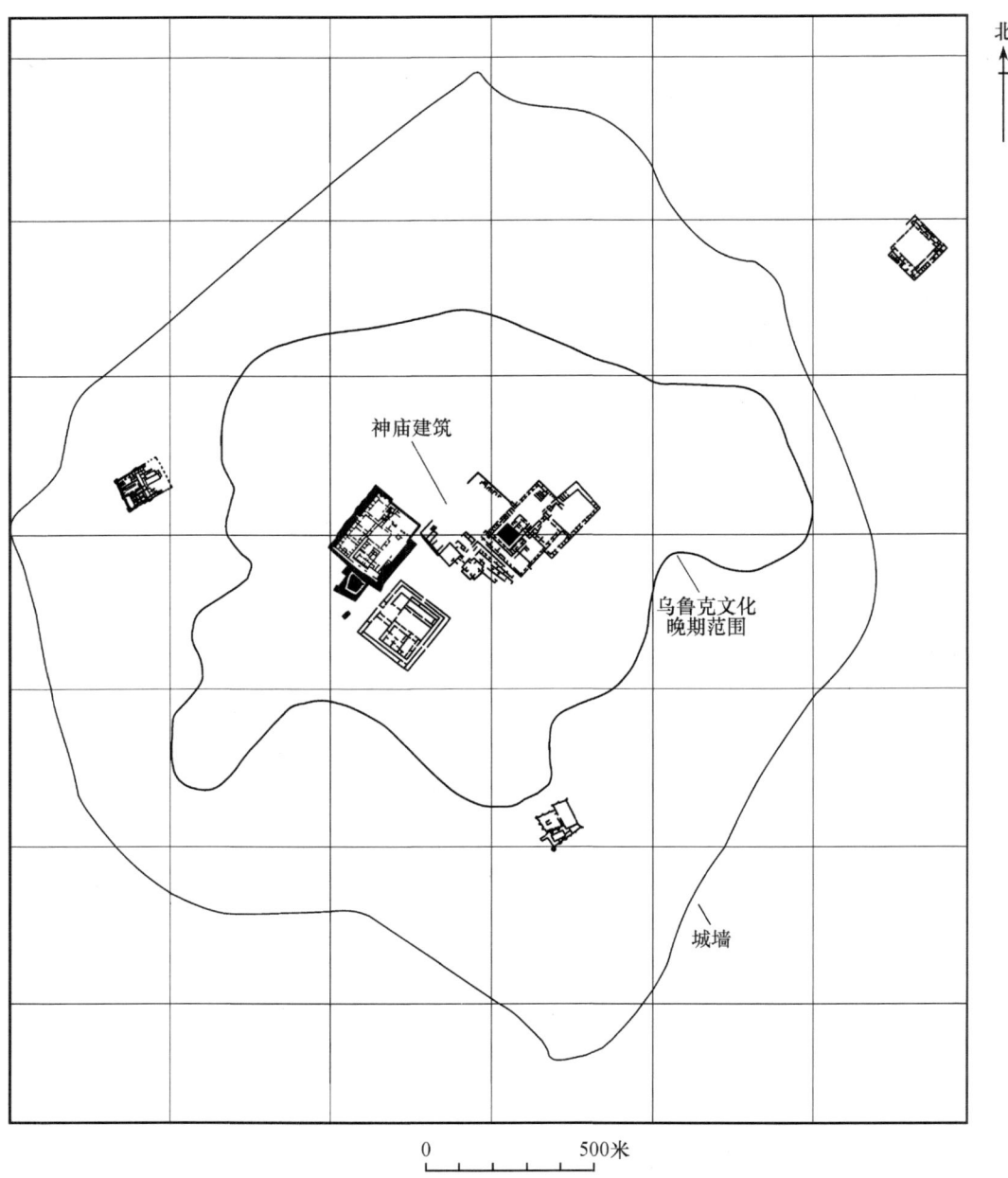

图三五　乌鲁克遗址布局图

（选自 Nissen H J. "Uruk: key site of the period and key site of problem." *Artefacts of Complexity: Tracking the Uruk in the Near East England*, 2011.）

的标志，也反映社会分化与整合的程度。乌鲁克时期的神庙已经是塔庙，即建在高大的台基上的庙宇。这个台基并非人们有意修建的，而是庙宇连续在一个地点反复修建而形成的。埃安娜塔庙有一个很大的围墙，墙内有院子和台基，台基上建有神庙。在属于乌鲁克文化的第4~14层中共发现了6个建筑层，即在这里反复修建了6座庙宇。

其中第4~6层的庙宇的规模最大。保存比较好的是第4C层的柱廊式神庙，柱子的直径2.62米，是用泥砖建成，在外表涂一层湿泥，然后把顶端有颜色的泥制圆锥体插入湿泥中。这样，柱子的外表就可以根据圆锥体的排列形成各种各样的几何形图案。这种装饰手法是两河流域早王朝时代非常流行的，是人类在建筑中最早使用马赛克（mosaic 即镶嵌）的形式。巨大的门厅宽30米，有两排柱子，这只是大型纪念建筑的门阙，其后的建筑或者没建成，或者已经全部毁掉了。再上第4B层有A庙和B庙两个建筑。最上面的第4A层的神庙是这个遗址中最晚的乌鲁克时期的建筑，即D庙和C庙（图三六）。

D庙面积为80米×55米。C庙为54米×22米。建筑格局在原有三分式的基础上略有

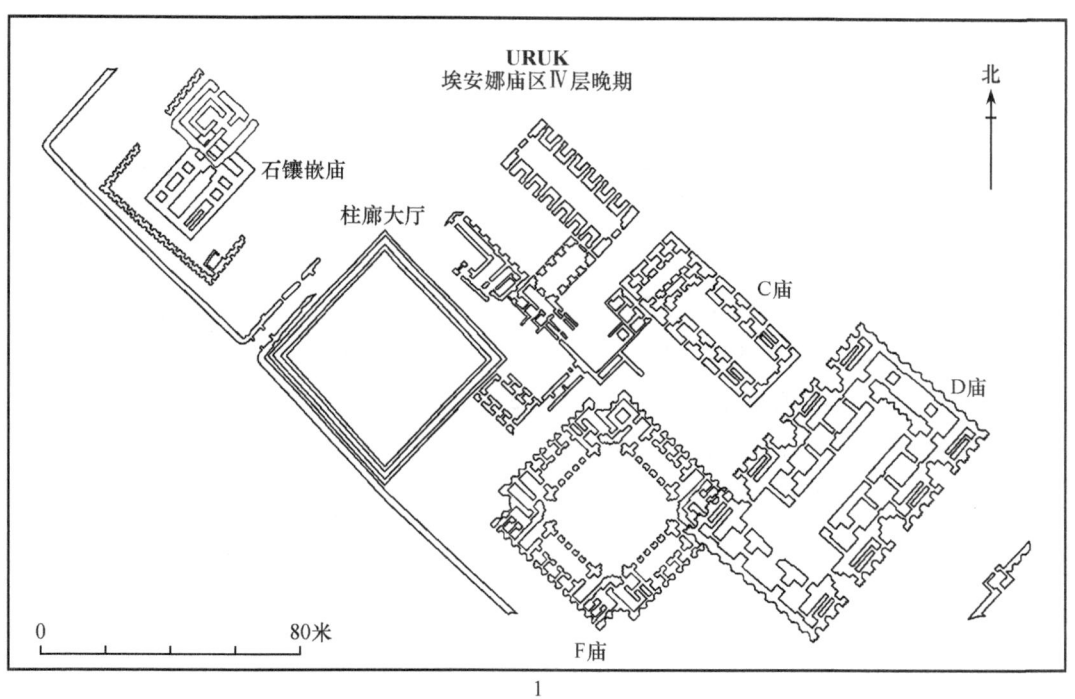

图三六　乌鲁克遗址神庙的布局与廊柱

（选自 Nissen H J. "Uruk: key site of the period and key site of problem." *Artefacts of Complexity: Tracking the Uruk in the Near East*. England, 2001.）

变化。神殿中的祭坛不见了。门道在欧贝德文化末期（埃利都遗址第6层）已经由长、短轴都有的"十"字形变成只在侧房中央开门的布局。而这时的门道由侧房中央向一端偏移，这样就使门道与殿堂中轴线的交叉由原来的"十"字形交叉变成了"T"形交叉。其结果是，进入门道后要经过更长的空间才能到达祭拜的神前，目的是使神殿的中心变得更加隐蔽和神秘。这个变化始于欧贝德文化后期，这和中国先秦时代宗庙布局的变化有着异曲同工的效果。

神庙布局的另一个变化是侧房由位于神殿两侧变成环绕神殿四周，布局更加复杂。乌鲁克遗址的第三层属于捷姆迭特-那瑟尔时期，这时期的神庙以安努庙为主。由于它的外表被刷成白色，所以又叫做"白庙"。它是建在一个不规则的小台基上，比周围地表高出13米。这样从很远的地方就可以看到乌鲁克遗址这个标志性建筑。台基呈梯形。台基的前侧修成倾斜的凸凹相间的条形装饰，并有三组台阶由底部通向顶部。神庙布局仍然为三分式。在庙的东南角有一个奠基坑，坑内填有一个豹和一头幼狮。这两种动物都是西亚新石器时代艺术中常见的，反映了两河流域文明与西亚史前文化的承袭关系。

这时期其他神庙有乌恰尔遗址（Uqair）的壁画庙、高拉遗址的圆形神庙、布拉克遗址（Brak）的眼庙和海法吉（Khafaje）遗址供奉月神的椭圆形庙宇，它们构成了各遗址的中心，并且都具有镶嵌装饰。只是北部的神庙多有防御工事，说明战争的频繁。

这个阶段最晚的神庙是埃利都遗址第1层的庙宇，它不仅采用了锥形镶嵌的装饰手法，而且在锥形镶嵌物的顶端包铜，使建筑更加华丽。从它的想象复原图中（图三七）我们可以看出这个庙宇的规模与气派。这正如恩格斯形象地指出那样，"它们的壕沟深陷为氏族制度的墓穴，而它们的城楼已经耸入文明时代了"。

乌鲁克时期的神庙既有欧贝德文化的传统（如三分式布局、长方形殿堂、外表的凸凹装饰），又有新的发展。这些新因素主要如下。

第一，在建筑外表采用了镶嵌的装饰手法，使建筑显得更加华丽，到了前王朝的末期镶嵌物的顶端包有铜片，这样建筑在阳光的照耀下将显得灿烂耀眼。它一方面说明祭司阶层在利用宗教使自己奢侈豪华的生活合法化，另一方面也反映了这时期的金属制造业的发展与普及。

第二，充分利用由于反复修建而形成的台基，把台基的外表装饰起来，并修建台阶，使其上的神庙显得更加高大，表现出高于一切的威严，使神庙与僧侣阶层凌驾于普通民众之上。

第三，侧房的扩大和复杂化，表现出僧侣阶层的日益发展以及内部的等级化的形成和庙产的增多。

第四，在神庙内部，神殿的中轴线由"十"字变为"T"字，使神坛更加隐蔽。原来焚化祭品的大坑由石槽代替。

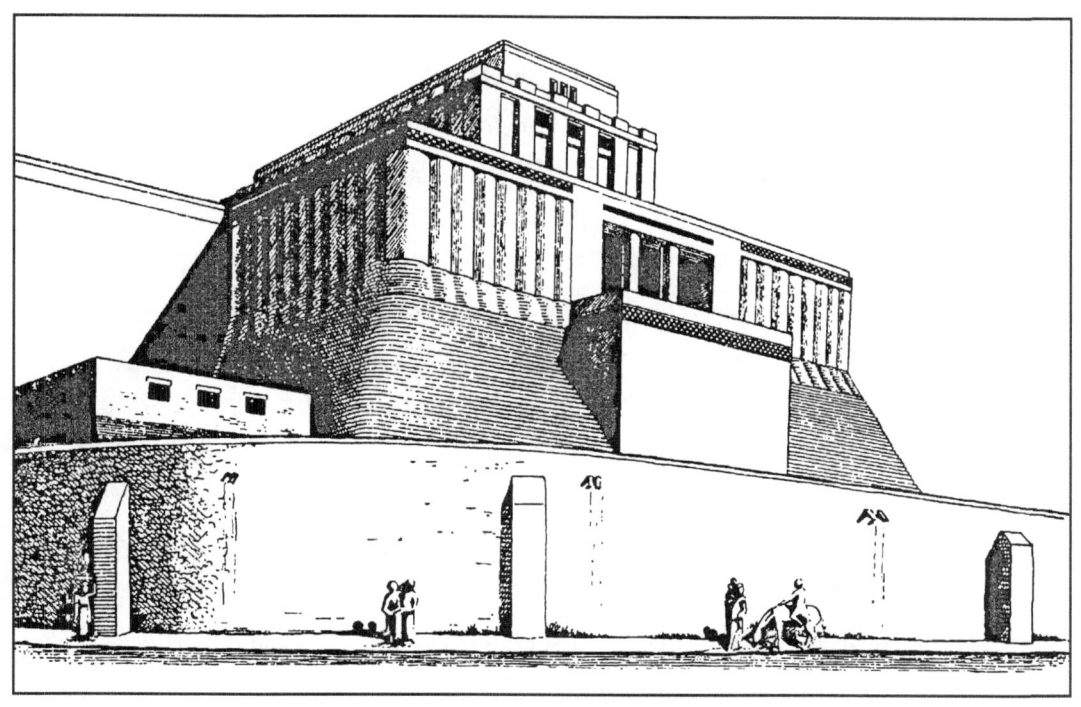

图三七　埃利都遗址第1层神庙
（选自Safar F, Mustafa M A, Lloyd S. *Eridu*. Baghdad: Ministry of Culture and Information, 1981.）

以上这些变化与上一阶段的欧贝德时期相比，乌鲁克时期神庙的变化主要是在神殿以外的设施，而欧贝德的神庙变化主要是在神殿本身。欧贝德时期的变化主要是反映了宗教仪式的不断完善，而乌鲁克时期的变化主要表现了僧侣借助宗教的力量在提高自己的地位。宗教的性质在发生着改变。

埃安娜庙区发现的著名的"乌鲁克石膏瓶"上的浮雕画面，表现了当时的献祭场面[63]。整个画面分为四栏。最下面的第四栏是枣椰或大麦等植物，其上的第三栏是羊。这些动植物或者是祈求丰产，或者是供物和庙产。第二栏是一排裸体的人手捧供物献给神的场面。最上面的第一栏的中央是女神埃安娜，她身后的两条芦苇旗杆和旗是这个神的标志。她的前边是一个身穿长袍的人在向她献什么东西（残缺）。这人应是祭司，在他身后有一个穿衣的人捧着祭司的大束衣带。这个画面不仅向我们展示了当时献祭的场景，而且反映了当时的社会等级。最上一行是神、祭司和祭司的仆人，他们都穿着衣服，而第二行身负祭品的人都是裸体，这应当反映了他们地位的差别。

在神庙附近经常可以发现一种粗糙的陶碗，由于口沿的缘面向外倾斜，所以又被叫做"斜唇碗"。这种器物的数量极多，口部朝上完整地放在地上。它的容积是比较固定的（0.6~0.7升），所以有人推测是用于发放粮食或是敬献粮食的容器。无论是哪一种可能都说明神庙具有经济管理的作用。

乌鲁克时期的民居远不如神庙发现的那样多。与欧贝德文化的民居相比，发现也很少。在两河流域的卡林·阿伽（Qalinj Agha）遗址[64]发现的房址仍然是三分式布局，中间是大厅，两侧为多间房屋，呈对称式格局（图三八），与欧贝德文化的完全相同。这说明乌鲁克时代的家庭形态与欧贝德文化是基本一致的。

乌鲁克时期的整合不仅体现在聚落内部和聚落之间，而且个人之间的财产与地位的差距也在墓葬中有比较明显的表现。乌鲁克文化的墓葬主要发现在两河流域北部的高拉遗址。这时的墓葬可以分为两类，一类是200座左右的单人葬，其中80%是小孩，没有葬具，直接埋在居住面下或宗教建筑附近。估计当时还应有成年人的墓地。另一类墓葬在建筑群内，约有80座，具有考究的墓室，由石块或泥块垒成长方形墓穴，用木料或石板做盖，还有人字形顶，以单人葬为主。死者中许多人身穿长袍，随葬许多装饰品，主要是珠子，装饰在死者各个部位。有些墓随葬25000颗珠子。珠子的质料有天青石、象牙、绿松石、玉、光玉髓、玛瑙、黑曜石和石英等。这些石料大多产自异国他乡。其中天青石产自阿富汗，是通过伊朗传来的。M109发现了45颗天青石珠、产自伊朗的绿松石，还有750枚产自印度洋通过波斯湾传来的贝饰。除了珠饰外，其他装饰品还有金镶制成的环、花饰，用以装饰服装和"王"冠。

从高拉遗址的墓葬我们可以看出，乌鲁克时期人们之间的财富分化已经发展到出现了不同的墓地，他们的差别已经到了无法葬在一个墓地的程度。从随葬品的种类看，出现了大量的舶来品，说明这时的上层人物通过使用稀有产地的精制工艺品来表现自己的地位以及与普通人之间的差别，同时也出现了为了满足上层人这种需求的专业手工业匠人。与欧贝德文化相比，乌鲁克文化既有大型的粮食剩余作为基础，又有财富作为地位的象征。

从欧贝德文化到乌鲁克文化，两河流域最大的变化在聚落形态方面，并可以概括为城市化过程。一些考古学家[65]认为，这个城市化过程与环境的变化有很大关系。

两河流域环境的变化主要表现在两个方面。一是海平面的增高，这是一个全球性的变化，它对幼发拉底河与底格里斯河的流量、平原定居、海岸线产生了缓慢的影响，导致聚落与农田变化的周期性，每年春季的洪水都破坏灌渠设施。因此遗址经常更换位置，无法形成交往系统和一定面积的中心遗址。第二个变化是气候方面的。这也是全球性的。但是在公元前五千纪变化最为剧烈，它是6000年来太阳辐射的结果。与今天比，当时的气温夏天比现在高2~4℃，冬天低2~4℃，雨季来得早。这个变化使得两河流域在公元前5000年左右出现了文化的断层。在亚当斯调查的欧贝德文化遗址中，一部分遗址进入了乌鲁克时期，另一部分则在欧贝德文化结束时被放弃。

不同地区在欧贝德文化末期普遍出现遗址减少和文化中断的现象，这是共性，但是各地的人们对这种环境的变化采取了不同的适应策略：

两河流域南部适宜农业的冲积平原，人们放弃了自给自足的小聚落集中到大的聚

西亚史前聚落的发展与文明进程 · 313 ·

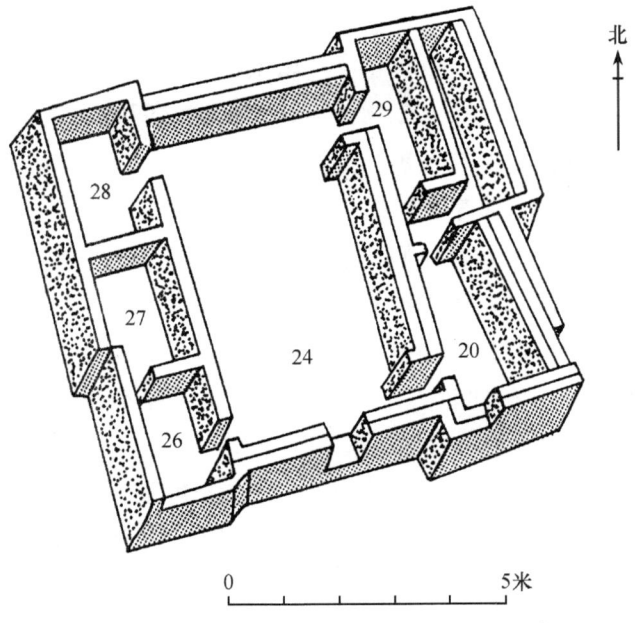

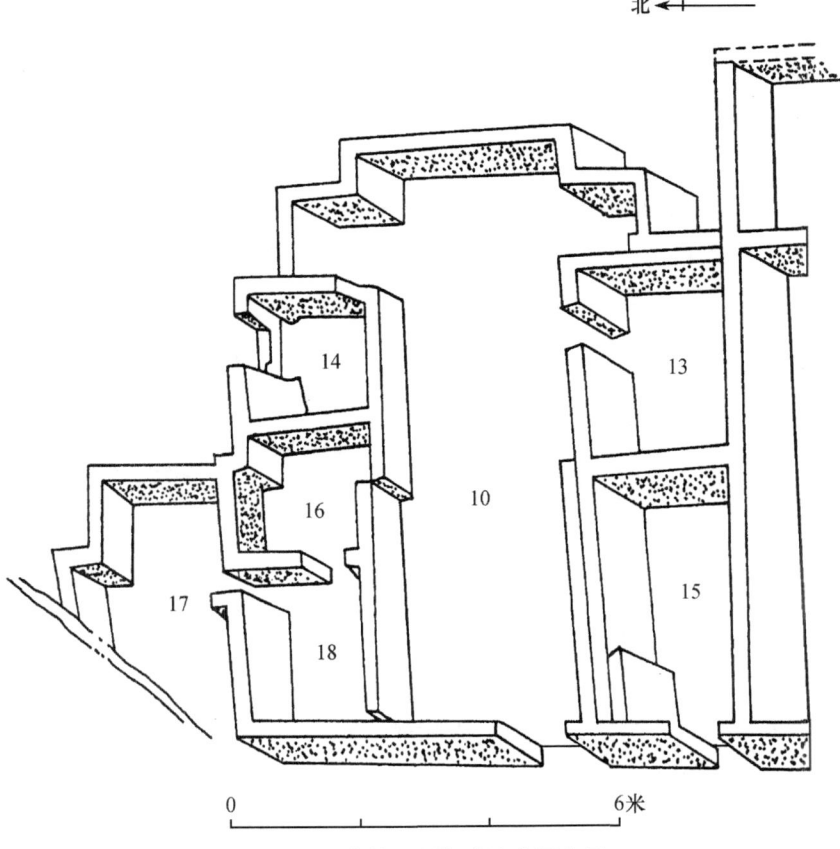

图三八　卡林·阿伽遗址房屋布局

（选自Maisels C K. *Emergence of Civilization from Hunting and Gathering to Agriculture, Cities and the State in the Near East*. Routledge, 1995.）

落中，形成了城市。进入公元前四千纪，这里形成了更大的灌溉系统和更大的社区，最终在乌鲁克时期形成了国家。欧贝德文化时期的聚落多呈点式分布，乌鲁克时期的聚落则呈线形分布，说明了这个时期灌溉系统与社区之间的关系——聚落是沿着灌渠修建的。随着灌溉农业的普及与发展，灌溉所需的水资源很可能出现短缺，而大规模的城市化的出现正是与灌溉水量的减少引起的高度竞争是同时的。另一方面，还有那些从荒芜村落来的难民的加入，他们使社区增大，并成为劳动力的后备军，这正是需要投入大量劳动力的灌溉农业所需要的，从而使新的集约化农业成为了这里的经济基础。而且大量的外来人口严重地冲击了原来的血缘组织，造成了社会的不稳定性，加速了原来社会的瓦解。这种比较大规模的灌溉农业已经不是原来扩大家庭所能承担的，很可能已经出现管理灌溉农业的组织。

在伊朗西南部及扎格罗斯山（Zagros）脉南段，欧贝德文化之后，一些农业村落被放弃，人口分散开，根据当地的自然环境逐渐发展成为一种垂直游动的畜牧经济（牧羊人从山上到山下的迁徙）。当乌鲁克文化的影响到达这里时，这一地区重新繁荣，基本全部接受了两河流域南部的社会模式。

两河流域北部受环境的影响比较小，人口始终是低水平，社会始终在缓慢地进步。经济类型为旱作农业与养羊业。

总之，环境的变化与不稳定性使得两河流域各地区在聚落和经济类型两个方面都发生了相应的变化。因此两河流域国家的形成，自然环境的变化也是一个不可忽视的因素。各个地区做出了不同的选择，采取了不同的适用方式。

乌鲁克文化社会复杂化比欧贝德文化时期有了很大的发展，主要表现在以下几点。

一是高等级行政系统的发展，它们控制着决定权。乌鲁克时期聚落最大的变化是高等级聚落的增多，由这样的聚落为中心形成了新的社会秩序，即以城市为中心的并有周围的若干的小聚落，而且这种几小拱一大的格局还可以进一步分为不同的层次，如我们在聚落分析中见到的那样，较大的聚落之间总是保留一定的距离。这就是两河流域城邦的形成过程。一个城邦就是由一个有神庙的城市和它周围的村落构成的。城市内部的格局也体现着高等级行政系统的发展，城市的布局是以神庙为中心，周围是手工业区，最外围是农业区。在欧贝德时期只有等级之间的分化，尚未整合成新的社会格局。

二是经济专门化的迅速增长。乌鲁克文化时期的手工业发生了巨大的变化。陶器全部为素面的轮制陶，说明了最基本的手工业部门已经采取了较大规模的专业化生产。手工业中另一个变化是出现了上层人物的标志性物品，多是由外来的原料精致加工而成，既是贸易的结果，也是专业化生产的产品。乌鲁克时期流行的圆筒印章可以看成是行政系统的标志，又是经济专业化的结果。这种专业化的生产会产生更大的剩余，加速了财富的集中，尤其是在贸易流通中。

三是由于行政系统和专门化的发展，许多重要的活动在集中，例如宗教礼仪活动，剩余的集中与再分配行为，这时的神庙不仅是宗教活动的中心，也是政治和经济活动的中心。大量的斜唇碗在神庙附近的发现，说明了神庙曾经控制很多的经济与生产活动。

最后一点是社会等级化的进一步发展。这主要体现在墓葬的随葬品和埋葬位置中。这时的随葬品中已经用较多的舶来品来表示身份与地位，而且不同等级的人已经不葬在一个地点，而是分别埋葬了，说明了社会成员的分化程度。

以上这些变化都是在欧贝德文化的基础上进一步发展的结果。所以长期以来国外学者把乌鲁克文化时期看成是国家的形成阶段，它是欧贝德文化时期等级分化的最终结果。国家就是在这个基础上进一步集中，最终出现了王权。

对西亚以及两河流域史前时代聚落遗存的梳理与分析，在我们面前展现了一个这样的发展过程：从游动的生活方式到逐渐地定居，并发展成为发达的农业村落，这是平均主义社会的最完善的形态。在经济继续发展的基础上，人与人之间、人群与人群之间逐渐产生了差别，形成了不同的等级，并最终出现了以最高的等级为中心的国家。在这个变化过程中，每个建筑所表现的家庭形态的变化、每个聚落所代表的社区结构的变化和一个地区各个遗址之间的关系反映的人群之间的关系变化并不是同步的，它们之间的关系是错综复杂的，但都是由平均社会向等级化社会迈进。

附记：本文所引用的20世纪90年代末以来的新资料，是在2002年上半年去英国做访问教授时得到的，这要感谢为我提供经费的英国学术院王宽成基金会（KC Wong Fellowship）和为我提供研究条件的英国剑桥大学麦克唐纳研究所（McDonald Institute）。

注　释

[1] Wright K L. "The social origins of cooking and dining in early villages of Western Asia." *Proceedings of the Prehistoric Society*, 2000 (66): 89-121.

[2] Mellaart J. *The Neolithic of the Near East*. London: Scribner, 1975.

[3] Garrod D. *The Natufian Culture, The Life and Economy of A Mesolithic People in the Near East*. Oxford: Oxford University Press, 1957.

[4] Wright K L. "The social origins of cooking and dining in early villages of Western Asia." *Proceedings of the Prehistoric Society*, 2000 (66): 89-121.

[5] Byrd F B. *Natufian Encampment at Beidha*. Højbjerg: Aarhus University Press, 1989.

[6] Clark D. *Analytical Archaeology*. New York: Columbia University Press, 1978.

[7] Flannery Kent V. "The origins of the village revisited: from nuclear to extended households." *Amer-

[8] Kenyon K M. "Excavations at Jericho, 1957-58." *Palestine Exploration Quarterly*, 1960.

[9] Wright K L. "The social origins of cooking and dining in early villages of Western Asia." *Proceedings of the Prehistoric Society*, 2000 (66): 89-121.

[10] Cauvin J. "Nouvelles fouilles à Tell Mureybet (Syria): 1971-1972. Rapport préliminaire." *Annales archaelogiques arabes de Syrie*, 1972: 105-115.

[11] Schirmer W. "Some aspects of building at the 'Aceramic-Neolithic' settlement of Çayönü Tepesi." *World Archaeology*, 1990, 21 (3): 363-387.

[12] Mellaart J. *The Neolithic of the Near East*. London: Scribner, 1975.

[13] Mellaart J. *Çatal Hüyük: A Neolithic Town in Anatolia*. New York: McGraw-Hill, 1967.

[14] Düring B S. Social dimensions in the architecture of Neolithic Çatal Höyük. *Anatolian Studies*, 2001(51): 1-18.

[15] 杨建华：《美国西南部史前聚落形态及其比较研究——兼论文明起源问题》，《史前研究》，三秦出版社，2000年，第637~650页。

[16] Kirkbride D. a. "Umm Dabaghiyah 1971: A preliminary report." *Iraq*, 1972 (34): 3-15.

b. "Umm Dabaghiyah 1972: A second preliminary report." *Iraq*, 1973 (35): 1-7.

c. "Umm Dabaghiyah 1973: A third preliminary report." *Iraq*, 1973 (35): 205-209.

d. "Umm Dabaghiyah 1974: A fourth preliminary report." *Iraq*, 1975 (37): 3-10.

[17] Merpert N I, et al. "Investigations of the Soviet expedition in Northern Iraq 1976." *Sumer*, 1981(37): 22-54.

[18] Fukai S, Matsutani T. "Excavations at Telul Eth. Thalathat 1976." *Sumer*, 1977 (33): 48-64.

[19] Kirkbride D. "Umm Dabaghiyah: A Trading Outpost." *Iraq*, 1974 (36): 85-92.

[20] Merpert N I, Munchayev R M. a. "Excavations at Yarim Tepe 1972. Fourth preliminary report." *Sumer*, 1973 (29): 3-16.

b. "The Investigations of soviet expedition in Iraq 1973." *Sumer*, 1976 (32): 25-61.

c. "Investigations of soviet expedition in Iraq 1974." *Sumer*, 1977 (33): 65-104.

[21] Alizadeh A. "Socio-economic complexity in southwestern Iran during the fifth and fourth millennia BC: the evidence from Tall-I Bakun A." *Iran*, 1988 (26): 17-34.

[22] Bashilov V A, Kouza A V, Bolshakov O G. "The earliest stratum of Yarim Tepe I." *Sumer*, 1980, 36: 43-64.

[23] Braidwood R J, et al. "Matarrah: a southern variant of the Hassunan assemblage, excavated in 1948." *Journal of Near Eastern Studies*, 1952 (11): 1-75.

[24] Lloyad S, Safar F. "Tell Hassunah." *Journal of Near Eastern Studies*, 1945 (4): 255-289.

[25] Naroll R. "Floor area and settlement population." *American Antiquity*, 1962 (17): 587-589.

[26] Flannery K V. "The origins of the village revisited: from nuclear to extended households." *American Antiquity*, 2002, 67 (3).

[27] 杨建华：《试论萨玛拉文化》，《考古学文化论集（一）》，文物出版社，1987年。

[28] a. Abu Es-Soof B, El-Wailly. "Excavations at Tell es-Sawwan." *Sumer*, 1965 (21): 17-32.
b. Al-A'dami K A. "Excavations at Tell es-Sawwan (second season)." *Sumer*, 1968 (24): 57.
c. Wahida C. "The excavations at Tell es-Sawwan 1966." *Sumer*, 1967 (23): 167.
d. Abuss-Soof B. "Tell es-Sawwan excavations of the fourth season (spring 1967)." *Sumer*, 1968 (24): 3-15.
e. Yasin W. "Excavations at Tell es-Sawwan 1969. Report on the sixth season's excavations." *Sumer*, 1970 (26): 3-20.

[29] Oates J. "Choga Mami 1967-1968, a preliminary report." *Iraq*, 1969 (31): 115-152.

[30] 杨建华：《两河流域史前时代》，吉林大学出版社，1993年。

[31] Bembeck R. "Lasting alliances and emerging competition: economic developments in Early Mesopotamia." *Journal of Anthropological Archaeology*, 1995 (14): 1-25.

[32] a. Mallowan M E L, Rose J C. "Excavations at Tell Arpachiyah, 1933." *Iraq*, 1935 (2): 1-178.
b. Ismal H. "Arpachiyah 1976." *Iraq*, 1980 (42): 131-154.

[33] Merpert N I, Munchaev R M. a. "Excavations at Yarim Tepe 1972." *Sumer*, 1973 (29): 3-16.
b. "The Investigations of Soviet expedition in Iraq 1973." *Sumer*, 1976 (32): 25-61.
c. "Investigations of Soviet expedition in Iraq 1974." *Sumer*, 1977 (33): 65-104.

[34] Hijara I. "Three new graves at Arpachiyah." *World Archaeology*, 1978 (10): 125-128.

[35] Davidson T E, et al. "Two seasons of excavation at Tell Aqab in the Jezirah, Northeast Syria." *Iraq*, 1981 (43): 1-18.

[36] Mellaart J. *The Neolithic of the Near East*. London: Thames and Hudson, 1975.

[37] 杨建华：《美国西南部史前聚落形态及其比较研究——兼论文明起源的动因》，《史前研究》，2000年，第637~650页。

[38] Rohn A H. *Mug House, Mesa Verde National Park, Colorado*. U. S.: National Park Service, 1971.

[39] Merpert N, Munchaev R. "Soviet expedition's research at Yarim Tepe III settlement in Northwestern Iraq, 1978-1979." *Sumer*, 1987 (43): 54-68.

[40] Davidson T E, McKerrell H. "Pottery analysis and Halaf period trade in the Khabur Headwaters region." *Iraq*, 1976 (38).

[41] Mallowan M E. "Excavations at Brak and Chogar Bazar." *Iraq*, 1947 (9): 1-259.

[42] 穆朝娜：《试论哈拉夫文化聚落发展的阶段性》，《华夏考古》1999年第1期。

[43] Rhayyam O, Fitzgerald E. *Study of Halaf Pottery*. London: British Museum Publications, 1979.

[44] Watkins T. "Kharabeh Shattani an Halaf Culture Exposure in Northern Iraq." *Prehistore de la Mes-

opotamia. Paris, 1987: 221-230.

[45] Breniquet C. "Nouvelle hypothese sur la disparition de la culture de Halaf." *Prehistore de la Mesopotamia.* Paris, 1987: 231-242.

[46] LeBlanc S A, Watson P J. "A comparative statistical analysis of painted pottery from seven Halafian sites." *Paléorient* 1, 1973: 117-133.

[47] Oates J. "Land use and Population in Prehistoric Mesopotamia." *L'archeologie de Iraq.* Paris, 1980: 303-314.

[48] Service R E. *Origins of the State and Civilization.* New York: W. W. Norton & Company, 1975.

[49] Safar F, Mustafa M A, Lloyd S. *Eridu.* Baghdad: Ministry of Culture and Information, 1981.

[50] Huot J-L. "First campaign at Tell el' Oueili." *Sumer,* 1980 (36).

[51] Stronach D. "Excavations at Ras Al' Amiya." *Iraq,* 1961 (23): 95-137.

[52] Jasim S A. "Excavations at Tell Abada, a preliminary report." *Iraq,* 1983 (45): 165-185.

[53] Stein G. Economy, ritual, and power in 'Ubaid Mesopotamia. *Chiefdoms and Early States in the Near East: The Organizational Dynamics of Complexity.* Madison: Prehistory Press, 1994.

[54] Roaf M. "Ubaid social organization and social activities as seen from Tell Madhhur." *Upon This Foundation.* Copenhagen: Museum Tusculanum Press, 1989.

[55] Maisels C K. *The Emergence of Civilization: From Hunting and Gathering to Agriculture, Cities and the State in the Near East.* London: Routledge, 1995.

[56] Stein G. Economy, ritual, and power in 'Ubaid Mesopotamia. *Chiefdoms and Early States in the Near East: The Organizational Dynamics of Complexity.* Madison: Prehistory Press, 1994.

[57] Spiser E A. *Excavations at Tepe Gawra.* Pholadelphia: University of Pennsylvania Press, 1935.

[58] a. Haller A. *Von Die Keramik der arcaischen Schichten von Uruk in UVB4 Taf.* 20 B & C. 1931.
b. Nissen H J. Uruk: Key Site of the Period and Key Site of the Problem. *Artefacts of Complexity: Tracking the Uruk in the Near East.* Wiltshire: Aris and Phillips Ltd, 2002: 1-16.

[59] Nissen H J. Uruk: Key Site of the Period and Key Site of the Problem. *Artefacts of Complexity: Tracking the Uruk in the Near East.* Wiltshire: Aris and Phillips Ltd, 2002: 1-16.

[60] Johnson G A. Spatial organization of early Uruk settlement systems. *L'archeologie de L'Iraq.* Paris, 1980.

[61] Nissen H J. Uruk: Key Site of the Period and Key Site of the Problem. *Artefacts of Complexity: Tracking the Uruk in the Near East.* Wiltshire: Aris and Phillips Ltd, 2002: 1-16.

[62] Adams R M, Nissen H J. *The Uruk Countryside: Natrual Setting of Urban Societies.* Chicago: University of Chicago Press, 1972.

[63] Roaf M. *Mesopotamia.* Oxford: Oxford University Press, 1993.

[64] Maisels C K. *Emergence of Civilization from Hunting and Gathering to Agriculture, Cities and the*

State in the Near East. London: Routledge, 1995.

[65] Hole F. "Environmental instabilities and urban origins." *Chiefdoms and Early States*. Madison: Rothman Prehistory Press, 1994: 121.

（本文原载于《聚落演变与早期文明》，文物出版社，2015年）

跨区域比较研究

试论文明在黄河与两河流域的兴起

  目前已知的最早的文字系统都产生在大河流域：底格里斯河和幼发拉底河、尼罗河、印度河和黄河。这些大河流域联系着许多不同的地区，构成了它所流经地区的经济命脉和交往通道。研究这些大河流域的史前时代即走向文明的历程，是研究世界文明起源与发展规律的中心课题。黄河与两河流域的史前时代有助于我们加深对其各自发展过程的认识；而且由于两地发现内容的不同，有助于我们推测各自未发现部分，相互补充，从而弥补考古发现的不完整性；同时这种比较有利于我们从世界范围的角度把握和研究文明起源的重大课题，探索各地文明之间差异的成因。

  黄河流域的史前考古自1921年在河南省渑池县仰韶村发现以来，已经有了70多年的历史。这一地区走向文明的道路从最早的农业文化到龙山时代末期，根据文化谱系可以分为以华山渭河为中心的西区、以伊、洛河为中心的中区和以泰山沂水为中心的东区。两河流域考古开始得很早，但是对史前时代的正式发掘始于20世纪30年代。这一地区的史前时代从人类最早的定居到第一块泥版文书的发现。整个两河流域以幼发拉底河的希特（Hit）和底格里斯河的萨玛拉（Samarra）为界，分为北部的亚述高原和南部的巴比伦尼亚低地。黄河流域和两河流域的史前考古研究都是工作较多、研究较深入的地区，各地都已建立了明确的时空框架。在已有的研究基础上[1]，我们对两地的发展阶段作一宏观比较，发现它们都经历了相同的五个阶段，即农业的初始、农业的普及、农业的繁荣、社会的分化和等级的初步形成。下面将就两地在各个阶段中表现出的共性和差异作一具体比较。

一、第一阶段：农业的初始

  黄河流域属于这一阶段的遗址目前只有1986年发现的河北徐水南庄头遗址[2]。它位于太行山东麓，华北冲积大平原的西部边缘，海拔21.4米，这里的遗存压在2米多厚的自然淤泥层之下，是砖厂在用土时发现有切割痕的鹿角后才被注意的，发掘面积61平方米。发现的遗迹只有一条灰沟，在灰沟的西南端有一个直径不到1米的小圆坑（H1）。沟内有炭渣和小蚌壳，H1内有3支鹿角，其中一个有切割痕，垂直放置，似有意的。坑底有夹砂红陶片一块。灰坑周围有成片的草木灰以及猪骨和石片。

  这里发现的遗物有陶片、石器、骨器和角。陶片共15片，其中有2片是口沿，均为直壁到器口，方直的口沿，既不变薄外侈，也不外折成沿，没有口沿与腹壁之分，说明制陶尚处在原始阶段，器表有堆纹。石器有石磨盘、磨棒和石片。其他遗物有骨锥、角锥和人工凿割的木板、木棒。自然遗存中的104块动物骨骼中鹿类占67%，更重要的是发现了猪和狗这些家畜，还有水生动物遗骸。对各层进行孢粉分析表明，这里的气候比较干寒冷，只是在人们定居的距今9700年至10500年乔木花粉出现了小的峰值，是这里气候最理想时期。

这个遗址是迄今黄河流域发现的最早的新石器时代遗址，发现的陶器和家猪将黄河流域制陶和畜养的历史提早了2000多年。但是尽管有了陶器和家猪饲养，从发掘面积不大的遗存组合中可以看出许多中石器时代的特征：以石片、骨器和食物加工工具为主，很少见石斧；有大量野生动物和水生动物遗骸，这说明采集、狩猎仍然是主要谋生手段，狩猎对象比较专一，以鹿为主（世界各地中石器时代的狩猎对象多是鹿、羚羊和野山羊）。

两河流域这一阶段的遗址也多是新近发现的，并只有简单报道[3]。

克米兹丘（Qirmiz Dere）发现了中心广场，里面有加工食物的工具，房屋为圆形半地穴式。耐姆里科遗址（Nemrik）也是圆形房屋，遗物有燧石器、骨器和陶、石塑像。马扎利亚遗址（Maghzalia）[4]与南庄头一样，介于高山与平原之间，既适合采集，又适合农业。村落由长方形多间建筑构成，建筑面积平均15平方米，分成三四间小屋。房屋内有灶和泥箱，有石杵、石臼和石磨盘，还有网坠、骨针，有形状为两个梯形对扣的粗陶器，有人工种植的谷物，狩猎经济仍十分发达。这些遗址都在伊拉克北部的辛贾尔（Sinjar）地区和杰兹拉（Jazirah）地区。此外在小扎卜（Little Zab）河有希姆沙拉（Shimshara）前陶遗存[5]，在曼达利（Mandali）地区有特默克班遗址（Tamerkban）[6]。

这一阶段从耐姆里科遗址的^{14}C定年看，应在公元前8000～前6000年，处于无陶和产生陶器的阶段，遗址均位于山地与平原之间，是山地向两河移民的最早定居者。石器以石片、谷物加工工具为主，并有许多骨器。

第一阶段两地的共同特点是：已经有了稳定的定居生活。工具的质地多样化，其中骨质、角质、木质品占有相当比例。石器中仍有中石器常见的石器，新出现了略加磨制的磨盘、杵臼等植物加工工具。出现了少量原始陶器。自然遗存中狩猎对象的骨骼较多，说明狩猎在当时是一个重要的生存手段。

两河流域发现了房屋、中心广场。住房有圆形单间和长方形多间，可能是两种文化传统的区别。这一阶段遗址数量稀少。一方面由于人口少和遗址点少或定居时间短，另一方面与它的埋藏条件有关，如南庄头遗址位于自然淤泥层之下，不易发现。

二、第二阶段：农业的普及

黄河流域这一阶段的考古遗存遍布黄河流域各个地区。黄河上游有大地湾、西山坪遗址，渭河流域有老官台、北首岭遗址，豫西北冀南有磁山、裴李岗遗址，黄河下游有后李、北辛遗址。这些遗址后来分别成为黄河上、中、下游地区文化序列的源头。所以这一阶段是目前已知的中国境内各地区考古学文化传统的初创期。这一阶段各区之间存在着时代共性，不仅是黄河流域各地区，而且辽河流域和长江与黄河流域之间也都存在着强烈的共性。这一阶段的年代在公元前6000~前5000年。

黄河上游可以1986年发掘的甘肃省天水市西山坪遗址为代表[7]。遗址发掘面积为130平方米，可以分为早晚两期。早期石器除磨石为磨制的以外，砍砸器、铲、斧，都为打制的，有发达的骨器。陶器的装饰手法有拍印绳纹、刻划，还有少量陶器在口沿一周饰一圈红色条带。器形有碗、钵和罐，钵有圈底、圈足和三足之分，罐有平底筒形、平底小口鼓腹和三足几种。^{14}C定年在距今7800~7200年。晚期的石器只发现了凿、研磨器，未见骨器。陶器趋向规格化，手法以拍印为主，器形中，以鼓腹三足罐为主要特征。晚期^{14}C年代为距今7100年左右，西山坪遗址的分期为我们认识这一阶段文化发展的阶段性提供了年代标尺，并弥补了第二阶段与第一阶段和第三阶段之间的联结环节。

黄河中游的磁山-裴李岗文化[8]的磨制石器均以石磨盘、石磨棒为主，还有石镰、斧、铲、锛、凿，打制石器有敲砸器和石片，骨器有渔猎工具，陶器器表装饰有绳纹、划纹、剔刺、篦点，以及少量简单彩陶。器形有鼎、壶、长腹罐、圜底碗。

黄河下游以北辛遗址为例[9]，磨制石器有磨盘、磨棒、斧、凿、镰。打制石器比较多，有砍伐器、敲砸器、刮削器、盘状器。陶器的器表装饰以划纹为主，少量彩陶，器形有釜、鼎、罐、支座和壶。

对黄河流域第二阶段各个地区的考古学文化进行综合和比较便会发现，这一阶段的石器组合仍以上一阶段的石磨盘、磨棒为主，同时还保留了一定数量的打制敲砸器和砍伐器，一个明显的变化是出现了斧、铲、镰等农业工具，尽管制作还很粗糙，反映了农业生产在经济生活中已占有举足轻重的地位。陶器制作已趋于成熟。口沿外侈或外折，便于向外倒出液体盛物。器类以碗和罐为主，流行圜底器。碗钵为半球形，或加上圈足和三足。罐有瘦长直腹和小口鼓腹两种。器表的装饰手法很多，以拍印和刻划为主，并有少量条带纹彩陶。尽管各地区之间有着强烈的时代共性，但各地都有自己的特点：黄河下游发达的三足鼎和釜构成了这一地区后来的文化传统；黄河中游的篦点纹则反映了与东北地区原始文化的联系；黄河中上游发达的钵类容器和小口壶（瓶）构成了该地区主要装饰器类和年代指示计。

这时期在黄河流域没有发现村落布局，但是从大体同时的辽河流域兴隆洼遗址[10]的发现看，遗址规整划一，房屋多成排分布或是长屋，说明人们在选定住房位置时是从全村落角度考虑的，村落应代表了当时人们主要的社会组织。

两河这一阶段是乌姆·达巴吉亚（Umm Dabaghiyah）文化[11][12]。陶器只有罐类和碗类。罐的形状呈上下相对的两个梯形，没有明显的口沿。器表装饰有堆纹、划纹和少量彩陶。由于彩陶纹饰和这一文化的壁画内容相似（豹点纹、蹄形纹和蜘蛛纹），说明正在把艺术绘画从墙壁移到陶器上。石器以当地燧石片为主，少量外地的黑曜石，黑曜石只有石叶一种，说明它是以成品的方式从外地运来的，磨制石器有斧、臼、杵。

这个文化有六七处遗址进行过正式发掘。每个村落都建在生土上。最早的遗迹是2~3个大坑，坑内有灶，可能是刚到的移民的栖身之处，大坑则是建房取土所致。很快，在坑的周围建起了二三座房屋，所占面积在40平方米左右。这一现象说明刚来移民的规模和定居的方式。乌姆·达巴吉亚遗址中心有一个广场，西边是住房，其余三面是成排的库房（图一）。索托遗址（Tell Sotto）除住房外有蓄水池和圈栏。塔拉塔特遗址（Telul Eth-Thalathat）有窑区，共发现11座陶窑，这些非居住设施从布局看属全村共有。每个居住建筑一般由一室一厨和两个库房组成，这些库房内储藏的物品应归这个建筑内的居民所有。

第二阶段的^{14}C年代以及与周邻文化相比，应在公元前6000年前后，不晚于前5500年。

第二阶段两地也有明显的共性：石器仍以植物加工工具为主，出现了斧、锛、

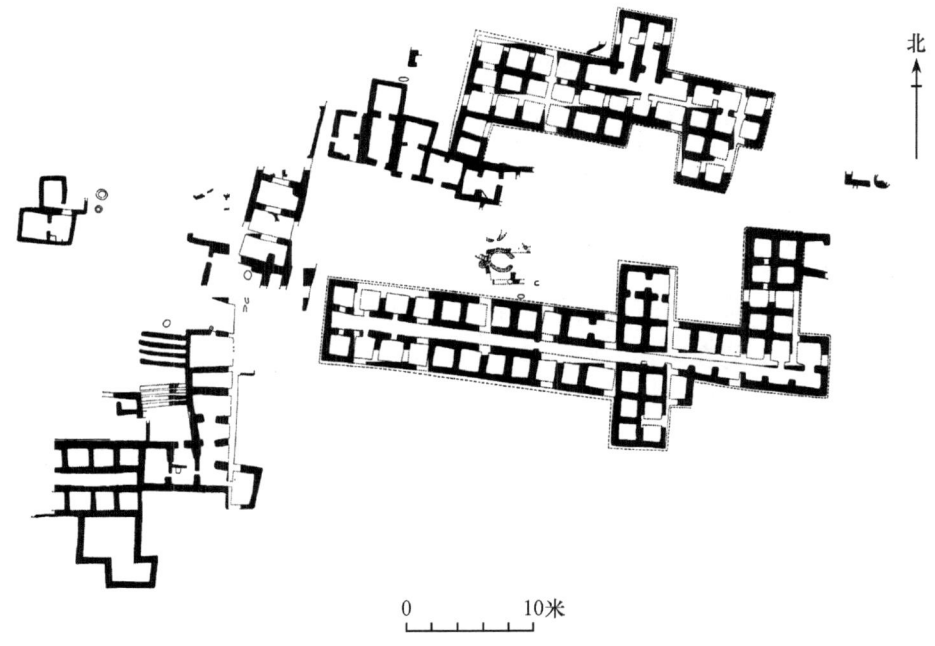

图一　乌姆·达巴吉亚遗址布局

凿、镰等生产工具。石器种类繁多，说明当时是多种生产活动并存。陶器已成为主要的生活用具。两地陶器器形已为今后各自的发展奠定了基础。黄河流域以炊器为代表性器物，两河以盛贮器为特征，这与各地的主食黍稷和麦子的炊煮方式有关，但共同特点是器底与器壁分界无棱角、口沿制作简单。这时期陶器器表装饰手段繁多，说明尚处在试验阶段，有拍压、刻划和堆塑等方式。到了这一阶段晚期出现了简单的彩陶，黄河流域以条带纹为主，两河常见更早阶段绘在墙壁上的纹饰。

这时各地发现了村落遗址，其中的居住区、生产区、储藏区和墓葬区是从整个村落考虑而规划的，说明村落是当时最重要的一级社会组织。

这一阶段的另一共性是，大多数遗址都建在生土上。说明这是农业的普及、村落的建立时期。乌姆·达巴吉亚文化几个遗址的最底层都反映出这种村落的人口规模和最初建立新居点的方式。

三、第三阶段：农业的繁荣

农业经过了初创和普及后，进入了农业村落大发展时期，发达的彩陶代表了这时文化的繁荣。黄河中上游有半坡和庙底沟文化，伊洛地区有王湾一期遗存，黄河下游有大汶口文化前期。这时期各地的考古学文化呈现出明显的地方差异。这一阶段的年代在公元前5000~前3500年。

渭河流域最早出现的是半坡文化[13]。半坡遗址的大面积发掘使人们第一次了解到黄河流域史前文化村落的情况。居住区中心有一个大型近方形房子，北部的45所中小型房屋的门都朝着这所大房子，并呈不规则半圆形环绕着它。姜寨的发掘[14]不仅证实了这种向心式布局，而且说明除了以大房子为代表的村落中心，还有以中型房屋为代表的次一级组织和小房子构成的社会基本细胞。居住区周围有壕沟环绕，沟外一侧为窑场，另一侧为墓地。墓葬排列整齐，头向一致，随葬品有比较固定的组合，在数量上有多、少之别。

半坡文化的陶器有钵、盆、瓶、壶和罐，与当地上一阶段联系密切。陶器下部仍有圜底的孑迹，壁底分界不明显，器身整体浑圆。最有特点的是葫芦口尖底瓶和鱼纹彩陶盆。

庙底沟文化得名于庙底沟遗址的下层[15]，只发现了少量的房址、墓葬和灰坑，但有大量精美的彩陶，纹饰以花卉纹为主。器类与半坡类型大体相同，但器形很有特点，器壁与器底的折角十分突出，由于下部器壁向内凹使得器壁略呈"S"形，给人一种线条优美的感觉。庙底沟文化的分布范围是中国史前考古学文化中最大的一个，包括了整个黄河中上游地区，北至河套，南到秦岭，甚至在下游的大汶口文化中也有花卉纹的踪迹。但这些地区内的文化面貌不尽相同，应能够区分出不同的地方类型。

根据仰韶文化生产工具的统计，这一阶段的石器中农业生产工具占有绝对多数，以斧、铲、刀、锛、凿为主。以半坡为例，700多件农具中石斧占300件，石刀占150件。庙底沟类型有舌形石铲。上一阶段流行的磨盘、磨棒以及石片正在悄然消失。

这时期分布在黄河下游的大汶口文化[16]，前期的陶器继承了北辛文化，又出现了觚形器，并在庙底沟文化影响下出现了彩陶、花瓣和白陶衣红彩。石器磨制精致，有斧、铲、刀、锛、凿，基本不见打制石器，说明从这时起下游地区的石器制造业高于周围地区，为玉器的出现准备了必要的技术条件。大汶口文化的骨、牙制造也很发达，从大量的骨制渔猎工具看，渔猎经济发达。大汶口文化的墓葬有葬猪习俗，成年人还有拔除上侧门齿现象，墓葬之间尚无明显差别。

第三阶段在手工业制造部门中，彩陶代表了当时的最高水平，石器制造业中磨制农业生产工具已占据了主要位置，这既是石器制作技术的进步，也是经济生产中农业成为支柱产业的结果。聚落布局的特点是以村落为单位，生活区、生产区和墓葬区分别集中在一起，说明村落组织在当时的社会中仍起着重要作用，而且比第二阶段更为发达。但就在村落组织继续发展的同时，在村落组织内部悄然形成了第二级、第三级社会组织。

两河流域这一阶段有哈孙纳（Hassuna）文化[17]和萨玛拉文化[18]。前者的上、下限都早于后者，并有一段时间并行存在。

哈孙纳文化是从乌姆·达巴吉亚文化发展来的。陶器流行球形腹，小口。纹饰以彩陶装饰为主，还有一些刻划纹。纹饰种类单一，只有线纹构成的网纹、三角纹和"Z"字纹。村落大多建在乌姆·达巴吉亚废墟上，房屋已由3~4间扩大到7~8间，扩大时往往是把原来的过道占据，是人口增多的结果。耶里姆一号丘（Yarim Tepe I）的12层堆积均属这一文化，中心一直是空地，说明中心广场始终存在。其中的第5层布局最完整：在面积为1500平方米的发掘区里，共有11座建筑，北面有成排的库房，西南角是窑场。布局与乌姆·达巴吉亚相同，只是建筑面积增大，说明它所代表的家户（household）的实力和地位在提高（图二）。

萨玛拉文化最有特点的是陶器。器壁中部多有折棱，上部器壁较直或内凹，大口。这种大口陶器可能是从前陶时期的石容器发展来的。纹饰由素面到线形几何纹，又发展成实心块状几何纹和写实动物纹。石器磨制十分发达，通体磨光，棱角明显。铜器除了自第一阶段以来出现的小型饰件外，出现了小铜刀。梭万遗址（Tell es-Sawwan）的大规模发掘揭示了这一文化的村落布局。遗址面积110米×85米，外面有壕沟，后又建成围墙。村内15座建筑。村落没有单一中心，几个相邻的建筑朝向一个空场，形成一个群体。每座建筑格局大体相同，面积275平方米左右。只有一或两个通向外面的大门（图三）。建筑内的遗物分谷物加工类（杵、臼、磨石）、农具类（铲、镰）和手工业类（斧、调色板）。除了埋有墓葬的建筑以外，所有建筑均有谷物加工

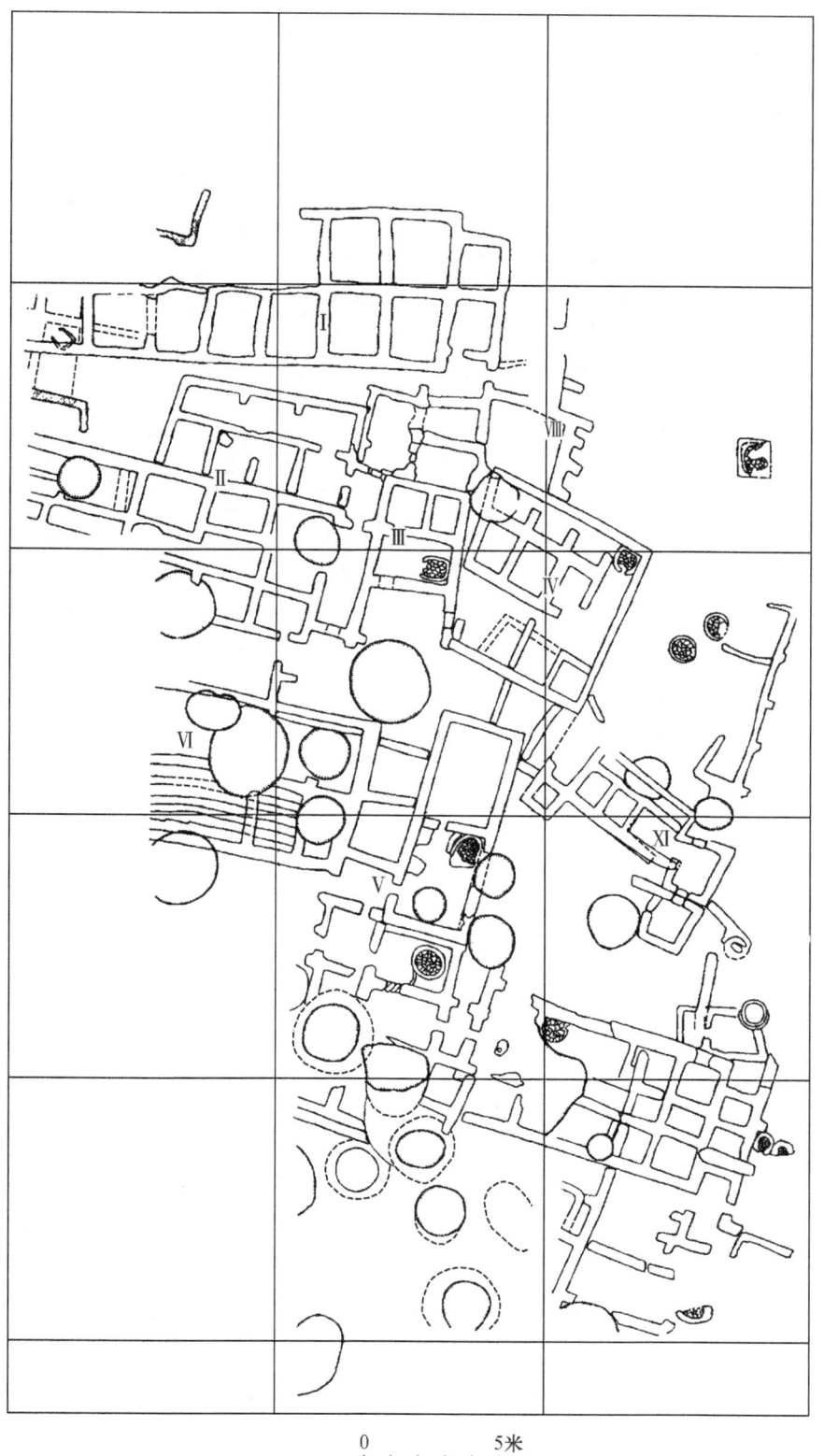

图二　耶里姆Ⅰ遗址第5层平面图

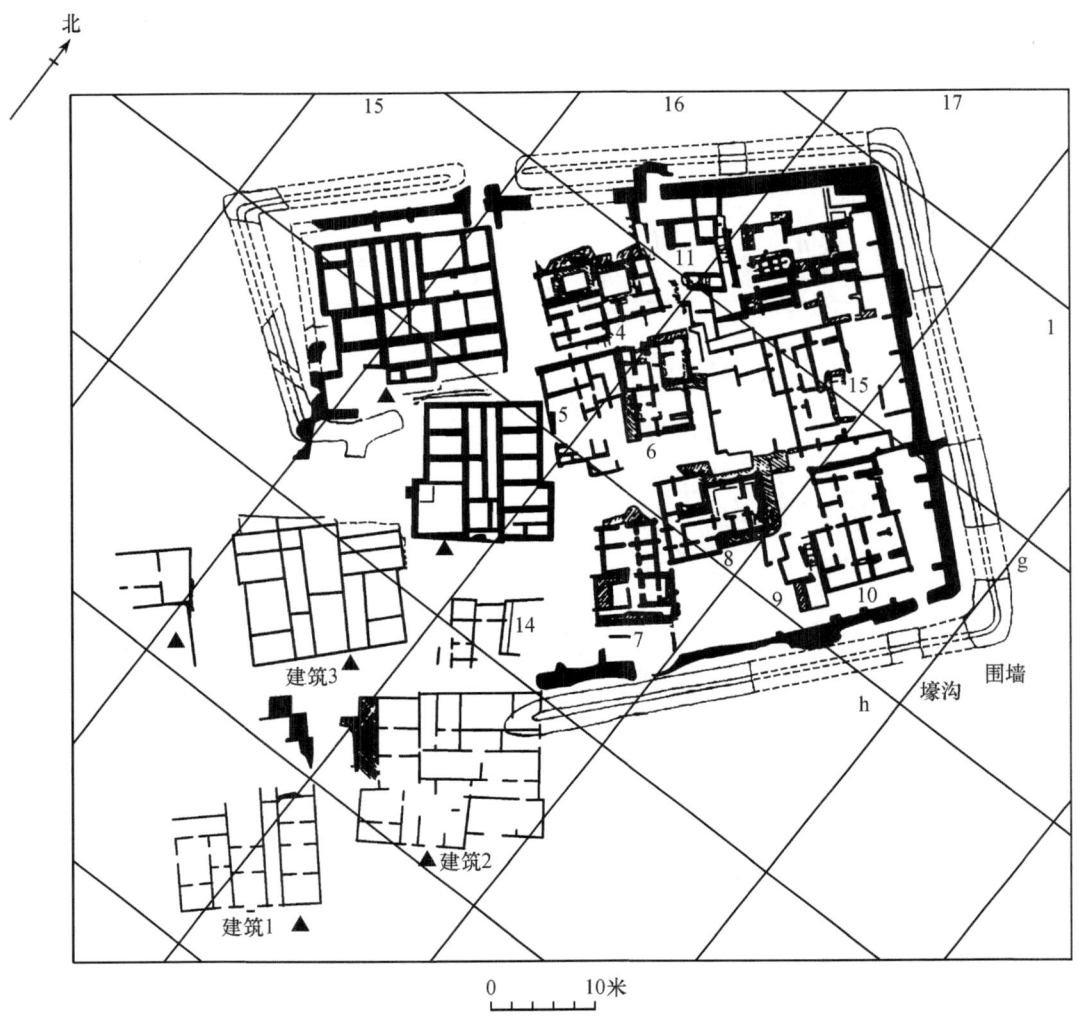

图三　梭万遗址第1~3层平面图
▲为第1层建筑，其余为第3层建筑

工具，而农具与手工业工具则分别出自不同的建筑。说明各建筑居民之间在生产上已有分工。墓葬的情况也相同，葬在一起的墓中的生产工具种类相近。早期墓葬随葬品的数量只有多少之别，中期以后出现了无随葬品的墓。

哈孙纳文化是继承乌姆·达巴吉亚文化的，所以它的上限应在公元前5500年左右，哈孙纳遗址第5层的^{14}C年代是公元前5090年±200年，代表了结束的时间。梭万遗址底层^{14}C为公元前5506年±70年，是萨玛拉文化开始的时间，乔加·马米遗址（Choga Mami）过渡期的^{14}C为公元前4896年±182年，所以萨玛拉文化应该结束在这个年代之前[①]。

---

① 以上年代均是未经数轮校对过的，最新年代见本书"自序"。

两地在早期分别为半坡文化和哈孙纳文化,晚期为庙底沟文化和萨玛拉文化。两河的哈孙纳文化与萨玛拉文化的关系与半坡和庙底沟的关系有很大的相似性。无独有偶,半坡与哈孙纳都直接由第二阶段的老官台和乌姆·达巴吉亚文化发展而来,即从圜底器变为小口球形腹小平底,彩陶逐渐规范化。聚落布局以广场为唯一的中心,生产区和生活区规划有序。庙底沟与萨玛拉陶器都以折腹、器壁内凹为特征,彩陶进入繁荣阶段。萨玛拉文化的村落已发展为多中心,多间建筑所代表的家户这级组织的实力很强,具有与村落抗衡的势头。

通过对两地的比较我们发现,这一阶段早期的半坡、哈孙纳文化是一种早熟的彩陶文化,可能是单一中心向心式聚落的最高发展阶段,是村落组织最典型的时期,这也暗示了它走下坡路的开始;这一阶段后期的庙底沟、萨玛拉文化是在更发达水平上形成的彩陶文化,彩陶技术反映出手工业生产中的专业化倾向,这一点从萨玛拉文化房屋中出土器物之间组合的差别中可以清楚地看出。庙底沟文化虽然未发现聚落布局资料,但萨玛拉文化所反映出的变化暗示庙底沟文化的聚落不会是半坡文化那种的独中心向心式,但不同功能的区域仍是以全村落划分的。

这一阶段两地有一点重要的差别,两河流域始终是多间建筑,并由哈孙纳文化的开放式格局发展为萨玛拉文化的封闭式格局,反映了家户的发展过程。这种差别既有文化传统方面的原因,又有阶段方面的原因。它反映了两地在社会基本细胞——家庭形态的区别。

四、第四阶段:社会的分化

这一阶段两地都出现了社会分化的现象,但在彩陶的兴衰方面具有很大不同。

黄河流域彩陶在衰退,只有黄河上游经过一般衰退后又出现一支新的彩陶文化,即马家窑文化。黄河中游是仰韶文化阶段后期,即西王村、泉护Ⅱ期和庙底沟Ⅱ期文化,黄河下游是大汶口文化中、晚期。这一阶段年代大体为公元前3500~前2600年。

在黄河中上游,紧接着庙底沟文化的是西王村类型或半坡晚期类型。在大地湾遗址发现了这时期的大型建筑[19]。F901有前堂、后室、两厢,地面是原始水泥。前堂有一对直径10厘米左右的大圆柱,还有许多附壁柱,柱子残高3米多。堂屋中间有一个直径为2.5米大的火膛,主室面积131平方米,如果加上附属面积可达421平方米。不仅它的规模特殊,其中出土的陶器也很特殊,其形体硕大,或者形态特异,即史前遗址中大型墓葬或特殊遗迹中的所谓"异形器"。这些陶器应当是当时举行仪式的陶礼器。这个大型房屋所在的遗址面积达110万平方米,而且还有好几座类似的大房子,所以这个遗址也应是当时级别很高的聚落,这个发现表明聚落、房屋和陶器都产生了功能和等级之间的差别。

这时期普通住房发生了很大变化，由原来的单间建筑变成了多间建筑，这是社会细胞——家庭的结构发生变化的反映。其中尤以河南省表现明显，如郑州大河村、邓州八里岗、孟津妯娌。同一多间建筑内各个房屋的人们之间的关系要比不同多间建筑的人们关系密切，他们很可能是由直接血缘关系的几对夫妻组成的扩大家庭。扩大家庭的出现，使得原来只含一对夫妻的核心家庭不必再完全依赖村落组织，他们在生产和经济方面较之核心家庭更加独立，成为介于村落和核心家庭之间的一级社会组织。各地多间建筑各具特色，缺乏固定的、统一的形式，与两河相比说明扩大家庭在黄河流域仍不发达。

这一阶段黄河下游的大汶口文化中、晚期，以墓葬的形式揭示了社会成员之间的分化现象。大汶口M10代表了大型墓，墓穴面积为4.2米×3.2米，内有"井"字形木椁，椁内有棺。死者为一老年女性，有石质、玉质装饰品，骨雕和象牙雕制品，陶器计90多件，其中的精品有白陶、彩陶、黑陶、红陶，陶瓶有38件，并随葬猪骨和鳄鱼鳞板。中型墓仅少数有棺，随葬品十几件至几十件不等。小型墓无葬具，随葬几件或没有随葬品。墓葬型式的划分说明贫富分化向着等级化发展，经济上的贫富导致地位上的高低。大汶口墓地大型墓中的玉器、象牙雕刻和白陶在其他墓地没有发现，说明聚落之间存在着等级差别。

大汶口文化中晚期在手工业制作技术方面发生很大变化：石器制作基本是通体磨光，剖面由椭圆形变成四角分明的矩形。陶器中出现了薄胎白陶、细腻的灰陶和磨光黑陶，并流行镂孔技术。手工业技术的巨大进步应当是与专业化程度的提高同时出现的。这时期大汶口文化向西部的河南传播文化因素，也说明黄河下游的发展水平处于领先地位。

总之，从第四阶段起，黄河流域的史前文化中聚落之间、房屋之间和墓葬之间以及各种器物之间都出现了差异，有些差异已经形成等级化，平均主义社会正在瓦解。专业化生产已经出现。在高等级聚落和普通聚落之间以及共同使用同一个祭祀址的聚落之间可能形成了一种超聚落社会组织。

两河流域这一阶段是哈拉夫（Halaf）文化[20]（早期上限属上一阶段）和欧贝德（Ubaid）文化[21]，年代为公元前5000～前3500年。这一阶段可再分为早晚两期：早期是哈拉夫文化和南部最早定居的欧贝德文化Ⅰ、Ⅱ期，晚期是欧贝德文化Ⅲ、Ⅳ期，它向北部扩展，在历史上第一次统一了两河流域。

哈拉夫文化以其精美的彩陶而闻名。早期彩陶有写实的动物纹和简单几何纹，中期有几何化动物纹和花瓣几何纹，晚期有三彩绘制的器内底花瓣纹，四周是棋盘状格子表现出的结构美、静态美与萨玛拉文化的动态美形成鲜明的对比。但是这种三彩精品只发现在少数遗址，大多数普通遗址不见，反映了遗址之间的差别，而且这些精美彩陶多出自墓葬、祭坑或作坊中，说明它们有着特殊的功能[22]。

哈拉夫文化其他有特点的遗物有塑像、护符印坠、金属小件，这些都不是生产和生活必需品，说明刺激手工业发展的动力不是来自生产部门。

哈拉夫文化聚落布局仅见于阿尔帕契亚（Arpachiyah）和耶里姆二号丘（Yarim Tepe Ⅱ）。1976年对阿尔帕契亚的发掘共分11层。底部的9～11层是长方形建筑，第8层出现一道双层墙，第7、6层在墙以东出现圆形房屋，地面铺有遗址以外运来的洁净细砂。第4、5层以上使用从外地运来的大石块做墙基，第3、2层这种圆形房屋前面扩建一个长方形前室。墙东地区不见生活用具和废弃物，发现了三座墓。这里可能是由围墙与居住区相分离的"圣区"，"祭室"铺垫的细砂和石基需要大量的劳动力，可能是几个村落共同建造的，说明宗教在超村落组织形成中的重要作用。遗址第1层，村落中心为一个长方形多间建筑占居，里面有大量未使用过的彩陶器、调色板，周围有水井和陶窑，说明制陶业在这个村子中的重要地位，所以这里出土的彩陶最为精美。陶土中子活化分析说明在晚期已经有向外出口陶器的制陶专业村。

耶里姆二号丘揭示的是普通村落的布局。房屋排列无序，住房为大圆形单间房屋（与龙山时代布局相近），说明村落组织已经松散，个体家庭各自为政（图四）。这时的祭坑以毁器和用火为特征，打碎的陶器中有象征生命的少女容器和猪形容器。遗

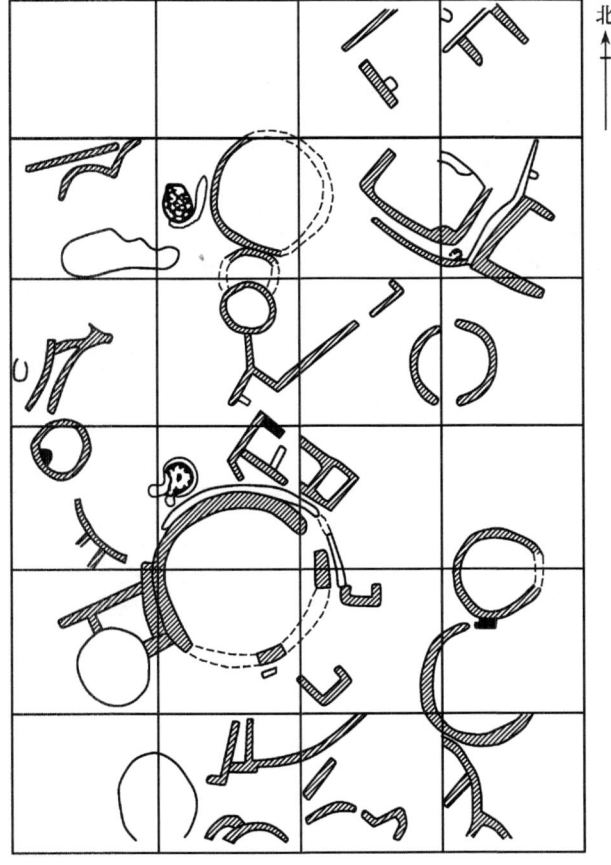

图四　耶里姆Ⅱ遗址哈拉夫文化村落布局

址中发现的少量墓葬也有毁器和火葬的习俗。

欧贝德文化第Ⅰ、Ⅱ期是两河南部定居、开发阶段[①]。第Ⅱ期与哈拉夫文化晚期年代相近。从第Ⅱ期末，欧贝德文化出现了陶镰以取代了自中石器时代一直使用的燧石叶组合的石镰。这种易于制作并可以大批量生产的收割工具的出现是农产品大幅度增长的证据。农业生产率的提高是第Ⅲ期以后社会大发展并大规模向外传播的基础。

这一阶段后期始于欧贝德第Ⅲ期，社会最大变化是祭室变成了神庙，这是由祭室两侧各加一个侧厅形成的，原来的祭室变成了神殿，侧厅成为放置庙产和僧侣居住的场所。这标志着专门祭司的出现。神庙不仅是祭神的地点，还是一个劳动成果的集中与再分配的中心。从埃利都遗址（Eridu）看，神庙地点近千年不变，说明宗教的稳定性，它构成了后来城邦的中心，有神庙的遗址成为城市。埃利都遗址人口约5000，普通村落如欧贝德遗址（Tell al'Ubaid）只有700人。北部聚落形态研究表明，只有从欧贝德晚期起，才出现了一个大聚落周围若干小聚落的布局。欧贝德文化住房继承了萨玛拉文化的多间格局，反映了扩大家庭的独立性（图五）。它向北传播后，取代了哈拉夫文化的单间格局。

墓葬资料反映了社会成员之间的分化。以埃利都遗址发掘的近200座墓为例，按

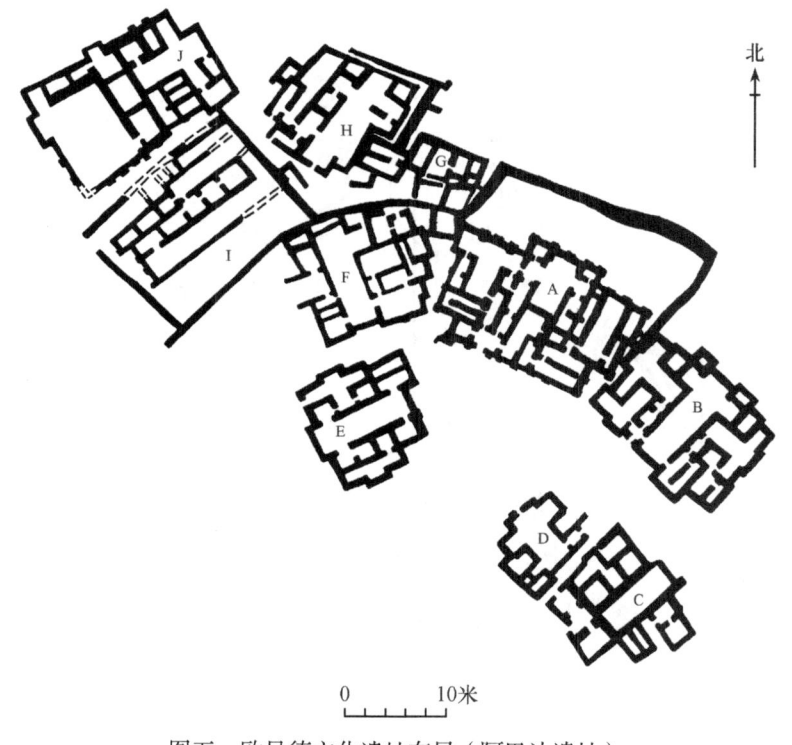

图五　欧贝德文化遗址布局（阿巴达遗址）

---

① 根据欧威利遗址的新发现可知，西河流域南部的定居可以早到欧贝德文化0期。

随葬品数量可以分为三个档次：A. 随葬7件以上的，占6.5%；B. 随葬1~6件的，占79.1%；C. 无随葬品的，占14.2%。有7件以上随葬品的都有泥砖砌成的棺，随葬1~6件器物的墓中将近20%无棺，无随葬品的墓有50%无棺。葬式为仰身直肢，只有5座为屈肢葬，均无棺，其中4座无随葬品，估计他们是异族奴仆。男女合葬或带小孩子的墓普遍，说明个体家庭的地位。

欧贝德文化向外传播北抵土耳其南部，西达地中海岸，东到伊朗，南至波斯湾沿岸，其中影响最大的是它的北部和东部，这些地区正是欧贝德文化进口的矿石、贵重石头和木材的主要产地[23]。这清楚地说明了文化传播的原因，但是它所引起的客观后果则是当时人们始料未及的。这次传播提高了周围地区的文化水平，为进入文明创造了良好的文化环境；并吸收了周邻地区的先进因素，例如冶金和印章；贸易是文化传播的主要手段，贸易加速了财富的集中、社会的分化和行政管理的发展。欧贝德文化的陶船模型告诉我们当时的贸易手段和水运情况。

这一阶段是原始社会分化时期。这一阶段的早、晚两期反映出了分化过程的不同阶段。在早期，哈拉夫文化是村落内组织松散、外部由功能联结成超聚落组织，但是聚落的规模和面积没有什么差别，到了晚期的欧贝德文化，聚落面积发生变化，形成了"几小拱一大"的格局。大聚落以神庙为中心，为城市的形成奠定了基础。这种功能分化在先、地位差别在后的历史过程反映出功能与地位变化的因果关系。黄河流域这一阶段的材料远不如两河的系统和丰富。在这一阶段早期就已经出现了大地湾F901那样的殿堂建筑，其后的分化应是愈加明显，这还有待新的发现来证实。但就目前发现而言两河资料偏重反映聚落之间的分化，黄河则多是墓葬材料反映的社会成员之间的分化，这是由两地遗址形成与其埋藏情况决定的。

五、第五阶段：等级的初步形成

如果说上一阶段以社会分化为特征，那么这一阶段就进入了整合阶段，等级初步形成了。

这时的黄河流域进入了龙山时代，年代在公元前2600~前2000年。黄河上游的齐家文化从绝对年代看年代最晚[24]。这里出土铜器最多，包括铜斧、铜镜等技术难度较大的产品。墓葬中经常发现一男（夫）二女（妻妾）合葬墓，一个墓用猪下颌骨随葬的数量达68个。但这个文化的陶器中手制比例较大，反映出制陶业比较落后。

黄河中游的中原地区龙山文化以鬲为标志，这种器类构成了夏商周三代的主要陶器类型，反映了中原文化与中国早期国家的承袭关系。晋南陶寺墓地发掘了1000多座墓，其中大型墓仅占1%强，中型墓占12%弱，小墓占87%[25]，这种金字塔式的格局与上一阶段欧贝德文化墓地表现出的两头小中间大的格局形成鲜明的对比，说明社会结构已因分化向整合方向发展。

大墓和小墓虽埋在同一墓地，但不葬在一起。大墓中随葬的彩绘木器、龙纹彩绘陶盘以及鼓、磬等礼乐器使我们窥见到当时手工业的上乘之作和个人财富积累的程度。而且大墓都属于龙山文化的早期，所以中晚期的大墓还会更加精彩。大墓中的许多随葬品都是周围同时期遗址所不见，所以陶寺墓地是当时级别比较高的墓地。

河南省龙山时代近年来的重要发现是城，其中平粮台城址保存较好[26]，为边长185米的正方形，周围环绕着土墙，城内有排水设施，还有从事手工业的铜渣和陶窑遗迹，并发现牛肩胛骨。这里还发掘了几处普通村落遗址，房屋又多还原为单间方形建筑，也有个别保留多间式。这种现象与两河比较可以看出，扩大家庭这种家庭形态在黄河流域没有很大地发展起来，因而家庭在很大程度上依赖村落，整个村落仍以亲缘纽带维系着。

黄河下游的山东龙山文化于1994年在阳谷县景阳岗遗址发现了迄今已知最大的城址，面积达35万平方米[27]。城内有一9万平方米的大台基和一1万平方米的小台基，小台基中部的灰坑内出有一牛骨架和30件陶器，说明在小台基上进行过祭祀活动。陶器制作普遍使用轮制，有用于仪式和祭祀的蛋壳黑陶、卜骨、玉斧。在呈子遗址中发现的87座龙山时代的墓中可以划分出四等[28]：第一等有5座，为大型墓，有二层台、木棺，随葬品多，包括高足薄杯和猪下颌骨；第二等有11座，有二层台，有的有棺，有一些随葬品，有的有高足薄杯和猪下颌骨；第三等是小墓，有17座，无二层台和葬具，有少量随葬品；最后一类是狭小的墓坑，共54座，仅能容身，无葬具和随葬品。呈子遗址代表了普通墓地所反映的等级差别。在西朱封发现的大型墓则是当时更高等级的墓葬[29]。大型墓棺椁齐备，并有彩绘，设有放置不同随葬品的边箱和脚箱，随葬品中有玉器、蛋壳陶和彩绘木器等精品。

纵观黄河流域的聚落形态，可以分为三群，分别位于河南、山东和内蒙古。每一群城址之间相距较近，似乎相互间存在某种联系。从城址的面积、地势与设计和城内出土物分析，城址的功能和等级不尽相同，有的是中心聚落，也有的是军事性城堡[30]。

聚落之间的等级和陶寺、西朱封等大墓的规模使我们有理由认为，龙山时代已经形成了国家所具有的社会等级，只是经过权力的进一步集中才出现王权，最近的另外两个新发现更进一步地印证了这个看法，即山东省丁公遗址文字的发现和桐林田旺遗址成套陶礼器的出土。丁公的文字刻在一片陶片上，不仅有象形字，而且还有会意字。这说明在甲骨文出现之前已经有发达的文字系统[31]。田旺出土的成套陶礼器有盆形鼎、双耳盆和陶甗，它们形态相同，大小相次[32]。其中最大的一件甗高116厘米。这说明龙山时代不仅等级制度已经形成，而且出现了维护等级制的礼制，这是周代列鼎制度的源头。

第五阶段的考古发现表明：城乡分离构成了城邦国家的载体，社会阶层已经形成金字塔结构；文字标志着真正意义的社会分工——体脑分工的出现，并且已经有了行政管理人员；金属制品的增多和熔铸技术的出现，说明冶金已开始取代制陶业成为重要的生产部门，卜骨的大量发现说明宗教在社会生活中扮演着重要角色。

两河流域最后一个阶段是乌鲁克（Uruk）时代[33]。与上一阶段相比，在文化面貌上存在着很大的差异，即陶器全部变为素面轮制。它的产生是技术进步和社会需要的结果。一方面金属和贵重宝石已经代替彩陶以表示身份或作为礼仪用具，另一方面城市的形成需要大规模陶器生产，饰彩这种装饰手法已变得既不必要也不可能，而轮制的方法则使大批量的陶器生产成为可能，同时轮制技术使得陶器的发展由绘画艺术转向造型艺术，罐的形态种类很多，并有许多带流的容器。制陶业在手工业的地位逐渐下降的同时是冶金业的增长。以冶金业发达的北部高拉遗址（Tepe Gawra）为例，欧贝德时期的文化层中一共发现六七件金属器，有斧、锛等生产工具；乌鲁克时期的第11A～9层发现20件，第8层22件，第7层42件，早王朝的第6层334件，说明了冶金业的发展速度。乌鲁克时期还出现了金箔和合金制品。手工业另一个重要部门是印章，也是北部发达。这种在湿泥块上印符号或文字的作法促进了文字的产生，这里最古老的文字是在湿泥板上刻写成的。

乌鲁克时代正是"城市革命"时期，据亚当斯（Robert Adams）统计，乡村遗址面积为1000～60000平方米；城镇遗址为61000～250000平方米，城市遗址为500000平方米以上[34]。按照这一标准，乌鲁克前期主要是村落数量的增加，两河南部由17处增加到112处，镇由3处变成10处。人口的剧增一方面是农业的结果，另一方面是周边的游牧人口从山地下到平原定居，这些大量的外族人冲击和破坏了原有的血缘组织。乌鲁克后期至早王朝（Early Dynasty）之前主要是镇以上聚落的增加，镇由10处增加到20处，城市由1处增加到21处，说明这是在原有人口基础上的一次空间大调整，这时社会组织的变化是非常激烈的。在这个变革中，血缘组织解体，地缘组织建立。

这时期神庙的变化多发生在神殿之外：侧厅由两侧扩展为四周；庙前柱廊的柱子表面有锥形泥制"马赛克"镶嵌；有的锥形镶嵌物顶端包铜，使得柱廊十分富丽堂皇；神庙建在高高的台基之上，以显示其威严。这是借祭神的名义集中财富和权力，发展管理机构使神庙由礼仪中心发展为经济中心乃至政治中心。这是宗教由原始宗教向人为宗教的转变，说明宗教在功能上发生了变化。

乌鲁克时代和龙山时代同处在素面轮制陶和城市革命时代，并以文字出现而告终。从两河发现的聚落资料和黄河出土的墓葬遗存看，两地的等级发展基本是同步的，可以相互弥补。在历史文献中，两者又同属于神话传说时代，在中国是禅让传贤，在两河是原始民主制城邦[35]，经过权力的再集中才进入各自的原始君主制城邦时代，即夏代和早王朝。

六、结　语

通过以上分阶段的介绍、比较和分析可以看出：两地的发展阶段大体相同，都经历了五个发展阶段；文化特征的演变趋势也基本相近，石器、陶器和金属器的发展趋势基本相同，只是黄河中下游彩陶时代结束较早。由此可以看出，黄河流域和两河流域是以共同的本质而不同的形式表现其差异性特征，因而世界文明起源应是全人类历史发展具有共同性的一个过程。

但是如果把两地的发展阶段放入一个绝对年代的时间框架中（表一），我们发现两地有很大区别：黄河流域目前发现的最早陶器的年代不比两河的迟，但进入文明比两河晚，说明走向文明所需的时间比较长。另外，黄河各阶段的年限在有规律地递减。从确切的第三阶段到第五阶段分别为1500年、900年、600年，大约减少上一阶段的1/3～1/4时间，表明文化呈逐渐加速的发展趋势。两河流域不仅进入文明早，而且各阶段的时间长短不一，看不出任何规律。

表一　黄河与两河史前文化时空框架及发展阶段比较

时间 B.C.	阶段	黄河			阶段	两河	
		西区	中区	东区		北区	南区
—2000 —2600 —2900 —3500 —4000 —4500 —5000 —5500 —6000 —7000 —8000	V IV III II I	齐家 马家窑 大地湾　老官台	客省庄II 三里桥 陶寺 庙底沟II 泉护II 半坡IV　西王村 庙底沟 半坡 磁山　裴李岗	夏代 王湾III　龙山 大汶口晚 王湾II　大汶口早 王湾I　大汶口早 北辛 后李 南庄头	V IV III II I	早王朝 乌鲁克时代 哈拉夫 哈孙纳标准陶 哈孙纳原始陶 乌姆·达巴吉亚 马扎里亚 克里兹　内姆里科	欧贝德IV 欧贝德III 欧贝德II 欧贝德I 萨玛拉

两地另一个差异是考古学文化发展模式的不同。黄河流域自第二阶段起，各地均有自己的文化序列贯穿始终（见表一），每个序列都有自身的文化传统，这种传统随着时代的发展以不同的文化面貌表现出来。尽管在发展过程中考古学文化发生过分化、合并，某一时期也有文化因素的传播、扩展，但当地传统延续不断，各地的考古学文化没有被其他地区的文化所取代，每个考古学文化都是从起点走向终点，外来因素只是起到影响的作用。所以黄河流域反映出的各阶段时限逐渐递减的现象应是生产率提高所引起的历史发展不断加快的结果，是考古学文化自然发展的产物。

两河的情况则大不相同。自第三阶段以来，文化迁徙、取代的现象十分常见。哈孙纳文化在后期向萨玛拉文化区扩展，在梭万遗址可以看到它的踪迹；萨玛拉文化在中期开始向北部哈孙纳文化区传布，逐渐取代了哈孙纳文化，占领了哈孙纳文化区；随后兴起的哈拉夫文化南下，先是占据了哈孙纳文化区，然后又进入了萨玛拉文化，并南迁一直到达它的南端；最后，在南部发展起的欧贝德文化又大规模北上，占据了哈拉夫文化故乡，形成欧贝德文化地方变体[36]。在这种文化的大规模传播中，萨玛拉和哈拉夫文化都没有走到它的尽头便被另一个更高发展水平的文化所取代，这样便缩短了走向文明所需的时间。两河流域基本走完自己发展历程的考古学文化有乌姆·达巴吉亚（又叫原始哈孙纳阶段）——哈孙纳文化，它经历了一千年才被萨玛拉文化取代，两河南部欧贝德文化经历了前两期定居、形成阶段约一千年进入典型欧贝德文化，经历了一千年。所以，两河与黄河一样，一个史前时期的考古学文化自始至终的发展大约要近千年的时间，龙山时代和乌鲁克时期都是迈入文明后的调整时期。

由此可见，两地考古学文化发展模式的不同是造成各自走向文明所用时间不同的主要原因。应当指出的是，两地在史前时代都有一次全地区范围的文化传播。黄河流域发生在第三阶段，庙底沟文化大规模地向外传播；两河流域发生在第四阶段，欧贝德文化大范围向外扩展。尽管两者在传播方式、传播原因和传播效果方面会有很大差别，但有一点作用是相同的，即这次传播为进入文明时代之后该地区居民所具有的最初的同一民族认同感奠定了基础。

两地第三个重要区别是家庭形态的不同。每个家庭成员都在一生的某段时间里只是一个消费者，在另一段时间里既是消费者又是生产者。一个家庭能生存下来首要面临的就是生产与消费的矛盾，在生产力低下的史前社会这一点尤为重要。作为一个核心家庭，可能会出现消费量大于生产量的窘况。这时，核心家庭或者依赖村落的帮助，或者由有直接血缘关系的几对夫妇组成扩大家庭相互帮助。黄河流域采取了前一种方式。这里始终以单间建筑这种核心家庭的居住形式为主，多间建筑这种扩大家庭形式没有真正发展起来。由于核心家庭依赖村落，使得普通村落内人们之间的分化发展缓慢。两河流域采取后一种，从萨玛拉文化开始的规格统一的封闭式多间建筑说明扩大家庭已成为一个基本的生产、生活单位，这使得同一村落内的居民很容易在财富和地位上出现差别，并构成村落的离心力。

两地文化发展模式的差异和其社会细胞构成的不同又是互相联系的。两河流域能够相互弥补内部生产与消费需求的扩大家庭很容易离开故土去开辟新土地，而黄河流域的核心家庭和整个村落都很难弃土离乡，这使得两地文化传播的情况在数量上相差很大，同时在质量上也迥然有别。两河流域文化间的影响表现在人员迁徙，其速度之快，影响之巨大，对当地原有的血缘纽带是很大的冲击，有时甚至完全取代了当地文化；而黄河流域文化间的影响多表现为观念和技术的传播，速度缓慢，影响面小，对原有的村落血缘关系影响不大，并使当地文化传统延绵不断。

两地文化发展模式和家庭形态的差异，不仅影响了各自进入文明的先后，而且决定了文明社会的特征：由于黄河流域是以核心家庭为基本形态，使得家庭更多地依赖于整个社区，社区内的人们由亲缘纽带维系着，居民之间相互帮助，维持着自给自足的自然经济，作为超社区组织的上层建筑——宗教也是带有亲缘色彩的祖先崇拜；两河流域则以扩大家庭为基本家庭形态，家庭对整个社区依赖相对较少，社区内人们之间亲缘关系淡薄，居民之间更多是以利相交，因此易于发展起以交换为原则的公众空间。维持超社区组织的宗教是崇拜某一自然神，并视其为保护神，借此巩固同一地区人们之间的认同感。

两地之间的这种差异在各自的整个早期国家中（即帝国以前），始终得以保持。在其后的历史进程中，由于黄河流域史前时代的发展模式使其文化之根扎得如此之深，它面对多次外族入侵，不仅始终保持了自身传统，并且一次又一次地同化了异族文化，使它逐渐成为一个东方巨人。

注　释

［1］ 黄河流域最新的全面研究见白寿彝总主编，苏秉琦：《中国通史·第二卷·远古时代》，上海人民出版社，1994年；两河流域最近的研究见杨建华：《两河流域史前时代》，吉林大学出版社，1993年。

［2］ 保定地区文物管理所等：《河北徐水县南庄头遗址试掘简报》，《考古》1992年第1期；李珺：《徐水南庄头遗址又有重要发现》，《中国文物报》1998年2月11日。

［3］ "Excavations in Iraq 1987-1988." *Iraq*, 1989, 51: 249-265.

［4］ Merpert N I, Munchaev R M, Bader N O. "Investigations of the Soviet expedition in northern Iraq, 1976." *Sumer*, 1981, 37: 22-54.

［5］ Mortensen P. *Tell Shemshara, The Hassuna Period*. Copenhegen: Royal Danish Academy, 1970.

［6］ Oates J. "First preliminary report on a survey in the region of Mandali and Badra." *Sumer*, 1966, 22: 51-60.

[7] 中国社会科学院考古研究所甘肃工作队：《甘肃省天水市西山坪早期新石器时代遗址发掘简报》，《考古》1988年第5期。

[8] 安志敏：《裴李岗、磁山和仰韶——试论中原新石器文化的渊源及发展》，《考古》1979年4期。

[9] 中国社会科学院考古研究所山东队等：《山东滕县北辛遗址发掘报告》，《考古学报》1984年第2期。

[10] 中国社会科学院考古研究所内蒙古工作队等：《内蒙古敖汉旗兴隆洼遗址发掘简报》，《考古》1985年第10期。

[11] Umm Dabaghiyah 1971~1974年发掘见：Kirkbride D. "Umm Dabaghiyah 1971: a preliminary preliminary report." *Iraq*, 1972, 34 (1): 3-15; "Umm Dabaghiyah 1972: A second preliminary report." *Iraq*, 1973, 35 (1): 1-7; "Umm Dabaghiyah 1973: A third preliminary report." *Iraq*, 1973, 35 (2): 205-209; "Umm Dabaghiyah 1974: A fourth preliminary report." *Iraq*, 1975, 37 (1): 3-10.

[12] 其他遗址详情可参见杨建华：《两河流域史前时代》，吉林大学出版社，1993年。

[13] 中国科学院考古研究所等：《西安半坡：原始氏族公社聚落遗址》，文物出版社，1963年。

[14] 西安半坡博物馆等：《临潼姜寨遗址第四至十一次发掘纪要》，《考古与文物》1980年第3期。

[15] 中国科学院考古研究所：《庙底沟与三里桥：黄河水库考古报告之二》，科学出版社，1959年。

[16] 山东省文物管理处等：《大汶口新石器时代墓葬发掘报告》，文物出版社，1974年。

[17] 哈孙纳文化主要遗址有马他拉、哈孙纳和耶里姆Ⅰ，本文主要引用了耶里姆Ⅰ遗址的情况，见a. Merpert N Y, Munchaev R M. "The investigations of soviet expedition in Iraq, 1973." *Sumer*, 1976, 32: 25-61.

b. Bader N O, Merpert, N I, Munchaev R M. "Soviet expedition's surveys in the Sinjar Valley." *Sumer*, 1981, 37: 55-95.

[18] 萨玛拉文化主要遗址有梭万和乔加·马米。其中梭万1~6次发掘见*Sumer*, 1965-1970, 21-26.

a. Abu es-Soof B, El-Wailly F. "The excavations at Tell es-Sawwan: first preliminary report (1964)." *Sumer*, 1965, 21: 17-32.

b. Al-A'dami K. "Excavations at Tell es-Sawwan (second season)." *Sumer*, 1968, 24: 54-94.

c. Wahida G. "The excavations of the third season at Tell es-Sawwan, 1966." *Sumer*, 1967, 23: 167-178.

d. Abu es-Soof B. "Tell es-Sawwan: Excavations of the fourth season (spring 1967)." *Sumer*, 1968, 24: 3-15.

e. Abu es-Soof B. "Tell es-Sawwan: Excavations of the fifth season (winter 1967, 1968)." *Sumer*, 1971, 27: 3-7.

f. Yasin W. "Excavation at Tell es-Sawwan, 1969: Report on the sixth season's excavations." *Sumer*,

1970, 26: 3-11.

乔加·马米见Oates J. "Choga Mami, 1967-68: a preliminary report." *Iraq*, 1969, 31.

还可参见《试论萨玛拉文化》，《考古学文化论集（一）》，文物出版社，1987年。

[19] 甘肃省文物工作队：《甘肃秦安大地湾901号房址发掘简报》，《文物》1986年第2期。

[20] 本文引用的哈拉夫文化遗址有阿帕拉契亚. 见Mallowan M E L, Rose J C. "Excavations at Tall Arpachiyah, 1933." *Iraq*, 1935, 2:1-178; Hijara I. "Arpachiyah 1976." *Iraq*, 1980, 42 (2): 131-154. 耶里姆Ⅱ遗址位于耶里姆Ⅰ东250米，1969～1976年苏联考古队进行了8次发掘，见注［17］中耶里姆Ⅰ。

[21] 欧贝德文化最重要的遗址是埃利都，见Safar F, Mustafa M, Lloyd S. *Eridu*. Baghdad: Ministry of Culture and Information, 1981.

[22] 杨建华：《从聚落布局看史前社会交换方式的变化：来自西亚地区的三个实例》，《考古》1999年第5期，图六。

[23] 关于欧贝德文化向外传播的详细情况见杨建华：《两河流域史前时代》，吉林大学出版社，1993年。

[24] 张忠培：《齐家文化研究》，《考古学报》1987年第1、2期。

[25] 中国社会科学院考古研究所山西工作队等：《1978～1980年山西襄汾陶寺墓地发掘简报》，《考古》，1983年第1期。

[26] 河南省文物研究所等：《河南淮阳平粮台龙山文化城址试掘简报》，《文物》1983年第3期。

[27] 山东省文物考古研究所等：《山东阳谷县景阳岗龙山文化城址调查与试掘》，《考古》1997年第5期。

[28] 昌潍地区文物管理组等：《山东诸城呈子遗址发掘报告》，《考古学报》1980年第3期。

[29] 中国社会科学院考古研究所山东工作队：《山东临朐朱封龙山文化墓葬》，《考古》1990年第7期。

[30] 严文明：《黄河流域文明的发祥与发展》，《华夏考古》1997年第1期。

[31] 山东大学历史系考古专业：《山东邹平丁公遗址第四、五次发掘简报》，《考古》1993年第4期。

[32] 何德亮：《论齐国领地内发现的龙山文化城址》，《中原文物》1993年第1期。

[33] 本文引用的乌鲁克时代遗址有埃利都、高拉遗址。见：

a. Speiser E A. *Excavations at Tepe Gawra Vol. I: Levels I-VIII*. Philadelphia: University of Pennsylvania Press, 1935.

b. Tobler A J. *Excavations at Tepe Gawra: Volume II Levels IX-XX*. Philadelphia: University of Pennsylvania Press, 1950: 1-5.

[34] Adams R M C. *The Evolution of Urban Society: Early Mesopotamia & Prehispanic Mexico*. Chicago: Aldine Publishing Company, 1966.

[35] 日知主编：《古代城邦史研究》，人民出版社，1989年。

[36] 两河流域各文化传播见杨建华：《两河流域史前时代》，吉林大学出版社，1993年。

（本文原载于《华夏考古》1999年第4期）

史前房屋布局变化的比较及其意义

家庭是社会的细胞。房屋是家庭居住的场所。房屋的变化是家庭人口与结构变化最重要的证据。史前社会房屋形态的演变就是当时家庭组织变化的真实反映。在这一过程中,世界各地在史前时代常常发生房屋结构的一个大的变化,或许暗示着一种家庭结构的变化。但这种变化在各地区是有区别的,它们所起的作用也是不同的。这些差别制约着各地文化发展的进程以及血缘与地缘在社会中所起的作用。本文将就出自两河流域、日本、美国西南部和中国比较典型的房屋进行比较分析,从中了解各地史前社会家庭形态发展的过程和特点。

一、两河流域史前房屋实例分析

两河流域史前时代的多间房屋的发展大致可以分为两个阶段。

第一阶段为多间开放式格局,以乌姆·达巴吉亚(Umm Dabaghiyah)文化和哈孙纳(Hassuna)文化为代表。以哈孙纳遗址Ⅰc层的建筑为例[1],每个建筑均由3个房间组成。一间为无门的房间,有可能作储藏之用。另两间各有一个通向户外的门,它们之间不相通。一般一个建筑的面积为20~30平方米。到了哈孙纳文化晚期的Ⅳ层,建筑之间大多已经连在一起了,共用一道墙,反映了人口增加的过程。一个建筑一般由2~3个住房和2~3个储藏室组成。门道仍然通向户外的院落。整个建筑的面积达35~40平方米,院落约为25平方米。这些房屋的布局与现代的当地人的住房仍然十分相似。

第二阶段为多间封闭式格局,以萨玛拉(Samarra)文化和欧贝德(Ubaid)文化为代表。年代较早的萨玛拉文化的房屋整体为"T"形。在梭万遗址(Tell es-Sawwan)[2]第三层揭示的完整聚落中,聚落有围墙,墙内面积为9500平方米,共15个建筑(图一)。每个建筑的面积接近100平方米。

一个建筑有一个或两个通向户外的大门,建筑内各房间有门道相通。在最大的房间内有一个灶。每个建筑的格局完全一致。较窄的一端分左右两侧,一侧为三间相连的面积为2米×2米的小房间,另一侧为一大一小的两个房间,较大的一间一般靠里侧,有通向各房间的门,并常常有灶,似乎是厅一类的房间或院落;较宽的一侧均为方形或长方形的中型房间,在近中轴线处多有一墙相隔将这一侧一分为二。遗物一般

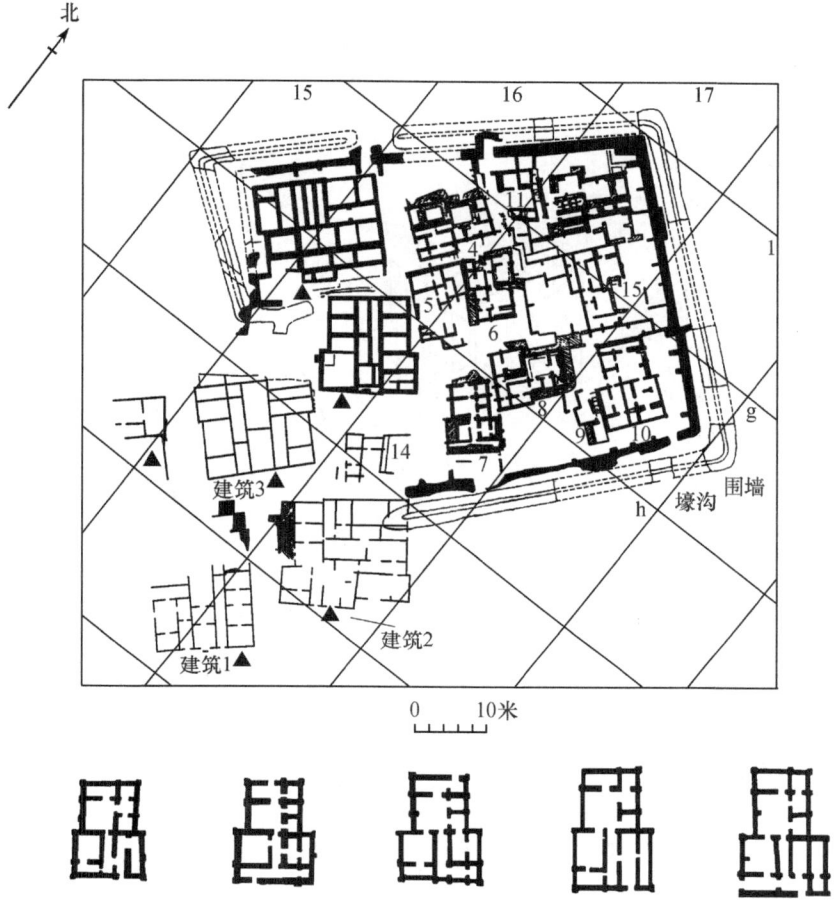

图一　两河流域萨玛拉文化聚落布局与建筑风格

发现在中型房间内，分为谷物加工工具、农具和家庭手工业工具。整个建筑的大型房间是做饭的地方，中型房间是起居室，小型房间是库房。

年代较晚的欧贝德文化的建筑以马德胡尔（Tell Madhhur）为例[3]，建筑形式为三分式格局，中间是大厅，两侧为多间房屋（图二）。整个建筑的面积约160平方米。只有一个通向户外的大门，建筑内各房间相通。根据门道和各房间的面积，整个建筑内的房间可以分为四类：小屋，一门，3平方米以下；过道式小屋，两个门，3平方米以下；中型房间，5~9平方米；大厅，40平方米。这里发现有通往房顶的设施。封闭式建筑的普遍性、门道、建筑格局和面积都反映了这一级居住组织在社会中起着非常重要的作用。

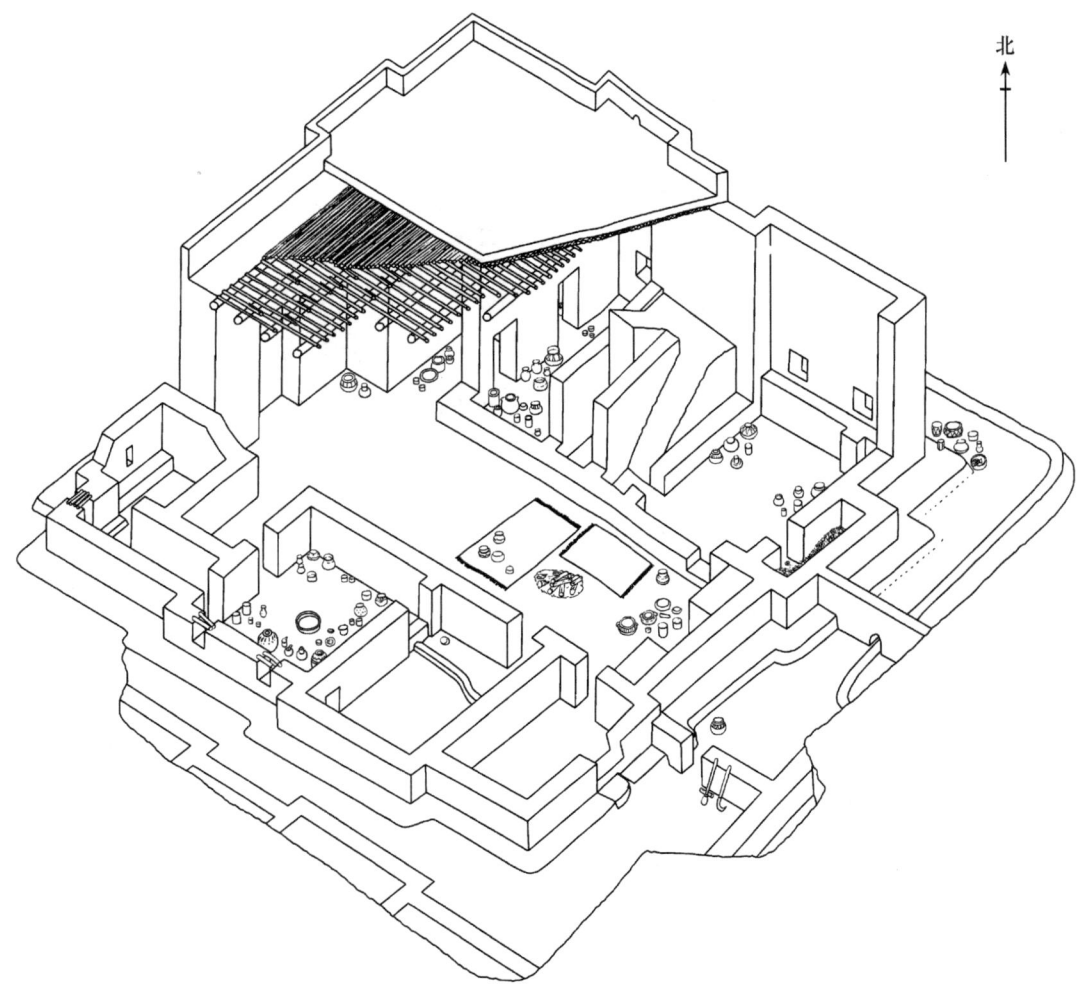

图二　两河流域欧贝德文化建筑复原示意图

二、日本史前房屋实例分析

日本史前时代房屋形态的明显变化出现在东北地区的绳纹时代（Jomon Period）晚期到弥生时代（Yayoi Period）早、中期[4]。这里的房屋以圆形或椭圆形单间建筑为主。在绳纹时代晚期，房屋的平均面积为19.55平方米，弥生时代早、中期房屋的面积骤然增大一倍左右（图三、图四）。房屋的扩建说明人口的增多。要保证人均面积不因人口增加而减少，就要扩大住房的面积。这时住房的储藏设施是房外的干栏式建筑，所以房屋的扩建只是为了扩大人均住房面积。扩建的方式有三种：A式为从原有房屋的外围同时向外扩；B式为从原有房屋的一端向外扩；C式为从原有房屋的一端向外扩出很大的面积（图五）。

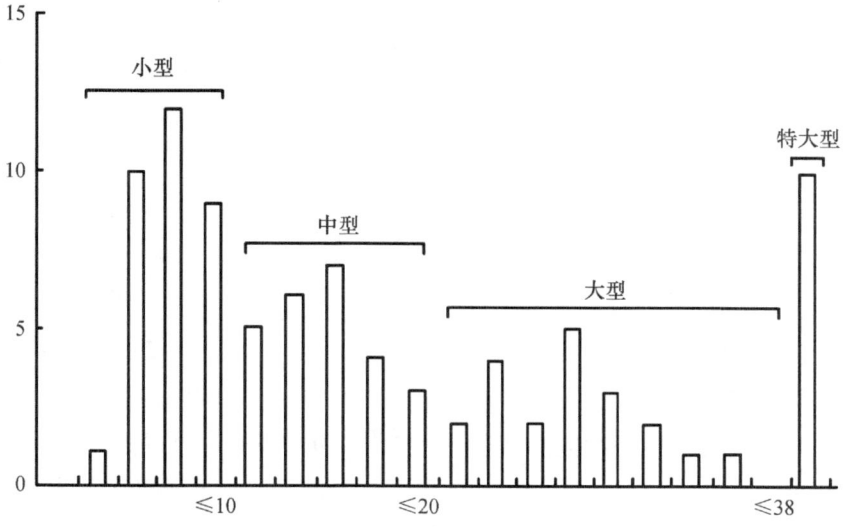

图三　日本东北地区绳纹时代晚期房屋面积统计图

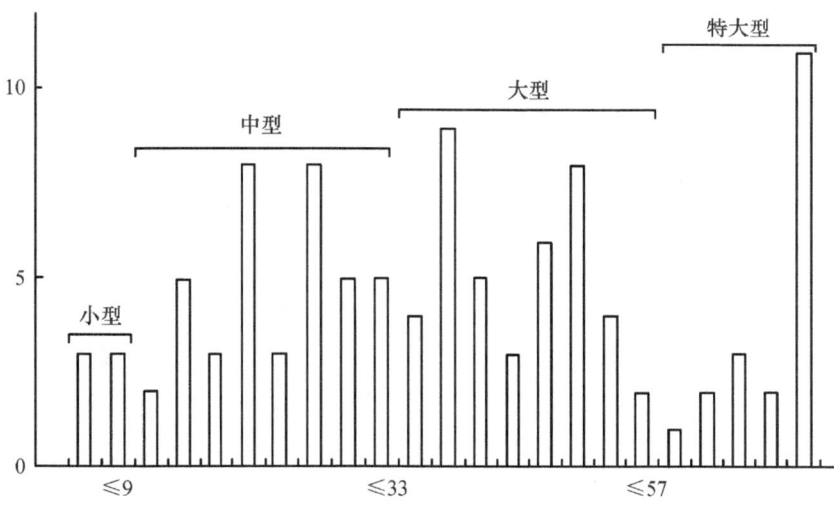

图四　日本东北地区弥生时代房屋面积统计图

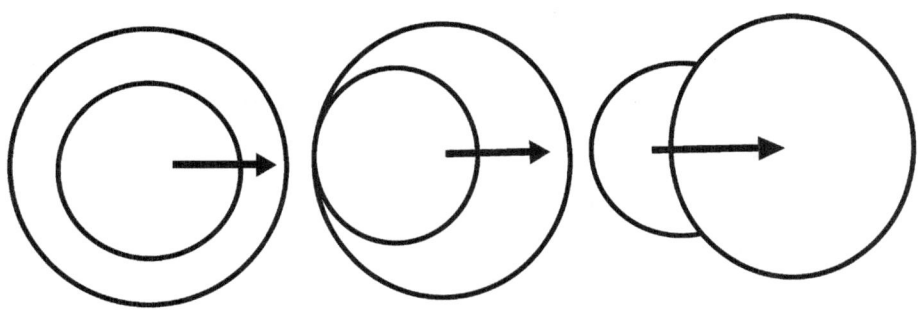

图五　日本东北地区弥生时代房屋三种扩建方式示意图

在扩建的房屋中,我们以发表资料最为详尽的米代川水系的秋田县诹访台SI61为例进行分析(图六)。这个房屋是以B式扩建的。扩建前的面积为38.11平方米,扩建后的面积为48.19平方米。由于失火,房内遗物很丰富,反映了当时人们的真实生活情景。房屋为地面建筑,墙壁只保留了为插立木桩的壁沟。从北偏东处有一段没有壁沟看,这里应是出入的门道。在进门处的北半部有一个埋有炊器的灶和散乱的台石,应是家庭的作业场所。房屋中部有一个石头围起的灶。在圆房的四个角各有一个柱洞。在房屋南半部近墙处共发现6组陶器(A~F组)。其中F组陶器有白色黏土,因此这一组不是日用陶器。D组陶器少,而且距离柱子近,其功能可能比较特殊。E组陶器特别多,但被烧得很厉害,大多已不能复原。余下的A、B、C三组每一组都由罐和碗、钵组成,应是日用陶器。每一组的总容量均为7.49~9.91升。它们是沿墙并与墙保持一定距离摆放的。这三组陶器的种类和大小均说明它们的功能和盛放的物品应当是相同的。在这个房屋中分布着三组陶器,它们都远离做饭设施(石头围起的灶和埋入地下的炊器),所以房内居民不应是围着灶吃饭的,而应是将饭先分到不同的容器中,然后在房屋的南部靠墙处分成三组吃饭。三组陶器的分布当反映了房屋三群人的使用空间。这个地方可以叫做占有空间,它们分别属于房内不同的人群,它们沿墙呈放射状划分。北半部集中了作业的地点、做饭的地点和入口,是共有空间。在房屋中,共有

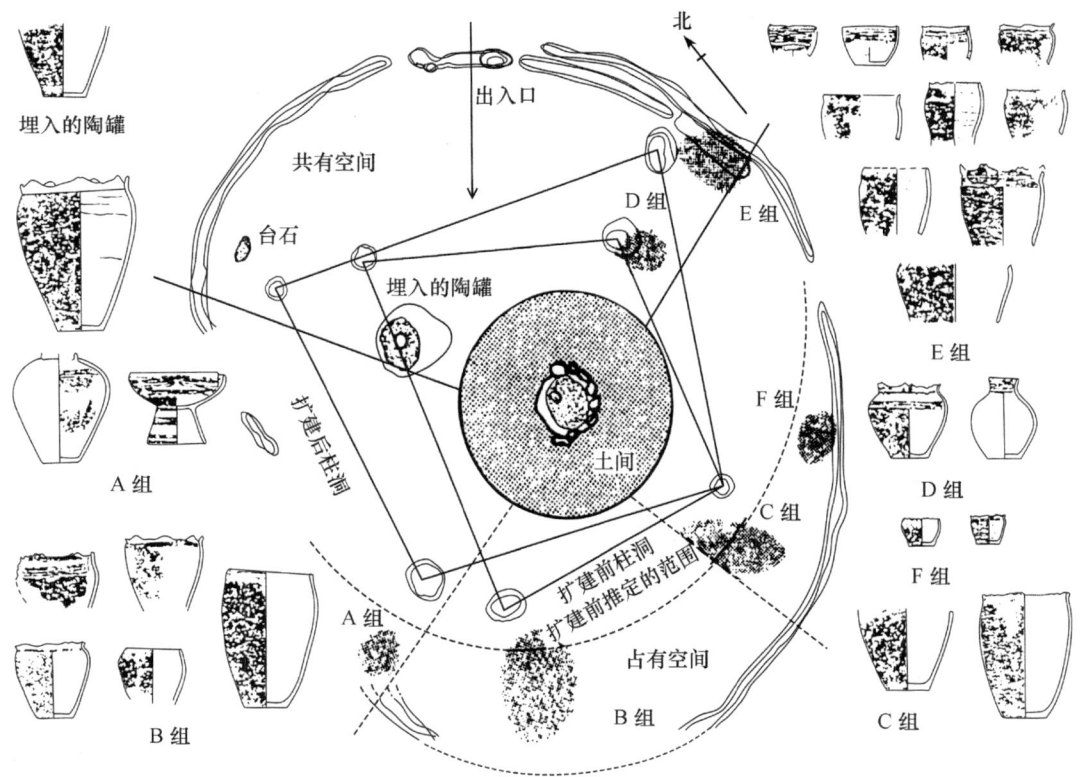

图六 日本秋田县诹访台SI61房屋平面示意图

空间的面积为19.67平方米，占总面积的40%，余下的60%是占有空间。由于这个房屋是以B式从南半部向外扩建的，扩张的面积为10.08平方米。由于它在扩建中只增加了占有空间，比较合理的解释应当是这个房屋原有两群人居住，占有空间在18平方米以上，由于增加到了3组人群，因此向外扩展了约10平方米，以保持每组人群的占有空间仍然在10平方米左右。

新井田川水系的岩手县马场野03号房屋扩建后是48.48平方米，为一次扩建，扩大面积是13平方米，也是由2组人群扩至3组人群。

从把房屋的占有空间平均为每一组人群可知，每一组人群的必要空间约为10平方米。这相当于绳纹时代的一个中小型房屋的面积。通过了解绳纹时代中小型房屋的性质，有助于我们确认弥生时代房屋内每一组人群的性质。

绳纹时代10~20平方米的房屋应是一对夫妻（单婚或复婚）和未婚子女居住的。从绳纹时代房屋埋葬的人骨数量看，一对成年男女应为单婚，两个男或女应为复婚。

但单婚与复婚家庭人口都为3~5人，房屋的面积也没有大的区别。因此弥生时代大型房屋的每一组人相当于绳纹时代的一个核心家庭。整个大型房屋构成了一个多对夫妻的扩大家庭。

在绳纹时代晚期就出现了大型房屋，可能是由于子女结婚的结果，不同辈分的夫妻结合成一个更大的群体。因此核心家庭结合成扩大家庭不是无序的结合，而是以血缘为纽带的。这个家庭包括了父母、亲子、兄弟和姐妹关系。

上面分析的弥生时代房屋的增大应当是因扩大家庭中核心家庭的数量增多而引起的。在诹访台SI61和马场野03号房屋的例子中，扩建后都达到了3组。根据绳纹时代核心家庭3~5人计算，诹访台SI61和马场野03号两个房屋的建筑内可容纳9~15人。诹访台SI61的总面积为48.19平方米，其中占有面积为60%，即28.91平方米，按最少9人计算，人均3.21平方米；按最多15人计算，人均1.93平方米。马场野03号房屋的总面积为48.48平方米，占有面积为29.09平方米，按9人计算，人均3.23平方米；按15人计算，人均1.94平方米。这两个例子中的人均面积平均后为2.6平方米，这基本反映了弥生时代房屋的人均占有面积。

诹访台SI61与马场野03号房屋都属于弥生时代的大型房屋（33~57平方米），房内居民分为3组，那么中型房屋（9~33平方米）应包含1~2组，9平方米以下的小型房屋应包含1组，特大型房屋（57平方米以上）应包含4组。从各种房屋的比例看，以中型和大型房屋为主，小型和特大型房屋比较少。这个比例说明这时以扩大家庭为主，只包含1组居民的小型房屋说明这时仍有核心家庭，但不是家庭的主要形式。

三、美国西南部史前房屋实例分析

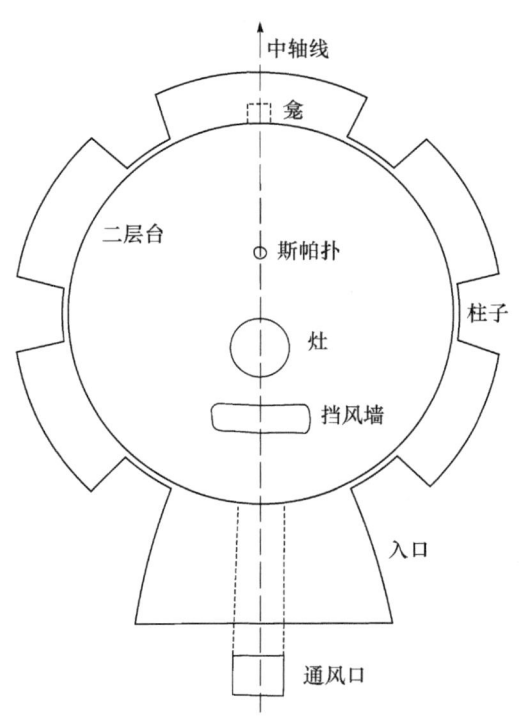

图七 美国西南部第一阶段半地穴式单体建筑房内格局

美国西南部皮埃布罗（Pueblo）印第安人的住房[5]分为以下三个发展阶段。

第一阶段是地穴式单体建筑，开始于制蓝人（Basket Maker）Ⅰ的晚期，为半地穴式圆形房屋，直径约为3米，并逐渐在入口前边出现一个方形前室，用于储藏。到了制蓝人Ⅱ阶段，这种半地穴式圆形房屋发生了变化，一是房屋增大，直径增至6米；二是内部格局逐渐趋于固定，并被后世所继承。在房屋中央是一个抹泥的灶坑，门朝南开。在门外有一通风口，形成一条从前室向房屋的中轴线上斜入地下的通道。房屋的前半部有一挡风的矮墙，以防止前室地下通道进入的风吹灭灶火。有时挡风墙向两侧延伸出双翼，构成一个准备食物和储藏的小空间。在房屋的后半部中轴线上出现一个小圆孔，是印第安人"进入精神世界"的通道。地下通道→挡风墙→灶→圆孔自南向北均位于房屋的中轴线上，成为固定的格局（图七）。

第二阶段是以地穴式房屋为中心的建筑单元，年代为制蓝人Ⅲ时期。首先是储藏设施和加工谷物设施从房内移至屋外，在房屋北侧构成了东西向排列的用石板砌成的储藏箱，有的箱内有磨制谷物的用具。在储藏箱和半地穴式房屋之间出现了柱洞和灶。这些柱子构成了没有墙壁的棚子，既可以遮阳，又可以避雨，是做饭和家庭作业的场所。从这些变化可以看出，在单个建筑与村落之间形成了建筑单元。它的形成是劳动场所和储藏设施与住房分离的结果。这个建筑单元包括了南部半地穴式房屋、北面成排的储藏箱和介于其间的有灶的棚子，它代表了一个家庭吃饭、睡觉、食物加工与准备、储藏和家内劳动等全部活动的空间，所以一个单体建筑与一个建筑单元的居民构成是相同的，只是在人口数量上有了较大的增加。这个家庭应当是由一对夫妻和他们的子女构成的。这时家庭人口的增多是经济发展的结果。这一阶段人们更加依赖人工种植的玉米、南瓜和红薯，并开始饲养火鸡，不再像以前那样依赖狩猎与采集经济。

第三阶段是地面多间建筑，为制蓝人Ⅲ的晚期向皮埃布罗文化的转变时期。经济和生活方式的改变影响了房屋及聚落的布局，形成了最早的皮埃布罗文化。首先是半地穴式住房北面成排的储藏箱随着经济的发展逐渐变成东西向成排的地面式库屋。由于它的建立，人们开始放弃半地穴式的居住方式，在库房以南建起了地面式房屋。这些房屋由多间构成，每间的格局、面积基本相同，每个房间都应是一个核心家庭的住所。随着核心家庭数量的增加，多间建筑的整体形状由"一"字形变成"凹"字形（图八），围绕着最南边的地穴式圆形房屋。这时的圆形房屋不再具有居住的功能（只是在最寒冷的冬天仍然有人居住），它向地下发展变成了地穴式房屋。在它顶部的地面上就成为了多间建筑前面的院落，一般有灶。这个地穴式房屋变成了专门的祭祀场所"基瓦"（Kiva），它由围绕着它的"一"字或"凹"字形建筑的居民使用，他们祭祀的是一个共同的祖先。除了祭祀外，这里还发现了固定在墙上的织布栓和石砧。根据民族学资料得知，这里也是男人们的作坊，男孩跟他们的舅舅学习各种生产技能。地穴式祭室由多间建筑内的居民使用，因此多间建筑内的不同核心家庭之间是以血缘为纽带联系在一起的，应是扩大家庭。由于扩大家庭的出现，原有的建筑单元发生了很大的变化：一排库房在最北面，其次是一排多间住房，最南面是地穴式圆形祭室，在它的顶部是住房前的院落。这个扩大家庭是当时独立的生产与生活单位。从灶的数量看，一个核心家庭不能构成一个独立的消费单位。祭室使扩大家庭的血缘纽带得以巩固。

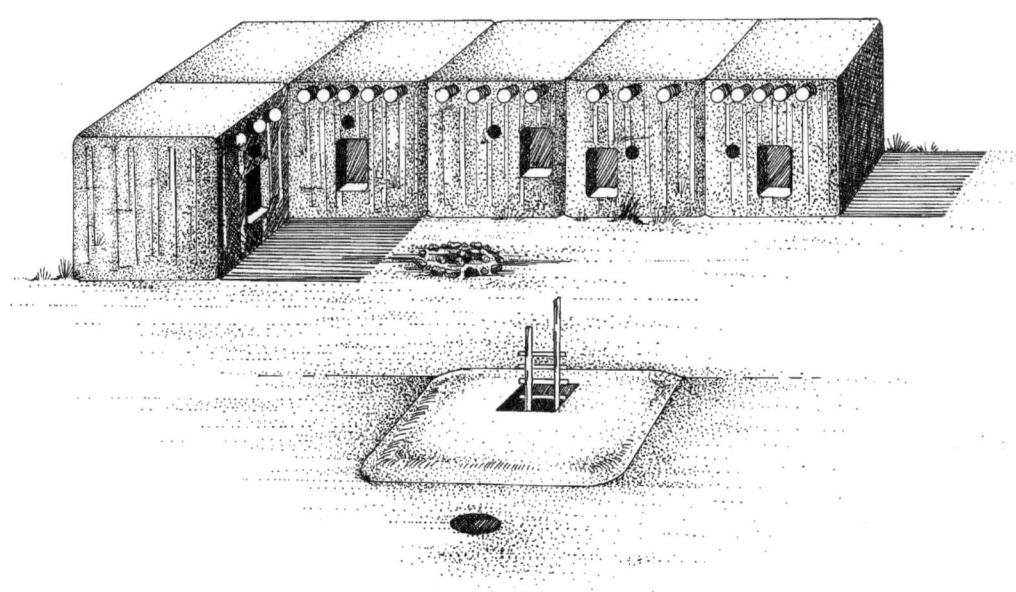

图八　美国西南部第三阶段地面"凹"字形多间建筑与地穴式祭室

四、中国史前房屋实例分析

中国史前时代在仰韶时代晚期的黄河中游出现了一定数量的多间房屋。这种多间房屋的出现与家庭形态的变化有密切的关系，是中国史前时代铜石并用时代初期社会变化的重要方面。目前所见发表资料最为理想的是郑州大河村F1-4[6]和湖北枣阳雕龙碑F15[7]。

郑州大河村F1-4反映了这个建筑不断扩建的过程。这个建筑的主体部分是1号和2号房间，其中位于东面的1号房间面积最大，里面有灶和大量的炊器，应是这个建筑做饭的地方。2号房间只有盛储器。1号与2号房间之间不相通。2号房间的门开在南侧，1号房间的门开在东侧。两个房间都有取暖的灶，均位于两个房间之间的隔墙处，两两相对。随着人口的增加，居住者利用1号房间的东墙连续盖了3号房间，并把1号房间原来的东门堵死了，改从北边开门。3号房间也是把取暖的灶建在与1号房间共用的暖墙，在靠1号房间东墙的中部建起了一个灶。房内不见任何陶器，应是仅供睡觉的房间。最后，在3号房间东部又盖起了4号房间，这个房间很小，房内不见任何取暖设施和遗物，应是库房。1号、2号、3号、4号房间的面积分别是20平方米、14平方米、7.8平方米和2.2平方米。其中最大的1号房间还有隔墙，形成了里外套间。

从F1-4的布局、建筑过程和相关遗物可以看出，这是一个包括了至少三对夫妻的大家庭。这个大家庭是一个独立的消费单位，他们共同在1号房间里做饭与就餐。从扩建的顺序看，在这些核心家庭中，1号和2号房间的居住者应当是最老的，当这个家庭的人口不断增加、长大的子女成婚后又形成新的核心家庭。在这里扩大家庭是由不同辈分的核心家庭组成的，他们之间以亲子关系为最重要的联系纽带。

湖北枣阳雕龙碑F15是一个由7间房间组成的建筑，总面积为101.2平方米。每个房间的门址皆构筑为推拉式结构的门框。大多数房间的门都是直接通向户外的。只有2号和3号房间之间有门道相通。每个房间内都有灶围，它既可以做饭，也可以取暖。这个建筑并不是因失火而废弃的，因此不知道房内遗物是否全面反映了当时的使用情况。房内的遗物可以分为陶容器、农业工具和家庭手工业工具。陶容器有罐、盆、擂钵、钵、碗、杯和器盖等；从器形与陶质看，只有罐、盆和擂钵为夹细砂陶，有可能是炊器，其余均为盛食器。

这7间房间的器物组合可以分为三类。

第一类，出炊器、盛食器和生产工具的有Ⅱ号、Ⅴ号、Ⅵ号和Ⅶ号房间，其中Ⅴ号房间中有可能作为炊器的只有一件夹细砂的擂钵，故其勉强可以归入这一类。它们的面积分别为9.25平方米、12平方米、13.5平方米和12.5平方米。

第二类，出盛食器与生产工具的有Ⅰ号和Ⅲ号房间，其中Ⅰ号和Ⅱ号房间有门相通，为一个套间。它们的面积分别为12.5平方米和8.1平方米。

第三类，只出生产工具的仅有Ⅳ号房间。它的面积近5平方米。

出第一类组合的房间有可能具有炊煮功能，是比较独立的消费单位，面积在12～13.5平方米（Ⅱ号房间为套间，可排除在外）。

出第二类组合的房间没有炊煮功能，不构成一个独立的消费单位，面积在10平方米以下（Ⅰ号房间为套间，可排除在外）。

出第二类组合的Ⅰ号房间出土的工具，是整个建筑内最为丰富的，并与出土炊器和盛食器最丰富的Ⅱ号房间相通，因此Ⅰ号与Ⅱ号房间应是按不同功能而结合的一个整体。Ⅰ号与Ⅱ号房间的居住者共同使用Ⅱ号房间为炊煮场所，Ⅰ号房间为家庭作业空间，它们有门道相通，关系密切。这种侧重不同功能并有门道相通的闭合整体的房屋在中国是比较少见的。

出第二类组合的Ⅲ号房间有通向外面的门道，它的面积为8.1平方米，它应与有炊煮功能的Ⅱ号或Ⅴ号房间有关，从其位置看，与Ⅱ号房间有联系的可能性更大些。

出第三类组合的只有Ⅳ号房间。这里有取暖的灶和少量的生产工具，没有任何陶器。它对具有炊煮功能的房间有更大的依赖性，应当是在那里就餐后返回自己的住房。

湖北枣阳雕龙碑F15与郑州大河村F1～4既有相同之处，又有不同之处。两者都是多间建筑，应是几对夫妻居住的场所。从建筑的程序看，前者基本上是一次建成的，尽管"十"字形承重墙在前，小的间壁墙在后，但那只是建筑顺序，因为原有承重墙的跨度太大。而后者则是随着人口的增多、家庭的裂变由2间逐渐扩建而成的。两者每间房间的面积都约为10平方米，家庭规模也应当大体相同，应是一对夫妻及其子女构成的核心家庭。

两者多间建筑的房间根据器物组合、门向和面积可以归为以下几种情况。

（1）雕龙碑F15中的Ⅰ号和Ⅱ号房间构成一个封闭式的建筑单位，有灶、炊器和生产工具，面积在20平方米以上，是一个相对独立的消费单位。两个房间为一对夫妻与子女的核心家庭，相互关系密切。

（2）有炊煮功能的房间，如大河村1号房间，雕龙碑Ⅴ号、Ⅵ号和Ⅶ号房间。由于它们有炊器和生产工具，因而是经济上相对独立的由一对夫妻和子女组成的家庭，面积为10～20平方米。在大河村，这种房间都有依赖于此的第三类房间，如2号和3号房间，它们共同构成一个扩大家庭。雕龙碑的这类房间，有可能与第三类房间共同构成一个扩大家庭，也可能是一个独立的核心家庭。

（3）没有炊煮功能的房间，它们不构成独立的消费单位。但依据盛食器的有无还可以分为两类，一类是有盛食器的，如大河村2号房间和雕龙碑Ⅲ号房间；另一类是没有盛食器的，如大河村3号房间和雕龙碑Ⅳ号房间。前者是把食物取回在自己的房间内就餐，面积大一些（8~14平方米）；后者只是睡觉和放置工具的场所，面积更小（5~7.8平方米）。

结合以上的分类可以看出，大河村F1~4的多间建筑的1~3号房间均为一个核心家庭的住房，在一个大房间里做饭，核心家庭的独立性比较弱；雕龙碑F15中的7间房间既构成相互依赖的扩大家庭，也可能有保持独立的核心家庭。

五、各地比较

以上列举的史前房屋的变化有一个共同之处，即房屋的面积不断增大，格局向着分化的方向发展。两河流域由三间的开放式格局发展成一个中厅和两个侧厅的封闭式格局；日本东北地区北部是在一个圆形房屋内的占有空间的扩大；美国西南部是由地穴式单体建筑发展成地面多间建筑；中国以中原为中心的地区是从单间发展到多间建筑。这种变化尽管其表现形式各异，但都是家庭人口数量和结构发生变化的反映，它所代表的家庭变化应当是扩大家庭的兴起。但是这种变化在以上四个地区中是否普遍存在，还需进一步分析。

在以上的四个地区中，两河流域与美国西南部揭示的是一个房屋发展和变化的过程，这个过程是房屋面积逐渐增大和格局分化的过程。日本和中国只是一个时间的断面。日本的史前房屋的变化发生在弥生时代的早期和中期。从这个变化发生之前和之后的房屋平均面积基本可以看出这个变化的来龙去脉：绳纹时代晚期，房屋的平均面积为19.55平方米；弥生Ⅰ期，房屋的平均面积为55.22平方米（因有一个特大的房屋，如果除去这个房屋，房屋的平均面积是绳纹时代晚期的二倍）；弥生Ⅱ期，房屋的平均面积为35.54平方米；弥生Ⅲ、Ⅳ期，房屋的平均面积为33.6平方米；弥生Ⅴ期，房屋平均面积为6.74平方米。这个统计数字说明，房屋面积最大是在弥生早期，到了中期略微变小，末期又与绳纹时代晚期大体相当。这个变化的地域在东北地区的北部，而南部没有房屋变大的现象。中国的两个建筑实例大体相当于仰韶向龙山的过渡时期。中国最早的多间房屋出现在庙底沟时期的鄂北豫南，即长江与黄河中游之间。到了龙山时期，开始流行单间房屋。所以日本与中国，无论在时间上还是在空间上这种变化都是不普遍的。日本的情况笔者了解有限，仅就中国史前房屋而言，单间房屋始终是主要的房屋形式。

如果拿中国并不普遍的多间房屋与两河流域的多间房屋相比，两者也有很大区别。两河流域的多间房屋是从开放式格局发展为封闭式格局，这反映了多间房屋内的居民对于整个社区依赖的减少，而相互间的依赖增强，是扩大家庭逐渐独立的过程。从中国多间房屋的发展看不出这种变化，而且开放式格局始终是多间房屋的主要形式，这说明多间房屋内的居民仍然依赖于整个社区，这和单间房屋内的居民与社区的关系没有太大的区别，只是相互间房屋的距离近一些，关系也相对密切一些。中国与两河流域史前房屋的区别反映了两地在史前时代的家庭形态是不同的，这种差别对于两地文明的进程以及在早期国家阶段血缘与地缘的特点都有很大的影响[8]。

与房屋变化同时发生的社会变革为我们探讨房屋变化的原因提供了重要的信息。在两河流域，代表独立的扩大家庭的封闭式多间房屋出现在萨玛拉文化[9]。这个文化出现了两河流域最早的简单灌溉农业。在此之前的哈孙纳文化是旱作农业，它的房屋形态为开放式多间建筑，应当是以核心家庭为主而扩大家庭尚未独立和成熟。根据这些现象，我们可以进行这样的解释：灌溉农业需要对土地投入大量的劳动力，用于挖渠和疏浚河道等，这可能是一个核心家庭难以应付的；旱作农业则不需要投入这么多的劳动力，这与核心家庭这种家庭形态是相适应的。

在日本，弥生时代房屋的变化伴随着稻作农业这一新的生产方式的传入，大房屋内核心家庭数量的增多与稻作农业的关系很可能与两河流域的情况相似。但日本东北地区南部房屋的面积没有增大的现象，说明也可以采用不同的劳动力组合方法来适应稻作农业。

美国西南部房屋最大的变化是从以地穴式房屋为中心的建筑单元向地面多间建筑发展的过程。这一时期的经济生活发生了很大的变化，人们不再像以前那样主要依赖狩猎与采集，而是更加依赖人工种植的玉米、南瓜和红薯，并开始饲养火鸡，成排的地面式储藏室可以看作是经济发展的标志。

中国的这种房屋变化虽然不普遍，但也是发生在史前时代的转折时期，从庙底沟文化至仰韶向龙山的过渡时期，尽管这个变化没有成为中国史前房屋的主流。

六、结　　语

通过对两河流域、日本东北地区、美国西南部和中国中原地区的史前房屋变化的比较与分析，可以得出以下认识。

（1）各地房屋的变化都有面积增大、格局分化的趋势，当反映了扩大家庭的增多。各地不同的房屋形态的变化可能反映着相同的发展本质。

（2）这种变化在两河流域和美国西南部有着普遍的、完整的发展过程。在日本和中国，这种变化在时间上和空间上都是不普遍的。由此可知，以两河流域为代表和以中国为代表的史前房屋及家庭形态有很大的区别。

（3）房屋及家庭形态的变化都伴随着当地经济生活的变化，是人们为适应生产力的发展对劳动力进行重新组合而改变了社会关系的结果。

附记：本文与阿瑟·罗恩（Arthur Rohn）合著，罗恩系美国堪萨斯州维奇塔大学人类学系教授。

注　释

[1] Lloyd S, Safar F. "Tell Hassuna." *Journal of Near Eastern Studies*, 1945 (4).

[2] Breniquet C. "Tell Es-Sawwan-rélatiés et problèmes." *Iraq*, 1991 (33).

[3] Roaf M. "Social organization and social activities at Tell Madhhur." *Upon This Foundation—The 'Ubaid Reconsidered*. Copenhagen: Museum Tusculanum Press, 1989.

[4] 高瀬克範. 東北弥生生活の住居と居住単位. *Cultura Antiqua*, 1999 (9): 1-18.

[5] Rohn H. *Mug House: Mesa Verde National Park-Colorado.* Archaeological Research Series 7-D. National Park Service, Washington, D.C., 1971.

[6] 郑州市博物馆：《郑州大河村仰韶文化的房屋遗址》，《考古》1973年第6期。

[7] 中国社会科学院考古研究所湖北队：《湖北枣阳市雕龙碑遗址15号房址》，《考古》2000年第3期。

[8] 参见杨建华：《试论文明在黄河与两河流域的兴起》，《华夏考古》1999年第4期。

[9] 关于各文化的年代参见杨建华：《两河流域史前时代》，吉林大学出版社，1993年。

[本文原载于《古代文明》（第三卷），文物出版社，2004年]

美国西南部史前聚落形态及其比较研究
——兼论文明起源的动因

美国西南部是皮埃布罗（Pueblo）印第安人的故乡，主要分布在亚利桑那州（Arizona）、新墨西哥州（New Mexico）、科罗拉多州（Colorado）和犹他州（Utah）等地。这些印第安人的文化自公元前700年到20世纪初，变化速度缓慢，文化结构稳定，又有大量的民族学资料作参考，是了解史前文化社会结构的理想地区。这里的考古工作从本世纪初一直在全美洲处于领先地位：地层学、序列排队法、地区性年代序列的建立等，均出自这一地区[1]。这些工作使得某些时段的编年可以通过地层学、类型学和树木年轮的结合精确到某一年。

从世界范围用比较的眼光来审视这一地区的史前考古我们会发现，这里所揭示的史前文化比其他地区的更加具体、生动，更富有血肉感，它将对中国的史前研究具有重要的借鉴意义；更重要的是，这一地区始终处于平等社会阶段。它与世界其他进入原生文明的地区的比较还可能揭示出那些导致这里的印第安人始终停留在原始社会的因素，并且帮助我们用逆向思维的方法找到我们文明起源与形成的动因。综上所述，美国西南部史前社会的研究对于我们全面认识人类的童年——史前时代和寻找进入文明社会的原因都是非常重要的。

一

美国西南部地区的文化编年是20世纪20~30年代著名考古学家基德（A. Kidder）通过对派科（Pecos）遗址的研究提出来的。它分为制篮人（Basket Maker）和皮埃布罗两大阶段，年代从公元前700年到本世纪初（见表一）[2]：

表一

B.C.700 600 400 100 0 A.D.100	500 600 700 800 900 1000 1100 1200 1400 1500 1600 1700 1800 1900
制篮人 I　　　　Ⅱ　　　　　Ⅲ	皮埃布罗 I　Ⅱ　　Ⅲ　　　Ⅳ　　Ⅴ　　　Ⅵ

在近2600年的历史进程中，聚落形态的发展可以大致分为三个阶段。聚落的等级可以分为单体建筑、建筑单元、村落区和村落四个层次，单体建筑又分为居民和祭祀两种。

1. 第一阶段　以半地穴房屋为代表

最早的单体建筑属于年代为公元前700～前600年的晚期制篮人Ⅰ时期，为半地穴式，向下深入地下30厘米左右。穴壁边立置竖石板作为墙壁，平面近圆形。地面以上的墙一种是用横置的圆木搭成，随着高度的增加，圆木不断内收以形成穹顶；另一种墙是在地面竖置墙柱，这些墙柱均向房内的四个呈正方形分布的中心柱倾斜，再在墙柱上横绑上树枝或盖上树皮，最上面抹泥（图一）。在玛米（Mammy）洞穴发现的房屋直径为3～3.3米，内壁石板高1米，地面上用圆木、树枝、芦苇和泥构成蜂房式的屋顶，房内有砌有石壁的窖穴和灶，房顶上有开口，作为炊烟和人的通道。这时的地面多不平整[3]。

进入制篮人Ⅱ，这种建筑的直径增大到6米，居住面平整并抹泥，同时在南侧出现一块用柱洞围成的踩踏面，说明出现了前室，主要是用于贮藏。前室的柱洞间距有的地方很大，有可能是从地面进入房屋的入口（图二）[4]。房内仍是四个主柱，在它的上面横置四个檩子，在檩子上放置椽子和斜置于地面上的立柱，树枝垂直地绑在立柱上构成木骨泥墙，在椽子上也垂直地绑有树枝，上面敷泥。房顶非常平，上面放置磨盘等谷物加工工具，说明人们是在房顶加工谷物。房屋入口仍在房屋顶部。

这时的房内设施及布局已经固定，后世一直延续使用。首先在房屋中央仍有一个抹泥的灶坑；其次，在房屋南侧前室的地面有一个斜下去的地下通道，直接进入半地穴式房屋；在灶和前室之间用石块或木骨泥墙构成一道挡风的矮墙，以防止前室地下

图一　地穴式房屋复原图

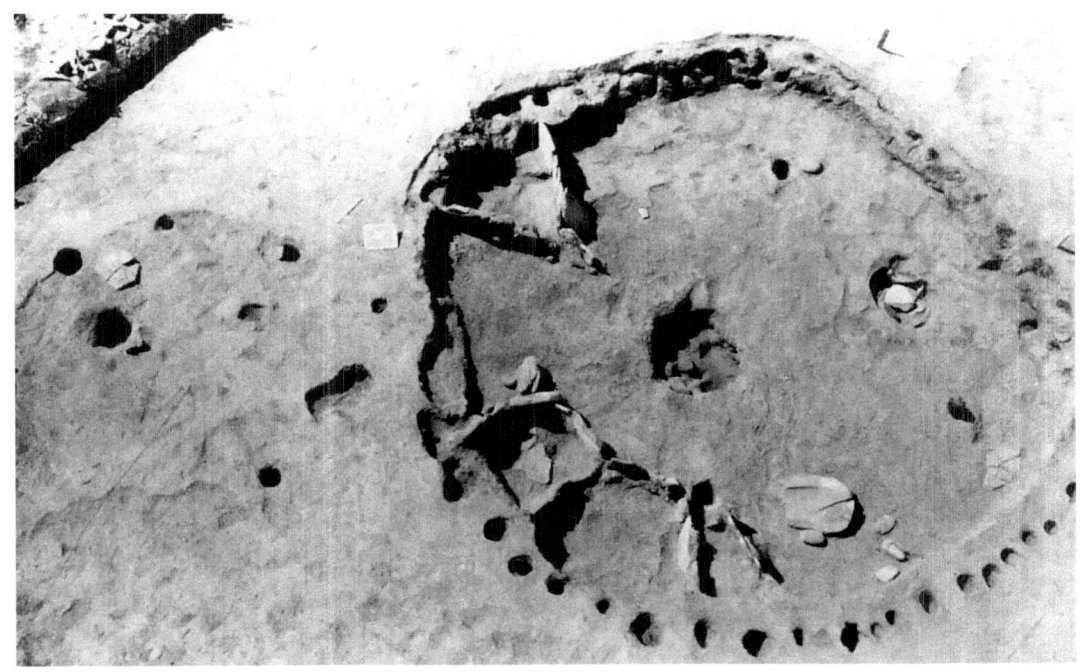

图二 地穴式房屋耶娄贾切特（Yellow Jachekt）遗址

通道进入的风吹灭灶火。有时这道矮墙向西侧延伸为两翼，与墙壁相接，构成一个小空间，作为准备食物和贮藏之用。有时在东翼有一个贮藏用泥箱。在居住面上常常发现一个小浅坑，里面有沙子，用以放置圈底器物以防止倾斜和翻倒。在灶坑和北壁之间有一个小圆洞，这是印第安人进入精神世界的通道，被称为"斯帕扑"（Sipapu），这说明住房还兼有宗教功能。这些设施从南到北是这样排列的：前室地面的地下通道—挡风墙—灶——"斯帕扑"，它们均位于房屋的中轴线上（图三）。这种格局经历了上千年，虽然建筑材料发生了改变，但基本格局没有变。

在制篮人Ⅲ阶段，房内贮藏设施开始减少，它们开始移到房外地面，在房屋北侧构成了东西向排列的有石板壁的贮藏箱，有的贮藏箱内有磨制谷物的用具（图四）。在贮藏箱和圆房之间的地面上有柱洞和灶，这些柱子构成了没有墙的棚子，既可遮阳，又能避雨，棚子中间还有灶，是人们平日里进行各种家务劳动和加工制作的活动场所。由于劳动场所和贮藏设施与住房的分离，在单个建筑和村落之间就又形成了一级聚落等级——建筑单元，它由圆形或方形的居住房屋和其北面成排的贮藏箱和有灶的棚子构成（图五），代表了一个家庭吃饭、睡觉、食物加工、贮藏和手工业劳动等全部活动。与制篮人Ⅱ相比，这时的经济生活发生了很大的变化，人们更加依赖人工栽培的玉米、南瓜和豆类等作物，并开始畜养火鸡，而不再像以前那样依赖狩猎和采集经济，由此形成了全年的永久性定居的生活方式。这些经济和生活方式的改变导致

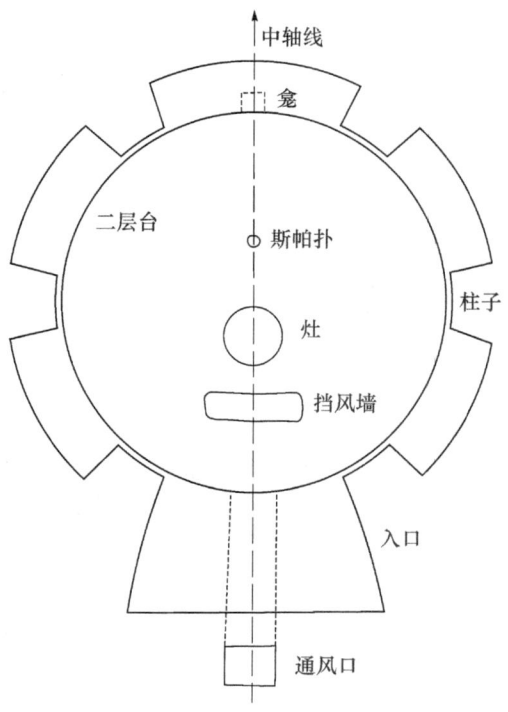

图三 半地穴式房屋内部格局梅萨·维德（Mesa Verde）遗址

1

2

图四 有谷物加工工具的石板箱格兰·奎比拉（Gran Quivira）遗址

了人口增加、食物及其贮藏数量增多和制陶手工业劳动的发达，而这正是这时期房屋和聚落变化的根本原因。

这一阶段的村落是由以圆形房屋为中心的建筑单元构成的，它们均匀地分布在村落内，只有村子的东南角是一片空地，有人推测可能是全村人集合和举行礼仪活动的场所。据推测，当时的人口为100~150人。

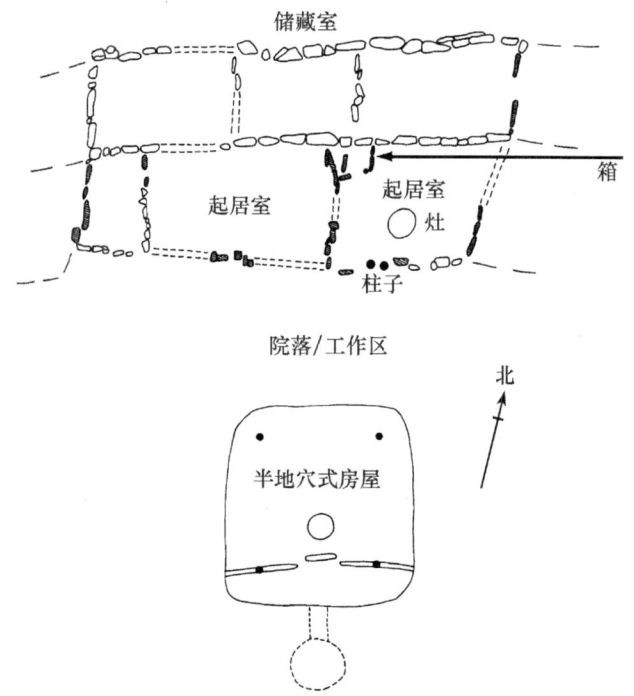

图五　最初的建筑单元鸭足（Duckfoot）遗址

2. 第二阶段　半地穴式房屋向祭室的转变

进入制篮人Ⅲ的晚期至皮埃布罗Ⅰ初期（公元700～800年），经济和生活方式的变化继续影响着房屋和聚落的布局，并形成了最早的皮埃布罗人的文化[5]。半地穴式房屋发生了变化，主要是变得越来越深，到800年时已全部进入地下。随着房屋向地下发展，要求顶梁柱变长，为了节省木料，人们在向下挖穴壁时有意留出一圈台阶（类似生土二层台），这样就可以使用比较短的立柱，将其架在台阶上，或者在台阶上用石头砌成石柱，然后在立柱上横置木椽，并通过不断地变换横置木椽的角度，最后形成了一个叠涩的穹顶。再在房顶上面填土，使之与地面基本平齐。房顶的中部仍留有出入的洞口（图六）。这时房内少见贮藏箱，它们在圆房的北侧形成了一排东西向的

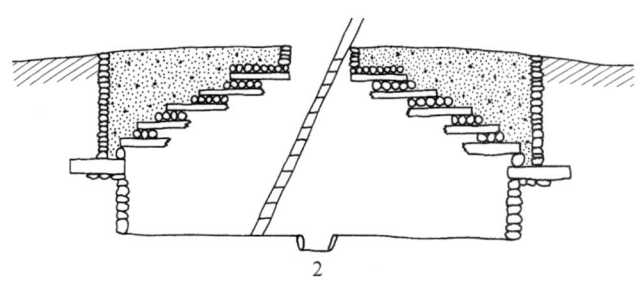

图六　向地下发展的基瓦
1. 崖宫（Cliff Palace）　2. 国家公园遗址

库房。随着圆房的逐渐深入地下和地面库房的建立,人们开始放弃了穴居地下的习俗,在地面上建起了住房,住房的位置介于库房和地穴式圆房之间。由于圆房完全深入地下,人们利用它的房顶作为院落,以取代原来的棚子(图七),已经失去了居住功能,成了祭祀的场所,被印第安人叫作基瓦(Kiva),这是皮埃布罗印第安人典型的文化特征。这时的基瓦兼顾着民用和祭祀两种功能,印第安人在严冬和酷暑时常常下到基瓦,在这里发现了固定在墙上的织布栓和石砧。根据民族学资料,基瓦是男人的作坊,其中一项任务就是缝制宗教仪式上穿的服饰,男孩跟他们的舅舅而不是他们的父亲学习生产技能。

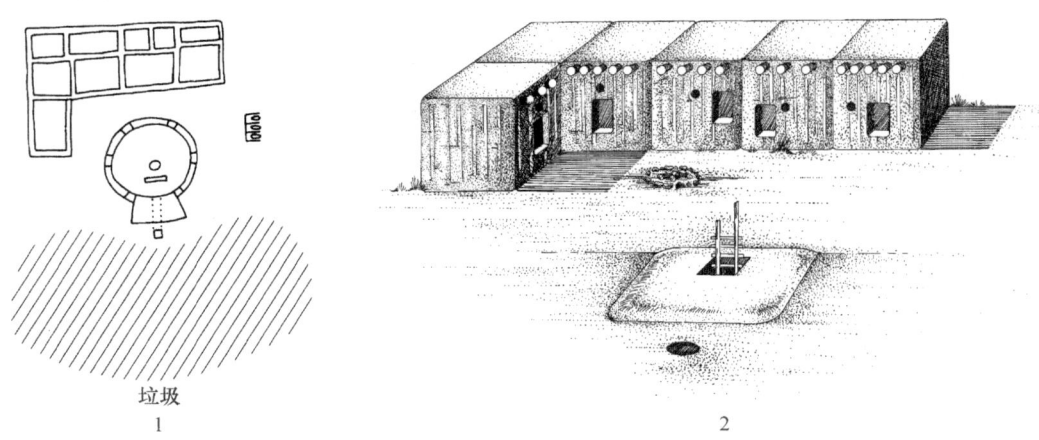

图七　建筑单元的发展皮埃布罗Ⅰ时代建筑单元
1.房址图　2.复原图

由于居住、贮藏、祭祀和手工业劳动场所的形式和地点的变更,使这些因素所构成的建筑单元的格局也发生了改变:一排库房在最北侧,其南是一排住房,这时的住房分成了两个或两个以上的家庭,它们共同使用南面深入地下的圆形房屋(基瓦)以及圆房屋顶所构成的院落。这种住房的裂变一方面反映了家庭的分化,同时也说明了共同使用一个祭室的血缘组织的形成。

随着建筑单元格局的改变,村落呈一排排的布局。这时聚落的人口比上一个阶段增长了近一倍,而且从这个聚落中不断地分离和迁徙出一个个建筑单元,它们位于聚落之外,但又离聚落不远,所以一个聚落便形成了中心区密集、边缘区稀疏的分布格局(图八),这应当是人口增加、家庭裂变的结果,反映了聚落扩大过程中建筑单元所起的作用。

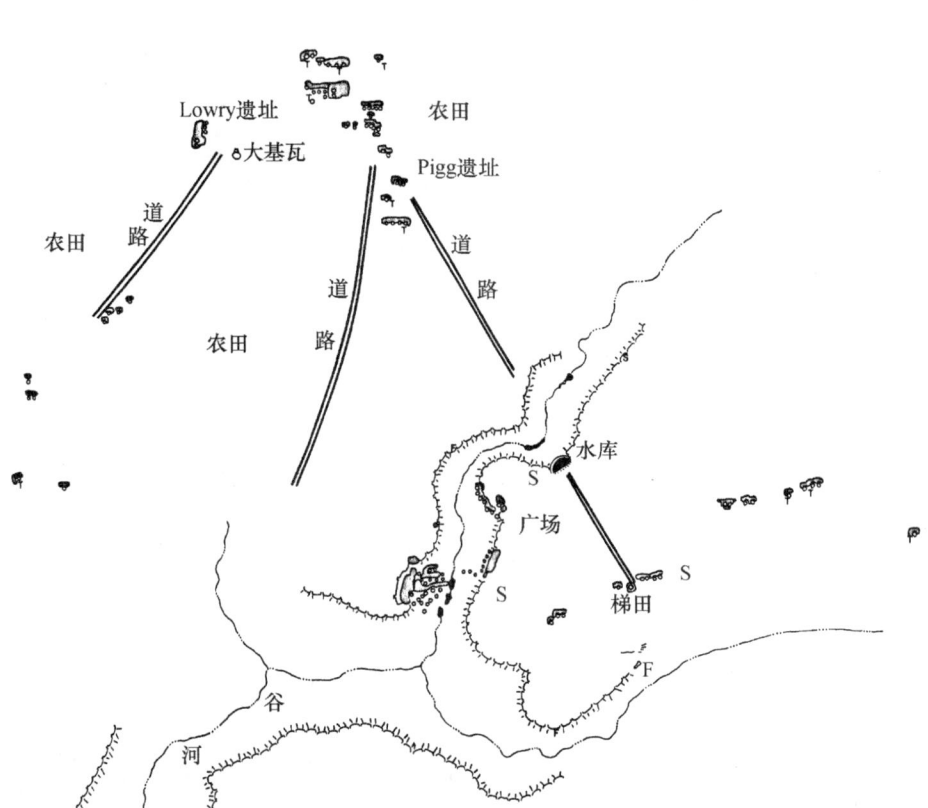

图八 中心密集、边缘稀疏的聚落布局［罗里镇（Lowry Town）遗址］

3. 第三阶段　血缘祭室向社区祭室的转变

进入皮埃布罗Ⅱ（公元1000年）以后，最早用于贮藏设施的石头建材广泛应用于基瓦建筑中。原来在穴壁上留出的二层台上的木柱全部由石柱代替，开始是四根，后来发展成六根，石柱上面仍然是由横置圆木构成的叠涩穹顶。墙壁开始抹泥，上面绘有壁画，分几何形和写实图案两种，在与"斯帕扑"相对的北壁正中出现了壁龛。这时的基瓦只有宗教功能。这种祭祀行为是以若干建筑单元为单位进行的，这些建筑单元是以血缘为纽带维系的，对外人是保密的，因此被称作血缘祭室。

在血缘祭室已经非常完善的时候，新出现了一种巨大的独立的基瓦，它不与任何建筑单位相连，有的位于村落中心[6]。它的格局与血缘基瓦相同，只是直径可达30米，在房屋中心的灶的两侧各有一个凹入地下的矩形石槽，有人认为是放置脚鼓的，在举行仪式时要击鼓奏乐（图九）。有的大基瓦边上还有塔（图一○），它的石头和

图九　社区基瓦的内部结构［查科（Chaco）河谷］

图一〇　社区基瓦边上的塔［梅萨·维德（Mesa Verde）国家公园］

基瓦的一样都经过了磨光，因此也具有宗教的功能，而不是了望塔。有的大基瓦的周围有三层石围墙环绕（图一一），石围墙之间有竖墙将两层环形围墙隔成一个个分离的空间。从大基瓦的规模和位置看，它应当是服务于整个村落的，甚至还可能包括周围的小村子。除了在村落内的血缘基瓦和公共基瓦外，印第安人还有一种宗教遗存，它的村落外的山坡上，多用石块砌成，上面堆上石头，很像蒙古族的敖包，在它的附近多有岩画，是印第安人对自然神祭祀的遗迹。

随着人口的增加，住房的格局又发生了变化，原来东西向呈"一"字形的住房建筑的两端或一端向南形成90°折角，将其南面的基瓦包围在里面（参见图七）。石头建材也开始用于住房，这使得印第安人能够用石块砌成二层，甚至三层楼房（图一二），石块之间用泥灰固定相连。这种石头建造的建筑单元紧密相连，构成一个大的建筑区，一层、二层和三层的居民都使用一个基瓦以及上面的院落，这说明这种血缘组织的人数和家庭都在增加。这时村子的人口已经达到1000人以上，村子周围有人工修筑的水库。村子在明显扩大的同时，出现了二分式布局，有的是用一片空地

图一一　社区基瓦周围的围墙［戴尔·阿罗约（Del Arroyo）遗址］

相隔，有的是用河流相隔，还有的房屋密集的村子只用一个建筑的墙将其隔开，使两区的人不能来回走动（图一三）。每个区都有自己的公共基瓦。这个阶段聚落的选址除了原有的平原，又出现了山脊、悬崖边、悬崖内和河谷的边缘，这些地点似乎更易于防守，也许与这时部落之间频繁的战争有关（图一四）。在农田和水源的选择上，人们似乎更加倾向于靠近水源。

图一二　多层建筑复原图［霍文卫普（Hovenweep）城堡］

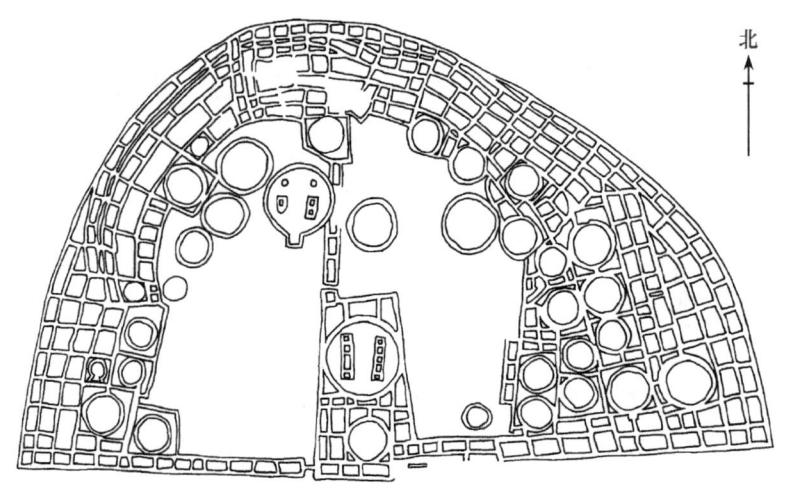

图一三　二分式聚落布局［波尼托（Bonito）遗址］

图一四 悬崖下的聚落布局［崖居（Mug House）遗址］

进入皮埃布罗Ⅲ（1200年），公共祭室的数量呈上升趋势，在大祭室的附近多有大型广场，由此可以推测参加祭祀仪式的人很多，而且大多数人只能在广场上，这说明这时期祭祀活动的规模和参与程度有了等级划分。与此同时，这时的血缘祭室已经不那么重要了。在1200年左右，由于自然环境的恶化和人口的增长，资源紧缺造成的人口大迁徙更加速了这一变化过程。大量移民的出现淡化了以血缘组织为单位的祭祀观念，而社区意识则在加强。在查科（Chaco）河谷出现过一个短暂的城镇，标准建筑单元仍是以南北向为纵轴，呈东西排列，街道与广场穿插其间，它的人口已超过4千~6千人，并有通向附近村子的道路网。但这个城市化过程只经过了两代人便结束了。其余的印第安人聚落始终保持在2000~3000人的水平[7]。

大迁徙之后的印第安人的聚落布局发生了改变，东西一线、南北成排的布局变成了向心式环形布局。这种布局淡化了印第安人内部血缘组织的区别，而加强了整个印第安人社区的向心力，这可能与殖民者的入侵有关（图一五）[8]。

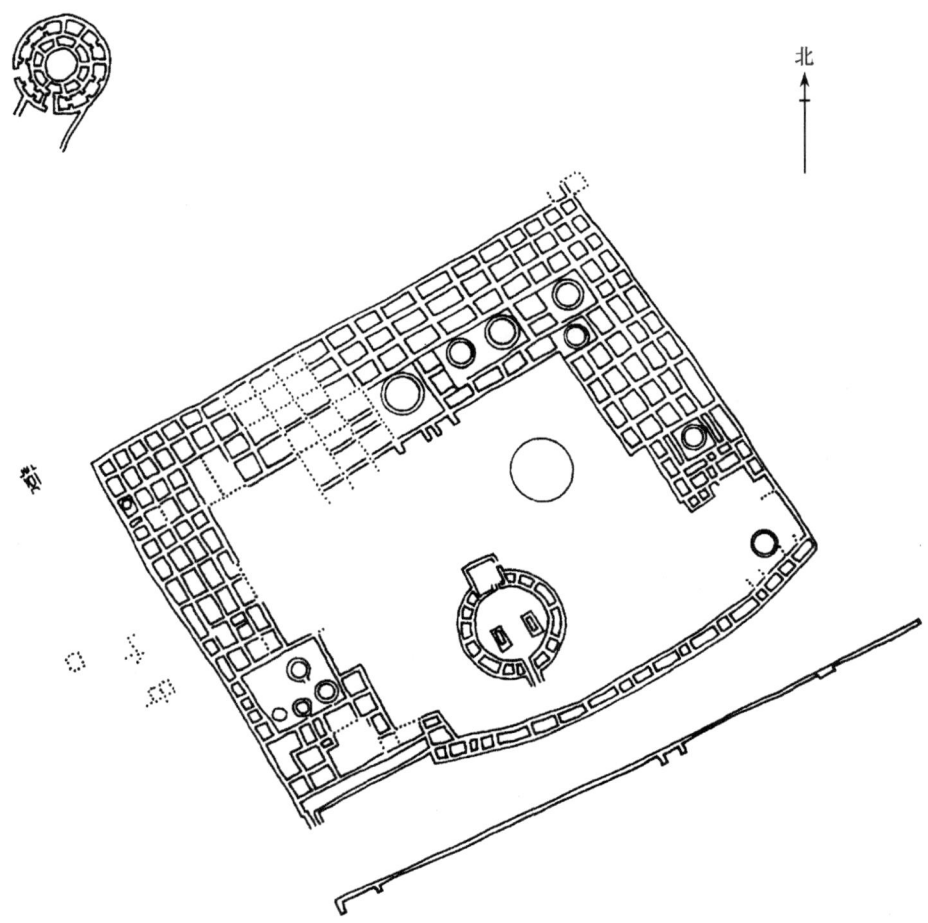

图一五　向心式聚落布局［阿兹特克（Aztec）遗址］

二

　　从上面划分的三个阶段可以看出，完整的皮埃布罗印第安人聚落形态可以分为单个建筑、建筑单元、村落分区和整个村落四级组织。建筑单元是单体建筑的居民在生活、贮藏、祭祀、劳动方面功能分化的结果，因而二者代表同一级社会组织。从民族学资料和它的结构和规模看，它的居民是一个小型的扩大家庭，即只包括一对夫妻及其子女和他们的亲属。在这个建筑单元中，住房的数量在不断地增加，由"一"字形排房发展为两端向南的"凹"字形房屋（比较图五和图七的住房）。这种住房数量的增多既有家庭内部人口增多的原因，又是住房功能进一步分化的结果（住房又分为起居室和卧室）。单元之间接近的也反映了居民在血缘上比较亲近。

　　最早的村落是由十个左右的圆形房屋构成。村落周围有一圈柱洞环绕，是村子的边界。圆形房屋均匀地分布在村子的各处，只有东南部是空地，这里应是村民集合的场所，是举行仪式和祭祀的地点。这时的村民人口在100人以内。在第二阶段，村落人口成倍地增长，一些村民到离村子中心不远的外边去建他们的居住单元，因而聚落便形成了中心地带房屋密集、边缘地带房屋稀少的明显的两部分。由于第一、第二阶段的居民多定居在平原，因而村落保存得不好。进入第三阶段，印第安人开始选择山崖下面作为定居点。由于山崖能遮风避雨，许多村落得以完整地保存下来，其中在梅萨维德（Mesa Verde）山崖下的崖居（Mug House）遗址向我们展现了这时的村落布局[9]。由于居住面和朝向的限制，村子呈密集状排列。一个家户以一个有灶的中心房屋为主，周围小房屋是贮藏室和卧室，外面有院子，是家庭手工劳动和做饭的地点。几个家户共有一个院子，这个院子的下面是一个共用的地穴式的基瓦，这说明这些房屋的居民应是一个血缘集团，有一个共同的祖先。这个村子是沿山崖走向呈南北向分布，在北部约2/3处即南部的1/3处，由六间房屋的墙相连（图一四），这六间相连房屋的墙均没有南北向的门，因此隔断了南北区之间的往来。南北两区各有一个大基瓦作为这两区的宗教场所。可见南北两群人应是两个以血缘为纽带的社会组织，它们轮流掌管着冬季和夏季的祭祀活动。

　　建立在扩大家庭之上的社会组织就是血缘群体，也就是氏族。从民族学研究和考古发掘可以证明，这里的血缘组织是以女性的代代相传为序的，即母系社会。氏族的规模随时代发展有很大变动，大的氏族可以构成一个小村落，或大村落的一个亚区，小的氏族就是几个相邻的、共用一个院落的若干建筑单元。二分式布局的村落至少是由两个氏族构成的。氏族是靠血缘纽带和单独的宗教仪式维系的。从位于一个建筑单元中的基瓦和公共基瓦的出现与消长，我们可以看出在聚落发展变化中血缘组织和社区组织这对矛盾的变化。早期只有建筑单元中的基瓦，说明这时村落是由单纯的一个个血缘组织构成的；晚期公共基瓦的出现与增多说明超越单个血缘组织的社会组织出现了，它们也需要有自己的宗教仪式，因而便产生了为其服务的祭祀场所。这种社区组织的形成，一方面是通过原有分化出去的氏族之间的重新联合，另一方面是由于出现了外来人口，它仍是以血缘组织为基础的，与地缘组织是完全不同的。

皮埃布罗印第安人的宗教活动场所经历了一个变化过程：首先是在住房中就有宗教性质的设施——斯帕扑，这是一个通向地下的小洞，代表了印第安人通往精神世界的道路，这应当与印第安人的创世神话中关于印第安人来源于地下的说法有关。从当时的布局可以看出，这时的宗教还没有固定的仪式，只在日常生活中进行。当祭室和住房分开后，最开始的祭室也兼有生活与宗教两种功能，整个建筑单元的居民在严冬和酷暑时到地下的基瓦中，这里冬暖夏凉。从基瓦出土的固定在墙角处的织布栓和石砧可以看出，这里主要是男子活动的场所。民族学资料显示，石器和祭祀时的服装的制作都是男子从事的，祭礼也多由男子主持，但祭祀时并不排斥妇女参加。在这个母系社会中，许多重要角色都是由男性承担。后来基瓦逐渐发展成单一的祭祀场所，从它所处的位置看，这种祭祀活动是以家庭或血缘团体为单位进行的。基瓦位于地下，人们须通过梯子进入，这样，全部参加祭祀活动的人都能进入同一祭祀场所。从这个祭祀场所所能容纳的人数看，参加祭祀的人大约在十几个人，是一个扩大家庭的人数。祭祀的内容多与求雨、祈年有关。在这种基瓦成为单纯的祭祀场所的同时，又出现了供全社区人使用的基瓦，其直径约为20米，可容纳20~30人。基瓦周围有塔、围墙和广场，它一方面说明这时祭祀活动规模变大、参加的人增多、程序复杂；另一方面反映了参加祭礼的人在祭祀活动中参与程度的差别：能进入基瓦内的人和只能站在广场上的人。从祭祀场所的发展看，皮埃布罗人的宗教活动在公元前700~公元1000年这1700年间一直是停留在以家庭为单位的水平。只有到了公元1000年才出现社区范围的基瓦，又过了200年，社区基瓦才在数量上有所增加。可见宗教的功能主要是从观念上维系一个血缘组织，团结一个社区，甚至是超社区的能力是十分有限的。

中国的新石器时代的祭祀场所可以东北地区红山文化的牛河梁遗址为例，它规模巨大，周围又不见任何居住性遗址，说明它足以构成当地红山文化的祭祀中心，这种祭祀中心应由专门的祭司来管理，它促进了超聚落组织的形成[10]。两河流域史前时代的祭祀地点可以欧贝德（Ubaid）文化的埃利都（Eridu）遗址为代表，这里由祭室发展成神庙，并由神庙为中心发展成城邦，也说明有专职的神职人员，祭祀活动促进了超聚落组织的形成[11]。从皮埃布罗人的基瓦与中国和两河流域祭祀场所的比较可以看出原始宗教在社会进入文明进程中所起的巨大作用：它既可以促进文明的形成，也可以阻碍文明的发展。

宗教属于上层建筑，它是为经济基础服务的。皮埃布罗人之所以长期停留在血缘组织为单位的祭祀活动，正说明了这里血缘纽带的牢固和稳定，这种牢固性甚至阻碍了社会的向前发展。皮埃布罗人聚落的人口多停留在2000～3000人的规模上。有研究表明，平均主义社会所能控制的人口就在3000以下，突破这个界限，这种简单社会就难以进行管理了。人类在这时会采取这种不同的方式应对这种局面：一种是纵向发展，形成不同的社会阶层，并由此产生最上层的统治者，于是便出现了文明和国家，例如旧大陆的两河流域、尼罗河、印度河和黄河流域，新大陆的中美洲和秘鲁；另一种是横向发展，皮埃布罗印第安人出现的二分法布局就是为此而形成的一种适应手段，使过多的人口降下来，分成两个小型村落。只有一个例外，即上文讲到的查科河谷，它曾经达到过4000多人，并有通向周围村子的道路，如同一个中心居址，但只经过两代人便昙花一现般消失了，这个失败是这种社会结构及其管理水平无法适应这么多人口的结果。即使到了西班牙殖民者到来时，他们也很难找出印第安人的首领：房屋、用具、墓葬，一切都是平等的。从印第安人的这个事例中，我们可以发现人类进入文明并不是一种必然，而是一种选择，印第安人和本世纪初仍处于原始社会的居民就是选择了后一种发展方向。

注 释

[1] 杨建华：《外国考古学史》，吉林大学出版社，1999年。

[2] Willey G R, Sabloff J A. *A History of American Archaeology, 2nd ed*. San Francisco: C. A. Freeman, 1980.

[3] Reed E K. *"The Greater Southwest" in Prehistoric Man in the New World*. Chicago, 1964.

[4] Ferguson W M, Rohn A H. *Ansazi Ruins of the Southwest in Color (6 Edition)*. New Mexico: The University of New Mexico Press, 1944.

[5] Nickens P R. "Pueblo I Communities in transition: Environment and adaptation in Johnson Canyon." *Colorado Archaeological Society*, 1981 (2).

[6] Kubler G. *Portuguese Plain Architecture: Between Spices and Diamonds 1521-1706*. Middletown: Wesleyan University Press, 1972.

[7] Lee E F. "Chaco Canyon, Museum of Anthropology, Arapahoe Community College." *Museum Study Series*, 1976 (2).

[8] Corbett J M. "Aztec ruins national monument, New Mexico." *National Park Service Historical Handbook Series*, 1962 (36).

[9] Rohn H. *Mug House: Mesa Verde National Park-Colorado*. Archaeological Research Series 7-D. National Park Service, Washington, D.C., 1971.

[10] 辽宁省文物考古研究所：《牛河梁红山文化遗址与玉器精粹》，文物出版社，1997年。

[11] 杨建华：《两河流域史前时代》，吉林大学出版社，1993年。

（本文原载于《史前研究》，三秦出版社，2000年）

黄河流域与两河流域文明起源的初步比较

　　黄河流域是中国古代夏商周王朝的发源地，这一地区文明起源的研究在中国具有代表性。在全世界范围内很少有哪个区域的历史有着如此丰富而完整的资料。幼发拉底河和底格里斯河的两河流域的苏美尔文明，孕育出许多世界之最：世界上第一座城市、最早的文字、第一部法典，发明了最早的灌溉农业等。这两个原生文明的形成过程的比较，对于总结人类进入文明和国家的道路具有非常重要的意义。

　　中国在文明起源时期的新石器时代可以分为六大区：①以燕山南北长城地带为重心的北方；②以山东为中心的东方；③以关中（陕西）、晋南、豫西为中心的中原；④以环太湖为中心的东南部；⑤以环洞庭湖与四川盆地为中心的西南部；⑥以鄱阳湖—珠江三角洲一线为中轴的南方[1]。其中的第2和第3个区就是本文要讨论的黄河流域的下游和中上游，这一地区的考古发现和研究最为详尽。从公元前5000年的仰韶时代开始，黄河流域就开始向分层的复杂社会发展，这时的黄河流域处于中国的领先地位；到了仰韶时代末期，周边地区异军突起。西辽河流域的红山文化出现了大型祭祀遗址，长江下游的良渚文化率先发展出了国家形态；公元前3000年以后的龙山时代，黄河流域又逐渐回归到领跑的地位，形成了以中原为中心的夏、商、周王朝的发展格局。

　　两河流域位于西亚新月形沃土地带的中心低地。西亚是东西方交流的通道，称为五海之地，由黑海、里海、波斯湾、红海以及地中海所环绕。两河流域大约在前陶新石器晚期公元前8000年开始有人类定居[2]。公元前7000年，相对地势较高的北部已经有稳定的农业村落，出现了三支彩陶文化：中心地区是哈孙纳（Hassuna）文化（公元前7100～前6600年），最南端的是萨玛拉（Samarra）文化（7000～6300年），最北端的是哈拉夫（Halaf）文化（公元前6500～前5500年）。约公元前6500年，掌握灌溉技术的萨玛拉文化人群开始定居在年降水量不足200毫米的两河流域南部的冲积平原，在此形成了欧贝德文化。公元前五千纪初，晚期的欧贝德文化势力强大，开始大规模向外传播，在文化面貌上统一了整个两河流域。公元前4000年，欧贝德文化发展成乌鲁克文化，城市化初见规模，并至迟在公元前3200年出现了泥板文书。此后经由短暂的原始文字时期（或称捷姆迭特·那瑟尔时期，公元前3100～前2900年），苏美尔早王朝城邦文明在此基础上应运而生[3]。

　　但是到目前为止，还没有开展两地文明起源的系统比较，其难度可想而知。首先要熟悉这两个地区自农业革命到进入国家这个全过程的考古资料与研究，更重要的是能够抽象出最本质的区别来进行比较。这两个地区由于自然环境以及文化传统的不同，所表现出来的物质文化面貌有许多的差异，我们要从中找到那些相互有因果关系而且又在各自其后的古代文明发展中起到非常重要作用的方面进行比较。按照这一标准，我们发现黄河流域和两河流域在家庭结构、文化传播方式以及所导致的血缘和地缘差别、宗教和商品交换的发达程度等方面存在很大的区别。这些差别导致两地进入文明的道路的不同，也是我们理解两地古代国家的特点的重要出发点。

一、家庭结构的不同

史前时代人类家庭结构的考古证据，主要就是房屋的形状、设施以及留下的生产和生活遗存。从黄河流域和两河流域的考古发现看，两地有很大的区别。黄河流域的史前时代，人们多是建造半地穴式房屋，房屋的上部结构多是由木柱、草和泥搭建而成，这些有机物很难保存下来，所以考古发现的房屋遗迹主要就是房屋下半部的浅地穴。在考古发掘中，需要很高的发掘水平根据土质土色来辨识这些房屋。这样的房屋也非常容易被后来的定居者所破坏，或者被压在现在人们居住区之下。因此黄河流域乃至中国境内的史前考古学文化中有全面揭露的完整聚落是屈指可数的，房屋的数量也没有墓葬丰富。

两河流域乃至西亚的房屋是在平地用泥砖建造的。从19世纪末德国考古学家找到了寻找泥砖墙的发掘方法，这就是两河流域的考古的"基石"。两河流域大量的建筑和聚落被完整揭示出来的另一个原因是，泥砖建筑倒塌以后，人们就在原地推平之后再建，这就使得古代聚落形成一个大的土墩。古代的聚落从早到晚层层叠压，很少会出现晚期遗迹打破早期聚落的情况。正因为古代聚落这样容易发现，所以两河流域的考古学者不善于寻找平原上的墓地，这就是西亚乃至两河流域房屋和聚落的数量多于墓葬的原因。所以从遗存的种类看，黄河流域和两河流域有很大的互补性。

黄河流域的房屋是以单间为主，有圆形也有方形。这种房屋格局适合一对夫妻以及他们的子女和老人居住，即核心家庭居住。仰韶时代的房屋可以甘肃大地湾遗址为例[4]，这个遗址延续了整个仰韶时代的早、中、晚期。第一、二段相当于半坡文化，第三段相当于庙底沟文化，第四段为西王村类型。所有房屋均为单间建筑，以方形为主，尽管房屋大小以及功能不同。一、二段皆为半地穴式建筑，第三段出现地面式建筑，第四段出现回廊式大型建筑。一、二、三段的房屋面积大多在20～30平方米（图一，1），有1～2个50～60平方米的大房屋，第四段有3座200平方米的大型建筑，而且出现10平方米的小房间，说明出现了等级的分化。龙山时代的房屋发现比较少，可以河北汤阴白营遗址为例[5]，遗址共发现63座房屋，分为早、中、晚三期。以半地穴式单间圆形房屋为主（图一，2），少量地面式建筑和椭圆形房屋，房屋直径为3～5米，地面抹白灰。发掘者认为，从揭露出数量众多、直径3～5米的圆形房基来看，这种房子的大小一般适用于一夫一妻制的个体小家庭居住。

在仰韶时代的黄河流域，也有个别多间建筑，反映了家庭结构向着多个有血缘纽带的夫妻构成的扩大家庭的发展趋势。例如郑州大河村遗址的地面式多间建筑F1～4反映了家庭规模扩大的过程[6]（图一，3）。东面的1、2号房间为最早建成，前者面积最大，里面有灶和大量的炊器，应是厨房；后者内有三个土台和大量盛储器。随着人

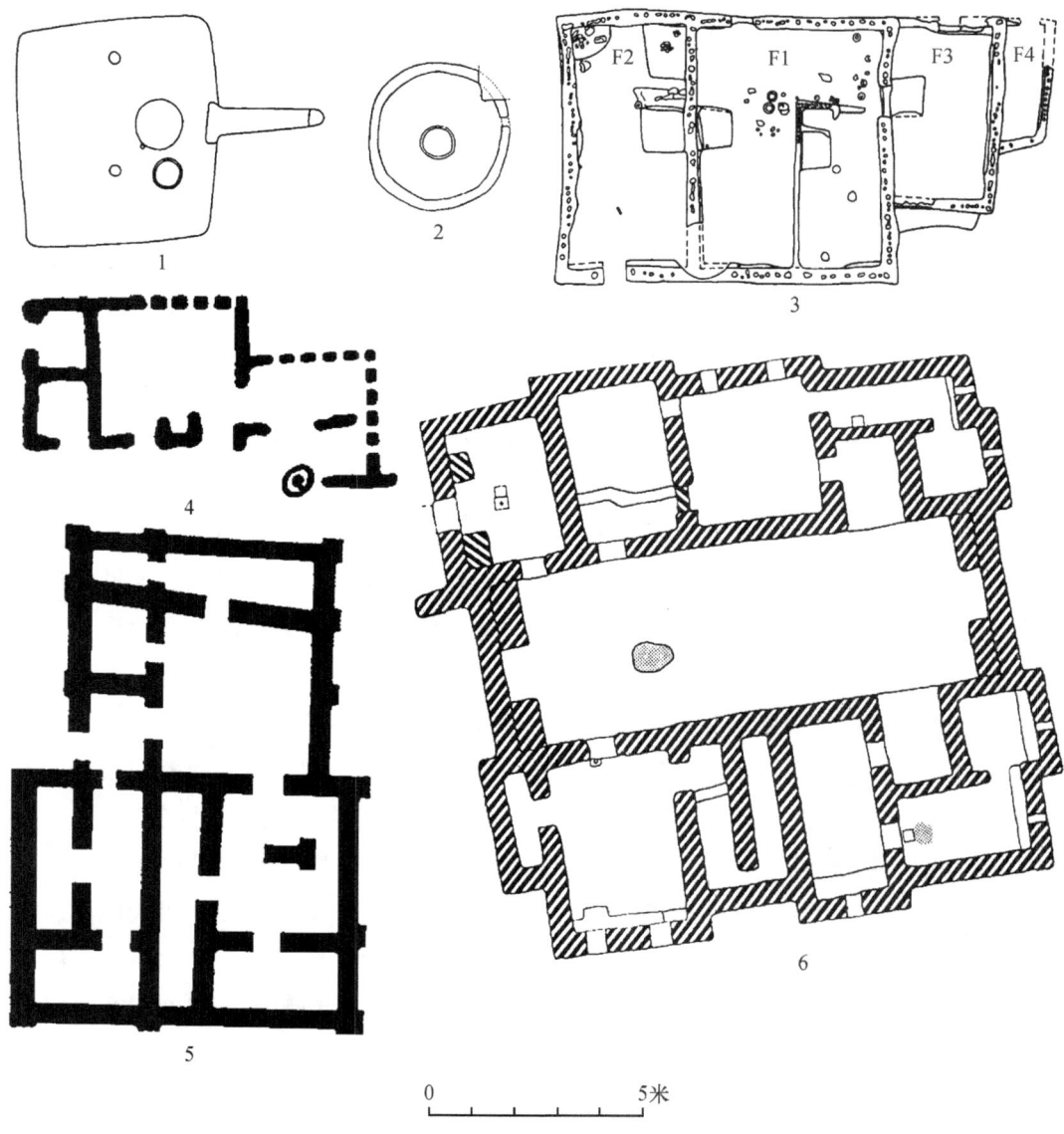

图一　黄河流域与两河流域史前房屋

1. 秦安大地湾遗址F1　2. 汤阴白营遗址F65　3. 郑州大河村遗址F1～4　4. 哈孙纳遗址房屋　5. 梭万遗址建筑10
6. 马德胡尔遗址房屋

口的增加，居住者在1号房间东墙外扩建了3号房间，后来又在3号房间东墙外扩建了面积较小的4号房间，两个扩建的房内不见任何陶器，3号房间应仅供睡觉，4号房间应是库房。再如湖北枣阳雕龙碑F15[7]，是由7个房间组成的一次性建成的总面积达101.2平方米排屋，可能代表了比大河村更加成熟的扩大家庭。部分房间承担炊煮功能，其他房间则只有盛食器或生产工具，房间之间的依赖性可能较强。这些建筑的房间大致可以供一对夫妻单独居住，但在生活上又彼此联系，共同构成一个消费单位，应代表了出现扩大家庭的趋势。值得注意的是，这些多间建筑的年代大多属于仰韶时代晚期到龙山文化早期，地域也相对集中在江汉和淮河流域，出现扩大家庭的趋势在黄河流域并不普遍，核心家庭始终是最典型的家庭结构。

两河流域史前时代的房屋建筑分为单间和多间两种。两河流域北部的哈孙纳文化是多间开放式格局[8]。哈孙纳遗址Ic层的建筑多由3个房间组成：一间为无门的房间，有可能作储藏之用；另两间各有一个通向户外的门。一般一个建筑的面积为20～30平方米（图一，4）。到了哈孙纳文化晚期的Ⅳ层，建筑之间大多已经连在一起了，共用一道墙，反映了人口增加的过程。一个建筑一般由2～3个住房和2～3个储藏室组成。门道仍然通向户外的院落。整个建筑的面积达35～40平方米。后来的哈拉夫（Halaf）文化也主要是单间房屋，晚期受到多间房屋的影响。

作为苏美尔文明源头的萨玛拉文化的建筑是多间封闭式格局，最早发现于梭万（Tell es-Sawwan）遗址第三层，是一个由15个建筑组成的聚落[9]，每个建筑的面积接近100平方米。一个建筑有1～2个通向户外的大门，建筑内各房间有门道相通（图一，5）。每个建筑的格局基本一致。分为大、中、小三类房屋，最大的房间是有灶的中厅；中型房间内有谷物加工工具、农具和家庭手工业工具，是起居室；小型房间是库房。

年代较晚的欧贝德文化的多间建筑为三分式格局。马德胡尔遗址（Tell Madhhur）的三分式建筑[10]，中间是大厅，两侧为多间房屋（图一，6）。整个建筑的面积约160平方米。只有一个通向户外的大门。建筑内各房间相通。根据门道和各房间的面积，整个建筑内的房间可以分为小屋、过道式小屋、中型房间和一个大厅。在7号大厅里有一个灶，相互对称的13号与17号房间也各有一个灶。从门道的走向和灶的分布看，这个建筑内部仍然有亲疏之分，有可能包括了多个独立的消费单位。中型房间和大厅都可用作卧室。封闭式建筑的固定建筑格局、门道和面积都反映了这一级居住组织在社会中是普遍的、成熟的家庭形态。

两河流域史前建筑在结构、面积等方面都有差异。根据民族学资料，这种面积的差别主要是由于血缘组织的不同。一个建筑单元包括了一个建筑与它周围的院落，它是考古学上可以识别出来的一个社会结构的单位。学者普遍认为，哈孙纳文化的家庭形态是一个核心家庭或者是一个宗室家庭（Stem Family），而萨玛拉文化是扩大家庭[11]。

核心家庭是只有一对夫妻的家庭，宗室家庭是只有长子结婚后仍然留在父母家中。扩大家庭包含多个核心或宗室家庭，结婚成家的子女都留在家中。每一个家庭的人口都有生老病死，每个人终生都是消费者，但是每个人只在生命的某一段时间是生产者，这就构成了所有家庭的周期。在家庭周期中，消费人数与生产人数的比例是最重要的，它的比值决定了一个家庭周期的变化，生产人数越多对这个家庭越有利。一个核心家庭或是一个宗室家庭，在很长一段时间内生产的产品可以稳定地供给这个家庭的消费人数，然后会突然出现短暂而严重的生产少于消费的危机。而这种危机在核心家庭或宗室家庭则中会经常发生，只有靠家庭之间的合作才能度过；而扩大家庭有几对夫妻是同一辈分的，因此扩大家庭出现生产人数少于消费人数的危机程度没有核心家庭或宗室家庭高，它们可以通过家庭内部的互助互补渡过难关。

　　家庭结构的差异也一定程度上决定了家庭与社区之间关系的差别。以核心家庭为主的哈孙纳文化的院落地面常常抹砌平整，而室内地面一般不经抹砌，这说明人们多在院落里从事各种活动。哈孙纳文化的储藏箱一般都在院落里，灶有的在院落，有的在屋内。建筑多是围着院落建的，而且一个建筑内有若干个通向户外的门。这说明哈孙纳文化居民的私人空间与共有空间的界限并不十分清晰。扩大家庭的萨玛拉文化的建筑之间的空地的地面没有抹砌的现象，而是把建筑内的地面抹砌平整，说明萨玛拉文化居民很少在建筑外活动。萨玛拉文化的建筑不再围着院落，所有设施都在建筑内，一个建筑只有一或两个通向户外的大门，这说明私人与公共空间的界限十分清楚，各建筑之间的社会距离在增大。

　　欧贝德文化时期的扩大家庭更加成熟。一是人口规模的进一步扩大，二是在家庭内部出现了等级差别。控制中央大厅的核心家庭在这个扩大家庭中的地位最高，发掘者推测这应该是父系家长的核心家庭。这样的家庭方式是与其生产方式相适应的。在古代近东，许多村落不仅仅种植小麦与大麦，还种豌豆和能够提供纤维的亚麻，不仅饲养羊，还有猪和牛。一个15~20人的扩大家庭才能够有更多的劳动力从事这样有复杂分工的生业经济，以及一些手工业劳动。

　　通过以上介绍和分析可以看出，黄河流域为代表的中国史前时代的住房以单间房屋为主，住在这种布局中的居民应该是一个核心家庭。尽管也有少量多间房屋建筑，代表着核心家庭向扩大家庭的发展，但是始终没有形成成熟的扩大家庭。两河流域南部的住房以多间房屋的建筑为主，代表着扩大家庭的住房。通过核心家庭和扩大家庭的生产和消费周期的分析可知，核心家庭更加依赖社区的血缘组织，从门道和储藏设施可以看出，对血缘组织具有向心力；扩大家庭则比较独立，所有设施都在建筑内，一般只有一处通向社区的大门，它对社区组织构成一种离心力。总之，通过两地房屋形态的分析，可以发现它们代表了社会的基本细胞——家庭结构的差别，这种差别造成了两地社区内部社会关系的不同。

二、文化传播和区域整合方式的不同

黄河流域乃至中国境内的史前文化的六大区域,各自都有自己的发展谱系。黄河流域中上游的陕晋豫地区从仰韶时代到龙山时代的谱系是半坡文化—庙底沟文化—半坡四期和泉护二期—庙底沟二期文化—三里桥文化和客省庄二期文化;伊洛地区的谱系是后岗一期文化—大司空文化—后岗二期文化;黄河下游的谱系是后李文化—北辛文化—大汶口文化—山东龙山文化。在庙底沟文化时期,这一文化颇具特色的以花和鸟图案为代表的彩陶向周围地区传播,其影响范围不仅覆盖了黄河流域上游至下游,还波及了以南的长江中游,以北的河套地区。这次传播的意义是中国史前时期第一次出现了以中原地区为中心的文化圈。在庙底沟二期文化时,大汶口文化晚期处于鼎盛阶段,它的因素向西传播到达陕晋豫地区。龙的形象出现得更早,在河南濮阳西水坡遗址[12]距今6000多年的一座后岗一期文化墓葬中,有用贝壳堆塑的龙和虎形象,说明当时已经出现了龙的观念,龙山时代的陶寺遗址出土了彩绘龙盘[13],到商代晚期殷墟妇好墓中,出土了带有龙纹的铜盆[14],可见龙的观念流传已久、连绵不绝。可见,黄河流域乃至中国史前的文化发展格局有两个特点,一是各地都有自己发展的谱系,各地文化的根系扎得很深,二是各区域间存在着文化因素的相互影响。这就是中华民族多元一体的文化底蕴。

两河流域的定居是从北部高原开始的,萨玛拉文化的鼎盛阶段向北扩散,占据了原来哈孙纳文化的区域,哈拉夫文化兴起后向南发展到萨玛拉文化分布区[15]。南迁的萨玛拉文化经过发展,形成了欧贝德文化,后者在鼎盛阶段又开始大规模向外传播:在两河流域北部形成欧贝德文化的变体,或称北部欧贝德文化;在两河流域周边的叙利亚、土耳其等地形成了文化波及区,表现为欧贝德文化因素与当地文化传统的融合;在东边的伊朗西南部亦与两河流域同频共振,在文化面貌和文化变迁速率上表现出较强的同步性。这与两河流域南部扩大家庭易于迁徙的特点是有关的。这次传播主观上是为了获取权贵所需要的矿石、木材、稀有的美石等资源,客观上提升了周边地区文化发展水平,缩小了文化之间的差距,形成了更大的文化系统,刺激了其他地区的资源流入两河流域南部,为后者率先进入城邦国家奠定了基础。

我们对两河流域北部受欧贝德文化影响的过程进行过详细的考证[16]。影响的第一阶段是当地的哈拉夫文化居民在与两河南部交流互动的过程中,吸收了欧贝德文化的烧陶技术和施彩技法。第二阶段,欧贝德文化的彩陶、神庙以及与神庙相关的物品被当地社会迅速引入,这些因素经过了当地居民的自主选择:陶器风格彻底转变为欧贝德文化的器型与装饰风格,而住宅、葬俗等方面的情况则展现了两河流域南北文化因素共存、融合的情况。第三阶段,两地文化共存的迹象不复存在,取而代之的是各方面严格的"欧贝德化",采用了与当地传统相异的祭祀方式和丧葬习俗,中断了哈拉夫文化以人像为载体的巫术传统。如果站在两河流域北部居民的立场上,第一阶段的变化属于个人选择,体现了烧陶技术的进步;第二阶段属于当地社会主导的群体行为,神庙的修筑和运转衍生出了社会管理手段;而第三阶段则是被迫改变,葬俗和宗教物品的变化反映了当地居民在价值观和宗教传统方面的改变。北部欧贝德文化变体形成的过程深刻影响了当地社会的组织结构,这是两河流域北部文明化进程的重要基石。

两河流域的人口流动与文化扩张,对原有的血缘组织有很大的冲击,在乌鲁克文化时期出现了柴尔德所说的城市革命[17]。美国学者亚当斯(R. McC. Adams)对两河流域南部的聚落调查揭示了这个人口集中的过程[18]。1956年,亚当斯及其团队应伊拉克政府之邀,通过聚落考古的方法对两河流域南部的土地盐碱化过程进行长时段考察。这项研究揭示了公元前五千纪以来,两河流域南部遗址数量、规模的变化过程,特别是欧贝德文化晚期至乌鲁克文化晚期,2000多年间的城市化的发展。亚当斯把遗址的面积分为不同级别:小型聚落遗址(即乡村)的面积不足7万平方米;中型聚落(即镇)的面积7万~50万平方米,大型聚落(即城)的面积50万~100万平方米,超大聚落(即都市)的面积在100万平方米以上(表一)。

表一　两河流域南部各时期聚落数量统计

文化＼聚落	乡村	镇	城	都市	总计
欧贝德文化晚期	11	3			14
乌鲁克文化早、中期	159	16	1		176
乌鲁克文化晚期	116	15	1	1	133

聚落调查结果表明,在欧贝德文化晚期到乌鲁克文化早、中期,聚落形态的变化主要表现在乡村数量的剧增,同时镇的数量也有所增多。这个阶段是人口大幅度增加的时期,人们正在不断地向两河南部迁徙,建立新的村落。这时期人口快速增长一方面由于农业发展提供了一定规模的剩余粮食,另一方面周围游动的人群下到大河平原。人口增加是进入国家门槛的基础。这时遗址之间的等级已经出现,但是城、镇的数量和规模都还很小。

从乌鲁克文化早期到晚期,聚落形态的变化主要体现在镇以上的遗址规模和数量大增,是农村转向城市的关键时期,说明这个阶段是在原有的人口基础上在空间上的一次大的调整,反映了社会组织处在一个大动荡大变革的阶段。在这个变革中,原有的血缘村落在解体,地缘组织,即以城为中心周边有乡的城邦出现了。此时唯一的都市就是乌鲁克遗址,其面积达250万平方米,到了早王朝Ⅰ期,乌鲁克城面积达到400

万平方米。与此同时,城市周边的小型村落开始减少,据估计,70%的人口都涌入了10万平方米以上的城、镇中[19]。

黄河流域的龙山文化时期已经发现的城址有40多处,分布于河南、山东、湖北、湖南、四川和内蒙古等省区,其中位于黄河流域的河南和山东境内现已发现10座城址,其中较大的如河南辉县孟庄和山东章丘城子崖的面积都有20万平方米左右,较小的如河南淮阳平粮台则仅有3500平方米[20]。这说明黄河流域和两河流域进入文明的过程是相似的。中心聚落的出现把自然群落结合为一个整体,对周围的聚落进行整合。

龙山时代的墓地也说明这时仍然存在对血缘组织的认同,晋南的陶寺遗址[21]发现了从早期沿用到晚期的公共墓地,其成排分布的特点与仰韶早期的史家村[22]、横阵[23]、元君庙[24]等氏族墓地布局近似;其大型墓与中小型墓共处一排的特点,与仰韶晚期至龙山时代的大汶口[25]、花厅[26]、陵阳河[27]、尹家城[28]等墓地分区聚族埋葬、高低级别同区的布局异曲同工。

龙山文化之后黄河流域的血缘组织仍然延续。侯外庐先生很早就提出氏族遗制保存在中国的文明社会里,而且进一步指出这种氏族纽带约束着私有制的发展,"不但土地是国有形态,生产者也是国有形态。在上的氏族贵族掌握着城市,在下的氏族奴隶住在农村。两种氏族纽带结成一种密切的关系,都不容易和土地连接,这样形成了城市和农村特殊的统一"[29]。

朱凤瀚先生在《商周家族形态研究》中根据墓葬的随葬品组合以及排列规律对殷墟墓地进行了分群、分组,并结合典籍、甲骨、金文氏名等信息,提出这种划分反映的是宗族—族—家族的血缘组织结构[30]。由此可见,到了商代,作为基层的家族仍未脱离更大规模的血缘群体,亦即商代仍存在以血缘为纽带的聚居现象。

考古研究和历史研究都说明,黄河流域在文明起源和早期发展的过程中保留了深刻的对血缘组织的认同。其中的原因,一是各区域文化的连续发展,二是植根于史前时代核心家庭模式对血缘组织的依附关系。与之对应的是两河流域在文化传播和城市化过程中对基层村落社会的持续破坏,随着人口向都市集中,以城邦国家为纽带的地缘组织认同逐步确立。黄河流域的氏族制在国家形成后逐渐变成了有嫡庶之分的宗法制,它确定了从天子到诸侯、大夫,直至家族的所有的等级次序,以此来避免继统、权位、财产等方面的僭越和争夺[31]。

三、宗教传统的不同

考古发掘可以发现宗教遗存,但是宗教的内容和祭拜的对象是很难确认的。所以我们利用考古发现的宗教遗存和文献记载两个方面来探讨这个问题。

宗教传统是由生产力和社会组织决定的,又反过来维护既有的社会形态。两河流域的早王朝时期是以地缘为主的城邦国家，维持这种社会形态的宗教是自然神崇拜。根据宗教建筑和泥塑像的形态的相似性，早王朝的自然神崇拜可以追溯到史前的萨玛拉文化时期。每一个城邦都以一个城为中心，城里有神庙，神庙祭拜这个城邦的保护神，但是也不排斥其他城邦信奉的自然神。这种宗教传统叫做多神一主教。例如埃利都（Eridu）是第一个拥有王权的城邦，它的保护神是"恩基"，是智慧神和甜水神；乌鲁克（Uruk）祭拜金星女神伊南娜，尼普尔（Nipper）祭拜众神之父恩利尔。后来城邦之间的兼并战争使得自然神越来越少。马尔杜克是风雨之神，最初他只是巴比伦城邦的守护神，后来随着巴比伦王汉谟拉比称霸两河流域，马尔杜克逐渐上升为众神之首[32]。

两河流域崇拜的自然神是地缘组织人群的纽带，信奉同一个自然神的人们自然就构成了一个社会共同体。随着城邦的兼并，自然神的数量在减少，而信奉保留下来的自然神的人数却在增多，范围在增大。另一方面神庙的规模越来越大。在埃利都遗址发现了从欧贝德文化早期到晚期一直连续叠压的神庙遗存（图二）[33]。由于宗教地点保持不变，所以神庙反复修建使得建筑的地基越来越高，这就是两河流域塔庙形成的原因，使得庙宇更加威严，构成城邦的中心。

埃利都遗址第16层的欧贝德文化一期，发现了完整的祭室，具有苏美尔神庙中供桌与祭坛相对的格局。建筑为方形，室内面积为2.1米×3.1米。西北墙中部向内凹，形成一个宽1.1米、进深1米的龛，龛内有一个24厘米高的祭坛，房中部有一供桌，周围有

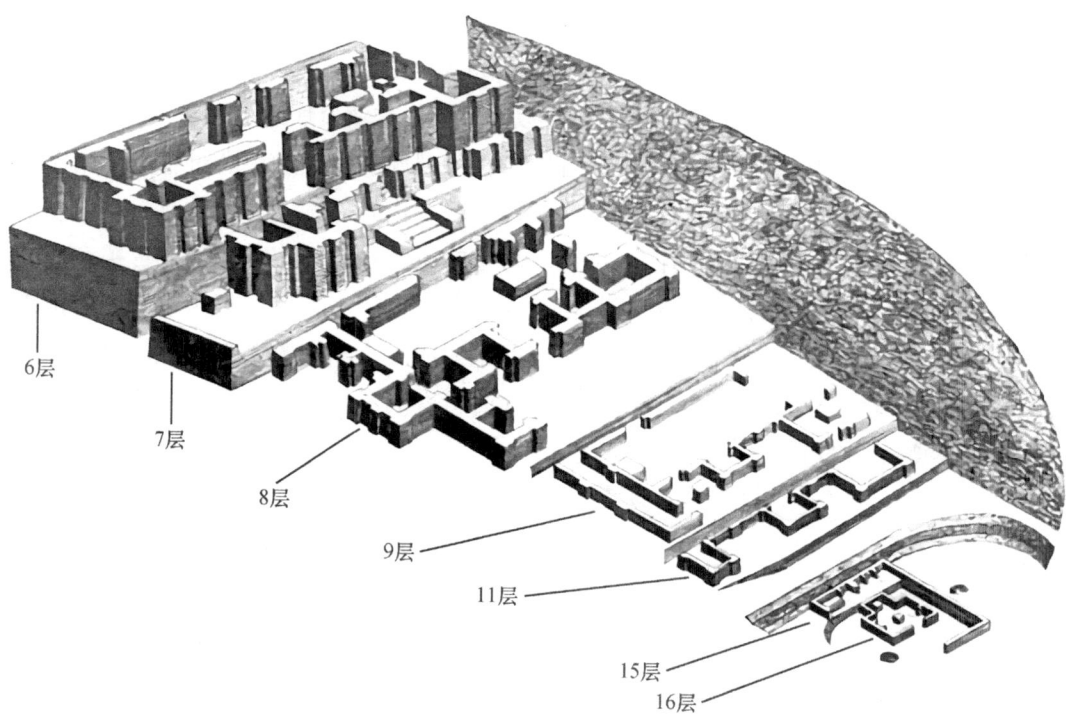

图二　埃利都遗址欧贝德文化时期的神庙发展

灰烬。门与龛相对。在房外有一个圆形灶，在门附近发现了许多彩陶片。从神庙的面积可以推测，当时人们到这里祭拜都是随时进行的，没有很多人参加的仪式。门外的灶应当用于焚烧祭品。

埃利都遗址从11层开始的欧贝德文化第三期的神庙建在一个台基上，神庙面积增大，出现了侧厅，使原来的祭室变成了中央殿堂。中殿面积为12.6米×4.5米，是人们祭祀神灵的地方，侧厅则放置庙产以及供僧侣们居住。祭室向神庙的转变是宗教建筑发展中的一个质的飞跃，它标志着宗教已经由产生于民众之中变成高于民众之上。巨大的庙宇规模和高高的台基是这种标志的最好写照。这时出现了住在庙宇的专门祭司阶层，普通的人不可能再与"神"发生联系，而要借助于专职僧侣，从此宗教开始为少数人所垄断。

乌鲁克遗址5~4层发现了乌鲁克文化晚期专门的庙区。东侧的埃安娜庙区内建有多座神庙，这些神庙均采用三分式格局，面积最大者可达4400平方米，有的神庙周围有柱廊环绕，有的在墙壁上镶嵌了锥形马赛克组成的各种图案。西侧的安努庙区建于乌鲁克文化末期，神庙面积不足400平方米，建在高13米、顶面近1800平方米的台基上，这种设计构成了苏美尔文明典型塔庙的雏形。塔庙在早王朝时期非常普遍。例如海法吉遗址（Khafajeh）供奉月神的椭圆形塔庙，神庙建在一座8000平方米的台基上，神庙面积不足800平方米，但庙前有一个2000平方米以上的广场，这是可以聚集很多人的地方，足见祭拜仪式规模的庞大和隆重[34]。在苏美尔诸城邦中，神庙既是国家的政治、经济和宗教中心，也是城市中的地标性景观。城邦的统治者"恩"即为祭司之意，足见宗教在两河流域国家形成与发展过程中的重要作用。

黄河流域在进入早期国家后，血缘组织仍然普遍，与之相适应的宗教传统既有自然神崇拜，也有祖先崇拜，而且是以后者为主。

张光直认为中国古代文明中的一个重大观念是把世界分成不同的层次，其中主要的便是天和地[35]。在天与地之间就是人，人最值得祭拜的当然是祖先，它是凝聚血缘组织的重要纽带。有学者从国家政治的角度，论证了祖先崇拜在加强共同血缘观念、巩固集团内部团结、维护政治等级权威的作用[36]。

在黄河流域的考古发现中明确宗教建筑比较困难，大型建筑可以是宫室，也可能是宗庙。黄河流域在商代晚期的殷墟遗址才发现比较明确的宗庙建筑遗存，乙七、乙八基址有可能是殷墟小屯宫殿宗庙区内属于宗庙性质的建筑，在此供奉并祭祀商王祖先。这里发现的祭祀坑可能属于庙祭遗存[37]。中国古代的丰富历史文献可以弥补考古的不足。

据殷商甲骨卜辞，至迟到商代早期祖先崇拜已经发展为祭祖礼，在典礼仪式方面有了较为成熟的表现[38]。祖先崇拜在走向礼制化之前，应当有一个漫长的发展过程。周人大体呈现了殷商祭祖礼的总体框架。《周礼》所载，天子宗庙祭祀的对象主要是指"先王"和"先公"两类男性祖先[39]。此外，女性始祖先妣姜嫄享受特祭，功臣还可配祭于祖先。这些祭祀对象是所有天子宗庙祭祀活动围绕的中心。在西周重德观念、天下观念同宗法制度的共同影响下，形成了西周的祭祖礼制。但是商周两代祭祖的观念取向是不同的，商代力图通过祭祖将尽量多的子姓族人网罗到商王周围，而周代则通过祭祖除了加强族人相互联系之外，还要由此而区别亲疏远近的不同关系[40]。

通过考古发现的宗教建筑和后期文献记载，发现黄河流域和两河流域都存在一个祭司逐渐垄断人们与神交往的过程。《国语·楚语》记载了春秋时，楚昭王问观射父绝地天通之事，通过设置巫、觋、宗、祝等职官，实现了民神之间的交流，最后达到了对祭天权的垄断和统一[41]。这个祭司专权的过程在两河流域也可以见到。在欧贝德文化早期，每个人都可以随时在祭室里进行祭祀活动，从欧贝德文化晚期开始出现专职祭司，他们就居住在神庙的侧厅内。在后来的乌鲁克文化和早王朝时代，祭司借助神的名义抬高自己的地位，主持大规模的祭祀仪式。神庙成为城邦的中心，职能从宗教扩大到经济和政治领域。

综上所述，两地宗教信仰存在巨大差别：两河流域信奉自然神，它是凝聚城邦地缘组织的重要纽带；黄河流域是祖先崇拜，其核心是对宗族、家族传统的继承，在加强血缘观念的同时，也发挥着巩固集团内部团结、维护政治等级权威的作用。

四、两地差异以及对各自古代社会的影响

每一个社会都是有机的整体。我们比较的以上四点，基本代表了两地史前到早期国家的主要特点，更重要的是，它们之间存在着因果关系。两地首要的差别是作为社会细胞的家庭在规模和结构上的区别，这是形成其他差别的主要原因。以黄河流域为代表的中国史前社会的细胞为核心家庭，两河流域则为扩大家庭。核心家庭由于独立性较弱，对于它所在的血缘组织具有向心力，而扩大家庭独立性较强，对于它所在的血缘组织构成一种离心力。

家庭结构在很大程度上影响了两地史前文化的发展格局。相对独立的扩大家庭很早就向外拓展，两河流域的史前文化的分布经常变化，每个文化都没有走到衰落阶段就被其他文化所取代，这一方面缩短了走向文明的发展进程，另一方面使得各地文化的根系扎得不深。人群的流动冲击着原有的血缘组织，城市革命则将这种趋势推向巅峰，因此两河流域的社会关系具有很强的地缘性质。黄河流域以及中国的史前文化普遍的核心家庭形态相对依赖于它所在的血缘组织，安土重迁，所以每一个区域都有自己根深蒂固的发展谱系，几乎每个文化都走完了从出现、发展、鼎盛到衰落的全过程，从未间断，虽然不同区域间存在文化因素的交流互鉴，形成了一个"早期中国"这样的交互作用圈。

两地宗教传统更是与各自的家庭结构相匹配。两河流域发达的自然神以及发达的神庙成为地缘城邦的凝固剂，握有神权的祭司成为最早的城邦统治者。黄河流域的夏商周时期的祖先崇拜以及宗庙，使得血缘组织更加牢固，并为华夏共同祖先意识的形成奠定了基础。

两河流域史前时代相对独立的扩大家庭有利于人群之间的平等交换，有发达的用于交换的记录系统。在黄河流域虽然发现了一些符号，但没有发现史前时代连续的发展脉络，根据商代以后的文献也证明世族手工业的性质不利于商品交换的进一步发展。

中国黄河流域和西亚两河流域的早期国家都是植根于他们各自的史前社会。通过以上比较可以发现：黄河流域从史前社会到早期国家的发展历程中，基本维持着以核心家庭为基本单位的情况，核心家庭对血缘组织的依赖性更强，不仅使得血缘组织始终保留，也使得史前文化传统的根基在最基层的社会细胞中得以传承，人们安土重迁、重农抑商，也发展出与此匹配的祖先崇拜。两河流域的史前社会以独立性更强、更易于迁徙的扩大家庭为基层单位，人口流动与文化替代频繁，在城市化、文明化进程中被整合为地缘组织，其中敬神的宗教系统发挥了重要作用，每个扩大家庭在农业之外还可从事工商业，因此贸易相对发达。

张光直先生把以中国为代表的进入文明的方式叫做"连续性"的，它是普遍的，世界式的；而两河流域进入文明叫做"突破性"的，或者西方式的。连续性就是"从野蛮社会到文明社会，许多文化、社会成分延续下来，其中主要延续下来的内容就是人与世界的关系，人与自然的关系"。突破性是指"在人与自然环境的关系上，经过技术、贸易等新因素的产生而造成一种对自然生态系统束缚的突破"[42]。所以中国黄河流域与西亚两河流域国家形成过程具有世界意义。

黄河流域和两河流域的这些本质区别对于两地的早期国家还具有深远的影响，有的甚至影响至今。

黄河流域和中国的政治和宗教建立在血缘组织的基础上。夏商周时期，宗族始终是连接国家与社会的中间组织，它代管了部分的国家权力，西周时期成形的宗法制既一套国家权力分配体系，也是一套宗族成员管理体系；秦汉以降的政治制度走向中央集权，但世家门阀依然在一定的历史时期内垄断着官僚职位。同时，与血缘组织相适应的是亦延续了几千年的不同规模的祭祖传统和宗庙制度，它们不断强化着家族伦理，塑造着家国一体的社会形态。

两河流域地缘性的城邦国家采用了不同的管理方式，很早便开始以法律约束各方面社会行为，在公元前2000年之前便颁布了现存最古老的成文法典——《乌尔纳姆法典》。在法典的前言中，乌尔第三王朝的创立者乌尔纳姆（公元前2113～前2096年）宣称自己"依靠城主南纳的威力，遵照太阳神乌图的真言"，建立公道、颁布法典[43],可见国王行使权力仍然要借助神的名义。宗教始终仍是制度建构中的主导因素,是维系地缘国家的重要手段。早王朝至乌尔第三王朝时期,自然神在城邦兼并中不断减少,出现由多神教向一神教发展的趋势,但其宗教思想随着巴比伦和亚述帝国的扩张影响了整个近东地区,也打破了时间限制影响至今。公元前6世纪犹太教的创立,苏美尔文明的宗教传说,例如尼普尔发现的一个泥板残片叙述的吉乌苏德拉建造大船逃过灭顶之灾的洪水故事,就是《旧约圣经》中诺亚方舟故事的蓝本[44]。

血缘组织发达和安土重迁的传统使得中国包括黄河流域各区域的文化之根扎在史前时代,而且各区之间有文化的认同,形成了最初的中国。历史上的中国不断发生着草原民族的南下,但最终都融入中华民族的大家庭中,这可能是因为基层血缘组织的根深蒂固,保障着上层建筑,即以汉字为载体的儒学知识体系,拥有深厚的社会根基。两河流域在城邦时代战乱不断,对乡村社会造成了巨大破坏,人群不断迁徙,使得这一地区文化不断变化,从公元前539年被波斯帝国的征服开始,这里的文化就一次又一次地被取代。两河流域以及世界上大多数的古老文字,至今都已无人使用。当然,造成这种差别的另一个原因是两者地理环境的不同。中国暨黄河流域是一个相对封闭的地理环境,在早期国家以及其后的历史中,乡村基本过着自给自足的生活,人口流动有限,在城市的商业活动又很大程度受到重农抑商思想的掣肘;而西亚暨两河流域是东西方交通的交汇处,从苏美尔早王朝到迦勒底王朝时期始终拥有贯通亚、欧、非三大洲的发达商业系统,被马其顿帝国、罗马帝国征服期间也是重要的贸易通道。

综上所述,在人与自然、人与人和人与超自然的关系中,中国历史中最重视的是人与人之间的关系,这与血缘组织的发达是密切相关的,所以中国历史占统治地位的儒学也是要确立人与人之间的关系,形成一套道德规范,即礼制。"通古今之变"是司马迁写《史记》的初衷。几千年来文字的传承可以说明,中国的文化一脉相承,从未中断。这样我们就有可能从史前文化中去寻找中国文化的基因及其形成原因,而且是通过与世界另一个原生文明的比较中来识别自身特色,在众多历史片段中识别出最本质的特点,比较黄河流域和两河流域两个原生文明的国家形成过程,并追踪它们对后世的影响。

附记:本文与彭博合著。

注　释

[1]　苏秉琦:《中国文明起源新探》,生活·读书·新知三联书店,1999年。
[2]　杨建华:《两河流域:从农业村落走向城邦国家》,科学出版社,2014年。

[3] 文中涉及的绝对年代参见Yoffee N. *Myths of the Archaic State: Evolution of the Earliest Cities, States, and Civilizations*. Cambridge: Cambridge University Press, 2005.

[4] 彭博：《大地湾遗址仰韶时代聚落的社会复杂化进程》，《大地湾遗址研究文集》，敦煌文艺出版社，2016年，第221~257页。

[5] 河南省安阳地区文物管理委员会：《汤阴白营河南龙山文化村落遗址发掘报告》，《考古学集刊（第3集）》，中国社会科学出版社，1983年，第1~47页。

[6] 郑州市文物考古研究所：《郑州大河村》，科学出版社，2001年。

[7] 中国社会科学院考古研究所：《枣阳雕龙碑》，科学出版社，2006年。

[8] Lloyad S, Safar F. "Tell Hussunah." *Journal of Near Eastern Studies*, 1945, 4.

[9] Abues-Soof B, el-Wailly. "Excavations at Tell es-Sawwan." *Sumer*, 1965, 21.

[10] Roaf N M. "Ubaid social organization and social activities as seen from Tell Madhhur." *Upon This Foundation*. Copenhagen: Museum Tusculanum Press, 1989.

[11] Bernbeck R. "Lasting alliances and emerging competition: economic developments in Early Mesopotamia." *Journal of Anthropological Archaeology*, 1995, 14.

[12] 河南省文物考古研究所、濮阳市文物保护管理所：《濮阳西水坡》，中州古籍出版社，2012年。

[13] 中国社会科学院考古研究所、山西省临汾市文物局：《襄汾陶寺1978~1985年考古发掘报告》，文物出版社，2015年。

[14] 中国社会科学院考古研究所：《殷墟妇好墓》，文物出版社，1980年。

[15] 杨建华：《两河流域史前时代》，吉林大学出版社，1993年。

[16] 彭博、杨建华：《北部欧贝德文化的形成过程》，《考古》2020年第8期。

[17] 戈登·柴尔德，陈洪波译：《城市革命》，《都市文化研究：网络社会与城市环境》，三联书店，2010年，第188~196页。

[18] Adams R McC. *Heartland of Cities: Surveys of Ancient Settlement and Land Use on the Central Floodplain of the Euphrates*. Chicago: University of Chicago Press, 1981.

[19] Adams R M. *Heartland of Cities: Surveys of Ancient Settlement and Land Use on the Central Floodplain of the Euphrates*. Chicago: University of Chicago Press, 1981: 81-94.

[20] 严文明：《中国文明的起源》，《国学研究（第四十四卷）》，中华书局，2020年，第1~22页。

[21] 中国社会科学院考古研究所、山西省临汾市文物局：《襄汾陶寺1978~1985年考古发掘报告》，文物出版社，2015年。

[22] 西安半坡博物馆、渭南县文化馆：《陕西渭南史家新石器时代遗址》，《考古》1978年第1期。

[23] 中国社会科学院考古研究所陕西工作队：《陕西华阴横阵遗址发掘报告》，《考古学集刊

（第4集）》，中国社会科学出版社，1984年。
[24] 北京大学历史系考古教研室：《元君庙仰韶墓地》，文物出版社，1983年。
[25] 山东省文物管理处、济南市博物馆：《大汶口——新石器时代墓葬发掘报告》，文物出版社，1974年。
[26] 南京博物院：《花厅——新石器时代墓地发掘报告》，文物出版社，2003年。
[27] 山东省文物考古研究所、山东省博物馆、莒县文管所：《山东莒县陵阳河大汶口文化墓葬发掘简报》，《史前研究》1987年第3期。
[28] 山东大学历史系考古教研室：《泗水尹家村》，文物出版社，1990年。
[29] 侯外庐：《中国古代社会史论》，三联书店，1979年，第30页。
[30] 朱凤瀚：《商周家族形态研究（增订本）》，天津古籍出版社，2004年。
[31] 晁福林：《试论宗法制的几个问题》，《学习与探索》1999年第4期。
[32] 拱玉书：《日出东方：苏美尔文明探秘》，云南人民出版社，2001年。
[33] Safar F, Mustafa M, Lloyd S. *Eridu*. Baghdad: Ministry of Culture and Information, 1981.
[34] 杨建华：《两河流域地区早期城市的功能》，《光明日报（理论版）》2021年1月4日第14版。
[35] 张光直：《中国古代史在世界史上的重要性》，《考古学专题六讲》，文物出版社，1986年。
[36] 宋镇豪：《夏商社会生活史》，中国社会科学出版社，1994年，第505~506页。
[37] 井中伟、王立新：《夏商周考古学》，科学出版社，2020年。
[38] 李喆：《商周祭祖礼的前兆：上古祖先崇拜意识发展概观》，《山东理工大学学报》2020年1期。
[39] 张雁勇：《祭祖经邦：〈周礼〉天子宗庙祭祀研究》，研究出版社，2022年。
[40] 晁福林：《试论宗法制的几个问题》，《学习与探索》1999年第4期。
[41] 徐元诰著，王树民、沈长云点校：《国语集解》，中华书局，2002年，第512~516页。
[42] 张光直：《中国古代史在世界史上的重要性》，《考古学专题六讲》，文物出版社，1986年。
[43] 朱承思、董为奋：《〈乌尔纳姆法典〉和乌尔第三王朝早期社会》，《历史研究》1984年第5期。
[44] 拱玉书：《日出东方：苏美尔文明探秘》，云南人民出版社，2001年。